MICHAEL COLLINS PIPER

JUICIO FINAL

El eslabón perdido del asesinato de Kennedy

Volumen I

MICHAEL COLLINS PIPER (1960-2015)

Michael Collins Piper fue un escritor político y presentador de radio estadounidense. Nació en 1960 en Pensilvania, Estados Unidos. Fue colaborador habitual de *The Spotlight* y su sucesor, *American Free Press*, periódicos apoyados por Willis Carto. Falleció en 2015 en Coeur d'Alene, Idaho, Estados Unidos.

FINAL JUDGMENT
The Missing Link in the JFK Assassination Conspiracy
Primera edición (1993) The Wolfe Press
Sexta edición (2005) American Free Press
de la que procede esta traducción.

JUICIO FINAL
El eslabón perdido del asesinato de Kennedy
Volumen I

Traducido del americano y publicado por
OMNIA VERITAS LTD
OMNIA VERITAS®
www.omnia-veritas.com

© Omnia Veritas Ltd – 2025

Reservados todos los derechos. Ninguna parte de esta publicación puede ser reproducida, distribuida o transmitida en forma alguna ni por ningún medio, incluidos el fotocopiado, la grabación u otros medios electrónicos o mecánicos, sin el permiso previo por escrito del editor, salvo breves citas en reseñas críticas y otros usos no comerciales permitidos por la legislación sobre derechos de autor.

Las armas nucleares israelíes vinculadas al asesinato de JFK son objeto de un debate mundial............ 21
Nuevas pruebas vinculan el programa de armas nucleares de Israel con la conexión de Nueva Orleans en la conspiración JFK 21

JFK E ISRAEL - NO HAY "AMISTAD ESPECIAL............22

MÓVILES............... 22
LOS ORÍGENES............ 23
LOS JUGADORES............ 23
LOS INVESTIGADORES............ 23
MALA INFORMACIÓN............ 23
TRUCOS DE MAGIA............ 24
ESPEJOS............... 24
LOS MAGOS............ 24

ESTO ES LO QUE LOS INVESTIGADORES AUSTRALIANOS A CARGO DEL ASESINATO DE JFK TENÍAN QUE DECIR SOBRE *JUICIO FINAL*: 25
ESTO ES LO QUE ALGUNOS DE LOS GRANDES SOBRE EL PRIMER LIBRO PROHIBIDO EN ESTADOS UNIDOS............26

Un respetado ex alto funcionario del Departamento de Estado estadounidense............ 26
Famoso guionista de Hollywood víctima de la "caza de brujas" de los años 50............ 27
Un autor, periodista y líder de fundaciones estadounidense experimentado y respetado 27
Un antiguo alto cargo del Pentágono............ 28
Uno de los jóvenes periodistas de investigación independientes más rigurosos de Estados Unidos............... 28
Y esto es lo que el famoso historiador populista americano Eustace Mullins tiene que decir sobre JUICIO FINAL............ 29

EL MITO DE DALLAS 30

NUEVAS REVELACIONES 30

INTRODUCCIÓN............35

LA PERSPECTIVA DE UN NEGRO ESTADOUNIDENSE SOBRE EL ASESINATO DE JOHN F. KENNEDY............35
GRACIAS - E *INTRIGA*............37

UNA DISCULPA DEL AUTOR............41

"ME PERDÍ EL ESLABÓN PERDIDO"............41

LA OTRA CARA DEL ROMPECABEZAS 43

PRÓLOGO DEL AUTOR............43

PRÓLOGO 57

LA INCONFESABLE VERDAD: EL PAPEL CENTRAL DE ISRAEL EN EL ASESINATO DE JFK....57

LA CONEXIÓN CON LANSKY............ 58
LA CONEXIÓN ISRAELÍ............ 58
ISRAEL, LANSKY Y LA CIA............ 59
CONEXIÓN CON EL PERMINDEX............ 60
LOS DE DENTRO ESTÁN DE ACUERDO............... 60

UN QUIÉN ES QUIÉN DE LA CONSPIRACIÓN DEL ASESINATO DE JFK Y EL ENCUBRIMIENTO 61

Dentro de Permindex............ 61
La conexión con el Mossad............ 62
La conexión con la CIA............ 63

El sindicato del crimen de Lansky 64
La conexión francesa 66
Buscadores de la verdad 67
Estafadores de noticias 67
¿Teóricos y/o propagandistas? 68

CAPÍTULO I 70

El eslabón que lo une todo Lo más comúnmente aceptadas teorías sobre el asesinato de JFK tienen en común: la *conexión israelí* nunca mencionada 70

EL PAPEL CENTRAL DE ISRAEL 71
EL MÓVIL DE ISRAEL 71
UNA ESPECIE DE "ORGANIZACIÓN CLANDESTINA 72
"OTRAS REDES DE INTELIGENCIA 73
EL PAPEL DE LOS MEDIOS DE COMUNICACIÓN 73
"BANDERAS FALSAS 74
UN CAMBIO EN LA POLÍTICA DE ORIENTE MEDIO 74
LAS TEORÍAS ENCAJAN 74
CONCLUSIONES GENERALMENTE ACEPTADAS 75
LAS PRUEBAS ESTÁN AHÍ 76
QUÉ OCURRIÓ 77
LA TEORÍA DE LA POLÍTICA DEL PODER EN EL TRABAJO 78
CÓMO ESTÁ ORGANIZADO ESTE LIBRO: GUÍA DEL LECTOR 79
LA MOSSAD 79
JFK, LBJ E ISRAEL 79
MEYER LANSKY, ISRAEL Y LA CIA 79
PERMINDEX Y LA CONEXIÓN FRANCESA 80
ALGUNOS ASPECTOS POCO CONOCIDOS 81
LO OÍSTE AQUÍ PRIMERO... 81
EMITIR UN JUICIO DEFINITIVO 82

CAPÍTULO II 83

Que le corten la cabeza Un complot del Mossad para matar a un presidente americano 83

ESTADOUNIDENSES ASESINADOS EN UN COMPLOT ISRAELÍ 84
UN FALLO DE SEGURIDAD 85
EN 1991, ¿POR QUÉ NO EN 1963? 86
ALGUNAS ESPECULACIONES HISTÓRICAS 86
UNA INTERESANTE NOTA HISTÓRICA A PIE DE PÁGINA 87
UNA SERIE DE PRUEBAS 88

CAPÍTULO III 89

Un mal hábito: el uso por Israel de "falsas banderas" en el terrorismo internacional - Culpar a otros 89

"PISTAS FABRICADAS Y PANCARTAS FALSAS 89
U.S.S. LIBERTY - CULPAR A LOS EGIPCIOS 90
LA BOMBA NUCLEAR 90
EL ASUNTO LAVON 90
ACUSANDO A "EXTREMISTAS DE DERECHAS 91
CULPAR A LA MAFIA CORSA 92
CULPAR A LOS NEONAZIS 92
CULPAR A LOS SURCOREANOS 92
CULPAR A LOS LIBIOS 93
CULPAR DE NUEVO A LIBIA 93
CULPAR A LOS SIRIOS 94

ACUSANDO AL PLO 94
¿POR QUÉ HACER DE OSWALD UN "AGITADOR PROCASTRISTA"? 95
JFK Y LOS ASUNTOS SECRETOS 96

CAPÍTULO IV 97

A PUNTA DE NAVAJA JFK, MEYER LANSKY, LA MAFIA Y EL LOBBY ISRAELÍ 97

JFK, HITLER Y LA GUERRA EN EUROPA 98
KENNEDY Y EL "FASCISTA" 98
UN PROYECTO EMPRESARIAL 99
ABIERTAMENTE ANTIJUDÍO 100
JOE KENNEDY HABLA ABIERTAMENTE 100
LOS NAZIS "APRUEBAN" A NIXON 101
KENNEDY MOLESTA AL LOBBY ISRAELÍ 102
KENNEDY Y LANSKY 103
TRAICIÓN 104
KENNEDY Y EL CRIMEN 105
UNA PROMESA A LA MAFIA 105
JFK, LA MAFIA Y MEYER LANSKY 106
PROBLEMAS CON EL LOBBY ISRAELÍ 106
ABRAHAM FEINBERG 107
LA "INDIGNACIÓN" DE KENNEDY 108
UN SESGO "PELIGROSO 108
KENNEDY Y BEN-GOURION - EL PRIMER ENCUENTRO 109
KENNEDY INVIERTE LOS PAPELES 109
JFK SE ENFRENTA AL LOBBY ISRAELÍ 110
GUERRAS SECRETAS 110
EL MONOPOLIO DEL DINERO 111
VARIAS ENTIDADES 111

CAPÍTULO V 112

GÉNESIS DE LA GUERRA SECRETA DE JFK CON ISRAEL 112

SIONISTAS EN LA SALA DE REUNIONES DEL GABINETE 112
LAS BUENAS INTENCIONES DE KENNEDY 113
EL GESTO DE PAZ DE NASSER 114
RESPETAR LA TRADICIÓN 114
EL LOBBY ISRAELÍ REACCIONA 114
ARGELIA, OTRA VEZ 115
EL GIRO DE GAULLE EN ORIENTE MEDIO 115
"DOBLE SENTIDO" 116
SIN "AMIGOS EXCLUSIVOS" 116
CUATRO PROBLEMAS CON ISRAEL 117
LAS NECESIDADES DE AMÉRICA SON CONSIDERABLES 117
AMÉRICA PRIMERO - NO ISRAEL 117
EXPANSIÓN NUCLEAR 118
UNA SITUACIÓN "MUY DIFÍCIL 118
A KENNEDY "NO LE GUSTABA" Y DE GAULLE ESTABA "DISGUSTADO". 118
LA GUERRA SECRETA 119
PROGRAMA NUCLEAR ISRAELÍ 120
KENNEDY Y BEN-GOURION 121
RELACIONES VENENOSAS 121
HOSTILIDAD 122
"UN PELIGRO MÁS GRAVE" 123
EL GESTO DE KENNEDY 123
EL DESPIADADO ISRAEL 123
AMENAZAS CONTRA JFK 124

LA IMPOSTURA DEL DESIERTO 125
EL "ÚLTIMO PRESIDENTE AMERICANO".. 125
"EL AÑO TURBULENTO".. 126
EL PROBLEMA ARGELINO 126
LA ÚLTIMA RUEDA DE PRENSA 127
SE CUESTIONA LA "BUENA FE" DE JFK 127
BEN-GOURION: "SIGNOS DE PARANOIA"... 128
CORRESPONDENCIA SECRETA "CADA VEZ MÁS AMARGA" 129
KENNEDY ES UN TIRANO 129
LA EXISTENCIA DE ISRAEL "ESTÁ EN PELIGRO".................................... 129
¿UN HAMAN MODERNO? 130
¿LA ORDEN FINAL?.. 130
LOS FRANCOTIRADORES DEL MOSSAD... 131
ENEMIGOS UNIDOS 132
LA LLEGADA DEL MESÍAS... 132

CAPÍTULO VI 133

LA LLEGADA DEL MESÍAS LYNDON JOHNSON ACUDE AL RESCATE DE ISRAEL; LA POLÍTICA ESTADOUNIDENSE EN ORIENTE PRÓXIMO DA UN VUELCO 133

LA SUPERVIVENCIA DE ISRAEL 133
LA CONEXIÓN ENTRE JOHNSON Y LANSKY 134
¿JOHNSON SE ENFRENTA A LA CÁRCEL?... 135
CAMBIOS REPENTINOS DE POLÍTICA.. 135
BUENAS NOTICIAS" DESDE DALLAS 136
LOS INTERESES DE ISRAEL PRIMERO... 137
EL LUTO EN EL MUNDO ISLÁMICO.. 137
DEUIL EN PARÍS 138
SUSPECONS... 138
MOVERSE RÁPIDO 139
UN VIEJO FAVORITO DE ISRAEL 139
COMIENZA EL CAMBIO DE POLÍTICA.. 140
LA BOMBA NUCLEAR... 141
HUBERT HUMPHREY Y EL SINDICATO LANSKY 141
AYUDA EXTERIOR SUBVENCIONADA POR EL ESTADO 142
ARMAR LA MAQUINARIA DE GUERRA ISRAELÍ.. 142
LOS INTERESES DE ISRAEL PRIMERO... 143
ISRAEL SE APROVECHA DE VIETNAM... 144
VIETNAM - EL PEQUEÑO Y SUCIO SECRETO DE ISRAEL 145
¿DÓNDE DEBE LUCHAR AMÉRICA?... 146
LANSKY, LA CIA Y VIETNAM.. 146
UN APEGO APASIONADO 147

CAPÍTULO VII 148

EL PADRINO DE ISRAEL: EL INTERMEDIARIO MEYER LANSKY, LA CIA, EL FBI Y EL MOSSAD ISRAELÍ 148

¿QUIÉN ERA MEYER LANSKY? 149
UN MIEMBRO DEL CONSEJO 149
VÍNCULOS CON EL SERVICIO SECRETO ESTADOUNIDENSE 150
EL PRESIDENTE DEL CONSEJO DE ADMINISTRACIÓN 150
LANSKY Y CUBA... 150
ALIANZA Y RIVALIDAD 151
LUCIANO ENMARCADO... 151
LANSKY, DEWEY Y LA CIA 152
FRANK COSTELLO "SE JUBILA... 153
LUCIANO REMEMBERS.. 153

"EL JEFE DE TODO" 154
AYUDA BENÉVOLA 154
ESCONDIÉNDOSE DETRÁS DE "LA MAFIA" 154
LOS VERDADEROS JEFES DEL CRIMEN 155
"OCULTAR NOSTRA" 155
LA MAFIA EN CAOS / LANSKY EN LA CIMA 156
LA CONEXIÓN ENTRE HOOVER Y LANSKY 157
LA ADL Y LA DELINCUENCIA ORGANIZADA 158
CIERRA LOS OJOS 159
UN TESTIGO MUERTO 160
EL ACUERDO HOOVER 160
LO QUE HOOVER SABÍA 161
LA CONEXIÓN ANGLETON 161
EL PATROCINADOR 162
TRÁFICO DE ARMAS PARA ISRAEL 162
OPERACIÓN HAMPA 163
ISRAEL: BASE DE OPERACIONES 164
BLANQUEO DE DINERO 165
RABINO TIBOR ROSENBAUM 165
EL BANCO DE CRÉDITO INTERNACIONAL 165
SOCIEDAD ISRAELÍ 167
LOS BANCOS DE LA ADL 168
EL PATROCINADOR SE VA A CASA 169
PEGRE DINERO EN ISRAEL 170
LANSKY EN DECLIVE 170

CAPÍTULO VIII 173

Los Inseparables: Las Peligrosas Relaciones James Jesus Angleton y la alianza profana entre Israel, la CIA y el sindicato del crimen de Meyer Lansky 173

JEFES PODEROSOS 174
UNA POTENCIA POR DERECHO PROPIO 174
EL JEFE DE LA INTELIGENCIA INTERNACIONAL 175
EL HOMBRE DE BEN-GURION EN WASHINGTON 175
KENNEDY UNA AMENAZA 176
LA CIA E ISRAEL: LOS PRIMEROS DÍAS 176
COMPLOTS DE ASESINATO 177
EL EQUIPO ZR/RIFLE D'ANGLETON 178
UNA ALIANZA SÓLIDA 178
UN CAMBIO DE POLÍTICA 179
ANGLETON Y LA BOMBA NUCLEAR ISRAELÍ 179
THEODORE SHACKLEY 180
EL MEMORÁNDUM SECRETO 180
EL PODER DE ANGLETON SE HACE MÁS FUERTE 181
ANGLETON, LANSKY Y LAS OSS 181
RESISTENCIA JUDÍA 182
TIBOR ROSENBAUM DE NUEVO 182
LA CONEXIÓN CON LA MAFIA CORSA 182
HITMENES DE LA CIA 183
ANGLETON, LA CIA Y LA CONEXIÓN FRANCESA 184
LA MANIPULACIÓN DE LA COMISIÓN WARREN 185
EL CASO NOSENKO: LA ACUSACIÓN 186
FANTASÍA EN FORMA DE LIBRO 187
ENGAÑADO POR UNA PANCARTA FALSA 188
"UNA CASA CON MUCHAS HABITACIONES 189

CAPÍTULO IX 190

UN PEQUEÑO INCONVENIENTE La guerra de JFK con los aliados de Israel aliados dentro de la CIA 190

    LA BAHÍA DE LOS CERDOS 190
    MEDIDAS DE KENNEDY CONTRA LA CIA 191
    CONTROL DE LA CIA 192
    LA CIA Y VIETNAM 192
    EL INTERMEDIARIO DE CONFIANZA DE KENNEDY 193
    FUERA DE CONTROL 193
    ¿UN GOLPE DE ESTADO PATROCINADO POR LA CIA? 193
    LA CIA GANA 195
    LA CIA Y EL ASESINATO DE JFK 195
    ¿CAZA UN AGENTE INDEPENDIENTE? 196
    HUNT, STURGIS Y RUBY EN DALLAS 196
    LOS HERMANOS NOVO 197
    LA CONEXIÓN HUNT - BUCKLEY 197
    LAS MÚLTIPLES CONEXIONES DEL MOSSAD 198
    EL PROTEGIDO DE TIBOR ROSENBAUM 199
    LA CONEXIÓN DE BUCKLEY CON ISRAEL 200
    LA CONEXIÓN BUCKLEY - De Mohrenschildt 201
    DE MOHRENSCHILDT Y HUNT 201
    LA CIA Y LA OEA 202
    OEA Y "AMIGOS DE ISRAEL EN FRANCIA 203
    TRES FUERZAS PODEROSAS 204

CAPÍTULO X 205

    El secuaz del secuaz Meyer Lansky y Carlos Marcello - ¿Mató la Mafia a JFK? 205

    ACUSAR A MARCELLO 205
    DISTORSIONANDO LA VERDAD 205
    CLAY SHAW Y LA CIA 206
    IGNORAR LOS HECHOS 206
    EL SABOTAJE DE LA GUARNICIÓN 207
    EL "EXPERTO" DE LA DELINCUENCIA ORGANIZADA 208
    LA CONEXIÓN BLAKEY - LANSKY 208
    DALITZ, SIEGEL Y LANSKY 209
    ISRAEL RINDE HOMENAJE A DALITZ 210
    BLAKEY Y LA CIA 210
    EL LÍDER DE LOUISIANA 211
    EL MERCADO ENTRE LONG y LANSKY 212
    MARCELLO LLEVA EL SOMBRERO 212
    LANSKY, MARCELLO Y LA CIA 213
    MARCELLO, FERRIE, BANISTER & LA CIA 214
    LANSKY Y EL ASESINATO DE LONG 214
    SEGUIMIENTO DE LANSKY VÍA MARCELLO 216
    LANSKY'S "KOSHER NOSTRA" 216
    PALABRAS EN EL AIRE 217
    NO SE MENCIONA A LANSKY 217

CAPÍTULO XI 219

    Serenata cubana Meyer Lansky, la Mafia, la CIA, el Mossad y los complots para asesinar a Castro 219

    LA ALIANZA ENTRE LANSKY Y LA CIA 220
    LA "CONEXIÓN JUDÍA" CUBANA 222
    LANSKY Y LOS PLANES DE ASESINATO 222
    ROSSELLI Y EL ASESINATO DE JFK 224

LA CONEXIÓN DEL MOSSAD CON SAM GIANCANA... 225
GIANCANA Y ROSSELLI EJECUTADOS 227
LA MAFIA Y EL MOSSAD 228

CAPÍTULO XII 229

EL OPIO DEL PUEBLO EL TRÁFICO DE DROGAS EN EL SUDESTE ASIÁTICO DE LANSKY Y LA CIA Y LA CONEXIÓN CON EL MOSSAD 229

EL JEFE DE LA DROGA 230
TRAFICANDO CON EL HOMBRE DE PAJA 230
LANSKY AVANZA HACIA LA CIMA 231
LA MAFIA BAJO PRESIÓN 231
¿QUIÉN ES EL JEFE? 232
EL VÍNCULO ENTRE LA DROGA Y EL MOSSAD 233
LA MAFIA CÓRSICA 234
LANSKY, LA CIA Y LA MAFIA CORSA 234
EL VÍNCULO ENTRE VIETNAM Y LAS DROGAS 235
DISIMULAR LA CONEXIÓN LANSKY 236
¿ASESINOS FRANCESES? 237
LA CONEXIÓN DE LA CAZA 238
DOS CARAS DE LA MISMA MONEDA 238
ISRAEL, LA CIA Y EL CARTEL DE LA DROGA 239

CAPÍTULO XIII 240

LOS LAZOS DE CALIFORNIA CON ISRAEL MICKEY COHEN Y LA CONSPIRACIÓN PARA ASESINAR A JFK 240

MEMORIAS DE COHEN 240
LA CONEXIÓN CON LA CIA 241
SUCESOR DE SIEGEL 241
LANSKY ORDENA UN ASESINATO 242
HOOVER ENVÍA SUS CONDOLENCIAS 242
"OJOS Y OÍDOS DE LANSKY 242
COHEN E ISRAEL 243
MENACHEM BEGIN LLEGA A LA CIUDAD 243
DEDICADO A ISRAEL 244
JACK RUBY LLEGA A LA CIUDAD 245
COHEN, MARILYN MONROE Y JFK 245
¿LA OPINIÓN DE JFK SOBRE ISRAEL? 246
¿DOS ASESINATOS? 247
¿QUÉ TRAMABAN? 248
MELVIN BELLI 248
MISIÓN DE COHEN 249
CUBRIENDO LAS ESPALDAS DE ISRAEL 249
LA CONEXIÓN COHEN 250

CAPÍTULO XIV 251

EL MENSAJERO: JACK RUBY ERA MÁS "MOSSAD" QUE "MAFIA" 251

RUBY Y EL TRÁFICO DE DROGAS DE LANSKY 253
RUBY NO ERA PARTE DE LA MAFIA 253
CONEXIONES ISRAELÍES DE RUBY 254
RUBY Y EL COMERCIO DE ARMAS ISRAELÍ 255
RUBY Y LA FAMILIA BRONFMAN 257
RUBY Y LA CIA 258
RUBY, OSWALD Y LA CIA 259
¿UNA CONSPIRACIÓN CONTRA CONNALLY? 261

EL MENSAJERO DE LANSKY EN DALLAS 261
BRADEN, RUBY & FERRIE 262
MELVIN BELLI LLEGA A LA CIUDAD 263
EL ENCUBRIMIENTO MEDIÁTICO 266
UN MENSAJERO BIEN SITUADO 266
UNA EXTRAÑA HISTORIA 267
¿VINCULADO A ISRAEL? 267
ALGUIEN ESTABA AYUDANDO A RUBY 268
EL MISTERIO FINAL - RUBY Y LA ADL 270
NUEVAS REVELACIONES.. 270
LOS PAÑOS DE COCINA SE MEZCLAN CON LAS SERVILLETAS 271

CAPÍTULO XV 272

El misterio del Permindex Israel, la CIA, el sindicato del crimen de Lansky y el complot para asesinar a John F. Kennedy 272

EL SECRETO DE PERMINDEX... 273
CONEXIONES TRANSNACIONALES 273
¿QUÉ ES PERMINDEX?... 274
LOS POCO CONOCIDOS PATROCINADORES DE CLAY SHAW... 275
SEYMOUR WEISS Y LA CIA 276
LOS HOMBRES DETRÁS DE SHAW 276
LOUIS BLOOMFIELD - LA CONEXIÓN BRONFMAN 277
BLOOMFIELD Y LA INTELIGENCIA AMERICANA.. 279
SHAW Y ANGLETON 279
CONEXIONES AÚN MÁS EXTRAÑAS 281
EL PAPEL DE ISRAEL ESTÁ CERRADO 282
EISENBERG Y FEINBERG - DE NUEVO 282
LA CONSPIRACIÓN DE PERMINDEX... 284
EL CORREO DE LANSKY EN MIAMI Y GINEBRA 284
OTRA CONEXIÓN CON ISRAEL 285
LOS COMPLOTS PARA ASESINAR A CHARLES DE GAULLE 286
SOUSTELLE, OAS E IRGOUN 286
ISRAEL Y LA OEA 287
OAS, PERMINDEX Y NUEVA ORLEANS 288
LA CONEXIÓN ISRAELÍ DE BANISTER 290
¿UNA "TERCERA FUERZA"?... 291
UNA VISITA AL PERMINDEX 292
EL EXTRAÑO MUNDO DE CLAY SHAW 293
¿Y LA CONEXIÓN "NAZI"?... 293
FASCISTAS JUDÍOS 294
UNA DISPOSICIÓN TRANSNACIONAL 295

CAPÍTULO XVI 297

¿Traición en Dallas ¿Qué ocurrió realmente en Dealey Plaza? James Jesus Angleton, E. Howard Hunt y el asesinato de JFK. La verdad sobre "la conexión francesa".. 297

¿INCRIMINÓ LA CIA A HUNT? 298
¿UNA CONCOMPAÑÍA ENTRE LA CIA Y EL MOSSAD?.. 298
HUNT ESTUVO EN DALLAS 299
LANE TOMA EL CASO.. 300
HUNT Y RUBY EN DALLAS... 301
LA CONEXIÓN CON ANGLETON 302
¿SE FILTRÓ DELIBERADAMENTE EL MEMORÁNDUM?... 308
¿LE ORDENARON A HUNT QUE FUERA A DALLAS?.. 308
LA CIA Y EL ESCENARIO DE MÉXICO... 309

¿OSWALD Y LA KGB?..310
WARREN "REHÉN..311
ANGLETON Y MÉXICO..311
¿CUÁL ERA LA MOTIVACIÓN DE ANGLETON?...312
LA AMANTE ASESINADA...314
¿QUÉ SABÍA Y CUÁNDO LO SUPO?...314
ANGLETON, HUNT Y EL ASESINATO DE JFK...315
EL SILENCIO DE LA CAZA...316
¿ERA HUNT UN CHIVO EXPIATORIO?..317
EL POLICÍA, LA ESTRELLA DE CINE Y EL SHERIFF..317
"UNA TERRIBLE TRAICIÓN EN ALGUNA PARTE"..318
HUELLAS EN LA PUERTA DE CASTRO..319
¿"UNA TRAICIÓN DE PROPORCIONES INCREÍBLES"?..320
¿LA IDENTIDAD DE JOHN?..321
¿UNA "TERCERA FUERZA"?..322
¿QUIÉN TENÍA EL PODER?...322
UN AGENTE DEL MOSSAD EN DEALEY PLAZA..323
STURGIS, BANISTER, FERRIE Y OSWALD..325
LOS TENTÁCULOS DEL MOSSAD RODEAN A OSWALD..325
EL ENCUBRIMIENTO DEL MOSSAD..327
¿PANCARTAS FALSAS EN DEALEY PLAZA?...328
¿Más desinformación de la cia y el mosad?..329
LA CONEXIÓN FRANCESA..330
EL MERCENARIO DE LA OEA...331
CONEXIONES FRANCESAS DE ISRAEL...333
¿CHACAL O JACL?..334
LA CONSPIRACIÓN HA CERRADO EL CÍRCULO...335
DAVID CRISTIANO...336
LOS BUCLES SE CRUZAN EN DALLAS..336
DE GAULLE CONTRAATACA...337
PERMINDEX Y LA CONEXIÓN FRANCESA..338
MÁS ISRAEL...339
LA FUERZA MOTRIZ..339

CAPÍTULO XVII 341

No se atreven a hablar: El silencio de los medios de comunicación - Por qué el papel de Israel en el asesinato de JFK no pudo ser revelado................................341

EL DESACUERDO DE UN CIUDADANO..342
GARRISON Y EL VÍNCULO ENTRE LA CIA Y EL MOSSAD...342
INTERVENCIÓN DE ANGELTON...342
LA BANDA STERN...343
SABOTAJE...344
AÚN MÁS DE LA PANDILLA DE POPA..344
LA "PUBLICIDAD GRATUITA" DE OSWALD..345
LA CONEXIÓN CON SHERIDAN E ISRAEL..346
CRÍTICAS A GARRISON...347
SABOTAJE DESDE DENTRO...347
¿AÚN MÁS INTERVENCIÓN DE LA CIA?...348
GARRISON Y MARCELLO..349
LOS FEDERALES CONTRA GARRISON...350
LOS MEDIOS MANCILLAN LA IMAGEN DE KENNEDY...350
LA CONEXIÓN HUNT - CIA ELIMINADA...350
LA CIA Y LOS MEDIOS DE COMUNICACIÓN...351
ISRAEL Y LOS MEDIOS DE COMUNICACIÓN ESTADOUNIDENSES......................352
LOS TENTÁCULOS DEL MOSSAD..352
LIGA ANTIDIFAMACIÓN...353

LA ADL Y LA UNIÓN DE LANSKY *353*
LA ADL Y LA INTELIGENCIA ESTADOUNIDENSE *354*
LA ADL Y LOS MEDIOS DE COMUNICACIÓN *354*
MEDIDAS CONTRA LOS CRÍTICOS DE ISRAEL *355*
ESCÁNDALO DE ESPIONAJE *355*
ESPIAR A TODO EL MUNDO *356*
LA CONEXIÓN CON ANGLETON *356*
LA ADL Y EL ASESINATO DE JFK *356*
La portada de pearson y anderson *357*
POR QUÉ LA CUBIERTA NO AGUANTA... .... *357*
LA CONEXIÓN CON LA CIA *358*
PEARSON, JOHNSON Y EL SINDICATO LANSKY *359*
EARL WARREN ES ESTAFADO *360*
DESVIAR LA ATENCIÓN DE LA POLÉMICA *361*
EL PERIODISTA FAVORITO DE ISRAEL *361*
PEARSON Y LA ADL *361*
LA CONEXIÓN DE PEARSON CON EL MOSSAD *362*
EL LOBBY ISRAELÍ Y PEARSON *362*
EL TRATO MICKEY COHEN *363*
PEARSON Y EL NATIONAL ENQUIRER *363*
LA CONEXIÓN CON JOE TRENTO *364*
CONEXIONES DE JACK ANDERSON *364*
UN ESTUDIO DE CASO SOBRE LA DESINFORMACIÓN *365*
MÁS DESINFORMACIÓN *366*
UN "CRÍTICO" PROISRAELÍ *367*
LA PORTADA DE "HOFFA A TUÉ JFK *367*
POR QUÉ LA HISTORIA DE HOFFA NO SE SOSTIENE *368*
¿QUIÉN MATÓ A HOFFA? *368*
SUN MYUNG MOON, ISRAEL Y LA CIA *369*
ENCUBRIMIENTO CONSERVADOR *369*
¿QUIÉN ESTÁ DETRÁS DEL IMÁN? *370*
LA CONEXIÓN ISRAELÍ CON AIM *370*
OTRA CONEXIÓN CON LA CIA Y LANSKY *371*
OLIVER STONE *371*
APUNTANDO EN LA DIRECCIÓN EQUIVOCADA *372*
LA CONEXIÓN DE STONE CON LANSKY E ISRAEL *372*
"LA MAFIA ISRAELÍ" *373*
TIBOR ROSENBAUM DE NUEVO *373*
LA BANDA DEL TIEMPO-VIDA *374*
LOS BRONFMAN DE NUEVO *374*
CONEXIÓN DE STONE CON LA ADL *375*
LA PIEDRA REACCIONA ANTE EL JUICIO FINAL *375*
STONE Y "THE FRENCH CONNECTION *375*
LA CONEXIÓN DE STONE CON EL MOSSAD *376*
¿UNA "SITUACIÓN LÍMITE" AL ESTILO DE HOLLYWOOD? *377*
UNA INVITACIÓN AL DEBATE *377*
DONDE FALLÓ LA PIEDRA... .... *377*
LOS MEDIOS DE COMUNICACIÓN RECHAZAN LA SENTENCIA DEFINITIVA *378*

CAPÍTULO XVIII *379*

Heredero El asesinato de Robert F. Kennedy Israel, Irán, Lansky y la CIA. *379*

EL CULPABLE ES UN ÁRABE *380*
LA CONSPIRACIÓN DE RFK *380*
SAVAK HACE SU DEBUT *381*
LA SEGUNDA "ARMA" *382*
OTROS TIRADORES POTENCIALES *382*

SE ECHA POR TIERRA LA INVESTIGACIÓN 383
LA CONEXIÓN CON LANSKY 383
ISRAEL E IRÁN 384
IRÁN Y EL LOBBY ISRAELÍ 384
LOS ORÍGENES ISRAELÍES DE SAVAK 385
ISRAEL ENTRENA A SAVAK 385
A SHAH RAVI 386
PERPETUAR EL CAMUFLAJE 386
RICHARD HELMS Y EL SHA 386
ALGUNAS OBSERVACIONES FINALES 387
RESUMEN.. 388

CONCLUSIÓN 389

¿Operación Amán La teoría que funciona El resumen 389

EL SINDICATO DE LANSKY VINCULADO A ISRAEL 389
LYNDON JOHNSON 389
CUBANOS ANTICASTRISTAS 390
LA CIA 390
HOOVER 390
VIETNAM Y LAS DROGAS 391
ISRAEL, LA CIA Y EL SINDICATO LANSKY.. 391
MICKEY COHEN 391
BEN-GURION Y LA BOMBA NUCLEAR ISRAELÍ 392
LA CONSPIRACIÓN ESTÁ EN MARCHA 392
ACTORES CLAVE DE LA CIA - TODOS VINCULADOS AL MOSSAD 393
LA CONEXIÓN FRANCESA 393
EL ASESINATO FICTICIO 394
JACK RUBY, MICKEY COHEN Y EL MOSSAD 394
EARL WARREN 395
PISTAS EQUIVOCADAS 396
ROBERT F. KENNEDY 396
ISRAEL Y LOS MEDIOS DE COMUNICACIÓN 396
EL IMPACTO DEL ASESINATO 396
UN PEQUEÑO CÍRCULO DE CONSPIRADORES 397
LOS DE LA PERIFERIA 398
EL JUICIO FINAL 399

CINCO PUNTOS DE VISTA SOBRE LOS VÍNCULOS DEL MOSSAD CON LA CONSPIRACIÓN DEL ASESINATO DE JFK 432

OTRAS PUBLICACIONES 441

Juicio Final es sin duda el libro más "controvertido" -y desde luego el más denostado- sobre el que quizá sea el tema más comentado de la historia de Estados Unidos...

Sin embargo, la mayoría de los que han condenado histéricamente este libro nunca lo han leído...

Los críticos atacan violentamente al autor, pero se niegan a debatir con él...

Este es el único libro sobre el asesinato de JFK que ninguna editorial importante se ha atrevido a publicar...

A pesar de todo ello, las personas de mente abierta que *se han atrevido a leer* *Juicio Final* -entre ellas algunos nombres muy famosos- han llegado a la conclusión de que es el único libro que describe de forma más completa la trama que le costó la vida a John F. Kennedy.

Juicio Final presenta lo que el autor, Michael Collins Piper, denomina "la otra cara del rompecabezas": los detalles ignorados durante mucho tiempo pero disponibles libremente (todos ellos encontrados en la documentación "dominante") que arrojan una sorprendente nueva luz sobre las circunstancias que rodearon el asesinato de JFK.

Este libro demuestra la gran probabilidad de que el Mossad, el servicio de inteligencia israelí, colaborara con la CIA y el Sindicato del Crimen de Meyer Lansky en el asesinato de JFK, porque el presidente Kennedy intentaba impedir que Israel adquiriera armas nucleares de destrucción masiva. Este hecho fue un secreto bien guardado durante décadas.

Sin embargo, a mediados de la década de 1980, empezó a salir a la luz la verdad sobre el trasfondo de la guerra del presidente Kennedy contra Israel. Sin embargo, muchos investigadores del asesinato de JFK, por lo demás diligentes, nunca consideraron la posibilidad de que Israel tuviera buenas razones para alinearse con otras fuerzas poderosas que querían a JFK fuera de la Casa Blanca. Una vez que haya leído *Juicio Final*, verá que las pruebas de la implicación de Israel están ahí.

Aunque se publicó por primera vez en 1994, el libro sólo fue mencionado por un periódico, un pequeño semanario con sede en Washington. A pesar de ello, *Juicio Final* ha vendido ya más de 40.000 ejemplares, lo que le ha valido el famoso estatus de bestseller "independiente".

Sin embargo, la mayoría de los estadounidenses nunca han oído hablar de este revolucionario bombazo histórico ni de su controvertida tesis.

Ilustraciones de portada
David Ben Gurion (izquierda), John Fitzgerald Kennedy (derecha).

Dedicación

A mi difunta amiga, Lois Petersen.

Sin Lois, este libro no habría sido posible.

Gracias, Lois, por todo.

Al notable O.W. MacLeod, cuya amistad y aliento han sido inestimables.

A Robert M. Piper, que compartía mi entusiasmo por causas aparentemente perdidas.

Y al valiente e inimitable Jim Floyd, que me ofreció su apoyo cuando la mayoría no lo haría.

Las armas nucleares israelíes vinculadas al asesinato de JFK son objeto de un debate mundial...

Durante diez años, los propagandistas israelíes han tachado a Michael Collins Piper, el autor de *Juicio final*, de "mentiroso" y "antisemita" por acusar a la inteligencia israelí de desempeñar un papel en el complot para asesinar a JFK debido al amargo conflicto secreto entre JFK y el Primer Ministro israelí David Ben Gurion sobre los esfuerzos de Israel para producir armas nucleares de destrucción masiva. Algunos de los llamados "investigadores del asesinato de JFK" se burlaron de Piper y se negaron a abordar la tesis de su libro.

Sin embargo, el 25 de julio de 2004, muchos de los críticos de Piper enmudecieron y enrojecieron de confusión cuando el respetado diario israelí *Jerusalem* Post publicó un artículo titulado: "Vanunu: Israel detrás del asesinato de JFK". El periódico afirmaba que el renombrado físico nuclear de origen judío Dr. Mordechai Vanunu - recientemente liberado tras pasar 18 años en prisión por revelar el programa secreto de armas atómicas de Israel- había acusado a los partidarios de la campaña nuclear de Israel *de estar implicados en el asesinato de JFK precisamente por la interferencia de JFK en sus objetivos.*

El gobierno israelí negó las acusaciones de Vanunu, pero lo que había dicho recibió la atención de periódicos de todo el mundo, con la notable excepción de Estados Unidos, donde *uno y sólo un periódico* mencionó las acusaciones de Vanunu, a saber, *American Free Press*, el semanario con sede en Washington que publicó *Final Judgement*. Sin embargo, como explicó correctamente el escritor más leído de Internet, el reverendo Mark Dankof: "Las acusaciones de Vanunu y Piper sobre Israel no desaparecerán".

Nuevas pruebas vinculan el programa de armas nucleares de Israel con la conexión de Nueva Orleans en la conspiración JFK

Cuando la segunda impresión de la sexta edición de este libro entraba en imprenta, una fuente muy bien situada y familiarizada con los asuntos de la central nuclear NUMEC de Pensilvania, que había introducido material nuclear de contrabando en Israel (véase sólo el capítulo 8), proporcionó a Michael Collins Piper documentos que atestiguaban que la familia de Edith Rosenwald Stern, una destacada dirigente judía de Nueva Orleans, era uno de los principales financiadores de NUMEC. La Sra. Stern era la amiga más íntima de Clay Shaw, un antiguo informante de la CIA acusado por el fiscal del distrito de Nueva Orleans, Jim Garrison, en la conspiración JFK. *Juicio Final* ya había informado de los vínculos de Shaw con la inteligencia israelí, por lo que la conexión entre NUMEC y Stern es aún más condenatoria y, junto con otros datos, explica por qué Garrison concluyó finalmente que había una conexión israelí detrás del complot. Y fíjese en esto: otro inversor de NUMEC era Richard Scaife, un multimillonario "de derechas" relacionado con la CIA de Pittsburgh, cuyo protegido, Joe Farah, partidario incondicional de Israel, había promovido un libro sobre el complot de JFK, obviamente diseñado para distraer *del Juicio Final*. Eso lo dice todo.

El vínculo entre las armas nucleares israelíes y el asesinato de JFK es una realidad, un hecho histórico que no está a punto de desaparecer...

JFK e ISRAEL - No hay "amistad especial"

"Israel no tiene necesidad de disculparse por el asesinato o la destrucción de quienes pretenden destruirlo. Lo primero que debe hacer cualquier país es proteger a su pueblo".
Washington Jewish Week 9 de octubre de 1997

"El asesinato del presidente estadounidense John F. Kennedy puso fin abruptamente a la presión masiva ejercida por la administración estadounidense sobre el gobierno de Israel para que detuviera el programa nuclear [en *Israel y la bomba*, de Avner] Cohen demuestra extensamente la presión ejercida por Kennedy sobre Ben-Gurion... en la que Kennedy deja claro al primer ministro israelí que bajo ninguna circunstancia consentiría que Israel se convirtiera en un Estado nuclear. El libro da a entender que, si Kennedy hubiera seguido vivo, es poco probable que Israel tuviera hoy una opción nuclear".
Reuven Pedatzer en el periódico
***Ha'aretz*, 5 de febrero de 1999, reseña Israel & the bomb.**
***Israel & the* bomb (Nueva York: Columbia University Press, 1998)**

"Nada en el universo es una coincidencia", dijo el rabino Meir Yeshurun, del Centro de Cábala de Boca Ratón, Florida, a un periodista *del Palm Beach Post*. "Alguien en la familia [Kennedy] hizo algo para que la familia estuviera dispuesta a esta energía negativa, y ha plagado a los Kennedy durante décadas". Según una historia que se cuenta en los círculos místicos judíos... [el padre de JFK] Joseph Kennedy... regresó a Estados Unidos en un barco en el que también viajaban Israel Jacobson, un rabino pobre de Lubavitcher, y seis de sus alumnos de la yeshiva, que huían de los nazis.
"Como conocido antisemita, Kennedy se quejó al capitán de que unos judíos vestidos de negro y con barba molestaban a los pasajeros de primera clase rezando en el día sagrado de Rosh Hashanah.... En represalia, o eso dice la historia, el rabino Jacobson echó una maldición sobre Kennedy, condenándole a él y a toda su descendencia masculina a trágicos destinos.
"... Es un hecho curioso que la misma gente que se burla del concepto de Kismet, o destino, encuentra difícil rechazar el concepto de maldición... [La familia Kennedy] cometió el error fatal de creerse Dios".
Edward Klein, ex redactor jefe de
***The New York Times,* en las primeras páginas de**
***The Kennedy Curse* (Nueva York, St Martin's Press, 2003)**

MÓVILES...

"Es interesante - pero no sorprendente - notar que en todas las palabras escritas y habladas sobre el asesinato de Kennedy, la agencia de inteligencia israelí, el Mossad, nunca ha sido mencionada. Y sin embargo, el motivo del Mossad es obvio. En este tema, como en casi todos los demás, los periodistas y comentaristas estadounidenses no se atreven a presentar a Israel bajo una luz desfavorable - a pesar del hecho obvio de que la complicidad del Mossad es tan plausible como cualquier otra teoría."

Ex congresista Paul Findley (R-Il1.),
en el *Washington Report on Middle East Affairs*, **marzo de 1992.**

LOS ORÍGENES...

"... El origen israelí debe ser totalmente enterrado mientras que la atención debe dirigirse a cualquier otro factor posible..."

**Benjamin Givli, jefe del servicio de inteligencia militar de Israel
servicio de inteligencia, describiendo una campaña de terror
culpando a extremistas musulmanes
Descrita durante la investigación del "asunto Lavon".**

LOS JUGADORES

"Desde los primeros días del Estado israelí y los primeros días de la CIA, casi siempre ha existido un vínculo secreto, por el que la inteligencia israelí básicamente trabajaba para la CIA y el resto de la inteligencia estadounidense. No se puede entender lo que pasó con las operaciones encubiertas estadounidenses y las operaciones encubiertas israelíes hasta que no se entienda este acuerdo secreto."

Andrew Cockburn en
Booknotes **from C-SPAN 1st Septiembre 1991.**

LOS INVESTIGADORES...

"Mientras que los investigadores [encargados del asesinato de JFK] se han dedicado a investigar microanalíticamente cómo se llevó a cabo el asesinato, casi no se ha reflexionado metódicamente sobre por qué mataron al presidente Kennedy".

**El investigador Vincent Salandria citado por
Daniel Brandt de *NameBase NewsLine Report*,
enero-marzo de 1994.**

MALA INFORMACIÓN

"Se ha difundido mucha desinformación... Es hora de que la gente busque otras vías. Realmente no me importa quién lo hizo. Sólo quiero que Lee sea exonerado si no es culpable".

Marina Oswald, en
El hombre que sabía
por Dick Russell

TRUCOS DE MAGIA...

"Existe un tipo de ilusión óptica conocida en sus manifestaciones más pretenciosas como "el arte del camuflaje". Se trata de cuadros, normalmente de paisajes salvajes, que, vistos de cerca, parecen simples escenas pintorescas: un lago de montaña con una pista de nieve reflejada en la superficie, un campo de flores silvestres, un bosque de abedules. Sin embargo, si nos alejamos unos pasos, la imagen cambia. La roca reflejada adopta la forma de un águila en vuelo, las flores se transforman en un semental encabritado, los troncos de abedul se convierten en el perfil de un guerrero apache. La miríada de detalles se unen en una imagen única e inconfundible, antes bien oculta, pero sólo cuando se ve desde lejos".

Deranged, **el estudio del asesino en serie Albert Fish por Harold Schecter.**

ESPEJOS...

"La abrumadora evidencia es que una conspiración - una gran conspiración que contiene muchas capas de intriga - condujo al asesinato de Kennedy. Dondequiera que mires, hay otra sala de espejos. Con los años... se ha vuelto casi imposible ver la verdad. ¿Dónde está el mago, la bruja malvada? Es todo eso, y nada al mismo tiempo.... Lo que nos enfrenta al final es una bestia con cabeza de hidra, pero es posible al menos llegar a sus garras. Recordando siempre que la naturaleza intrínseca de esta bestia es la niebla y el humo, aunque no es un mundo totalmente ambiguo y desconocido... "

El hombre que sabía demasiado **por Dick Russel**

LOS MAGOS...

"El asesinato del presidente Kennedy fue obra de magos. Fue un truco, completo con atrezzo y espejos falsos, y cuando cayó el telón, los actores y el decorado desaparecieron. Salvo que los magos no eran ilusionistas, sino profesionales, artistas por derecho propio".

Adiós a América **por Herve Lamarr**

Esto es lo que los investigadores australianos a cargo del asesinato de JFK tenían que decir sobre *JUICIO FINAL*:

MICHAEL COLLINS PIPER DEBE DE SER MASOQUISTA. Cuando se publicó por primera vez su libro *Juicio* Final, estalló una tormenta de controversia en Estados Unidos, y algunos "grupos de presión" intentaron prohibirlo. Desde entonces, *Juicio Final* ha tenido otras tres ediciones, y la polémica no ha remitido.

Aquí en Australia, creemos que todas las teorías sobre el asesinato de JFK deben ser escuchadas, tanto si se está de acuerdo con ellas como si no. Demonios, incluso hemos comprado y leído *Case Closed* de Gerald Posner, ¡y no hay teoría más descabellada que la suya! Intentar que se prohíba otro libro porque no se está de acuerdo con él, o porque no es políticamente correcto (el mayor movimiento de censura de los años 80 y 90), es exactamente el tipo de cosas contra las que estamos luchando.

Es lo mismo que grupos como el FBI y la CIA "escriben" textos aquí y allá.

La gente que se dedica a las teorías del cristal no debería escribir libros, por así decirlo.

Así que en *Probable Cause* estamos orgullosos de revisar *Final Judgement* y esperamos no seguir nunca el camino del "modelo americano" -libertad de expresión y la primera enmienda y todo eso- sí, claro, hasta que empiezas a expresar tu opinión y a pisar los pies de los demás. Te ponen en la línea para detenerte. ¡Dios mío, Michael Collins Piper sabe de esto!

Bien, después de este pequeño editorial, ¿de qué trata *Juicio Final*? La tesis de Piper es que la agencia de inteligencia israelí, el Mossad, desempeñó un papel clave en el asesinato junto con la CIA y el crimen organizado. A lo largo de su presidencia, JFK se vio envuelto en una disputa cada vez más amarga con el primer ministro israelí, David Ben-Gurion, por la inquebrantable determinación de Israel de construir un arsenal nuclear. JFK quería que se detuvieran. Pero ellos tenían otras ideas en mente.

¿Suena descabellado? Bueno, en realidad, te sorprenderá saber cuántos de los "conocidos implicados en el asesinato de JFK" tienen vínculos con el Mossad y nos impresionaron mucho las pruebas documentadas en el libro. Aún así, tendrás que leerlo para decidir. Piper está siendo atacado por la Liga Antidifamación (ADL) en EE.UU. por este libro y, en realidad, no hay ninguna justificación para ello. ¿Se enfadó la comunidad francesa en Estados Unidos cuando se sugirió que había una conexión francesa en el asesinato? No. Pero quizá no tengan el poder de presión de la ADL.

**Reseña en Internet de *Judgement*
del grupo australiano *Probable Cause*
La crítica también da
Final Judgement - a falta de un posible 4**

Esto es lo que algunos de los grandes sobre el primer libro prohibido en Estados Unidos.

Un respetado ex alto funcionario del Departamento de Estado estadounidense...

"Después de haber leído más de 200 libros sobre el asesinato de JFK, y de haber participado en la investigación tanto a título individual como en calidad de miembro de varios equipos, puedo afirmar sin temor a equivocarme que el libro de Piper es ahora la obra definitiva sobre el asesinato de JFK.

De todo lo que he leído hasta ahora, *Juicio* Final es el más minucioso, el más honesto, el más penetrante, el más basado en hechos y el más analíticamente completo y metódico.

"El autor construye un complejo mosaico ascendente de hechos bien documentados, enlazando los hilos de la conspiración a medida que ascienden desde la base hasta la cúspide de la pirámide. A medida que se desarrolla la historia, descompone la conspiración en piezas fáciles de digerir. De lo contrario, sería casi imposible seguirla y descifrarla. En cada nivel, los hilos del enigma se entretejen de tal manera que la niebla del laberinto se disipa lenta pero inexorablemente, hasta que se revela la verdad y quedan al descubierto las líneas generales de la trama. Lo que se revela es tan convincente como aterrador.

Un día, Estados Unidos tendrá que enfrentarse a verdades incómodas sobre su democracia y sobre cómo ha sido y sigue siendo manipulada, cuando no completamente dominada, por aquellos cuyas lealtades fundamentales están en otra parte". Aunque los vínculos en algunos niveles son frágiles, el autor se niega a "falsificar o amañar los datos" o a ser "fatalmente selectivo" en lo que se incluye o excluye, como fue el caso de "*Caso cerrado*" de Gerald Posner, o incluso como fue el caso del informe plagado de errores de la Comisión Warren. Piper no tiene miedo a la hora de analizar todas las conclusiones lógicas, lleven a donde lleven y sean cuales sean sus implicaciones.

"En resumen, Piper mantiene la vista en el donut (el panorama general) y no en el agujero (los detalles insignificantes). Se concentra en el "cómo y por qué" de la trama y, sin duda, todos los hilos conducen a Israel, los superpatriotas israelíes, "la rama judía de la Mafia" dirigida por Meyer Lansky, el Mossad y los "agentes internacionales de influencia" bajo su control.

"Aunque importantes investigadores discuten sobre detalles innecesarios para la investigación, como vínculos endebles en algunos niveles o redundancias en otros, los que estudiamos este asunto tras el asesinato siempre supimos que la verdad tendría su propia resonancia, como la tuvo la investigación de Garrison. Sabíamos que la verdad tendría su propio contexto, su propio olor, como lo tuvo *Deep Politics and the Death of JFK*, de Peter Dale Scott. El libro de Piper los tenía todos y, en la gran tradición de *The Yankee and Cowboy War* Karl Oglesby, Michael Collins Piper dio en el clavo. Le tocó la lotería y, al mismo tiempo, señaló con el dedo y apretó la soga alrededor del cuello de los conspiradores de la camarilla de funcionarios que movieron los hilos (y los gatillos) del asesinato de JFK.

"La investigación sobre el asesinato de JFK tiene un nuevo abanderado. Nunca volverá a ser lo mismo. Gracias a este libro, la investigación futura empezará a centrarse más en el 'panorama general', y se alejará de las constantes incoherencias del informe de la Comisión Warren. Comparado con *Caso cerrado* de Posner, *Juicio final* es una obra maestra".

Herbert L. Calhoun

(El Dr. Herbert L. Calhoun se jubiló como Jefe Adjunto de División de la Oficina de Asuntos Político-Militares del Departamento de Estado y trabajó como Especialista en Asuntos Exteriores para la Agencia de Control de Armas y Desarme de Estados Unidos y como Representante de Estados Unidos ante el Grupo de Expertos Gubernamentales de las Naciones Unidas sobre Armas Pequeñas y Ligeras en 1996 y 1998. El Dr. Calhoun publicó esta aprobación de *Juicio Final* en amazon.com el 10 de marzo de 2003).

Famoso guionista de Hollywood víctima de la "caza de brujas" de los años 50...

"Michael Collins Piper ha presentado el único escenario del asesinato de JFK que tiene más sentido. Es un tipo valiente que no tuvo miedo de enfrentarse a la verdad. Así es América. *Juicio Final* es una obra maestra que sería una gran película, -pero probablemente no lo será".

Bill Norton

(Uno de los guionistas más prolíficos de la industria cinematográfica, el inimitable Bill Norton fue descrito por el *Sunday World* de Londres (9 de abril de 2000) como "una figura del cine de Hollywood" y "un socialista entregado y un hombre de fuertes convicciones religiosas que había ayudado a diversas causas de izquierdas". A finales de los años 40 y principios de los 50, Norton fue testigo hostil durante la infame "caza de brujas" anticomunista del Comité de Actividades Antiamericanas).

Un autor, periodista y líder de fundaciones estadounidense experimentado y respetado

"Creo que ha dado en el clavo. En mi opinión, *Juicio* Final es el libro más importante del siglo XX".

William J. Gill

(Gill -que falleció cuando esta edición de *Juicio Final* entraba en imprenta- fue autor de libros como *Trade Wars Against America, The Ordeal Of Otto Otepka, Suite 3505: The Story Of the Draft Goldwater Movement* y *Why Reagan Won*. Periodista de United Press International y *Pittsburgh Press,* Gill también ha escrito para *Life, Fortune, The Saturday Evening Post, Reader's Digest y National Geographic*. También fue director ejecutivo de la prestigiosa Allegheny Foundation y un conocido representante de la industria siderúrgica nacional en Washington).

Un antiguo alto cargo del Pentágono...

Esto es lo que escribió el coronel Donn De Grand Pre en su libro *Barbarians Inside The Gates*, citando *Final Judgement*, que Grand Pre calificó de "brillante"...

"Varios oficiales militares de alto rango creían que el asesinato de JFK fue en realidad un golpe de estado llevado a cabo por miembros de la CIA que trabajaban con el Mossad israelí. Kennedy intentaba impedir que los israelíes desarrollaran armas nucleares, al tiempo que planeaba desmantelar la CIA y retirar nuestras tropas militares de la zona de Indochina (para más detalles, léase *Final Judgement*, de Michael Collins Piper)".

Col. Donn De Grand Pre
(Veterano de la Segunda Guerra Mundial y de la Guerra de Corea, Grand Pre fue Jefe Adjunto de la División Internacional y de la Oficina del Jefe de Investigación y Desarrollo del Pentágono. En 1967, Grand Pre fue nombrado Director de Sistemas de Armas Terrestres en la recién creada Oficina de Negociaciones Logísticas Internacionales, responsable de negociar contratos de venta de sistemas de defensa militar con los dirigentes de naciones extranjeras. El 30 de septiembre de 1979, la revista *Washington Post* escribió sobre Grand Pre, citando su experiencia: "Si usted fuera un dirigente de Oriente Medio en los años setenta en busca de sistemas de defensa estadounidenses, habría llamado a Donn de Grand Pre, el traficante de armas del Pentágono").

Uno de los jóvenes periodistas de investigación independientes más rigurosos de Estados Unidos...

Poco antes de su extraña muerte en Phoenix, Arizona, el 16 de junio de 2003, el periodista Brian Downing Quig escribió a Michael Collins Piper y le dijo:

"Una persona muy importante me regaló su libro. Así que empecé a leer lo que no habría comprado en una venta de libros a un dólar. Era hostil a la tesis expuesta en su portada. Pero miré las fotos y leí cada palabra. Ahora estoy convencido de que usted ha visto y está ayudando a otros a ver la característica más importante del asesinato de JFK que todos han pasado por alto hasta hoy. Creo que *Juicio Final* cumple todas sus promesas".

Brian Downing Quig
(Quig era más conocido por sus investigaciones sobre la muerte del periodista Don Bolles y, más tarde, por su trabajo en el escándalo de Charles Keating).

Y esto es lo que el famoso historiador populista americano Eustace Mullins tiene que decir sobre JUICIO FINAL...

"Sólo una vez cada diez años aparece un libro que se convierte inmediatamente en 'lectura obligada' para todos los patriotas interesados. *Jugement Final* es un libro así. *Jugement Final* es una 'lectura obligada' porque plantea y responde muchas preguntas de las que debemos ser conscientes.

"Es necesario conocer todo sobre este libro si se quiere comprender las fuerzas subversivas que están destruyendo nuestra nación.

"Juicio Final" es munición para la próxima guerra de liberación de Estados Unidos. La victoria no es posible sin información, y este libro nos ha dado la información que necesitamos.

"Esperará mucho tiempo, si es que alguna vez lo hace, antes de ver un conjunto tan gargantuesco de información vital como el que encontrará en este libro".

JUICIO FINAL: el libro que, si lo lee un número suficiente de personas, sacudirá la política estadounidense.

EL MITO DE DALLAS

Nuevas revelaciones

Justo cuando la segunda edición de la sexta entrega de *Juicio Final* estaba a punto de entrar en imprenta, llegó al buzón de Michael Collins Piper, autor de *Juicio Final*, un informe anónimo detallado de 19 páginas, con 115 notas a pie de página y basado en una amplia gama de fuentes de la corriente dominante. El documento estaba en un sobre (sin remitente) con el sello de "Dallas, Texas". Titulado "El asesinato de Kennedy e Israel: algunas conexiones de Dallas", el documento era aparentemente el trabajo de un periodista profesional - centrado en "los detalles de cómo los israelíes pueden haber influido en los acontecimientos de Dallas", llenando las lagunas de detalle de ciertas pistas que no habían sido exploradas en ediciones anteriores de *Juicio Final*. Los datos son bastante explosivos, sobre todo si se comparan con la mitología sobre Dallas (Big D) que se repite incansablemente en los escritos sobre JFK. Sin embargo, conocer la Dallas real -y no la leyenda retratada en las películas de Hollywood- prepara al lector para las revelaciones presentadas en *Juicio Final*.

El documento entierra el viejo mito de que una camarilla de plutócratas petroleros anglosajones protestantes blancos antisemitas (WASP) dominaba Dallas.

En realidad, todo lo contrario. Dallas no sólo contaba con una comunidad judía inmensamente poderosa, sino que, lo que es más importante, la ciudad (y Texas) había sido *un importante centro de recaudación de fondos y tráfico de armas en nombre de la causa sionista, desde* la década de 1940. Incluso Jonathan Pollard, el espía estadounidense de Israel, dijo que se inspiró en historias de activismo proisraelí que había oído (mientras vivía en Texas) sobre el tráfico de armas judías para la resistencia israelí en Texas. De hecho, la publicación que cuenta la historia oficial de una importante operación sionista de tráfico de armas, el Instituto Sonneborn, informó de que sus agentes estaban contrabandeando piezas de aviones desde Texas a Israel.

Esto tuvo lugar cuando Jack Ruby, un mecánico de aviones de las Fuerzas Aéreas recién retirado, regresó a Dallas en 1947, el año anterior al nacimiento de Israel, cuando las actividades de Sonneborn estaban en su apogeo. Ruby se jactaba de haber introducido armas de contrabando en Israel y, en 1963, participó en un contrabando de armas supervisado por un oficial de los servicios de inteligencia israelíes. *Así que la conexión israelí con Texas era mucho más estrecha de lo que se pensaba entonces.*

En 1963, el principal interés de JFK en Dallas era recaudar dinero de la élite de Dallas, y eso significaba los ricos demócratas judíos proisraelíes que eran los principales ángeles financieros del Partido Demócrata gobernante allí. Y puesto que JFK estaba, en ese momento, en conflicto con Israel por su programa de armas nucleares, es esencial saber cómo JFK fue atraído a Dallas y quién fue responsable de los arreglos que efectivamente facilitaron su asesinato. Y aunque es bien sabido que la etapa texana del viaje de JFK fue patrocinada por el Consejo de Ciudadanos (CC), el grupo empresarial de élite que dominaba Dallas, las pruebas inadvertidas demuestran que dos de las tres personas clave que dominaban el CC eran judíos, no "WASP" como sugiere la leyenda de Dallas. Eran ellos quienes realmente dirigían

Dallas, no los conservadores afiliados a la John Birch Society como sugiere el viejo mito.

En 1963, Julius Schepps, uno de esos hombres judíos influyentes, era un mayorista de licores abiertamente proisraelí que tenía los derechos de distribución de los productos Seagram de la familia Bronfman en Dallas. Y como veremos, se *ha probado que Jack Ruby era miembro del personal de la familia Bronfman, cuyas huellas digitales están por todas partes en el complot del asesinato de JFK.*

Los medios por los que la élite de Dallas tomó el control del programa del viaje de JFK a Dallas son interesantes. Como el viaje de JFK a Dallas se consideró oficialmente "apolítico" -a diferencia de otras paradas en Texas como Houston y Austin, que se consideraron "políticas"-, las organizaciones privadas que pagaron el viaje a Dallas tomaron el control de la planificación (quitándolo de las manos del Comité Nacional Demócrata, controlado por JFK). El CD nombró un "comité de bienvenida". El presidente era Sam Bloom, líder judío y representante de relaciones públicas de la comunidad judía de Dallas, durante mucho tiempo director ejecutivo del CC y -en retrospectiva- una de las figuras menos conocidas pero más importantes de la historia mundial.

Hubo un enfrentamiento inmediato entre Bloom, representante de la élite de Dallas, y Jerry Bruno, un veterano que era el representante local de JFK. Bruno quería que el Presidente hablara en el Women's Building, pero los dirigentes de Dallas insistieron en que JFK hablara en el Trade Mart. Aunque Bruno luchó largo y tendido, tras muchas presiones, la élite de Dallas se impuso, lo que llevó al leal a JFK a decir que "fue una de las pocas peleas de este tipo que perdí. En tales asuntos, mi criterio solía ser el adoptado. Esta vez no fue así".

Al obligar a JFK a hablar en el Trade Mart, la élite de Dallas se aseguró de que el convoy de JFK tomara el infame giro en "ángulo torcido" que le llevaría directamente a la clásica "zona de tiro" preferida por los francotiradores, en Elm Street, justo debajo del Texas School Book Depository (TSBD), desde donde se dice que el presunto asesino, Lee Harvey Oswald, empleado del TSBD, efectuó los disparos mortales, como se afirmó más tarde. El lugar también era fácilmente accesible desde "el césped" y el cercano edificio Dal-Tex, donde los investigadores del asesinato creen que estaban apostados los francotiradores. De haber prevalecido la decisión del representante de JFK -como era habitual- éste (de camino al lugar deseado) habría cruzado dos manzanas más allá del TSBD -fuera de la zona del tiroteo- a mayor velocidad.

Aunque el Servicio Secreto se opuso (por razones de seguridad) a la publicación del recorrido de la comitiva de JFK, Bloom (el representante de la élite de Dallas) se aseguró, no obstante, de que se publicara varias veces un mapa del recorrido en el periódico de Dallas. Así que más tarde, cuando el "chivo expiatorio" estuvo detenido, había una explicación plausible de cómo había sabido que JFK pasaría por su lugar de trabajo.

El hecho de que un asesino probablemente disparara a JFK desde el edificio Dal-Tex es muy relevante para el estudio de la conexión israelí. Copropiedad de David Weisblat, uno de los principales financiadores de la Liga Antidifamación del lobby israelí, el edificio Dal-Tex albergaba varios negocios en varias plantas que utilizaban el número de teléfono de Morty Freedman, abogado, fabricante de ropa y activista de causas judías. Dado que JFK intentaba detener el programa de armas nucleares de

Israel -que recibía uranio de contrabando de Estados Unidos-, es interesante observar que una de las empresas de Dal-Tex vinculadas a Freedman era la Dallas Uranium & Oil Company. También es curioso que uno de los socios comerciales de Freedman relacionado con Dal-Tex fuera Abe Zapruder, el modisto judío que filmó el asesinato y se lucró generosamente con ello. Algunas personas creen ahora que Zapruder sabía del asesinato de antemano.

Una vez que el acusado de asesinato estuvo bajo custodia, fue -lo adivinaron- Sam Bloom, quien previamente había empujado a JFK a la zona del asesinato, quien entonces presionó a Elgin Crull, el alcalde de la ciudad, para que a su vez presionara al jefe de policía de Dallas, Jesse Curry, para que Oswald fuera accesible a la prensa y lo llevara públicamente de la comisaría de Dallas a la cárcel de la ciudad. Esto preparó el terreno para que Jack Ruby lo matara. Varias fuentes, entre ellas James Hosty, un agente del FBI de Dallas, afirmaron que Bloom y sus partidarios fueron los impulsores de este hecho. Cuando la policía registró la casa de Ruby, encontró un papel con el nombre, la dirección y el número de teléfono de Bloom.

Y así, el mito de Dallas muere de forma dolorosa. Será dolorosa para quienes pensaban que la ciudad era un bastión antijudío, maduro para una revolución nazi. En lugar de ello, Dallas fue de hecho un puesto de avanzada para el avance de los intereses de Israel, como lo sigue siendo hoy.

Aunque Walt Brown sugirió en *Traición en Dallas* que la élite de la ciudad estaba detrás de los acontecimientos del 22 de noviembre de 1963, se apresuró a escribir en otro lugar que el asesinato de JFK "no fue cometido por el Mossad... Como algunos quieren hacernos creer" (refiriéndose a *Juicio Final*). Sin embargo, a la luz del "gran resumen de Dallas" ("Big D") -detalles que Brown ignoró (o suprimió) desde el punto de vista de su contexto final (y crítico)- es hora de que los verdaderos buscadores de la verdad sobre el asesinato de JFK echen un nuevo vistazo a *Juicio Final*.

Poca gente lo sabe, pero bastan 40.000 ejemplares para que un libro llegue a la lista de los más vendidos *del New York Times*. Lo que mucha menos gente sabe -pero los distribuidores de libros pueden dar fe de ello- es que en realidad ha habido libros que el *Times* ha incluido en la lista de "más vendidos" ¡cuando ni siquiera se habían impreso todavía! Los pedidos anticipados de los distribuidores de libros -presumiblemente- hacen posible este fenómeno inusual.

Sea como fuere, detrás de la historia de los superventas hay mucho más de lo que parece. Y es una historia que la mayoría de los grandes nombres de la industria editorial probablemente preferirían no contar.

Sin embargo, varios libros que tratan del asesinato de JFK han entrado en la lista del *Times*. Curiosamente, sin embargo, el bestseller sin precedentes de Mark Lane *Rush to Judgment* -que entró en la lista- nunca fue reseñado por The *Times*, que nos dice que el libro es la fuente de "cualquier información que merezca la pena ir a la imprenta", mucho después de que el libro se convirtiera en una causa célebre internacional.

En los últimos años, sobre todo tras el estreno de la taquillera película de Hollywood *JFK*, de Oliver Stone, otros libros han llegado a la lista de los más vendidos *del Times*. *Juicio Final* no fue uno de ellos. Y ello a pesar de que se vendieron casi 8.000 ejemplares de *Juicio Final* en las dos semanas siguientes a la publicación del libro, en enero de 1994, tras un modesto anuncio en un pequeño semanario nacional.

Desde entonces, más de 300 ejemplares del libro han sido comprados al por mayor por revendedores. Todas las demás ventas han sido a particulares. En un caso, sin embargo, un lector entusiasta compró otros 100 ejemplares tras recibir los dos primeros que había pedido. Hoy, gracias al correo directo, se venden miles de ejemplares más de *Juicio Final* en todo el país, con más de 40.000 ejemplares en circulación.

Cuando el libro se agotó temporalmente, en otoño de 2003, la demanda fue tan fuerte que los vendedores de libros de segunda mano en Internet llegaron a vender ejemplares por 185 dólares cada uno. Está claro que este libro despierta un interés que algunos ni siquiera quieren admitir que existe.

El hecho de que *Juicio Final* se haya vendido ya tan bien es bastante sorprendente, dada la falta general de publicidad que ha recibido el libro. El muy comentado *The Plot to Kill the President (El complot para matar al Presidente)* de G. Robert Blakey, antiguo jefe de la investigación del asesinato, fue ampliamente promocionado a nivel nacional cuando fue publicado por una filial editorial *del New York Times* en 1981.

Sin embargo, el libro de Blakey, según el propio Blakey, sólo vendió 20.000 ejemplares, muchos menos que *Juicio Final*, que no había recibido ningún tipo de promoción por parte de los medios de comunicación.

Así que si nunca ha leído nada sobre el asesinato de JFK, *Juicio Final* es el único libro que necesita leer sobre el tema. Si, por el contrario, ha leído uno o varios libros más antiguos sobre el tema, le sorprenderán las explosivas nuevas revelaciones que aparecen en *Juicio Final*.

No intente analizar "de dónde vinieron los disparos" o "cuántos disparos se hicieron" o "cuántos asesinos participaron". Nada de eso aparece aquí. Al diseccionar la conspiración del magnicidio en su totalidad, *Juicio Final* reúne detalles poco conocidos que han sido ignorados o malinterpretados (o incluso ocultados) por otros escritores, por accidente o a propósito. *Juicio Final* se centra en la cuestión más importante de todas: ¿Quién fue el responsable último del asesinato de John F. Kennedy?

Una vez que haya leído *Juicio* Final, nunca volverá a ver el asesinato de JFK de la misma manera. Y puede que nunca vuelva a confiar en que los medios de comunicación le informen de todos los hechos sobre cualquier otro acontecimiento importante que haya marcado el curso de la historia. Sobre todo, entenderá cómo la conspiración del asesinato de JFK evolucionó como lo hizo y por qué la verdad nunca había sido revelada - al menos hasta la llegada del *Juicio Final*.

Es importante señalar que, desde que se publicó por primera vez *Juicio Final*, sólo un puñado de errores menores han llamado la atención del autor. Los errores, sin embargo, no tenían nada que ver con la tesis del libro y se basaban en la investigación de otros. Estos errores se han corregido. Por lo demás, las conclusiones permanecen inalteradas.

El Juicio Final sigue siendo indiscutible. La única crítica fue *ad hominem*. Sin embargo, los insultos no son un desafío exitoso. Sea como fuere, la difamación histérica y malintencionada -sobre todo teniendo en cuenta las fuentes- da crédito, a su manera, a la tesis del libro.

Aún queda mucho por aprender sobre el asesinato de John F. Kennedy. *Juicio Final* señala el camino a quienes deseen profundizar. *Juicio Final* es -al menos de momento- exactamente lo que sugiere su título.

Michael Collins Piper ha realizado el trabajo necesario para reunir este libro. Ahora corresponde a los lectores asegurarse de que el mensaje transmitido en estas páginas llegue al público más amplio posible. Una vez terminado el libro, páselo a un amigo. Pida más ejemplares para donarlos a bibliotecas y líderes de opinión. Escriba cartas sobre el libro a los directores de los periódicos locales. Llame a programas de radio.

Los estadounidenses necesitan saber la verdad. *Depende de usted.* Este libro, si lo lee un número suficiente de personas, podría desempeñar un papel importante -como el asesinato del presidente Kennedy- a la hora de cambiar el curso de los asuntos mundiales. Pero eso sólo puede ocurrir si un número suficiente de personas - furiosas al conocer la verdad - pasan a la acción.

Prepárese para un viaje extraordinario y descubra -por fin- quién *mató realmente a John F. Kennedy... y por qué.*

INTRODUCCIÓN

por Robert L. Brock

La perspectiva de un negro estadounidense sobre el asesinato de John F. Kennedy

Como estadounidense descendiente de esclavos africanos, como veterano del ejército estadounidense en la Segunda Guerra Mundial y como trabajador desde hace mucho tiempo en la comunidad afroamericana, me interesa mucho saber exactamente quién mató al presidente John F. Kennedy y por qué.

John F. Kennedy y su hermano, Robert Kennedy, se jugaron gran parte de su credibilidad cuando dieron un paso al frente y se identificaron con la causa de la justicia para los negros en Estados Unidos. Por supuesto, Jack y Bobby eran políticos inteligentes, conscientes de la evolución del bloque de votantes negros y de su creciente influencia en América. Así que, por razones personales, habían tomado la decisión consciente de alinearse políticamente con los estadounidenses descendientes de esclavos africanos. Sin embargo, al mismo tiempo Jack y Bobby creían de verdad que había llegado el momento de que el hombre y la mujer negros de América merecieran el mismo trato.

Con sus palabras y, lo que es más importante, con sus hechos, los hermanos Kennedy pusieron a un pueblo privado de sus derechos bajo la protección de la dinastía Kennedy. Si John Kennedy hubiera sobrevivido y hubiera sido elegido para un segundo mandato, el voto negro - en los años venideros - habría sido finalmente parte de la fuerza política de Kennedy.

A lo largo del siglo XX, el aparato político negro de Estados Unidos estuvo dominado al más alto nivel por la influencia judía, sobre todo en la importantísima esfera financiera. Organizaciones como la Liga Antidifamación (ADL) de B'nai B'rith, uno de los principales elementos del poderoso lobby israelí, dictaron agresivamente los asuntos internos, el curso público y el discurso de lo que eran ostensiblemente organizaciones "negras" -o, como decimos hoy, "negro"- de derechos civiles.

Sin embargo, con el advenimiento de la presidencia de Kennedy, los estadounidenses descendientes de esclavos africanos tenían ahora un portavoz eficaz y elocuente en la Casa Blanca. Esto tuvo esencialmente el efecto, por ejemplo, de sacar a la ADL del bucle. La ADL ya no era el "intermediario" que repartía las migajas de los derechos civiles de los negros en América.

John F. Kennedy, a todos los efectos, se había convertido en la voz blanca "mayoritaria" para la emancipación política de la América negra. Como Presidente de los Estados Unidos, hablando en nombre de las preocupaciones de los negros, John F. Kennedy eludió el largo dominio de la comunidad negra por parte de los intereses financieros judíos y se situó en el centro del debate sobre los derechos civiles. La ADL y otras organizaciones de "derechos civiles" financiadas por intereses financieros judíos fueron marginadas y pasaron a ser irrelevantes. Un hombre blanco católico de ascendencia irlandesa -nieto de un alcaide- se convirtió en el improbable portavoz de la América negra y tomó el control de los supervisores judíos del movimiento por los derechos civiles en Estados Unidos.

En consecuencia, creo, al igual que muchos otros estadounidenses descendientes de esclavos africanos, que ésta es una de las razones por las que los poderes dentro de la élite plutocrática estadounidense decidieron que la presidencia de John F. Kennedy debía llegar a su fin prematuramente.

Además, todo esto ocurrió en un momento en que voces negras independientes como Malcolm X y Martin Luther King se estaban haciendo cada vez más populares e influyentes, para consternación de la comunidad judía. Ahora sabemos que, aunque oímos hablar mucho en los medios de comunicación de la guerra de J. Edgar Hoover contra el Dr. King, fue la ADL la que suministró los soldados de infantería para esa guerra, un hecho que la ADL preferiría mantener en secreto. Un antiguo funcionario de la ADL admitió que (y, como demuestra Michael Collins Piper en *Juicio final*) fue la ADL la que proporcionó gran parte de la vigilancia del Dr. King, cuyos frutos ilícitos, a su vez, fueron canalizados por la ADL al FBI de J. Edgar Hoover.

El Dr. King, Malcolm X y otros conocían el modo de vida en el gueto negro. Comprendían cómo se manipulaba a la América negra. Sabían que el tráfico de drogas, el juego y la prostitución de Meyer Lansky -un importante donante de la ADL- estaban destripando la América negra. Se atrevieron a hablar. Martin y Malcolm pagaron finalmente el precio.

Al final, no me cabe duda de que se descubrirá que los que masacraron a estos soñadores también estuvieron detrás del asesinato de John F. Kennedy y su hermano Bobby. Por eso me complace tanto escribir esta breve introducción al extraordinario libro de Michael Collins Piper. Creo que *Juicio Final* proporciona la respuesta al misterio de quién mató realmente a John F. Kennedy - y por qué.

Diré esto para que conste: no siento más que desprecio por esos liberales blancos cobardes que se presentan como admiradores de la postura de JFK sobre los derechos civiles y dicen que quieren encontrar a los verdaderos asesinos del presidente Kennedy, pero que por lo demás ignoran o reprimen los hechos expuestos en *Juicio Final*. Son fraudes e impostores. Tienen miedo de la verdad. Son especuladores que comercian con la muerte del Presidente Kennedy encubriendo todos los hechos que se les cuentan.

No hay ningún otro libro que explique la conspiración del asesinato de JFK tan abiertamente o que deje todo sobre el complot de JFK tan claro como el cristal. Una vez que haya leído *Juicio* comprenderá todo el panorama.

Michael Collins Piper ha aterrizado directamente en el centro de atención y, como uno de esos grandes empresarios de Broadway, Piper ha entregado un guión convincente, que describe toda la conspiración del asesinato de JFK, más poderoso y convincente que cualquiera anterior. Creo que estará de acuerdo.

ROBERT L. BROCK
fundador del Comité de Autodeterminación

Gracias - e *intriga*...

Haber escrito un libro sobre un tema tan "controvertido" como el asesinato de JFK -asociarlo a una tesis especialmente "sensacionalista"- ha sido toda una aventura. Ha sido gratificante, y a veces frustrante. Me ha traído muchos amigos nuevos, ¡y también muchos enemigos!

Desde que salió la primera edición, he recibido un gran número de cartas de felicitación y he disfrutado con los comentarios de muchas personas a las que respeto que me han dicho -como dijo una-: "Creo que has dado en el clavo".

Nunca me he considerado un "experto" en el asesinato de JFK, y protesto cuando alguien me presenta como tal. De hecho, a pesar de lo que muchos han supuesto, el tema nunca me ha preocupado especialmente. Otros le han dedicado mucho más tiempo. Y conozco muy bien su trabajo.

Sin embargo, hay muchos investigadores del asesinato de JFK que se niegan a aceptar que mi tesis tenga alguna base. *Algunos ni siquiera quieren reconocer la existencia de este libro: es tan "controvertido".*

En las páginas que siguen, no me ando con remilgos a la hora de dar nombres o señalar por qué creo que ciertos "investigadores" son deshonestos y quizá incluso están comprometidos, sobornados por las fuerzas responsables del asesinato de JFK. No creo que esté exagerando el caso en absoluto.

Algunos necios han sugerido que *Juicio Final* es "propaganda árabe". Ningún gobierno árabe ni interés financiero -ni siquiera fuente árabe-estadounidense- participó en la preparación, publicación o distribución de este libro. Sólo a finales de 2001, un año después de la publicación de la quinta edición en inglés, una editorial privada en lengua árabe publicó una traducción del libro.

Este trabajo es mío y sólo mío.

Algunos críticos han señalado que fui empleado de Liberty Lobby, el establecimiento populista que publicaba el semanario nacional (ya desaparecido) *The Spotlight*. Estos críticos señalan que Liberty Lobby ha puesto en tela de juicio el favoritismo de Estados Unidos hacia Israel. Todo esto es cierto. No me disculpo por ello y, de hecho, no tengo nada por lo que disculparme. De hecho, mientras se entrega al editor esta nueva edición de *Juicio Final*, los medios de comunicación de todo el mundo están centrados en Israel y Oriente Próximo... y las publicaciones y voces del lobby israelí en Estados Unidos afirman que (sea cierto o no): "el mundo entero está contra nosotros".

Así que fue precisamente mi relación con Liberty Lobby la que me permitió obtener información específica, en particular sobre la política estadounidense hacia Israel, que me ayudó enormemente a preparar este libro. Otros investigadores no contaron con esta ventaja excepcional.

Además, como se verá en *Juicio Final*, Liberty Lobby se vio envuelto en un pleito por difamación después de que el ex agente de la CIA E. Howard Hunt demandara a Liberty Lobby por publicar un artículo en el que se afirmaba que la CIA pretendía inculpar a Hunt por su implicación en el asesinato de JFK.

Mark Lane, el decano de los críticos de la Comisión Warren, dirigió con éxito, como debía, la defensa de *Spotlight*. Lane dejó a un lado las supuestas diferencias ideológicas con Liberty Lobby y utilizó hábilmente el caso Hunt para explorar el asesinato de JFK en un foro jurídico, la primera oportunidad real de este tipo desde el malogrado procesamiento de Clay Shaw por Jim Garrison.

Así que, seguir el caso Hunt desde "dentro" -y más tarde estudiar el relato de Lane sobre el caso en *Plausible Denial*- me dio una perspectiva única que otros no tenían. Agradezco a Mark Lane -y a Willis Carto, fundador del Liberty Lobby- esta oportunidad.

El aliento y el entusiasmo de Willis Carto fueron muy importantes en la realización de este libro. El título *Juicio* Final fue idea suya, y acertó.

En cuanto a Mark Lane, vale la pena señalar que si no hubiera escrito una sola palabra después de *Rush To Judgement* -el libro que demostró que la Comisión Warren fue una estafa- todavía estaríamos en deuda con él.

Aunque le siguieron muchos libros de otros autores, la singular cruzada de Mark convenció al mundo de que había algo más en la historia. Mark y su singular esposa Trish son seres humanos maravillosos y grandes amigos. *En Juicio Final* también conocerá a otro personaje extraordinario: un antiguo agente de los servicios de inteligencia franceses que me proporcionó una asombrosa información "privilegiada" que me obligó a reescribir el primer borrador de *Juicio Final*, cerrando así el círculo de mi tesis. Sin su contribución, este libro no estaría completo.

El nombre de mi fuente francesa, Pierre Neuville, se reveló por primera vez en la quinta edición de *Juicio Final*, pero el Mossad -por supuesto- conocía su identidad desde el principio.

Aunque el primer borrador presentaba -creo- una acusación convincente contra el Mossad en el asesinato de JFK, mi fuente francesa me indicó una dirección que me convenció -y a muchos lectores- de que *Juicio Final* iba por buen camino.

Esta historia tiene una deuda de gratitud con Paul Findley, un conocido y respetado ex miembro del Congreso estadounidense, liberal y en modo alguno de "extrema derecha", que me presentó a esta fuente francesa y me garantizó su credibilidad. No fue hasta hace poco que identifiqué oficialmente a Findley como intermediario, pero, de nuevo, eso no era ningún misterio para aquellos cuyo trabajo consiste en saber estas cosas.

Otro ex congresista estadounidense, el difunto John G. Schmitz, me habló de su antigua sospecha de la implicación del Mossad en el asesinato de JFK (basada en sus propias investigaciones) y me animó a escribir este libro, diciendo que ojalá lo hubiera escrito él. Un hombre de negocios internacional algo estrafalario, íntimamente relacionado con varias figuras importantes mencionadas en *Juicio Final*, me dio un respaldo bastante firme a la tesis de este libro, diciendo sucintamente: "Creo que eso es más o menos lo que pasó". Dadas las conexiones de este caballero, su valoración es ciertamente muy reveladora.

Aunque puede que nunca hayan estado de acuerdo con mi tesis, varios autores en los que me he basado ampliamente confirman la guerra secreta entre JFK e Israel y sugieren (en mi opinión) que la intriga no oficial de las relaciones entre Estados Unidos e Israel es relevante para los acontecimientos del 22 de noviembre de 1963. Stephen Green, Andrew y Leslie Cockburn y Seymour Hersh, en sus propios estudios sobre la política estadounidense en Oriente Próximo (*Taking Sides, Dangerous Liaison* y *The Samson* Option, respectivamente), proporcionaron la base de gran parte de mi investigación. En 1998, cuatro años después de que se publicara por primera vez *Juicio*

Final, llegó el historiador israelí Avner Cohen, autor de *Israel y la bomba,* y su libro (sin duda involuntariamente) dio gran credibilidad a mi tesis.

Cohen le dijo a un conocido común -estoy seguro de que se escandalizaría al saber que tenemos un conocido en común- que se había horrorizado al enterarse (haciendo una búsqueda de datos en Internet sobre su propio libro) de la existencia de *Juicio Final* y de su tesis. Naturalmente, Cohen se apresuró a afirmar su punto de vista que rechazaba la idea de la implicación israelí en el asesinato de JFK, pero el genio había salido de la botella y el mundo sabe ahora que Israel y JFK no eran "buenos amigos" como algunos quieren hacernos creer.

There's a Fish in The Courthouse, de Gary Wean, un libro desapercibido pero importante, contribuyó considerablemente a mi trabajo. Por desgracia, Gary afirma que mi libro "plagió" el suyo y que me vi "obligado" a reconocer su trabajo, que, por supuesto, cité claramente y reconoció de forma destacada todo el tiempo.

Nadie me "obligó" a dar a su libro el reconocimiento que merecía. De hecho, Wade Frazier, amigo de Gary, señaló que yo fui una de las pocas personas que dio a Gary credibilidad o publicidad.

Un agradecimiento "especial" a un verdadero amigo, Tom Valentine, presentador de la popular emisora *de radio Free America.* Cuando nadie más lo hizo, Tom me dio la oportunidad de hablar de este libro y me dio continuamente muchos ánimos. (Por cierto, Tom también es una fabulosa fuente de información sobre salud alternativa, entre otras cosas. Echa un vistazo a carotec.com).

Otros locutores de radio, como Jack Stockwell y Barbara Jean de "K-TALK" en Salt Lake City, y "One Eyed Jack" Jackson en Springfield (Illinois), Bill Boshears en Cincinnati, Ron Muhammed en San Diego, Victor Thorn y Lisa "Vicki" Guliani (de babelmagazine.com) y Rick Adams de WALE en Providence (Rhode Island) también se atrevieron a tenerme en antena.

Saludo al abogado de Victor Marchetti, antiguo oficial de la CIA, aunque mi viejo amigo me hace reír cuando dice que sigue creyendo que "El KGB mató a JFK". Como editor de New American View, Victor y su mano derecha, Donna McGrath, vigilaban de cerca al lobby israelí en Washington.

Vince Ryan, John Tiffany, Travis McCoy y Jim Yarbrough, entre otros, aportaron valiosas ideas durante la redacción de *Juicio Final.* Cada uno, a su manera, ha contribuido a este libro.

El Dr. Alfred Lilienthal, el despiadado y maravilloso crítico estadounidense que fue pionero de la desastrosa política estadounidense en Oriente Próximo, fue de gran apoyo.

Un cálido homenaje al difunto H. Keith Thompson, cuyo apoyo a mi trabajo ha sido un inmenso honor.

Desde el principio, Van Loman fue un confidente muy apreciado, aportando ideas perspicaces y pistas notables que cerraron el círculo del libro

Un enorme, aunque tardío, agradecimiento a Bill Grimstad por indicarme la poco conocida conexión de Franck Strugis con el Mossad, un punto bastante pertinente -y eso es decir poco- que había escapado a mi propia investigación.

Tom Kerr, Bill W., Reg O., Martin Williams, Tony Blizzard y otros han contribuido a la edición que ha mejorado enormemente este libro. El humor y el apoyo de Bob "H. L." Diehli también han sido alentadores.

Las amistosas palabras del difunto Ace Hayes, el provocador editor del *Portland Free Press*, y de Daniel Brandt, de *NameBase Newsline*, demostraron que el asesinato de JFK no fue una cuestión de "derechas" o "izquierdas", como algunos ingenuos siguen creyendo. Esas viejas etiquetas han saltado por los aires.

Dios bendiga al Dr. Herbert Calhoun, el antiguo funcionario del Departamento de Estado cuyo respaldo absoluto *al Juicio Final* ha animado a mis críticos, que saben que muchos otros en las altas esferas están de acuerdo con Calhoun, pero aún no están dispuestos a decirlo públicamente.

Los consejos del escritor británico Gordon Thomas fueron muy apreciados. Gracias también a los colegas de Gordon en *The European* por publicar un detallado artículo sobre mi controvertida investigación.

El apoyo entusiasta del abogado de Idaho Edmund Steele (véase conspiracypenpal.com) ayudó sin duda a correr la voz.

Y sería negligente si no mencionara a Sid y Woolf de feralnews.com, a Russ de playtowinmoney.com y a la gente de afrocubaweb.com, que generosamente promocionaron *Juicio Final*.

La excelente sinopsis de Alan Jones sobre *Juicio* Final en *How The World Really Works* (véase abjpress.com) fue un verdadero estímulo. Y Carol Adler, la valiente y dedicada editora de muchos títulos polémicos "fascinantes" (véase dandelionbooks.net) también destaca por su interés en mi trabajo.

A Christopher y Helje Bollyn: Son ustedes personas valientes y buenos amigos. Lo mismo digo del profesor Ray Goodwin, que se jugó su carrera al decir a sus alumnos que *Juicio Final* es la "última palabra" sobre el asunto JFK.

Gracias a todos los que nos proporcionaron apoyo moral a lo largo del camino: Blayne Hutzel, Paul Wolff, Pete Godlove, Dale Crowley, Robert Boody, Mark Lillis, Mary y Mae, los agentes de viajes, Tom McIntyre, Joe Power, Ed Harrington, George Kadar, Joe Fields, Jim Scott, Robert Wolfe, Larry Showell, RH Showell, Greg Garnett, Jerry Myers, Donald Malloy, David Lewis, Dan Hinton, James Jakes, Anne Cronin, Julia Foster, Trisha Katson, Ann Brown, Helen Nunley, Marie Zittel, Agi, Mike, Nick, Jim, Judy, Ruby Lee, George, Will, Ricky, DVS, Steve, James el Poeta, y por último, pero no menos importante, ese perro especial, Brute, y todos mis otros amigos de cuatro patas demasiado numerosos para mencionarlos.

Mi madre -siempre mi peor crítica- leyó el libro y quedó convencida, a pesar de sus dudas iniciales. Es una pena que mi padre no esté vivo para ver el libro publicado. Se habría sentido orgulloso.

Dicho todo esto, dejaré que el lector decida si he dado en el.

- MCP

Una disculpa del autor...

"Me perdí el eslabón perdido".

"Michael Collins hace mucho más que convencer a los lectores del complot multidimensional para destituir a JFK: nos convence de que los hechos siempre han estado ante nuestros ojos".

Extracto de una reseña de Juicio Final publicada en amazon.com

Uno de los problemas de escribir un libro es que, por mucho que un autor explore su tema, es inevitable que se le escapen algunos elementos importantes la primera vez. Desde que *Juicio Final* se publicó por primera vez en 1994, me he arrepentido varias veces de haber pasado por alto varios detalles que, en mi opinión, daban credibilidad a la teoría que plantea este libro.

Incluyendo la cuarta edición de *Juicio* Final, argumenté repetidamente que Jim Garrison, el anciano de Nueva Orleans que procesó al empresario Clay Shaw por conspirar en el asesinato de JFK, no tenía ni idea de la conexión del Mossad con el magnicidio. Pero ahora parece que estaba equivocado.

Tras la publicación de la cuarta edición de *Juicio Final*, descubrí, con cierta inquietud, que al parecer Garrison se había dado cuenta de que el Mossad estaba relacionado con el complot, y que yo podía encontrar la información si buscaba en el lugar adecuado.

Mientras hojeaba el extenso sitio web de A.J. Weberman (www.weberman.com), antiguo investigador del asesinato de JFK, me encontré con algo bastante sorprendente. En su sitio web, Weberman hizo la siguiente afirmación notable:

> **Conocí a Jim Garrison a mediados de los años setenta. Garrison quería que encontrara un editor para un manuscrito que había escrito sobre el asesinato del presidente John F. Kennedy. Cuando leí el manuscrito me di cuenta de que era una obra de ficción que culpaba a los servicios de inteligencia israelíes -el Mossad- de la muerte de John Kennedy.**

Teniendo en cuenta todos los problemas por los que había pasado en los últimos años -incluidas las críticas de algunos defensores de la investigación de Garrison-, apenas podía creer lo que había leído. Si hay que creer a A. Weberman, Jim Garrison había descubierto efectivamente -en cierto modo, nada sorprendente- que había buenas razones para creer que el Mossad había estado implicado en el crimen del siglo.

Pero el propio Garrison llegó obviamente a la conclusión (y con razón) de que no le interesaba decirlo, al menos no públicamente y desde luego no en ninguno de sus libros de no ficción sobre el tema. Así que Garrison decidió plasmar su tesis en una novela, que por supuesto nunca se publicó. Dudo que la familia de Garrison intente sacar al mercado el manuscrito inédito (si es que aún existe) en un futuro próximo.

La revelación de Weberman seguramente incomodará a muchos de los defensores de Jim Garrison, pero no deja de ser una sorprendente confirmación de que la tesis expuesta en *Juicio* Final goza del apoyo real de una figura que se ha convertido tanto en un villano como en un icono de la historia del complot para asesinar a JFK.

Por supuesto, la teoría de Garrison sobre la implicación del Mossad no demuestra que el Mossad estuviera involucrado en el asesinato de JFK, pero da credibilidad a lo que ha sido ampliamente criticado (pero no refutado, si se me permite decirlo) en las páginas de *Juicio Final*.

Naturalmente surge la pregunta de si Weberman estaba mintiendo sobre la teoría del Mossad de Garrison, y si es así, ¿por qué Weberman habría hecho esta alegación? Esa no es una pregunta que yo deba responder. Sólo estoy aquí para decirles que eso es lo que Weberman dijo.

Si Weberman no está mintiendo, ¿podemos creer entonces que Garrison simplemente se había complicado maliciosamente en inventar este escenario con un propósito particular? Eso, por supuesto, parece altamente improbable.

Así que nos quedan las alegaciones de Weberman sobre las aparentes suposiciones de Garrison, unidas al hecho de que ahora se ha dictado *el Juicio Final*, demostrando el "cómo" y el "por qué" de la implicación del Mossad en el complot para asesinar a JFK.

Y por mucho que pueda consternar a Israel y a su poderoso grupo de presión en Estados Unidos, representado por la Liga Antidifamación (ADL) de B'nai B'rith y otras fuerzas poderosas, hay mucha gente -y cada vez más- que cree que *el Juicio Final* presenta un escenario que tiene sentido, que tiene tanto o más sentido, que muchas otras teorías convencionales sobre el tema, a pesar de los histéricos esfuerzos de la ADL por silenciarme (pero no refutarme).

Así que, a pesar del subtítulo de mi libro, en cierto sentido, al principio se me pasó por alto el "eslabón perdido de la conspiración del asesinato de JFK": el hecho de que Jim Garrison había reconocido efectivamente la conexión con el Mossad.

Es ahora cuando por fin puedo ofrecer a mis lectores este detalle esencial. Ojalá lo hubiera hecho antes. Con todo esto en mente, invito a los lectores de *Juicio* Final a que lean lo que he escrito, reescrito, revisado y actualizado, y a que determinen por sí mismos si las aparentes sospechas de Jim Garrison estaban realmente en lo cierto y que Israel y su Mossad fueron los principales actores junto a la CIA en el asesinato de John F. Kennedy.

- **Michael Collins Piper**
Washington, D.C.

LA OTRA CARA DEL ROMPECABEZAS

Prólogo del autor

El 21 de agosto de 1997, apareció un artículo en primera página de *Los Angeles Times* en el que se describían unos disturbios en el sur de California que estallaron durante mi inminente conferencia en un seminario universitario sobre el asesinato de JFK. El seminario se organizó bajo los auspicios del Southern Orange County Community College (SOCCCD). Aunque se habían programado cuatro ponentes, fue mi presencia, y sólo mi presencia, la que causó controversia. A la Liga Antidifamación (ADL) de B'nai B'rith le molestó (como era de esperar) que yo sostuviera en este libro, *Juicio Final*, que el Mossad, el servicio de inteligencia israelí, había desempeñado un papel de primera línea en el asesinato de JFK junto con la CIA y el Sindicato del Crimen de Lansky.

El *Times* informó de que la ADL acusó a su servidor "de ser partidario de la negación del Holocausto y calificó de ridícula su afirmación de que los israelíes mataron a Kennedy". La ADL no pudo probar que yo fuera un "partidario de la negación del Holocausto", pero por supuesto la ADL ve esto como un golpe mortal final y que tales acusaciones son juego limpio cuando se trata de silenciar a cualquiera que se oponga a su agenda.

Que la ADL suponga que mi acusación de implicación israelí en el asesinato de JFK es "ridícula" es francamente risible. Dado que la ADL no sólo funciona como una fuerza importante del lobby israelí en Estados Unidos, sino que también es el brazo de inteligencia y propaganda del Mossad, parece poco probable que la ADL apoye mi tesis.

En cualquier caso, debido al intenso y altamente histérico clamor de la ADL, el seminario sobre JFK fue cancelado, a pesar de que funcionarios de la universidad y otras personas habían declarado pública y abiertamente que estaban preocupados por las implicaciones y consecuencias de la campaña de presión de la ADL para restringir la libertad de expresión, especialmente en un foro universitario.

No obstante, aparecieron informes sobre el asunto en periódicos de todo el país, incluido un comentario en *Newsweek* de George Will, firme defensor de Israel.

Así que me complace decir que ha habido un lado positivo en todo esto. Hoy, por primera vez desde que se publicó por primera vez *Juicio Final* en 1994, los lectores de los "principales periódicos" de Estados Unidos se han enterado de que circula la teoría de que el Mossad israelí estuvo implicado en el asesinato de John F. Kennedy.

Como dije a *Los Angeles* Times y se me citó en un segundo artículo el 22 de agosto: "La Liga Antidifamación no ha oído lo último *del Juicio Final*. Le han dado una patada en la puerta. Ahora va a haber mucho debate sobre este libro", le guste o no a la ADL.

Aunque el periodista de *Los Angeles* Times Michael Granberry ha intentado presentar mi punto de vista, me siento obligado a comentar varios aspectos del artículo de *Los Angeles Times*, ya que es necesario contar la historia completa que hay detrás del artículo.

El *Times* citó a un tal Gerald Posner, autor de *Case Closed*, como experto en la conspiración de JFK. El hecho es que Posner ha sido ampliamente vilipendiado por los principales investigadores del asesinato de JFK por escribir *Case Closed*, que afirma que el informe de la Comisión Warren era correcto (a pesar de algunos defectos) y que Lee Harvey Oswald actuó solo.

Se dice que el cosmopolita Sr. Posner estaba "horrorizado" de que se hubiera programado el seminario y dijo: "Me parece similar a la idea de que el Holocausto fue un engaño". Da la casualidad de que ésta es precisamente la línea propagandística promovida hoy por la ADL, que declaró que si la gente cree que hubo una conspiración tras el asesinato de JFK, también podría acabar creyendo que no hubo Holocausto.

En *Antisemitism in America Today: Outspoken Experts Explode the Myths*, el Director Nacional de la ADL, Abe Foxman, afirma sin rodeos:

"Si algunos segmentos de la población están realmente dispuestos a creer que el presidente Kennedy fue asesinado por el complejo militar-industrial porque era demasiado blando con el comunismo... entonces no es difícil imaginar que algunas de esas mismas personas caigan en las mentiras de Bradley Smith o en las invenciones de Louis Farrakhan y Leonard Jeffries.

"Todas estas teorías de la conspiración comparten la característica fundamental de que la "investigación" que las sustenta -poco más, de hecho, que una colección de anécdotas separadas de su contexto original- está amañada para conducir a conclusiones predeterminadas, no a revelaciones históricas o de inteligencia."

(Dicho Smith, por cierto, defiende la opinión, también compartida por Jim Marrs, el investigador de la llamada "corriente principal" en el asunto JFK, de que el número de judíos que murieron en el Holocausto fue exagerado.

(Farrakhan y Jeffries, indiscutiblemente, son figuras negras francas que corroboraron el importante papel judío en la trata de esclavos y dieron mucho tormento a la ADL).

En resumen, si usted cree en una teoría conspirativa sobre el asesinato de JFK, en realidad podría creer algo más sobre otros casos -como el holocausto o la trata de esclavos- que la ADL no quiere que crea.

Pero volvamos a Posner, el amigo de la ADL. De hecho, el libro de Posner no es más que un refrito del informe original de la Comisión Warren, completado con una ofensiva mezcolanza de virulentos ataques no sólo contra una serie de investigadores encargados del caso JFK, sino también contra ciudadanos que presentaron pruebas creíbles que demostraban una conspiración detrás del asesinato del Presidente. Pero, ¿quién es exactamente Posner? ¿Por qué se ha convertido en uno de los favoritos de la ADL y de otros críticos *del Juicio Final* (y de las teorías de la conspiración sobre JFK en general)?

Jim Marrs, autor de *Crossfire*, un popular compendio de teorías conspirativas sobre JFK, ha sido un feroz crítico de Posner y ha hecho públicas sus críticas, tiene sus propias opiniones (citables) sobre el origen de Posner.

En el número de otoño de 1995 de la revista *Paranoia*, un artículo de Posner revelaba que éste había admitido en privado a Marrs que Bob Loomis, un ejecutivo de *Random House*, le había propuesto escribir un libro sobre el asesinato de JFK, prometiéndole que la CIA abriría sus propios archivos sobre el asesinato de JFK para que él pudiera escribir el libro.

Por eso Marrs condenó a Posner como testaferro de la CIA. ¿Por qué Loomis pidió a Posner -de entre todos los autores del mundo- que escribiera el libro? Según Marrs: "Probablemente porque [Posner] había sido utilizado como instrumento por la CIA en su libro anterior, *Hitler's Chilren*. En ese libro entrevistó a los hijos de altos dirigentes nazis. ¿Cómo se consigue hacer eso? ¿Cómo averiguas quiénes son? Todos han cambiado sus nombres. ¿Cómo los localiza? A Posner también debió tenderle una trampa la CIA para ese libro", dice Marrs.

Marrs está (con razón) molesto por la forma en que los principales medios de comunicación promocionaron el libro de Posner en el 30 aniversario del asesinato de JFK. Era obvio entonces (como lo es ahora) que los medios querían que el público creyera que el caso JFK era un "caso sin resolver". Sorprendentemente, el mayor impulso mediático para el libro de Posner se produjo en la edición del 30 de agosto de 1993 de U.S. News & World Report, que dio al libro un artículo de portada ampliamente publicitado. Probablemente molestaré a algunos señalando que U.S. News es propiedad de Mort Zuckerman, una de las figuras más elocuentes y poderosas del lobby israelí en Estados Unidos.

En un apéndice de esta edición de *Juicio* Final, analicé el libro de Posner y demostré lo patético que era. Sin embargo, para quienes estén interesados en una crítica más completa de Posner, recomiendo encarecidamente *Caso abierto*, de Harold Weisberg, un avezado investigador del asunto JFK.

Demasiado para Gerald Posner. Aunque no es una fuente fiable (obviamente), *Los Angeles Times* se complació en citar su crítica de *Juicio final*, que Posner considera una de las teorías "más extravagantes" presentadas hasta la fecha, según el *Times*.

Los Angeles Times también citó a un tal Chip Berlet, a quien describió como alguien que "ha estudiado el asesinato en profundidad" y como "analista senior" en un "think tank... que examina el pensamiento totalitario". Berlet dijo que mis opiniones representaban "más allá de lo real".

En primer lugar, no conozco nada que Berlet haya escrito sobre el asesinato de JFK (aparte de ataques aleatorios a otros teóricos de la conspiración de JFK), así que no conozco ninguna prueba publicada de su "estudio en profundidad". Esto contrasta fuertemente con lo que fue, en su momento, la tercera edición de 385 páginas de *Juicio Final*, que estaba documentada con 746 notas a pie de página.

Además, el llamado "think tank" que emplea a Berlet sirve a sus propios intereses personales. El *Times* no hizo hincapié en este punto al presentar a Berlet como una especie de analista objetivo. Lo que el *Times* tampoco mencionó fue que el "think tank" de Berlet estaba financiado por al menos dos conocidas empresas pantalla de la CIA. Así que podemos ver, incluso hoy, de dónde viene Berlet.

En este punto, también debo señalar que destacados activistas de la "nueva izquierda" de los años sesenta, como Ace Hayes (ya fallecido), editor de *Portland Free Press*, y Daniel Brandt, del boletín *NameBase NewsLine*, habían seguido de cerca a Berlet durante mucho tiempo y habían llegado a la siguiente conclusión:

1) No cabe duda de que Berlet ha colaborado estrechamente con la ADL hasta el punto de que se le considera mucho más que un "cómplice" de la ADL y, en el peor de los casos, quizá uno de sus agentes secretos; y

2) Berlet también podría tener vínculos ocultos con la CIA, incluida su participación en un grupo "estudiantil" financiado por la CIA en la década de 1960.

Otros han señalado que, a pesar de su apodo bonachón, el verdadero nombre de Berlet era John Foster Berlet. Fue bautizado en honor del ex Secretario de Estado John Foster Dulles, que al parecer estaba relacionado con el padre de Berlet. El hermano de Dulles, Allen, por supuesto, no sólo fue despedido como director de la CIA por JFK, sino que se convirtió en miembro de la Comisión Warren que encubrió la verdad sobre el asesinato.

Así que, dado que *Juicio Final* acusa a la CIA de colaborar con el Mossad en el asesinato de JFK, podemos entender por qué Berlet (y Posner) están interesados en *Juicio Final* en secreto. Es evidente que la ADL orientó a *Los Angeles Times* hacia Posner y Berlet, sabiendo que los dos "expertos" relacionados con la CIA se saldrían con la suya.

El *Times* también citó a Roy Bauer, profesor de filosofía de la UC Irvine Valley, refiriéndose a mí (y a los demás ponentes de la conferencia) como "chiflados". (Fue Bauer, al parecer, quien había llamado originalmente a la ADL para quejarse de mi inminente asistencia al seminario). Estoy seguro de que Bauer nunca ha leído mi libro, por lo que acusarme de ser un "chiflado" es un insulto malintencionado e infundado de la peor calaña. Es más, aunque no estoy familiarizado con la "filosofía" propugnada en clase por el buen profesor, está claro que no es una filosofía coherente con la tradición estadounidense de libertad de expresión.

Intenté varias veces ponerme en contacto con Bauer para hablar con él directamente, pero se negó a coger mis llamadas. Cuando por fin conseguí ponerme en contacto con Bauer, me dijo que le habían "aconsejado" que no hablara conmigo y colgó inmediatamente. Este consejo, estoy seguro, vino directamente de los amigos de Bauer en la ADL. Durante años, la ADL ha mantenido una política de "negarse a debatir" con aquellos a los que tan febrilmente ataca en la prensa. El angustiado Bauer, por supuesto, se sentía cómodo lanzando críticas desde lejos y llamando a la "policía del pensamiento" de la ADL, pero no tenía fuerzas para enfrentarse a mí directamente.

Los Angeles Times también informó, por cierto, de que el administrador universitario Steve Frogue, padrino del malogrado seminario de la universidad, había afirmado algún tiempo antes que "la ADL estaba detrás" del asesinato de Kennedy. Frogue no dijo eso. De hecho, lo que Frogue sí dijo fue que había pruebas (claramente documentadas en *Juicio Final*) de que era posible que las extrañas actividades de Lee Harvey Oswald en Nueva Orleans formaran parte de una de las famosas (o infames) investigaciones de la ADL.

El reportero *del* Times (quizás) malinterpretó los comentarios de Frogue sobre la conexión de la ADL con Oswald, pero ahora que se ha informado repetidamente de la mala interpretación, importa. Pero Frogue no dijo lo que se supone que dijo. No obstante, en *Juicio Final* se examinan por primera vez las (sorprendentes) conexiones de Oswald con la ADL.

Pobre Sr. Frogue. Como joven admirador de JFK, Frogue estaba dispuesto a alistarse en el Cuerpo de Paz, inspirado por la Nueva Frontera de Kennedy. Sin embargo, cuando el Presidente murió, Frogue se sintió tan frustrado y desilusionado que en su lugar se alistó en el Cuerpo de Marines. Como profesor universitario y líder comunitario (y estudiante a tiempo parcial de las teorías conspirativas sobre JFK), Frogue pensó que un foro universitario -bajo los auspicios de la Southern Area Community University del condado de Orange (de la que fue elegido presidente)-

sería una forma ideal de debatir la teoría presentada en *Juicio Final*, así como otras teorías competidoras -incluida la que dice que "los nazis mataron a JFK".

Pero la ADL pensaba de otro modo. No tenían ningún deseo de permitir que los estudiantes universitarios y otros participantes interesados oyeran lo que yo tenía que decir. Consideraban la tesis *del Juicio* Final tan peligrosa que hicieron todo lo que estuvo en su mano para impedir que se me escuchara. Como resultado, el proyecto de Steve Frogue fue saboteado por una campaña de desprestigio contra mí y contra este hombre honesto, que probablemente él nunca habría imaginado posible.

Los Angeles Times informó correctamente de mi comentario de que JFK había estado involucrado en una amarga lucha con el Primer Ministro israelí David Ben-Gurion sobre los esfuerzos de Israel para construir un arsenal nuclear. El joven periodista, Mike Granberry, me había preguntado concretamente (y era una buena pregunta, huelga decirlo): "Mis editores quieren saber por qué crees que Israel se opondría a John F. Kennedy", así que se lo expliqué y publicó mi respuesta.

Lo que el *Times* no informó fue que yo también había señalado que tras la muerte de JFK, la política estadounidense hacia Israel bajo Lyndon Johnson había dado un giro completo e inmediato de 180 grados y, lo que es más importante, el programa de la bomba nuclear israelí había proseguido sin obstáculos.

Como dije a The *Times* (pero que no fue publicado): "Aunque se debate si Estados Unidos habría seguido o no implicado en Vietnam si JFK hubiera sobrevivido, no hay absolutamente ninguna duda sobre el drástico giro de la política estadounidense en Oriente Próximo del que Israel fue el principal beneficiario". Señalé al *Times* que cuatro eminentes autores, Seymour Hersh, Stephen Green y Andrew y Leslie Cockburn, habían escrito extensamente sobre la política de JFK hacia Israel y que yo me basaba casi exclusivamente en sus conclusiones.

No dije, como informó The *Times*, que hubiera puesto en duda la cifra ampliamente extendida de que "seis millones de judíos" murieron a manos de los nazis, ni aludí en ningún momento a alegaciones de que la cifra fuera mucho menor. Lo que dije fue lo siguiente: "En primer lugar, mi libro trata del asesinato de JFK. No tiene nada que ver con el Holocausto. El asesinato de JFK tuvo lugar en 1963. El Holocausto terminó en 1945. Mi punto de vista sobre lo que ocurrió o no durante el Holocausto no tiene nada que ver con mi libro sobre el asesinato de JFK. Ese es un tema completamente diferente.

"En cuanto a las cifras", dije, "he oído hablar de seis millones toda mi vida. No puedes darte la vuelta sin leer sobre ello en la prensa todo el tiempo". Sin embargo, añadí, "en los últimos años, algunos historiadores judíos han afirmado que la cifra ascendía a siete o incluso ocho millones. Así que no sé cuál es esa cifra.

(Para un ejemplo de tal afirmación de que la cifra podría ascender a 7 millones, véase el augusto *Washington Post* del 20 de noviembre de 1996, el número del muy reputado *Jerusalem* Post de la semana que terminó el 23 de noviembre de 1996, y las ediciones del 23 y 30 de mayo de 1997 del New York Jewish Press, todos ellos considerados totalmente "responsables" por la ADL).

Nunca sugerí a *Los Angeles Times* que yo creyera, como el *Times* falsamente afirmó, "que ningún judío fue asesinado en cámaras de gas". Se trató de una libertad literaria por parte del periodista, que supuso que ésa era mi opinión basándose en lo que la ADL ya le había dicho (falsamente) acerca de mis puntos de vista sobre esta cuestión irrelevante.

*A pesar de todo esto, por supuesto, mi libro sobre JFK **no tenía nada que** ver con el Holocausto, a pesar de los maliciosos y falsos dislates de la ADL.*

Y probablemente merezca la pena señalar que un puñado de autodenominados revisionistas del Holocausto - "negacionistas del Holocausto" en la jerga de la ADL- no sólo han intentado detener la distribución de *Juicio Final* y desacreditarlo, ¡sino que estos mismos intrigantes han conseguido sabotear una traducción en curso del libro al ruso! ¡Demasiadas tonterías sobre el Holocausto! ¡!

Francamente, dudo mucho que si yo hubiera estado "a favor" de la cuestión del aborto, la Iglesia Católica hubiera lanzado una gran campaña de difamación sobre esa base para impedirme hablar sobre el tema no relacionado del asesinato de JFK. Así que, una vez más, debemos preguntarnos precisamente por qué la ADL se opuso tan rotundamente a que se escuchara mi conferencia y luego introdujo el tema *fuera de lugar* de "el Holocausto". La respuesta es obvia. En última instancia, la reacción histérica de la ADL *ante Juicio Final* valida la tesis de este libro. Es tan simple como eso.

Los Angeles Times se refirió a John Judge, otro ponente previsto en el seminario cancelado, y señaló que era conocido por su adhesión "a las teorías conspirativas del difunto fiscal de distrito de Nueva Orleans Jim Garrison" y que "esas teorías no tenían connotaciones antisemitas".

Curiosamente, Judge se negó a dejarme intervenir en una conferencia sobre JFK que organizó aquí, en Washington, en octubre de 1996. La excusa diplomática de entonces (en palabras del socio de Judge, Philip Melanson) fue que el programa de la conferencia "intentaba centrarse en problemas y cuestiones de fondo más que en amplios temas y teorías históricas." Sin embargo, los socios de Judge dijeron a uno de los asistentes, que había preguntado por qué *el Juicio Final* no se exponía en esta conferencia: "Ni Michael Collins Piper ni su libro son bienvenidos aquí". Por último, cuando el nombre de Judge se unió al mío en comunicados de prensa, Judge se apresuró a enviar una carta al *Orange* County *Register* asegurando a sus lectores que él y sus colegas ciertamente no tenían nada que ver con un extremista como yo. *Y sin embargo, incluso Judge está en apuros en lo que respecta a la ADL: después de todo, Judge también cree en una teoría de la conspiración, ¡y eso es maaaaal!*

Así que me parece bastante divertido que Judge se describa ahora como un "chiflado" junto a mí. Al igual que otro individuo que iba a hablar en el seminario de California -un tal Dave Emory- que sostiene que los nazis estuvieron detrás del asesinato de JFK. No voy a obligar al lector a comentar aquí esta noción en particular, aunque en el capítulo 15 de *Juicio* Final proporciono alguna información interesante sobre la supuesta "conexión nazi" de Emory que demuestra que era cualquier cosa menos eso.

De hecho, la tesis presentada en *Juicio Final, por así* decirlo, *reivindica* la acusación de Jim Garrison contra Clay Shaw por su implicación en el complot para asesinar a JFK. Garrison esbozó primero el papel de Clay Shaw en la conspiración y en el capítulo 15 se describen detalladamente los vínculos de Shaw con Israel. Sin embargo, tengo que decir que la teoría presentada en *Juicio Final* no se apoya en Clay Shaw. *Con o sin Shaw, existen numerosas pruebas en muchos otros ámbitos que apuntan a la implicación israelí en el asesinato de JFK.* Sin embargo, la complicidad de Shaw en la conspiración no hace sino cerrar el círculo de la historia, como se verá.

En cuanto a la sugerencia *del Times* de que mi tesis tiene "tintes antisemitas", diré lo siguiente: no creo que el libro sea "antiisraelí" o "antisemita". Y punto. Criticar las acciones de Israel y su lobby en este país no es "antisemita" y la gente con sentido común que no tiene intereses creados religiosos o políticos así lo entiende.

El crítico Kenn Thomas, en su revista de teoría de la conspiración *Steamshovel Press*, observó que "el libro no puede leerse sin tratar de identificar la sutil distinción entre la crítica antiisraelí/antisionista y el antisemitismo trasnochado". Creo que esto es absurdo. Sin embargo, para ser sincero, tengo que considerar que Thomas hizo esta observación (en el contexto de una crítica a regañadientes) simplemente con la esperanza de evitar ser tachado él mismo de "antisemita" por sugerir (como hizo) que el lector podría aprender mucho leyendo el libro sobre la poco conocida lucha secreta de JFK con Israel. Como ven, hay muchos cobardes entre estos supuestos investigadores de conspiraciones: "¿Involucración del Mossad? Oh, no!", gritan, y luego añaden, susurrando entre ellos: "Pero, si fuera el caso, por favor, no lo digan. Quedaríamos desacreditados en nuestra investigación". Pobre gente.

Israel, en mi opinión, no es más que otro país extranjero y no merece más trato especial que Irlanda o Islandia. Sin embargo, en Estados Unidos existe un grupo de presión muy fuerte a favor de Israel (que incluye a algunos de sus partidarios más poderosos, como cristianos muy destacados como Jerry Falwell y Pat Robertson) y, como consecuencia, Israel tiene mucho poder sobre la política exterior estadounidense. Debido a esta "relación especial", Israel ocupa una posición única que le ha colocado en la línea de fuego de las críticas. Israel no está libre de culpa y, puesto que desea ejercer su influencia, debe esperar que se le critique.

Creo firmemente que el Mossad estuvo implicado en el asesinato de JFK y que Israel debe responder de sus actos. Es tan simple como eso. Si hubiera pruebas de que los árabes desempeñaron un papel en el asesinato de JFK, también habría que exigirles responsabilidades. Sin embargo, las pruebas no apuntan en la dirección de los árabes.

Sea como fuere, tengo derecho, en virtud de nuestra vieja constitución estadounidense (al menos de momento), a que se escuchen mis opiniones. Si alguien (erróneamente) interpreta esas opiniones como "antiisraelíes" o "antisemitas", también está en su derecho. Pero oponerse a las fechorías de Israel no es ser "antisemita", diga lo que diga la ADL. En cualquier caso, francamente me da igual lo que piense la ADL.

Las pruebas presentadas en *Juicio Final* se sostienen por sí solas, digan lo que digan los acusadores de la ADL y sus diversos cómplices. Cualquiera que afirme que yo creo que el asesinato de JFK fue un "complot judío" es un mentiroso o un tonto, o ambas cosas, o al menos un analfabeto.

A pesar de todo, como ya he dicho, el frenesí generado por el seminario universitario dio una publicidad increíble y totalmente inesperada a la tesis presentada en *Juicio final*

De los 27 artículos diferentes que me fueron presentados sobre la controversia en los días siguientes al artículo inicial de *Los Angeles* Times, 21 de ellos (basados en el artículo *del Times* y en el informe de *Associated* Press) decían específicamente que el seminario contaba con un ponente que sostenía que el Mossad había estado implicado en el asesinato del Presidente. La mayoría de las referencias, de hecho, aparecían en los párrafos iniciales de los artículos en cuestión.

No todos los artículos mencionaban *el Juicio* Final por su título -aunque muchos sí lo hacían-, pero la tesis presentada en el libro era definitivamente referenciada y sin duda sorprendió a quienes nunca antes habían oído hablar de la teoría.

Algunos de los titulares de los propios artículos eran bastante directos: "Oradores dicen que Kennedy fue asesinado por un complot israelí" rezaba el artículo *del Bryan College Station Eagle* de Texas. "Conferenciante invitado dice que Israel planeó el asesinato" anunciaba un subtitular *del Miami Herald*. "Conferenciantes culpan a los israelíes de la muerte de JFK", declaraba el *Chicago Sun-Times*. "Profesores universitarios culpan a Israel de la muerte de JFK", declaraba el *Birmingham News*. Al informar de que una "revuelta" había obligado a cancelar el seminario, el *Pasadena Star-News* añadía (falsamente) que "un panelista dijo que los judíos estaban detrás de la muerte de JFK".

Y así se difundió por todo el país. En última instancia, la gran ironía es que si la ADL hubiera ignorado el seminario, el papel del Mossad de Israel en el asesinato de JFK nunca habría recibido una cobertura nacional tan amplia en la prensa diaria.

Irónicamente, Michael Granberry, el joven que cubrió la historia para *Los Angeles Times* -y cuyo titular apareció en numerosas historias en todo el país- dejó su puesto poco después de que apareciera la historia. ¿Pagó Granberry el precio de contar demasiado a sus lectores sobre la tesis *del Juicio Final*? No lo sé, pero es un pensamiento aleccionador.

En su honor, el famoso comentarista Nat Hentoff, autor de una columna muy leída sobre cuestiones relacionadas con la Primera Enmienda, intervino en la controversia. Hentoff escribió: "No hay libertad académica a menos que uno tenga la libertad de hablar sobre una idea, no importa lo burda o grosera que pueda ser" (la sugerencia es, por supuesto, que mi tesis es "grosera" por la propia naturaleza de haber dicho algo poco amistoso con Israel - ¡esa es una redefinición única de "grosero"!)

Los comentarios de Hentoff se presentaron en un informe titulado "Free Speech in the Fiery Academic Environment", publicado por el First Amendment Center de la Universidad de Vanderbilt. Resulta que Caroline Kennedy, hija del difunto presidente, no es otra que Caroline Kennedy, miembro del consejo asesor del centro.

Está claro, pues, que Caroline probablemente haya oído hablar de *Juicio Final*, al igual que varios miembros de su familia y, como veremos, probablemente su difunto hermano.

En cualquier caso, como resultado directo de su histérico (y exitoso) esfuerzo por impedir que yo apareciera en el seminario de Orange County, la ADL sufrió un histórico (y bien merecido) "doble golpe" en ocho días, como resultado directo de la controversia.

En primer lugar, el 12 de octubre de 1997 el *Orange County Register*, el mayor diario de una de las áreas metropolitanas más densamente pobladas del país, publicó un extenso comentario en el que respondía a los ataques de la ADL y exponía la tesis del libro.

Era la primera vez, desde la publicación de *Juicio Final* en enero de 1994, que un periódico de gran tirada daba tanta publicidad a las acusaciones formuladas en el libro.

Aunque junto a mi comentario se publicó un débil intento de "refutación" por parte de Bruno Medwin, portavoz de la ADL, la floja respuesta de la ADL ni una sola vez intentó refutar ninguna de mis acusaciones. De hecho, el comentario de la ADL inducía a error a los lectores al sugerir que la ADL creía que las teorías de la "corriente dominante" sobre un posible complot para asesinar a JFK tenían derecho a ser escuchadas.

De hecho, como ya hemos señalado, el Director Nacional de la *ADL*, *Abe Foxman, ha dicho en otro lugar que cualquier teoría sobre el asesinato es potencialmente peligrosa e infundada*. Es evidente que la ADL está dispuesta a cambiar de posición, según el público, lo que de entrada dice mucho de su falta de honradez.

Luego, una semana más tarde, el 20 de octubre de 1997, la ADL tuvo que soportar una conmoción aún más grave. En una reunión del consejo del Southern Orange County Community College (SOCCCD), el presidente del consejo, Steven Frogue - que me había invitado al seminario sobre JFK en el condado de Orange- fue reelegido por 4 votos contra 3, para gran consternación de la ADL.

Aunque la ADL pidió la cabeza de Frogue y envió a sus defensores a instar su dimisión de la junta -o su destitución forzosa-, el esfuerzo no tuvo éxito. Entonces, otro miembro del consejo, Marcia Milchiker -miembro a su vez del consejo de la división local de la ADL- presentó una resolución para destituir a Frogue, pero su plan fracasó.

El intento fallido de castigar a Frogue se produjo después de una gran concentración en la que se permitió hablar a unos cuarenta miembros del público en general y la mayoría de ellos -ciudadanos de a pie, profesores, estudiantes y otros- se levantaron para defender a Frogue, desafiando públicamente a la ADL a pesar de que los empleados de la ADL sostenían fotografías de los participantes en la reunión. "Esto es control del pensamiento", dijo el orador James Scott, denunciando la campaña de la ADL y afirmando (entre aplausos) que "esta noche mandamos nosotros".

Cuando Marcia Milchiker, de la ADL, vio que había una *verdadera* protesta pública contra sus esfuerzos por desbancar a Frogue -en contraste con la campaña *orquestada* por la ADL-, Milchiker sólo pudo responder de forma farragosa, incoherente y bastante patética, lo que llevó a otros miembros del consejo a exigirle que recortara sus declaraciones.

Al describir su "investigación" sobre los orígenes *del Juicio Final* y citar sus supuestos hallazgos, Milchiker se refirió a mí en un momento dado como "William Collins Piper", mostrando precisamente lo adecuada que era realmente su investigación. Milchiker afirmó ser "científica" (y, por tanto, presumiblemente capaz de leer), pero no respondió cuando un airado contribuyente del Condado de Orange gritó "¿Ha leído el libro?" mientras Milchiker intentaba explicar (sin ninguna documentación de apoyo) por qué *el Juicio Final* simplemente no podía ser creído.

Al llegar a la reunión, Milchiker estaba seguro de que Frogue se marchaba. Menuda sorpresa le esperaba. Al final, Milchiker afirmó que la teoría *del Juicio* Final era "científicamente indemostrable", "escandalosa" y "absurda", pero no demostró por qué. Simplemente no pudo. Al final, otro miembro de la junta, Dorothy Fortune, hablando en defensa de Frogue, acusó públicamente a Milchiker -que es judía- de "jugar la carta de la religión con fines políticos". Por tanto, Frogue fue reelegida.

Pero la ADL tenía otra carta en la manga. Utilizando a Buckner Coe, un ministro jubilado, como testaferro, la ADL orquestó una campaña de destitución contra Frogue. Aunque el esfuerzo no consiguió reunir las firmas necesarias de los 35.000

votantes del sector universitario antes de marzo de 1998, una fuente "anónima" donó 10.000 dólares y se relanzó la campaña de destitución.

En ese momento, la ADL intentó establecer un "frente unido" contra Frogue, instando a diversos grupos de intereses especiales, entre ellos asiático-americanos, latinos, negros y activistas de los derechos de los homosexuales, a apoyar la derogación. Aunque la estratagema no consiguió generar más interés, la ADL se negó a darse por vencida y pidió a una serie de destacados políticos del sur de California, entre ellos dos congresistas republicanos -Dana Rohrabacher y Christopher Cox-, que pidieran la destitución de Frogue. Junto con otros funcionarios republicanos, los dos legisladores unieron fuerzas con sus amigos del Partido Demócrata para echar mano de sus fondos de campaña para ayudar a financiar la campaña de la ADL para desbancar a Frogue, generando unos 40.000 dólares en una recaudación de fondos muy popular.

George Kadar, residente en el condado de Orange, que formó un comité ad hoc para apoyar a Frogue, también fue objeto de ataques por parte de los medios de comunicación. En una ocasión, un periodista proclamó que Kadar era, según la ADL, también "antiinmigrante", avergonzado al enterarse más tarde de que el propio Kadar era un inmigrante que había huido de la "policía del pensamiento" altamente comunista de Europa del Este, cuyas tácticas fueron tan bien imitadas -y adoptadas en el condado de Orange- por la ADL y sus aliados.

En medio de la campaña de peticiones contra las drogas, Harriet Walther, miembro de la ADL, afirmó que había sido víctima de un ataque "antisemita" fuera de la oficina del secretario del condado. Walther afirmó que personas de la oficina del secretario habían visto el incidente, pero según el informe del *Orange County Register* del 4 de febrero de 1998, una supervisora de la oficina, Mai Kang, dijo que, según el *Register*, "nadie vio la agresión."

Por mi parte, en pleno frenesí, me dirigía al condado de Orange para hablar en una reunión pública del Consejo de Administración del SOCCCD (Southern Orange County Community College) en junio de 1998.

El acto fue un circo mediático, con la prensa y guardias armados muy visibles mientras cientos de personas se agolpaban en la sala de reuniones y en una sala adyacente donde una multitud abarrotada podía ver los procedimientos en directo gracias a la magia del vídeo. Esperando fuera antes de la reunión, un joven periodista idealista de un periódico local de la comunidad judía hizo denodados esfuerzos por señalarme como "negacionista del Holocausto" y "antisemita" y por cuestionar la tesis *del Juicio Final*. Sin embargo, *se oyó a* Bob Ourlian, periodista de *Los Angeles Times*, susurrar a la joven: "No intentes discutir con este tipo. Es muy elocuente y sabe de lo que habla", y ella cambió rápidamente (y con buen criterio) de actitud.

De hecho, una semana antes había enviado a Ourlian un ejemplar de *Juicio Final*, por lo que él sabía perfectamente que el libro había sido cuidadosamente investigado y que yo controlaba totalmente la información que había presentado. En cuanto al Holocausto, se lo dije a la prensa:

> **Estoy harto de oír hablar del Holocausto. Es aburrido. Ya está bien. Ocurrió hace más de 50 años, mucho antes de que yo naciera. Mi abuela envió a cuatro de sus hijos -mi padre y tres de sus hermanos- a luchar en la Segunda Guerra Mundial.**

> Participaron en actividades de rescate del Holocausto como miembros del ejército de EE.UU. Mi padre pasó un tiempo en un hospital de veteranos por sus acciones en favor de los judíos. Así que por favor: Realmente no quiero oír hablar del Holocausto. Estoy aquí para hablar del asesinato de JFK.
>
> Pero si quiere saber más sobre un Holocausto real, que está ocurriendo ahora mismo, echemos un vistazo a lo que les está ocurriendo a los nativos americanos en los campos de concentración de Estados Unidos eufemísticamente llamados "reservas".
>
> Mi tatarabuelo era un indio americano de pura cepa y, por lo que sé, hoy tengo familia en las reservas, que sufre malnutrición, alcoholismo, altas tasas de suicidio y otras tragedias.
>
> A pesar de todo esto, el gobierno federal está recortando la ayuda a las reservas, pero miles de millones de dólares de los contribuyentes estadounidenses se vierten en Israel. Si quieres hablar de *este* holocausto, estaré encantado de hacerlo.

Huelga decir que los periodistas no parecían interesados en hablar de este tema y, francamente, no me sorprende.

Fue todo un drama. El corpulento profesor Roy Bauer apareció acompañado de un grupo de mujeres risueñas y muy poco agraciadas que le chistaron en sus juegos mentales mientras hacía circular un "informe" malintencionado de cuatro páginas titulado "¿Quién es Michael Collins Piper?" que pretendía detallar mis crímenes contra el pueblo judío. Pero lo interesante era que Bauer había abandonado su acusación de que yo era un "negacionista del Holocausto", afirmando ahora que aparentemente yo era sólo un "revisionista" del Holocausto.

Marcia Milchiker, mi principal detractora en la junta del SOCCCD estuvo tristemente ausente. Aunque durante todo un año tuvo mucho que decir sobre mí y mi editorial, incluida la acusación patentemente ridícula de que estábamos intentando "resucitar al Partido Nazi", se negó (al más puro estilo de la ADL) a enfrentarse a mí cuando quise confrontarla. A pesar de haber sido el centro de feroces discusiones públicas en las reuniones del SOCCCD durante casi un año, la junta, lamentablemente, no me concedió más de tres minutos para hablar (la misma cantidad de tiempo asignada a otros oradores).

Sin embargo, mientras yo hablaba, Irv Rubin, el jefe de la violenta Liga de Defensa Judía (JDL), y dos socios igualmente repugnantes gritaban desde el público, lo que llevó a la policía a expulsar definitivamente a uno de los amigos de Rubin, un extraño troll llamado Barry Krugel.

En un momento dado, exasperado, dije a la junta con toda franqueza: "Aquí se ha hablado mucho de 'antisemitismo', pero si alguna vez ha habido un argumento a favor del antisemitismo, viene del autoproclamado portavoz de la comunidad judía de aquí", refiriéndome a Rubin.

Hubo, sin embargo, un lado positivo en este acontecimiento tan ruidoso. Al día siguiente fui invitado por el profesor de periodismo de la Universidad Saddleback, Lee Williams, a hablar ante su clase en el campus universitario. Williams cursó la invitación en nombre del personal del periódico de la universidad y yo me reuní con el personal de la oficina del periódico en el campus, donde *los estudiantes hicieron preguntas reflexivas y mostraron el mismo tipo de curiosidad intelectual que la ADL estaba tan decidida a suprimir.*

Los estudiantes no sólo desafiaron a quienes querían que la ADL prohibiera el libro pidiéndome que posara para una foto con ellos, sino que más tarde fueron más allá y, como grupo, desafiaron públicamente a la ADL saliendo en defensa de Steve Frogue.

Pero el llamamiento de la ADL a la destrucción de Frogue continuó. La ADL consiguió incluso crear una efímera alianza entre la representante demócrata Loretta Sánchez, del condado de Orange, y su acérrimo oponente, el ex representante Bob Dornan, el republicano al que Sánchez había derrotado por un estrecho margen en 1996 y que había sido expulsado en las elecciones de 1998. Tanto Sánchez como Dornan apoyaron la campaña de destitución a petición de la ADL. Sin embargo, Sánchez dio marcha atrás después de que muchos de sus partidarios hispanos (que despreciaban a Dornan) se burlaran de su "pacto con el diablo".

A pesar de toda esta potencia de fuego, el plan de retirada de la ADL fracasó. Al final, el 12 de noviembre de 1998, los incitadores al odio de la ADL sufrieron una vergonzosa derrota. La campaña apoyada por los medios de comunicación que había durado más de 16 meses para destituir a Frogue se detuvo abruptamente. El secretario electoral del condado de Orange dictaminó que el equipo de una docena de peticionarios no había cumplido su cometido, al haber presentado unas 13.000 firmas no válidas.

La cobertura mediática del Waterloo de la ADL fue interesante. Kimberly Kindy, del *Orange County Register*, que había denunciado con gran interés la campaña de la ADL contra Frogue, olvidó mencionar el papel de la ADL en este desvergonzado recordatorio en su informe, notablemente breve, sobre la detención de dicha campaña. En su lugar, la Sra. Kindy se centró en el papel de demócratas y republicanos en la acción, sin indicar ni una sola vez que la ADL había sido la principal impulsora del torpe esfuerzo por debilitar a Frogue.

Aquí hay una anécdota interesante. A mi viejo némesis, el profesor Roy Bauer, le ordenaron que acudiera a un psiquiatra a causa de los incendiarios escritos de su difamatorio boletín del campus, en el que yo había sido uno de sus objetivos. Bauer demandó a la junta del SOCCCD, alegando que se habían violado sus derechos de la Primera Enmienda. La preocupación de Bauer por la libertad de expresión no significaba mucho cuando estaba trabajando para suprimir mis libertades, pero cuando cambiaron las tornas, se fijó más en la Declaración de los Derechos Humanos. Bauer ganó su caso y me alegro de que lo hiciera porque, a diferencia de Bauer, yo creo en la Primera Enmienda, aunque él y la ADL no lo hagan.

Steve Frogue se negó a presentarse a la reelección a la junta del SOCCCD en 2000, pero podemos estar seguros de que el "caso del Juicio Final" se habría vuelto en su contra. Sin embargo, el hecho es que la ADL había sufrido una violenta derrota en el condado de Orange y también en Schaumburg, Illinois, como veremos más adelante. La ADL seguirá siendo derrotada en este asunto mientras yo tenga algo que decir al respecto, y la ADL lo sabe.

Por su parte, el repugnante Irv Rubin, de la JDL (Liga de Defensa Judía), ya está muerto: supuestamente se suicidó mientras estaba bajo custodia federal tras ser detenido a finales de 2001 por conspirar para poner una bomba en la oficina del congresista republicano de California Darrel Issa, árabe-americano. Sin embargo, Rubin era precisamente el tipo de orador al que la ADL y sus aliados habían dado la bienvenida en el SOCCCD, lo que dice mucho sobre la agenda de la ADL.

¿Qué tiene el *Juicio* Final que tanto molesta a la ADL? ¿Por qué "protesta tanto" la ADL? Aquí tiene la oportunidad de averiguarlo. Entonces, tal vez, entenderá por qué *Juicio Final* da en el blanco.

Si no hubiera revisado *Juicio final* después de su primera publicación, diría, incluso ahora, que el libro podría seguir manteniéndose por sus propios méritos sin ningún tipo de corrección. Ahora que el libro se ha ampliado considerablemente, más de lo que yo hubiera creído posible, creo que resistirá el paso del tiempo.

Los hechos hablan por sí solos. El Mossad israelí desempeñó un papel destacado junto a la CIA y el Sindicato del Crimen de Lansky en el asesinato de John F. Kennedy. Al final, *Juicio Final* demostrará ser el primer informe exhaustivo sobre esta conspiración.

Creo que he echado un nuevo vistazo a un gran rompecabezas que muestra una imagen extraordinariamente compleja y algo oscura. Del rompecabezas, usted ve delante de usted todos los diversos grupos e individuos implicados en el complot para asesinar a JFK. Es un cuadro inmensamente confuso. Sin embargo, cuando le das la vuelta al puzzle, encuentras una imagen completa, y es una imagen muy grande y clara de la bandera israelí. Todas las demás banderas de la parte frontal del puzzle son, en la jerga de los servicios de inteligencia, "falsas banderas", y *Juicio Final* lo demuestra.

MICHAEL COLLINS PIPER

SENTENCIA DEFINITIVA

"Un crimen es como cualquier otra obra de arte. Toda obra de arte, divina o diabólica, tiene una impronta ineludible: el centro de la obra es sencillo, aunque la realización pueda ser complicada...

"Todo crimen inteligente se basa en última instancia en un hecho bastante simple, un hecho que no es en sí mismo misterioso.

"**La mistificación se produce cuando se camufla, desviando el pensamiento de los hombres**".

El legendario Padre Brown
por G.K. Chesterton en *Los pies raros*

PRÓLOGO

La inconfesable verdad: El papel central de Israel en el asesinato de JFK

¿Cómo es posible que a alguien se le ocurra la idea de que el Mossad de Israel estuvo implicado en el asesinato de John F. Kennedy? Toda la información, en su conjunto, demuestra que este argumento es de dominio público desde hace mucho tiempo. Este libro, *Juicio Final*, reúne por primera vez todos estos hechos en un escenario fascinante y aterrador que, aunque controvertido, tiene sentido.

Dadas todas las teorías sobre el asesinato de John F. Kennedy que circulan desde hace años, ¿cómo puede alguien sugerir que el Mossad israelí estuvo implicado?
Esta fue la reacción de muchas personas una vez que se enteraron de la tesis presentada en las páginas de este libro. Pero, creo, que cuando usted lea este libro llegará a la misma conclusión: Israel y su agencia de espionaje, el Mossad, desempeñaron efectivamente un papel crucial en la conspiración para asesinar a JFK y en su encubrimiento. Las pruebas están ahí, como verá.
Fue en 1989, mientras releía *Coup d'État in America*, de A.J. Weberman y Michael Canfield (publicado por primera vez en 1975), cuando me topé por primera vez con una extraña referencia que acabó conduciéndome a la investigación descrita en las páginas *de Juicio Final*. La entrada, simple como era, en la página 41 decía lo siguiente:
"Después del asesinato, un informante del Servicio Secreto y del FBI que se había infiltrado en un grupo de exiliados cubanos y les estaba vendiendo armas automáticas, nos contó lo que le habían dicho el 21 de noviembre de 1963: "Ahora tenemos mucho dinero -nuestros *nuevos patrocinadores financieros son judíos*- en cuanto se ocupen de JFK"". Este hombre había proporcionado información fiable en el pasado". (énfasis añadido)
Apenas me di cuenta de la mención, pero me intrigó. ¿Qué quería decir esta fuente con "los judíos" y por qué (de todas las personas) querrían *"ocuparse de JFK"*? Llegué a la conclusión de que la fuente se refería a matones judíos como Meyer Lansky, que querían recuperar sus empresas de juego en Cuba que habían perdido cuando Castro llegó al poder. Esta, pensé, debía ser la respuesta.
Francamente, dejé de lado la especulación. Era sólo un detalle aislado entre millones de palabras escritas sobre el asesinato de JFK. Pasó casi un año hasta que volví a tropezar con la mención, mientras releía el mismo libro. Reflexioné sobre la cita un momento, pensando: "esto *es* interesante".
Sin embargo, volví a dejarlo de lado. Hacía tiempo que había llegado a la conclusión de que la CIA, en connivencia con miembros de la "Mafia" y exiliados cubanos anticastristas, era responsable del asesinato del Presidente. Sin embargo, un año después -en 1991- me topé con una variante de la misma cita citada en el libro de

Weberman y Canfield. Esta vez aparecía en el libro de David Scheim, *Contract on America*, que sostiene que "la Mafia mató a JFK" y también niega vehementemente cualquier implicación de la CIA. Yo había leído el libro de Scheim cuando salió en 1988, pero no me di cuenta de la mención (o de la similitud con el otro) en ese momento.

Lo que me intrigó, sin embargo, fue que la interpretación de Scheim de la cita eliminaba la referencia al supuesto respaldo financiero judío de los conspiradores cubanos. Mi pensamiento inmediato fue: "¿Qué intenta ocultar Scheim?". En ese momento, por fin empecé a ver que ese detalle inusual (aparentemente menor) podría, de hecho, apuntar a algo mucho más grande de lo que me había dado cuenta.

LA CONEXIÓN CON LANSKY

Por esas fechas se publicó una nueva biografía de Meyer Lansky, figura del crimen organizado. Titulada *Little Man: Meyer Lansky and the Gangster* Life, el libro, preparado en colaboración con la familia de Lansky, era poco más que un panegírico de Lansky. Inmediatamente me di cuenta de que, en cierto modo, el libro parecía perderse muchas cosas. Estaba incompleto.

Entonces volví a mi estantería y saqué un libro que no había releído desde hacía unos quince años. Era una biografía de Lansky escrita por Hank Messick. Al releer este importante libro, empecé a darme cuenta de que Meyer Lansky no era un simple asesor de la Mafia, como David Scheim, por ejemplo, quiere hacer creer a sus lectores. Más bien, Lansky era el "presidente del consejo" del crimen organizado. Todas las figuras de la Mafia que habían sido implicadas en varias ocasiones en el asesinato de JFK eran, de hecho, testaferros de Lansky, sus subordinados, sus subordinados. En resumen, si "la Mafia" tuvo algo que ver en el asesinato de JFK, entonces Lansky tuvo que ser uno de los principales protagonistas.

Sin embargo, como rápidamente empecé a ver al examinar muchas de las obras que afirmaban que "la Mafia mató a JFK", la importancia del papel de Lansky era ignorada o incluso minimizada. Yo era consciente de los estrechos vínculos de Lansky con Israel. Después de todo, Lansky había huido a Israel cuando las cosas empezaron a calentarse en Estados Unidos. Pero, ¿hasta dónde llega la conexión de Lansky con Israel? Mi investigación sobre esta cuestión empezó a revelar algunos datos interesantes.

LA CONEXIÓN ISRAELÍ

Sin embargo, en aquel momento no tenía ninguna razón para creer que Israel hubiera tenido algún motivo para participar en la conspiración para asesinar a JFK. Sin embargo, fue más o menos en la época en que empecé a examinar de nuevo la conexión Lansky -en 1991- cuando se publicaron varios libros nuevos que proporcionaban información inédita sobre la relación secreta entre Estados Unidos e Israel.

Estos libros, citados extensamente en *Juicio Final*, demostraron claramente que John F. Kennedy estaba extraoficialmente comprometido en una amarga batalla contra Israel. De hecho, Kennedy estaba en guerra.

La guerra secreta de JFK con Israel era algo que ni siquiera los investigadores principales a cargo del asesinato de JFK tenían por qué saber. Muchos de los datos habían sido clasificados durante mucho tiempo. Era un secreto, un gran y oscuro secreto.

Algunas de las comunicaciones de JFK con el entonces Primer Ministro israelí David Ben-Gurion habían sido clasificadas durante años, hasta hace poco. Incluso oficiales de inteligencia de alto rango con autorización especial de seguridad no tenían acceso a estos documentos explosivos.

De hecho, antes de estas revelaciones más recientes, se había publicado muy poco sobre las relaciones de JFK con Israel y el mundo árabe. Como señaló el historiador David Schoenbaum en su libro *The United States and the State of Israel*:

"Ahogado por temas importantes como las relaciones Este-Oeste, la carrera armamentística nuclear y el advenimiento de la prohibición de las pruebas y la no proliferación, las crisis de los misiles de Berlín y Cuba, las complejidades del recién descolonizado Congo Belga, las esperanzas sostenidas de una Alianza para el Progreso en Latinoamérica y el creciente atolladero en Vietnam, *Oriente Medio apenas aparece en las biografías clásicas que siguieron al asesinato de Kennedy. Incluso según estimaciones liberales, Ben-Gurion y Nasser, Israel y Egipto aparecen sólo en siete de las 758 páginas de texto de Theodore Sorensen, y en las 1031 páginas de texto de Arthur M. Schlesinger*". (Énfasis añadido.)

En resumen, mientras los investigadores del asesinato de JFK estaban ocupados sondeando una gran variedad de áreas, se les escapaba el cuadro completo: la imagen oculta tras el rompecabezas.

Así que las nuevas revelaciones sobre la relación de Kennedy con Israel (y su posible vinculación con el complot del asesinato) me hicieron darme cuenta de que había un área de investigación inexplorada -nunca antes examinada- en la que era necesario profundizar.

ISRAEL, LANSKY Y LA CIA

Para entonces, la larga y estrecha relación entre Israel y los enemigos de JFK en la CIA era un hecho establecido. Y la guerra de JFK con la CIA ya era de dominio público. Sin embargo, en el momento del asesinato de JFK, la profundidad y amplitud de la relación de la CIA con el Mossad de Israel no era tan ampliamente conocida.

Las piezas del rompecabezas estaban todas ahí. Sólo tenía que unirlas. Con una tesis básica evolucionando en mi mente, empecé a releer gran parte de la información publicada sobre el asesinato de JFK, su política hacia Israel y la historia del crimen organizado.

Y al hacerlo, encontré repetidamente nueva información que seguía confirmando lo que al principio era sólo una teoría en mi mente, pero que ahora creo que es la verdad. En diciembre de 1992 me di cuenta de que tenía material suficiente para un libro y empecé a escribirlo.

Pero incluso mientras escribía el libro, me sorprendía la enorme cantidad de datos que descubría continuamente, y prácticamente todos ellos se encontraban en las páginas de fuentes de la corriente dominante a las que podía acceder libremente cualquiera que se preocupara de investigar. Me di cuenta de que, efectivamente, había empezado a reunir una notable riqueza de material que cerraba el círculo de mi tesis original.

CONEXIÓN CON EL PERMINDEX

La conexión con Permindex es el vínculo, la prueba definitiva de que el Mossad estaba en el centro de la conspiración del asesinato. En la filial Permindex encontramos todos los elementos esenciales que unen al Mossad, a la CIA y al Sindicato del Crimen de Lansky en una conspiración estrechamente *vinculada al asesinato del presidente Kennedy.*

Aunque los investigadores del asesinato de JFK han dedicado una gran cantidad de tiempo y energía a perseguir una amplia variedad de cuestiones relacionadas con el asesinato de JFK (centrándose en muchas cuestiones que nunca se resolverán), la mayoría ha evitado el Permindex. Los que se han referido a él retratan el Permindex como una especie de vestigio del Tercer Reich, pero esto no podría estar más lejos de la verdad.

De hecho, comprender las fuerzas que hay detrás de Permindex es la clave para resolver el mayor misterio de este siglo: la cuestión de quién mató a John F. Kennedy y por qué.

LOS DE DENTRO ESTÁN DE ACUERDO...

Justo antes de empezar el libro, mencioné mi teoría a un conocido ex miembro del Congreso de los Estados Unidos. Me sorprendió cuando me dijo: "Creo que has dado en el clavo. Durante años creí que el Mossad estaba implicado en el asesinato de Kennedy, pero nunca me había tomado la molestia de investigarlo. Así que me alegro de que lo estés haciendo. Va a ser un libro importante. Es un libro que desearía haber escrito".

Justo después de terminar el primer borrador, envié una copia del manuscrito a otro antiguo congresista, Paul Findley, pensando que podría interesarle el tema. Su respuesta fue bastante sorprendente. El ex congresista me escribió una carta sorprendente en la que decía: "Diré que durante los últimos cuatro años he mantenido una larga correspondencia con un diplomático retirado de una nación de Europa Occidental cuya familia (incluido él mismo) tuvo experiencias desastrosas con Israel y el Mossad. Todos estos años me ha instado a hacer lo que usted ha hecho". - Es decir, escribir un libro que explore el papel secreto de Israel en el complot para asesinar a JFK.

El diputado Findley pasó el manuscrito al francés (cuya extraordinaria historia leerá en estas páginas) quien, a su vez, me proporcionó fascinante información adicional y datos de primera mano que ayudaron a completar la tesis presentada en *Juicio final.*

El Mossad de Israel fue, en efecto, la pieza clave del complot para asesinar a JFK. La conexión israelí reúne todas las piezas del rompecabezas en un cuadro completo. El papel del Mossad en el asesinato de JFK es, en efecto, el "eslabón perdido" de la conspiración. Por el bien de la historia, ésta es una historia que necesita ser contada.

- **MICHAEL COLLINS PIPER**

Un Quién es Quién de la conspiración del asesinato de JFK y el encubrimiento

Aunque la siguiente selección de nombres no es en absoluto completa, proporciona al lector de *Juicio* Final una breve visión general de los hechos relacionados con la implicación de las personas en cuestión en las circunstancias que rodearon no sólo el asesinato de JFK, sino también los esfuerzos de algunos por descubrir la verdad sobre el asesinato - y de otros por enterrarla.

Después de cada nombre y descripción hay referencias cruzadas a los capítulos concretos de *Juicio* Final en los que se pueden encontrar los detalles relevantes sobre esa persona. La inclusión de un nombre en particular no pretende sugerir que el individuo, a menos que se indique lo contrario, supiera que el asesinato del presidente Kennedy estaba planeado.

Como vemos en estas páginas, muchas de las personas implicadas en el complot para asesinar a JFK y el posterior encubrimiento no tenían ni idea del papel que estaban desempeñando.

La "letra pequeña" que sigue, si se lee en este contexto, ofrece al lector un rápido vistazo a los individuos clave que, en última instancia, resultan esenciales para una comprensión completa de toda la conspiración que condujo al asesinato del presidente Kennedy.

Dentro de Permindex

Clay Shaw - Si se hubiera permitido al fiscal del distrito de Nueva Orleans, Jim Garrison, llevar a cabo una investigación y un procesamiento sin restricciones de Shaw, un agente de la CIA y ex director del International Trade Mart de Nueva Orleans implicado con Lee Harvey Oswald, David Ferrie, Guy Banister y otras figuras clave en el complot del asesinato de JFK, se habría revelado al mundo la verdad sobre las conexiones de Shaw -a través de la misteriosa empresa fantasma conocida como Permindex- no sólo con el Mossad de Israel, sino también con el Sindicato Internacional del Crimen del leal israelí Meyer Lansky. (Véase el capítulo 15)

Louis M. Bloomfield - Con base en Montreal, Bloomfield era un antiguo agente de inteligencia y candidato de los poderosos intereses de la familia Bronfman. Los Bronfman no sólo eran partidarios internacionales clave de Israel, sino también viejas figuras del Sindicato del Crimen de Lansky. Bloomfield, una de las principales figuras del lobby israelí en Canadá y uno de los principales agentes internacionales de Israel, no sólo era accionista mayoritario de la empresa Permindex, en cuyo consejo de administración estaba Clay Shaw, sino que también mantenía estrechos vínculos con los servicios de inteligencia estadounidenses (véase el capítulo 15).

Tibor Rosenbaum - Uno de los "padrinos" del Estado de Israel y el primer Director de Finanzas y Adquisiciones de la agencia de inteligencia israelí, el Mossad, Rosenbaum fue uno de los principales ángeles financieros detrás de la empresa Permindex y una figura clave en el complot para asesinar a JFK. Su banco suizo, el

International Credit Bank, también se utilizó para blanquear dinero en Europa para Meyer Lansky, jefe del Sindicato Global del Crimen. Su banco suizo, el International Credit Bank, también se utilizó para blanquear dinero en Europa para Meyer Lansky, jefe del Sindicato Global del Crimen (véanse el capítulo 8, el capítulo 15, el apéndice cuatro y el apéndice nueve).

John King, estrecho colaborador de Bernard Cornfeld, protegido y candidato de Tibor Rosenbaum, apareció en Nueva Orleans al inicio de la investigación de Jim Garrison, antes de que apareciera el nombre de Clay Shaw, y trató de persuadir a Garrison (mediante un intento de soborno) para que abandonara el caso. Afortunadamente, su plan fracasó (véase el capítulo 15).

La conexión con el Mossad

David Ben-Gurion - Primer Ministro de Israel; dimitió en abril de 1963 disgustado por la postura de JFK hacia Israel, que amenazaba la propia supervivencia de Israel (véanse los capítulos 4 y 5).

Yitzhak Shamir - Oficial del Mossad durante muchos años (principalmente en la oficina europea del Mossad en París), Shamir dirigió el escuadrón de asesinos del Mossad en el momento del asesinato de JFK. Un antiguo oficial de la inteligencia francesa ha acusado a Shamir de contratar a los asesinos de JFK a través de un estrecho aliado de la inteligencia francesa. (Véanse los capítulos 5 y 16)

Menachem Begin - En 1963, Begin (más tarde Primer Ministro de Israel) era un diplomático israelí de viaje; antes del asesinato de JFK, fue escuchado conspirando con el secuaz de Meyer Lansky, Mickey Cohen, en una conversación que sugería las intenciones hostiles de Israel hacia el Presidente de EEUU (Ver Capítulo 13).

Luis Kutner - Conocido como el "abogado de la mafia" de Chicago, Kutner -que estuvo asociado durante mucho tiempo con el cliente ocasional Jack Ruby- también trabajó como agente de inteligencia internacional y asesoró a un grupo especial de presión proisraelí en EE.UU. (véase el capítulo 14).

A.L. Botnick - Jefe de la oficina en Nueva Orleans de la Liga Antidifamación (ADL) de B'nai B'rith, el brazo de inteligencia y propaganda del Mossad israelí; estrecho colaborador de Guy Banister, el agente de la CIA con base en Nueva Orleans que ayudó a crear el perfil previo al asesinato de Lee Harvey Oswald como agitador "procastrista". Las pruebas sugieren que la manipulación de Oswald por parte de Banister pudo haberse llevado a cabo bajo la apariencia de una operación de "sondeo profundo" de la ADL. (Ver Capítulo 15 y Apéndice Tres)

Arnon Milchan - Milchan era el mayor traficante de armas de Israel, fue "productor ejecutivo" (es decir, financiador ángel) del drama de Hollywood de Oliver Stone sobre el asesinato de JFK, lo que puede explicar la aversión de Stone a explorar la conexión israelí en el caso. (Véase el capítulo 17).

Shaul Eisenberg - El industrial más rico de Israel y antiguo funcionario del Mossad que fue uno de los principales impulsores de los esfuerzos de Israel por construir un arsenal nuclear. Sus tratos secretos con la República Popular China desempeñaron un papel clave en el complot para asesinar a JFK (véase el apéndice nueve).

La conexión con la CIA

Rudolph Hecht - Propietario de la Standard Fruit, vinculada a la CIA - Hecht era una figura prominente en la comunidad judía de Nueva Orleans y, como presidente del consejo de administración de la International Trade Mart, era el principal manipulador de Clay Shaw, miembro del consejo de administración de Permindex. (Véase el capítulo 15)

James Jesus Angleton - Angleton, antiguo jefe de contrainteligencia de la CIA, fue el principal conspirador de la CIA en el asesinato y encubrimiento de Kennedy. Angleton, que había sido cooptado por el Mossad israelí y le era totalmente leal, desempeñó un papel fundamental en el esfuerzo por inculpar a Lee Harvey Oswald. *Juicio Final* es el primer estudio del asesinato de JFK que examina el papel de Angleton en la conspiración (véanse los capítulos 8, 9 y 16).

David Atlee Phillips - Alto funcionario de la CIA durante muchos años, Phillips era jefe de la oficina de la CIA en Ciudad de México cuando se estaba llevando a cabo un extraño intento de implicar a Lee Harvey Oswald como colaborador del KGB soviético. Si alguien en la CIA sabía la verdad sobre Oswald, ese era Phillips. Admitió públicamente que la historia de Oswald en Ciudad de México no era exactamente lo que la CIA había afirmado durante mucho tiempo. (Ver Capítulo 16)

E. Howard Hunt - Antiguo agente de la CIA y oficial de enlace con los exiliados cubanos anticastristas. El testimonio de la ex agente de la CIA Marita Lorenz sitúa a Hunt en Dallas, Texas, la víspera del asesinato del Presidente. Probablemente nunca se sabrá toda la verdad sobre la implicación real de Hunt en el asunto, pero no hay duda de que Hunt estuvo profundamente involucrado en la trama que rodeó el asesinato del Presidente. Las pruebas indican que hubo un esfuerzo consciente por acusar a Hunt de estar implicado en el crimen (véanse los capítulos 9 y 16).

Guy Banister - Ex agente del FBI convertido en agente de la CIA cuya oficina de Nueva Orleans fue un punto central en la conspiración en la que participaron la CIA, exiliados cubanos anticastristas y las fuerzas anti-De Gaulle de la Organisation de l'armée secrète française (OAS). Bajo la dirección de Banister, Lee Harvey Oswald se hizo un nombre como agitador "procastrista" en las calles de Nueva Orleans.

David Ferrie - Enigmático agente de la CIA, Ferrie estuvo estrechamente relacionado con Lee Harvey Oswald en Nueva Orleans en el verano de 1963, trabajando junto a Oswald desde la oficina de Guy Banister. La investigación de Ferrie llevada a cabo por el fiscal de Nueva Orleans Jim Garrison condujo finalmente al descubrimiento de los vínculos del miembro de la junta de Permindex Clay Shaw con Ferrie, Oswald y Banister. (Véase el capítulo 15 y el apéndice 3)

Marita Lorenz - Ex agente de la CIA, declaró bajo juramento, un día antes del asesinato de JFK, que había llegado a Dallas con Frank Sturgis, su controlador de la CIA, y un convoy armado de exiliados cubanos al que se unió no sólo Jack Ruby, que más tarde mató a Lee Harvey Oswald, sino también el controlador de la CIA E. Howard Hunt (véanse los capítulos 9 y 16).

Frank Sturgis - Más conocido por ser un agente clave de la CIA en la guerra contra Castro, Sturgis había trabajado para el Mossad mucho antes de sus días en la CIA y mantuvo vínculos con el Mossad hasta bien entrada la década de 1970. Sturgis no sólo participó en el entrenamiento de exiliados cubanos cerca de Nueva Orleans (la misma operación en la que participaron Guy Banister y David Ferrie), sino que también dirigió el convoy armado (descrito por Marita Lorenz) que llegó a Dallas el día antes del asesinato de JFK. Sturgis dijo más tarde a la señorita Lorenz que su equipo había desempeñado un papel en los sucesos de Dealey Plaza (véase el capítulo 16).

Guillermo e Ignacio Novo - Veteranos de las guerras del exilio cubano contra Fidel Castro apoyadas por la CIA, los hermanos Novos formaban parte del convoy armado dirigido por el agente de la CIA y del Mossad Frank Sturgis que llegó a Dallas el 21 de noviembre de 1963. Varios años después de Dallas, los Novos fueron declarados culpables de participar en el asesinato de un disidente chileno en colaboración con Michael Townley, otro aventurero relacionado con el Mossad que, en 1963, trabajaba para altos cargos del Mossad implicados en el complot contra JFK (véanse los capítulos 9 y 16).

Victor Marchetti - Alto funcionario de la CIA que abandonó la agencia disgustado, Marchetti se dedicó más tarde a escribir sobre la CIA. En un artículo de 1978 para *The Spotlight*, Marchetti denunció que la CIA estaba a punto de inculpar a su agente de muchos años, E. Howard Hunt, por su implicación en el asesinato de JFK. Una demanda por difamación interpuesta por Hunt en respuesta al artículo de Marchetti dio lugar a un memorable descubrimiento por parte de un jurado que demostraba que la CIA había estado implicada en el asesinato del Presidente (véase el capítulo 16).

Robin Moore - Periodista de larga trayectoria con estrechos vínculos con la CIA, Moore fue coautor del libro *LBJ and the JFK Conspiracy (LBJ y la conspiración de JFK)*, del ex agente de la CIA Hugh McDonald, que defendía la falsa afirmación de James J. Angleton de que el KGB estaba detrás del asesinato del Presidente, otra de las historias de desinformación que surgieron tras el magnicidio (véase el capítulo 17).

El sindicato del crimen de Lansky

Meyer Lansky - Director general y "tesorero" de facto del sindicato internacional del crimen; se dedicaba al tráfico de armas para la resistencia israelí; colaboró estrechamente con el Servicio Secreto estadounidense en varios frentes; más tarde se trasladó a Israel. Los investigadores del asesinato de JFK que afirmaron que "La Mafia mató a JFK" se negaron a reconocer la posición de liderazgo de Lansky en los bajos fondos (véase el capítulo 7).

Carlos Marcello - Jefe de la Mafia de Nueva Orleans, Marcello debía su estatus a Meyer Lansky, que era su principal patrocinador en el sindicato del crimen. Marcello no podría haber orquestado el asesinato de JFK -como algunos sugieren- sin el acuerdo explícito de Lansky (véase el capítulo 10).

Seymour Weiss: recaudador de fondos de Meyer Lansky en Nueva Orleans y enlace con la clase dirigente de Luisiana como director de la Standard Fruit, vinculada a la CIA. Al parecer, era un alto cargo de la CIA en Nueva Orleans en el momento del asesinato de JFK (véase el capítulo 15).

Santo Trafficante, Jr. - Más conocido como el jefe de la Mafia en Tampa, Trafficante era en realidad el principal lugarteniente de Meyer Lansky en el sindicato del crimen y el enlace de Lansky con la CIA en los complots de asesinato contra Castro (véase el capítulo 12).

Sam Giancana - Antiguo jefe de la mafia de Chicago, Giancana desempeñó un papel en los complots de la CIA y la mafia contra Castro, trabajando bajo la dirección del verdadero "jefe" del sindicato del crimen de Chicago, el asociado del Mossad Hyman Lamer, socio del jefe del crimen nacional Meyer Lansky (véase el capítulo 11).

Johnny Rosselli - "Embajador" itinerante de la mafia de Chicago vinculada al Mossad, Rosselli fue el principal intermediario entre la CIA y la mafia en los complots contra Fidel Castro; es posible que organizara el asesinato de Sam Giancana y más tarde también fue asesinado (véase el capítulo 11).

Mickey Cohen - Secuaz de Meyer Lansky en la Costa Oeste; modelo de Jack Ruby y traficante de armas para la resistencia israelí, Cohen trabajó estrechamente con el diplomático israelí Menachem Begin antes del asesinato de JFK; Cohen organizó el encuentro de John F. Kennedy con la actriz Marilyn Monroe, responsable de descubrir las opiniones e intenciones privadas de JFK hacia Israel (Ver Capítulo 13).

Jack Ruby - Funcionario durante mucho tiempo del sindicato de Lansky, Ruby era el contacto de Lansky en Dallas y también estaba implicado en el tráfico de armas con exiliados cubanos anticastristas vinculados a la CIA. Está claro que hay mucho más detrás de la repentina muerte de Ruby (véase el capítulo 14).

Jim Braden - antiguo correo personal de Meyer Lansky, Braden estuvo sin duda en contacto en Dallas con Jack Ruby antes del asesinato de JFK. Fue detenido brevemente en Dealey Plaza minutos después del asesinato del Presidente, pero los investigadores del asesinato de JFK que mencionaron a Braden prefieren presentarlo como una figura "mafiosa" y no como el hombre de Lansky en la escena de Dallas (véase el capítulo 14).

Al Gruber - Secuaz de Mickey Cohen, agente de Lansky en la Costa Oeste, Gruber y Ruby hablaron por teléfono justo antes de que Ruby matara a Lee Harvey Oswald. Se cree que Gruber le pidió a Ruby que matara a Oswald en nombre de sus superiores. (Ver Capítulo 13)

La conexión francesa

Charles De Gaulle - repetidas veces objetivo de asesinato por parte de las fuerzas israelíes aliadas de la inteligencia francesa y la organización secreta del ejército (OAS), enfadadas porque De Gaulle había concedido la independencia a Argelia. Permindex, patrocinada por el Mossad, que también participó en el asesinato de JFK, blanqueó el dinero utilizado en los intentos de asesinato de De Gaulle. (Véanse los capítulos 9, 15 y 16)

Georges De Lannurien - Alto funcionario de la agencia de inteligencia francesa, SDECE (Service de documentation extérieure et de contre-espionnage); identificado por un antiguo oficial de inteligencia francés como la persona que (a petición del jefe de asesinatos del Mossad, Yitzhak Shamir) contrató al equipo que mató a JFK en Dallas (Ver Capítulo 16).

Michael Mertz - Antiguo oficial francés del SDECE y conexión en París con la operación de heroína de Lansky y Trafficante; se presume que fue uno de los pistoleros en Dallas el 22 de noviembre de 1963. Considerado durante mucho tiempo como el legendario asesino a sueldo de la CIA, QJ / WIN. (Véase el capítulo 16)

Jean Souètre - Contacto de E. Howard Hunt para la OEA, Souètre se mantuvo en contacto con el cuartel general de tráfico de armas de Guy Banister y con los bajos fondos de Nueva Orleans. Souètre pudo haber estado en Dallas en el momento del asesinato de JFK. Existen pruebas que vinculan a Souètre con la conspiración de la CIA de James Jesus Angleton, que afectó dramáticamente a la inteligencia francesa (véanse los capítulos 15 y 16).

Thomas Eli Davis III - Mercenario trotamundos vinculado al tráfico de armas de Jack Ruby, Davis fue detenido en el norte de África por sus actividades subversivas junto a agentes israelíes por suministrar armas a la OEA justo antes del asesinato de JFK. Durante mucho tiempo se ha rumoreado que el infame asesino internacional QJ/WIN de la CIA obtuvo la excarcelación de Davis. (Véase el capítulo 16)

Geoffrey Bocca - Antiguo propagandista de la OEA, Bocca fue más tarde coautor del libro del ex agente de la CIA Hugh McDonald, *Appointement in Dallas,* en el que se eximía de responsabilidad por el asesinato de JFK a los verdaderos responsables, el primero de los dos dudosos libros de McDonald (véanse el capítulo 17 y el apéndice 8).

Christian David - Criminal francés de origen corso asociado al célebre asesino de JFK Michael Mertz, David afirma tener conocimiento de un equipo francés implicado en el asesinato de JFK. El propio David fue el principal sospechoso del asesinato de un disidente marroquí, Mehdi Ben Barka, cuyo asesinato fue orquestado por el Mossad israelí a través de las fuerzas de los servicios de inteligencia franceses contrarios a De Gaulle. (Véase el capítulo 16)

Buscadores de la verdad

Mark Lane - Contratado por la madre de Lee Harvey Oswald para representar los intereses de su hijo ante la Comisión Warren, el libro de Lane *Rush to Judgment* fue la primera crítica importante del informe de la Comisión Warren. En la defensa de una demanda por difamación interpuesta por el ex agente de la CIA E. Howard Hunt contra el periódico *The Spotlight*, Lane demostró a satisfacción del jurado que la CIA había estado realmente implicada en el asesinato de JFK. Su exitoso libro *Plausible Denial* describe las circunstancias de este juicio por difamación y su conclusión final. (Véanse los capítulos 9 y 16)

Gary Wean - Antiguo detective del Departamento de Policía de Los Angeles, que operaba en la zona de Hollywood, Wean descubrió cómo Mickey Cohen, secuaz de Meyer Lansky en la Costa Oeste, conspiraba contra John F. Kennedy en nombre de los israelíes. En una reunión con Bill Decker, antiguo sheriff del condado de Dallas, Wean se enteró de parte de la verdad sobre lo que realmente ocurrió en Dallas (véanse los capítulos 13 y 16).

Estafadores de noticias

Edgar y Edith Stern, amigos íntimos de Clay Shaw y partidarios financieros de la Liga Antidifamación (ADL) proisraelí de B'nai B'rith, propietarios del imperio mediático WDSU de Nueva Orleans, que no sólo desempeñaron un papel importante en dar amplia publicidad a la descripción de Lee Harvey Oswald como "agitador procastrista", sino que más tarde trataron de socavar la investigación de Jim Garrison sobre Clay Shaw (véanse el capítulo 17 y el apéndice tres).

Johann Rush - Como joven cámara de la WDSU, Rush estuvo presente para grabar las actividades "procastristas" de Oswald. Muchos años después, apareció como el autor intelectual de una versión "mejorada por ordenador" de la famosa película de Zapruder sobre el asesinato de JFK que el autor Gerald Posner citó como "prueba" de que Oswald había actuado solo en el asesinato del Presidente (véase el capítulo 17).

Drew Pearson - Acusado por su propia suegra de ser un "portavoz" de la ADL pro-Israel, Pearson tenía estrechos vínculos no sólo con el lobby israelí, sino también con la CIA y con el presidente Lyndon Johnson y sus amigos. Fue Pearson quien contó la inverosímil historia de que Fidel Castro estaba detrás del asesinato de JFK, y también tuvo una gran influencia a la hora de dar forma a las percepciones de Earl Warren sobre la tragedia (véase el capítulo 17).

Jack Anderson - Como protegido de Drew Pearson, Jack Anderson también tenía extrañas conexiones que pueden haber sesgado su información sobre el caso JFK. Desde 1963 Anderson ha promovido una serie de versiones contradictorias sobre "quién mató realmente a JFK" que van desde "la mafia" a Fidel Castro o alguna combinación de ambos (véase el capítulo 17).

Jack Newfield - Columnista liberal y apasionado del asesinato de JFK, Newfield fue también durante mucho tiempo un ferviente partidario de Israel. Causó sensación con la extravagante historia de que el desaparecido jefe de los Teamsters Jimmy Hoffa "ordenó" a dos mafiosos que organizaran el asesinato del presidente Kennedy. Como era de esperar, la ridícula historia de Newfield fue ampliamente difundida en los medios de comunicación de la clase dominante (véase el capítulo 17).

¿Teóricos y/o propagandistas?

Oliver Stone - *JFK*, su extravagancia hollywoodiense, ofreció al público una teoría de la conspiración del asesinato de JFK completa y a todo color, hasta el último detalle. Sin embargo, la presentación que hizo Stone de la conspiración distaba mucho de ser completa y no llegaba a ninguna conclusión sólida. Suprimió deliberadamente la "conexión francesa" que, a su vez, era la conexión israelí oculta desde hacía mucho tiempo. No sólo el director financiero de Stone era el principal distribuidor de armas de Israel, sino que la empresa que distribuía su película había sido creada gracias al sindicato del crimen de Lansky. Es más, uno de los principales accionistas de la empresa cinematográfica no era otro que Bernard Cornfeld, antiguo socio de Tibor Rosenbaum en Permindex (véase el capítulo 17).

Frank Mankiewicz: este antiguo publicista de la Liga Antidifamación, vinculada al Mossad, desempeñó un papel especial en los acontecimientos que condujeron al asesinato de Robert F. Kennedy. Luego, cuando Oliver Stone empezó a promocionar su película *JFK,* Mankiewicz apareció como su jefe de relaciones públicas. (Véanse los capítulos 17 y 18)

Anthony Summers - Autor de un libro en el que insinuaba que la familia Kennedy era responsable de la muerte -posiblemente asesinato- de la actriz Marilyn Monroe, Summers ha escrito otro libro sobre la conspiración de JFK. En ninguno de los dos libros Summers reveló información explosiva (de la que tuviera conocimiento) que pudiera haber ayudado a apuntar en la dirección de las mismas fuerzas que habían participado en ambos crímenes. (Véase el capítulo 13)

Robert Morrow - Ex agente de la CIA que desempeñó un papel importante en las actividades periféricas del complot para asesinar a JFK, el libro de Morrow sobre sus experiencias está lleno de detalles, pero resulta sospechoso a los ojos de las numerosas personas que han examinado sus afirmaciones. El libro de Morrow absuelve a James J. Angleton, el principal conspirador de la CIA, de su participación en la conspiración contra JFK y lo retrata como "fuera de onda", cuando en realidad es exactamente lo contrario. ¿Es una coincidencia que el editor del libro de Morrow sea una filial estadounidense de una editorial israelí (véase el epílogo)?

G. Robert Blakey - Una elección poco probable como Director de la Comisión de Investigación de Asesinatos (HSCA), Blakey había servido, dos años antes, como testigo de un antiguo estrecho colaborador del jefe del crimen Meyer Lansky. En el asesinato de JFK, Blakey acusó a Carlos Marcello, protegido de Lansky y jefe de la mafia de Nueva Orleans, pero no fue más allá. Del mismo modo, Blakey no demostró el papel desempeñado por la CIA -o cualquier otra agencia de inteligencia- en el asesinato. Blakey dice que si (y sólo *si)* hubo una conspiración - "la Mafia mató a JFK". (Véase el capítulo 10)

David Scheim - Autor de un libro que atribuye el asesinato del presidente Kennedy a "la Mafia", Scheim se niega a reconocer las conexiones con los servicios de inteligencia del miembro de la junta directiva de Permindex Clay Shaw y retrata al leal israelí Meyer Lansky como una figura de la banda de bajo nivel sin influencia alguna. El libro de Scheim fue editado por el frente estadounidense de una editorial israelí. (Véase el capítulo 10)

John Foster "Chip" Berlet - Un autodenominado "periodista" con antiguas conexiones secretas con la CIA y colaborador abierto de la Liga Antidifamación (ADL) -intermediaria del Mossad- Berlet desempeñó un papel clave en una importante campaña de propaganda de la ADL para impedir que se conocieran los hechos sobre el asesinato de JFK presentados en las páginas de *Juicio Final*. (Véase el prólogo)

James Di Eugenio - A pesar de ser un gran admirador de John F. Kennedy y del fiscal de Nueva Orleans Jim Garrison, el Sr. Di Eugenio se mostró desenfadado en su examen de los vínculos de Clay Shaw con Permindex, con sus múltiples vínculos con el Mossad israelí y el sindicato del crimen (véase el Apéndice 3 y el Epílogo).

Peter Dale Scott - Sus años de investigación en profundidad sobre el asesinato de JFK le llevaron directamente a la puerta de la CIA, el Mossad y el sindicato del crimen de Lansky, pero nunca ha estado dispuesto a dar nombres o señalar con el dedo a estas mismas fuerzas, prefiriendo eludir el tema. ¿Tiene miedo o simplemente es un ignorante? (Véase el epílogo.)

Y ahora es el momento del Juicio Final...

CAPÍTULO I

El eslabón que lo une todo
Lo más comúnmente aceptadas teorías sobre el asesinato de JFK tienen en común: la *conexión israelí* nunca mencionada

¿Quién mató a John F. Kennedy? Esta pregunta ha atormentado al mundo durante una generación. ¿Qué sabemos sobre el asesinato de JFK que une todas las grandes teorías? ¿Qué tienen en común todas las teorías?

La responsabilidad del asesinato se ha atribuido a muchos grupos de poder, que quizá trabajaron de forma independiente o conjunta. La CIA (o elementos deshonestos dentro de ella), el crimen organizado y la red anticastrista cubana han sido los más frecuentemente nombrados.

Pero una potencia en particular -Israel y su agencia de espionaje, el Mossad- vincula a todas estas fuerzas. Israel, sin embargo, es el actor central cuyo papel ha sido sistemáticamente ignorado.

"A veces uno tiene la impresión de que todo el mundo en la Tierra el 22 de noviembre de 1963 estaba implicado en un complot para asesinar a JFK. Si todos estos presuntos conspiradores -que han negado todas las acusaciones- estaban en el lugar, menos mal que todos salieron vivos de Dealey Plaza."[1]

Estas fueron las palabras del periodista Terry Catchpole, que ha estado examinando la controversia en torno al espectáculo de Hollywood *JFK* y el interés generalizado por el asesinato de JFK en general.

Catchpole cita grupos de los que a menudo se sospecha que estuvieron implicados de un modo u otro en el asesinato de JFK, aunque este resumen no es exhaustivo (no incluye a la CIA como institución):

- Comunistas cubanos
- Anticomunistas cubanos
- El complejo militar-industrial
- Una banda rebelde de la CIA
- Delincuencia organizada
- Comunistas soviéticos
- El FBI
- El cerebro

---

[1] *Entertainment Weekly*, 17 de enero de 1992.

Esta última teoría, según Catchpole, es que "la Mafia había tomado efectivamente el control de la organización del solitario y encerrado Howard Hughes, y estaba dirigida por 'Mr X', probablemente [el jefe del sindicato del crimen] Meyer Lansky".[2]

Por supuesto, cada una de estas teorías tiene sus propios defensores. Es más, cada una de estas teorías se ha entrelazado con una o más teorías. Y ahora, la llegada de la película de Stone, unida a la próxima publicación de varios libros nuevos sobre el magnicidio -en particular, *Plausible Denial*, de Mark Lane, que demuestra la complicidad de la CIA en el asesinato del Presidente- ha suscitado un nuevo interés por la controversia.

Quizá algún día haya incluso un libro que acuse a los "payasos jubilados", como solía decir el fiscal del distrito de Nueva Orleans Jim Garrison. Sin embargo, no fueron payasos jubilados los que mataron a John F. Kennedy, al menos que sepamos.

EL PAPEL CENTRAL DE ISRAEL

Este libro sostiene que el Mossad de Israel fue un actor clave junto con la CIA y el sindicato del crimen de Lansky en la conspiración del asesinato de JFK y que, de hecho, el papel del Mossad fue probablemente la fuerza impulsora de la conspiración. Es claramente Israel y su Mossad -como demostraremos- la única fuerza que vincula a todos los presuntos conspiradores mencionados con más frecuencia: la CIA, las fuerzas cubanas anticastristas, el crimen organizado y, más específicamente -más significativamente que la llamada Mafia- el sindicato del crimen de Meyer Lansky. Estas conexiones son mucho más secretas y van mucho más allá de lo que la mayoría de la gente imagina. En *Juicio* Final examinaremos todo esto en detalle.

EL MÓVIL DE ISRAEL

Israel, como veremos, tenía un motivo muy específico no sólo para orquestar la destitución de Kennedy sino también para llevar a su sucesor, Lyndon B. Johnson, a la Casa Blanca. Johnson a la Casa Blanca. Como, por supuesto, muchos de los otros elementos de la conspiración que llevó al asesinato de Kennedy.

Sin embargo, ni una sola vez -al menos en una investigación estándar de asesinato- se ha sugerido que Israel estuviera involucrado en el asesinato de Kennedy. Sin embargo, las pruebas están ahí, pruebas que habían permanecido latentes, o que habían sido ignoradas o cuya importancia había pasado desapercibida.

De hecho, prácticamente todos los hechos recogidos *en Juicio* Final han sido extraídos de reconocidos trabajos de investigación sobre el asesinato de JFK y de otras fuentes clásicas.

Un antiguo miembro del Congreso, el representante Paul Findley (R-III.) ha sugerido públicamente que Israel puede haber estado implicado en el asesinato de JFK. En el número de marzo de 1992 del *Washington Report on Middle East Affairs*, Findley señala:

"Es interesante, pero no sorprendente, notar que en todas las palabras escritas y habladas sobre el asesinato de Kennedy, la agencia de inteligencia de Israel, el

---

[2] *Ibid.*

Mossad, nunca ha sido mencionada. Y sin embargo, el motivo del Mossad es obvio".[3]

Findley esboza el motivo - un motivo que describimos en detalle en las páginas de este libro: "Los líderes israelíes nunca confiaron en los Kennedy. Eran conscientes de que cuando el padre del presidente Kennedy, Joseph Kennedy, era embajador en Gran Bretaña, había elogiado con frecuencia a la Alemania nazi.

"Durante la campaña de John Kennedy para la presidencia, un grupo de judíos de Nueva York le ofrecieron en privado cubrir los gastos de su campaña si les dejaba implementar su política en Oriente Medio. No aceptó... Como Presidente, sólo dio un apoyo limitado a Israel.

"Por otra parte, Lyndon Johnson había demostrado un fuerte apoyo a Israel a lo largo de su carrera política. Por lo tanto, el gobierno israelí tenía todas las razones para creer que sus intereses estarían mejor defendidos con Johnson como presidente. Y así fue. Tras la muerte de Kennedy, Estados Unidos empezó a enviar armas a Israel a gran escala por primera vez...

"El Mossad tenía sin duda los recursos para llevar a cabo un asesinato en cualquier parte del mundo".

Findley concluye: "¿Estoy acusando al Mossad de complicidad? En absoluto. No tengo pruebas de ello. Mi punto es simplemente éste: en este asunto, como en casi todos los demás, los periodistas y comentaristas estadounidenses no pueden atreverse a arrojar una luz desfavorable sobre Israel, a pesar del hecho obvio de que la complicidad del Mossad es tan plausible como cualquiera de las otras teorías."[4]

En estas páginas presentaremos las pruebas al diputado Findley y a los lectores. Dejaremos a los lectores la decisión final.

UNA ESPECIE DE "ORGANIZACIÓN CLANDESTINA

Carl Oglesby, uno de los principales investigadores de asesinatos del mundo, resumió recientemente sus diez años de investigación personal. "Fue un trabajo interno", dijo, "algo del orden del caso que descubrimos en el escándalo Irán/Contra".

"Al mismo tiempo", añadió a modo de advertencia, "no me atrevo a creer que una institución como la CIA [por ejemplo] pueda decidir formal y supuestamente matar al Presidente.

"Así que de lo que estoy hablando es de algún tipo de acción clásica, no oficial, que debe haber sido montada por algún tipo de organización clandestina pasando no sólo por la CIA, sino también en cierta medida por el FBI, la policía de Dallas y las propias agencias de inteligencia militar."[5]

Juicio **Final sugiere que fue efectivamente el Mossad de Israel la famosa "organización clandestina" que pasó por las diversas entidades implicadas en el complot para asesinar a JFK.**

En una entrevista reciente, Peter Dale Scott, otro respetado investigador del asesinato de JFK, quizá dé más credibilidad a la teoría que vamos a presentar. Scott

---

[3] *Washington Report on Middle East Affairs,* marzo de 1992.
[4] *Ibid.*
[5] *University Reporter,* enero de 1992.

cree que el asesinato de JFK fue llevado a cabo por una variedad de fuerzas. En particular, señala a "los partidarios de Lyndon Johnson - en particular los que tenían intereses en el complejo militar-industrial" y "una conexión mafia-inteligencia que estaba involucrada con los partidarios militares-industriales de Lyndon Johnson, que a su vez estaban involucrados con la gente de la mafia".

"Como mínimo", dice Scott, "hay que tener en cuenta esta tríada de fuerzas". Obsérvense las palabras de Scott: "como mínimo".[6]

Esto, por supuesto, sugiere que hubo otras fuerzas implicadas. *Final Judgement* no sólo sugiere que en realidad fue el Mossad de Israel, sino que identifica claramente la conexión con el Mossad.

"OTRAS REDES DE INTELIGENCIA

El propio Scott va aún más lejos, pero sin nombrar al Mossad. Dice: "En mi investigación, las pistas más sugestivas han surgido de un círculo relativamente pequeño que yo llamo el cuadrante oscuro de las relaciones suprimidas o política profunda: Se trata de un círculo, en primer lugar, dentro del mundo tripartito de la CIA, defensa y otras redes de inteligencia; en segundo lugar, dentro de los bajos fondos, el crimen organizado y los cubanos anticastristas; y en tercer lugar, dentro de los intereses corporativos vinculados tanto con las comunidades de inteligencia y defensa como con el crimen organizado".

"La clave", dice Scott, "es que todos en ese cuadrante oscuro se habrían resistido a su exposición, fueran o no conspiradores clave".[7] *Final Judgement* coincide con la opinión de Scott. De nuevo, nótese las palabras de Scott: "CIA, defensa y otras redes de inteligencia".

Como demostramos -y esto no es un secreto real- es el Mossad -por encima y más allá de cualquier otra red de inteligencia -extranjera o nacional- el que ha estado excepcionalmente cerca (casi incestuosamente) de la CIA en un gran número de empresas internacionales.

EL PAPEL DE LOS MEDIOS DE COMUNICACIÓN

Es más, vamos más allá de las conclusiones de Scott. *Juicio Final* destaca el importantísimo papel de los medios de comunicación estadounidenses en el encubrimiento. El encubrimiento del complot del asesinato de JFK nunca podría haber tenido éxito sin el apoyo de unos medios de comunicación dispuestos. El hecho es que Israel y sus partidarios en los medios de comunicación estadounidenses han mantenido una estrecha relación durante mucho tiempo. Hasta hace pocos años, e incluso hoy, las críticas a Israel y a sus fechorías han estado prohibidas en los medios de la clase dominante, como ya se ha señalado en los comentarios del congresista Findley.

---

[6] *Tikkun,* marzo/abril de 1992.
[7] *Ibid.*

"BANDERAS FALSAS

Ilustraremos, a través de varios ejemplos notables, cómo los principales amigos de Israel en los medios de comunicación estadounidenses fueron actores clave en la difusión de "pistas falsas" (o "pancartas falsas" en la jerga de los servicios de inteligencia) que dirigieron la atención y las sospechas hacia otros lugares. Se trata de un fenómeno que nunca se había examinado antes del asesinato de JFK, y que contribuye en gran medida a explicar por qué la verdad real sobre el complot del asesinato permaneció oculta durante tanto tiempo, a pesar de todas las investigaciones.

(En el capítulo 3 veremos muchos casos en los que el propio Mossad ha utilizado "falsas banderas" para encubrir su propio papel en un gran número de conspiraciones de asesinato y crímenes en todo el mundo).

UN CAMBIO EN LA POLÍTICA DE ORIENTE MEDIO

El profesor Scott, como muchos investigadores de la conspiración JFK, se ha centrado durante mucho tiempo en el cambio de política hacia Vietnam que tuvo lugar tras el asesinato de John F. Kennedy. También señala que hubo un cambio en la política hacia América Latina.

En estas páginas, sin embargo, demostramos sin lugar a dudas que el cambio más profundo -y, en retrospectiva, probablemente el más duradero e inusual- en la conducción de la política exterior estadounidense se produjo en el ámbito de las relaciones entre Israel y Estados Unidos. Estos hechos, por desgracia, han sido pasados por alto incluso por los investigadores más serios del asesinato de JFK.

LAS TEORÍAS ENCAJAN

El propósito de *Juicio Final,* como ven, no es probar, de una vez por todas, que hubo efectivamente una conspiración para asesinar al presidente John F. Kennedy y perpetuar el encubrimiento de esa conspiración. Esto ha sido probado una y otra vez, en innumerables libros, monografías, artículos de revistas, incluso en las páginas de varias novelas.

En cambio, *Juicio Final* lleva las teorías más comúnmente aceptadas un paso más allá y las enlaza todas maravillosamente, en un alarmante escenario muy cercano a la verdad.

Muchos querían que JFK fuera destituido de la presidencia. Sin embargo, como hemos señalado en estas páginas, la investigación a lo largo de los años -por diversas razones- ha ignorado el amargo conflicto entre el Estado de Israel y John F. Kennedy.

Del mismo modo, los investigadores ignoraron -una vez más, por diversas razones, inocentes o no- los estrechísimos vínculos entre Israel y cada uno de los diversos grupos que habían tenido motivos para querer acabar con la presidencia de John F. Kennedy: el sindicato del crimen organizado de Meyer Lansky, la Mafia, los cubanos anticastristas y la CIA.

En Juicio Final presentamos una teoría que, en el libre mercado de las ideas, merece consideración, aunque sea controvertida.

John F. Kennedy lo dijo mejor que nadie: "Una nación que teme dejar que su pueblo juzgue lo que es verdadero y lo que es falso es una nación que teme a su propio pueblo".

Lo que une a todas las supuestas conspiraciones en general es el elemento que siempre se ha ignorado, y que es, por supuesto, la conexión israelí.

En *Juicio* Final examinaremos este aspecto oculto de la historia, que (por desgracia) ha sido ignorado durante mucho tiempo.

Lo que demuestra *Juicio Final* no es sólo que Israel tenía razones para conspirar contra JFK, sino que Israel estaba en una posición central no sólo para coordinar el complot de asesinato (y lo hizo) sino también el encubrimiento posterior - todo ello en estrecha colaboración con sus co-conspiradores de la CIA y del crimen organizado - específicamente aquellos miembros íntimamente involucrados con el jefe del Sindicato Meyer Lansky.

Israel -tanto como la Mafia o la CIA, por ejemplo- se beneficiará enormemente de la muerte del 35º Presidente de Estados Unidos, y el asesinato de JFK allanó el camino para que Israel se convirtiera en una gran potencia.

Investigar el asesinato de Kennedy es muy difícil, aunque sólo sea porque la documentación es muy extensa, la red muy enmarañada y el exceso de teorías y conspiradores potenciales tan aparentemente interminable. Es más, algunos de los investigadores encargados del asesinato se aferraron a sus teorías únicas y, como resultado, no miraron hacia otro lado, hacia Israel, por ejemplo. Teniendo todo esto en cuenta, supongamos que existen ciertos puntos de convergencia.

CONCLUSIONES GENERALMENTE ACEPTADAS

Nuestro juicio final - expuesto en estas páginas - se basa en las siguientes conclusiones generalmente aceptadas sobre la naturaleza del complot para asesinar a JFK:

- Hubo un complot para matar a John F. Kennedy;
- La conspiración en sí implicaba a miembros de la comunidad de inteligencia estadounidense, en particular de la CIA;
- Las figuras del crimen organizado desempeñaron un papel importante en la conspiración;
- Los cubanos anticastristas han participado activamente en la conspiración, a petición y/o con la manipulación de la CIA y de miembros del crimen organizado;
- De alguna manera, Lee Harvey Oswald (involuntaria o inconscientemente) fue introducido en la conspiración y los conspiradores plantaron pruebas falsas para vincular a Oswald con Fidel Castro y los soviéticos;
- Oswald estaba implicado hasta cierto punto en las actividades de la inteligencia estadounidense, aunque no era consciente de que estas actividades estaban patrocinadas o manipuladas por un miembro de la inteligencia estadounidense.
- Jack Ruby participó activamente en el complot del asesinato o fue utilizado de alguna manera para manipular a Oswald antes del asesinato de JFK;
- Ruby participó activamente en la delincuencia organizada y, como consecuencia de esta participación, también estuvo vinculado a las actividades de la

delincuencia organizada que operaba en paralelo con las actividades de los servicios de inteligencia estadounidenses.
- La CIA conocía las actividades de Oswald y Ruby y sin duda manipuló a ambos;
- Oswald fue ejecutado por Jack Ruby en un intento de silenciar a Oswald para siempre;
- Tras los sucesos de Dallas se produjo un importante encubrimiento del complot para asesinar a JFK;
- En el encubrimiento participaron miembros del gobierno federal (incluida la CIA);
- La Comisión Warren y la Comisión de Investigación de los Asesinatos participaron deliberadamente en el encubrimiento.
- La conspiración de encubrimiento se organizó por una amplia gama de razones, ostensiblemente "patrióticas" y de otro tipo, entre las que se incluyen, pero no se limitan a:
  a) Enterrando las conexiones de la comunidad de inteligencia con la conspiración del asesinato;
  b) proteger a los miembros de la delincuencia organizada implicados;
  c) evitar hostilidades entre Estados Unidos y naciones extranjeras (ya sea la Unión Soviética o la Cuba de Castro); y
  d) resolver las preguntas sobre el asesinato en la mente del público, tanto aquí como en el extranjero.
- Los medios de comunicación controlados fomentaron activamente y/o participaron en el encubrimiento debido a sus vínculos con la CIA, la comunidad de inteligencia en general y el crimen organizado.

Esta es la base sobre la que se ha llevado a cabo la investigación para este libro. Sobre esta base, *Juicio Final* reúne todos los hechos y muestra cómo el Estado de Israel y su agencia de espionaje, el Mossad, colaboraron no sólo con la CIA, sino también con elementos clave del crimen organizado y la comunidad cubana anticastrista para orquestar el asesinato de John F. Kennedy y el encubrimiento.

LAS PRUEBAS ESTÁN AHÍ

Algunos de los hechos presentados -aunque no necesariamente "nuevos"- han estado a disposición de los investigadores durante décadas. Sin embargo, muchos investigadores, por desgracia, no habían mirado en la dirección correcta. Por supuesto, no es culpa suya. Sólo recientemente ha salido a la luz información adicional, en particular sobre la difícil relación de Kennedy con Israel y cómo las relaciones israelo-estadounidenses cambiaron radicalmente tras el asesinato de JFK. En *Juicio* Final exploraremos esta información en detalle. Es esta información -durante mucho tiempo no disponible incluso para los investigadores más dedicados- la que vincula todos los datos anteriores.

El extraordinario argumento presentado en *Juicio Final* incorpora lógicamente todas las teorías actuales en una teoría de amplio alcance que no sólo tiene sentido, sino que aúna los diversos elementos de la conspiración. Por esta razón, *Juicio Final* hace honor a su título.

La teoría presentada en las páginas de *Juicio Final* ha sido tachada de "antisemita", un ataque clásico contra cualquier declaración que critique siquiera vagamente a Israel y sus fechorías.

Sin embargo, el autor deja en manos de la honestidad y la amplitud de miras de los lectores determinar si la teoría presentada en este libro tiene sentido.

QUÉ OCURRIÓ...

He aquí, en resumen -a veces con minucioso detalle-, la base de la teoría presentada y documentada en las páginas siguientes.

- Durante su presidencia, John F. Kennedy despertó la hostilidad de tres grandes bloques de poder internacionales: la CIA estadounidense, el crimen organizado e Israel y su lobby estadounidense.
- En cada caso, la permanencia de Kennedy en la Casa Blanca fue percibida por cada uno de estos grupos de poder como una amenaza a su propia existencia.
- Cada uno de estos grandes bloques de poder internacional estaba estrechamente vinculado a los demás, a menudo a varios niveles.
- Cuando la presencia de Kennedy en la Casa Blanca se hizo demasiado intolerable, estas fuerzas se unieron en una vasta conspiración que condujo al asesinato de JFK.
- El poder combinado de estas fuerzas sobre los medios de comunicación estadounidenses desempeñó un papel esencial en la ocultación del complot de asesinato.

Juicio Final explora en detalle la poco conocida guerra entre John F. Kennedy e Israel, y muestra cómo la política estadounidense hacia Israel y el mundo árabe sufrió un brusco giro en el momento del asesinato.

El libro también documenta no sólo la estrecha colaboración entre el sindicato del crimen de Meyer Lansky y el Mossad, sino también la similar relación incestuosa entre el sindicato de Lansky y los aliados de Israel en la CIA. También nos centraremos en el papel singularmente importante del posicionamiento de Meyer Lansky en el nexo entre el Mossad, la CIA y el crimen organizado que se formó en torno al asesinato de JFK.

El papel de Lansky en el complot para asesinar a JFK ha sido continuamente ignorado e incluso eliminado, incluso por las mismas "autoridades" que afirman que "La Mafia mató a JFK". Como veremos, Meyer Lansky era, de hecho, el verdadero "señor" del sindicato internacional del crimen; muchos de los "jefes de la Mafia" que supuestamente idearon el asesinato de JFK eran, de hecho, secuaces, testaferros, subordinados de Lansky.

Los hechos básicos han sido publicados prácticamente en su totalidad en obras anteriores sobre el asesinato de JFK y en otros estudios sobre las relaciones entre Israel y Estados Unidos, las tramas de la inteligencia internacional y el crimen organizado.

Sin embargo, sólo ahora se han reunido todos los hechos en un rompecabezas cuidadosamente construido que presenta todo el panorama en sus términos más sencillos. Como veremos, no es tan complejo como parece. En última instancia, sin embargo, está claro que Israel no sólo tenía motivos para participar en el asesinato de JFK, sino que desempeñó un papel crucial en la conspiración.

LA TEORÍA DE LA POLÍTICA DEL PODER EN EL TRABAJO

La conspiración que aquí se describe era una empresa criminal que implicaba la política del poder en sus formas más elevadas - y más bajas. Este volumen:

- Presenta la maquinación internacional más allá de las tambaleantes relaciones entre Estados Unidos e Israel en aquel momento;
- Examina la trágica realidad de la implicación estadounidense en el Sudeste Asiático -que Kennedy trató de evitar-, cuyo resultado final garantizó:
  (a) El dominio israelí de los asuntos de Oriente Próximo mientras Estados Unidos estaba empantanado en Asia;
  (b) Drug Profits in South East Asia for the Global Drug Trade por Meyer Lansky (en colaboración con la CIA, aliada del Mossad); y
  (c) Los beneficios multimillonarios de la producción de armas para los financiadores de Lyndon Johnson, aliado de Israel en el complejo militar-industrial.
- Explica cómo la CIA -estrechamente vinculada a Israel- pudo continuar sus actividades secretas clandestinas en el sudeste asiático y en otros lugares tras la eliminación de JFK;
- Ilustra cómo ciertos intereses creados (el movimiento anticastrista cubano y el crimen organizado) pudieron ser manipulados por otro interés creado -la Alianza Mossad-CIA- en pos de un objetivo común: acabar con la presidencia de John F. Kennedy;
- Destaca por qué los distintos miembros implicados en la conspiración trabajaron conjuntamente para encubrir los hechos del magnicidio;
- Detalla cómo los medios de comunicación controlados -durante mucho tiempo los principales colaboradores del lobby pro-Israel de Lansky en EE.UU.- promovieron la solución de la Comisión Warren del loco solitario en el asesinato de JFK y trataron de silenciar a los críticos de la explicación "oficial";
- Revela cómo la ira y el disgusto de un hombre poderoso -en este caso, David Ben-Gurion de Israel- dieron lugar a una vendetta ejecutada mediante una conspiración de gran alcance orquestada por su propia esfera de influencia;
- Describe cómo los principales agentes del poder político estadounidense -como J. Edgar Hoover y, más concretamente, Lyndon B. Johnson (ambos vinculados al sindicato del crimen de Lansky), pudieron mantener su influencia, y ampliarla convenientemente, en el momento de la muerte de John F. Kennedy y
- Demuestra cómo agentes de bajo nivel como Lee Harvey Oswald y Jack Ruby -ambos con una serie de extrañas conexiones- fueron utilizados por los conspiradores de arriba.

Todo ello hace que la conspiración aquí descrita no sólo sea lógica, sino que aglutine a todos los conspiradores más destacados en un todo demasiado desordenado.

CÓMO ESTÁ ORGANIZADO ESTE LIBRO: GUÍA DEL LECTOR

Para esbozar la conspiración descrita en las páginas de *Juicio Final*, es necesario, en primer lugar, considerar la conspiración en su contexto histórico. La amplia gama de actores implicados y sus vínculos intrínsecos entre sí y con las diversas fuerzas de la conspiración hacen que sea prudente en esta fase proporcionar al lector una visión general de los documentos que están a punto de ser presentados. Lo que sigue, sin embargo, es un breve esbozo de los capítulos que siguen, en los que se esboza el enfoque que estamos adoptando para sentar las bases sobre las que llegamos a nuestro juicio final:

LA MOSSAD

- El capítulo 2 explora la acusación de que el Mossad israelí planeaba efectivamente asesinar a un presidente estadounidense percibido como hostil a Israel -en este caso, George Bush- y reflexiona sobre la probabilidad de que el Mossad hubiera, de hecho, colaborado previamente en el asesinato de John F. Kennedy.

- El capítulo 3 repasa el uso histórico por parte del Mossad de las llamadas "falsas banderas" en sus actos de terrorismo y asesinato en todo el mundo, dejando que otros (como la Mafia, los "extremistas de derechas" y los "terroristas árabes") asuman la responsabilidad. El hecho es que el Mossad puede haber hecho lo mismo en el asesinato de JFK.

JFK, LBJ E ISRAEL

- El capítulo 4 examina la alianza táctica inicial -y posterior hostilidad- entre John F. Kennedy y su padre, el embajador Joseph P. Kennedy, no sólo con el lobby israelí sino también con la conexión israelí del Sindicato del Crimen de Lansky.

- El capítulo 5 analiza en profundidad el creciente conflicto entre el presidente John F. Kennedy y el Estado de Israel, hechos que nunca han sido examinados seriamente por los estudiosos del asesinato de JFK.

- El capítulo 6 describe cómo el asesinato de John F. Kennedy permitió al Sindicato del Crimen de Lansky y al lobby israelí de Lyndon B. Johnson (el favorito de los aliados de Israel en la CIA) asumir la presidencia y comenzar un increíble cambio de las políticas de JFK en Oriente Medio, fortaleciendo así el alcance global de Israel. El lobby israelí de Johnson B. Johnson (el favorito de los aliados de Israel en la CIA) asumió la presidencia e inició un increíble cambio de las políticas de JFK en Oriente Medio, fortaleciendo así el alcance global de Israel.

Este importante capítulo también muestra cómo Israel, la CIA y el Sindicato Lansky se beneficiaron de la participación estadounidense en la guerra de Vietnam, un aspecto poco explorado de este infausto periodo.

MEYER LANSKY, ISRAEL Y LA CIA

- El capítulo 7 es un análisis exhaustivo de Meyer Lansky, figura del crimen organizado que ocultó su papel de líder en empresas criminales mundiales y sus vínculos no sólo con el Mossad israelí, sino también con los servicios de inteligencia estadounidenses.
- El capítulo 8 explora la estrecha relación entre el Mossad israelí y la CIA estadounidense, y en particular el importante papel de James Angleton, jefe de contrainteligencia de la CIA y principal aliado del Mossad.
- El capítulo 9 repasa los conflictos entre la administración de John F. Kennedy y la CIA, principal enlace de Israel en el mundo de la inteligencia internacional. También se consideran las conexiones de una serie de figuras clave de la CIA (vinculadas al asesinato de JFK) con Israel.
- El capítulo 10 arroja una importante luz sobre los vínculos de Meyer Lansky con Carlos Marcello, jefe de la mafia de Nueva Orleans (a menudo nombrado como uno de los principales conspiradores en el asesinato de JFK) y sobre el predominio de Lansky sobre la mafia italiana en las actividades del crimen organizado.
- El capítulo 11 repasa la relación de Lansky con los mafiosos Johnny Rosselli, Santo Trafficante Jr. y Sam Giancana, y explora nuevas revelaciones sobre los vínculos entre la mafia de Chicago y la inteligencia israelí.
- El capítulo 12 explora en detalle el destacado papel de Meyer Lansky en el tráfico internacional de drogas y cómo su sindicato criminal trabajó en concierto con la CIA en estas empresas internacionales.
- El capítulo 13 trata de un aspecto poco conocido de la conspiración del asesinato de JFK: el papel de Mickey Cohen, el secuaz de Lansky en la Costa Oeste. Este capítulo documenta la estrecha relación de Cohen con el servicio secreto israelí y vincula el asesinato de la actriz Marilyn Monroe con las actividades proisraelíes de Cohen.
- El capítulo 14 repasa la carrera de Jack Ruby como correo para la CIA y el sindicato del crimen de Lansky y sus actividades en relación con el asesinato de JFK. Y sí, incluso hay pruebas que vinculan a Ruby con Israel.

PERMINDEX Y LA CONEXIÓN FRANCESA

- El capítulo 15, titulado "Las toallas se mezclan con los paños de cocina", demuestra que fue a través de la poco explorada operación de los servicios secretos con sede en Roma conocida como Permindex como la alianza entre el Mossad israelí y la CIA y el Sindicato del Crimen de Lansky se unieron y utilizaron sus recursos conjuntos para orquestar el asesinato de JFK, cerrando el círculo de la conspiración documentada en los capítulos anteriores.
- El capítulo 16 documenta un juicio por difamación poco conocido en el que un jurado determinó que la CIA había participado en el asesinato de John F. Kennedy y examina el papel que James Jesus Angleton, aliado de Israel en la CIA, desempeñó en la conspiración. Y lo que es más importante, examinaremos la a menudo citada (pero poco comprendida) "conexión francesa" con la conspiración del asesinato de JFK, que en realidad era también la conexión israelí.

- El capítulo 17 disecciona el papel que los agentes de la CIA y el Mossad desempeñaron en los medios de comunicación para distorsionar la percepción pública de la conspiración del asesinato de JFK y cómo culparon a otros.
- El capítulo 18 es una nueva mirada al asesinato del senador Robert F. y cómo el asesinato de RFK vincula no sólo a la CIA, el Mossad de Israel y el sindicato de Meyer Lansky, sino también a la policía secreta iraní, SAVAK (una creación de la CIA y el Mossad).
- El capítulo final ofrece una visión de la naturaleza de la conspiración que condujo al asesinato de JFK.

A continuación, encontrará diez apéndices de singular diversidad que arrojan nueva luz sobre una amplia gama de aspectos poco conocidos de la conspiración y el encubrimiento del asesinato de JFK que han sido tergiversados, malinterpretados o incluso olvidados.

ALGUNOS ASPECTOS POCO CONOCIDOS...

- El Apéndice 1 examina la carrera encubierta de George Herbert Walker Bush en la CIA y explora sus vínculos intrínsecos con varios de los actores clave del complot para asesinar a JFK, abordando esa pregunta crucial: "¿Dónde estaba George?".
- El Apéndice 2 examina la poco conocida conexión de Lee Harvey Oswald con al menos un antiguo informante federal encubierto que operaba tanto en grupos políticos de "Derecha" como de "Izquierda".
- Por último, el Apéndice 3 desmiente la teoría de que los "extremistas de derechas" fueron los impulsores del asesinato de JFK. La principal figura de "extrema derecha" vinculada al asesinato se había movido siempre en círculos pro-israelíes. (Este apéndice abrirá seguramente nuevas vías de argumentación y debate entre los investigadores "liberales" que trabajan en el asesinato de JFK).
- El Apéndice 4 aborda un tema muy controvertido que ningún otro libro sobre el asesinato de JFK ha tratado nunca: los antecedentes étnicos y políticos de los abogados que se encargaron de la "investigación" diaria de la Comisión Warren sobre el asesinato de JFK.

En este apéndice también se analizan los hechos poco conocidos sobre la "éminence grise" detrás del miembro de la Comisión Warren Gerald R. Ford: un agente de poder político vinculado al Mossad de Israel y al Sindicato del Crimen de Lansky.

- El Apéndice 5 examina la afirmación ampliamente debatida de que "la Reserva Federal mató a JFK" Separando los hechos de los mitos, este apéndice muestra que la historia es mucho más compleja de lo que parece.
- El Apéndice 6 echa un vistazo a la extraña muerte no sólo del ex director de la CIA William Colby (un crítico de Israel) sino también de un alto cargo de la CIA que huyó del Mossad israelí (incluso en estos dos casos puede haber realmente una conexión con el asesinato de JFK).

LO OÍSTE AQUÍ PRIMERO...

- Apéndice 7 es la primera exposición del *verdadero* vínculo entre el asesinato de JFK y el Watergate. Olvide todo lo que haya oído sobre la conexión Dallas-Watergate. Lo que está a punto de leer aquí vincula las dos conspiraciones, a diferencia de cualquier cosa que haya leído antes.

- El Apéndice 8 es un resumen especial de algunos de los libros más relevantes (junto con algunos de los más escandalosos) que han aparecido a lo largo de los años sobre el tema del asesinato de JFK: una guía para el lector de los datos disponibles para todos.

- El Apéndice 9 examina la larga colaboración secreta entre Israel y la República Popular China (China Roja) en el campo de la producción nuclear y analiza si la cancelación por parte de Lyndon Johnson de los planes de JFK de lanzar un ataque militar contra las instalaciones nucleares de la China comunista fue consecuencia directa del papel de Israel en la conspiración del asesinato de JFK.

- El Apéndice 10 analiza la actual crisis política en Israel: muchos israelíes creen que los servicios secretos israelíes participaron en el asesinato del Primer Ministro israelí Isaac Rabin. Si esta teoría es objeto de debate abierto en Israel, ¿por qué los estadounidenses no consideran la posibilidad de que los servicios de inteligencia israelíes participaran en el asesinato de un presidente estadounidense?

- En esta edición de *Juicio* Final aparece un suplemento especial en forma de lo que originalmente se publicó como obra separada bajo el título *Juicio en rebeldía*. Se trata de una selección detallada de preguntas dirigidas al autor tras la publicación inicial de *Juicio final*. Las respuestas arrojan más luz sobre muchas de las cuestiones tratadas en *Juicio Final*, así como sobre algunas de las que no se abordaron.

- Nuestro epílogo y lo que bien podría ser nuestra "última palabra" reflejan la naturaleza del encubrimiento continuado y cómo la verdad nunca puede decirse realmente. Un epílogo especial explica la trágica historia de cómo murió un honrado diplomático francés tras la publicación de *Juicio Final*, otra de las extrañas muertes que siguieron al asesinato de Dallas el 22 de noviembre de 1963. Muchos lectores creen hoy lo que aparece en estas páginas, que es un relato lógicamente construido de los hechos que nos llevan a la conclusión de que el Mossad de Israel desempeñó un papel decisivo en la conspiración para asesinar a JFK.

EMITIR UN JUICIO DEFINITIVO

Juzgue usted.

Ya has oído todas las demás teorías una y otra vez.

Este es el único libro que reúne todas estas teorías en un resumen exhaustivo que tiene mucho sentido.

Lea este libro y emita su juicio final.

CAPÍTULO II

Que le corten la cabeza
Un complot del Mossad para
matar a un presidente americano

¿Planeaba realmente el Mossad israelí asesinar a un presidente estadounidense considerado hostil a Israel? Un ex agente del Mossad dice que "sí". Según el ex agente del Mossad Victor Ostrovsky, la agencia de espionaje israelí elaboró un plan para asesinar al presidente George Bush.

Puede que el presidente John F. Kennedy fuera asesinado por una conspiración orquestada -al menos en parte- por el Mossad, la agencia de espionaje israelí, pero está claro que no es la última vez que el Mossad planeó asesinar a un presidente estadounidense. Según el ex agente del Mossad Victor Ostrovsky, miembros del Mossad conspiraban para acabar con la vida del presidente George Bush. La razón: según Ostrovsky, Bush era odiado por el Mossad y considerado enemigo de Israel.

Esta sorprendente revelación se publicó en la edición febrero de 1992 del *Washington Report on Middle East Affairs*. El autor era el ex congresista Paul Findley (R-Ill.), él mismo un destacado crítico de Israel (el best-seller de Findley, *The Dare to Speak Out: People and Institutions Confront Israel's Lobby*, es una exposición clásica de cómo el lobby israelí ha trabajado para silenciar a los críticos estadounidenses de la nación extranjera).

Findley informó de que Ostrovsky se había enterado por sus fuentes en la comunidad de inteligencia de que, debido a la aparente intransigencia del presidente Bush hacia las demandas de Israel, el Mossad había empezado a coordinar planes para el asesinato del presidente estadounidense.

Ostrovsky transmitió esta información a varios miembros del Parlamento canadiense, indicando que los dirigentes electos no israelíes del Mossad eran "el verdadero motor de la política en Israel".[8] Uno de los participantes en la reunión con Ostrovsky había transmitido la información a otro ex representante estadounidense, Paul N. (Pete) McCloskey (R-Calif.).

Tras enterarse de la posible amenaza contra el presidente Bush, el ex diputado McCloskey voló a Canadá, donde se reunió con Ostrovsky. Según Findley: "Ostrovsky impresionó a McCloskey como un sionista patriota que cree que el Mossad está fuera de control. Ostrovsky le explicó que la dirección actual del Mossad era "hacer todo lo que esté en su mano para preservar el estado de guerra entre Israel y sus vecinos, asesinando al presidente Bush, si es necesario."[9]

" Declaró que ya está en marcha una campaña en Israel y Estados Unidos "para preparar la aceptación pública de Dan Quayle [el Vicepresidente] como Presidente".

---

[8] *Washington Report on Middle East Affairs*, febrero de 1992.
[9] *Ibid.*

Tras una larga discusión en la que quedó convencido de que Ostrovsky hablaba "en serio" y decía la verdad, McCloskey tomó el siguiente vuelo a Washington.

"Allí transmitió la información al Servicio Secreto y al Departamento de Estado, recibiendo reacciones contradictorias sobre la fiabilidad de Ostrovsky. Un oficial del Departamento Naval lo descalificó simplemente como un "traidor a Israel".[10]

ESTADOUNIDENSES ASESINADOS EN UN COMPLOT ISRAELÍ

Findley señala que en su controvertido libro, *By Way of Deception*, el mencionado Ostrovsky registró una acción del Mossad que resultó "particularmente chocante para los lectores estadounidenses".[11] En este caso, 241 marines estadounidenses fueron asesinados por un camión bomba terrorista que devastó el cuartel de los marines en Beirut en 1983.

Aunque se informó a los agentes israelíes de que el ataque era inminente, el cuartel general del Mossad en Tel Aviv ordenó a sus agentes que ignoraran la amenaza y no alertaran a los militares estadounidenses del peligro. "No estamos allí [en Beirut] para proteger a los estadounidenses", explicaron los agentes del Mossad. "Este es un país grande. Sólo enviamos información regular". Según Ostrovsky, la "información regular" era "como enviar un parte meteorológico, que probablemente no causaría ninguna alarma en particular".[12]

"¿Es concebible", se pregunta Findley, "que el Mossad de Israel pueda asesinar a George Bush para poner a un hombre más simpático en la Casa Blanca? Vale la pena recordar los dos sucesos anteriores en los que las autoridades israelíes estuvieron dispuestas a sacrificar vidas estadounidenses para servir a sus propios intereses nacionales."[13] El congresista Findley especifica otras dos ocasiones en las que estadounidenses han muerto o se han enfrentado a la muerte a manos de Israel:

• El 8 de junio de 1967, las fuerzas navales y aéreas israelíes atacaron deliberadamente -y sin provocación- el barco espía estadounidense U.S.S. Liberty, matando a 34 marineros estadounidenses e hiriendo a otros 171. Fue un intento de destruir el barco y toda su tripulación. Fue un intento de destruir el barco y a toda su tripulación.

• Durante la guerra de octubre de 1973, los pilotos israelíes recibieron la orden de derribar un avión de reconocimiento estadounidense desarmado que sobrevolaba el centro secreto de desarrollo de bombas nucleares de Israel en Dimona. El avión, sin embargo, volaba demasiado alto para que los posibles asesinos israelíes pudieran alcanzarlo.

Al evaluar el peligro potencial para el presidente George Bush, el congresista Findley concluyó: "Más vale que el Servicio Secreto de Estados Unidos suponga lo peor".[14]

---

[10] *Ibid.*
[11] *Ibid.*
[12] *Ibid.*
[13] *Ibid.*
[14] *Ibid.*

Increíblemente, más o menos en la misma época en que apareció el provocador informe de Findley, se produjeron varios sucesos extraños que parecían confirmar la acusación de que efectivamente podría haber un complot para eliminar a George Bush, si no físicamente, sí políticamente. Cada uno de estos incidentes amenazadores tuvo lugar durante el viaje del presidente George Bush a Extremo Oriente en enero de 1992.

El incidente más notable, por supuesto, fue el extraño arrebato público del Presidente durante la comida con el Primer Ministro japonés. Varias personas especularon -en privado- con la posibilidad de que el Presidente hubiera sido envenenado. Esto, por supuesto, es especulación, pero basada en la realidad.

Curiosamente, fue durante el viaje relámpago del Presidente al Lejano Oriente cuando el *Washington Post* -el periódico de referencia del país- inexplicablemente se dio la vuelta y empezó a publicar una larga y elogiosa serie de siete partes aclamando al Vicepresidente Dan Quayle. Por supuesto, esto parece confirmar la afirmación de Victor Ostrovsky de que en EEUU se estaban llevando a cabo preparativos para hacer aceptable la presidencia de Dan Quayle.

El insólito giro de 180 grados del *Post* fue aún más contundente cuando llegó la noticia de que el Presidente había sido tiroteado. Quayle, por supuesto, ya contaba con el apoyo de la clase dominante si había sido lanzado inesperadamente a la presidencia. Curiosamente, antes de la marcha atrás del *Post*, el diario de Washington había sido uno de los críticos más persistentes de Quayle. Sin embargo, algo muy alarmante había sucedido también durante aquella agitada semana.

UN FALLO DE SEGURIDAD

Durante dos días, durante la visita del Presidente Bush a Seúl, Corea del Sur, inexplicablemente se puso a disposición del público información de alto secreto sobre los preparativos personales del Presidente Bush. Increíblemente, esto ocurrió en un momento en que las alertas terroristas ya eran altas. Los expertos en seguridad creen que si los posibles asesinos del Presidente tenían en mente tal acción, la brecha de seguridad les habría ayudado enormemente.[15] Según Robert Snow, portavoz del Servicio Secreto, "no sería exagerado" sugerir que la brecha de seguridad podría haber puesto a Bush en peligro. La responsabilidad de la brecha de seguridad se ha atribuido al Servicio de Información de Estados Unidos (USIS), una rama del Departamento de Estado. Por su parte, los funcionarios del Departamento de Estado no pudieron dar una explicación sobre el extraño fallo de seguridad. La Casa Blanca declinó hacer comentarios.

El USIS elaboró una lista con los nombres y números de habitación de hotel de la delegación del Presidente, que ascendía a 471 personas (el hecho de que el Presidente se alojara en la residencia del Embajador de EE.UU. formaba parte de la información facilitada). La lista incluía los nombres y números de habitación de 122 agentes del Servicio Secreto, ocho marines, cuatro azafatos presidenciales y seis ayudantes militares. También se reveló la ubicación de la sala de control de seguridad del hotel donde se alojaba el Presidente y los nombres de los 10 agentes del Servicio

---

[15] *Washington Times,* 14 de enero de 1992.

Secreto responsables de la seguridad en los distintos lugares que visitó el Presidente durante su estancia en Corea. También se publicaron las asignaciones de habitaciones de los altos funcionarios de la administración que acompañaban al Presidente, así como las de los trece ejecutivos de empresas que participaban en el viaje.[16]

Esta increíble revelación levantó sospechas sobre aquellos en posiciones de poder que podrían no haberse preocupado por la seguridad del Presidente. Los tentáculos del Mossad israelí llegan hasta el Departamento de Estado estadounidense. ¿Fue esta brecha de seguridad un primer paso en un intento de asesinato, que podría haber sido llevado a cabo por un oscuro grupo terrorista coreano que actuaba como "tapadera" del Mossad?

El teniente coronel retirado del Ejército del Aire Fletcher Prouty, una reconocida autoridad en operaciones encubiertas -incluida la planificación de asesinatos- afirma que uno de los pasos clave en cualquier plan de asesinato es el proceso de eliminar o violar la cobertura de seguridad de la víctima prevista. Prouty, que ha trabajado en seguridad presidencial con el ejército, sabe de lo que habla. Según Prouty, "nadie necesita dirigir un asesinato. Simplemente ocurre. El papel activo se desempeña en secreto al permitir que suceda... Esa es la pista principal... ¿Quién tiene el poder de desactivar o reducir las precauciones de seguridad habituales que siempre están en vigor cuando viaja un presidente?"[17]

EN 1991, ¿POR QUÉ NO EN 1963?

En su libro de 1994, *The Other Side of Deception (La otra cara del engaño)*, Victor Ostrovsky, miembro del Mossad, reveló finalmente los detalles de lo que había averiguado sobre el complot del Mossad de 1991 contra Bush: el Mossad planeaba asesinar a Bush en una conferencia internacional en Madrid. El Mossad capturó a tres "extremistas" palestinos y comunicó a la policía española que los terroristas se dirigían a Madrid. El plan consistía en matar a Bush, liberar a los "asesinos" en medio de la confusión y matar a los palestinos en el acto. Se culparía del crimen a los palestinos - otra "bandera falsa" del Mossad, de la que se hablará más en el Capítulo Tres.[18]

ALGUNAS ESPECULACIONES HISTÓRICAS

Francamente, algunos han sugerido, tras la publicación de la primera edición de *Juicio Final*, que el presidente Franklin Delano Roosevelt, de hecho, podría haber sido él mismo el primer presidente estadounidense en morir a manos de la red de inteligencia que con el tiempo se convirtió en el Mossad de Israel. Señalan, basándose en pruebas históricas bien documentadas, que FDR podría haber sido un verdadero obstáculo para la creación de un Estado judío en Palestina.

Sabemos que el rey saudí Abd al-Aziz Ibn Saud se reunió con FDR a bordo de un barco de la marina estadounidense el 14 de febrero de 1945, cuando el presidente

---

[16] *Ibid.*
[17] Jim Marrs. *Crossfire: The Plot That Killed Kennedy (*Nueva York: Carroll & Graf Publishers, Inc., 1989), p. 582.
[18] Victor Ostrovsky. *El otro lado del engaño.* Nueva York: HarperCollins, 1994, pp. 277-279.

estadounidense regresaba de la famosa conferencia de Yalta. Allí, según el ex diplomático estadounidense Richard Curtiss, el rey saudí "exigió al Presidente una garantía de que no haría nada para ayudar a los judíos contra los árabes y de que no adoptaría ninguna medida hostil contra el pueblo árabe".[19]

Después de esta reunión, según Curtiss, FDR "dijo a sus amigos que en unos pocos minutos de conversación con el monarca saudí había aprendido más sobre la situación en Palestina que en toda su vida". Sin embargo, sus nuevos conocimientos no le impidieron permitir que un dirigente sionista estadounidense declarara que el Presidente seguía estando a favor de un Estado judío y de la inmigración judía sin restricciones a Palestina.

"Luego, cuando los árabes reaccionaron con preguntas de descontento, autorizó al Departamento de Estado a reafirmar su compromiso con Ibn Saud y otros líderes árabes de que habría una consulta previa con los árabes, así como con los judíos, antes de que Estados Unidos tomara cualquier medida relacionada con Palestina."[20] Una semana después, FDR murió.

De hecho - John Loftus y Mark Aarons - dos autores conocidos por su dedicación a la causa sionista han declarado francamente que muchos amigos de Israel creen que la muerte de FDR fue totalmente fortuita: "Aunque la opinión pública estadounidense era pro-judía, pocos sionistas confiaban plenamente en Roosevelt.... Como han admitido varios destacados sionistas, si Roosevelt hubiera vivido, es poco probable que Israel hubiera nacido jamás. Sabían de lo que hablaban.[21]

UNA INTERESANTE NOTA HISTÓRICA A PIE DE PÁGINA

Podríamos especular indefinidamente sobre cómo murió realmente FDR. Sin embargo, sabemos -de una fuente muy fiable- que el sucesor de FDR, Harry Truman, fue de hecho objeto de asesinato porque se le consideraba hostil a los intereses sionistas. Según Margaret Truman, hija del difunto presidente, el movimiento terrorista clandestino judío de Palestina, conocido como la Banda de Stern, intentó asesinar a su padre.

En una biografía de su padre, la Srta. Truman mencionó el atentado contra su vida perpetrado por nacionalistas puertorriqueños. Luego, en un aparte poco notado pero muy importante, comentó: "En el curso de mi investigación para este libro me enteré de que hubo otros atentados contra la vida de papá que él nunca mencionó... En el verano de 1947, la llamada banda Stern de terroristas palestinos intentó asesinar a papá por correo...".[22]

Al parecer, terroristas judíos habían enviado cartas al Presidente contaminadas con productos químicos tóxicos. Afortunadamente, el correo fue interceptado y no se produjo ningún daño. Harry Truman, por supuesto, recibió el mensaje y se

---

[19] Richard Curtiss. *A Changing Image.* (Washington, DC: American Educational Trust, 1986), p. 24.
[20] *Ibid.*
[21] John Loftus y Mark Aarons. *The Secret War Against the Jews* (Nueva York: St. Martin's Press, 1994), p. 154.
[22] Margaret Truman. *Harry S. Truman* (Nueva York: William Morrow & Company, Inc. 1973), p. 489.

apresuró a reconocer el Estado de Israel cuando se fundó en 1948, a pesar de sus reservas y las de sus asesores diplomáticos.

Este torpe intento de matar a Truman es interesante, en cualquier caso, y pone de relieve una tendencia a la violencia política por parte de los líderes israelíes de la Banda Stern que, cabe señalar, eran individuos que habían surgido como líderes del Mossad tras la creación del Estado de Israel.

UNA SERIE DE PRUEBAS

Está más que claro que hay pruebas sólidas -una serie de ellas, de hecho- que sugieren que Israel estaba planeando asesinar a un presidente estadounidense. Dicho esto, sigamos adelante y examinemos las pruebas que nos llevarán a un juicio final.

Capítulo III

Un mal hábito: el uso por Israel de "falsas banderas" en el terrorismo internacional - Culpar a otros

Los investigadores de la controversia sobre el asesinato de JFK han señalado repetidamente las pistas falsas que siguen apareciendo. La mayoría cree que Lee Harvey Oswald, el presunto asesino, era realmente lo que decía ser -el chivo expiatorio- y que las pistas falsas fueron colocadas por los verdaderos conspiradores para hacer creer que Oswald era un agente de Fidel Castro o de los soviéticos, o de ambos. El uso de estas "falsas banderas" por el Mossad de Israel para camuflar su propio papel en complots de asesinato y otras actividades criminales en todo el mundo ha sido documentado una y otra vez. "Árabes", "la Mafia", "extremistas de derecha" y otros han asumido repetidamente la culpa de crímenes cometidos por el Mossad o llevados a cabo bajo su coordinación.

El uso de operaciones de "bandera falsa" por parte de Israel y su Mossad se ha documentado en varias ocasiones desde la creación del Estado judío. Este libro sostiene que Israel y su principal colaborador, la CIA, utilizaron insidiosas "falsas banderas" para orquestar el asesinato de John F. Kennedy y su posterior encubrimiento: "la Mafia", "cubanos anticastristas", "los soviéticos", "agentes de Castro" e incluso "extremistas de derechas" han sido señalados como responsables del asesinato de JFK. Pero las pruebas tangibles apuntan en una dirección totalmente distinta.

"PISTAS FABRICADAS Y PANCARTAS FALSAS

Un destacado investigador del asesinato de JFK, el profesor Peter Dale Scott, describió lo que denominó "el genio del complot del asesinato".[23] Se trataba, según Scott, de "pistas fabricadas por los conspiradores para conducir a un encubrimiento". Scott cita varios ejemplos: "Había, por ejemplo, pistas que vinculaban potencialmente a Oswald con Fidel Castro o con el KGB y Jruschov, una pista que podía llevar a la guerra".

"Además, había pruebas falsas dadas al Servicio Secreto que conducían a un grupo de cubanos anticastristas en Chicago cuyas operaciones habían sido indirectamente autorizadas por el propio Bobby Kennedy. Esta es sólo una de las muchas pistas que pueden haber llevado en direcciones que nadie quería examinar."[24]

---

[23] *Tikkun*, marzo/abril de 1992.
[24] *Ibid*.

El hecho de que Israel tuviera una larga y bien fundada reputación de plantar "falsos estandartes" es objeto de debate en este capítulo.

Como preparación para nuestro examen del papel de Israel en la conspiración del asesinato de JFK, es interesante repasar primero algunos de los casos más notables en los que Israel orquestó asesinatos y cargó estas atrocidades sobre las espaldas de personas inocentes: "falsos estandartes".

En el capítulo 2, señalamos que el ex congresista Paul Findley citó dos casos en los que Israel indicó que estaba dispuesto a sacrificar vidas estadounidenses por sus propios intereses: (a) el ataque contra el U.S.S. Liberty en junio de 1967 y (b) el ataque planeado contra un avión de reconocimiento estadounidense que sobrevolaba el centro secreto de desarrollo de bombas nucleares de Israel. Estos incidentes son especialmente interesantes a la luz de lo que vamos a tratar en este volumen.

El ataque contra el *Liberty* -generalmente reconocido por todos excepto por Israel y sus defensores- fue un intento deliberado de destruir el *Liberty* y su tripulación y hundir el barco en el fondo del Mediterráneo. Lo más interesante es el motivo de este extraño y brutal ataque.

U.S.S. LIBERTY - CULPAR A LOS EGIPCIOS

De hecho, Israel esperaba culpar a un "falso estandarte" -Egipto- y atraer a Estados Unidos a la inminente guerra de 1967 del lado de Israel. Sólo porque el Liberty no se hundió y se salvó, los libros de historia no nos cuentan hoy que "los árabes" hundieron un barco espía estadounidense y provocaron otro "incidente del Lusitania" que obligó a Estados Unidos a entrar en guerra.

LA BOMBA NUCLEAR

El segundo caso al que se refería el congresista Findley era de especial interés en el sentido de que el ataque planeado contra un avión de reconocimiento de las Fuerzas Aéreas estadounidenses había sido diseñado para proteger el desarrollo secreto de armas nucleares por parte de Israel. Fue la ofensiva nuclear de Israel lo que llevó al presidente John F. Kennedy a la "guerra secreta" contra Israel que libró con creciente intensidad durante los tres años de su corta presidencia.

Como veremos en el capítulo 5, fue precisamente la intransigente oposición de Kennedy al desarrollo de armas nucleares por parte de Israel lo que se convirtió en una parte central de su confrontación con Israel y su Mossad. Fue este conflicto el que jugó un papel clave en la puesta en marcha de las etapas finales de la conspiración del asesinato que acabó con la vida de John Kennedy.

A continuación se resumen otros casos notables en los que Israel ha utilizado "falsas banderas" en sus actividades delictivas internacionales.

EL ASUNTO LAVON

Quizás el ejemplo más conocido de Israel utilizando una "bandera falsa" para cubrir sus propias huellas fue el infame asunto Lavon. Fue en 1954 cuando se perpetraron varios actos de terrorismo orquestados por Israel contra objetivos británicos en Egipto. Se culpó de estos atentados a los Hermanos Musulmanes, que se oponían al régimen del presidente egipcio Gamul Abdul-Nasser.

Sin embargo, hoy en día la verdad sobre la oleada de terror puede encontrarse en un telegrama antaño secreto enviado por el coronel Benjamin Givli, jefe de la inteligencia militar israelí, en el que se describía la finalidad perseguida con la oleada de terror:

"Nuestro objetivo] es quebrar la confianza de Occidente en el actual régimen [egipcio]. Las acciones deben provocar detenciones, manifestaciones y expresiones de venganza. El origen israelí debe quedar totalmente enterrado mientras la atención se desplaza a cualquier otro factor posible. El objetivo es impedir la ayuda económica y militar de Occidente a Egipto".[25]

Finalmente, la verdad sobre la implicación de Israel en el asunto se hizo pública e Israel se vio sacudido internamente por el escándalo. Los partidos políticos rivales de Israel utilizaron el escándalo como arma arrojadiza contra sus oponentes. Pero la verdad sobre el uso israelí de una "bandera falsa" atrajo la atención internacional y demostró que Israel estaba dispuesto a poner en peligro vidas inocentes innecesariamente como parte de su ambiciosa estrategia política para aumentar su influencia en Oriente Medio.

ACUSANDO A "EXTREMISTAS DE DERECHAS

Un misterioso grupo "de derechas" conocido como "Action Directe" se atribuye el atentado contra el restaurante Goldenberg de París el 9 de agosto de 1982. Seis personas murieron y 22 resultaron heridas. El líder de "Action Directe" era un tal Jean-Marc Rouillan. Rouillan había operado en el Mediterráneo bajo el nombre en clave de "Sebas" y en varias ocasiones se le había relacionado con el Mossad. Todas las referencias a los vínculos de Rouillan con el Mossad fueron eliminadas de los informes oficiales publicados en la época.

Sin embargo, el servicio nacional de información argelino -que tiene vínculos con la inteligencia francesa- culpó al Mossad de las actividades de Rouillan. Funcionarios de inteligencia franceses enfadados filtraron supuestamente esta información a los argelinos. Varios altos funcionarios de seguridad franceses dimitieron en protesta por la complicidad del Mossad en los crímenes de Rouillan.[26] Sin embargo, otras operaciones orquestadas por el Mossad también han tenido lugar en suelo francés.

El 3 de octubre de 1980, una sinagoga de la rue Copernic de París es objeto de un atentado con bomba. Murieron cuatro espectadores. Nueve resultan heridos. El frenesí mediático que siguió al incidente fue mundial. Según algunos informes, los responsables fueron "extremistas de derechas". Sin embargo, de todos los "extremistas de derecha" detenidos para ser interrogados, ninguno fue arrestado. De hecho, todos fueron puestos en libertad.

---

[25] Livia Rokach. *Israel's Sacred Terrorism* (Belmont, Massachusetts: AAUG Press, 1986), p. 34.
[26] *The Spotlight*, 6 de septiembre de 1982.

En las más altas esferas de la inteligencia francesa, sin embargo, el dedo de la sospecha apuntaba al Mossad. Según un informe: "El 6 de abril de 1979, la misma unidad terrorista del Mossad ahora sospechosa de la matanza de Copérnico voló la planta altamente vigilada de CNIM Industries en La Seyne-sur-Mer, cerca de Toulon, en el sudeste de Francia, donde un consorcio de empresas francesas estaba construyendo un reactor nuclear para Irak.

"El Mossad saló el lugar de la explosión del CNIM "con pistas" seguidas de llamadas telefónicas anónimas a la policía - sugiriendo que el sabotaje fue obra de Troup una organización ecologista "conservadora" - "la gente más pacífica e inofensiva de la tierra" según una fuente."[27]

CULPAR A LA MAFIA CORSA

- El 28 de junio de 1978, agentes israelíes detonan una bomba bajo un pequeño turismo en la rue St Anne, matando a Mohammed Boudia, organizador de la Organización para la Liberación de Palestina (OLP). Inmediatamente después, la policía de París recibió llamadas anónimas en las que se acusaba a Boudia de estar implicado en negocios de narcotráfico y se atribuía su asesinato a la mafia corsa. Una investigación en profundidad determinó posteriormente que agentes especializados del Mossad eran los responsables de la masacre terrorista.

CULPAR A LOS NEONAZIS

- En octubre de 1976, la misma unidad del Mossad secuestró a dos estudiantes de Alemania Occidental, Brigette Schulz y Thomas Reuter, en su hotel de París. Las "pistas" plantadas y las llamadas telefónicas anónimas hicieron creer que un grupo "neonazi" bávaro había llevado a cabo el secuestro. En realidad, la inteligencia francesa estableció que los dos jóvenes alemanes habían sido transportados en secreto a Israel, drogados, torturados, obligados a hacer una "falsa confesión de complicidad" en actividades de la OLP, y luego encarcelados anónimamente en una de las tristemente célebres prisiones políticas del gobierno israelí.

CULPAR A LOS SURCOREANOS

- En febrero de 1977, un ciudadano estadounidense nacionalizado de origen alemán llamado William Jahnke llegó a París para asistir a unas reuniones de negocios privadas. Desapareció rápidamente, sin dejar rastro. La policía de París fue informada de forma anónima de que Jahnke había estado implicado en un caso de corrupción de alto nivel en Corea del Sur y fue "eliminado" cuando el asunto se torció. Un equipo especial de investigadores del SDECE (Service de documentation extérieure et de contre-espionnage), la principal agencia de inteligencia francesa, determinó finalmente que Jahnke "había sido despedido" por el Mossad, que sospechaba que había vendido información secreta a los libios. Además de otros detalles de este

---

[27] *The Spotlight*, 10 de noviembre de 1980.

sórdido caso, la SDECE supo que Jahnke había sido "denunciado" al Mossad por su propio antiguo empleador, la CIA.[28]

CULPAR A LOS LIBIOS

Una de las operaciones de "bandera falsa" más escandalosas de Israel consistió en una historia de propaganda violenta destinada a desacreditar al líder libio Muamar Gadafi, uno de los enemigos favoritos de Israel. Durante los primeros meses de la administración del presidente Ronald Reagan, los medios de comunicación estadounidenses empezaron a promover la historia de que un "comando libio" estaba en Estados Unidos específicamente para asesinar a Reagan. Esto elevó la temperatura contra Libia y hubo repetidos llamamientos al asesinato.

Sin embargo, de repente, las historias de los "comandos" desaparecieron. Finalmente se descubrió que la fuente de la historia era un tal Manucher Ghorbanifar, antiguo agente iraní de la SAVAK (policía secreta) con estrechos vínculos con el Mossad.

Incluso el *Washington Post* reconoció que la propia CIA creía que Ghorbanifar era un mentiroso que "inventó la historia del comando para causar problemas a uno de los enemigos de Israel".[29]

Los Angeles Times ya había denunciado las historias de miedo de Israel. "La inteligencia israelí, y no la administración Reagan", informaba el Times, "ha sido una de las principales fuentes de algunos de los informes más dramáticos publicados sobre un comando libio supuestamente enviado para matar al presidente Reagan y a otros funcionarios... Israel, que según fuentes bien informadas "ha querido una excusa para entrar y atacar Libia durante mucho tiempo, 'puede haber estado tratando de conseguir el apoyo del público estadounidense para un ataque contra [Gadafi]', habían dicho esas fuentes."[30]

En otras palabras, Israel había promocionado al antiguo agente de SAVAK, Ghorbanifar, en los círculos de Washington como una fuente fiable. En realidad, era un agente de desinformación del Mossad que enarbolaba una "bandera falsa" para engañar a Estados Unidos. Era otro plan israelí para culpar a Libia de sus propias fechorías, esta vez utilizando una "bandera falsa" (el SAVAK iraní) para echar la culpa a otra "bandera falsa" (Libia). (En el capítulo 18 veremos otro crimen del SAVAK perpetrado en nombre de Israel y sus aliados de la CIA).

CULPAR DE NUEVO A LIBIA

El Mossad israelí estuvo sin duda detrás del atentado contra la discoteca La Belle, en Berlín Occidental, el 5 de abril de 1986. Sin embargo, se afirmó que había pruebas "irrefutables" de que los libios eran los responsables. Un soldado estadounidense había muerto. El presidente Ronald Reagan respondió atacando Libia.

---

[28] *Ibid.*
[29] Jonathan Marshall, Peter Dale Scott y Jane Hunter. *The Iran-Contra Connection: Secret Teams and Covert Operations in the Reagan Era* (Boston, Massachusetts: South End Press, 1987), p. 217.
[30] *Ibid.*

Sin embargo, los servicios de inteligencia creían que el Mossad israelí había inventado "pruebas" falsas para "demostrar" la responsabilidad libia. Manfred Ganschow, director de la policía de Berlín Occidental, que se había hecho cargo de la investigación, exculpó a los libios, diciendo: "Este es un asunto altamente político. Algunas de las pruebas citadas en Washington pueden no ser pruebas en absoluto, simplemente hipótesis proporcionadas por razones políticas."[31]

CULPAR A LOS SIRIOS

El 18 de abril de 1986, un tal Nezar Hindawi, jordano de 32 años, fue detenido en Londres después de que los guardias de seguridad se percataran de que una de las pasajeras que embarcaba en un avión israelí con destino a Jerusalén, Ann Murphy, de 22 años, llevaba una hoja de explosivo plástico en el doble fondo de su bolso. La señorita Murphy dijo a los agentes de seguridad que el detonador (disfrazado de calculadora) se lo había dado su financiero, Hindawi. Se le acusó de intento de sabotaje e intento de asesinato.

Se rumoreó que Hindawi había confesado y afirmado que había sido contratado por el General Mohammed Al-Khouli, Director de Inteligencia de la Fuerza Aérea Siria. También estaban implicados otros, entre ellos el embajador sirio en Londres. Las autoridades francesas advirtieron al Primer Ministro británico de que todo aquello no era lo que parecía, es decir, que había implicación israelí. La prensa occidental lo confirmó más tarde.[32]

ACUSANDO AL PLO

En 1970, el rey Hussein de Jordania recibió información incriminatoria que sugería que la Organización para la Liberación de Palestina había planeado asesinarle y apoderarse de su nación. Furioso, Hussein movilizó sus fuerzas para lo que hoy se conoce como "Septiembre Negro", la purga de la OLP. Se detuvo a miles de palestinos que vivían en Jordania, se torturó a algunos dirigentes y, finalmente, se expulsó a masas de refugiados de Jordania a Líbano.

Nuevas pruebas, reveladas tras el asesinato de dos altos operativos del Mossad en Larnaka, Chipre, sugieren que toda la operación fue una acción encubierta del Mossad, dirigida por una de sus principales agentes, Sylvia Roxburgh. Ella consiguió establecer un enlace con el rey Hussein y fue el eje de un gran golpe del Mossad destinado a desestabilizar a los árabes.[33]

En 1982, justo cuando la OLP había abandonado el uso del terrorismo, el Mossad difundió desinformación sobre "ataques terroristas" contra asentamientos israelíes a lo largo de la frontera norte para justificar una invasión militar a gran escala de Líbano. Años más tarde, incluso destacados portavoces israelíes, como el ex ministro de

---

[31] *The Spotlight*, 21 de abril de 1986.
[32] *The Spotlight*, 10 de noviembre de 1986
[33] *Ibid.*

Asuntos Exteriores Abba Eban, admitieron que los informes sobre el "terrorismo de la OLP" habían sido elaborados por el Mossad.[34]

También es interesante señalar que el intento de asesinato -en Londres- de Shlomo Argov, embajador israelí en Inglaterra, se atribuyó inicialmente a la OLP.

El intento de asesinato fue citado por Israel como excusa para su sangrienta incursión de 1982 en Líbano. De hecho, el diplomático en cuestión era considerado una de las "palomas" de Israel y se inclinaba por un acuerdo amistoso en el largo conflicto entre Israel y la OLP. Era el blanco menos probable de la ira de la OLP. Es más, a uno de los sospechosos del crimen se le había encontrado una "lista negra" que incluía el nombre del jefe de la oficina de la OLP en Londres.[35] Así que parece que el intento de asesinato fue llevado a cabo por el Mossad -de nuevo, bajo otra "bandera falsa"- con dos propósitos: (a) la eliminación de un "pacifista" del país que se consideraba que estaba mostrando amabilidad hacia los palestinos; y (b) culpar de otro crimen más a la Organización para la Liberación de Palestina.

¿POR QUÉ HACER DE OSWALD UN "AGITADOR PROCASTRISTA"?

Los ejemplos citados aquí son sólo un puñado de operaciones de "falsa bandera" orquestadas por el Mossad y atribuidas a una amplia gama de supuestos "sospechosos". Las pruebas que examinaremos en *Juicio Final* sugieren que el asesinato de John F. Kennedy fue otra conspiración de "bandera falsa" del Mossad israelí y sus colaboradores de la CIA estadounidense.

Ahora sabemos, tras años de estudio por parte de numerosos investigadores del asesinato de JFK, que antes del asesinato de JFK, Lee Harvey Oswald, el presunto asesino, había sido señalado como chivo expiatorio. De hecho, las actividades de Oswald se presentaron como prueba de que un "agitador procastrista" había sido el "acosador solitario" detrás del asesinato del Presidente.

En cualquier caso, la identidad de Lee Harvey Oswald como "agitador procastrista" estaba hecha a medida para (o deberíamos decir hecha a medida por) la CIA y sus aliados del Mossad. Lo que pocos de los investigadores a cargo del asesinato de JFK observaron (o quizás incluso comprendieron) fue que la Cuba de Fidel Castro había sido hostil a Israel y a la causa del sionismo durante mucho tiempo. Así que un "agitador procastrista" sería un chivo expiatorio ideal para el Mossad y la CIA.

En un extenso ensayo, el gobierno de Castro publicó en la edición del 4 de noviembre de 1979 del periódico oficial Granma: Los marxistas cubanos han criticado a Israel y al sionismo. El periódico de Castro declaraba, en parte:

"Los sionistas nunca han perdonado al Estado soviético y a su Partido Leninista, y nunca lo harán... porque los bolcheviques habían puesto en marcha una política justa que integraba los talentos y los esfuerzos de los judíos soviéticos en las tareas de construcción de una nueva sociedad y habían desenmascarado así los orígenes de la discriminación de clase y del antisemitismo, rompiendo con el pasado y aportando

---

[34] *Ibid.*
[35] *Ibid*, 27 de septiembre de 1982.

una solución real al problema judío, una solución que no era ni podía ser nunca un éxodo masivo a Palestina.

"Con el estallido de la Guerra Fría, los sionistas colaboraron en todas las actividades subversivas y divisionistas contra la URSS y otros países socialistas. Los servicios secretos del Estado sionista israelí coordinaban sus actividades de espionaje con la CIA. Y para completar el cuadro, hubo una acción contrarrevolucionaria sionista contra los movimientos de liberación nacional.

"Los sionistas se convirtieron en una potencia y lograron establecer su propio Estado en 1948. Ahora su tarea es defender las rutas del petróleo, proteger todos los intereses del imperialismo norteamericano y bloquear el avance de la revolución árabe. Ni los mecanismos de la contrarrevolución sionista ni las armas israelíes pueden detener la marcha victoriosa de los pueblos del mundo".[36]

Estas son, como mínimo, palabras combativas, y quizás expliquen por qué los responsables de incriminar a Lee Harvey Oswald habrían elegido su perfil de agitador procastrista. El perfil habría satisfecho tanto a los anticomunistas de línea dura como a los sionistas.

En los años siguientes, a medida que la historia inicial de que Oswald era un agitador procastrista empezó a desmoronarse, se nombraron nuevos objetivos alternativos, principalmente "la Mafia". El Mossad y sus aliados en la CIA y los medios de comunicación estadounidenses controlados tenían el control. Todos los que habían sido acusados por el Mossad y sus aliados de la CIA estaban implicados y todos, como resultado, tenían un interés en el encubrimiento.

JFK Y LOS ASUNTOS SECRETOS

Para llegar a la presidencia en 1960, John F. Kennedy se vio obligado a hacer tratos secretos -extraoficialmente- con un gran número de poderosas fuerzas estrechamente vinculadas a Israel. El capítulo 4 examina la historia de estos tratos y cómo desempeñaron un papel en el complot para asesinar a JFK.

---

[36] *Granma,* 4 de noviembre de 1979.

Capítulo IV

A punta de navaja
JFK, Meyer Lansky, la Mafia
y el lobby israelí

John Fitzgerald Kennedy, su padre el poderoso embajador Joseph P. Kennedy y el jefe del crimen organizado Meyer Lansky tenían una larga historia de amarga hostilidad, en parte como resultado de los tratos de Kennedy padre con la mafia. Esto, sin embargo, no impidió que la familia Kennedy hiciera tratos con el sindicato del crimen cuando se trataba de ganar elecciones.

El supuesto antisemitismo de la familia Kennedy tampoco hizo nada por mejorar las relaciones de JFK con Israel y su lobby estadounidense. La intervención de Kennedy en la cuestión de la independencia de Argelia de Francia también suscitó duras críticas del lobby israelí. Sin embargo, cuando John F. Kennedy buscó la presidencia, estaba dispuesto a hacer tratos con el lobby israelí - y a pagar el precio.

Sin embargo, al final de su presidencia, Kennedy no había cumplido sus acuerdos, no sólo con el padrino de Israel, Meyer Lansky, y sus seguidores mafiosos, sino también con el lobby israelí.

John F. Kennedy era un producto puro de la educación de su padre - para consternación, puede decirse, de muchos de los seguidores más fervientes de JFK. Preferirían olvidar gran parte de la historia de la familia Kennedy y presentar a JFK como una especie de santo.

El hecho de que el presidente John F. Kennedy fuera hijo del embajador Joseph P. Kennedy, a quien durante mucho tiempo se había considerado, como mínimo, neutral ante las ambiciones de la Alemania nazi -y, en el peor de los casos, antisemita e incluso admirador de Adolf Hitler- fue muy difícil de digerir para los admiradores de Kennedy.

El embajador Kennedy, por supuesto, había luchado contra la entrada de Estados Unidos en la Segunda Guerra Mundial. Varios relatos de la época sugieren que Kennedy regresó de Gran Bretaña, donde había servido como embajador de EE.UU., con el objetivo de lanzar una gran campaña contra los planes de guerra del presidente Roosevelt.

Sin embargo, tras una reunión en la Casa Blanca entre el embajador y el Presidente, Kennedy dio marcha atrás. Lo que ocurrió en esta reunión está abierto a la especulación.

JFK, HITLER Y LA GUERRA EN EUROPA

Es interesante señalar (y ciertamente poco conocido) que al mismo tiempo que el embajador Kennedy luchaba contra la participación estadounidense en lo que se convirtió en la Segunda Guerra Mundial, sus hijos Joe, Jr. y John también promovían el mismo objetivo.

Como estudiante de Harvard, Joe Jr. formó parte del Comité de Harvard contra la Intervención Militar en Europa, descrito como "un grupo reaccionario que hacía peticiones a influyentes funcionarios del gobierno y celebraba mítines oponiéndose a la participación estadounidense en el esfuerzo bélico en Europa".[37]

Sin embargo, lo más significativo es que, al parecer, el propio JFK era vigilado regularmente por el FBI de J. Edgar Hoover por sus actividades antibelicistas. JFK fue acusado por el FBI de expresar "sentimientos antibritánicos y derrotistas y de haber culpado a Winston Churchill de meter a Estados Unidos en la guerra...". "También parece", acusó el FBI, "que Kennedy había preparado para su padre al menos uno de los discursos que su padre había hecho, o pretendía hacer, en respuesta a las críticas de sus supuestas políticas de apaciguamiento...". Además, Jack Kennedy había dicho que pensaba que Inglaterra estaba acabada y que el mayor error de su padre fue que no habló lo suficiente, que dejó de hablar demasiado pronto."[38]

El joven Jack Kennedy, como estudiante de Harvard, era más que neutral contra Hitler, según parece. Tras visitar la Italia de Mussolini, la Rusia de Stalin y la Alemania de Hitler, JFK anotó en su diario, según *la revista Time*, que había decidido que "el facismo [sic] es cosa de Alemania e Italia, para Rusia es el comunismo y para América e Inglaterra es la democracia".[39] Reflexiones juveniles, pero interesantes cuanto menos.

KENNEDY Y EL "FASCISTA"

Tras la guerra, el padre de JFK, el embajador Kennedy, consideró la posibilidad de participar activamente en un proyecto para poner fin a la guerra, en oposición al presidente Roosevelt.

El biógrafo de Kennedy Richard Whalen ha escrito sobre una reunión secreta entre Kennedy y un destacado crítico de la administración Roosevelt, el controvertido publicista Lawrence Dennis. A menudo descrito (inexactamente) como "el mayor fascista de Estados Unidos", Dennis fue diplomático y uno de los primeros líderes en intentar bloquear la intervención estadounidense en lo que se convirtió en la Segunda Guerra Mundial. Como resultado, Kennedy y él tenían mucho en común.

El biógrafo de Kennedy describió las circunstancias de esta reunión secreta, una reunión que dice mucho sobre el pensamiento de Kennedy:

"En octubre de 1943, Lawrence Dennis recibió una llamada telefónica de su amigo Paul Palmer, entonces editor de *The Reader's Digest*. Antes de la guerra, Dennis había colaborado con el *Digest*, pero desde entonces el autor de *The Coming American*

---

[37] C. David Heymann, *A WomanNamed* Jackie (Nueva: New American Library, 1989), p. 151.
[38] *Ibid.*
[39] *Time*, 9 de octubre de 1992, p. 28.

Fascism se había vuelto demasiado polémico como para que su firma apareciera en la revista más importante del país. Ahora recibía un anticipo de 500 dólares al mes como asesor editorial.

"Una de sus iniciativas recientes había sido un memorándum de rendición incondicional duramente criticado y los rumores de que Alemania iba a ser desmantelada. Palmer invitó a Dennis a almorzar en su suite del hotel St. Regis de Manhattan, diciendo que allí conocería a alguien que pensara lo mismo.

"Resultó ser Joe Kennedy. Durante el almuerzo, Kennedy afirmó que veía al arzobispo Spellman casi a diario. Dijo que el arzobispo había regresado de Roma diciendo que los generales de Hitler podrían intentar derrocarlo si se les ofrecían términos menos desesperados que la rendición incondicional.

"Kennedy estaba conmocionado y arremetió contra Roosevelt. Habló al ejército de sus dos hijos y dijo que la guerra podía acabar en quince días si se animaba a los generales alemanes.

"Naturalmente, ningún líder de la Iglesia podía objetar la locura de la política de Roosevelt, pero Kennedy podía, y ese era el propósito de Palmer al organizar el almuerzo. El editor preguntó si el ex embajador escribiría o al menos firmaría un artículo condenando la rendición incondicional. El impacto de tal artículo, dada la anterior posición de Kennedy en la administración, podría haber sido enorme. Pero no aceptó la invitación, y la guerra emprendida por sus hijos y tantos otros jóvenes continuó."[40]

El embajador Kennedy sin duda recordó esta reunión durante el resto de su vida. Estaba muy resentido por la guerra y especialmente por Franklin D. Roosevelt. Kennedy supuestamente llamó a FDR "un hijo de puta paralítico que mató a mi hijo Joe".

(Joe Kennedy Jr., por supuesto, era el hijo mayor del embajador. Fue la muerte de Joe Jr. la que finalmente sentó las bases para que el segundo hijo, John, fuera preparado para la presidencia en lugar de su hermano mayor).

UN PROYECTO EMPRESARIAL

Sin embargo, las opiniones de Kennedy padre no cambiaron con el tiempo. Pero a medida que el embajador retirado envejecía, se volvía más pragmático. Esto se confirmó en una reunión -a mediados de la década de 1950- entre Kennedy y un socio de Lawrence Dennis -un ejecutivo del mundo del espectáculo afincado en Nueva York llamado DeWest Hooker.

De hecho, como veremos, es posible que los esfuerzos de Hooker, tras su reunión con Joe Kennedy, ayudaran a John F. Kennedy a conseguir su estrecha victoria en las elecciones presidenciales de 1960.

Hooker esperaba que Joe Kennedy se interesara por un proyecto que Hooker creía que podría interesarle. Hooker quería crear un canal de televisión independiente y pensó que Kennedy, antiguo magnate del cine, podría estar interesado en respaldar el proyecto. El recuerdo de Hooker de esta reunión es muy interesante,

---

[40] Richard Whalen. *The Founding Father: The Story of Joseph P. Kennedy* (Nueva York: New American Library, 1964), pp. 366-367.

particularmente en el contexto de la tesis presentada en estas páginas. Para apreciar exactamente de dónde venía Hooker, vale la pena recordar su notable pasado.

ABIERTAMENTE ANTIJUDÍO

Nacido en la riqueza y el privilegio y descendiente de uno de los firmantes de la Declaración de Independencia, Hooker había tenido una carrera variada. No sólo había actuado en los escenarios de Broadway, sino que también había posado para anuncios de cigarrillos. También trabajó durante un tiempo como empresario para la poderosa compañía MCA y fue, durante un tiempo en la década de 1950, uno de los empresarios mejor pagados de Estados Unidos. Hooker también incursionó en la producción televisiva, con un éxito similar.

Sin embargo, había un aspecto de su personalidad que le convertía, por decirlo suavemente, en una *persona non grata* en la industria del entretenimiento: Hooker es despiadada y abiertamente antijudío. Fue el primero en admitirlo, sin que nadie se lo pidiera. Con su imponente estatura, Hooker es intrépido y no teme dar a conocer su postura.

Uno de los protegidos de Hooker fue George Lincoln Rockwell, fundador del Partido Nazi Americano. En sus memorias, This Time the World, Rockwell atribuye a Hooker una gran influencia en su pensamiento. De hecho, Rockwell dedicó el libro a Hooker, así como a algunos otros, entre ellos el senador Joseph R. McCarthy y el general Douglas MacArthur. Según Rockwell, Hooker fue el hombre que "me enseñó los trucos y los malos modales del enemigo".[41] Según Rockwell, Hooker era "lo más parecido a un nazi desde el Bund".[42]

La razón del interés de Hooker por crear un canal independiente era muy política: Hooker quería que el nuevo canal estuviera completamente separado del dinero y la influencia judíos. En su opinión, los tres canales existentes estaban totalmente bajo el control de los intereses judíos. Hooker quería un canal que presentara lo que él llamaba "nuestra forma de pensar".

JOE KENNEDY HABLA ABIERTAMENTE

Fue en 1956 cuando Hooker se reunió en privado con Kennedy en Palm Beach, Florida. Tras un partido de golf, Kennedy y Hooker se pusieron manos a la obra. Hooker estaba allí para solicitar el apoyo financiero, político y personal de Kennedy para su proyecto de red.

(Fue durante este periodo cuando el senador John F. Kennedy persiguió activamente su candidatura a la vicepresidencia del Partido Demócrata. Perdió, pero sus esfuerzos fueron alabados en las filas del partido y prepararon el terreno para el primer puesto que buscó en las elecciones del partido de 1960).

---

[41] George Lincoln Rockwell. *This Time the World* (Liverpool, West Virginia: White Power Publications, 1963), p. v.
[42] *Ibid*, p. 123.

Después de que Hooker se presentara al embajador retirado, la reacción de Kennedy fue favorable en espíritu, pero el viejo Joe dejó clara su postura final durante su conferencia de cuatro horas.

Según Hooker, "Joe admitió que cuando era embajador en Inglaterra había estado a favor de Hitler. Sin embargo, en palabras de Kennedy, 'nosotros' perdimos la guerra. Con "nosotros" no se refería a los Estados Unidos. Cuando Kennedy decía "nosotros", se refería a los no judíos. Joe Kennedy creía que eran los judíos los que habían ganado la Segunda Guerra Mundial.

"Kennedy dijo: "Hice todo lo que pude para luchar contra el poder judío en este país. Traté de detener la Segunda Guerra Mundial, pero fracasé. Gané el dinero que necesitaba y ahora estoy pasando todo lo que aprendí a mis hijos".

"Yo no ando con 'perdedores'", me dice Kennedy. "Me uno a los 'ganadores'. Trabajaré con los judíos. Estoy enseñando a mis hijos toda la historia y ellos trabajarán con los judíos. Voy a hacer de Jack el primer presidente católico irlandés de los Estados Unidos y si eso significa trabajar con los judíos, que así sea. Estoy de acuerdo con lo que estás haciendo, Hooker," declaró Kennedy, "pero no voy a hacer nada para arruinar las posibilidades de Jack de convertirse en Presidente."[43]

Hooker estaba, por supuesto, decepcionado por la respuesta de Kennedy y, al final, su "cuarto" canal fracasó. Pero Hooker al menos tuvo la satisfacción de saber que él y la familia Kennedy estaban en la misma onda, incluso si estaban dispuestos a comprometer esos puntos de vista por razones políticas.

LOS NAZIS "APRUEBAN" A NIXON

Cuando se separaron al final de su reunión en Palm Beach, Hooker preguntó a Kennedy si había algo que pudiera hacer para ayudar a la familia Kennedy.

"Sí, de hecho, hay algo que puedes hacer", respondió Joe Kennedy. "Me gustaría que usaras tus contactos en la derecha. Pídeles que publiquen artículos acusando a Jack de estar controlado por los judíos, de ser una marioneta judía. Esto tendrá el efecto de neutralizar la oposición judía a Jack (por mi culpa).

"Los judíos conocen mis puntos de vista y, naturalmente, supondrán que Jack está cortado por el mismo patrón. Si la derecha empieza a machacar a Jack, los judíos cambiarán de opinión, al menos los que votan".[44]

Hooker prometió a Kennedy que haría lo que pudiera. Siendo un hombre de palabra, Hooker influyó en sus contactos de derechas como Kennedy le había pedido. Hooker animó a su amigo, el líder nazi Rockwell, y a otros "derechistas" a desprestigiar a John F. Kennedy como el padre de JFK había propuesto. Sus esfuerzos tuvieron éxito.

Como señala una crónica de la campaña de 1960: "El Partido Nazi Americano también ayudó apoyando a Richard Nixon. Nazis por Nixon, Yippies por Kennedy' era uno de sus eslóganes. Otro eslogan era 'FDR y JFK = un pacto JUDÍO'".[45]

---

[43] Entrevista con DeWest Hooker, 20 de enero de 1992.
[44] *Ibid.*
[45] Edward Tivnan. *The Lobby: Jewish Political Power and American Foreign Policy* (Nueva York: Simon & Schuster, 1987), p. 54.

Por supuesto, esto fue inspirado por el padre de JFK y se consiguió gracias a los buenos oficios de DeWest Hooker y su amigo George Lincoln Rockwell, aunque el historiador que escribió los eslóganes de Rockwell probablemente no tenía ni idea de que esto era indirectamente obra de Joe Kennedy.

"Francamente", dice Hooker, "en lo que a mí respecta, fue mi trabajo el que llevó a Johnny Kennedy a la Casa Blanca".[46] (La afirmación de Hooker no es del todo falsa, en la medida en que los líderes judíos americanos de la época decían que fue el apoyo judío lo que le valió su estrecha victoria sobre Nixon en las elecciones de 1960).

Es poco probable que este interesante y revelador episodio sea conmemorado en la Biblioteca John F. Kennedy de Harvard o en una benévola biografía de la familia Kennedy. Sin embargo, no cabe duda de que Israel y su lobby estadounidense tenían una idea bastante clara de lo que ocurría entre bastidores.

KENNEDY MOLESTA AL LOBBY ISRAELÍ

En 1957, durante su primer mandato como senador, John Kennedy se vio envuelto en una disputa internacional latente poco notada por los votantes americanos medios, pero de particular interés para Israel y su lobby en América: la cuestión de la independencia de Argelia. El gigantesco coloso árabe, antigua colonia francesa, buscaba su libertad, y en Francia la nación estaba inmersa en un acalorado debate sobre la cuestión. Israel, por supuesto, veía la aparición de otra república árabe independiente como una amenaza para su seguridad, y cualquiera que estuviera a favor de la independencia argelina estaba, por tanto, abogando por una política que se consideraba una amenaza para la supervivencia de Israel.

El ex diplomático Richard Curtiss describe la sorpresiva entrada de Kennedy en el debate sobre Argelia: "En 1957, como nuevo miembro del Comité de Relaciones Exteriores del Senado, creyó reconocer la tragedia de la inflexibilidad colonial en Argelia. Ya uno de los más importantes beneficiarios de la Biblioteca del Congreso, pasó su tiempo conversando con William J. Porter, pro-árabe y director de la Oficina de Asuntos del Norte de África del Departamento de Estado.

"Porter temía que el apoyo incondicional de Washington a su aliado de la OTAN, Francia, en la cada vez más brutal represión francesa de los nacionalistas argelinos amenazara todo el futuro de Estados Unidos en el norte de África". Kennedy también se reunió con miembros de la delegación argelina del FLN en la sede de la ONU".[47]

El 2 de julio de 1957, JFK compareció ante el Senado y pronunció su primer discurso de política exterior sobre esta controvertida cuestión. Dijo, en parte: "Sea cual sea nuestra preocupación por la cortesía mutua, nuestros deseos piadosos, nuestra nostalgia o nuestros pesares, no deben impedir ni a Francia ni a Estados Unidos darse cuenta de que, si Francia y Occidente en general desean conservar alguna influencia en el norte de África..., el primer paso que hay que dar es conceder la independencia a Argelia".[48]

---

[46] Entrevista con De West Hooker.
[47] Richard Curtiss. *A Changing Image*. (Washington, D.C.: American Educational Trust, 1986), p. 65.
[48] *Ibid.*

Según Curtiss: "El discurso generó más correo que ninguno de los que había pronunciado como senador. La clase dirigente de la política exterior de Nueva York, bastión de la solidaridad atlántica, se indignó con razón".[49] Curtiss también señaló que "a los franceses no les gustó".[50]

Algunos de los críticos de Kennedy dijeron que el discurso era una maniobra política y que había elegido el tema de la independencia de Argelia para su primer gran discurso de política exterior porque no había ni un voto "francés" ni un voto "argelino" con el que enfrentarse en su estado natal de Massachusetts o en el conjunto de la nación.

Aunque esta última observación es correcta, por supuesto, el hecho es que hubo un bloque de votantes estadounidenses especialmente poderoso (y fuente de contribuciones financieras) que tomó nota del apoyo de Kennedy a la independencia árabe de Argelia: el poderoso lobby israelí estadounidense.

Como veremos, al final bien pudo ser la iniciativa de JFK sobre la cuestión argelina la que realmente desempeñó un papel importante en la configuración de la conspiración que acabó con su vida el 22 de noviembre de 1963 en Dallas, Texas.

El gesto del joven senador también enfureció a muchos nacionalistas franceses que querían conservar el control colonial francés de Argelia.

Muchos de estos nacionalistas se reagruparon más tarde en la llamada Organisation de l'Armée Secrète -la OAS, respaldada por Israel- y lucharon contra el presidente francés Charles De Gaulle, que finalmente concedió la independencia a Argelia.

En los capítulos 12, 15 y 16, aprendemos más sobre la llamada "conexión francesa" y cómo, de hecho, desempeñó en última instancia un papel en el asesinato de JFK, manipulado por el Mossad de Israel.

KENNEDY Y LANSKY

Kennedy tenía otros enemigos poderosos. También existía una vieja enemistad entre Joseph P. Kennedy y Meyer Lansky, el primer jefe de la mafia judía en EE.UU. (En el capítulo 7 veremos la historia de Lansky con más detalle). Sin embargo, el conflicto entre JFK y Lansky se remonta a la época de las actividades de contrabando del padre del presidente.

Según el experto en asesinatos de JFK Jim Marrs: "En 1927, un cargamento de whisky de contrabando de Irlanda a Boston fue secuestrado en el sur de Nueva Inglaterra. Casi toda la guardia murió en el tiroteo. Los piratas formaban parte de la mafia de Luciano y Lansky, mientras circulaban rumores de que Joseph P. Kennedy estaba implicado en la expedición. Al parecer, Kennedy perdió una fortuna en el asunto y fue asediado por las viudas de los guardias en busca de ayuda financiera. Lansky contó más tarde a sus biógrafos que estaba convencido de que Kennedy le guardaba rencor personal desde entonces y que, de hecho, había transmitido su hostilidad a sus hijos.[51]

---

[49] *Ibid*, p. 66.
[50] *Ibid*.
[51] Jim Marrs, *Crossfire: The Plot That Killed* Kennedy (Nueva York: Carroll & Graf Publishers, Inc., 1989), p. 175.

El antiguo secuaz de Lansky, Michael Milan, apoya la alegación de Marrs. Según Milan, "Pregúntale a Meyer Lansky sobre Joe Kennedy y verás uno de esos raros momentos en los que el Sr. L. enloquece. Lo que se decía en los días de la Prohibición era que no podías confiar en Joe Kennedy, no cumplía su palabra. Robaba tanto a sus amigos que no tenía amigos. Y justo antes de la Segunda Guerra Mundial, el hijo de puta se dio la vuelta y dijo que todos teníamos que pasarnos al bando de Hitler, para que los judíos se fueran al infierno.

"Meyer estaba a punto de estallar. Sus sienes empezaron a palpitar cuando Sam Koenig le contó lo que Kennedy había dicho. Y entonces Meyer, como si hubiera nacido siciliano, juró venganza sangrienta contra toda la familia. Se repetía a sí mismo: "Los pecados del padre", murmurando como un viejo zeydah (abuelo) que promete venganza. "Los pecados del padre".[52]

El conflicto entre Lansky y Joseph P. Kennedy era sólo una faceta de la relación de Kennedy con el crimen organizado. Se trataba de una relación de múltiples actores que, en última instancia, desempeñó un papel claramente importante a la hora de ayudar a urdir el complot que condujo al asesinato del hijo del embajador Kennedy, que finalmente había alcanzado la presidencia.

TRAICIÓN

[53]Comentando la teoría de que el crimen organizado mató a JFK (teoría con la que Fox está de acuerdo), el historiador Stephen Fox señaló que "los gángsters normalmente no hacían daño a policías honrados", incluido un presidente como Kennedy cuya administración había empezado a tomar medidas enérgicas contra el sindicato del crimen nacional.

Sin embargo, señala Fox, "para un asesinato tan increíble -matar a un presidente- debieron de ser extremadamente provocados. En sus términos, sólo podría haber sido traición". Los Kennedy tuvieron que tratar con la mafia de forma comprometida. Sin embargo, cuando los Kennedy se volvieron locos y fueron a por el crimen organizado, rompieron el código y dieron un golpe al presidente".[54]

Fox señala que, aunque el viejo Joe Kennedy era un jugador empedernido con estrechos vínculos con los bajos fondos, "dada su inmensa riqueza, por mucho que perdiera la Mafia nunca sería su 'dueña'".[55]

Joe Kennedy era un visitante habitual del Colonial Inn de Meyer Lansky, del que Lansky era copropietario junto con Frank Costello, jefe de la mafia de Nueva York, y un grupo de pequeños accionistas, entre los que se encontraba un poco conocido guardia de un club nocturno de Dallas llamado Jack Ruby. Lansky solía presumir de que entre sus clientes había "jueces, senadores, hombres de negocios respetables". Joe Kennedy venía cuatro o cinco veces por semana.[56]

---

[52] Michael Milan. *The Squad: The U.S. Government's Secret Alliance With Organized Crime.* [Nueva York: Shapolski Publishers, 1989], p. 166.
[53] Stephen Fox. *Blood and Power: Organized Crime in Twentieth Century America* (Nueva York: William Morrow & Company, 1989), p. 307.
[54] *Ibid.*
[55] *Ibid*, pp. 313-314.
[56] *Ibid*, p. 314.

Sin embargo, mientras Jack, el hijo mayor de Kennedy, progresaba en la arena política, su padre intentaba mantener a raya su pasada relación con Frank Costello. Según uno de los amigos de Costello, "la forma en que [Costello] hablaba de [Joe Kennedy], te daba la impresión de que eran íntimos durante la Ley Seca y luego pasó algo. Frank decía que había ayudado a Kennedy a hacerse rico. Lo que pasó entre ellos no lo sé".[57]

KENNEDY Y EL CRIMEN

Tuvo que ser la familia del jefe de la mafia de Chicago, Sam Giancana, la que completara las piezas que faltaban en el rompecabezas. Según Sam Giancana (sobrino del mafioso de Windy City) y Chuck Giancana (hermano del mafioso), JFK -y su padre- habían traicionado al crimen organizado.

Según los Giancanas, la "mafia judía" de Detroit, la llamada "Banda Púrpura", había puesto precio a la cabeza de Joe Kennedy por introducir licor ilegal en su territorio sin su permiso durante los días de la Ley Seca. Sin embargo, Kennedy padre había ido a Chicago a suplicar por su vida y los jefes de la mafia de Chicago habían intervenido en su favor y le habían salvado la vida. Como dice Giancana: "Kennedy tenía una deuda con Chicago desde siempre".[58]

Sin embargo, la relación iba más allá. Según los Giancanas: "Los vínculos de Kennedy con el hampa se cruzaban en cien puntos. Además de hacer una fortuna con el contrabando, Kennedy había cometido una masacre financiera en Hollywood en los años 20, con la ayuda no oficial de persuasivos peces gordos de Nueva York y Chicago.

"Cuando terminó la Prohibición, como parte de un acuerdo nacional entre los distintos contrabandistas, Kennedy era propietario de tres de los distribuidores de licores más lucrativos del país: Gordon's Gin, Dewar's y Haig & Haig, a través de su empresa Somerset Imports".[59]

Los Giancanas también dicen que fue Sam Giancana quien arregló las cosas con Frank Costello para Joe Kennedy después de que el embajador Kennedy desairara al mafioso de Nueva York. Según los Giancanas, Kennedy estaba preocupado por la floreciente carrera política de su hijo y fue entonces cuando aceptó negociar un trato con el crimen organizado para navegar con cuidado - y para quitarse a Frank Costello, en palabras de Kennedy, "de encima".[60]

UNA PROMESA A LA MAFIA

Después de que Joe Kennedy suplicara la ayuda de Giancana en una reunión en Chicago, se citó a Giancana diciendo: "Hoy no he oído nada que me lleve a creer que puedas prometerme nada a cambio de mi ayuda".

---

[57] *Ibid*, p. 315.
[58] Sam Giancana y Chuck Giancana. *Double Cross* (Nueva York: Warner Books, 1992), p. 75.
[59] *Ibid*, p. 227.
[60] *Ibid*, p. 229.

Kennedy respondió: "Puedo. Y lo haré. Ayúdame ahora, Sam, y me encargaré de que Chicago - es decir, tú - te sientes en el maldito Despacho Oval si quieres. Para llamar la atención del Presidente. Pero necesito tiempo."

Kennedy le dijo a Giancana: "Será tu hombre. Te lo juro. Mi hijo - el Presidente de los Estados Unidos - te deberá la vida de su padre. Nunca se negará. Tienes mi palabra".[61]

JFK, LA MAFIA Y MEYER LANSKY

Fue durante la campaña de las primarias demócratas de 1960 cuando los Kennedy volvieron a recurrir a Giancana en busca de apoyo crucial de la Mafia. De hecho, según los Giancana, los Kennedy, padre e hijo, se reunieron con Sam Giancana para llegar a un acuerdo de apoyo mutuo antes y después de las elecciones. Como Giancana resumió el acuerdo: "Yo ayudo a que Jack sea elegido y, a cambio, él calma las cosas. Será como siempre".[62]

El dinero de la mafia se invirtió en estados clave como Virginia Occidental (donde muchos líderes políticos locales estaban protegidos por la mafia) y, para la convención, JFK tenía casi asegurada la nominación presidencial. Aunque el jefe de la mafia de Nueva Orleans, Carlos Marcello, prefería al senador por Texas Lyndon Johnson, se había llegado a un acuerdo y se había programado una elección Kennedy-Johnson. El bando demócrata estaba preparado para las elecciones de otoño.[63]

(En el capítulo 10 exploraremos en detalle la relación entre Carlos Marcello y Meyer Lansky. Marcello, de hecho, era un protegido de Lansky, su nominado en Nueva Orleans, a secas).

También se supo que el propio JFK se relacionaba con otras figuras del hampa además de Sam Giancana, pero los libros de historia ignoraron discretamente las otras conexiones criminales de JFK, prefiriendo centrarse en las figuras italoamericanas de la "Mafia".

[64]Según documentos y escuchas telefónicas del FBI, JFK estuvo en "contacto directo" con Meyer Lansky durante la campaña presidencial de 1960, presumiblemente para atraer el apoyo de la mafia a su campaña presidencial, un pacto que acabaría convirtiéndose en un pacto con el diablo.

PROBLEMAS CON EL LOBBY ISRAELÍ

Durante este mismo periodo, JFK también entabló negociaciones cruciales con otro importante bloque de poder en los asuntos políticos americanos: el lobby pro-Israel. Por razones obvias, como hemos visto, no había amor perdido entre JFK, su padre, el embajador Kennedy y la comunidad judía estadounidense.

En su libro, *The Lobby: Jewish Political Power and American Foreign Policy*, Edward Tivnan explica: "El historial del senador Kennedy sobre Israel era vago, ciertamente

---

[61] *Ibid*, p. 230.
[62] *Ibid*, p. 280.
[63] *Ibid*, p. 284
[64] Heymann, p. 234.

no tan elocuente como el de Hubert Humphrey. Y a diferencia de Lyndon Johnson, Kennedy no se apresuró a defender a Israel durante el asunto de Suez.

"También era católico. Muchos judíos asociaban a los católicos americanos con causas derechistas, pro-McCarthy y antisemitas. Peor aún, estaba el espinoso asunto del padre del candidato, Joseph P. Kennedy, quien, como embajador en la corte inglesa en los años 30, había sido un defensor de la política de Neville Chamberlain de apaciguar a los nazis".[65]

Como hemos visto, el discurso de Kennedy en 1957 pidiendo la independencia de Argelia no fue bien recibido por los defensores estadounidenses de Israel. Enfadando aún más a Israel, el senador Kennedy ya había aprobado una enmienda que habría reducido la ayuda económica a África y Oriente Medio de 175 a 140 millones de dólares, a pesar de que los senadores pro-Israel decían que sería perjudicial para Israel.[66]

ABRAHAM FEINBERG

Sin embargo, John F. Kennedy estaba dispuesto a afrontar la situación y había tomado medidas para apaciguar al lobby pro-israelí. JFK, según Edward Tivnan, "demostró ser mejor diplomático que su padre".[67]

El contacto de Kennedy con el lobby israelí era el fabricante de ropa y financiero neoyorquino Abraham Feinberg. Feinberg era presidente de la Israel Bonds Organization y había ayudado a recaudar fondos privados para financiar el programa secreto de desarrollo nuclear de Israel.

(La financiación se proporcionó de forma privada, secreta y al margen del proceso presupuestario normal israelí porque el programa de desarrollo nuclear era controvertido, no sólo en la administración Eisenhower en Washington, sino también a los ojos de muchos israelíes).

Refiriéndose a Kennedy, Feinberg dijo más tarde: "Mi camino al poder fue la ayuda mutua en lo que necesitaban: dinero para la campaña".[68] (El propio Feinberg ya había apoyado al amigo de JFK, el senador Stuart Symington, rival por la nominación demócrata en 1960).

Reconociendo la necesidad no sólo del dinero judío que era esencial, sino también de los votos judíos, Kennedy decidió reunirse con Feinberg y un grupo de otros judíos americanos ricos en el piso de Feinberg en Nueva York. Tras una discusión con Kennedy, Feinberg y sus socios acordaron pagar 500.000 dólares en nombre de Kennedy. Según Feinberg: "Le llamé inmediatamente. Le tembló la voz. Estaba conmovido, 'lleno de gratitud'.[69]

---

[65] Tivnan, p. 52.
[66] Victor Lasky. *JFK: The Man & The Myth* (New Rochelle, Nueva York, 1966), p. 143.
[67] Tivnan, *Ibid.*
[68] Seymour M. Hersh. *The Samson Option: Israel's Nuclear Arsenal and American Foreign Policy* (Nueva York: Random House, 1991), pág. 94.
[69] *Ibid*, p. 96.

LA "INDIGNACIÓN" DE KENNEDY

Sin embargo, según el autor Seymour Hersh, que ha investigado la relación de Kennedy con Israel y su lobby estadounidense, hay algo más en la historia:

"Kennedy estaba cualquier cosa menos agradecido a la mañana siguiente cuando describió la reunión a Charles L. Bartlett, columnista y amigo cercano. Había ido a la casa de Bartlett en el noroeste de Washington y había llevado a su amigo a dar un paseo, donde contó una versión muy diferente de la reunión de la noche anterior."

"Como ciudadano estadounidense, se indignó", recuerda Bartlett, cuando un grupo sionista le dijo: "Sabemos que su campaña tiene problemas. Estamos dispuestos a pagar sus facturas si nos permite tener el control de su política en Oriente Medio". Kennedy, como candidato presidencial, también se resintió de la rudeza con la que se habían dirigido a él. "Querían el control". Le dijo enfadado a Bartlett.

"Bartlett aún recuerda a Kennedy prometiéndose a sí mismo que "si había llegado a presidente, iba a hacer algo al respecto".[70] - es decir, los lobbies de intereses especiales -en particular los lobbies extranjeros- que dictan las campañas electorales estadounidenses y extranjeras a través de su influencia financiera y política.

UN SESGO "PELIGROSO

En una carta privada al historiador judío americano Alfred Lilienthal, él mismo crítico con Israel, Kennedy reveló, sin embargo, sus sentimientos sobre el conflicto de Oriente Medio.[71] La carta, escrita el 30 de septiembre de 1960, decía en parte: "Estoy totalmente de acuerdo con usted en que la parcialidad estadounidense en el conflicto árabe-israelí es peligrosa tanto para Estados Unidos como para el mundo libre". En opinión de Lilienthal, el comentario de Kennedy fue "una de las declaraciones más importantes y perspicaces sobre Oriente Medio" jamás realizadas por una figura política estadounidense.[72]

Pero Kennedy ya había negociado tratos. No sólo el crimen organizado -sino también el lobby israelí (del que Meyer Lansky era uno de los principales partidarios)- tenía demandas de John F. Kennedy.

Tras las elecciones, esperaban que Kennedy pagara como churros. Las elecciones se saldaron con una ajustada victoria de Kennedy sobre el candidato republicano, el vicepresidente Richard M. Nixon.

El papel de la maquinaria política del Partido Demócrata de Chicago (bajo el control del jefe mafioso Sam Giancana) en el robo de votos de Illinois en nombre de la elección Kennedy-Johnson es ahora bien conocido y forma parte ampliamente aceptada de la historia política estadounidense.

Sam Giancana y sus aliados del crimen organizado, incluidos Meyer Lansky y el lobby israelí, estaban seguros de haber encontrado un presidente.

---

[70] *Ibid*, p. 97.
[71] Alfred M. Lilienthal. *The Zionist Connection II* (New Brunswick, New Jersey: North American, 1982), p. 548.
[72] *Ibid*.

KENNEDY Y BEN-GOURION - EL PRIMER ENCUENTRO

Poco después de su toma de posesión como Presidente, Kennedy decidió reunirse con el Primer Ministro israelí David Ben-Gurion. En esta reunión, Kennedy declaró: "Sé que fui elegido gracias al voto judío estadounidense. Les debo mi elección a ellos. Dígame, ¿hay algo que pueda hacer por el pueblo judío?

Según Seymour Hersh, "Ben-Gurion estaba asombrado por la franqueza y evadió la pregunta respondiendo, 'usted debe hacer lo que es mejor para el mundo libre'". Sin embargo, la verdadera reacción de Ben-Gurion ante Kennedy fue algo diferente. "Menudo político" fue como el dirigente israelí describió al líder americano.[73]

Este fue el comienzo de una relación amarga y desagradable entre los dos hombres que terminó en Dallas el 22 de noviembre de 1963 (el capítulo 5 examinará en detalle esta desafortunada relación).

KENNEDY INVIERTE LOS PAPELES

No pasó mucho tiempo hasta que los amigos de Kennedy en el crimen organizado empezaron a darse cuenta de que Kennedy no estaba demostrando ser el aliado leal que esperaban. Poco después de la toma de posesión de JFK como presidente, comenzó una inesperada guerra contra el crimen organizado. Robert Kennedy, que se había curtido en la persecución de mafiosos como asesor del "comité de tráfico" del Senado, fue nombrado Fiscal General y estaba claro que se tomaba en serio su nuevo trabajo.

Según Sam Giancana, "Es un movimiento brillante de Joe [Kennedy]. Hará que Bobby nos haga desaparecer para cubrir sus propias huellas sucias y todo se hará en nombre de 'la guerra de los Kennedy contra el crimen organizado'. Es brillante. Es simplemente "brillante".[74]

Mickey Cohen, secuaz de Meyer Lansky en la Costa Oeste, recordó los años posteriores a la alianza entre el crimen organizado y Kennedy y lo que había significado, sobre todo después de que Bobby Kennedy lanzara su campaña contra la mafia.

"Sé que algunas personas de la organización de Chicago sabían que tenían que conseguir que John Kennedy ganara. Nadie pensó que iban a sacar lo mejor de John Kennedy. Verás, puede haber diferentes tipos postulándose, y ninguno de ellos puede ser... la mejor combinación.

"La elección que hagas será entonces la mejor. John Kennedy era el mejor de todos. Pero nadie en mi negocio tenía ni idea de que iba a nombrar a Bobby Kennedy Fiscal General. Era lo último en lo que pensaba nadie".[75]

(En los capítulos 13 y 14 examinaremos el extraño papel de Cohen en la conspiración del asesinato de JFK y su encubrimiento final, otra pieza más del rompecabezas reunido en estas páginas).

---

[73] Hersh, p. 103.
[74] Giancana, p. 296.
[75] Mickey Cohen y John Peer Nugent. *Mickey Cohen: In My Own Words* (Englewood Cliffs, Nueva Jersey: Prentice-Hall, Inc., 1975), p. 236.

Al final, como veremos, la guerra de JFK contra sus antiguos aliados del hampa le condujo hasta los verdaderos cerebros del sindicato del crimen nacional -e internacional- de Meyer Lansky.

En cualquier caso, ya había traicionado a sus allegados en los bajos fondos. Eso fue suficiente para condenar a JFK.

JFK SE ENFRENTA AL LOBBY ISRAELÍ

Sin embargo, Kennedy también se permitió un juego de manos legislativo que también podría resultar peligroso para la influencia política de Israel en la política electoral estadounidense. Molesto por sus experiencias de campaña con recaudadores de fondos del lobby israelí, Kennedy nombró una comisión bipartidista en 1961 para recomendar formas de ampliar "la base financiera de nuestras campañas presidenciales."[76]

Según Seymour Hersh, "en una declaración que fue mucho más sincera de lo que el público o la prensa pudieron percibir, [Kennedy] criticó el método actual de financiación de campañas como 'altamente indeseable' y 'poco saludable' porque hacía a los candidatos 'dependientes de grandes contribuciones financieras de aquellos con intereses especiales'".[77]

En 1962 Kennedy presentó cinco proyectos de ley al Congreso para reformar la financiación de las campañas y en 1963 dos proyectos similares. Pero ninguno de estos proyectos de ley sobrevivió, habiendo sido derrotados por los mismos grupos de interés que Kennedy intentaba contrarrestar.[78]

GUERRAS SECRETAS

En un nivel más sutil, sin embargo, Kennedy estaba más profundamente comprometido con Israel. Como veremos en el capítulo 5, Kennedy estaba, de hecho, en guerra con Israel.

Kennedy no solo había traicionado a sus aliados del crimen organizado, sino que había pasado por encima de sus partidarios pro-israelíes. Israel, como veremos en el capítulo 7, estaba cerca del Sindicato del Crimen Organizado de Meyer Lansky.

E Israel, como veremos en el capítulo 8, era especialmente cercano a la CIA. A mediados de su presidencia, Kennedy también estaba en guerra con la CIA. Discutiremos esto en el Capítulo 9.

Todos estos poderosos grupos de interés tenían buenas razones para querer que JFK fuera destituido de la presidencia y sustituido por Lyndon Johnson. No había amor perdido entre John F. Kennedy y las poderosas fuerzas que lo habían llevado a la presidencia.

Un presidente reformista como Kennedy también tenía otros planes a largo plazo. Descendiente de un hombre independiente y esencialmente hecho a sí mismo que "jugó el juego" por el poder y la influencia, y para conseguir que su hijo fuera elegido

---

[76] Hersh, p. 97.
[77] *Ibid.*
[78] *Ibid.*

Presidente, JFK era de hecho el hijo de su padre. Así que, en otra área importante, JFK se estaba moviendo en una dirección que podría sacudir el núcleo del sistema bancario internacional.

Durante casi una generación corrió el rumor de que JFK planeaba emitir billetes sin intereses -conocidos como "Greenbacks"- independientes del control del sistema privado de la Reserva Federal. De hecho, durante la presidencia de JFK se emitieron billetes estadounidenses sin intereses -algunos siguen hoy en manos privadas-, pero ha habido muchos mitos sobre lo que algunos llaman los "Greenbacks de JFK" y en el Apéndice 5 examinaremos esta polémica en detalle.

EL MONOPOLIO DEL DINERO

No hay duda, sin embargo, que JFK - una vez bien establecido en la presidencia - tenía toda la intención de oponerse al monopolio monetario de la Reserva Federal. De hecho, en su reunión privada con DeWest Hooker, descrita anteriormente en estas páginas, el padre de JFK, el embajador Joseph P. Kennedy, había asegurado a Hooker que uno de los objetivos finales a largo plazo de la dinastía Kennedy sería la destrucción de lo que los Kennedy habían descrito como la "Reserva Federal dominada por los Rothschild".

Esto por sí solo podría haber asegurado la destitución de JFK de la Casa Blanca. Sin embargo, había otros conflictos más inmediatos y fundamentalmente más peligrosos entre las fuerzas cuya influencia JFK había intentado desmantelar y la formidable nueva administración Kennedy.

VARIAS ENTIDADES

Sigamos adelante y examinemos las extrañas y estrechas conexiones entre todos estos enemigos de Kennedy y la dinámica que opera entre ellos. En cualquier caso, como veremos, es el hilo común de Israel y su Mossad lo que une a todas estas diversas entidades.

Para comenzar el proceso de desentrañar la conspiración oculta, primero debemos revisar la historia largamente oculta de la guerra secreta de Israel con John F. Kennedy.

CAPÍTULO V

Génesis de la guerra secreta de JFK con Israel

Los libros de historia nos han hablado de las épicas luchas de John F. Kennedy con Fidel Castro y los soviéticos en la debacle de Bahía de Cochinos y la Crisis de los Misiles de Cuba.

Pero sólo en los últimos años hemos empezado a saber más sobre la guerra secreta de Kennedy con Israel. Gran parte del conflicto tuvo su origen en la determinación de Israel de construir una bomba nuclear. Es una historia secreta que ayuda a explicar algunas de las fuerzas dinámicas que condujeron al asesinato de Kennedy.

A mediados de 1963, el primer ministro israelí David Ben Gurion sentía una antipatía visceral hacia Kennedy. De hecho, veía a JFK como una amenaza para la propia supervivencia del Estado judío.

Uno de los primeros nombramientos presidenciales de John F. Kennedy fue poner a su antiguo ayudante de campaña Myer (Mike) Feldman al frente de los asuntos judíos e israelíes, un cargo importante dada la relación especialmente frágil de JFK con Israel y su lobby estadounidense.

Según el escritor Seymour Hersh, "el Presidente veía a Feldman, cuyo firme apoyo a Israel era ampliamente conocido, como un mal necesario cuya posición fuertemente arraigada en la Casa Blanca era una deuda política que había que pagar".[79]

Sin embargo, según Hersh, la administración estaba decidida a asegurarse de que nadie -incluido Feldman- pudiera burlar la política del gobierno en Oriente Próximo.

"Los asesores de más alto rango del Presidente, sobre todo McGeorge Bundy, el Consejero de Seguridad Nacional, estaban desesperados por excluir a Feldman de la circulación de documentos relativos a Oriente Medio".[80] Hersh cita a otro asesor presidencial diciendo que "era difícil distinguir entre lo que decía Feldman y lo que decía el embajador israelí."[81]

SIONISTAS EN LA SALA DE REUNIONES DEL GABINETE

Según Charles Bartlett, amigo íntimo del presidente (a quien Kennedy había expresado en 1960 su preocupación por la influencia israelí, como se relata en el capítulo 4), el propio presidente Kennedy tenía sospechas sobre Feldman,

Bartlett recuerda una visita a la casa del nuevo Presidente en Hyannis Port, Massachusetts, un sábado (el Sabbath judío). La conversación giró en torno al papel

---

[79] Seymour Hersh. *The Samson Option: Israel's Nuclear Arsenal and American Foreign Policy* (Nueva York: Random House, 1991), p. 98.
[80] *Ibid*, p. 99.
[81] *Ibid*.

de Feldman en la burocracia de la Casa Blanca. "Me imagino a Mike celebrando una reunión sionista en la Sala del Gabinete", dijo el Presidente, según Bartlett.[82]

El propio Robert Kennedy, hermano del Presidente, declaró que su hermano admiraba el trabajo de Feldman, pero añadió: "Su principal interés era Israel más que Estados Unidos".[83]

Sin embargo, mientras Myer Feldman estaba ocupado promoviendo los intereses de Israel en la Casa Blanca, el Presidente estaba enviando un mensaje al resto de la clase dirigente de política exterior de Washington.

Kennedy explicó que deseaba claramente encontrar un camino hacia la paz en Oriente Medio y que buscaba, en particular, formas de resolver el problema de encontrar hogares para los refugiados palestinos que habían sido desplazados por Israel en 1948.

LAS BUENAS INTENCIONES DE KENNEDY

Según Hersh, "la gente pro-árabe del Departamento de Estado se sorprendió gratamente a principios de 1961 al enterarse por la Casa Blanca, según [una fuente], de que 'sólo porque el 90% del voto judío fuera para Kennedy, no significaba que estuviera en su bolsillo'".[84]

En *A Changing Image: American Perceptions of the Arab-Israeli Dispute*, Richard H. Curtiss, antiguo diplomático estadounidense de alto rango, profundiza en la actitud de Kennedy ante la controversia sobre Oriente Medio. En un capítulo titulado acertadamente "Las buenas intenciones del presidente Kennedy llegaron demasiado tarde", Curtiss comenta:

"Es sorprendente darse cuenta, en retrospectiva, de que desde el momento en que Kennedy entró en la presidencia como candidato elegido por un estrecho margen de un partido fuertemente dependiente del apoyo judío, planeaba dar una nueva mirada a la política estadounidense en Oriente Medio.

"No podía, por supuesto, dar marcha atrás en el tiempo y deshacer el trabajo de su predecesor demócrata, el Presidente Truman, al hacer posible la creación de Israel. Probablemente tampoco habría querido hacerlo.

"Kennedy estaba decidido, sin embargo, a desarrollar nuevas buenas relaciones con los diversos líderes árabes, incluidos aquellos con los que las relaciones de la administración anterior se habían deteriorado.

"Como resultado, varios líderes de países recién independizados se sorprendieron al encontrar cartas personalizadas del joven presidente estadounidense en respuesta a sus mensajes pro forma de felicitación por la toma de posesión de Kennedy".[85]

---

[82] *Ibid.*
[83] *Ibid* p.100.
[84] *Ibid*, p. 113.
[85] Richard Curtiss. *A Changing Image* (Washington, D.C.: American Educational Trust, 1986), p. 65.

EL GESTO DE PAZ DE NASSER

El principal líder árabe en aquel momento era el egipcio Gamal Abdel Nasser, la voz del panarabismo. A Kennedy le intrigaba especialmente la posibilidad de entablar relaciones con Nasser.

Según el socio de Kennedy, Theodore Sorensen, "a Nasser le gustaba el embajador de Kennedy, John Badeau, y le gustaba el método de correspondencia personal de Kennedy. Sin embargo, Kennedy canceló una invitación para que Nasser le visitara hasta que la mejora de sus relaciones le permitió responder a los ataques políticos de que tal visita traería votantes más favorables a Israel."[86]

[87](Desgraciadamente, como Richard Curtiss comentó, "Como la mayoría de las buenas intenciones que llegan demasiado tarde, la invitación a Nasser para reunirse con Kennedy en persona nunca se realizó").

Durante su mandato, Kennedy intentó ponerse en contacto con los jefes de Estado árabes para averiguar cómo podía ayudar Estados Unidos a cada país en sus disputas con Israel.

RESPETAR LA TRADICIÓN

Sin embargo, Kennedy quería que todas las partes implicadas en el conflicto comprendieran una cosa en particular: el nuevo presidente estadounidense quería "dejar absolutamente claro que Estados Unidos decía en serio lo que se dijo en la Declaración Tripartita de 1950: que actuaríamos rápida y decisivamente contra cualquier nación de Oriente Próximo que atacara a su vecino".[88] Esta política no sólo iba dirigida a los árabes, sino también a Israel. Kennedy iba en serio.

EL LOBBY ISRAELÍ REACCIONA

Poco después de que Kennedy asumiera el cargo, Israel y su lobby estadounidense empezaron a comprender la importancia de la postura de Kennedy sobre el conflicto árabe-israelí. Israel no estaba muy contento -por no decir otra cosa- y empezó a presionar a la Casa Blanca a través de sus partidarios en el Congreso, muchos de los cuales contaban con el apoyo del lobby israelí para sus contribuciones de campaña y su influencia política.

Según el crítico judío más famoso de Israel, el Dr. Alfred Lilienthal: "Aunque el presidente, la mayoría de las veces a través del vicepresidente Lyndon Johnson, prestó mucha atención a las aspiraciones israelíes, su administración siguió resistiéndose a las presiones, incluida una petición firmada por 226 miembros del Congreso de ambos partidos (ayudada por un importante anuncio *del New York Times* el 28 de mayo de 1962) para iniciar negociaciones directas entre árabes e israelíes. Kennedy había decidido dejar de lado su compromiso con el foro democrático para reunir a los

---

[86] *Ibid*, p. 67.
[87] *Ibid*.
[88] New Outlook Magazine, enero de 1964, p. 5.

líderes israelíes y árabes en torno a una mesa de negociaciones para resolver la cuestión de Palestina".[89]

ARGELIA, OTRA VEZ

Fue a mediados de su presidencia cuando Kennedy tuvo la satisfacción de ver cómo el presidente francés Charles De Gaulle concedía la independencia a Argelia - naturalmente, como vimos en el capítulo 4, esto no fue visto con buenos ojos por Israel y su lobby estadounidense.

Cinco años y un día después del discurso de Kennedy en el Senado pidiendo la independencia argelina, Argelia se convirtió en un estado soberano el 3 de julio de 1962. Según el ex diplomático Richard Curtiss, "los líderes [revolucionarios] argelinos no habían olvidado al senador estadounidense que había apoyado su causa y saludado públicamente su elección."[90]

"Kennedy, a su vez, envió a William Porter, un funcionario de asuntos exteriores estadounidense que le había explicado la causa argelina, como primer embajador estadounidense en Argelia. Ahmad Ben Bella [líder argelino] visitó Washington ese mismo año. A partir de entonces, en palabras del embajador Porter, Ben Bella atribuyó a Kennedy todo lo que pensaba que era bueno en Estados Unidos".[91]

Aunque los propagandistas proisraelíes y algunos conservadores estadounidenses estrechamente vinculados al lobby israelí declararon que la Argelia independiente sería un puesto avanzado "comunista" en Oriente Próximo, el Primer Ministro argelino Ahmed Ben Bella prohibió el Partido Comunista de Argelia el 29 de noviembre de 1962.[92] De hecho, Argelia era un Estado islámico, y fue precisamente esto lo que causó tanta preocupación a Israel.

EL GIRO DE GAULLE EN ORIENTE MEDIO

Sea como fuere, el debate sobre la independencia de Argelia provocó una gran crisis en Francia, y la Organización del Ejército Secreto Francés (OAS), que había luchado por la libertad de Argelia, consideró a John F. Kennedy como un segundo enemigo después de Charles De Gaulle.

(En los siguientes capítulos veremos con más detalle cómo los enemigos de JFK en la CIA estaban, de hecho, colaborando con los enemigos de De Gaulle en la OEA y los traidores dentro de su régimen, así como con el Mossad israelí).

Veinte años después de la independencia de Argelia, el *Washington Post* comentaba el efecto de la libertad argelina en la política de De Gaulle en Oriente Medio y, a la inversa, en Israel:

"Diplomáticamente, Francia, despojada de Argelia, volvió bajo la presidencia de Charles De Gaulle a su tradicional política de amistad con los árabes, para disgusto

---

[89] Alfred Lilienthal. *The Zionist Connection II* (New Brunswick, New Jersey: North American, 1982), p. 545.
[90] Curtiss, p. 66.
[91] *Ibid*, p. 66
[92] *Washington Post*, 20 de noviembre de 1962.

de Israel y de los 200.000 judíos argelinos que habían vivido pacíficamente junto a sus vecinos árabes hasta que emigraron a Francia.[93]

El historiador israelí Benjamin Beit-Hallahmi señala que "cuando Argelia, finalmente independiente, ingresó en las Naciones Unidas, sólo Israel votó en contra de su admisión".[94] De hecho, como veremos, la cuestión argelina acabó desempeñando un papel en los acontecimientos que condujeron al asesinato de JFK.

Al mismo tiempo, JFK estaba diseñando una política para Oriente Medio que le enfrentaba a Israel. Sin embargo, consciente de la influencia política de Israel en Estados Unidos, JFK se acercó a Israel y organizó una reunión en Palm Beach en diciembre de 1962 con la ministra israelí de Asuntos Exteriores, Golda Meir.

"DOBLE SENTIDO"

Fue durante esta reunión cuando Kennedy llegó a enfatizar el apoyo estadounidense a Israel, probablemente como ningún presidente estadounidense lo había hecho desde la creación de Israel.

Sin embargo, el Presidente matizó este compromiso con la esperanza de que Israel reconociera que Estados Unidos también tenía intereses en Oriente Medio.

Según el Presidente Kennedy, refiriéndose a las relaciones israelo-estadounidenses, "Nuestra relación es una calle de doble sentido".[95]

SIN "AMIGOS EXCLUSIVOS"

Phillips Talbot, Subsecretario de Estado para Asuntos de Oriente Próximo, que asistió a la conferencia Kennedy-Meir, preparó un memorándum para el Departamento de Estado resumiendo la reunión. Según el memorando, resumido por Stephen Green en su monumental estudio *Taking Sides: America's Secret Relations With a Militant* Israel:

"Estados Unidos", dijo el Presidente, "tiene una relación especial con Israel en Oriente Medio, sólo comparable a la que mantiene con Gran Bretaña en una amplia gama de asuntos mundiales. Pero para desempeñar adecuadamente el papel que estamos llamados a desempeñar, no podemos permitirnos el lujo de identificar a Israel, o a Pakistán, o a algunos otros países, como nuestros amigos exclusivos."[96]

Según Green, el mensaje de Kennedy a Israel fue: "La mejor manera de que Estados Unidos sirviera eficazmente a los intereses de seguridad nacional de Israel", dijo Kennedy, "era mantener y desarrollar la cooperación americana con otros países de la región. La influencia de Estados Unidos podría entonces ejercerse si fuera

---

[93] *Washington Post*, 20 de marzo de 1982.
[94] Benjamin Beit-Hallahmi. *The Israeli Connection-Who Israel Arms and Why* (Nueva York: Pantheon Books, 1987), p. 45.
[95] Stephen Green. *Taking Sides: America's Secret Relations With a Militant* Israel (Nueva York: William Morrow & Company, 1984), p. 182.
[96] *Ibid*, p. 181.

necesario en determinados conflictos para garantizar que los intereses fundamentales de Israel no se vieran comprometidos".[97]

"Si nos retiráramos de Oriente Medio árabe y mantuviéramos nuestros lazos sólo con Israel, no sería en interés de Israel", declaró Kennedy".[98]

CUATRO PROBLEMAS CON ISRAEL

El presidente estadounidense citó cuatro aspectos que provocan tensiones en las relaciones entre Estados Unidos e Israel: 1) el desvío por parte de Israel de las aguas del río Jordán de los Estados árabes; 2) los ataques de represalia de Israel contra las fuerzas árabes en las zonas fronterizas; 3) el papel central de Israel en el problema de los refugiados palestinos; y 4) la insistencia de Israel en que Estados Unidos le venda sofisticados misiles Hawk.[99]

El Presidente presentó a la Sra. Meir lo que llegó a conocerse como la Doctrina Kennedy. Kennedy le dijo a Meir que los intereses de Estados Unidos y los intereses de Israel no eran siempre los mismos. El memorándum de Talbot describe la posición directa de Kennedy:

"Sabemos" [dijo Kennedy] "que Israel se enfrenta a enormes problemas de seguridad, pero nosotros también. Estuvimos cerca de una confrontación directa con la Unión Soviética la pasada primavera y de nuevo recientemente en Cuba.... Debido a que hemos asumido grandes responsabilidades de seguridad, siempre tenemos el potencial de vernos envueltos en una gran crisis que no es de nuestra incumbencia..."

LAS NECESIDADES DE AMÉRICA SON CONSIDERABLES

"Así que nuestros problemas de seguridad son tan importantes como los de Israel. Tenemos que mirar a Oriente Medio en su conjunto. Tenemos que mirar a Oriente Medio en su conjunto. Nos gustaría que Israel reconociera que esta asociación que tenemos con ellos produce tensiones para Estados Unidos en Oriente Medio... cuando Israel lleva a cabo acciones similares a la de la primavera pasada [cuando Israel lanzó una incursión en Siria, que provocó la condena del Consejo de Seguridad de Naciones Unidas]. Sean buenas o malas, estas acciones implican no sólo a Israel, sino también a Estados Unidos".[100]

AMÉRICA PRIMERO - NO ISRAEL

Stephen Green cree que la postura de Kennedy sobre Israel fue importante: "Fue un intercambio notable y la última vez en muchos, muchos años que un presidente estadounidense distinguía con precisión las diferencias entre los intereses de seguridad nacional estadounidenses e israelíes en el gobierno de Israel.[101]

---

[97] *Ibid.*
[98] *Ibid.*
[99] *Ibid*, pp. 181-182.
[100] *Ibid*, p. 182.
[101] *Ibid*, pp. 182-183.

Así fue como John F. Kennedy informó a Israel, en términos inequívocos, de que pretendía -ante todo- situar los intereses de Estados Unidos -y no los de Israel- en el centro de la política estadounidense en Oriente Próximo.

EXPANSIÓN NUCLEAR

Esto sentó las bases para una renovada tensión entre Estados Unidos e Israel en torno a una cuestión aún más explosiva: la determinación de Israel de construir una bomba nuclear. Israel llevaba una década trabajando en el desarrollo nuclear, pero seguía insistiendo en que sus programas nucleares eran estrictamente pacíficos. Sin embargo, los hechos demuestran lo contrario.

Para profundizar en el conflicto entre Kennedy e Israel sobre las intenciones nucleares del Estado sionista, nos remitimos una vez más al libro de Stephen Green *Taking Sides: America's Secret Relations With a Militant Israel*, un tesoro de información poco conocida sobre las relaciones entre Estados Unidos e Israel de 1948 a 1967. Green escribe sobre el descubrimiento por parte de JFK de que Israel estaba trabajando para desarrollar armas nucleares.

Cuando Kennedy asumió el cargo durante el periodo de transición en diciembre de 1960, la administración Eisenhower informó a Kennedy del desarrollo secreto de armas nucleares por parte de Israel en el desierto, en un lugar llamado Dimona. Israel propuso varias tapaderas para explicar sus actividades en Dimona.

UNA SITUACIÓN "MUY DIFÍCIL

Israel había mantenido el programa de armas nucleares en el mayor secreto posible, pero los servicios secretos estadounidenses descubrieron el proyecto. Kennedy describió la situación como "muy angustiosa".[102] Tras su toma de posesión, Kennedy decidió que trabajaría para frustrar el desarrollo de armas nucleares por parte de Israel. La proliferación nuclear iba a ser una de las principales preocupaciones de Kennedy.

La entrada prevista de Israel en el ámbito nuclear era, por tanto, una perspectiva aterradora en la mente de JFK, especialmente a la luz de los conflictos en curso en Oriente Medio.

Desde el comienzo de su presidencia, John F. Kennedy se encontró en total desacuerdo con el gobierno israelí. Fue un conflicto nunca se resolvería realmente hasta después de la muerte de JFK en Dallas. No fue un comienzo prometedor para la Nueva Frontera.

A KENNEDY "NO LE GUSTABA" Y DE GAULLE ESTABA "DISGUSTADO".

Según Stephen Green: "El año siguiente, 1961, iba a ser importante en el proceso de nuclearización de Oriente Próximo. En enero, (el primer ministro israelí) David

---

[102] *Ibid*, p. 154.

Ben-Gurion informó a la asamblea israelí (la Knesset) y al resto del mundo de que el reactor de Dimona no era en realidad ni una fábrica textil ni una estación de bombeo, sino "un instituto científico para la investigación de los problemas de las zonas áridas y de la flora y fauna del desierto". Al nuevo presidente estadounidense, John Kennedy, no le gustó".[103]

En París, la reacción de Charles De Gaulle fue similar a la de Kennedy. Su gobierno había proporcionado ayuda en tecnología nuclear a Israel, pero con la garantía de Ben-Gurion de que el desarrollo nuclear era de naturaleza pacífica.

Según los historiadores israelíes Dan Raviv y Yossi Melman: "También hubo presiones del Presidente De Gaulle en París. La actitud de Francia hacia Oriente Próximo empezó a cambiar justo después de que él asumiera el cargo en 1958. Sospechaba que el reactor de Dimona estaba destinado a un uso militar y esto molestó mucho al presidente francés.[104] (La posterior decisión de De Gaulle, ya mencionada, de conceder la independencia a Argelia no hizo sino exacerbar las ya crecientes tensiones con Israel).

En Washington, JFK estaba decidido a resolver el asunto de una vez por todas. Stephen Green relató el siguiente movimiento de Kennedy: "En mayo, Kennedy y Ben-Gurion se reunieron en Nueva York en el Hotel Waldorf-Astoria. Kennedy ya había escrito a Ben-Gurion expresando su extrema preocupación por el proyecto de Dimona y sugiriendo inspecciones regulares por parte de la Agencia Internacional de la Energía Atómica. En Nueva York, Ben-Gurion aceptó el compromiso de inspecciones (aproximadamente) anuales por parte de científicos estadounidenses en los momentos y condiciones que determinara el Ministerio de Defensa israelí.

"Más tarde, Myer Feldman, ayudante de Kennedy para asuntos de Oriente Medio, revelaría que a cambio de inspecciones regulares de EEUU, Ben-Gurion había exigido sofisticados misiles Ground-Air Hawk.

"No hay razón para dudar de la seriedad de Kennedy al querer rastrear la investigación nuclear israelí y prevenir el desarrollo de armas, pero era cuestionable que las inspecciones anuales bajo las condiciones indicadas lograran este resultado [tal y como se desarrollaron los acontecimientos]."[105]

Y así fue como John F. Kennedy entró involuntariamente en conflicto con Israel.

LA GUERRA SECRETA

Las recomendaciones de buena conducta de Kennedy a los estados árabes eran sólo un aspecto público de lo que finalmente se había convertido en una amarga "guerra secreta" entre Kennedy e Israel.

Según Seymour Hersh: "La bomba de Israel, y lo que se necesitaba al respecto, se había convertido en una fijación de la Casa Blanca, parte del objetivo presidencial secreto que permanecería oculto durante los siguientes treinta años."[106]

---

[103] *Ibid*, p. 159-160.
[104] Dan Raviv y Yossi Melman. *Every Spy a Prince* (Boston: Houghton Mifflin Co., 1990), pp. 71-72.
[105] *Ibid*, pp. 159-160.
[106] Hersh, p. 100.

Sorprendentemente, como señala Hersh, vemos en retrospectiva que esta guerra secreta con Israel nunca fue mencionada por ninguno de los biógrafos de Kennedy.[107] Si, de hecho, lo hubiera sido, como veremos, el misterio detrás del asesinato de JFK se habría resuelto hace mucho tiempo.

PROGRAMA NUCLEAR ISRAELÍ

Había una arista adicional. Aunque Israel y la CIA habían establecido desde hacía tiempo una relación de trabajo estrecha y sostenida, la CIA estaba vigilando el desarrollo de armas nucleares por parte de Israel.

En marzo de 1963, Sherman Kent, Presidente del Consejo Nacional de Datos de la CIA, escribió un extenso memorándum al Director de la CIA sobre el muy controvertido tema de las "Consecuencias de la adquisición de capacidad nuclear por parte de Israel".

Según Stephen Green, a efectos de este memorando interno, Kent definió la "adquisición" por parte de Israel como (a) el disparo de un dispositivo nuclear con o sin posesión de armas nucleares reales, o (b) el anuncio por parte de Israel de que poseía armas nucleares, incluso sin realizar pruebas. La principal conclusión de Kent era que una bomba israelí causaría "un daño considerable a la posición estadounidense y occidental en el mundo árabe".[108]

[109]Según la precisa valoración de Green, "el memorándum era muy contundente y decididamente negativo en sus conclusiones", que eran las siguientes:

"Aunque Israel ya disfruta de una clara superioridad militar sobre sus adversarios árabes, considerados individualmente o en conjunto, la adquisición de una capacidad nuclear aumentaría enormemente la sensación de seguridad de Israel. En este caso, algunos israelíes podrían inclinarse a adoptar una postura moderada y conciliadora.

"Sin embargo, creemos que es mucho más probable que la política de Israel hacia sus vecinos no haga sino endurecerse. [Israel trataría de explotar las ventajas psicológicas de su capacidad nuclear para intimidar a los árabes y evitar que causen problemas en sus fronteras.[110]

Por lo que respecta a Estados Unidos, el analista de la CIA consideraba que un Israel nuclear "aprovecharía al máximo la tendencia casi inevitable de los árabes a recurrir al bloque soviético en busca de ayuda contra la nueva amenaza de Israel, argumentando que en términos de fuerza y fiabilidad Israel era claramente el único amigo válido de Estados Unidos en la región".

"Israel", en el análisis de Kent, "utilizaría todos los medios de acción para persuadir a Estados Unidos a consentir, e incluso para apoyar la posesión de una capacidad nuclear".[111]

En resumen, Israel utilizaría su inmenso poder político -sobre todo a través de su grupo de presión en Washington- para obligar a Estados Unidos a adherirse a las intenciones nucleares de Israel.

---

[107] *Ibid.*
[108] Green, p. 164.
[109] *Ibid.*
[110] *Ibid.*
[111] *Ibid*, pp. 164-165.

Sin embargo, la CIA no había expresado su preocupación por la determinación de Israel de producir una bomba nuclear. Según Green, "quizá sea significativo que el memorando no se redactara como una Estimación de Inteligencia Nacional (NIE) oficial, lo que habría implicado su distribución a varias otras agencias gubernamentales. La CIA no publicó ningún NIE oficial sobre el programa de armas nucleares de Israel hasta 1968".[112]

No es sorprendente que la CIA -o al menos miembros de la CIA- desearan proteger los intereses de Israel. Como veremos en el capítulo 8, Israel y la CIA mantenían vínculos muy estrechos, quizá demasiado estrechos en muchos aspectos.

KENNEDY Y BEN-GOURION

Mientras tanto, el presidente Kennedy era muy consciente de que el proyecto nuclear israelí en Dimona permitiría a Israel producir al menos una bomba al año, y eso era suficiente para iniciar una guerra mundial.

Aunque el programa nuclear israelí era aparentemente de naturaleza "pacífica", lo cierto es que el proyecto estaba totalmente controlado por el Ministerio de Defensa israelí. Esto por sí solo hizo que el proyecto fuera controvertido, incluso en Israel. Por este motivo, para el primer ministro israelí, David Ben-Gurion, era esencial neutralizar la oposición de JFK.

Había suficiente oposición nacional al programa en el propio Israel como para que la negativa categórica de Kennedy a apoyar el desarrollo nuclear israelí pudiera poner fin al proyecto por completo.

En los primeros meses de su administración, Kennedy mantuvo contactos regulares con Ben-Gurion con el objetivo de detener el desarrollo nuclear. Los dos líderes mantuvieron una continua correspondencia privada sobre el tema.

RELACIONES VENENOSAS

Según Seymour Hersh, "el programa de bombas de Israel, y el continuo intercambio de cartas sobre el mismo, complicaron, y posteriormente envenenaron, la relación de Kennedy con David Ben-Gurion".[113]

Ben-Gurion buscó una reunión privada con Kennedy -como parte de una visita oficial de Estado a Washington- pero el Presidente se negó a cursar una invitación formal.

En mayo de 1961, Ben-Gurion, que tenía contactos en la Casa Blanca, organizó una reunión con Kennedy gracias a la intervención del financiero neoyorquino Abe Feinberg.

Fue Feinberg, como vimos en el capítulo 4, quien inicialmente suavizó las relaciones entre Kennedy y la comunidad judía estadounidense durante la campaña presidencial de 1960 y organizó una inyección masiva de dinero judío en la campaña de JFK.

---

[112] *Ibid*, p. 164.
[113] Hersh, p. 101.

(Fue esta experiencia, como hemos mencionado antes, la que contaminó significativamente la actitud de Kennedy hacia Israel y su poderoso lobby).

Feinberg organizó un encuentro entre el presidente estadounidense y el líder israelí durante la visita no oficial de Ben-Gurion a Estados Unidos, en la que iba a ser homenajeado en una ceremonia en la Universidad Brandeis, un centro judío de enseñanza cerca de Boston.

Tras el asunto Brandeis, Ben-Gurion viajó a Nueva York donde se reunió con Kennedy en el Hotel Waldorf Astoria. Según Hersh, "la reunión con Kennedy fue una gran decepción para el primer ministro israelí y no sólo por la cuestión nuclear".[114] "Me pareció un muchacho de veinticinco años", dijo Ben-Gurion más tarde a su biógrafo. "Me pregunté: '¿Cómo puede ser elegido presidente un hombre tan joven? "Al principio, no le tomé en serio".[115]

HOSTILIDAD

Tras la reunión, Ben-Gourion se quejó a Feinberg de su desafortunado primer encuentro con JFK. No fue un comienzo prometedor y, como veremos, puso en marcha una dinámica. Según Feinberg, "No había manera de describir la relación entre Jack Kennedy y Ben-Gurion porque no había intención por parte de B.G. de tratar a JFK como un igual, al menos en lo que a B.G. se refería. El no respetaba [a Kennedy] como un hombre joven.[116]

Es más, el Primer Ministro israelí tenía otra razón para sospechar de los motivos del joven estadounidense. Según Feinberg, "B.G. podía ser despiadado, y odiaba al viejo".[117] El "viejo" en este caso era el padre del presidente, el ex embajador Joseph P. Kennedy, considerado durante mucho tiempo no sólo "antisemita" sino también partidario de Hitler.

El desprecio de Ben-Gurion por el joven Kennedy se intensificó visiblemente - casi patológicamente. Según Hersh, "Subsecuentemente el Primer Ministro israelí, en comunicaciones privadas a la Casa Blanca, comenzó a referirse al Presidente como un 'hombre joven'. Kennedy había dejado claro a los ayudantes de B.G. que encontraba las cartas ofensivas".[118]

Kennedy había dicho a su íntimo amigo, Charles Bartlett, que estaba cansado de que "los hijos de puta israelíes me mintieran constantemente sobre su capacidad nuclear".[119]

Obviamente, por decirlo suavemente, no había amor perdido entre los dos líderes. La relación entre Estados Unidos e Israel se encontraba en un punto muerto desastroso y en constante evolución, pero prácticamente nada de esto era conocido por el público estadounidense en aquel momento.

---

[114] *Ibid*, p. 102.
[115] *Ibid*.
[116] *Ibid*, p. 103.
[117] *Ibid*.
[118] *Ibid*, p. 105.
[119] *Ibid*, p. 118.

"UN PELIGRO MÁS GRAVE"

Los esfuerzos del presidente Kennedy para resolver el problema de los refugiados palestinos también se encontraron con la feroz y amarga resistencia de Ben-Gurion. El líder israelí se negó a aceptar la propuesta de Kennedy de permitir a los palestinos regresar a sus hogares en Israel o ser compensados por Israel y reasentados en países árabes o en otros lugares.

El ex subsecretario de Estado George Ball menciona en su libro, *The Passionate Attachment*, que "en el otoño de 1962, Ben-Gurion transmitió sus propias opiniones en una carta al embajador israelí en Washington, destinada a ser distribuida entre los líderes judíos estadounidenses, en la que afirmaba: "Israel considerará este plan como un peligro mayor para su existencia que todas las amenazas de los dictadores y reyes árabes, que todos los ejércitos árabes, que todos los misiles de Nasser y sus MIG soviéticos.... Israel luchará contra esta aplicación hasta el último hombre".[120]

Así que, claramente, en aquel momento, Ben-Gurion percibía las políticas del presidente estadounidense como una amenaza muy grande incluso para la supervivencia de Israel. Ben-Gurion juró luchar, como hemos visto, "hasta el último hombre".

EL GESTO DE KENNEDY

A pesar de todo, el presidente estadounidense seguía decidido a encontrar una solución a la crisis potencial que representaba la obstinación de Ben-Gurion.

Kennedy se ofreció a vender misiles Hawk israelíes con fines defensivos -como exigía Israel- pero siguió dando largas a la venta. El Presidente se negó a dejarse presionar demasiado por Israel.

Kennedy finalmente cedió y aprobó la venta, pero sólo tras la presión de Israel y sus aliados en el Congreso estadounidense. Para entonces, sin embargo, probablemente ya era demasiado tarde. La situación era turbia.

EL DESPIADADO ISRAEL

Ni siquiera la venta de armas había apaciguado a Israel y su grupo de presión. Según Alfred Lilienthal: "El Congreso siguió presionando a la Casa Blanca. En el Senado, el bloque "Israel primero" atacó a la administración por no concluir un pacto de defensa para proteger a Israel y por imponer un embargo sobre todas las entregas de armas a Oriente Medio.

"Los legisladores se hicieron eco de la polémica de Ben-Gurion de que Israel se había quedado atrás en la carrera armamentística. Nasser, decían, estaba preparado para una guerra de botón de presión. Israel [era] fácil de detectar y destruir y [no podía] tomar represalias contra cuatro o cinco estados árabes a la vez."[121]

---

[120] George Ball y Douglas Ball. *The Passionate Attachment*. [Nueva York: W. W. Norton & Company, 1992), p. 51.
[121] Lilienthal, p. 547.

En ese momento - extraoficialmente - Kennedy había ordenado la vigilancia continua de los israelíes y su activismo a favor de la bomba nuclear. Se trataba, según todos los indicios, de una prioridad absoluta para Kennedy. Sin embargo, para garantizar que el acceso de Israel a la inteligencia sobre la operación de espionaje estadounidense contra Israel fuera limitado, la vigilancia se llevó a cabo directamente desde la oficina de John McCone, entonces director de la CIA.[122]

(Esto, por supuesto, seguía sin garantizar que los amigos de Israel en la CIA [que estudiaremos en el capítulo 8] no hubieran advertido a los israelíes de las operaciones hostiles que se estaban llevando a cabo).

Sin embargo, Kennedy seguía dispuesto a intentar resolver la cuestión y había pedido a Israel que permitiera a los inspectores estadounidenses acudir a Dimona para verificar que, como afirmaba Israel, el programa era de carácter pacífico. Este fue el último esfuerzo del Presidente, aparentemente, para pacificar a Israel y, al mismo tiempo, averiguar exactamente qué estaba pasando en Dimona. Pero Israel no permitió la inspección.

Para entonces, había un acuerdo general en los niveles más altos de la administración Kennedy de que había un gran problema que resolver. Los que estaban cerca del Presidente empezaron a darse cuenta de que Israel consideraba la negativa de Kennedy a plegarse a las demandas de Israel como una seria amenaza para la supervivencia de Israel.

Según Robert McNamara, entonces Secretario de Defensa, hablando después: "Puedo entender por qué Israel quería una bomba nuclear. Ahí hay un problema fundamental. La existencia de Israel ha sido un interrogante en la historia, y esa es la cuestión esencial."[123]

Los israelíes, y Ben-Gurion en particular, estarían sin duda de acuerdo. En su opinión, el propio John F. Kennedy era una amenaza para la propia existencia de Israel:

JFK sencillamente no aprobaría un Israel nuclear y los dirigentes israelíes creían que un Israel nuclear garantizaría la supervivencia del Estado judío.

AMENAZAS CONTRA JFK

El presidente estadounidense siguió exigiendo a Israel que permitiera la inspección estadounidense de las instalaciones nucleares israelíes. En respuesta, Israel pidió a su grupo de presión estadounidense que presionara a Kennedy entre bastidores.

Uno de los llamados fue Abe Feinberg, el empresario neoyorquino que había ayudado a recaudar fondos cruciales para Kennedy durante su campaña presidencial. Pero incluso Feinberg fracasó.[124] No obstante, Feinberg envió un mensaje al Presidente afirmando que las continuas demandas de inspección de la planta podrían "resultar en un menor apoyo [del lobby israelí] en la campaña presidencial de 1964."[125]

---

[122] Hersh, p. 107.
[123] *Ibid*, p. 109.
[124] *Ibid*, p. 108.
[125] *Ibid*.

Según Hersh, "al final Feinberg y Ben-Gurion no pudieron superar la continua presión presidencial para inspeccionar Dimona". La categórica negación pública de Ben-Gurion de cualquier intención armamentística en Dimona había dejado al gobierno israelí con pocas opciones: negar el acceso reduciría la credibilidad del gobierno y también daría credibilidad a la naciente nueva comunidad antinuclear dentro de Israel.[126]

LA IMPOSTURA DEL DESIERTO

Así que Ben-Gurion finalmente accedió a permitir que los expertos nucleares estadounidenses vinieran a Dimona. Sin embargo, Ben-Gurion tenía un ingenioso as en la manga. El Primer Ministro israelí ordenó apresuradamente la construcción de lo que equivalía a una falsa central nuclear, que no implicaba la construcción de una bomba nuclear. Se instalaron salas de control falsas y se anunciaron operaciones ficticias.

Todo estaba cuidadosamente orquestado. Incluso los guías israelíes que llevaron a los estadounidenses a la planta iban acompañados de traductores que habían dado a los estadounidenses traducciones falsas de las observaciones hechas por los ingenieros israelíes en la planta.

Según Hersh, "Ben-Gurion no había corrido ningún riesgo: los inspectores estadounidenses -la mayoría de ellos expertos en reprocesamiento nuclear- dispondrían de un trampantojo sin saberlo."[127]

El engaño de Ben-Gurion, por exitoso que fuera, aún no había convencido a JFK de que Israel estaba realmente comprometido con el desarrollo nuclear pacífico. Kennedy, por supuesto, sabía que no era así.

Ya existía un punto muerto entre Kennedy e Israel que no presagiaba nada bueno para el futuro.

EL "ÚLTIMO PRESIDENTE AMERICANO"

John Hadden, ex jefe de la oficina de la CIA en Tel Aviv en aquella época, cree que John F. Kennedy fue el último presidente estadounidense que realmente intentó detener la llegada de la bomba atómica israelí. "Kennedy realmente quería detenerla", dice Hadden, "y les ofreció armas convencionales [por ejemplo, misiles Hawk] como soborno.

"Pero los israelíes iban muy por delante de nosotros. Vieron que si les ofrecíamos armas para que no tuvieran problemas con la bomba, una vez que la tuvieran, les íbamos a enviar muchas más, por miedo a que la utilizaran."[128]

---

[126] *Ibid*, p. 109.
[127] *Ibid*, p. 111.
[128] Andrew Cockburn y Leslie Cockburn. *Dangerous Liaison: The Inside Story of the U.S.-Israeli Covert Relationship* (Nueva York: Harper Collins Publishers, 1991), p. 91.

"EL AÑO TURBULENTO"

En el fatídico año de 1963, John F. Kennedy e Israel estaban decididamente en bandos opuestos, y no sólo en el ámbito de la secreta -y crítica- controversia nuclear.

De hecho, era mucho más profundo que eso. La política general de la administración Kennedy en Oriente Medio había dejado muy descontentos a Israel y a su grupo de presión estadounidense. En sus memorias, I.L. Kenan, del Comité de Asuntos Públicos Americano-Israelí, un lobby pro-Israel registrado, describe 1963 como el "año turbulento" entre John F. Kennedy e Israel. En un capítulo de estas memorias, titulado "Una multitud de promesas" - siendo Kennedy presumiblemente el hacedor de promesas - Kenan señaló las políticas de Kennedy en Oriente Medio:

"La estrategia neutralista de Kennedy, su esperanza de satisfacer a ambas partes en cada área problemática, lo sumió en una multitud de callejones sin salida durante el turbulento año de 1963. Su búsqueda de tratar a antiguos enemigos como amigos alarmó a nuestros aliados, cuyos temores buscaba constantemente disipar con compromisos sólidos pero discretos."[129]

Los "enemigos" a los que Kenan se refería eran los dirigentes árabes -Nasser de Egipto en particular- a los que JFK ofrecía la paz. Estos "aliados" -al menos en el contexto de Kenan- significaban en realidad un solo país: Israel, el principal apoderado de Kenan.

Sin embargo, los compromisos "sólidos pero discretos" de Kennedy no parecieron suficientes, ya que las relaciones entre Israel y los estados árabes se tensaron. La guerra parecía inminente, al menos a ojos de los dirigentes israelíes.

A finales de abril de 1963, David Ben-Gurion pensaba que los árabes iban a atacar al Estado judío, pero John F. Kennedy no compartía esta visión pesimista.

Kennedy seguía confiando en la paz en la región y continuó esforzándose por conseguirla.[130]

EL PROBLEMA ARGELINO

Aunque el discurso pronunciado en 1957 por el senador John F. Kennedy en el que pedía la independencia de la Argelia francesa contribuyó a allanar el camino para este resultado final, el precio a pagar por la recién conquistada libertad de Argelia fue muy alto. Israel trató activamente de sabotear el nuevo régimen.

El 14 de agosto de 1963, el gobierno del Primer Ministro argelino Ben Bella acusó a Israel de conspirar para derrocar al nuevo régimen árabe. Las autoridades argelinas capturaron a 20 argelinos y 10 extranjeros implicados en una conspiración para derrocar al gobierno.

"Estos extranjeros son casi todos israelitas", declaró el ministro argelino de Información. "Nos hacen creer que nos enfrentamos a un complot de amplias ramificaciones y que detrás de todo ello está el asidero de Israel, que intenta oponerse a la marcha de nuestra revolución.

---

[129] I. L. Kenan. *Israel's Defense Line: Her Friends and Foes in Washington* (Buffalo: Prometheus Books, 1981), p. 166.
[130] *Ibid*, pp. 166-167.

"Ben Bella indicó claramente la posición argelina sobre el enclave del imperialismo llamado Israel pero que en realidad era Palestina. No es extraño que intenten inmiscuirse en nuestros asuntos internos".[131]

Israel y sus aliados de la Organización del Ejército Secreto (OAS) -oficialmente disuelta hasta hoy, pero aún activa- estaban decididos a invertir el curso de la historia.

Sin embargo, no es la última vez que encontraremos en estas páginas el puño de hierro de Israel y la OEA interfiriendo en la vida y actividades de John F. Kennedy.

LA ÚLTIMA RUEDA DE PRENSA

Los esfuerzos de Kennedy por mantener una política estadounidense equilibrada en Oriente Medio se vieron frustrados en todo momento. La amargura era evidente, en ambos bandos. Como resultado de la manipulación del Congreso por parte de Israel, la Cámara de Representantes y el Senado votaron a finales de 1963 para poner fin a la ayuda a Egipto, un país en el corazón de la campaña de paz de Kennedy.

Esto, en efecto, redujo temporalmente -al menos- los esfuerzos de JFK por la paz al mínimo. La mano tendida al mundo árabe y a sus líderes, a Nasser de Egipto en particular, había sido cortada - por el hombro.

El jefe de lobby (oficial) de Israel en Washington - I. L. Kenan - describió la última conferencia de prensa de John F. Kennedy en Washington.

"El 14 de noviembre de 1963, en una conferencia de prensa, Kennedy inspeccionó los restos de su política con Nasser. Fue muy crítico. La enmienda del Senado le exigía 'sacar una conclusión extremadamente complicada', y no creía que este lenguaje fortaleciera nuestra posición o nuestra flexibilidad en el trato con la URA (la Unión de Repúblicas Árabes).

"[Kennedy] continuó, "De hecho, tendría el efecto contrario. Creo que es un mundo muy peligroso y desordenado, pero vamos a tener que vivir con él; y creo que una de las formas de vivir con él es permitirnos llevar a cabo nuestros deberes".

Si la administración no funcionaba, los votantes la destituirían". Kennedy pidió al Congreso que no le impidiera llevar a cabo sus funciones mediante "restricciones legislativas y presupuestos inapropiados".

"Esas palabras", señala Kenan, "las pronunció en su última rueda de prensa en la Casa Blanca".[132]

En muchos aspectos, la política de JFK en Oriente Medio irritó a los israelíes, incluida -o más bien especialmente- su determinación de resolver el problema de los refugiados palestinos.

SE CUESTIONA LA "BUENA FE" DE JFK

El 20 de noviembre de 1963, la delegación de Kennedy ante las Naciones Unidas pidió que se siguiera aplicando la resolución de la ONU de 1948 que exigía el derecho de los árabes palestinos desplazados a regresar a sus hogares (en Israel) y que se indemnizara a los que habían decidido no regresar.

---

[131] *Washington Post*, 13 de agosto de 1963.
[132] *Ibid*, p. 187.

El London Jewish Chronicle informó de la reacción israelí: "El Primer Ministro Levi Eshkol convocó al embajador de Estados Unidos... y le dijo que Israel estaba 'conmocionado' por la actitud proárabe adoptada por la delegación estadounidense". Golda Meir, dijo el *Chronicle*, "expresó el asombro y la ira de Israel ante la actitud de Estados Unidos".[133]

Por su parte, el *Chronicle* señaló editorialmente: "Israel, que no fue consultado ni informado de la intención estadounidense, curiosamente no cuestiona la buena fe de Estados Unidos".[134]

Es poco probable que JFK tuviera nunca la oportunidad de leer los comentarios difamatorios sobre su política en Oriente Medio publicados por el *London Jewish Chronicle*. Se imprimieron el 22 de noviembre de 1963.

Y así, mientras John F. Kennedy se preparaba para abandonar Washington en su último viaje como Presidente, se vio acosado por el problema de Israel y su poderosa influencia en Washington.

Finalmente, fue durante el viaje de Kennedy a Dallas cuando se preparó en su nombre un memorándum final sobre la delicada cuestión del desarrollo mundial de armas nucleares.

Aunque JFK se oponía firmemente a la producción de armas nucleares por parte de Francia -al igual que se oponía a la de Israel-, el Presidente estadounidense había empezado a reconsiderar su postura hacia los franceses.

Así que mientras John F. Kennedy recorría triunfalmente el centro de Dallas, un memorándum "Top Secret, Top Secret" estaba siendo preparado por el asesor de JFK, McGeorge Bundy, esbozando la nueva política de Kennedy, quizás más indulgente, hacia Francia, que como hemos visto, había jugado un papel importante en el desarrollo nuclear de Israel y, sin saberlo (para no disgustar al presidente francés De Gaulle) en la búsqueda de armas atómicas. El memorándum sobre la nueva política hacia Francia también estaba fechado el 22 de noviembre de 1963.[135]

Para entonces, sin embargo, el destino de John F. Kennedy estaba sellado. Había llevado a Israel y a sus líderes al borde del abismo.

BEN-GOURION: "SIGNOS DE PARANOIA"

La gota que colmó el vaso había ocurrido en realidad unos seis meses antes. En la primavera de 1963, Kennedy y Ben-Gurion estaban más enfrentados que nunca. Es más, Ben-Gurion sufría una profunda crisis personal (derivada en parte, ahora lo vemos, de su infeliz relación con John F. Kennedy).

Según el biógrafo del Primer Ministro israelí, Dan Kurzman: "Solo y deprimido, Ben-Gurion se sentía extrañamente impotente. El liderazgo de Israel se le escapaba de las manos... Ben-Gurion empezó a mostrar signos de paranoia. Los enemigos le acechaban por todas partes. Una simple declaración de Egipto, Siria e Irak en abril de

---

[133] *London Jewish Chronicle*, 22 de noviembre de 1963.
[134] *Ibid*.
[135] Hersh, pp. 125-126.

1963 de que se unirían y demolerían la "amenaza sionista" le había sumido casi en el pánico."[136]

CORRESPONDENCIA SECRETA "CADA VEZ MÁS AMARGA"

Todo esto, por supuesto, contribuyó enormemente a los problemas entre Kennedy y Ben-Gurion. Seymour Hersh escribe: "La relación entre Kennedy y Ben-Gurion permaneció en un punto muerto sobre Dimona, y la correspondencia entre los dos se volvió cada vez más amarga. Ninguna de estas cartas se ha hecho pública".[137]

KENNEDY ES UN TIRANO

(Al igual que muchos de los archivos secretos del gobierno sobre el asesinato de JFK, los intercambios de Kennedy con Ben-Gurion también habían sido ocultados, ni siquiera a los funcionarios estadounidenses con plena autorización de seguridad que habían intentado escribir historias clasificadas de la época).[138]

"No fue un intercambio amistoso", según el escritor de Ben-Gurion Yuval Neeman. "Kennedy escribía como un tirano. Era duro".[139] La respuesta de Ben-Gurion tampoco fue pasiva.

Todo esto exacerbó las tensiones - muy fuertes - entre el presidente americano y el líder israelí. La impaciencia de Kennedy iba en aumento. Las relaciones entre Estados Unidos e Israel eran diferentes de lo que habían sido antes. [140]Según Hersh, "El Presidente se encargó de que el Primer Ministro israelí pagara por su descaro". Cuando Ben-Gurion buscó de nuevo la oportunidad de realizar una visita oficial de Estado a Washington, Kennedy la rechazó.

LA EXISTENCIA DE ISRAEL "ESTÁ EN PELIGRO"

Fue entonces cuando Ben-Gurion dejó clara su opinión. Estaba convencido de que lo que él veía como la intransigencia de Kennedy era una amenaza total para la supervivencia del estado judío. JFK era visto como un enemigo de los judíos.

En una de sus últimas comunicaciones con Kennedy, Ben-Gurion escribió: "Señor Presidente, mi pueblo tiene derecho a existir... y esa existencia está en peligro".[141] (énfasis añadido) Fue entonces cuando Ben-Gurion exigió a Kennedy que firmara un tratado de seguridad con Israel. Kennedy se negó.

El 16 de junio de 1963 Ben-Gurion dimitió abruptamente como Primer Ministro y Ministro de Defensa. Con ello, el "profeta armado" ponía fin a quince años de

---

[136] Dan Kurzman. *Ben-Gurion: Prophet of Fire* (Nueva York: Simon & Schuster, 1983), pp. 440-441.
[137] Hersh, pp. 120-121.
[138] *Ibid*, p. 120.
[139] *Ibid*, p. 121.
[140] *Ibid*.
[141] *Ibid*.

carrera como Gran Señor de Israel. En aquel momento, la prensa israelí -e incluso la prensa mundial- dijo al mundo que la repentina dimisión de Ben-Gurion era el resultado de su insatisfacción con los escándalos políticos internos y el malestar en Israel.[142]

Sin embargo, la razón principal de la marcha de Ben-Gurion fue la incapacidad del líder israelí de presionar a JFK para que aceptara las exigencias de Israel. Según Hersh: "No había forma de que el público israelí... sospechar que había otro factor en la desaparición de Ben-Gurion: el enfrentamiento cada vez más amargo con Kennedy sobre un Israel con armas nucleares".[143] Ben-Gurion había fracasado. La batalla se había perdido, pero la guerra entre los dos hombres aún no se había ganado.

¿UN HAMAN MODERNO?

¿En qué pensaba Ben-Gurion cuando entregó las riendas del gobierno a su sucesor? ¿Cuál fue el último acto de David Ben-Gurion como Primer Ministro del Estado judío? A la luz del comentario explícito de Ben-Gurion a John F. Kennedy de que "mi pueblo tiene derecho a existir... y esa existencia está en peligro", sin duda podemos hacer una buena presunción.

A ojos de Ben-Gurion, John F. Kennedy era claramente un Amán moderno, un enemigo del pueblo judío. En el folclore judío, Amán era un descendiente de los amalecitas que sirvió como primer ministro del rey Asuero de Persia. Fue Amán quien intentó convencer al rey de que todos los judíos de su imperio debían ser exterminados para siempre.

Sin embargo, según la leyenda, una bella tentadora judía llamada Esther utilizó sus artimañas femeninas con Asuero y, al final, fue Amán quien murió en su lugar. La importante fiesta judía de Purim celebra la liberación de los judíos del holocausto planeado por Amán.

En la Biblia - Deut 25:19, Sam.1 15:8 - se pidió a los antiguos hebreos que "borraran la memoria de los amalecitas" de los que descendía Amán.

En Israel -en 1963- David Ben-Gurion sin duda consideraba a John F. Kennedy como un moderno Amán, un hijo de los amalecitas. Mientras reflexionaba sobre el violento conflicto con JFK, Ben-Gurion recordó sin duda la meditación que se leía en Purim:

"El hombre malvado, el arrogante vástago de la simiente de Amalec, se ha levantado contra nosotros. Insolente en su riqueza, él mismo se cavó una fosa, y su propia grandeza le tendió una trampa. En su mente pensó atrapar, pero él mismo fue atrapado; buscó destruir, pero él mismo fue rápidamente destruido... hizo preparar la horca, y él mismo fue colgado en ella".

¿LA ORDEN FINAL?

El líder israelí no podía dejar de pensar en cómo podía librar a su pueblo de lo que veía como una destrucción segura. Ben Gurion había dedicado su vida a crear un

---

[142] *Ibid*, pp. 121-122.
[143] *Ibid*, p. 124.

Estado judío y a guiarlo en la escena mundial. Y, a ojos de Ben Gurion, John F. Kennedy era un enemigo del pueblo judío y de su amado Estado de Israel.

Andrew y Leslie Cockburn lo resumieron bien: "Ben-Gurion es el padre de Israel. Realmente condujo al Estado a la independencia, guió a su pueblo a la independencia, escribió la declaración de independencia israelí, fue Primer Ministro hasta 1963, con un breve intervalo. El Israel que se ve hoy es realmente la creación de David Ben-Gurion. El Israel que ves hoy es realmente la creación de David Ben-Gurion.[144]

Así que podemos entender por qué Ben-Gurion se sintió frustrado por su fracaso en derrocar a John F. Kennedy. Era un momento de crisis y de acción.

La tesis de este libro es que Ben-Gurion, en sus últimos días como Primer Ministro, ordenó al Mossad que participara en el complot para asesinar a JFK. Sobre la base de las pruebas que describiremos *en Juicio Final*, creemos que el Mossad cumplió la orden de Ben-Gurion.

El 22 de noviembre de 1963, la vida del Presidente estadounidense que Ben-Gurion consideraba una amenaza para la supervivencia de Israel tuvo un final infausto en la Plaza Dealey de Dallas.

Que Israel y sus dirigentes creían que podían ser necesarias medidas draconianas para influir en el curso de la historia y garantizar la supervivencia de Israel es innegable.

Isser Harrel, que fue jefe del Mossad hasta mediados de 1963, fue citado diciendo: "El gobierno de Israel debe actuar para erradicar el mal del racismo y el monstruo del antisemitismo" y si esto no se podía hacer diplomáticamente, había que hacerlo de otra manera, en particular, según Harel, "a través de los servicios secretos, como era el caso en mi época".[145] En resumen, mediante el asesinato, si era necesario.

El ex subsecretario de Estado George Ball resume el impacto del asesinato de John F. Kennedy en las relaciones entre Estados Unidos e Israel de forma bastante sucinta, aunque algo enigmática: "Sea cual sea el éxito de Kennedy en sus relaciones con Israel, sigue siendo una de las muchas preguntas intrigantes para las que su asesinato no deja respuesta".[146]

LOS FRANCOTIRADORES DEL MOSSAD

Sabemos con precisión quién habría coordinado la participación del Mossad en el asesinato de John F. Kennedy, trabajando en concierto con los aliados de Israel en la CIA y en el crimen organizado (de lo que hablaremos en estas páginas).

El 3 de julio de 1992, *Ha'aretz, el* principal periódico israelí, informó de que había sido el ex terrorista clandestino judío convertido en agente del Mossad Yitzhak Shamir (ex primer ministro israelí) quien había dirigido un comando durante su servicio en el Mossad.

El periódico israelí informó de que Shamir dirigió la unidad de asesinatos de 1955 a 1964, el año siguiente al asesinato de JFK. [147]"La unidad llevó a cabo atentados

---

[144] Entrevista a pie de página en C-SPAN, 1 de septiembre de 1991.
[145] Cita de Yossi Melman en *Los Angeles Times*, 28 de noviembre de 1993.
[146] Ball, pp. 51-52.
[147] *Washington Times*, 4 de julio de 1992.

contra supuestos enemigos nazis y criminales de guerra", según un artículo del periódico.

"En febrero de 1963, el Sr. Shamir envió unidades en dos intentos fallidos de asesinar a Hans Kleinwachter, un científico alemán sospechoso de ayudar a Egipto a desarrollar misiles. Otro científico alemán que trabajaba para los egipcios, Heinz Krug, desapareció misteriosamente en septiembre de 1962".[148] Se sospechaba que los agentes de Shamir eran los responsables.

Según el periódico israelí, Shamir había reclutado a los miembros de su comando del Mossad entre antiguos miembros de la Banda Stern, el grupo terrorista clandestino que Shamir dirigió durante la lucha de Israel por la independencia. La Banda Stern fue responsable del asesinato en 1944 de Lord Moyne, ministro residente británico en Oriente Próximo, y de la masacre en 1948 del mediador de la ONU, el conde Folke Bernadotte.[149]

Ya hemos visto que Kennedy -como Moyne y Bernadotte- era un "presunto enemigo" de Israel y de su amargado Primer Ministro, David Ben-Gurion. Y ahora sabemos del escuadrón de asesinos del Mossad que jugó un papel importante en la conspiración que llevó a la muerte de John F. Kennedy. En el capítulo 16, sabremos exactamente cómo se produjo esta conspiración orquestada por el Mossad.

ENEMIGOS UNIDOS

Con los estrechos vínculos de Israel no sólo con la CIA, sino también con el Sindicato del Crimen Organizado de Meyer Lansky -que examinaremos en detalle-, el Primer Ministro israelí y sus agentes del Mossad habían establecido una red de aliados con los que podían colaborar fácilmente para orquestar el asesinato de John F. Kennedy.

Cada una de estas poderosas fuerzas tenía buenas razones para emprender acciones radicales para acabar con la amenaza que representaba JFK. En este libro describiremos cómo se unieron sin duda en una conspiración común.

LA LLEGADA DEL MESÍAS

Con John F. Kennedy descansando en una tumba en el Cementerio Nacional de Arlington, Israel estaba a salvo, al menos por el momento. El heredero moderno del legado de Amán había sido destruido. El hecho de que Lyndon Johnson -el hombre que siempre había sido leal a Israel y a su lobby estadounidense- estuviera listo para asumir la presidencia estadounidense no pasó desapercibido. El mesías de Israel había llegado.

---

[148] *Ibid.*
[149] *Ibid.*

Capítulo VI

La llegada del Mesías Lyndon Johnson acude al rescate de Israel; La política estadounidense en Oriente Próximo da un vuelco

En las semanas que siguieron al asesinato de John F. Kennedy, Israel fue sin duda el principal beneficiario inmediato de la muerte de Kennedy, aunque esto no fue lo que los medios de comunicación controlados por el Estado dijeron al pueblo estadounidense.

El beneficiario más inmediato de la muerte de JFK fue, por supuesto, Lyndon Johnson, que era el favorito político de Israel y sus aliados del Sindicato del Crimen Organizado de Meyer Lansky.

Fue Johnson quien invirtió rápidamente la política de Kennedy en Oriente Medio y, a todos los efectos, según un historiador, estableció Israel como el 51º Estado de Estados Unidos.

No cabe duda de que el asesinato de John F. Kennedy tuvo consecuencias muy concretas para las relaciones entre Estados Unidos e Israel:

1) Esto eliminó a un Presidente de la Casa Blanca -John F. Kennedy- que había entrado en un amargo enfrentamiento con Israel debido a su firme determinación de reunir un arsenal nuclear;

2) Esto puso en el Despacho Oval a un Presidente -Lyndon Johnson- que dio un giro completo a la política estadounidense establecida desde hacía tiempo en Oriente Próximo y puso a Estados Unidos firmemente del lado de Israel, con una venganza.

3) Esto permitió a Lyndon Johnson dar marcha atrás en la política de JFK en Vietnam y comenzar a intensificar la implicación de EEUU en el Sudeste Asiático. Permitió a Israel avanzar en su propia posición geopolítica en Oriente Medio; y

4) Esto permitió a los aliados de Israel en la CIA y al Sindicato del Crimen Organizado de Meyer Lansky bloquear el tráfico de drogas en el Sudeste Asiático, resultado inmediato de la implicación estadounidense en la región.

Israel fue claramente, y sin ninguna duda, el principal beneficiario internacional de la presidencia de Lyndon Johnson, que sólo fue posible gracias al asesinato de John F. Kennedy.

LA SUPERVIVENCIA DE ISRAEL

Si proteger sus intereses de seguridad nacional y su propia supervivencia puede considerarse un motivo -y sin duda lo es-, entonces Israel, quizás por encima de todo, tenía claramente un interés y una motivación importantes: ayudar a orquestar el asesinato del presidente Kennedy. De hecho, la propia supervivencia de Israel fue la piedra angular de su política exterior desde sus primeros días como nación.

Así que la eliminación de un presunto enemigo de la supervivencia de Israel -es decir, John F. Kennedy- no sería más que un curso de acción lógico.

Especialmente, por supuesto, a la luz del hecho de que el hombre que sucedió a Kennedy - Lyndon Johnson - había demostrado durante mucho tiempo y a menudo en el pasado una afinidad personal con Israel y sus intereses internacionales.

LA CONEXIÓN ENTRE JOHNSON Y LANSKY

Johnson también tenía un largo y sórdido historial de participación en actividades delictivas -incluido el asesinato- que finalmente había salido a la luz. El caso es demasiado complejo para examinarlo aquí, y la documentación al respecto es bastante extensa.

Sin embargo, es interesante observar que uno de los principales defensores de Johnson era Carlos Marcello, el secuaz de Lansky en Luisiana. Según John W. Davis, Marcello, el hombre de Lansky, había pagado al menos 50 dólares al año en sobornos al senador de Texas Lyndon Johnson, quien a su vez había ayudado a eliminar en comisión cualquier legislación sobre tráfico que pudiera haber perjudicado al Sindicato del Crimen Organizado de Lansky.[150]

Sin embargo, hay indicios de que los vínculos de Johnson con Lansky y sus socios van incluso más allá. Cuando Lansky vivía en Israel, uno de sus compatriotas, Benjamin Sigelbaum, fue a visitarle.[151]

Fue el Sr. Sigelbaum (no confundir con Benjamin "Bugsy" Siegel, a quien Lansky había ordenado fusilar en 1947) quien estuvo involucrado con Bobby Baker, antiguo confidente de Johnson, en dos importantes transacciones: la compra de un banco en Tulsa, Oklahoma, y la controvertida empresa de cajeros automáticos Serv-U de Baker.[152]

Edward Levinson, era otro de los socios comerciales de Baker, que dirigía el casino Fremont de Las Vegas como candidato del viejo amigo y socio de Lansky, Joseph (Doc) Stacher (que finalmente murió exiliado en Israel).[153]

Además, el autor Robert Morrow, ex agente de la CIA, había revelado que uno de los colaboradores más cercanos de Baker, con quien era "inseparable", era un correo mafioso llamado Mickey Weiner que era "un perfecto usuario de la oficina [de Baker], y de toda la infraestructura [de Baker] en [el Capitolio]".[154] Huelga decir que la oficina de Baker y la "infraestructura" de Baker eran una misma cosa con Lyndon B. Johnson.

---

[150] John Davis *Mafia Kingfish: Carlos Marcello and the Assassination of John F. Kennedy* (Nueva York: McGraw-Hill Publishing Company, 1989), p. 159.
[151] Robert Lacey. *Little Man: Meyer Lansky and the Gangster Life*. (Boston: Little, Brown & Company, 1991), pp. 332-333.
[152] Ed Reid y Ovid Demaris. *The Green Felt Jungle* (Nueva York: edición de Pocket Books, 1964), pp. 217-219.
[153] *Ibid.*
[154] Robert Morrow. *The Senator Must Die* (Santa Monica, California: Roundtable Publishing, Inc., 1988), p. 126.

Se trataba del mismo Mickey Weiner que, como veremos en el capítulo 7, era uno de los principales correos de Meyer Lansky entre sus operaciones bancarias en Miami y su centro europeo de blanqueo de capitales en el Banque de Crédit International (BCI) de Ginebra (Suiza).

(El BCI, como veremos en detalle en los capítulos 7, 12 y 15, estaba dirigido por un banquero israelí, un tal Tibor Rosenbaum, antiguo Director de Finanzas y Adquisiciones del Mossad israelí).

Baker, que cumplió condena en una prisión federal por sus actividades delictivas cuando era protegido de Johnson (y como su notorio recaudador de fondos), era la única persona que podría haber enviado a Lyndon Johnson a la cárcel si lo hubiera revelado todo.

De hecho, fue la relación de Johnson con Bobby Baker lo que llevó a John F. Kennedy a empezar a sentar las bases para la destitución de Johnson en las elecciones de 1964. Pero incluso después de la muerte de Kennedy, el hedor de la corrupción que rodeaba a Baker, vinculado a Lansky, seguía amenazando a Johnson.

¿JOHNSON SE ENFRENTA A LA CÁRCEL?

Robert N. Winter-Berger, miembro de un grupo de presión de Washington, recuerda una visita del entonces presidente Johnson al despacho del presidente de la Cámara de Representantes, John McCormack, mientras Winter-Berger estaba allí. Johnson estalló inesperadamente. Sin percatarse de la presencia de Winter-Berger, Johnson empezó a gritar, vociferar y condenar a su viejo amigo y protegido, Bobby Baker. "John, ese hijo de puta me va a arruinar. Si ese chupavergas habla, voy a ir a la cárcel", gritó Johnson. "Prácticamente crié a ese hijo de puta y ahora me va a convertir en el primer Presidente de los Estados Unidos que pase los últimos días de su vida entre rejas".[155]

Según Winter-Berger, Johnson se dio cuenta de repente de que estaba presente. McCormack aseguró al presidente que Winter-Berger era "digno de confianza" y que Winter-Berger era cercano a otro de los socios de Baker, Nat Voloshen.

Johnson pidió a Winter-Berger que transmitiera este mensaje a Baker. "Dile a Nat que le diga a Bobby que le daré un millón de dólares si usa el sombrero. Bobby no debe hablar".[156] Baker no habló. Baker fue a la cárcel. Johnson no.

Está claro que la conexión entre Johnson y Lansky es mucho más compleja de lo que podríamos llegar a determinar, pero la interacción entre Johnson y sus allegados y los del sindicato de Lansky es, como mínimo, indiscutible.

CAMBIOS REPENTINOS DE POLÍTICA

No hace falta decir que cuando Lyndon Johnson se convirtió en presidente, la guerra de Kennedy contra el crimen organizado se detuvo abruptamente. Hubo otros

---

[155] Robert N. Winter-Berger. *The Washington Pay-Off* (Nueva York: Lyle Stuart, Inc., 1972), pp. 65-66.
[156] *Ibid*, p. 66.

importantes reveses políticos, incluido, por supuesto, el cambio de política en Vietnam (al que volveremos con más detalle en este capítulo y en el capítulo 9).

Sin embargo, lo más significativo de la llegada de Lyndon Johnson al Despacho Oval es que los profundos e inmediatos cambios en la política estadounidense hacia Israel y el mundo árabe se produjeron rápidamente tras la repentina sucesión de LBJ en la presidencia.

BUENAS NOTICIAS" DESDE DALLAS

La primera prueba que tenemos de que Israel y su lobby estadounidense estaban encantados con el ascenso de Lyndon a la presidencia está contenida en una nota que I.L. Kenan, director del Comité Americano-Israelí de Asuntos Públicos (AIPAC), había enviado a altos cargos del AIPAC y a otros miembros del lobby israelí en Washington.

[157]Elogiando la "destacada postura pro-Israel" de Johnson durante su carrera en el Senado, el memorándum estaba fechado el 26 de noviembre de 1963, justo un día después de que John F. Kennedy fuera enterrado en el Cementerio Nacional de Arlington. El memorándum, además, especificaba formalmente "No para publicación o circulación".[158]

Evidentemente, los del bando israelí no querían que su aparente alegría -y la repentina buena fortuna de Johnson- se hicieran públicas.

También son interesantes las memorias de Kenan sobre sus años de servicio como uno de los jefes del lobby israelí en Washington. Las memorias contienen, como hemos visto, un capítulo sobre John F. Kennedy misteriosamente -si no gravemente- titulado - "Una multitud de promesas"- así como la extraña y acertada mención de 1963 como el "año turbulento" (para las relaciones entre EE.UU. e Israel).[159]

El siguiente capítulo -sobre Lyndon Johnson- se titula calurosamente "El amigo tejano de Israel". Johnson -que era, en palabras de Kenan, el "Hombre Nuevo en la Casa Blanca"- era un amigo muy leal de Israel.

Seymour Hersh señala que uno de los primeros actos simbólicos de Johnson como Presidente fue dedicar una sinagoga en Austin, Texas, menos de seis semanas después de convertirse en Presidente. De hecho, señala Hersh, Johnson fue el primer presidente estadounidense de la historia en dedicar una sinagoga. Fue, como veremos, un acto altamente simbólico.[160]

---

[157] Stephen Green. *Taking Sides: America's Secret Relations With a Militant Israel.* (Nueva York: William Morrow & Company, 1984), p. 186.
[158] *Ibid.*
[159] I. L. Kenan. *Israel's Defense Line: Her Friends and Foes in Washington* (Buffalo: Prometheus Books, 1981), p. 173.
[160] Seymour Hersh. *The Samson Option: Israel's Nuclear Arsenal and American Foreign Policy* (Nueva York: Random House, 1991), pág. 127.

La Sra. Bird Johnson, la nueva esposa del Presidente, intentó más tarde explicar por qué su marido sentía tanta pasión por Israel y por sus amigos del lobby estadounidense pro-Israel. Los judíos han sido una parte integral de su vida", dijo.[161]

LOS INTERESES DE ISRAEL PRIMERO

En Israel, la presidencia de Johnson fue recibida con agrado. El periódico israelí *Yedio Ahoronot* declaró que en una presidencia de Johnson, la cuestión de los "intereses americanos" no sería un problema importante en las relaciones entre EEUU e Israel como lo había sido bajo Kennedy.[162] En otras palabras, Johnson -a diferencia de Kennedy- estaría dispuesto a dejar de lado los intereses estadounidenses en favor de Israel. El periódico israelí añadía: "No cabe duda de que, con el advenimiento de Lyndon Johnson, tendremos más oportunidades de dirigirnos directamente al Presidente si consideramos que la política norteamericana es contraria a nuestros intereses vitales."[163]

EL LUTO EN EL MUNDO ISLÁMICO

En el mundo árabe, sin embargo, la respuesta fue muy diferente. Según el ex diplomático Richard Curtiss, que había pasado mucho tiempo en la región, "el luto se extendió por todo el mundo árabe, donde hasta el día de hoy fotografías descoloridas en paredes humildes muestran al joven héroe".[164]

En Argelia, la nueva república árabe que se había independizado con la ayuda de John F. Kennedy, el primer ministro Ahmad Ben Bella telefoneó al embajador estadounidense para decirle: "Créame, preferiría que me hubiera pasado a mí antes que a él".[165] Se recordaron los gestos amistosos de Kennedy en favor de la paz.

En Egipto, el presidente Nasser se dio cuenta de que la muerte de John F. Kennedy tendría un profundo impacto en el mundo árabe. Con Kennedy fuera de juego, Nasser declaró más tarde que "[el presidente francés Charles] De Gaulle es el único jefe de Estado occidental cuya amistad pueden asegurarse los árabes".[166]

Sin embargo, según el biógrafo de De Gaulle, Jean Lacouture, De Gaulle no era "amigo ni de los árabes ni de Israel, sino sólo de Francia".[167] Podría decirse que las mismas palabras podrían aplicarse a John F. Kennedy: "un amigo ni de los árabes ni de Israel, sino sólo de Estados Unidos". E Israel ciertamente no consideraba a JFK un amigo.

---

[161] *Ibid*, p. 128.
[162] Green, p. 185.
[163] *Ibid*, p. 186.
[164] Richard Curtiss. *A Changing Image* (Washington, D.C.: American Educational Trust, 1986), p. 68.
[165] *Ibid*.
[166] Jean Lacouture. *De Gaulle: The Ruler* (Nueva York: W. W. Norton & Company, 1993), p. 446.
[167] *Ibid*.

DEUIL EN PARÍS

En París, De Gaulle -que había concedido la independencia a Argelia y que había sufrido numerosos intentos de asesinato como represalia- quedó profundamente conmocionado por el asesinato del presidente estadounidense. Interrumpe una reunión gubernamental para anunciar: "John Fitzgerald Kennedy ha sido asesinado. Era uno de esos raros líderes a los que se puede llamar estadistas. Tenía coraje y amaba a su país".[168] Según el biógrafo de De Gaulle, "fue un homenaje sin precedentes que nunca se había repetido".[169]

De hecho, como veremos, las mismas personas que habían conspirado contra la vida de De Gaulle eran en realidad las mismas que habían provocado el asesinato de John F. Kennedy. Y si De Gaulle no lo sabía entonces, lo acabaría descubriendo.

SUSPECONS

Hubo otras consecuencias en el mundo árabe tras el asesinato de Kennedy.[170] Según Curtiss, el hecho de que el presunto asesino de Kennedy, Lee Harvey Oswald, fuera rápidamente asesinado por Jack Ruby, "un judío estadounidense relacionado con gángsters" -en palabras de Curtiss- levantó sospechas de que Israel era cómplice del crimen.

Según Curtiss: "Las circunstancias dieron lugar a muchas teorías conspirativas, incluida la que creen prácticamente todos los árabes de que el asesinato fue para impedir un cambio político inminente de Estados Unidos en Oriente Próximo."[171]

El siguiente comentario de Curtiss, sin embargo, resultó falso a la luz de lo que exploraremos en las páginas de *Juicio Final*: "Por otra parte, nunca se ha descubierto conexión alguna con Oriente Próximo."[172]

Curtiss señala que, "en cambio, irónicamente, el asesinato por un árabe-americano cinco años más tarde en California del hermano menor del presidente Kennedy, un abierto partidario de Israel, convirtió a Robert Kennedy en la primera víctima estadounidense del conflicto palestino-israelí asesinada en suelo estadounidense".[173] (Sin embargo, como veremos en el capítulo 18, al igual que con el asesinato de John F. Kennedy, las apariencias engañan).

Sin embargo, como escribió Alfred Lilienthal, antiguo crítico de la política estadounidense en Oriente Próximo, "No puede haber ninguna duda de que Kennedy tenía la intención de actuar con decisión en su segundo mandato". El asesinato del presidente Kennedy en Dallas el 22 de noviembre de 1963 destruyó la posibilidad de que su segundo mandato hubiera visto a Washington liberarse de la pesada carga de

---

[168] *Ibid*, p. 378.
[169] *Ibid*.
[170] Curtiss, *Ibid*.
[171] *Ibid*.
[172] *Ibid*.
[173] *Ibid*.

la colaboración estadounidense en el conflicto árabe-israelí y de la incesante algarabía política por los votos nacionales."[174]

MOVERSE RÁPIDO

Las esperanzas árabes de paz se habían desvanecido y un nuevo presidente estadounidense en Washington estaba -mientras tanto- ocupado en congraciarse con los representantes israelíes en la capital estadounidense.

"Habéis perdido a un gran amigo, pero habéis encontrado a uno mejor", dijo el nuevo presidente a un funcionario israelí.[175] Aunque la cita de Johnson se ha repetido muchas veces, no está del todo claro quién era el funcionario. De hecho, la cita puede haber sido apócrifa - otra leyenda en el legado de Lyndon Johnson.

Sin embargo, la mayoría de las fuentes creen que el comentario de Johnson probablemente fue hecho a Ephraim Evron, el número dos de la embajada israelí en Washington. Evron acabó convirtiéndose en amigo íntimo de Lyndon Johnson.

En el momento del asesinato de Kennedy, curiosamente, Evron estaba en Washington a cargo de las operaciones de inteligencia israelíes, trabajando estrechamente con James Jesus Angleton, el hombre de Israel en la CIA. Así que parece probable que todo lo que Angleton sabía sobre el asesinato de JFK, Evron probablemente lo sabía - y viceversa. Y tal vez, podríamos especular, Johnson también lo sabía. (En los capítulos 8 y 16, examinaremos con más detalle el extraño papel de Angleton en el complot del asesinato de JFK).

Según el ayudante de Johnson, Harry McPherson: "Creo que [Evron] sentía lo que yo siempre he sentido, que en la sangre de Lyndon Johnson había muchos corpúsculos judíos".[176]

[177][178]Dicho McPherson, hablando en una grabación para el Proyecto de Historia Oral de la Biblioteca LBJ, curiosamente se describió a sí mismo como el "empleado antisemita" de Johnson en la Casa Blanca, McPherson explicó que esto significaba que tenía que mantener "una relación permanente con B'nai B'rith, la Liga Antidifamación, hasta cierto punto la organización sionista, y todos aquellos que quieren cosas diferentes", una tarea probablemente difícil. En consecuencia, McPherson estaba especialmente atento a la relación de Johnson con Israel y su grupo de presión en Washington.

De hecho, como muestra la grabación, Johnson tenía una larga y estrecha relación con Israel y sus partidarios. Israel sabía que tenía un fiel seguidor de sus intereses en la Casa Blanca ahora que John F. Kennedy estaba fuera de juego.

UN VIEJO FAVORITO DE ISRAEL

---

[174] Alfred Lilienthal. *The Zionist Connection II* (New Brunswick, New Jersey: North American, 1982), p. 549.
[175] Kenan, p. 173.
[176] Curtiss, p. 75.
[177] Green, p. 246.
[178] *Ibid.*

Israel, por supuesto, había estado vigilando de cerca a Lyndon Johnson durante mucho tiempo. Evron, el hombre de la inteligencia israelí, dijo lo siguiente sobre Johnson: "La impresión de Johnson sobre Israel se produjo pronto, durante la crisis [de Suez] en 1957, cuando era líder de la mayoría [en el Senado]. Cuando el presidente Eisenhower y el secretario de Estado Dulles quisieron obligarnos a retirarnos del Sinaí, nos amenazaron con sanciones económicas. Johnson convenció al senador William Knowland de California, que era entonces líder de la oposición, para que fuera con él a la Casa Blanca y le dijera al Presidente que eso no se haría".[179]

Los estados árabes también observaban de cerca a Johnson, especialmente después de que llegara a la presidencia. Especialmente Gamal Abdel Nasser, el presidente egipcio con el que JFK había esperado tender puentes. De hecho, como hemos visto, fue durante su última conferencia de prensa en la Casa Blanca cuando JFK deploró los esfuerzos de Israel y sus partidarios por sabotear sus iniciativas de paz en Oriente Medio, especialmente en lo que se refiere a las relaciones con Nasser.

COMIENZA EL CAMBIO DE POLÍTICA

Según el autor Stephen Green, el 5 de marzo de 1964 Nasser comunicó al subsecretario de Estado estadounidense Phillips Talbot que "Estados Unidos había cambiado su política hacia un apoyo más activo a Israel".[180]

Fue poco más de tres meses después de que John F. Kennedy fuera asesinado y Lyndon B. Johnson fuera catapultado a la presidencia. Johnson había sido catapultado a la presidencia.

El objetivo era el historial de Nasser. Según el historiador de inteligencia Richard Deacon, la nueva política de Johnson estaba en consonancia no sólo con las exigencias de Israel, sino con las de los amigos de Israel en la CIA:

"El presidente Johnson ya se había apartado de la postura proárabe provisional de la administración Kennedy, que siempre había sido mal vista por la CIA"".[181]

Deacon informa de que Walt Rostow, asesor de seguridad nacional del Presidente, creía que la política estadounidense hacia Israel serviría como un control eficaz del apoyo soviético a los países árabes. "Así pues", según Deacon, "Rostow reflejaba casi totalmente las opiniones de la jerarquía de la CIA".[182]

El propio Johnson también mantenía desde hacía tiempo vínculos con los amigos de Israel en la CIA durante sus años en el Senado.

Como líder de la mayoría del Senado, Johnson colaboró estrechamente con la CIA de forma habitual y fue considerado un "amigo de la CIA" en el Congreso.

Sin embargo, es incuestionable que Lyndon Johnson inició un importante cambio en la gestión de la política estadounidense en Oriente Medio, en consonancia con su dedicación compartida no sólo a los intereses de la CIA, sino también a los de Israel.

---

[179] Curtiss, p. 75.
[180] Green, p. 186.
[181] Richard Deacon. *The Israeli Secret Service*. (Nueva York: Taplinger Publishing Co., Inc., 1978), p. 179.
[182] *Ibid.*

Esto, por supuesto, tuvo un gran impacto en el curso de la política exterior estadounidense y supuso una inversión inmediata y total de la política seguida por el difunto Presidente Kennedy.

LA BOMBA NUCLEAR

Es interesante observar que el primer beneficio importante que Israel obtuvo de la muerte de JFK fue, de hecho, la salida de la Casa Blanca de un presidente que se había opuesto vehementemente al desarrollo de armas nucleares por parte de Israel.

Según el historiador Stephen Green: "Pero quizás el acontecimiento más significativo del programa de armas nucleares de Israel en 1963 tuvo lugar el 22 de noviembre en un vuelo de Dallas a Washington D.C., cuando Lyndon Baines Johnson juró su cargo como trigésimo sexto Presidente de Estados Unidos, tras el asesinato de John F. Kennedy.

"Durante los primeros años de la administración Johnson, el programa israelí de armas nucleares fue descrito como un "tema delicado" en Washington. La Casa Blanca de Lyndon Johnson no vio Dimona, no oyó Dimona y no habló de Dimona cuando el reactor entró en estado crítico a principios de 1964."[183]

Por tanto, el punto crítico de conflicto entre John F. Kennedy y el gobierno israelí dominado por el Mossad dejó de ser una preocupación. El nuevo presidente estadounidense -durante mucho tiempo partidario de Israel- permitió que continuara el desarrollo nuclear. Esto fue sólo el principio.

HUBERT HUMPHREY Y EL SINDICATO LANSKY

Johnson también consolidó sus antiguos vínculos con el Sindicato del Crimen Organizado de Meyer Lansky. En 1964 -con vistas a su primer mandato completo en la Casa Blanca- Johnson eligió como vicepresidente al senador Hubert H. Humphrey, de Minnesota.

Como señaló el *Washington Observer*: "Humphrey fue catapultado a un cargo público por primera vez como alcalde de Minneapolis en 1945 gracias a las maquinaciones y a los fondos para sobornos de campaña recaudados por el tristemente célebre Kid Cann, rey de los bajos fondos de Minneapolis.

"Cann, cuyo verdadero nombre era Isadore Blumenfeld, y sus hermanos (conocidos por sus alias, Harry y Yiddy Bloom) estaban asociados con Meyer Lansky en la propiedad de numerosos hoteles de lujo en Miami, junto con el principal asesor de Humphrey, Max Kampelman, una de las figuras más destacadas del lobby israelí en Washington."

"Blumenfeld y Lansky eran socios del sindicato propietario de los hoteles Sand y Fremont, establecimientos de juego de Las Vegas, hasta que vendieron sus acciones del Sand a Howard Hughes. Cuando Humphrey y sus principales ayudantes están en Miami", informó el Observer, "disfrutan de alojamiento gratuito en lujosos hoteles del sindicato."[184]

---

[183] Green, pp. 165-166.
[184] *Washington Observer*, 15 de septiembre de 1968.

[185](Alan H. Ryskind, en su biografía crítica de Humphrey, demostró cómo Humphrey, alcalde de Minneapolis en aquella época, se las arregló para hacer la vista gorda cuando Blumenfeld se encontró en una serie de dificultades bien publicitadas, uno de los favores de SAR al Sindicato del Crimen de Meyer Lansky.

Así que en las elecciones presidenciales de 1964 -que Johnson iba a perder- Lansky y sus socios en Israel tenían asegurada una elección de ensueño para el próximo noviembre. Johnson y su vicepresidente habían sido contratados y pagados para ello. Lansky e Israel se habían asegurado de que no habría problemas con los multimillonarios independientes irlandeses de segunda generación como John F. Kennedy, que no sólo era hijo de un notorio antisemita, sino además un tenaz defensor de los intereses americanos.

Así, tras ser elegido Presidente, Lyndon Johnson estuvo en condiciones de conceder muchos favores a Israel.

AYUDA EXTERIOR SUBVENCIONADA POR EL ESTADO

Quizás sus esfuerzos más draconianos al servicio de Israel consistieron en aumentos masivos de las donaciones de ayuda exterior financiadas por los contribuyentes estadounidenses. Aunque el propio John F. Kennedy había sido generoso con Israel en este sentido, Johnson había convertido a Kennedy en un tacaño.

El ex subsecretario de Estado George Ball comentó sobre la ayuda exterior: "Los israelíes tenían razón al suponer que Johnson sería más comprensivo que Kennedy.[186]

Según el autor Stephen Green, citando datos de la Agencia Estadounidense para el Desarrollo Internacional: "En los años siguientes -los tres primeros años de la administración Johnson- el [nivel de] apoyo [a la ayuda exterior a Israel] habría cambiado tanto cualitativa como cuantitativamente. La ayuda del gobierno a Israel en el año fiscal 1964, el último año presupuestario de la administración Kennedy, ascendió a 40 millones de dólares. Esto había sido considerablemente reducido de los niveles de asistencia en años anteriores. En el año fiscal 1965, esa cifra subió a $71 millones y en el año fiscal 1966, a $130 millones".[187]

ARMAR LA MAQUINARIA DE GUERRA ISRAELÍ

Green también señala que, bajo Lyndon Johnson, la ayuda militar estadounidense a Israel también aumentó considerablemente:

"Lo más significativo, sin embargo, fue el cambio en la composición de esa ayuda. En el año fiscal 1964 [de JFK], prácticamente ninguna ayuda oficial estadounidense a Israel era de carácter militar; se dividía casi a partes iguales entre préstamos para el desarrollo y ayuda alimentaria en el marco del programa PL 480. En el año fiscal 1965 [de LBJ], sin embargo, el 20% de la ayuda estadounidense era de carácter militar. En el año fiscal 1965 [de LBJ], sin embargo, el 20% de la ayuda estadounidense era de

---

[185] Alan H. Ryskind. (*Nueva York: Arlington House*, 1968), pp. 79-84.
[186] Ball, p. 52.
[187] Green, pp. 186-187.

naturaleza militar, y en el año fiscal 1966 nada menos que el 71% de la ayuda oficial a Israel fue en forma de créditos para la compra de equipamiento militar.

"Además, la naturaleza de los sistemas de armamento que suministrábamos había cambiado. En 1963, la administración Kennedy acordó vender cinco baterías de misiles Hawk por valor de 21,5 millones de dólares. Sin embargo, se trataba de un sistema de defensa aérea. La administración Johnson, durante el ejercicio 1965-1966, suministró a Israel 250 tanques modernos (M-48 modificados), 48 aviones de ataque terrestre A-1 Skyhawk, equipos de comunicaciones y electrónicos, artillería y fusiles sin retroceso.

Dada la configuración de las [Fuerzas de Defensa Israelíes], eran cualquier cosa menos armas defensivas.

[188]"Los 92 millones de dólares en ayuda militar proporcionados en 1966 fueron más que el total de toda la ayuda militar oficial dada a Israel en todos los años desde la fundación de esa nación en 1948" Green resume el alcance masivo de los regalos de Johnson: "El 70% de la ayuda oficial estadounidense a Israel ha sido militar. Estados Unidos ha dado a Israel más de 17.000 millones de dólares en ayuda militar desde 1946, casi toda ella -más del 99%- desde 1965."[189]

LOS INTERESES DE ISRAEL PRIMERO

Fue claramente Lyndon B. Johnson quien sentó el precedente de la ayuda ilimitada a Israel. Sin embargo, en conjunto, la muerte de John F. Kennedy y la llegada de Lyndon Johnson al Despacho Oval supusieron un importante cambio en la política general de Estados Unidos.

Como Stephen Green escribe con gran detalle *en Taking Sides: America's Secret Relations With A Militant* Israel:

"De 1948 a 1963, Estados Unidos fue percibido por todos los gobiernos de Oriente Medio como una gran potencia que actuaba en función de su propio interés nacional claramente definido. Además, la política estadounidense en Oriente Medio era sólo política de Oriente Medio; no era una política israelí en la que los países árabes fueran actores subordinados.

"De 1948 a 1963, los Presidentes Truman, Eisenhower y Kennedy garantizaron firmemente la seguridad nacional y la integridad territorial de Israel, pero también garantizaron firmemente las de Jordania, Líbano y los demás países de la región. Este era el objetivo de la Declaración Tripartita de 1950.

"Para los sucesivos gobiernos israelíes durante este periodo, la línea entre los intereses de seguridad nacional estadounidenses e israelíes se trazó con frecuencia, y normalmente de forma decisiva. Las políticas de Truman sobre las exportaciones de armas a Oriente Medio, las posturas de Eisenhower sobre el desarrollo hídrico regional y la integridad territorial durante la crisis de Suez y la franqueza de Kennedy con la Sra. Meir marcaron esa línea.

Sin embargo, durante este tiempo, el apoyo financiero de Estados Unidos a Israel superó con creces el concedido a cualquier otra nación del mundo per

---

[188] *Ibid.*
[189] *Ibid*, p. 251.

cápita. Y el apoyo diplomático estadounidense a Israel en la ONU y en otros foros no fue menos generoso.

"Pero los límites del apoyo estadounidense a Israel eran generalmente comprendidos por todos los países de la región, y eran precisamente estos límites los que mantenían la capacidad de Estados Unidos para tener en cuenta las diversas cuestiones que componían la disputa árabe-israelí...".

"Después, durante los primeros años de la administración Johnson, 1964-1967, la política estadounidense en cuestiones de Oriente Medio cambió bruscamente. Quizá sería más exacto decir que se desintegró. Estados Unidos tenía una política pública de no proliferación de armas nucleares, pero de repente tenía una política secreta de fomento del programa de armas nucleares de Israel. Teníamos una política pública sobre el equilibrio de armas en la región, pero acordamos en secreto, a finales de 1967, convertirnos en el principal proveedor de armas de Israel.

"Oficialmente, Estados Unidos "estaba firmemente comprometido a apoyar la independencia política y la integridad territorial de todas las naciones [de Oriente Próximo]", mientras que conscientemente, en secreto, el "equipo de Oriente Próximo" de Johnson estaba comprometido a permitir que Israel redefiniera prácticamente todas sus fronteras con los Estados árabes vecinos en su beneficio.

"Fue, por supuesto, una política sin principios y sin integridad. Pero también fue ineficaz, en el sentido de que Israel siguió actuando de un modo que ignoraba los intereses de seguridad nacional de Estados Unidos."[190]

ISRAEL SE APROVECHA DE VIETNAM

Estos increíbles hechos sobre el repentino giro en la política tradicional estadounidense han sido ignorados durante demasiado tiempo cuando se trata de la cuestión de quién se benefició más del asesinato de John F. Kennedy. Israel fue claramente el más aventajado, y se benefició.

Todo esto resulta aún más irónico si se tiene en cuenta el hecho de que Israel se negó repetida y absolutamente a apoyar la política de Johnson en Vietnam, para consternación del "amigo tejano de Israel". "Demonios", se había quejado Johnson a Harry McPherson su "empleado antisemita", "quieren que proteja a Israel, pero no quieren que haga nada en Vietnam"".[191]

Claramente, los aliados de Israel en la CIA tenían ahora vía libre para librar su propia guerra privada en Vietnam: una ventaja para la CIA resultante de la destitución de Kennedy de la presidencia. (En el capítulo 9, veremos la guerra de Kennedy con la CIA con más detalle).

La revocación por Johnson de la decisión de JFK de iniciar la retirada de las fuerzas estadounidenses (y del personal de la CIA) del Sudeste Asiático fue, en sentido propio, un golpe de la CIA. La CIA también amplió su poder durante el conflicto de Vietnam.

---

[190] *Ibid*, pp. 243-244.
[191] *Ibid*, p. 249.

También lo hicieron los muchos amigos de Johnson en la industria de defensa, tanto en Texas como en otros lugares. Los contratistas de defensa cosecharon miles y miles de millones de dólares de la pequeña guerra sucia de Johnson en el sudeste asiático, una guerra que probablemente marcó el final de las posibilidades populares de Johnson para un segundo mandato.

VIETNAM - EL PEQUEÑO Y SUCIO SECRETO DE ISRAEL

Sin embargo, lo que tristemente se ignoró fue el hecho de que Israel tenía mucho que ganar con la participación de Estados Unidos en Vietnam.

Como señala Stephen Green, un resultado directo e inmediato del aventurerismo militar estadounidense en el Sudeste Asiático fue la capacidad de Israel para hacer avanzar su poderío militar y su influencia política en Oriente Medio.

Después de todo, Israel podría argumentar ahora, con Estados Unidos varado en el Sudeste Asiático, que el Tío Sam necesitaba un aliado cercano, fiable y democrático en Oriente Medio para velar por los intereses estadounidenses en la región.

Según Green: "En una época en la que la Casa Blanca de Johnson estaba cada vez más obsesionada con la guerra de Vietnam, los líderes militares israelíes proponían imponer la estabilidad a los pueblos y países de Oriente Próximo: una 'Pax Hebraica'.

"Había, por supuesto, un coste para Estados Unidos. Estados Unidos tendría que dar los primeros pasos para convertirse en lo que tres presidentes anteriores habían dicho que nunca seríamos: el principal proveedor de armas de Israel. Perderíamos, al menos temporalmente, nuestro papel de principal mediador en el polifacético conflicto árabe-israelí.

"El nuevo acuerdo nos obligaría a olvidar nuestro antiguo tratado de no proliferación nuclear, sin tener en cuenta el tratado de 1968.

"Y quizás lo más importante, los intereses de seguridad nacional de EE.UU. en la región se fusionarían con Israel en un grado que sería, y es hasta hoy, único en la historia de las relaciones exteriores estadounidenses"".[192]

Sobre todo, Israel se beneficiaría considerablemente de la implicación de Estados Unidos en Vietnam, que no se habría producido si JFK hubiera sobrevivido.

Hay otra ironía en la relación entre Estados Unidos e Israel en relación con el conflicto de Vietnam que es muy interesante señalar.

Tras el estallido de la guerra en Vietnam, que arrastró a Lyndon Johnson cada vez más al caos del descontento público, Israel empezó a enfrentarse a sus propias dificultades a medida que menguaban sus fuerzas en Oriente Próximo.

Aunque la entrada de Estados Unidos en el sudeste asiático dio a Israel vía libre en su propia zona geográfica de influencia, el pequeño Estado judío se encontró con que ahora necesitaba a Estados Unidos, quizá más que nunca. La agresión israelí contra sus vecinos árabes había levantado al mundo árabe contra Israel.

Al aventurarse Estados Unidos demasiado lejos en el sudeste asiático, Israel y su grupo de presión estadounidense se dieron cuenta de que la energía estadounidense se estaba concentrando en la dirección equivocada. Así, muchas de las voces que

---

[192] *Ibid*, p. 180.

instaban a EEUU a retirarse del escenario de Vietnam eran las que más clamaban por que EEUU volviera a entrar en el polvorín de Oriente Medio.

¿DÓNDE DEBE LUCHAR AMÉRICA?

Fue en vísperas de la guerra de 1967 -una guerra que podría haber sido el fin para Israel- cuando el *Washington Star* (en su editorial principal del 4 de junio) puso de relieve la extraña paradoja.

"Muchos de los que, tanto dentro como fuera del país, condenan más duramente la presencia estadounidense en Vietnam son los primeros en abogar por una implicación total de Estados Unidos en Oriente Medio.

"Y habiendo dado el salto del aislamiento a la intervención, pasaron a argumentar que nuestro compromiso en Oriente Medio es una justificación más para desentendernos de Asia. Según este razonamiento, la nación no puede permitirse intervenir en ambas zonas.

"Hay que tomar una decisión. [193]Y Oriente Medio es el lugar lógico para la intervención de Estados Unidos", según la valoración del *Star* de la actitud de los defensores proisraelíes de la retirada de Vietnam que pidieron la intervención de Estados Unidos en Oriente Medio.

Fue entonces cuando Israel, que inicialmente había cosechado los beneficios de la implicación de Estados Unidos en el sudeste asiático, empezó por fin a hacer sonar el tambor de la retirada de Estados Unidos, pero no hasta mucho después de que el daño de la guerra de Vietnam ya estuviera hecho. Israel antepuso sus propios intereses a los de Estados Unidos.

LANSKY, LA CIA Y VIETNAM

También hay que señalar que los amigos de Israel en el Sindicato del Crimen Organizado de Meyer Lansky también se beneficiaron del conflicto de Vietnam. El capítulo 12 analiza en detalle la poco conocida colaboración entre el sindicato de Lansky, sus blanqueadores de dinero vinculados al Mossad y la CIA en el tráfico de drogas del sudeste asiático.

El imperio criminal de Lansky empezó a explotar el enorme tráfico mundial de drogas, en gran parte bajo la tapadera de la CIA, en todo el sudeste asiático durante la guerra de Vietnam, un periodo en el que el problema de las drogas empezó a agravarse a lo grande en Estados Unidos y otros países.

Hoy, muchos años después, el papel de la CIA en el mercado mundial de la droga apenas está saliendo a la superficie. El escándalo Irán-Contra, por ejemplo, arrojó algo de luz sobre este aspecto poco conocido del lado oscuro de los asuntos mundiales. Así, la combinación conjunta Israel-Lansky-CIA compartió una importante ventaja de la participación estadounidense en Vietnam. Tenemos que agradecérselo a Lyndon Johnson.

---

[193] *Washington Star*, 4 de junio de 1967.

UN APEGO APASIONADO

Israel y sus aliados secretos tuvieron un mesías en Lyndon Baines Johnson. En su libro *The Passionate Attachment*, el ex subsecretario de Estado George Ball resumió los resultados de las políticas de Johnson en Oriente Medio: "En primer lugar, la administración colocó a Estados Unidos en la posición de ser el principal proveedor de armas de Israel y su incondicional y único defensor.

"En segundo lugar, al asegurar a los israelíes que Estados Unidos siempre les proporcionaría una ventaja militar sobre los árabes, Johnson garantizó la escalada de una carrera armamentística... En tercer lugar, al negarse a seguir el consejo de sus ayudantes de que Estados Unidos condicionara su entrega de F-4 Phantoms con capacidad nuclear a que Israel firmara el Tratado de No Proliferación Nuclear, Johnson dio a los israelíes la impresión de que Estados Unidos no tenía objeciones fundamentales al programa nuclear de Israel.

"En cuarto lugar, al permitir el encubrimiento del ataque israelí contra la libertad [véase el capítulo 2], el presidente Johnson dijo a los israelíes, en efecto, que nada de lo que hicieran induciría a los políticos estadounidenses a rechazar su oferta. A partir de ese momento, los israelíes empezaron a actuar como si tuvieran un derecho inalienable a la ayuda y el apoyo estadounidenses."[194]

Como concluye Stephen Green en su análisis de los increíbles cambios en la política estadounidense hacia Israel que tuvieron lugar durante la era Johnson:

"En junio de 1967, por una serie de razones que obviamente incluían "consideraciones de política interior", Lyndon Johnson y su equipo de asesores de política exterior habían revisado completamente las relaciones entre Estados Unidos e Israel. En cualquier caso, Israel se había convertido en el 51º Estado".[195]

---

[194] Ball, pp. 65-66.
[195] Green, p. 250.

Capítulo VII

El padrino de Israel: El intermediario Meyer Lansky, la CIA, el FBI y el Mossad israelí

Si no hubiera sido por el jefe del crimen internacional Meyer Lansky, tal vez no existiría hoy el Estado de Israel. Israel preferiría que olvidáramos este punto.

Israel se creó como Estado en gran parte gracias al apoyo político, financiero y moral de Meyer Lansky y sus socios y secuaces del crimen organizado. Los intereses de Lansky y los de Israel eran casi incestuosos. De hecho, el principal banco europeo de blanqueo de dinero de Lansky era una operación dirigida por un antiguo alto cargo del Mossad israelí.

Los estrechos vínculos de Lansky no sólo con los servicios secretos estadounidenses (incluidos la CIA y el FBI) han convertido al mafioso judío en el líder "intocable" del sindicato mundial del crimen organizado.

Durante la efímera presidencia de John F. Kennedy, no sólo estuvo en desacuerdo con Israel y su poderoso lobby estadounidense. Kennedy, como vimos en el capítulo 4, también traicionó a sus aliados secretos de la mafia que le habían ayudado a llegar a la presidencia. El hermano del presidente, el fiscal general Robert F. Kennedy, estaba librando una guerra implacable contra el crimen organizado.

En los años previos al ascenso de Kennedy a la presidencia, una figura poco conocida pero inmensamente poderosa de la Mafia llamada Meyer Lansky se había abierto camino hasta la cima del sindicato del crimen.

Este sindicato no era sólo nacional, sino internacional, y el rey sin corona del crimen era Meyer Lansky, el llamado "presidente del consejo" de este increíble imperio criminal que se extendía por todo el mundo.

Fue Meyer Lansky, al principio de su carrera criminal, uno de los principales patrocinadores del Estado de Israel y cuyos socios más íntimos figuraban entre los principales mecenas financieros del influyente lobby israelí en Estados Unidos.

Además, como veremos, Lansky también había forjado estrechos vínculos con aliados israelíes dentro de la CIA, una agencia que a su vez había entrado en una amarga guerra con John F. Kennedy.

Así que cuando JFK se enfrentó no sólo a Israel y a sus aliados del imperio del crimen organizado de Lansky, sino también a la CIA, el presidente estadounidense había forjado sin saberlo una alianza mortal entre sus enemigos más acérrimos.

Es la conexión de Meyer Lansky la que explica cómo el Mossad de Israel pudo utilizar y manipular, entre otros, a la comunidad cubana anticastrista -que a su vez trabajaba no sólo con la CIA, sino también con el Sindicato del Crimen Organizado de Lansky- en el complot para asesinar a John F. Kennedy.

Para comenzar nuestra investigación sobre las oscuras grietas de los bajos fondos donde el Mossad israelí, el crimen organizado y la CIA se unieron en torno al asesinato de Kennedy, lo mejor es empezar por Lansky.

Son Lansky (individualmente) y su Sindicato del Crimen quienes enlazan todos estos diversos componentes, señalando el papel hasta ahora no revelado de Israel en el asesinato de JFK.

Como dijo una vez un portavoz de la Comisión de Investigación de las Bahamas, que investigaba el crimen organizado en las islas: "En un momento dado, empezamos a preguntarnos si el nombre de Meyer Lansky no era una gran ficción periodística, una figura fantástica y mítica."[196] Pero existió.

Meyer Lansky, de hecho, fue uno de los principales implicados en la conspiración internacional que condujo al asesinato de John F. Kennedy, a pesar de toda la documentación que propaga la teoría de que "La Mafia mató a JFK".

¿QUIÉN ERA MEYER LANSKY?

El resumen más conciso de los orígenes de Meyer Lansky y su ascenso al poder estaba contenido en un extenso retrato de Lansky que apareció en la portada del ***Wall Street Journal*** en 1969. Un extracto relevante decía lo siguiente:

"Nacido Maier Suchowjansky en Grodno, Rusia, Lansky llegó a Estados Unidos a los nueve años. Su familia se instaló en los barrios de inmigrantes de Nueva York. A los 27 años, el joven Maier tenía cinco detenciones en su historial, por cargos que iban desde alteración del orden público hasta sospecha de asesinato, pero nunca fue condenado. Había comenzado su meticuloso ascenso en los bajos fondos.

"Fue en la década de 1920 cuando Lansky se convirtió en amigo y socio de Bugsy Siegel. Los dos hombres se convirtieron en un dúo formidable, primero como secuaces de Legs Diamond y luego como líderes de su propia banda, conocida como la 'Banda de Bugs y Meyer'.

UN MIEMBRO DEL CONSEJO

"Su especialidad era proteger el alcohol en tránsito de los secuestradores a las bandas de la Costa Este. Se les daba bien, y cuando se formó una alianza llamada Sindicato del Este para coordinar el contrabando de alcohol, Lansky y Siegel fueron nombrados miembros de la junta. Lansky era responsable de gestionar las finanzas del sindicato.

"A principios de los años 30, el Syndicat de l'Est empezó a formar una alianza informal con otras bandas de la región. Así nació el sindicato nacional. Cada banda conservaba su propia identidad y realizaba sus propias actividades, y la federación se reunía de vez en cuando para tratar asuntos de interés común.

---

[196] Marvin Miller. *The Breaking of a President: The Nixon Connection.* (Covina, California: Classic Publications, 1975), p. 336.

Las decisiones finales correspondían a los jefes de las bandas, uno de los cuales era el presidente de la federación. El primer presidente fue Lucky Luciano, jefe de la mafia del Este.

VÍNCULOS CON EL SERVICIO SECRETO ESTADOUNIDENSE

"Durante la Segunda Guerra Mundial, Lansky participó en una alianza inimaginable entre el hampa y la Marina estadounidense. Al parecer, la Marina decidió que los muelles de la costa este sólo podrían protegerse del sabotaje con la ayuda de la Mafia.

"Lucky Luciano estaba [entonces en la cárcel], pero aún conservaba el poder y la lealtad de los miembros de la Mafia. El abogado de Luciano y Meyer Lansky fueron reclutados para persuadir a Luciano de que diera su bendición al acuerdo. Tras varios meses de visitas a la prisión, Luciano accedió. Después de la guerra, Lucky fue puesto en libertad condicional y enviado de vuelta a Italia, prometiendo no regresar nunca a Estados Unidos.

EL PRESIDENTE DEL CONSEJO DE ADMINISTRACIÓN

"Sin Luciano, el trío formado por Lansky, Joe Adonis y Frank Costello asumió el liderazgo del sindicato. A finales de los 50, Costello había sido expulsado del poder por sus colegas y Adonis había sido expulsado. Lansky se sentó solo en la cima".[197]

Mientras tanto, Lansky ya había cimentado sus vínculos con la clase dirigente de Washington. De hecho, era una asociación de larga data.

LANSKY Y CUBA

(En el capítulo 10 hablaremos del papel clave de Lansky en la victoria del presidente Franklin Delano Roosevelt en la nominación demócrata de 1932).

El propio Roosevelt envió a Lansky como emisario personal a Cuba para reunirse con el hombre fuerte cubano Fulgencio Batista. FDR creía que el régimen autoritario de Batista estaba generando un descontento popular que podía ser explotado por un movimiento comunista creciente en Cuba. A través de Lansky, FDR esperaba influir en Batista para que emprendiera reformas destinadas a sofocar la amenaza comunista. Fue durante este periodo cuando Lansky comenzó a establecer su lucrativo imperio del juego en el paraíso tropical y una larga y provechosa relación comercial con Batista y otros dirigentes cubanos que se embolsaron millones en sobornos procedentes de las operaciones de los casinos de Lansky.

(Entre los receptores de los beneficios de Lansky estaba Carlos Prío Soccaras, que, como veremos en el capítulo 14, acabó asociándose en el tráfico de armas con Jack Ruby, el gerente del club nocturno de Dallas y sindicato de Lansky).[198]

---

[197] *The Wall Street Journal*, 19 de noviembre de 1969, p. 1.
[198] Miller, p. 327.

(En el capítulo 11 se examinan las actividades de juego de Lansky en Cuba y sus operaciones europeas de blanqueo de dinero vinculadas al Mossad israelí. El capítulo 12 analiza en detalle el tráfico internacional de drogas de Lansky y sus vínculos con la CIA).

Aunque Batista entró y salió del poder varias veces durante las dos décadas siguientes, el hombre fuerte de Cuba siguió siendo el gobernante de facto de la isla a través de sucesivos regímenes títere hasta la llegada de Fidel Castro el día de Año Nuevo de 1960.

Sin embargo, Lansky también tenía importantes contactos mucho más allá. Como veremos a continuación, Lansky desempeñó un papel decisivo en la creación del Estado de Israel.

ALIANZA Y RIVALIDAD

Sin embargo, para entender la posición preeminente de Lansky como líder del crimen organizado, primero debemos analizar la extraña y compleja alianza -y rivalidad- entre los miembros italianos y judíos del mundo del crimen organizado.

El relato del *Wall Street* Journal sobre el ascenso al poder de Lansky insinúa estas contradicciones, pero no las explora de la forma adecuada. Hay que mencionar dos cosas interesantes que no aparecen en el resumen que hace el *Journal* de la carrera de Lansky.

Es bien sabido que Lansky inició su carrera criminal en colaboración con el célebre mafioso Charles Luciano "Lucky". Su alianza se menciona en el artículo *del Journal*, y un reciente drama de Hollywood titulado *Mobsters* puso de relieve las hazañas juveniles de Lansky, Luciano, Benjamin Siegel y Frank Costello.

LUCIANO ENMARCADO

Sin embargo, es posible que fuera Lansky, a través de sus contactos políticos, quien organizara la condena y posterior encarcelamiento de Luciano. Fue el encarcelamiento de Luciano -y su posterior deportación- lo que facilitó el ascenso de Lansky en el crimen organizado.

En sus memorias, Luciano ofrece un relato detallado de cómo fue inculpado realmente de los cargos de trata de blancas y prostitución que le llevaron a la cárcel. Luciano no acusa en modo alguno a Lansky, aunque, como veremos, pudo tener sus sospechas.

Luciano no pide al lector que crea que él (Luciano) no participó en una amplia actividad delictiva. Argumenta de forma convincente que no era culpable de los delitos por los que fue condenado. De hecho, Luciano nunca fue juzgado por ninguno de los delitos en los que participó con Lansky.

Sea como fuere, es muy posible que Lansky participara en la acusación de prostitución contra Luciano. La guerra de Tom Dewey contra Lucky Luciano, el encarcelamiento del jefe mafioso y su posterior expulsión facilitaron el ascenso de Lansky a la cima.

Fue después de la expulsión de Luciano cuando éste nombró a Lansky su portavoz oficial. Según Luciano, "lo arreglé todo con Lansky, y fue entonces cuando

Meyer se convirtió en el verdadero tesorero de la Organización. Le encargué que se ocupara de mi dinero y más tarde empezó a ocuparse de las finanzas de algunos tipos."[199]

Lansky era -a pesar de sus orígenes judíos- *el capo di tuti capi* ("*jefe de* todos los jefes") en ausencia de Luciano. Teóricamente, Lansky nunca pudo ser un "miembro" de la Mafia, pero sin duda ocupaba un puesto más alto que cualquiera de los que habían sido nombrados miembros e incorporados a la llamada "honorable sociedad."

LANSKY, DEWEY Y LA CIA

Tanto Dewey como Lansky, por supuesto, se beneficiaron del encarcelamiento de Luciano. El caso de Dewey y su conexión con Lansky es de lo más interesante.

Como resultado de la persecución de Luciano, Dewey adquirió gran fama política y en 1938 se presentó, sin éxito, a gobernador de Nueva York. De hecho, en aquella época, se dice que Lansky donó un total de 250.000 dólares (en dólares de 1938) a la campaña de Dewey.

Dewey no ganó esa contienda, pero durante el resto de su mandato como fiscal "reventador del tráfico" de Nueva York consiguió la condena de uno de los rivales judíos de Lansky en el crimen organizado, Louis "Lepke" Buchalter, que finalmente murió en la silla eléctrica.

Luego, en 1942, cuando Dewey volvió a aspirar -esta vez con éxito- a la gobernación, Lansky le proporcionó apoyo financiero y fuerza política adicionales. Dewey, como gobernador, conmutó la sentencia de Luciano. A cambio de su libertad, Luciano aceptó el exilio en su Italia natal. En ausencia de Luciano, la influencia de Lansky creció en el extranjero.

Sin embargo, este no sería el final de la relación de Dewey con Lansky. Más tarde, a finales de los años 50, Dewey se convirtió en uno de los principales accionistas de la Mary Carter Paint Company.

Según el ex agente de la CIA Robert Morrow, "Carter Paint era originalmente una empresa fantasma creada por Thomas Dewey [y el director de la CIA] Allen Dulles para dar cobertura a la CIA. En 1958, Dewey y algunos amigos habían comprado una participación mayoritaria en la Crosby Miller Corporation, con dos millones de dólares de la CIA y con la autorización de Allen Dulles. Luego, en 1959, la Crosby Miller Corporation se fusionó con la empresa de pinturas propiedad de la CIA. Como ejemplo de una de sus primeras actividades, suministró dinero blanqueado de la CIA al ejército de Bahía de Cochinos. En 1963, tras un escándalo de terrenos en Florida, Mary Carter Paint creó su división de pinturas y se convirtió en Resorts International".[200]

Resorts International, Inc. controlaba prácticamente todos los hoteles de las Bahamas y de todo el Caribe, donde Lansky reorganizó sus operaciones de juego tras ser expulsado de Cuba en 1960.

---

[199] Martin Gosch y Richard Hammer. *The Last Testament of Lucky Luciano* (Boston: Little Brown & Company, 1974), p. 229.
[200] Robert D. Morrow. *The Senator Must Die: The Murder of Robert F. Kennedy* (Santa Monica, California: Roundtable Publishing, Inc., 1988), p. 238.

Con el tiempo, Resorts International creó una filial conocida como International Intelligence, Inc (Intertel), que supuestamente iba a reducir la participación del crimen organizado en la industria de los casinos. Pero, en realidad, era un mito.

Algunos sospechan que Intertel -como Resorts International y Mary Carter Paint anteriormente- no era simplemente una operación de la CIA, sino una operación conjunta entre la CIA y Lansky, una red de inteligencia que interactuaba con el Mossad israelí.[201]

Tal vez no sea sorprendente que el admirado biógrafo de Dewey, Richard Norton Smith, nunca mencione la Mary Carter Paint Company de Dewey, o el apoyo de Lansky a los esfuerzos políticos de Dewey en *Thomas E. Dewey and His Times*. Otra conexión tácita de Lansky. Todo esto ilustra la profundidad de la influencia política de Lansky y su amplia gama de conexiones.

FRANK COSTELLO "SE JUBILA

También está la cuestión de si Lansky pudo estar implicado en el fallido intento de asesinato de su otro amigo de la infancia, el ya mencionado Frank Costello, a menudo conocido como "el primer ministro de la Mafia". En cualquier caso, el intento de asesinato de Costello obligó al "primer ministro" a jubilarse anticipadamente y dio a Lansky una mayor influencia en el crimen organizado.

LUCIANO REMEMBERS...

"Lucky" Luciano, que primero facilitó el camino de Meyer Lansky hacia la cima, lamentó más tarde el día en que depositó su confianza en su antiguo socio de la banda. En 1961, mucho después de que su influencia sobre el sindicato internacional del crimen hubiera empezado a menguar, Luciano reflexionó sobre su relación con Lansky. "En Julio César [de Shakespeare], ¿recuerdas a un tipo llamado Casio? Era un grano en el culo. Parece que todo el mundo tiene un Casio en su vida".

Según Luciano, su socio en la mafia, Vito Genovese, era su propio Casio. Sin embargo, después de pensarlo un poco, añadió: "Cuando lo pienso, incluso he tenido dos Casios en mi vida, el otro era un tipo llamado Meyer Lansky. Pero hace tiempo que no me pongo en contacto con él".[202]

En sus últimos días, Luciano estudió ofertas de productores de Hollywood para filmar su biografía. Sin embargo, Luciano, exiliado en Italia, recibió un mensaje de su país en el que se le "ordenaba" que no participara en tal aventura. Fue entonces cuando Luciano vio el panorama completo: toda la verdad sobre en qué se había convertido realmente la Mafia.

---

[201] *The Spotlight*, 25 de septiembre de 1978.
[202] Gosch & Hammer, p. 381.

"EL JEFE DE TODO"

"Cuando me di cuenta de que Meyer Lansky estaba mezclado en todo esto, supe que nos tenía a todos cogidos por una cuerda. ¿Por qué a Lansky, siendo judío, le iba a importar una mierda que en una puta película aparecieran nombres italianos? Porque él movía los hilos y todos los que estaban al otro lado le obedecían como un puñado de marionetas.

"Lansky también manejaba los hilos de la bolsa; era el tesorero y realmente intentaba ser el jefe de todo. Estaba tan hambriento de poder que entre bastidores habría besado el culo a cualquiera y habría hecho lo que hubiera podido para que al final, él - Meyer Lansky, mi antiguo socio judío - acabara siendo el verdadero jefe de todos los jefes de todos los italianos y de todos los judíos - y sin un puto voto de la junta [del sindicato del crimen organizado]".

"Nunca supe lo que significaba cuando éramos niños y le llamaba el Genio. Pero a los sesenta y cuatro, por fin me he vuelto inteligente".[203]

AYUDA BENÉVOLA

Y así fue como Meyer Lansky -aunque no era italiano- se convirtió, como le apodaban, en "presidente del consejo de administración" del Sindicato del Crimen Organizado, aún más poderoso que la propia Mafia.

Si, como algunos afirman, "La Mafia mató a JFK", no podría haberse hecho sin el conocimiento previo y la benevolente ayuda de Meyer Lansky.

Y como veremos en este capítulo -y más adelante en las páginas de esta obra-, los vínculos de Lansky con Israel y su Mossad (así como con los aliados de Israel en la CIA), demuestran que el leal israelí Meyer Lansky fue un actor fundamental que enlazó a los diversos actores que confluyeron en el complot para asesinar a JFK.

ESCONDIÉNDOSE DETRÁS DE "LA MAFIA"

En Little Man, su reciente y simpática biografía de Meyer Lansky, Robert Lacey refutó los rumores sobre el papel de Lansky en el asesinato de JFK cuando escribió: "Meyer fue mencionado con mayor frecuencia en el más maravilloso de todos los cotos de caza para los teóricos de la conspiración, el asesinato del presidente John F. Kennedy".[204]

Esta es la única referencia en el libro de Lacey al vínculo más tenue entre Lansky y el asesinato de JFK. Sin embargo, como veremos, las conexiones son realmente muy profundas. Sin embargo, contrariamente a lo que afirma Lacey, el nombre de Lansky rara vez aparece de forma significativa en la mayoría de los relatos dominantes que afirman que el crimen organizado desempeñó un papel en el asesinato.

El hecho es que el nombre de Lansky ha sido permanente y convenientemente enterrado detrás de una multitud de figuras del crimen organizado italiano ("la

---

[203] *Ibid*, p. 431.
[204] Robert Lacey. *Little Man: Meyer Lansky and the Gangster Life*. (Boston: Little, Brown & Company, 1991), p. 386.

Mafia"). En los capítulos 10 y 11, examinamos en detalle los vínculos de Lansky con las figuras más notorias, de hecho infames, del hampa de ascendencia italiana vinculadas al asesinato de Kennedy.

Como veremos, de hecho, los individuos en cuestión eran prácticamente todos subordinados de Lansky. Sin embargo, el nombre de Lansky apenas se menciona en los relatos clásicos que sugieren que el crimen organizado -en particular "la Mafia"- desempeñó un papel en el asesinato del Presidente.

LOS VERDADEROS JEFES DEL CRIMEN

Hank Messick, biógrafo oficial de Lansky y escritor sobre el crimen organizado, destaca la tendencia de los medios de comunicación -y de las fuerzas policiales- a ignorar el amplio y penetrante alcance del Sindicato del Crimen Organizado de Meyer Lansky, centrándose en cambio en el bombo y platillo de la "Mafia", la rama italiana del hampa.

Messick afirma: "Los verdaderos cabecillas del crimen permanecieron ocultos mientras la policía perseguía a delincuentes de poca monta. Y quien piense que es accidental es un ingenuo. Un estudio revela que los jefes del crimen no mafiosos se han escondido detrás de la organización dirigida por la vendetta [la Mafia italiana] durante décadas. Ha habido intentos de culparme a mí, y he sido tachado de antisemita de punta a punta del país por matones que han utilizado la religión como pretexto".[205]

En sus memorias, Charles "Lucky" Luciano, amigo de Lansky, reveló un hecho bastante interesante. Según Luciano, fue el propio Lansky quien sugirió que el recién creado sindicato nacional del crimen se llamara a sí mismo "Unión Siciliana", un apodo que daba a los bajos fondos una imagen decididamente "siciliana".[206]

"OCULTAR NOSTRA"

Según Peter Dale Scott, un veterano investigador del asesinato de JFK, "Es relevante que Robert. F. Kennedy, [entonces asesor del comité de tráfico del Senado] no utilizara la palabra 'Mafia' en su libro de 1960 *The Enemy* Within, presentando su modelo de crimen organizado como un sindicato endémico, multiétnico y parcialmente institucionalizado."[207]

Según Scott: "Lo que Robert Kennedy quería decir con 'el sindicato' era muy diferente de lo que [los expertos de la Mafia querían decir con el término] La Cosa Nostra".[208] Según Scott, "cualquiera que hable del crimen organizado... lo hace en condiciones de gran moderación política".[209]

---

[205] Hank Messick. Lansky (Nueva York: Berkley Medallion Books, 1971), pp. 8-10.
[206] Gosch & Hammer, p. 146.
[207] Peter Dale Scott. *Deep Politics and the Death of JFK* (Berkeley, California: University of California Press, 1993), p. 192.
[208] Peter Dale Scott. *Deep Politics and the Death of JFK* (Berkeley, California: University of California Press, 1993), p. 187.
[209] *Ibid*.

Para decirlo sin rodeos: el término "Mafia" ignora el papel esencial -y de hecho predominante- de Meyer Lansky y sus socios judíos en el sindicato nacional del crimen.

Debido a las limitaciones políticas y al miedo a ser acusados de antisemitismo, muchos han temido destacar el importante papel de los criminales judíos en el mundo de la delincuencia.

Mickey Cohen, gángster judío y secuaz de Lansky en la Costa Oeste, abordó en sus memorias el conflicto italo-judío en el crimen organizado. Dijo abiertamente: "Verán, no quiero engañar a nadie porque estoy escribiendo una autobiografía de verdad, ¿vale? Y no quiero andarme con rodeos, pero en realidad no considero que la Mafia, ni nada parecido, sea la única fuerza [del crimen organizado]".[210]

Cohen diferenciaba entre los miembros italianos del crimen organizado, conocidos comúnmente como "la Mafia" y "la Cosa Nostra", y las fuerzas judías a las que a veces se denominaba satíricamente "la Casher Costra".

"Es una organización. Es más lo que yo llamaría un sindicato. Así que era una organización, pero no era la Mafia. Al ser judíos, Benny, yo e incluso Meyer no podíamos ser parte integrante de la Mafia".[211]

(El "Benny" al que se refiere Cohen era el ya mencionado Benjamin "Bugsy" Siegel, cómplice y amigo de Lansky desde hacía mucho tiempo. Fue Lansky quien finalmente ordenó el asesinato de Siegel.

(Sabremos mucho más sobre la conexión entre Lansky, Siegel y Cohen en el capítulo 13, cuando descubramos el papel central de Cohen en la conspiración del asesinato de JFK).

No fue hasta 1957, en el famoso Cónclave de la Mafia de los Apalaches celebrado en Nueva York, cuando los medios de comunicación empezaron a presentar a la Mafia como una fuerza importante del crimen organizado.

Los estadounidenses conocían desde hacía tiempo la existencia de mafiosos legendarios como Al Capone y Lucky Luciano, pero la conciencia colectiva de la existencia demostrada de un sindicato criminal nacional no era algo habitual.

Tras una redada policial en la reunión de los Apalaches -a la que asistieron exclusivamente altos cargos de la mafia italiana de todo el país-, la atención pública empezó a centrarse en "la Mafia", gracias a los medios de comunicación.

LA MAFIA EN CAOS / LANSKY EN LA CIMA

La historia oficial siempre ha sido que un policía local se topó con el cónclave mafioso en casa del mafioso Joseph Barbara. Pidió refuerzos y se produjo una gran "redada". Sin embargo, según Hank Messick, la policía había sido informada por un socio de Lansky de que la reunión estaba a punto de celebrarse. Messick describe las secuelas de la redada de los Apalaches:

"Los participantes se dispersaron antes de que pudiera concluirse ninguna alianza. Y la publicidad provocó el mayor fervor desde los años treinta. Se dirigió no sólo contra los hombres que habían asistido a la reunión, sino contra la Mafia en su

---

[210] Mickey Cohen y John Peer Nugent. *Mickey Cohen: In My Own Words* (Englewood Cliffs, Nueva Jersey: Prentice-Hall, Inc., 1975), p. 35.
[211] *Ibid.*

conjunto. Es más, continuó durante más de un año mientras los funcionarios estatales y federales intentaban encontrar cargos contra los participantes que habían capturado o identificado.

"Los líderes de la Mafia no sólo estaban inmovilizados por la continua publicidad, sino también desmoralizados. Casi instintivamente, acudieron a Lansky y a otros líderes sindicales no mafiosos en busca de consejo y ayuda."[212]

Probablemente no sea una coincidencia que uno de los jóvenes abogados que desempeñó un papel clave en la redada de los Apalaches fuera un tal Justin Finger. Fue Finger quien más tarde se convirtió en el jefe de la "división de derechos civiles" de la Liga Antidifamación de B'nai B'rith, el principal brazo de inteligencia y propaganda del Mossad israelí en Estados Unidos.[213] En capítulos posteriores, el 17 en particular, examinaremos con más detalle el papel de la ADL en el encubrimiento del asesinato de JFK.

Claramente, la redada de los Apalaches fue un acontecimiento crucial en el ascenso de Lansky al poder. Fortaleció el control de Lansky sobre el sindicato del crimen.

Michael Milan, una figura de bajo nivel del crimen organizado judío que había crecido en la esfera de influencia de Lansky, afirma haber sido introducido ritualmente en la Mafia por el propio Lansky. Milan juró lealtad a Lansky. En sus memorias, Milan recuerda el acontecimiento con emoción: "'Omerta' susurró Meyer Lansky, creyendo sólo a medias en el ritual en sí, pero sin querer mostrar el menor signo de falta de respeto... por las tradiciones [de la Mafia]".[214]

En cualquier caso, como hemos visto, el papel predominante de Meyer Lansky en los bajos fondos ya estaba bien establecido.

LA CONEXIÓN ENTRE HOOVER Y LANSKY

El papel de Lansky en la Oficina de Servicios Estratégicos (OSS) y en las Operaciones de Inteligencia Naval durante la Segunda Guerra Mundial y su trabajo en nombre de Franklin Delano Roosevelt en la gestión de Batista pueden explicar por qué Lansky rara vez fue acosado por las autoridades federales.

En *Secret File*, Hank Messick comenta: "¿Fue recompensado Lansky? No hay respuesta definitiva posible, pero ha sido extrañamente inmune a la persecución a nivel federal. Dos veces la División de Inteligencia del IRS ha recomendado su procesamiento, y dos veces el Departamento de Justicia se ha negado. Lansky sigue siendo el único hombre de alto rango del sindicato nacional del crimen que ha salido indemne. Debido a su inteligencia y a las dificultades de sus colegas, es el presidente indiscutible de la junta".[215]

El propio Lansky reconoce su papel en la llamada "Operación Underworld". "Por supuesto, soy la persona que puso en contacto a la inteligencia naval y a Lucky",

---

[212] Messick, p. 215.
[213] *Executive Intelligence Review*. Dope, Inc (Nueva York: New Benjamin Franklin House, 1986), p. 587.
[214] Michael Milan. *The Squad: The U.S. Government's Secret Alliance With Organized* Crime (Nueva York: Shapolsky Publishers, 1989), p. 194.
[215] Hank Messick. *Secret File.* (Nueva York: G. P. Putnam's Sons, 1969), p. 185.

declaró a su amigo israelí, el periodista Uri Dan. Los motivos de Lansky eran interesantes: "La razón por la que cooperé se debió a fuertes sentimientos personales. Quería que los nazis fueran derrotados. Yo era judío y sentía el sufrimiento de los judíos de Europa. Eran mis hermanos.[216]

El antiguo socio de Lansky (y agente encubierto del FBI) Michael Milan también señala otra conexión que puede haber explicado su inmunidad frente al acoso federal.

"También sabía que [J. Edgar Hoover] y Meyer Lansky a veces habían compartido el pan juntos. A M.L. nunca le persiguieron, rara vez recibió citaciones federales y, en general, llevaba sus negocios con tranquilidad. El Sr. L., por otra parte, no disparaba a nada que se moviera como la gente de algunas de las otras familias [mafiosas], y no complicaba la vida a la policía ni a los federales.

"Así, todos se llevaban bien. El Sr. H. podía preocuparse de su quinta columna [los comunistas]. El Sr. Costello podía preocuparse de mantener la paz entre las distintas familias y esperar la jubilación, y el Sr. L. podía preocuparse del flujo de caja en sus casinos de Las Vegas."[217]

Las conexiones de J. Edgar Hoover con el Sindicato del Crimen de Lansky y el lobby pro-israelí fueron objeto de rumores y controversias durante muchos años.

Fue la Liga Antidifamación (ADL) proisraelí de B'nai B'rith la principal responsable de la creación de la Fundación J. Edgar Hoover en 1947 (los principales ayudantes de Lansky han sido durante mucho tiempo generosos colaboradores financieros de la ADL). El primer presidente de la Fundación Hoover fue el rabino Paul Richman, director de la ADL en Washington.

El antiguo colaborador de Hoover, Louis B. Nichols, Subdirector del FBI a cargo de la División de Registros y Comunicaciones de la Oficina, fue el principal contacto del FBI con la ADL cuando ayudó a orquestar juicios masivos por sedición contra los principales críticos de la política exterior del presidente Franklin D. Roosevelt.

Nichols siguió actuando como presidente de la Fundación J. Edgar Hoover, pero sólo después de abandonar el FBI. Cuando se retiró del FBI, fichó como vicepresidente ejecutivo de Schenley Industries, una importante empresa de licores dirigida por el ex traficante y socio de Lansky Lewis R. Rosenstiel.[218] Rosenstiel era muy amigo del director del FBI a pesar de sus vínculos con Lansky, o quizá precisamente por ello.

LA ADL Y LA DELINCUENCIA ORGANIZADA

La industria del alcohol, controlada en gran medida por familias judías como la familia Bronfman y otras, fue el principal contribuyente de la ADL, financiando gran parte de su presupuesto a lo largo de los años.[219] Como hemos visto, estos mismos traficantes de licor estuvieron en contacto con Lansky desde sus primeros años en el contrabando y el contrabando.

---

[216] Entrevista con Ma'ariv, 5 de julio de 1971.
[217] Milán, p. 206.
[218] *Washington Observer*, 15 de mayo de 1969.
[219] *Twin Circle*, 29 de septiembre de 1968.

Los orígenes de la ADL, patrocinadora de Hoover, son muy interesantes. No fue tanto el deseo de defender a los miembros de la fe judía lo que dio a la organización su impulso inicial, sino sobre todo los mafiosos judíos.

A principios de siglo, el comisario de policía de Nueva York Thomas Bingham inició una investigación sobre el crimen organizado en su ciudad. En 1908, se le acusó de "antisemita" por señalar el papel de ciertos gánsteres judíos en el crimen organizado.

Finalmente, Bingham se vio obligado a dimitir y el crimen organizado se apoderó de Nueva York. Uno de los beneficiarios inmediatos de la marcha de Bingham fue el mafioso Arnold Rothstein, mentor de Lansky y líder indiscutible del hampa judía antes del ascenso al poder del joven Lansky.

La fuente de los ataques contra Bingham fue un comité de relaciones públicas formado por un abogado corporativo llamado Sigmund Livingston. En 1913, el comité de Livingston se había constituido formalmente como la Liga Antidifamación de B'nai B'rith.[220]

Y así fue como el "desmantelador del crimen" J. Edgar Hoover fue él mismo un beneficiario de la generosidad de la ADL (gran parte de la cual, como hemos visto, procedía de las arcas de Lansky y su sindicato criminal).

CIERRA LOS OJOS

Curt Gentry, biógrafo de J. Edgar Hoover, señala que el FBI de Hoover nunca se había preocupado demasiado por las actividades de Lansky. Según Gentry, "las oficinas locales [del FBI] en Dallas y Miami tenían zonas grises. Como resultado, no se establecieron escuchas telefónicas ni micrófonos ocultos para [el protegido de Lansky, el jefe de la mafia de Nueva Orleans Carlos] Marcello, [el subordinado de Lansky en Tampa Santo] Trafficante y, excepto durante un breve periodo, Meyer Lansky.[221]

(En los capítulos 10, 11 y 12 exploraremos las relaciones de Lansky con Marcello, Trafficante y otras figuras de la Mafia).

Gentry añadió: "Existía el rumor, oído a menudo en los bajos fondos, de que Meyer Lansky tenía a su hombre muy arriba en el FBI. William Sullivan tenía su propio sospechoso, un estrecho colaborador del Director [el amigo íntimo de Hoover y segundo al mando, Clyde] y Tolson, que tenía fama de vivir muy por encima de sus posibilidades. El FBI nunca resolvió el caso.[222]

Este mismo Sullivan resultó ser el tercer hombre del FBI por detrás de Hoover y Tolson. Como jefe de la altamente secreta División Cinco del FBI, Sullivan era responsable del contraespionaje nacional. [223]También a cargo de la participación del FBI en la investigación de la Comisión Warren, Sullivan no sólo era amigo íntimo de James Angleton, jefe de la oficina del Mossad de la CIA, sino -por increíble que

---

[220] *Executive Intelligence Review*. (Dope, Inc.), pp. 578-579.
[221] Curt Gentry. *J. Edgar Hoover: The Man and the Secrets*. (Nueva York: W. W. Norton & Company, 1991), p. 530.
[222] *Ibid*, p. 531.
[223] Tom Mangold. *Cold Warrior* (Nueva York: Simon & Schuster, 1991), p. 235.

parezca- un intermediario de la CIA dentro del propio FBI. (Examinaremos con más detalle el papel de Angleton en el asesinato de JFK en los capítulos 8 y 16).

Como Jefe de Inteligencia Nacional del FBI, Sullivan fue responsable de las infames operaciones de COINTELPRO contra, entre otros, el Dr. Martin Luther King Jr. y una plétora de grupos de izquierdas (y de derechas).[224] COINTELPRO se basó en gran medida en la Liga Antidifamación del lobby israelí para obtener informes de inteligencia continuos y en curso desde al menos antes de la Segunda Guerra Mundial.

UN TESTIGO MUERTO

Sullivan, el hombre que claramente sabía demasiado, murió de un disparo en un extraño accidente de caza el 9 de noviembre de 1977, justo antes de que tuviera que prestar declaración en la investigación del asesinato.

Sullivan, que había dimitido del FBI tras romper con Hoover, declaró a los investigadores que se sintió decepcionado cuando Hoover le dijo personalmente: "Mi principal preocupación es tener algo que publicar para poder convencer al público de que Lee Harvey Oswald es el verdadero asesino."[225]

Nunca se sabrá todo lo que Sullivan sabía sobre Hoover, y quizás sobre la relación de Hoover con Meyer Lansky.

EL ACUERDO HOOVER

Según Sam y Chuck Giancana, en su biografía del jefe de la mafia de Chicago Sam Giancana, "el propio Hoover había estado bajo la protección [del crimen organizado] durante años."[226]

Los Giancanas afirman que Hoover había llegado a un acuerdo con Frank Costello, amigo de la infancia y socio de Lansky. El mafioso neoyorquino dio consejos sobre apuestas en carreras de caballos al columnista Walter Winchell, estrecho colaborador de Hoover. Winchell, a su vez, pasó información sobre carreras amañadas a Hoover. Hoover organizaba sus apuestas reales a través de sus socios mientras hacía pequeñas apuestas con su propio boleto en las carreras de caballos. Según los Giancanas, "Hoover ganaba siempre".[227]

No hay duda de que Hoover estaba al tanto de las actividades ilegales de Lansky. Sus fuentes de inteligencia eran legendarias.

---

[224] Peter Dale Scott. *Deep Politics and the Death of JFK* (Berkeley, California: University of California Press, 1993), p. 64.
[225] Morrow, p.98.
[226] Sam Giancana y Chuck Giancana. *Double Cross: The Explosive Inside Story of the Mobster Who Controlled* America (Nueva York: Warner Books, 1992), p. 255.
[227] *Ibid*, p. 256.

LO QUE HOOVER SABÍA

Gentry lo resume bien, señalando que Hoover, a pesar de ser un jugador empedernido, sabía todo lo que ocurría en los casinos de Las Vegas de Lansky, aunque él, Hoover, evitaba Las Vegas como la peste::
"[Hoover] sabía quién estaba desfalcando al casino y cuánto se estaba llevando. Sabía adónde iba el dinero y cómo llegaba a los bolsillos de los grandes capos.

"También sabía que algunas personas que tenían acceso al lugar estaban muy descontentas con los Kennedy, John y Robert, descontentas hasta el punto de hablar de matarlos".

"El FBI descubrió más tarde que la mayor parte del botín 'malversado' iba a parar a manos de Meyer Lansky en Miami. En un mes típico de 1963, el desfalco de un casino ascendió a 123.500 dólares, de los cuales Lansky se quedó con 71.000 dólares para él, y luego pasó el resto al mafioso Gerald Catena en Nueva Jersey. Catena distribuyó en el norte y Lansky en Florida. A cada beneficiario se le descontaba un pequeño porcentaje de su parte, que iba a parar a los empleados del casino que guardaban silencio sobre la operación. También estaban los correos, 300.000 dólares a un banco suizo y 100.000 dólares a las Bahamas.[228]

(Más adelante en este capítulo y en los capítulos 11, 12 y 15 trataremos las conexiones de Lansky con los bancos suizos. Éstas son el núcleo de la operación Lansky-CIA-Mossad que condujo al asesinato de John F. Kennedy).

Incluso a finales de los 60, según Gentry, "Hoover aún tenía una zona gris en lo que se refería a [Lansky]".[229]

LA CONEXIÓN ANGLETON

Sin embargo, en 1993, Anthony Summers proporcionó lo que podría ser una pieza crucial que faltaba en el rompecabezas. Summers causó sensación en los medios de comunicación cuando afirmó en su nueva biografía de Hoover, *Offical and Confidential*, y en la serie Frontline de la PBS, que Lansky había chantajeado a Hoover con supuestas fotografías de Hoover realizando actos homosexuales. Aunque tales rumores sobre Hoover eran habituales desde hacía años, ningún autor conocido había firmado la acusación.

Citando numerosas fuentes -algunas sospechosas y prácticamente todas dudosas- Summers afirmó que no sólo Lansky, sino varios otros tuvieron acceso a fotos similares (que Summers aparentemente no puede presentar). Summers informa de que el ex hombre de la OSS y posterior jefe de contrainteligencia de la CIA James J. Angleton también tuvo acceso a las fotos de Hoover, al igual que el ex jefe de la OSS William Donovan.

---

[228] Gentry, p. 495.
[229] *Ibid*, p. 628.

La cuestión, sin embargo, es si Angleton, Donovan y compañía habían entregado las fotos a Lansky -o viceversa-, siendo posible cualquiera de las dos opciones dada la larga asociación de Lansky con la inteligencia estadounidense.[230]

Que Lansky y Angleton estuvieran en posesión de tales pruebas es bastante interesante en vista de su interés común por el bienestar del Estado de Israel, tema que examinaremos en breve. Angleton, como veremos en los capítulos 8 y 12, estaba directamente implicado en el Sindicato del Crimen de Lansky a través de los tratos de la CIA con los aliados de Lansky en el tráfico de drogas de la mafia corsa y siciliana. También era el principal jefe de la CIA en Israel.

EL PATROCINADOR

Está claro que Meyer Lansky era un "padrino" del crimen organizado, mucho más influyente que el jefe mafioso más poderoso de cualquier ciudad estadounidense. Todo esto explica el destacado papel de Lansky en los bajos fondos. Por eso, cuando nos referimos al "Sindicato del Crimen Organizado de Meyer Lansky", no sólo hablamos de la "Mafia", sino también de los poderosos intereses judíos interconectados con ella. Fue el sindicato de Lansky el que desempeñó un papel central en la creación de Israel. Lansky fue el "padrino" moderno de Israel. Lansky estuvo del lado de Israel desde el principio.

TRÁFICO DE ARMAS PARA ISRAEL

Según Hank Messick, "Obviamente, los gángsters judíos han apoyado abierta y largamente las causas judías y el Estado de Israel. La noche en que fue ejecutado Bugsy Siegel, ex socio de Lansky, el Flamingo había sido tomado por Moe Sedway [uno de los secuaces de Lansky]. Cuando le preguntaron por qué estaba en Las Vegas, [Sedway] explicó que estaba allí para organizar una recaudación de fondos para la United Jewish Appeal.[231]

Robert Lacey señala en su biografía de Lansky que los agentes israelíes habían sido presentados a Lansky en el verano de 1948, el año en que Israel se convirtió en Estado. Lansky permitió a Joseph Baum, fundador de la Haganah (resistencia terrorista judía) ganar 10.000 dólares en la casa de juego de Lansky, el Colonial Inn. Él mismo hizo una donación. Lansky les dijo: "Estoy a su servicio.[232] (Como señalamos en el capítulo 4, uno de los pequeños accionistas del Colonial Inn -al menos en una época- era el gerente de un club de Dallas llamado Jack Ruby).

Lansky también proporcionó otro tipo de "asistencia técnica" a las operaciones israelíes de contrabando de armas en Estados Unidos. En un caso, el cargamento de armas de un traficante de Pittsburgh destinado a los árabes que luchaban contra los judíos en Palestina fue arrojado por la borda después de que Lansky hablara con sus

---

[230] Antony Summers. *Official and Confidential: The Secret Life of J. Edgar Hoover*, (Nueva York: G. P. Putnam's Sons, 1993), pp. 244-245.
[231] Messick, p. 276.
[232] Lacey, p. 163.

amigos en los muelles de Nueva York. En otras ocasiones, las armas destinadas a los árabes fueron desviadas por los secuaces de Lansky y enviadas a Israel.

Lansky tampoco dudaba en presionar a sus compinches de tráfico -judíos y no judíos- para que compraran bonos de Israel. "Eh, es una gran inversión", decía.[233] De hecho, según el periodista Robert Friedman, Lansky fue más tarde un importante donante del rabino radical neozelandés Meir Kahane, fundador de la Liga de Defensa Judía. Kahane, que acabó siendo asesinado, llegó a formar parte del parlamento israelí.[234] Y, como veremos en el capítulo 8, el propio Kahane tenía conexiones poco comunes con la inteligencia estadounidense que cierran el círculo de su conexión con Lansky.

OPERACIÓN HAMPA

Fue la conexión de Lansky con el caso de la Oficina de Inteligencia Estratégica Naval (OSS-NI) conocido como "Operación Underworld" lo que le introdujo en una extraña red mundial que acabó allanando el camino para la creación del Estado de Israel. La Operación Underworld tenía su base en el Rockefeller Center de Nueva York y estaba dirigida por un oficial de inteligencia británico llamado William Stephenson (en quien se dice que se inspiró el personaje de ficción de Ian Fleming, James Bond). Stephenson trabajó en estrecha colaboración con la Liga Antidifamación (ADL) de B'nai B'rith y el FBI para coordinar las operaciones de inteligencia antinazis en Estados Unidos.[235]

(En los últimos años, tras la creación de Israel, la ADL, financiada por el Sindicato del Crimen Organizado de Lansky, ha surgido como agente extranjero no registrado para Israel, encargándose de operaciones de inteligencia y propaganda para el Estado judío en colaboración con el FBI y la CIA. En el capítulo 17 examinaremos el papel de la ADL con más detalle, especialmente en lo que respecta a su manipulación de los medios de comunicación).

En cualquier caso, como veremos en el capítulo 15, fue William Stephenson, de la Operación Underworld, una pieza clave en la creación del Mossad israelí. El principal ayudante de Stephenson era Louis Bloomfield, más tarde abogado de la familia Bronfman vinculada a la operación de contrabando de Lansky y pieza clave en la conspiración para asesinar a John F. Kennedy. (Veremos a Bloomfield con más detalle en el capítulo 15.)

No hay duda de que Stephenson y Bloomfield estuvieron en estrecho contacto con Lansky y sus secuaces durante este periodo. El propio Lansky, como hemos visto, reconoció su propio papel en la Operación Underworld.[236] Después de la Segunda Guerra Mundial, las actividades de la Operación Underworld y de muchos de sus actores clave se desplazaron a un nuevo frente: la creación de Israel.

---

[233] *Ibid*, p. 164.
[234] Robert I. Friedman *The False Prophet: Rabbi Meir Kahane: From FBI Informant to Knesset Member* (Nueva York: Lawrence Hill Books, 1990), pág. 144.
[235] Revista de Inteligencia. *Moscow's Secret Weapon: Ariel Sharon and the Israeli Mafia* (Washington, D.C.: Executive Intelligence Review, marzo de 1986), p. 14.
[236] *Ibid*.

Stephenson y Bloomfield fueron parte integrante de las operaciones de contrabando en nombre de la resistencia terrorista judía que más tarde surgió como gobierno del nuevo Estado judío en 1948.

En 1947, Rudolph Sonneborn (marido de la editora neoyorquina Dorothy Schiff) creó una filial conocida como Instituto Sonneborn. Fue este instituto el que suministró armas y dinero a la Haganá judía, y más tarde al Irgún, en Palestina. El coordinador del Instituto para el contrabando de armas para la resistencia judía era Louis Bloomfield. Con Bloomfield trabajaban Samuel Bronfman, el barón del licor, un tal Hank Greenspun (del que sabremos mucho más en el capítulo 17) y el propio Lansky.[237]

Fue durante el periodo 1947-1948 cuando Teddy Kollek, más tarde alcalde de Jerusalén, estuvo a cargo de la oficina de la Haganah en la base de operaciones de Lansky en Nueva York. Era el supuesto enlace oficial del crimen organizado estadounidense.[238] Kollek trabajó con el sindicato de Lansky y acabó entablando contacto con otro protagonista clave de nuestra historia, un tal James Jesus Angleton, una figura ciertamente controvertida.[239]

Fue Angleton, miembro de la OSS, quien más tarde se convirtió en un alto cargo de la CIA y en el principal contacto de Israel -algunos dirían agente cooptado y leal- dentro de la CIA. Angleton trabajó estrechamente con la resistencia judía en Londres e Italia y desempeñó un papel decisivo en la colaboración de la inteligencia estadounidense con la mafia corsa y siciliana en operaciones encubiertas durante esos mismos años y también posteriormente.

(En los capítulos 8 y 16 examinaremos en detalle las actividades de d'Angleton dentro de la CIA, su estrecha colaboración con Israel y su papel central en el asesinato de JFK y el encubrimiento del complot).

Evidentemente, durante el periodo de creación de Israel, Meyer Lansky estaba directa e íntimamente relacionado con todos los actores principales. Muchas de esas mismas personas se involucrarían más tarde con Lansky en lo que algunos llaman "el crimen del siglo". El inmigrante judío de origen ruso había recorrido un largo camino desde los barrios bajos de Brooklyn hasta desempeñar un papel singular y preeminente en el poder político mundial. De hecho, Lansky se perfilaba como el "padrino" de una nación recién nacida: Israel.

ISRAEL: BASE DE OPERACIONES

La verdadera clave de la conexión de Lansky con Israel era el dinero. El recién creado Estado de Israel no sólo necesitaba dinero para existir, sino que la organización de un nuevo gobierno era una oportunidad ideal para que Lansky y sus cómplices establecieran su propia red financiera y criminal a escala mundial. En sus primeros años, Israel era "intocable". El recuerdo emocional de las experiencias del pueblo judío durante la Segunda Guerra Mundial -de hecho, a lo largo de toda la historia- fueron los cimientos sobre los que se creó Israel. Criticar a Israel era tabú.

---

[237] *Ibid*, pp. 14-15.
[238] *Ibid*.
[239] Andrew Cockburn y Leslie Cockburn. *Dangerous Liaison: The Inside Story of the U.S.-Israeli Covert Relationship* (Nueva York: Harper Collins Publishers, 1991), pp. 41-42.

El nuevo Estado judío era una tapadera ideal bajo la que Lansky y su sindicato criminal podían operar sin trabas.

BLANQUEO DE DINERO

El estatus de Lansky como principal financiero del crimen organizado y mago del blanqueo de dinero le sitúa en una posición especialmente central. El escritor sobre el crimen organizado Edinder Reid describe el papel de Lansky con precisión: "Junto con su hermano Jake, [Lansky] gobierna el juego del sindicato del crimen y puede ser el enlace directo entre los desconocidos magnates ricos que esconden los dólares de la mafia en bancos extranjeros y las cámaras acorazadas del cártel del crimen estadounidense".[240]

Es su conexión con bancos extranjeros lo que empuja a Lansky hasta la red de maquinaciones internacionales de Israel.

RABINO TIBOR ROSENBAUM

El principal vínculo de Lansky con los servicios secretos y las operaciones financieras israelíes se estableció a través del Banque de Credit International de Ginebra (Suiza). Este banco se convirtió en la principal operación europea de blanqueo de dinero de Lansky.[241] El banco fue idea de un tal Tibor Rosenbaum...

Rosenbaum, rabino ortodoxo, fue durante un tiempo vicepresidente internacional del Congreso Judío Mundial (del que era presidente Edgar Bronfman, miembro de la familia Bronfman vinculada a Lansky). Rosenbaum fue también cofundador del Congreso Sionista Mundial y director de la Agencia Judía en Ginebra (Suiza).[242]

Sin embargo, lo que es más importante, Rosenbaum había sido Director General de Finanzas y Adquisiciones de la agencia de servicios secretos de Israel, el Mossad. Rosenbaum era, sin duda, una figura clave en la conspiración internacional de Israel y una pieza clave en el mundo del jefe del sindicato del crimen organizado Meyer Lansky.

Rosenbauma también formó parte del consejo de administración del Banco de Comercio Suizo-Israelí, creado por Pinchas Sapir, ministro de Finanzas de Israel y agente del Mossad.[243] Durante su estancia en el Banco de Comercio, Rosenbaum creó el Banco de Crédito Internacional (BCI).

EL BANCO DE CRÉDITO INTERNACIONAL

El BCI -el banco europeo donde Lansky blanqueaba dinero- era una operación del gobierno israelí y del Mossad, esencial para la supervivencia del Estado judío.

---

[240] Ed Reid. *The Grim Reapers: The Anatomy of Organized Crime in America, City by City* (Nueva York: edición de Pocket Books, 1964), p. 293.
[241] Messick, pp. 248-249.
[242] *Executive Intelligence Review* (Moscú), p. 17
[243] *Ibid*, p. 16.

[244] Uno de los miembros del consejo del BCI era Zwi Recheter, director del Bank Hapoalim, uno de los mayores bancos de Israel y filial al cien por cien de Histadrut Israel, el sindicato de trabajadores israelí.

Es más, el BCI poseía la mayor parte de los fondos para el Congreso Judío Mundial y la Agencia Judía, sin posibilidad de depósitos menores.

El BCI se convertiría en el principal banco de blanqueo de dinero de Meyer Lansky en el extranjero, compartiendo los servicios de blanqueo de dinero que el banco proporcionaba con el Mossad de Israel. De hecho, durante su apogeo, el BCI incluía a dos antiguos socios de Lansky, Edward Levinson y John Pullman, en su consejo de administración.[245]

Como señalamos en el capítulo 6, Levinson era uno de los gerentes del casino Fremont de Las Vegas, prestado en nombre del íntimo amigo de Lansky Joseph "Doc" Stacher, asociado habitual de Bobby Baker y reputado "recaudador de fondos" de Lyndon Johnson. Stacher, socio habitual de Bobby Baker y reputado "recaudador de fondos" de Lyndon Johnson. John Pullman, del que sabremos más cosas más adelante en este capítulo y en los capítulos 12 y 15, era el principal gestor de dinero internacional de Lansky.

El alcance de la conexión israelí de Lansky -a través del BCI de Rosenbaum- se hizo público por primera vez en 1970 durante el juicio de Alvin Malnik, uno de los lugartenientes de Lansky.

Los testimonios del juicio revelaron que uno de los principales vehículos para blanquear el dinero de las drogas sucias, el libertinaje y el juego del sindicato del crimen de Lansky en Estados Unidos era el BCI de Tibor Rosenbaum. El banco de Rosenbaum recibía el dinero del sindicato del crimen principalmente a través del Bank of World Commerce de Nassau (Bahamas), dominado por Lansky.

El intermediario era un ciudadano suizo, Sylvain Ferdmann, mensajero de Lansky. Ferdmann era funcionario del banco de Rosenbaum, socio del Bank of World Commerce (controlado por John Pullman, viejo amigo de Lansky) y esbirro de Investors Overseas Services (IOS), feudo del financiero Bernard Cornfeld.

Cornfeld, de hecho, fue apadrinado por Rosenbaum, y se convirtió en uno de los principales blanqueadores de dinero procedente del tráfico mundial de drogas de Lansky. Millones de dólares en billetes pequeños fueron transferidos desde los casinos de Lansky, a menudo disfrazados de ventas de bonos israelíes y contribuciones a filantropías judías.[246] Se trataba, por supuesto, de una escandalosa traición a los honrados partidarios de la causa sionista.

(En el capítulo 12 examinaremos en detalle cómo, debido a la activa implicación de Estados Unidos en la región, el Sindicato Lansky utilizó la tapadera de las actividades encubiertas de la CIA en el Sudeste Asiático para llevar a cabo operaciones de tráfico de drogas por valor de miles de millones de dólares). El periodista de investigación Jim Hougan se centró en la conexión Lansky-Rosenbaum y su vínculo central con las operaciones internacionales de Israel, en particular las del Mossad:

"Durante la Segunda Guerra Mundial [Rosenbaum se convirtió en] un héroe de la Resistencia gracias a sus actividades clandestinas en favor de los judíos.

---

[244] *Ibid*, p. 18.
[245] *Life*, 16 de septiembre de 1967.
[246] Messick, *Ibid*.

"Después de la guerra, se convirtió en delegado del Congreso Sionista Mundial de Basilea, donde planeó la creación de Israel y trabajó en varias capitales europeas para la Oficina de Liberación de Palestina (precursora de la Agencia Judía). Esto ocurrió en el momento álgido de los atentados terroristas sionistas en Palestina. Se dice que Rosenbaum, como excelente operador clandestino, ayudó a suministrar armas a la Haganá y a la Banda Stern. Esto explicaría por qué el Banco de Crédito Internacional [es decir, Banque de Credit International o BCI], el "bebé" de Rosenbaum, se convirtió en el intermediario número uno en el juego del zar Meyer Lansky en el extranjero.

"Sin embargo, Rosenbaum era más que un amigo de los judíos. Cuando su banco se vio sacudido por el escándalo tras la quiebra del IOS de Bernard Cornfeld, el periódico Ha'aretz declaró solemnemente: "Tibor Rosenbaum es Israel". Y el periódico no estaba lejos de la verdad. Si bien el banco de Rosenbaum facilitó los planes de fuga de capitales urdidos por el IOS, también sirvió como fuente de fondos secretos para el Mossad, el servicio de inteligencia israelí, y fue uno de los principales intermediarios de armas del país. En un momento dado, hasta el 90% del presupuesto exterior del Ministerio de Defensa israelí pasaba por... el banco de Rosenbaum en la Rue du Conseil Général.

"Económicamente fue igualmente importante, fundando la Sociedad Israelí con la ayuda del barón Edmond de Rothschild, un aristócrata francés comprometido con la causa sionista. La razón de ser de la Sociedad Israelí era recaudar fondos de judíos de todo el mundo, dinero para invertir en diversas empresas públicas y semipúblicas israelíes.

"Al encontrar dinero en el extranjero para financiar proyectos de desarrollo en "el país", Rosenbaum y Rothschild liberaron impuestos israelíes dedicados a las necesidades militares esenciales del país. Como resultado, [Rosenbaum] se convirtió en el 'Sr. Arreglo' de las finanzas israelíes, cimentando amistades con los líderes políticos y militares más importantes del país.

"La mezcla de mafia, Mossad, IOS y fondos Rothschild era embriagadora y el denominador común parece haber sido el amor a Israel. Ciertamente, Rosenbaum y Cornfeld compartían este afecto con Lansky y el barón francés".[247]

SOCIEDAD ISRAELÍ

Existe otro vínculo interesante entre Lansky, el BCI e Israel en la mencionada Israel Corporation. Era el BCI de Rosenbaum el que poseía los fondos para la Israel Corporation, de 200 millones de dólares. Entre los fundadores de Israel Corporation había una serie de altos cargos de la esfera de influencia de Lansky.

Entre ellos, Sam Rothberg, de National Distilleries, desempeñó un papel destacado. Rothberg, de hecho, fue uno de los primeros inversores en el primer casino de Lansky en Las Vegas, creado por Benjamin Siegel, el Hotel Flamingo. Rothberg era una de las figuras más destacadas de la comunidad judía estadounidense y el director de ventas de bonos israelíes en Estados Unidos. Más tarde, Rothberg

---

[247] Jim Hougan. *Spooks: The Haunting of America - The Private Use of Secret Agents*. (Nueva York: William Morrow & Co., Inc., 1985), p. 172.

acudió en ayuda de Lansky y luchó contra el regreso forzoso de éste a Estados Unidos para enfrentarse a cargos penales tras la huida de Lansky a Israel (más información sobre este tema más adelante en este capítulo).

Otros incluían a dos personajes interesantes:

- Shaul Eisenberg, el industrial más rico de Israel y antiguo agente del Mossad, figura clave en el proyecto de bomba nuclear israelí; y
- Philip M. Klutznick, figura destacada de la Liga Antidifamación (ADL) de B'nai B'rith.[248]

La conexión de la ADL en este caso es interesante porque se remonta al vínculo de Lansky con el BCI y Rosenbaum. Klutznick, que había estado asociado con las operaciones de contrabando del Instituto Sonneborn, vinculado a Lansky y coordinado por Louis M. Bloomfield (mencionado anteriormente), se había convertido en presidente del consejo de American Bank & Trust Company.

American Bank & Trust era una filial del Trade Bank suizo-israelí, una estructura financiera del Mossad de la que Rosenbaum y su antiguo socio Shaul Eisenberg eran directores. Por coincidencia, o tal vez no, el Trade Bank se hizo cargo de la gestión del American Bank & Trust en un día muy memorable: el 22 de noviembre de 1963.[249]

El empresario neoyorquino Abe Feinberg fue nombrado uno de los nuevos directores de la empresa. Fue Feinberg, a quien conocimos por primera vez en el capítulo 4, quien ayudó a organizar el crucial apoyo financiero judío-estadounidense a la campaña presidencial de 1960 del entonces senador John F. Kennedy.

American Bank & Trust tuvo un final desgraciado. La empresa fue saqueada en 1975-76 por el financiero David Gravier, que más tarde murió supuestamente en un accidente aéreo en México. El BCI de Tibor Rosenbaum tuvo un final similar. El banco se hundió en 1974, provocando un escándalo que sacudió Israel. En su libro, *Jewish and Money: The Myths and the Reality*, el autor Gerald Krefetz detalla el colapso de la estructura bancaria de Lansky y el Mossad.

LOS BANCOS DE LA ADL

El Bank of Miami Beach y el City National Bank of Miami eran los principales bancos de blanqueo de dinero de Lansky en Estados Unidos y en ambos figuraban como directores varios socios de Lansky, entre ellos un tal Max Orovitz. En 1963, Lansky empezó a planear la instalación de sus casinos de juego en las Bahamas en la oficina de Orovitz. Finalmente, cuando Lansky se instaló en Israel, primero fijó su residencia en el Hotel Dan de Tel Aviv, propiedad de Orovitz, su amigo banquero de Miami.

Los bancos de Lansky en Miami estaban en el centro de sus actividades de juego en el Caribe. Según el ex agente de la CIA Robert Morrow, el Bank of Miami Beach "se creó originalmente para dar servicio a los casinos cubanos gestionados por el crimen organizado y siguió prestando servicios de blanqueo de dinero hasta la década de 1960, y se seguía considerando que estaba relacionado con la mafia". Se le consideraba un banco hermano del Banco Nacional de Miami en los años 60,

---

[248] *Executive Intelligence Review* (Moscú), p. 13.
[249] *Ibid*, p. 16.

compartiendo muchos de los mismos directores y realizando muchos de los mismos servicios."[250]

Estos bancos de Miami también tienen estrechos vínculos con la Liga Antidifamación de B'nai B'rith, el brazo de inteligencia y propaganda de Israel en este país. Leonard Abess, por ejemplo, fue el presidente y fundador del City National Bank de Miami. Su banco gestionaba los fondos de la Fundación ADL y el propio Abess actuaba como vicepresidente nacional de la ADL.[251]

El presidente del City National a partir de 1982 fue Donald Beazley, antiguo director del misterioso banco australiano Nugan Hand Bank.[252] El Nugan Hand Bank, objeto de un interesante estudio de Jonathan Kwitny titulado *The Crimes of Patriots*, estuvo vinculado en repetidas ocasiones al tráfico internacional de drogas en el sudeste asiático, realizado a través de operaciones de la CIA en la región.

(Y como veremos en el capítulo 12, Lansky utilizó las actividades de la CIA en el sudeste asiático como tapadera para sus operaciones de narcotráfico, que, de hecho, se realizaban mano a mano con la CIA. En el capítulo 15, sin embargo, volvemos a ver con más detalle la conexión entre Lansky y Rosenbaum. Su conexión es clave para reconocer el importante papel que desempeñó Israel en el complot para asesinar a JFK.)

EL PATROCINADOR SE VA A CASA

Finalmente, en 1970, Meyer Lansky hizo las maletas y se trasladó a Israel. En virtud de la singular "Ley del Retorno" israelí, cualquier judío de cualquier parte del mundo podía reclamar la ciudadanía israelí. Esto es lo que hizo Lansky.

En Estados Unidos, Lansky estaba siendo investigado penalmente. Exiliarse a Israel parecía la forma más adecuada de escapar de los problemas. Israel era un lugar ideal para que Lansky trasladara sus operaciones y se preparara para crear el Estado judío como nueva sede oficial de su sindicato mundial del crimen. Como dijo Hank Messick: "Como presidente del consejo de Syndicate International, [Lansky] podría operar tan fácilmente, quizá más, desde Tel Aviv como desde Miami Beach".[253] El antiguo socio de Lansky, Joseph (Doc) Stacher, ya se había trasladado a Israel. También lo habían hecho muchos otros mafiosos judíos estadounidenses, incluido Phil "The Stick" Kovolick, buen amigo de Lansky.

El gobierno de Israel, dominado por el Mossad, parecía acoger a estos criminales como nuevos compatriotas. Israel, según *Newsweek*, "parecía motivado por el interés propio". Cada año, Lansky y sus socios del hampa aportan enormes sumas a bonos y filantropías israelíes.

---

[250] Morrow, p. 152.
[251] *Executive Intelligence Review. Project Democracy: The 'Parallel Government' Behind the Iran-Contra Affair* (Washington, D.C.: *Executive Intelligence Review*, abril de 1987), pp. 271-272.
[252] *Ibid*, p. 272.
[253] Hank Messick y Burt Goldblatt. *The Mobs and the Mafia* (Nueva York: Ballantine Books, 1972), p. 204.

PEGRE DINERO EN ISRAEL

"Según el diario *Ha'aretz*, el gobierno parecía temer perder los millones de dólares de dinero ilícito "blanqueados" primero en establecimientos controlados por los bajos fondos e invertidos después en el comercio y la industria israelíes."[254]

La entrada inicial de Lansky en Israel se orquestó discretamente. Se corrió la voz de que un acaudalado "filántropo de Miami" había fijado su residencia en el Estado judío. Sin embargo, circunstancias ajenas a la voluntad de Lansky complicaron la vida del gran mago de los bajos fondos.

Durante su estancia en Israel, dos grandes jurados estadounidenses (en marzo de 1971 y junio de 1972) acusaron a Lansky y a varios de sus socios. En la primera acusación se acusaba -correctamente, por supuesto- a Lansky de haber malversado millones del Hotel y Casino Flamingo de Las Vegas. La segunda acusación acusaba a Lansky de fraude fiscal.

Aún quedaban algunos israelíes honrados y respetuosos con la ley que se oponían a que el "presidente del consejo" se jugara su futuro en Israel, y tal la presión política que se llegó a pedir su expulsión. No ayudó que la biografía de Lansky escrita por Hank Messick, el intrépido periodista especializado en asuntos criminales, apareciera durante el mismo periodo y que parte de ella se publicara en la prensa israelí. Sin embargo, el propio Lansky dejó claro dónde estaban sus lealtades. En una serie de entrevistas amistosas con *Ma'ariv*, un diario israelí, Lansky declaró: "No me importa lo que hayan escrito y escriban sobre mí en Estados Unidos. Me importa lo que piensen de mí en Israel".[255]

Entre las protestas de la opinión pública israelí y la presión de las autoridades estadounidenses, el gobierno israelí cedió y accedió a expulsar a Lansky. Sin embargo, el "jefe de todos los jefes" recurrió su expulsión ante el Tribunal Supremo israelí. La emotiva cuestión de un judío que había hecho "aliá" y se había establecido en Israel en virtud de la Ley del Retorno -y que luego había sido expulsado para enfrentarse a la posible condena de un tribunal penal de otro país- jugó fuertemente a favor de Lansky. Sin embargo, a pesar de los esfuerzos de Lansky -incluida una oferta de 10.000.000 de dólares si se le permitía quedarse- se vio obligado a regresar a Estados Unidos.

LANSKY EN DECLIVE

Para entonces, Lansky no gozaba de buena salud e incluso fue sometido a una operación a corazón abierto. Sin embargo, como señaló el *Wall Street Journal*: "Cada vez que el terreno [estaba] caliente -una investigación pública, una investigación del gran jurado, un nuevo grupo especial de federales que luchan contra el crimen tras su pista-, de repente abundaban las historias de que Meyer Lansky se estaba muriendo de cáncer o de alguna otra enfermedad incurable. En los archivos de la Policía del Estado de Nueva York, hay un informe escrito en los años 20 que dice que Meyer

---

[254] *Newsweek*, 29 de noviembre de 1971.
[255] Lacey, p. 333.

Lansky es un chico malo, de acuerdo, pero no hay por qué preocuparse porque es un hombre enfermizo que no durará ni un año".[256]

Pero los habituales poderes mágicos de Lansky sobre el sistema de justicia penal estadounidense seguían con él. Primero, un jurado en su casa de Miami le absolvió de los cargos de fraude fiscal. Luego, en Nevada, controlada por la mafia, los cargos penales contra Lansky fueron declarados inadmisibles por el tribunal alegando que Lansky estaba delicado de salud. Y en Washington, el Fiscal General de Estados Unidos, Robert Bork, decidió que procesar a Lansky, el jefe del crimen organizado internacional, no era de interés nacional. Bork decidió que el Departamento de Justicia simplemente no tenía recursos contra Lansky. El caso fue desestimado.[257] Lansky volvió a ganar, como era de esperar.

(Más tarde, Bork sufrió el ignominioso rechazo del Senado cuando fue propuesto para el Tribunal Supremo. Sin embargo, no fue la complacencia de Bork con Lansky lo que pesó en su contra, aunque probablemente debería haberlo sido).

Los últimos años de Lansky fueron tranquilos, pasados al lado de su mujer, su perro y un grupo de delincuentes ancianos. Aún mantenía cierto grado de supervisión sobre sus negocios, pero sus crecientes problemas de salud seguían acosándole. El cerebro de la mafia mundial murió finalmente el 15 de enero de 1983.

En los últimos años de su vida -y a título póstumo- Lansky (con la voluntariosa ayuda de Hollywood y el resto de la prensa) se convirtió en una especie de héroe popular. El gansterismo estaba de moda, mientras los días de gloria de John F. Kennedy y Camelot eran destrozados por los mismos medios. La vida de Lansky con Benjamin Siegel se convirtió en glamour en películas como *Crónicas de gángsters*, *El imperio de neón* y *Mobsters*, donde un montón de ídolos adolescentes interpretaron los papeles de Lansky, Siegel, Costello y Luciano en sus primeros años.

El escritor Robert Lacey -que anteriormente había escrito un brillante retrato de la familia real británica- dirigió su atención a la familia real del sindicato internacional del crimen y produjo -con la ayuda de la familia Lansky- una biografía de Lansky, *Little Man: Meyer Lansky and The Gangster Life*. La epopeya de Lacey dice mucho, pero ignora otro tanto. Nos deja con la creencia de que Lansky era, más que nada, un devoto padre de familia, y no el despiadado matón que fue en realidad. Justo cuando la biografía de Lacey Lansky llegaba a las librerías, otra producción de Hollywood llevaba a Lansky a la pantalla. La película *Bugsy*, protagonizada por Warren Beatty en el papel de Benjamin Siegel, lanzó al talentoso Ben Kingsley (que incluso había interpretado a Mahatma Gandhi) en el papel del sabio y erudito Meyer Lansky.

Sin embargo, las versiones hollywoodienses de la vida y la época de Meyer Lansky distaban mucho de la verdad, por muy pintoresca que fuera la historia que contaban sobre el genio del mal que retrataban.

Así que, incluso en la muerte, Meyer Lansky prevaleció. El papel central de Lansky como verdadero intermediario entre las principales fuerzas que conspiraron para asesinar a John F. Kennedy fue hábil y voluntariamente enterrado. El "Padrino de Israel" fue visto como un estadista incomprendido, pero Meyer Lansky no.

En cambio, Lansky era un asesino cínico y de sangre fría que había ordenado la muerte de su mejor amigo, Benjamin Siegel, y que sin duda no tuvo reparos en ayudar

---

[256] *Wall Street Journal*, Ibid.
[257] Lacey, pp. 383-384.

a organizar el asesinato de un presidente estadounidense que amenazaba no sólo su propia supervivencia, sino la de su amado Estado de Israel.

CAPÍTULO VIII

Los Inseparables: Las Peligrosas Relaciones James Jesus Angleton y la alianza profana entre Israel, la CIA y el sindicato del crimen de Meyer Lansky

En 1963 John F. Kennedy no sólo estaba en guerra con Israel y el Sindicato del Crimen Organizado de Meyer Lansky, sino también con su estrecho aliado en la inteligencia internacional: la CIA. Era una combinación letal.

La CIA e Israel habían forjado una estrecha alianza estratégica durante la década anterior. Sus empresas conjuntas en todo el mundo unían inextricablemente a la CIA e Israel. Los intereses de Israel -y los de la CIA- eran a menudo los mismos, quizás con demasiada frecuencia. Lo mismo ocurría con la red criminal de Meyer Lansky.

Es más, el principal contacto de Israel con la CIA en Washington, James Jones Angleton, desempeñó en última instancia un papel central en el encubrimiento del complot del asesinato de JFK. Angleton también tenía estrechos vínculos con las mismas fuerzas dentro del Sindicato Lansky.

En el cuartel general de la Agencia Central de Inteligencia en Langley, Virginia, había un hombre que conocía quizás mejor que ningún otro estadounidense las intenciones y actitudes de Israel hacia el presidente John F. Kennedy. Era el enigmático James Jesus Angleton. Angleton estuvo tan cerca de los israelíes durante su mandato en la CIA que, tras su muerte en 1987, su gobierno inauguró un monumento en su honor en Israel. Es uno de los pocos monumentos públicos conocidos en el mundo a un funcionario estadounidense de la CIA, pero uno de los muchos monumentos conmemorativos a Angleton en Israel.

Según Andrew y Leslie Cockburn, coautores de Dangerous *Liaison: The Inside Story of the US-Israeli Covert Relationship*, Angleton fue "un hombre que, durante casi un cuarto de siglo, fue una de las figuras más poderosas y misteriosas de la CIA".[258]

Según los Cockburn, "Angleton estuvo implicado en muchos tratos extraños y secretos con el mundo de la inteligencia, pero a los israelíes les gusta hablar de él como si hubiera estado particularmente cerca de ellos, razón por la cual han rendido un homenaje público a su memoria."[259]

Reclutado por la Oficina de Servicios Estratégicos (OSS) mientras estudiaba en la Universidad de Yale, Angleton era una estrella ascendente en el mundo de las actividades clandestinas y, tras la abolición de la OSS después de la Segunda Guerra Mundial, Angleton se incorporó a la CIA tras la creación de ésta en 1947.

---

[258] AndrewCockburnyLeslieCockburn.*DangerousLiaison:TheInside Story of the U.S.-Israeli Covert Relationship* (Nueva York: Harper Collins Publishers, 1991), p. 16.
[259] *Ibid.*

En 1954, Angleton asumió el delicado cargo de jefe de contrainteligencia de la CIA.

Es más, la influencia de Angleton dentro de la propia CIA era mucho mayor de lo que nadie había esperado. Angleton era un hombre muy poderoso y reservado.

JEFES PODEROSOS

Según el biógrafo de Angleton, Tom Mangold, Allen Dulles, director de la CIA, y su adjunto Richard Helms, que más tarde sería director de la CIA con Lyndon Johnson, fueron los mentores de Angleton. Sin embargo, dice Mangold, Helms era el "gran jefe" de Angleton.[260] Dulles, por supuesto, fue posteriormente despedido como director de la CIA por JFK y, por un giro del destino -o por designio de alguien más- formó parte de la Comisión Warren, que finalmente investigó el asesinato de JFK. Y sería Helms, junto con Angleton, quien más tarde se vería involucrado en una extraña serie de acontecimientos -examinados en detalle en el capítulo 16- que, en última instancia y aparentemente de forma inconsciente, expondrían la implicación de la CIA en el asesinato de JFK.

UNA POTENCIA POR DERECHO PROPIO

Según el biógrafo del jefe de inteligencia de la CIA, "la larga amistad de Angleton con Dulles y Helms se convertiría en el factor más importante que le daría libertad de movimientos dentro de la CIA. Los superiores de Angleton depositaron tanta confianza en él que a menudo hubo una importante falta de control ejecutivo sobre sus actividades. El resultado era que sus acciones posteriores se llevaban a cabo sin interferencias burocráticas. El hecho es que si Angleton quería que se hiciera algo, se hacía. Tenía la experiencia, el apoyo y la influencia necesarios.

"Durante los años 60, la contrainteligencia, por ejemplo, tenía su propio fondo secreto para sobornos, que Angleton controlaba férreamente. Estos fondos le daban fácil acceso a una gran cantidad de dinero que nunca era auditado (como otros fondos de este tipo). Angleton argumentó que se debía confiar en él, sin tener que rendir cuentas, porque habría sido difícil permitir que simples empleados examinaran sus cuentas, aunque sólo fuera porque habría que revelar las fuentes. Los [Directores de la Agencia Central de Inteligencia] (incluido Helms) aprobaron este inusual acuerdo, que daba a Angleton autoridad exclusiva para llevar a cabo sus pequeñas operaciones sin demasiada supervisión."[261]

[262]En resumen, según Peter Dale Scott, Angleton "controlaba 'una segunda CIA' dentro de la CIA" y, como veremos, colaboraba bastante cómoda y estrechamente con el Mossad de Israel.

---

[260] Tom Mangold. *Cold Warrior-James Jesus Angleton: The CIA's Master Spy Hunter* (Nueva York: Simon & Schuster, 1991), p. 307.
[261] *Ibid*, p. 52.
[262] Peter Dale Scott. *Deep Politics and the Death of JFK* (Berkeley, California: University of California Press, 1993), p. 54.

EL JEFE DE LA INTELIGENCIA INTERNACIONAL

Sin embargo, la influencia de Angleton iba más allá. [263]Angleton, de hecho, era el contacto de la CIA para todas las agencias de inteligencia extranjeras aliadas" - incluyendo, y más notablemente, el Mossad. A través de estas conexiones, Angleton podía maniobrar actividades de inteligencia en todo el mundo. Un amigo de Angleton recuerda: "Era un trabajo realmente delicado y no hablábamos de ello. Mientras estaba en contacto con todo el mundo, conseguía que le hicieran favores, bien para la CIA -para las cosas que la CIA no quería hacer directamente; como el hecho de que nunca mataban a nadie, ¿verdad? - o para su propia agenda.

"Incluso desde un punto de vista más mundano, podía utilizar sus contactos con la inteligencia israelí, que se guardaba para sí mismo, como una autoridad para cualquier línea que estuviera tratando de impulsar dentro de la CIA. Ya sabes, "mis fuentes israelíes me dicen esto o aquello" y nadie iba a contradecirle, porque a nadie más se le permitía hablar con la inteligencia israelí.

"Siempre tuve la impresión de que había utilizado a los israelíes de esta manera, haciéndoles decir que los rusos no habían roto realmente con los chinos o lo que fuera. Ellos estarían encantados de hacerle ese favor. Y para colmo, tenía la impresión de que se aprovechaba de las redes y conexiones israelíes en todas partes, no sólo en el bloque comunista".[264]

Un amigo de Angleton (que no compartía necesariamente el encaprichamiento del jefe de contrainteligencia con Israel) comentó: "Tienes que entender que la obsesión dominante central de Jim era el comunismo, para él era la esencia del mal absoluto y profundo. Nada más le importaba realmente, y utilizaría a cualquiera y cualquier cosa para combatirlo. Por supuesto que amaba a los israelíes... pero no era un 'agente israelí cooptado', como solían llamarle algunas personas en Washington".[265]

EL HOMBRE DE BEN-GURION EN WASHINGTON

Sin embargo, lo más importante para Angleton era su relación con el Mossad. De hecho, fue durante mucho tiempo el autoproclamado hombre de la CIA en la oficina de la agencia en Israel. El biógrafo de Angleton, Tom Mangold, señala que "las leyendas que rodean sus veinte años al frente de la oficina israelí llenarían otro libro, al igual que la verdad de los hechos".[266]

Y aunque el relato de Mangold sobre la carrera de Angleton apenas presta atención a los estrechos vínculos de Angleton con Israel y su Mossad, Mangold afirma rotundamente: "Debo señalar, sin embargo, que los amigos profesionales más cercanos de Angleton en el extranjero, en aquel momento y posteriormente, estaban

---

[263] Cockburn, p. 42.
[264] *Ibid*, pp. 42-43.
[265] *Ibid*, p. 43.
[266] Mangold, p. 362.

en el Mossad y que gozaba de la más alta estima por parte de sus colegas israelíes y del Estado de Israel, que le rindieron un gran homenaje tras su muerte".[267]

De hecho, Angleton mantenía desde hacía tiempo relaciones directas con el primer ministro israelí David Ben-Gurion, y trataba con el líder israelí de forma íntima. Si había alguien en la CIA que conocía la aversión de Ben-Gurion por JFK, ese era Angleton. Como amigo devoto de Israel, y principal oficial de enlace del Mossad, Angleton debía de ser plenamente consciente del conflicto que enfrentaba al Primer Ministro israelí y al Presidente estadounidense, que se negaba a plegarse a las exigencias de Israel.

Y considerando los esfuerzos del presidente Kennedy para construir puentes con la Unión Soviética y sus esfuerzos para frenar la Guerra Fría, sabemos, sin duda, que la postura muscular de Angleton - a pesar de que era un fanático anticomunista - era mirar las insinuaciones de Kennedy con indignación y disgusto. Todo esto sin mencionar los conflictos de Kennedy con la CIA, que examinaremos en el Capítulo 9.

KENNEDY UNA AMENAZA

Claramente, John F. Kennedy no sólo era una amenaza para Israel, la CIA y sus aliados del Sindicato del Crimen Organizado de Meyer Lansky, sino también para el propio James Jesus Angleton. La guerra de Kennedy con la CIA podría haber acabado con la carrera de Angleton y con el imperio global de inteligencia que el extraño y calculador jefe de contrainteligencia había construido.[268] Los vínculos entre la CIA de Angleton y el Mossad eran tales, según el historiador Steven Stewart, que "tuvieron el efecto de asegurar que prácticamente todos los hombres de la CIA en Oriente Medio también trabajaran indirectamente para los israelíes... mientras que la política de la CIA cambió de la noche a la mañana, y dio un giro extraordinario, pasando de ser ampliamente pro-árabe a ser casi totalmente pro-israelí" - era una relación muy estrecha.

LA CIA E ISRAEL: LOS PRIMEROS DÍAS

Es la relación de la CIA con Israel la más significativa en términos de la conspiración global de la agencia y, por supuesto, por el papel probado de la CIA en el asesinato de John F. Kennedy (que exploraremos con más detalle en capítulos posteriores). Y como hemos visto, fue Angleton el principal instigador de la estrecha relación de trabajo entre la CIA y el Mossad -de hecho, desde su inicio.

El difunto Wilbur Crane Eveland, ex asesor de la CIA y ex miembro del personal de planificación política de la Casa Blanca y el Pentágono, ha escrito mucho sobre las relaciones entre Estados Unidos e Israel. En su libro, *Cuerdas de arena*, Eveland repasa los inicios de lo que Andrew y Leslie Cockburn llaman el "enlace peligroso": la relación secreta entre Estados Unidos e Israel.

---

[267] *Ibid.*
[268] Steven Stewart. *The Spymasters of Israel.* (Nueva York: Ballantine Books, 1980, p. 119.)

Esta relación secreta se llevó a cabo principalmente bajo los auspicios de la oficina israelí de Angleton en la CIA. Eveland escribe sobre sus orígenes: "Las operaciones de la CIA habían comenzado antes de que Allen Dulles se convirtiera en director, con implicaciones a largo plazo de las que sería difícil que Estados Unidos se desentendiera. Como resultado de su conexión en la OSS con grupos de resistencia judíos con sede en Londres durante la guerra, James Angleton tenía un acuerdo de intercambio de inteligencia operativa con el Mossad israelí, en el que la CIA se basaba para gran parte de su información relativa a los Estados árabes."[269]

Sin embargo, esta relación no se basó necesariamente en la confianza mutua al principio. Según Wolf Blitzer, corresponsal en Washington desde hace muchos años del *Jerusalem Post*, la relación entre la CIA y el Mossad comenzó sobre la base de la desconfianza mutua. Blitzer señala que después de que militantes iraníes tomaran la embajada de Estados Unidos en Teherán (desencadenando la crisis de los rehenes en Irán de 1979-1981), los militantes se apoderaron de documentos de la CIA que posteriormente publicaron.

"Los documentos", declaró Blitzer, "probaban que las agencias de inteligencia israelíes, principalmente en la década de 1950, habían chantajeado, intervenido teléfonos y ofrecido sobornos a funcionarios del gobierno estadounidense en un esfuerzo por obtener información confidencial de inteligencia y técnica."[270]

Al parecer, Estados Unidos también espiaba a Israel, aunque esto no se mencionaba en el informe. Sin embargo, cuando llegó el momento de que la CIA y el Mossad llegaran a un acuerdo conjunto, fue James Jones Angleton quien intervino y, según Blitzer, "habría sido en gran parte responsable del acuerdo."[271]

COMPLOTS DE ASESINATO

A lo largo de los años, la CIA y el Mossad han llevado a cabo varias operaciones conjuntas, todas ellas bajo la atenta mirada de Angleton. Algunas de estas empresas, por supuesto, incluían planes de asesinato.[272] De hecho, después de que el presidente Eisenhower comentara que esperaba que "el problema de Nasser pudiera ser eliminado" (refiriéndose a lo que consideraba la intransigencia del egipcio), el director de la CIA Allen Dulles y Angleton lanzaron un plan para matar a Nasser. Sin embargo, el Secretario de Estado John Foster Dulles (hermano del director de la CIA) intervino y calmó los ánimos llamando a los perros de la CIA.

La CIA también participó en acciones encubiertas contra los enemigos de Israel en Siria. En 1958, uno de los complots de la CIA para derrocar al gobierno nacionalista de Siria -que fanáticos anticomunistas como Angleton consideraban "de izquierdas"- fracasó cuando los secuaces a sueldo de la CIA, ciudadanos sirios (que obviamente eran patriotas), se delataron y revelaron el complot de la CIA al gobierno

---

[269] Wilbur Crane Eveland. *Ropes of Sand: America's Failure in the Middle East* (Nueva York: W. W. Norton & Company, 1980), p. 95.
[270] Wolf Blitzer. *Between Washington and Jerusalem* (Nueva York: Oxford University Press, 1985), p. 96.
[271] *Ibid*.
[272] Cockburn, p. 69.

sirio. En aquel momento, el director de la CIA Dulles comentó: "Supongo que la inteligencia israelí es la única con la que podemos contar, ¿no?".[273]

EL EQUIPO ZR/RIFLE D'ANGLETON

El complot de asesinato más notorio de la CIA hasta la fecha, por supuesto, es la colaboración de la agencia con el crimen organizado en un complot para asesinar al líder cubano Fidel Castro. (Examinaremos el complot de asesinato de Castro en detalle en el capítulo 11.) Es interesante señalar, sin embargo, que en esta etapa, como parte del complot contra Castro, la CIA reunió a su ahora infame equipo ZR / Rifle, incorporando una amplia gama de asesinos y mercenarios extranjeros -hombres hábiles y peligrosos que fueron entrenados en el asesinato. El equipo ZR/Rifle, de hecho, era uno de los proyectos internos de la CIA favoritos de Angleton, que dirigía junto con su colega de la CIA William Harvey.[274] Esto, a la larga, como veremos en el capítulo 16, dio a Angleton y a sus aliados israelíes acceso al "talento" necesario para llevar a cabo una exitosa operación en Dealey Plaza en Dallas, Texas, el 22 de noviembre de 1963.

UNA ALIANZA SÓLIDA

Según el historiador de inteligencia Richard Deacon, la relación de Israel con la CIA (y Angleton, en particular) se había consolidado estrechamente: "Por parte estadounidense, los israelíes se habían ganado cierto apoyo no oficial de la CIA, incluso durante la era Eisenhower. La CIA había sido lo suficientemente realista como para darse cuenta de que la política de apaciguamiento de Eisenhower hacia el mundo árabe sería en última instancia desastrosa para cualquier interés estadounidense, militar o económico.

"Por esta razón, habían mantenido una política que permitía que todas las operaciones de inteligencia en Israel fueran llevadas a cabo íntegramente por el Mossad. En pocas palabras, esto significaba que la CIA no tenía una oficina central o un puesto en Tel Aviv, sino que algunos oficiales sobre el terreno de la embajada estadounidense cooperaban con el Mossad. En teoría, esto implicaba un intercambio de inteligencia entre ambas partes y, en la práctica, funcionó mejor de lo que cabría esperar normalmente.

"Las figuras clave en este acuerdo fueron originalmente [el jefe del Mossad] Isser Harel, Ephraim Evron, que más tarde se convirtió en embajador adjunto de Israel en Washington, y James Angleton, jefe de contrainteligencia de la CIA".[275] (Evron, como vimos en el capítulo 6, también se hizo particularmente cercano al sucesor de John F. Kennedy, Lyndon Johnson, que invirtió la política estadounidense a favor de Israel y

---

[273] *Ibid.*
[274] Peter Dale Scott. *Deep Politics and the Death of JFK* (Berkeley: University of California Press, 1993), p. 173. Citando a David Martin. *Wilderness of Mirrors* (Nueva York: Harper & Row, 1980), véanse en particular las pp. 120-124.
[275] Richard Deacon. *The Israeli Secret Service.* (Nueva York: Taplinger Publishing Co., Inc., 1978), pp. 170-171.

las políticas intervencionistas de la CIA en el sudeste asiático inmediatamente después de asumir el cargo).

Según el historiador de los servicios de inteligencia Deacon, Angleton explotó la nueva y estrecha relación entre la CIA y el Mossad a nivel internacional: "Angleton, tras haber visto la insensatez de la política exterior estadounidense durante la frustrada operación de Suez, decidió contrarrestar el sesgo del Departamento de Estado hacia los árabes cooperando estrechamente con Israel. Fue él quien primero vio la necesidad de una nueva política para Oriente Próximo y de medidas para protegerse de la creciente influencia de Rusia.

UN CAMBIO DE POLÍTICA

"Él y Evron trabajaron bien juntos y, como resultado, la CIA ayudó a Israel con asistencia técnica en el campo nuclear. Evron estaba ansioso por aprovechar esta oportunidad porque fue uno de los principales instigadores del ambicioso desafío [de John F. Kennedy] a la política de amistad de Nasser [y] allanó el camino para invertir la política proárabe que durante un tiempo dominó el pensamiento estadounidense, no sólo bajo Eisenhower, sino también bajo la administración de Kennedy".[276] Según Deacon, Evron era la figura más poderosa de Israel en Washington, más reconocido que el embajador israelí, y fue recibido por Angleton como enlace del Mossad con la CIA.[277]

ANGLETON Y LA BOMBA NUCLEAR ISRAELÍ

De hecho, existen pruebas de que Angleton ayudaba en secreto al programa israelí de fabricación de bombas nucleares que, por supuesto, fue la principal fuente de conflicto entre JFK y el primer ministro israelí David Ben-Gurion.

Tad Szulc, el conocido corresponsal extranjero, "citó fuentes cercanas a Angleton que afirmaban que, efectivamente, había ayudado en secreto a Israel con información técnica nuclear a finales de los años 50".[278] Además, Seymour Hersh señaló que el informe de Szulc "concuerda con lo que [Hersh] había sabido por un alto funcionario de la CIA, a saber, que Angleton había dado a los israelíes información técnica similar a mediados de los años 60".[279]

Sabemos que uno de los "colegas más cercanos" de Angleton durante sus días en la OSS en Italia era un antiguo líder de la resistencia judía, Meir Deshalit, el hermano mayor de Amos Deshalit, un físico que fue uno de los líderes del esfuerzo de Israel por construir una bomba nuclear.[280]

---

[276] *Ibid*, p. 171.
[277] *Ibid*.
[278] Wolf Blitzer. *Between Washington and Jerusalem* (Nueva York: Oxford University Press, 1985), p. 89.
[279] *Ibid*.
[280] Seymour Hersh. *The Samson Option: Israel's Nuclear Arsenal and American Foreign Policy* (Nueva York: Random House, 1991), p. 144.

Las pruebas también sugieren que Angleton desempeñó un papel clave en los intentos de la CIA de ocultar el desarrollo secreto de armas nucleares por parte de Israel.

John Hadden, que fue jefe de la oficina de la CIA en Tel Aviv antes de su jubilación en 1960, fue claramente el agente de la CIA que informó por primera vez (quizá erróneamente) de que una empresa de Apollo, Pensilvania, la Nuclear Materials & Equipment Corporation (NUMEC), estaba suministrando ilegalmente uranio para el desarrollo de armas nucleares en Israel.

THEODORE SHACKLEY

Sin embargo, Hadden se enfrentó a una gran oposición dentro de la CIA. Una persona en particular, el ayudante del subdirector de operaciones encubiertas, atacó constantemente a Hadden, denigrando sus afirmaciones. Se trataba del omnipresente Theodore Shackley, apodado "el fantasma rubio".

Shackley, como veremos en el capítulo 11, fue una pieza clave en los complots de la CIA y el sindicato de Lansky contra Fidel Castro. Y también fue Shackley, como veremos en el capítulo 12, un agente clave de la CIA en el sudeste asiático durante las operaciones conjuntas de narcotráfico de la CIA y Lansky en la región.

Más tarde, después de retirarse de la CIA, Shackley se involucró en el lucrativo comercio internacional de armas con Shaul Eisenberg, un agente clave del Mossad y una figura importante en el programa de desarrollo nuclear de Israel. Más adelante en estas páginas, sabremos mucho más sobre los vínculos entre Shackley y su futuro socio Eisenberg. Aquí, sin embargo, vemos a Shackley involucrado en un encubrimiento de las operaciones israelíes de desarrollo nuclear - con Angleton.[281] Según Hadden, Angleton "no tenía ningún interés en acabar" con el NUMEC y no lo hizo. Hadden comenta: "¿Por qué alguien cuya vida entera estuvo dedicada a luchar contra el comunismo iba a tener interés en impedir que una nación acérrimamente anticomunista obtuviera los medios para defenderse?".[282] Sin embargo, como veremos en el Apéndice 26, la historia del NUMEC es más compleja de lo que parece.

EL MEMORÁNDUM SECRETO

Como señalamos en el capítulo 5, un memorando interno de la CIA publicado durante la presidencia de John F. Kennedy había arrojado una luz negativa sobre el programa de desarrollo nuclear de Israel. Sin embargo, según el historiador Stephen Green, "quizá sea significativo que el memorando no se redactara como una Estimación de Inteligencia Nacional (NIE) formal, lo que habría implicado su distribución a varias otras agencias gubernamentales". La CIA no publicó ningún NIE sobre el programa de armas nucleares de Israel hasta 1968".[283]

---

[281] Cockburn, p. 80.
[282] *Ibid.*
[283] Stephen Green. *Taking Sides: America's Secret Relations With a Militant Israel.* (Nueva York: William Morrow & Company, 1984), p. 164.

No cabe duda, por supuesto, dados los estrechos vínculos de Angleton con Israel y su Mossad, de que Angleton (y tal vez el mencionado Shackley) contribuyeron decisivamente a enterrar este memorándum.

Las operaciones conjuntas CIA-Mossad relacionadas con el desarrollo nuclear israelí continuaron durante una generación. Muchos años después, la CIA e Israel organizaron conjuntamente el secuestro de Mordechai Vanunu, un técnico nuclear que desveló el desarrollo de armas nucleares en Israel. La mujer utilizada para atraer a Vanunu al plan de secuestro era una agente secreta de la CIA que también había trabajado ocasionalmente para el Mossad.

EL PODER DE ANGLETON SE HACE MÁS FUERTE

Con el advenimiento de la administración de Lyndon Johnson y la sorprendente inversión de la política estadounidense hacia Israel, descrita en detalle en el capítulo 6, y con la estrecha relación entre la conexión de Angleton con el Mossad, Evron y Lyndon Johnson, la influencia de Angleton en la configuración de la política hacia Oriente Próximo se hizo aún mayor.

Según Andrew y Leslie Cockburn: "Un antiguo funcionario de la antigua rival de la CIA, la agencia de seguridad nacional que descifra códigos, afirma categóricamente que 'Jim Angleton y los israelíes pasaron un año preparando la guerra de 1967. Fue una operación de la CIA, diseñada para sacar a Nasser [de Egipto]. Semejante veredicto, procedente de una fuente de una agencia que tenía la inclinación y los medios para vigilar tanto a la CIA como a los israelíes, debe tener cierto peso."[284]

Hoy en día, todo lo anterior resulta especialmente relevante si tenemos en cuenta el papel protagonista de Angleton en la alianza entre la CIA y el Mossad. Sin embargo, ha salido a la luz una gran cantidad de nueva información que vincula aún más a Angleton con la red internacional de conspiración que condujo al asesinato de John F. Kennedy.

ANGLETON, LANSKY Y LAS OSS

Angleton, de hecho, tenía estrechos vínculos con las actividades del crimen organizado de Meyer Lansky en Europa, derivadas de su servicio en la OSS en Inglaterra (junto con la inteligencia británica) e Italia. Y fue durante este mismo periodo cuando Meyer Lansky participó en operaciones conjuntas con la OSS, como se describe en el capítulo 7. También es muy probable que, durante esta época, Angleton entrara en contacto con un joven oficial estadounidense destinado en la OSS, un tal Clay Shaw. Como veremos en el capítulo 15, Shaw es el principal punto de contacto en la conspiración del asesinato de JFK no sólo entre la CIA y los miembros subalternos de la comunidad de inteligencia, de la que formaba parte Lee Harvey Oswald, sino también entre la operación de blanqueo de dinero de Lansky basada en el Banco de Crédito Internacional del Mossad de Tibor Rosenbaum (analizada por primera vez en el capítulo 7).

---

[284] Cockburn, p. 147.

RESISTENCIA JUDÍA

A la edad de 27 años, Angleton, entonces destinado en Roma, era el jefe más joven de la rama de contrainteligencia de toda la OSS y el único no británico en Italia autorizado a compartir los secretos de inteligencia del programa Top Secret que descifraba los códigos nazis. Italia, de hecho, se convirtió en un punto central de contacto para Angleton y sus conexiones internacionales de inteligencia, y en particular para su trabajo en favor del Estado de Israel.[285]

En 1951, Angleton estaba involucrado en "la red clandestina judía que bajaba desde Europa del Este a través de Italia hasta los puertos donde se embarcaban los cargamentos de inmigrantes con destino a Palestina" Fue esta red de refugiados, según Richard Deacon en *The Israeli Secret Service*, la historia del Mossad, la que "allanó el camino para la red de inteligencia definitiva del futuro Estado de Israel".[286]

Uno de los contactos israelíes de Angleton en la resistencia judía en Europa era Teddy Kollek (que más tarde sería alcalde de Jerusalén). Kollek, de hecho, se convirtió en "un amigo íntimo".[287] Kollek, como vimos en el capítulo 7, fue el jefe de la oficina de la Haganá en Nueva York durante el período 1947-1948, involucrado en el contrabando de armas a Palestina en colaboración con Meyer Lansky y el mayor Louis M. Bloomfield - a quien veremos en el capítulo 15, estaba asociado no sólo con Clay Shaw antes mencionado, sino también con el Banco Internacional de Crédito de Tibor Rosenbaum.

TIBOR ROSENBAUM DE NUEVO

Pero hay un contacto aún más crucial entre Angleton, el mayor Bloomfield, Shaw y Lansky: el mismo Tibor Rosenbaum. En el capítulo 7 se nos presentó al rabino Tibor Rosenbaum, del Banco Internacional de Crédito. Fue Rosenbaum, que era Director General de Finanzas y Adquisiciones del Mossad, uno de los principales impulsores de la red de refugiados e inteligencia con la que Angleton trabajó tan estrechamente.

Fue también durante este periodo cuando el terrorista Menachem Begin (más tarde Primer Ministro de Israel) coordinó las operaciones del Irgun israelí en Europa. En el capítulo 13 descubrimos que Begin también operó en Estados Unidos junto con una figura clave del Sindicato del Crimen de Lansky como parte de un esfuerzo conjunto en nombre de Israel y contra John F. Kennedy.

LA CONEXIÓN CON LA MAFIA CORSA

Sin embargo, las conexiones de Angleton con las actividades de Lansky van más allá. Fue a través de un agente encubierto de la CIA, un tal Jay Lovestone, como

---

[285] Cockburn, pp. 42-43.
[286] Diácono, p. 35.
[287] Cockburn, p. 42.

Angleton maniobró lo que su biógrafo denominó "un pequeño y extraño negocio que Angleton llevaba tranquilamente por su cuenta desde 1955".[288]

A través de un ayudante, Stephen Millet, que era el oficial de contrainteligencia que dirigía la oficina israelí de Angleton, el jefe de la red de espionaje de la CIA mantenía estrechas relaciones con los bajos fondos de Italia y Francia.

Para más detalles sobre las actividades de Angleton y sus socios vinculados al crimen organizado de Lansky, acudimos a la obra de Robert I. Friedman. En su biografía del activista nacido en Nueva York, el rabino Meyer Kahane (más tarde miembro del parlamento israelí), nos enteramos de que fue el mencionado Lovestone quien proporcionó financiación y apoyo a Kahane y a su más estrecho colaborador y rabino, el doctor Joseph Churba. (El propio Lansky, como vimos en el capítulo 7, contribuyó a las posteriores actividades proisraelíes de Kahane). En la década de 1960, Churba y Kahane trabajaron como agentes de la CIA para asegurar el apoyo judío a la guerra de Vietnam, una empresa, como hemos visto, que resultó fructífera no sólo para la CIA, sino también para sus aliados en Israel y sus aliados en el Sindicato de Lansky.

HITMENES DE LA CIA

Según Friedman, "Churba y Kahane contaban también con el apoyo de los legendarios guerreros del frío Jay Lovestone e Irving Brown, que habían sido altos cargos del Partido Comunista estadounidense en los años veinte antes de sufrir una conversión al 'camino de Damasco' y que llegaron a dirigir el poderoso departamento de asuntos internacionales de la AFL-CIO bajo la tutela de la CIA. Fue bajo la dirección de la CIA que Lovestone y Brown -utilizando mafiosos corsos e italianos- crearon escuadrones de la muerte de derechas en Marsella y otras ciudades europeas después de la Segunda Guerra Mundial para acabar con el floreciente movimiento obrero de izquierdas. Gracias a Brown, en 1953 Pierre Ferri-Pisain, su contacto clave en los bajos fondos marselleses, se hizo con el control del puerto de la ciudad, donde construyó un imperio internacional de tráfico de heroína.

"No era la primera vez que la inteligencia estadounidense compraba los servicios de la Mafia. Antes de la invasión aliada de Sicilia en la Segunda Guerra Mundial, la OSS había establecido contactos con la Mafia siciliana a través del mismo Lucky Luciano que había permitido [a la resistencia judía] el contrabando de armas desde Hoboken al Irgun en Palestina. La Mafia siciliana proporcionó información de inteligencia sobre los alemanes y, después de la guerra, asesinó a cientos de activistas políticos italianos de izquierdas."[289]

Según el historiador Alfred McCoy, "después de que la CIA pusiera fin a su presencia activa", los corsos de Marsella se ganaron la protección política del servicio de inteligencia francés, SDECE, que permitió que sus laboratorios de heroína funcionaran sin ser molestados durante casi 20 años. En colaboración con grupos mafiosos italianos, los corsos traficaban con opio en bruto desde Turquía y lo

---

[288] Mangold, p. 314-315.
[289] Robert I. Friedman *The False Prophet: Rabbi Meir Kahane-From FBI Informant to Knesset Member* (Nueva York: Lawrence Hill Books, 1990), pp. 34-35.

refinaban para convertirlo en heroína n° 4 destinada a la exportación. Su principal cliente era Estados Unidos.[290]

(En el capítulo 7 examinamos el papel central de Lansky en la organización del acuerdo entre la OSS y la mafia siciliana en la tristemente célebre "Operación Underworld". En el capítulo 12 examinamos la manipulación por parte de Lansky y la CIA de corsos y sicilianos, del crimen organizado en el tráfico de drogas. En los capítulos 12, 15 y 16 examinamos también el papel de los bandidos corso-franceses y de los agentes de la inteligencia francesa en el asesinato de JFK, vinculando a Angleton con los sucesos de Dallas del 22 de noviembre de 1963.

Aquí, ahora, vemos que fue el aliado israelí del Mossad James J. Angleton quien fue, de hecho, el principal instigador detrás de las operaciones de la CIA, utilizando a miembros del crimen organizado corso y siciliano en los proyectos "anticomunistas" de Angleton. El hecho de que todo esto fuera dirigido por la oficina israelí de la CIA de Angleton es, cuando menos, interesante. Esto, por supuesto, vincula aún más estrechamente a Angleton, la CIA y sus colaboradores del Mossad con la red de Lansky - y con la compleja red de conspiración que condujo al asesinato de John F. Kennedy.

ANGLETON, LA CIA Y LA CONEXIÓN FRANCESA

Sin embargo, la conspiración francesa de Angleton iba más allá de sus vínculos con el sindicato del crimen corso. Él y la CIA también estaban implicados en la política interna francesa, interfiriendo en los objetivos políticos del líder francés Charles De Gaulle y su alianza política. De hecho, la CIA apoyaba al Partido Socialista.

El historiador Alfred McCoy señala: "A primera vista, puede haber parecido sorprendente que la CIA apoyara a la izquierda como partido socialista. Pero en Francia sólo había tres grandes partidos políticos: el socialista, el comunista y el gaullista, y por un simple proceso de eliminación, la CIA acabó aliándose con los socialistas.

"Mientras que el general De Gaulle era demasiado independiente para el gusto estadounidense, los dirigentes socialistas perdían rápidamente terreno político frente a los comunistas y, por lo tanto, estaban dispuestos a colaborar con la CIA.""[291]

El hecho de que Angleton y la CIA estuvieran trabajando activamente contra De Gaulle es intrigante, sobre todo a la luz de otras pruebas que examinaremos en los capítulos 12, 15 y 16 que vinculan a la CIA y a sus aliados en Israel con las operaciones conjuntas contra De Gaulle. Fue desde esta misma esfera de conspiración, como veremos, que se maquinó el asesinato de JFK.

---

[290] Alfred W. McCoy. *La política de la heroína*. (Brooklyn, Nueva York: Lawrence Hill Books, 1991), p. 25.
[291] Alfred W. McCoy. *La política de la heroína*. (Brooklyn, Nueva York: Lawrence Hill Books, 1991), p. 58.

LA MANIPULACIÓN DE LA COMISIÓN WARREN

Tras la muerte de John F. Kennedy, fue Angleton quien se convirtió en el "supervisor" de la CIA de la investigación de la Comisión Warren sobre el asesinato de Kennedy. De hecho, como veremos, Angleton se había colocado a sí mismo en esta posición. Peter Dale Scott, el investigador del asesinato de JFK escribió sobre lo que llamó "la recurrente presencia de Angleton en el trasfondo de la investigación de la Comisión Warren".[292]

En 1996, salió a la luz nueva información sobre el papel particular de Angleton cuando la Comisión de Revisión de Registros del Asesinato de JFK del gobierno publicó 192 páginas de un testimonio previamente clasificado ante el Comité de Asesinatos de la Cámara de Representantes en 1978 de un testigo que era el "jefe de una rama de la CIA responsable de las operaciones en México y América Central".[293]

La identidad real del testigo se consideró tan confidencial que la CIA insistió en no revelar su verdadero nombre, por lo que testificó bajo el alias de "John Scelso".

Según la historia de Scelso, fue él, "Scelso", quien fue puesto inicialmente a cargo de poner fin a la investigación de la CIA sobre el asesinato, pero, según Scelso - Angleton, inmediatamente tomó medidas para hacer toda la investigación".[294] (Esto deja claro que Angleton estaba dispuesto a controlar cualquier prueba que apareciera).

El testimonio de Scelso también aportó algunas revelaciones interesantes sobre los vínculos de Angleton con el crimen organizado.[295] En un momento de su testimonio, Michael Goldsmith, abogado de la comisión, hizo a Scelso la pregunta pertinente: "¿Tiene alguna razón para creer que Angleton puede haber tenido vínculos con el crimen organizado?", a lo que Scelso respondió afirmativamente.

Scelso continuó explicando que el Departamento de Justicia había pedido en el pasado a la CIA que determinara los nombres reales de las personas que tenían cuentas bancarias numeradas en Panamá porque la mafia ocultaba allí dinero "desviado" de Las Vegas. Scelso comentó que "estábamos en una posición excelente para hacerlo y se lo dijimos, a lo que Angleton puso el veto y dijo: "eso es asunto [del FBI]"".[296]

Cuando Scelso comentó esto con otro agente de la CIA, el otro agente "sonrió perversamente y dijo: 'Bueno, esa es la excusa de Angleton. La verdadera razón es que Angleton tiene vínculos con la mafia y no querría traicionarlos".[297]

De hecho, Angleton, el contacto de Israel con la CIA, estaba bien situado para ayudar a encubrir la verdad real sobre el papel de Israel -así como el de la CIA y el sindicato de Lansky- y al final lo hizo.

---

[292] Peter Dale Scott. *Deep Politics and the Death of JFK* (Berkeley, California: University of California Press, 1993), p. 196.
[293] *Reportaje del Newsday* publicado en el *Baltimore Sun*, 6 de octubre de 1996.
[294] *Ibid.*
[295] *Ibid.*
[296] *Ibid.*
[297] *Ibid.*

EL CASO NOSENKO: LA ACUSACIÓN

Fue Angleton quien, en el curso de la investigación de la Comisión Warren, emergió como el principal crítico de la CIA del desertor soviético ruso Yuri Nosenko. Nosenko, que había abandonado su país rumbo a Estados Unidos en 1964, afirmaba haber sido el agente del KGB responsable de hacerse cargo de Lee Harvey Oswald durante su estancia en Rusia (presumiblemente como desertor).

La afirmación más provocadora de Nosenko fue que, contrariamente a ciertas sospechas y alegaciones, el KGB soviético no tuvo absolutamente nada que ver con el asesinato de John F. Kennedy. Por consiguiente, aquellos que, como Angleton, el hombre de Israel en la CIA, querían culpar al KGB del asesinato del presidente, tenían en sus manos lo que parecía ser un desertor soviético de buena fe cuyas afirmaciones eran contrarias a la línea propagandística que intentaban promover. Angleton fue quien acusó a Nosenko con más fuerza y vehemencia, decidido a demostrar que Nosenko era un mentiroso. Angleton sometió a Nosenko a 1.277 días de torturas, interrogatorios y privaciones, pero Nosenko se aferró a su historia. Angleton estaba claramente decidido a refutar al único hombre que estaba claramente bien informado sobre el KGB soviético para cuestionar la afirmación de que los soviéticos estaban detrás del asesinato de JFK. Descartar a los soviéticos como sospechosos obviamente atraería sospechas en otras partes. Para aquellos que tenían no sólo los medios y la oportunidad, sino también el motivo, para matar a John F. Kennedy, buscar en otra parte dirigiría naturalmente la atención hacia la CIA de Angleton y sus aliados israelíes del Mossad. En el capítulo 16 veremos cómo Angleton desempeñó en realidad un papel clave en el encubrimiento del asesinato de JFK.

La revelación de un papel de la CIA o de Israel en el asesinato de JFK habría destruido inevitablemente no sólo las relaciones de Estados Unidos con Israel, sino que habría derribado la sede internacional de las conspiraciones conjuntas del sindicato del crimen de Lansky, la CIA y el Mossad. Y James Jesus Angleton, como estrecho contacto de la CIA con Israel, habría sido destruido en el proceso. Lo mismo vale para sus jefes de la CIA, Allen Dulles y Richard Helms.

(En el capítulo 16 examinaremos con más detalle las actividades de Angleton y Richard Helms, sobre todo en relación con el encubrimiento del complot del asesinato de JFK. En el capítulo 18 veremos cómo la estrecha relación de Helms con la policía secreta iraní, SAVAK -creada conjuntamente por la CIA y el Mossad- vincula aún más a Helms con la conspiración en el encubrimiento continuado del asesinato de JFK).

Richard Helms, el "gran jefe" de Angleton, dejó la CIA en 1973. Este fue el principio del fin de sus días en la CIA. Angleton fue despedido por William Colby, el nuevo director de la CIA, el 20 de diciembre de 1974. Y, como veremos en el Apéndice Seis, el despido de Angleton no sólo estuvo claramente vinculado a su afiliación particularmente estrecha con Israel, sino que, en última instancia, pudo haber desempeñado un papel en la extraña muerte -años más tarde- de William Colby.

FANTASÍA EN FORMA DE LIBRO

En los últimos años de su vida, Angleton se reunió frecuentemente con periodistas de Washington, dándoles jugosos detalles, acariciándoles con información, convenciéndoles a todos de que habían conseguido "el fondo de la historia", en particular en relación con el asesinato de JFK.

El último desfile de desinformación de Angleton sobre el asesinato de Kennedy aparece en el libro de Edward Jay Epstein *Legend: El mundo secreto de Lee Harvey Oswald* (publicado en 1978). Epstein, un "crítico" de la Comisión Warren, se hizo famoso primero como autor de *Inquest*, un largo estudio de la Comisión, escrito originalmente como su tesis de maestría en la Universidad de Yale, durante mucho tiempo un campo de reclutamiento para la CIA. Unos años más tarde, sin embargo, Epstein *publicó Legend*.[298] Sin embargo, como señaló el investigador del magnicidio Carl Oglesby, fue Angleton "la principal fuente de Epstein para la historia que se desarrolló" en *Legend*.

El libro de Epstein presentaba la tesis de que Oswald había sido reclutado por el KGB soviético mientras servía en la Marina. Más tarde, Oswald, el agente del KGB, mató a JFK, pero no necesariamente por orden del Kremlin. Obviamente, se nos hace suponer que Oswald perdió el control. La conexión de Oswald con la KGB, según Epstein, fue entonces encubierta por un topo soviético dentro de la CIA y luego el legendario cazador de comunistas del FBI, J. Edgar Hoover, ayudó con el encubrimiento, por razones propias - una historia muy fantasiosa en verdad. Sea como fuere, para Epstein, Angleton fue la fuente más importante de información "confidencial" para tejer esta particular "leyenda". Y curiosamente, fueron los medios de comunicación controlados por el Estado que se habían burlado de las acusaciones de conspiración de JFK los que respondieron tan favorablemente a esta "nueva" historia de conspiración.

Como señaló Carl Oglesby en el momento de la publicación de *Legend*: "El *Times* calificó a Epstein de 'investigador minucioso y científico' y dijo que su testimonio de que Oswald era un espía soviético era 'sólido'. *The New York Times Review of Books* lo calificó de "fascinante, alarmante y quizá enormemente significativo" y alabó sus "cualidades explosivas". Wilfred Sheed, normalmente casto, se tragó las tonterías de Angleton y llegó a decir que "Cuba parece el conspirador más probable" con Oswald. "Este", concluyó, "es una maravilla".[299]

(Y como veremos en el capítulo 17, los numerosos vínculos de los medios de comunicación controlados por el Estado con Israel y sus grupos de presión en Estados Unidos, en particular la Liga Antidifamación financiada por el Sindicato Lansky de B'nai B'rith [ADL], reflejan la voluntad de los medios de tratar de culpar del asesinato de JFK a otros, en lugar de a la CIA de Angleton y sus aliados en Israel).

---

[298] Carl Oglesby. *The JFK Assassination: The Facts and the Theories*. (Nueva York: Signet Books, 1992), p. 145.
[299] *Ibid*, 149.

ENGAÑADO POR UNA PANCARTA FALSA

Curiosamente, muchos conservadores estadounidenses (que ciertamente no eran admiradores de la administración Kennedy) cayeron en la fantasía de Angleton de que el KGB estaba detrás del asesinato de JFK.

Querían, quizás más que nada, creer que un comunista había matado a JFK. Era totalmente coherente con su visión anticomunista del mundo y estaba hecho a medida para los que querían agitar la famosa "bandera roja". (Esa bandera roja, como veremos en estas páginas, era en realidad otra falsa pancarta israelí).

Tomando nota del clamor conservador de que "un comunista mató a JFK", Peter Dale Scott escribe sobre "la ruidosa e irresponsable campaña del Consejo de Seguridad Americano, el mayor lobby de relaciones públicas del complejo militar-industrial, para apoyar la afirmación de los servicios de inteligencia y federales de que un asesino del KGB había sido entrenado en una escuela de asesinos de la URSS para su posterior asignación en el continente norteamericano".[300]

Desde la publicación de la segunda edición de *Juicio Final*, un antiguo publicista del Consejo de Seguridad Americano. William J. Gill, confesó al autor su sincera creencia (en aquel momento) de que había habido participación comunista en el asesinato de JFK. Admitió que, por razones políticas, había participado en el esfuerzo por atribuir *el asesinato a los soviéticos.*

Sin embargo, después de leer *Juicio Final*, Gill llegó a la conclusión, como él dijo: "Creo que has dado en el clavo". En otras palabras, que hoy creía que el Mossad israelí fue realmente el instigador del asesinato de JFK. "Es un ángulo que nunca consideré posible - hasta ahora", dice. Gill *describe Juicio Final* como "el libro más importante del siglo XX".

No hay duda de que los conservadores hicieron hincapié en la perspectiva "comunista" en el asesinato de JFK tras el asesinato del Presidente - por razones políticas muy obvias.

Un destacado periodista de derechas de la época, Revilo P. Oliver, entonces figura clave de la John Birch Society, fue efectivamente llamado ante la Comisión Warren para desarrollar su controvertida teoría, ampliamente publicada, de que los soviéticos habían ejecutado a JFK porque él [JFK] no estaba haciendo lo suficiente para impulsar el comunismo internacional. Sin embargo, poco antes de su muerte en 1994, Oliver dijo a sus colaboradores que, de no haber estado tan enfermo, habría aprovechado la oportunidad para escribir una reseña favorable de *Juicio Final*, que acababa de publicarse a principios de ese año. Obviamente, el propio Oliver se dio cuenta de que él también había sido engañado por el mito inspirado por Angleton. Huelga decir, sin embargo, que el mito de la implicación de los soviéticos en el asesinato de JFK era una tapadera ideal, y que James J. Angleton fue su principal instigador.

---

[300] Peter Dale Scott. *Deep Politics and the Death of JFK* (Berkeley, California: University of California Press, 1993), p. 55.

"UNA CASA CON MUCHAS HABITACIONES

Toda la historia es interesante e ilustra hasta dónde estaba dispuesto a llegar Angleton para inventar una historia que culpara a sus enemigos y exculpara a sus amigos. Sin embargo, la declaración más provocativa y famosa de Angleton, a menudo considerada como una referencia al asesinato de JFK, se produjo cuando fue citado en el *New York Times*, dos días después de que fuera despedido de la CIA por el Director William Colby. El críptico comentario de Angleton fue: "Una mansión tiene muchas habitaciones. No sé quién golpeó a John".[301] Angleton, sin embargo, insistió en que la referencia no tenía nada que ver con el asesinato de JFK.

Angleton murió destrozado el 11 de mayo de 1987, expulsado de la CIA, a la que había dedicado su vida. Angleton tenía razón: "Una casa tiene muchas habitaciones". Había otra habitación secreta -por así decirlo-, una oscura operación de los servicios secretos que trabajaba en estrecha colaboración con el crimen organizado y la CIA en una amplia variedad de empresas tanto en Estados Unidos como en todo el mundo: los queridos aliados de James Jesus Angleton en el Mossad israelí.

NOTA FINAL: Desde la primera publicación de *Juicio Final*, que fue el primer libro sobre el asesinato de JFK que se centró seriamente en James Angleton (basándose en las pistas proporcionadas *por Negación plausible* de Mark Lane), la investigadora de JFK Lisa Pease (que recibió una copia de *Juicio Final* del autor) ha escrito dos excelentes artículos que examinan el papel crucial de Angleton en el caso JFK. Aparecen en el libro *The Assassinations (Los Angeles, Feral House Press, 2003)* editado por la señorita Pease y James Di Eugenio. Desgraciadamente, aunque la señorita Pease hizo referencias fugaces a *Final Judgement* en versiones anteriores de sus ensayos (cuando se publicaron por primera vez en Internet), desde entonces ha eliminado esas referencias, quizá por miedo a que la asocien con su servidor. En cualquier caso, la señorita Pease también se apresura a asegurar a sus lectores que no ha encontrado pruebas que apoyen la teoría de que Angleton estaba "controlado" por el Mossad, aunque ha insinuado que otros escritores anónimos han dicho lo mismo. De hecho, como bien sabrán los lectores de *Juicio Final*, en ese libro no se hace tal afirmación. Al contrario, Angleton era leal al Mossad. No fue necesaria ninguna "investigación".

---

[301] *The New York Times*, 24 de diciembre de 1974.

Capítulo IX

Un pequeño inconveniente
La guerra de JFK con los aliados de Israel aliados dentro de la CIA

La batalla de JFK con la CIA por la debacle de Bahía de Cochinos fue sólo el principio. En noviembre de 1963, JFK no sólo luchaba contra los aliados israelíes de la CIA por la bomba nuclear, sino que también se oponía a los esfuerzos de la CIA por implicar más a Estados Unidos en el sudeste asiático. De hecho, JFK planeaba desmantelar completamente la CIA: una medida que pondría en peligro la base de poder de Israel en Washington.

Al mismo tiempo, la CIA y el Mossad también estaban trabajando duro para debilitar al presidente francés Charles De Gaulle. Al final, el complot contra De Gaulle resultó desempeñar un papel poco conocido pero crucial en el complot para asesinar a JFK.

En 1972, el boletín *Washington Observer* publicó lo que quizá fueron los primeros indicios -en la prensa- de que la propia familia Kennedy sospechaba de la implicación de la CIA en el asesinato de John F. Kennedy.

Según el *Observer*, "En 1963, poco después del asesinato del Presidente Kennedy, Robert F. Kennedy, entonces Fiscal General, llevó a cabo su propia investigación privada, que corrió paralela a la investigación oficial del asesinato por parte de la Comisión Warren. La investigación de Kennedy incluyó los movimientos del inspector Hamilton, antiguo inspector jefe de Scotland Yard. Hamilton, un viejo amigo de Joseph P. Kennedy, había sido contratado por el Fiscal General para ayudar a desentrañar la verdad sobre el asesinato de JFK.

"Tras hablar largo y tendido con miembros de la familia Kennedy y hacer algunos sondeos discretos con sus propios contactos, Hamilton se centró en el hecho de que el asesinato de John Kennedy había ocurrido muy poco después de que su hermano Bobby hubiera dado los pasos preliminares hacia el control personal directo de la CIA, a quien atribuyó el fiasco de Bahía de Cochinos.

"Hamilton, siguiendo la línea de razonamiento *cui Bono* ("¿a quién beneficia?"), llegó a la conclusión de que la decisión de Bobby de tomar el control de la CIA tenía algo que ver con el asesinato de su hermano mayor".[302]

LA BAHÍA DE LOS CERDOS

El hecho de que la debacle de Bahía de Cochinos fuera una importante manzana de la discordia entre los hermanos Kennedy y la CIA forma ya parte de la historia. El

---

[302] *Washington Observer*, 15 de abril de 1972.

rencor que surgió entre JFK y la CIA por el fallido intento de invadir la Cuba de Castro fue un grave conflicto entre el Presidente y la agencia de inteligencia. Bahía de Cochinos y sus consecuencias fueron un punto delicado entre Kennedy y la CIA, pero no el último. Sin embargo, desencadenó los acontecimientos que condujeron al enfrentamiento final entre JFK y la CIA, que finalmente se saldó con el asesinato del Presidente estadounidense.

Los biógrafos de la familia del jefe de la mafia de Chicago, Sam Giancana, implicados en los siniestros complots entre el crimen organizado y la CIA contra Fidel Castro (que analizaremos con más detalle en el capítulo 11) informan de que Giancana era plenamente consciente de que la CIA no estaba contenta con los Kennedy. "Dentro de la CIA, la consternación por haber sido traicionados por el Presidente y el Fiscal General, así como la promesa abierta del Presidente de desmantelar el poder de la agencia de inteligencia, se convirtieron rápidamente en odio, creando un efecto dominó que oscureció los ánimos de los hombres con los que [Giancana] trataba en sus operaciones encubiertas. Estos hombres expresaron su indignación por la operación de Bahía de Cochinos y su temor de que Kennedy fuera ahora una amenaza muy real para la autonomía continuada de la CIA, quizás incluso para su propia existencia.""[303]

MEDIDAS DE KENNEDY CONTRA LA CIA

En su bestseller, *Plausible Denial*, en el que identifica el papel de la CIA en el complot del asesinato de JFK, Mark Lane, antiguo investigador del asesinato de JFK, comentó la actuación de la CIA contra el presidente:

"Si los agentes, oficiales y ex oficiales de la CIA creían que la defensa de su agencia y de su nación requería la eliminación del presidente Kennedy porque estaba a punto de desmantelar su organización, era comprensible, sin aceptar ni aprobar su punto de vista, que la noción de autodefensa les obligara a usar la fuerza letal. Lo más relevante, por tanto, no es lo que Kennedy estaba o no a punto de hacer en relación con la CIA, sino lo que los líderes de la Agencia creían que podía hacer.

"John F. Kennedy dejó clara su intención de destruir la CIA. *El New York Times* informó el 25 de abril de 1966, en el subtítulo "La amargura de Kennedy", que "cuando la enormidad del desastre de Bahía de Cochinos lo había alcanzado, [Kennedy] le dijo a uno de los altos funcionarios de su administración que quería 'volar la CIA en pedazos y esparcirla a los vientos'".

"Obviamente, no proponía una modesta propuesta legislativa o una orden ejecutiva para cambiar o reformar la organización. La destrucción total de la Agencia era su objetivo aparente".[304]

---

[303] Sam Giancana y Chuck Giancana. *Double Cross: The Explosive Inside Story of the Mobster Who Controlled* America (Nueva York: Warner Books, 1992), p. 301.
[304] Mark Lane. *Plausible Denial* (Nueva York: Thunder's Mouth Press, 1992), p.93.

CONTROL DE LA CIA

Lane señala que las acciones preliminares de Kennedy contra la CIA ya se habían puesto en marcha y que el Presidente estaba avanzando claramente hacia la evisceración definitiva de la agencia.

"[Kennedy] se ocupó de la CIA implementando un programa de emergencia de tres puntos diseñado para poner a la agencia bajo control. Despidió a sus líderes más culpables y poderosos, nombró un comité de alto nivel, el Grupo de Estudio Cubano, para investigar las fechorías de la organización de modo que pudiera determinar qué otras restricciones a corto plazo eran necesarias y, mientras tanto, redujo drásticamente los poderes y la jurisdicción de la agencia y estableció límites estrictos a sus acciones futuras a través de los memorandos de Acción de Seguridad Nacional."

"Kennedy trató entonces de controlar la agencia reduciendo significativamente su capacidad de actuar en el futuro a través de los Memorandos de Acción de Seguridad Nacional NSAM 55, 56 y 57". Estos documentos, en teoría, eliminaban la capacidad de la CIA para declarar la guerra. No se permitiría a la CIA lanzar ninguna operación que requiriera mayor potencia de fuego que la generada por las pistolas".[305]

No cabe duda de que todas estas acciones molestaron a la CIA y a sus aliados. Uno de los hombres presentes en aquel momento era el coronel L. Fletcher Prouty, que había actuado como contacto entre el Ministerio de Defensa y la CIA durante el período en cuestión.

Según Prouty, "nada de lo que he hecho en toda mi carrera me ha sorprendido". El NSAM 55 despojaba a la CIA de su valioso papel de operaciones encubiertas, salvo para pequeñas acciones. Era un documento explosivo. El complejo militar-industrial no estaba contento".[306]

LA CIA Y VIETNAM

Sin embargo, el conflicto de Kennedy con la CIA fue mucho más allá de la cuestión de Cuba. El creciente problema de la implicación de EEUU en el sudeste asiático puso al presidente aún más en desacuerdo con la CIA.

Hacia finales de 1963, el conflicto de JFK con la CIA llegó a su punto álgido y, aunque no fue objeto de un animado debate público, todo el mundo sabía a través de los canales oficiales y extraoficiales que estaba ocurriendo algo del más alto nivel.

El 3 de octubre de 1963, el decano de los columnistas estadounidenses, Arthur Krock, escribió sin rodeos en el *New York Times* sobre la guerra de Kennedy contra la CIA, una guerra que se estaba intensificando debido a la cuestión de Vietnam. El artículo de primera página de Krock se titulaba "La Guerra Intra-Administrativa en Vietnam".

---

[305] *Ibid*, pp. 99-100.
[306] *Ibid*, p. 100.

EL INTERMEDIARIO DE CONFIANZA DE KENNEDY

Pero lo asombroso de este artículo es que Krock citó a una fuente de alto rango de la administración que sugería que si alguna vez se producía un golpe de Estado en Estados Unidos, cabía esperar que la CIA fuera la responsable, esto sólo unas semanas antes del asesinato de JFK.

La importancia de este sorprendente artículo es que fue Arthur Krock quien firmó esta explosiva declaración: Krock era un amigo íntimo y confidente desde hacía mucho tiempo de la familia Kennedy e incluso había escrito varias obras publicadas en nombre del padre del presidente, el embajador Joseph P. Kennedy.

El columnista era un enlace esencial para Kennedy en la comunidad de la prensa y habría sido la primera opción del presidente Kennedy si JFK hubiera deseado utilizar la prensa para resaltar su conflicto con la CIA en el ámbito público. Como Mark Lane dijo tan acertadamente:

"Era John F. Kennedy quien enviaba un mensaje al pueblo americano a través de su intermediario de confianza Arthur Krock".[307]

Este artículo cayó en el olvido tras el asesinato del Presidente, pero en 1992 Lane resucitó la advertencia profética y comenzó a llamar la atención del público estadounidense, que ahora tiene un renovado interés en el asesinato de Kennedy.

FUERA DE CONTROL

Lane describió el artículo: "Krock señaló que John F. Kennedy había entrado en guerra con la CIA. Concluyó que Kennedy ya no podía controlar a la CIA.

El columnista dijo que el presidente Kennedy había enviado a Henry Cabot Lodge, su embajador en Vietnam, con órdenes para la CIA en dos ocasiones y, en ambas, la CIA había ignorado estas órdenes, argumentando que eran diferentes de lo que la agencia pensaba que debía hacerse. En otras palabras, la CIA había decidido que no era el Presidente quien decidía cómo debía llevarse a cabo la política exterior estadounidense.[308]

Lane señaló que una de las fuentes de la columna de Krock era un informe elaborado para los periódicos *Scripps* y *Howard* por el corresponsal en el extranjero Richard Starnes, que había entrevistado a varios altos funcionarios de la administración y a otras personas que habían expresado su preocupación por la intransigencia de la CIA.

¿UN GOLPE DE ESTADO PATROCINADO POR LA CIA?

Según el artículo de Krock: "Entre las opiniones atribuidas a los representantes del gobierno estadounidense presentes, uno de los cuales fue descrito como un 'muy alto funcionario estadounidense'... que ha pasado gran parte de su vida al servicio de la democracia... estaban las siguientes:

---

[307] *The Spotlight*, 17 de febrero de 1992.
[308] *Ibid*.

El crecimiento de la CIA fue "comparado con un cáncer" que el "altísimo funcionario no estaba seguro de que incluso la Casa Blanca pudiera controlar... por más tiempo". por más tiempo".

"Si Estados Unidos experimenta alguna vez [un intento de golpe de Estado para derrocar al Gobierno], vendrá de la CIA, no del Pentágono". La agencia "representa un poder enorme y una irresponsabilidad total hacia cualquiera".

"Independientemente de lo que revelen estos pasajes, lo más seguro es que establezcan que los miembros de otros órganos ejecutivos extendieron su guerra contra la CIA desde los consejos de gobierno nacionales al pueblo estadounidense a través de la prensa.

Y publicados simultáneamente, los detalles de las operaciones de la agencia en Vietnam sólo pueden proceder de las mismas fuentes oficiales principales. Es un gobierno desordenado. Y cuanto más lo tolere el Presidente -el período es ya considerable-, mayor será la guerra real contra el Vietcong y la impresión de una administración muy indecisa en Washington.

"La CIA puede ser culpable. Dado que no puede, o al menos no quiere, defender abiertamente su caso de Vietnam, ni defenderlo con las mismas "sesiones informativas" confidenciales para la prensa que sus críticos, el público no está en posición de juzgar. Tampoco lo está este departamento, que ni siquiera ha conseguido obtener las líneas generales del caso de la agencia en refutación.

"Pero el Sr. Kennedy tendrá que juzgar si el espectáculo de la guerra en el Poder Ejecutivo debe ser interrumpido y la operación efectiva de la CIA preservada. Y cuando haga ese juicio, espero que también lo haga público, junto con la investigación de la mala conducta en la que se basa".

"El Secretario de Defensa McNamara y el General Taylor, de regreso de su expedición de investigación en la jungla oficial de Saigón, han hecho hoy recomendaciones fuera de toda duda sobre cuál debe ser su juicio".[309]

Resulta irónico que el artículo de Krock termine con una referencia al viaje de McNamara y Taylor al sudeste asiático.

Porque, como señala el coronel Fletcher Prouty, a su regreso "informaron al Presidente de que les parecía, tras su visita a Saigón, que las cosas podían estar bajo control y que podríamos retirar todas las tropas [de Vietnam] a finales de 1965".

"Hoy podemos ver por qué eligieron esa fecha", comenta Prouty. "Era la fecha que el Presidente había mencionado en sus propias conversaciones con sus asesores más cercanos. Todos ellos sabían que había planeado anunciar una retirada una vez fuera reelegido".[310]

Poco después, sin embargo, John F. Kennedy abandonó la escena y los planes cuidadosamente trazados por el Presidente para retirarse de Vietnam fueron revocados por el nuevo Presidente.

---

[309] *Ibid.*
[310] L. Fletcher Prouty. *The Secret Team: The CIA and its Allies in Control of the United States and the World* (Costa Mesa, Calif.: Institute for Historical Review, 1990), p. 416.

LA CIA GANA

En su libro *Plausible Denial*, Mark Lane resume los acontecimientos que tuvieron lugar: "Sólo cuatro días después de la muerte del presidente Kennedy, Lyndon Johnson firmó el NSAM 273, que empezaba a invertir la política de retirada de Vietnam y significaba el inicio de la escalada del conflicto. La CIA había ganado. La acción en el sudeste asiático iba a convertirse en una guerra terrestre masiva".

"En marzo de 1964, Johnson firmó el NSAM 288, que repudiaba el plan de Kennedy de poner fin a la participación militar estadounidense en la guerra ese año. En los meses siguientes, Johnson aumentó el compromiso militar de menos 20.000 soldados a aproximadamente un cuarto de millón."[311]

"Años más tarde... tras la muerte de más de 50.000 estadounidenses y más de un millón de vietnamitas, laosianos y camboyanos, la guerra terminó finalmente con la derrota militar de Estados Unidos".[312]

Sin embargo, como vimos en el capítulo 6, la guerra de Vietnam fue una bendición para los aliados de la CIA en Israel, ya que permitió al Estado de Oriente Medio desplegar sus fuerzas en la región.

Y en el capítulo 12, veremos que el proyecto conjunto de la CIA y el sindicato del crimen de Meyer Lansky, que implicaba el tráfico internacional de drogas desde el sudeste asiático, resultó altamente rentable, llevado a cabo bajo cobertura militar en medio de la implicación estadounidense en Vietnam.

LA CIA Y EL ASESINATO DE JFK

Hasta la publicación de *Negación plausible* no se reveló todo el alcance de la implicación de la CIA en el asesinato de JFK. Las sospechas de complicidad de la CIA se habían extendido durante años, pero el libro de Lane lo demuestra de una vez por todas. Y, lo que es más significativo, su libro era un resumen de un juicio por difamación que había tenido lugar en Miami unos años antes, en el que el jurado llegó a la conclusión de que la CIA había participado efectivamente en la conspiración y el encubrimiento del asesinato de JFK.

Las circunstancias en las que se celebró el juicio son interesantes. En 1978, un semanario de Washington, *The Spotlight*, publicó un artículo escrito por Victor Marchetti, ex alto funcionario de la CIA, en el que se afirmaba que la CIA planeaba inculpar al ex agente de la CIA E. Howard Hunt por su implicación en el asesinato de Kennedy.

Hunt fue claramente el principal contacto político de la CIA con la comunidad cubana anticastrista en el periodo previo al asesinato de JFK y posteriormente fue nombrado sospechoso de la conspiración del asesinato.

(Hunt había coordinado, en nombre de la CIA, varios grupos cubanos anticatástrofe, entre ellos el Frente Revolucionario Democrático (RDF). Antonio de

---

[311] Lane, pp. 107-108.
[312] *Ibid*.

Varona, el contacto real de Hunt en el FDR, recibía personalmente fondos para el FDR de Meyer Lansky).[313]

El artículo de Marchetti sugería que en aquel momento existía tal sospecha de que la CIA estaba implicada en el asesinato de JFK que la CIA decidió que sacrificaría a Hunt e indicaría que Hunt era un traidor implicado en el asesinato del Presidente.

¿CAZA UN AGENTE INDEPENDIENTE?

Sin embargo, según Marchetti, la CIA pretendía decir que Hunt y sus cómplices habían actuado de forma autónoma, que la CIA como institución no había formado parte de la conspiración.

Aunque los editores de *Spotlight* consideraron que el artículo de Marchetti servía como una especie de advertencia anticipada a Hunt sobre lo que sus antiguos jefes tenían en mente, el ex agente de la CIA decidió demandarles, aunque finalmente admitió bajo juramento que creía que la historia de *Spotlight* parecía verosímil. Cuando el caso fue finalmente a juicio en un tribunal federal de Miami, el periódico sufrió una derrota devastadora. El jurado falló a favor de Hunt y condenó a *Spotlight* a pagar 650.000 dólares por daños y perjuicios.

Afortunadamente -para Spotlight- un error en las instrucciones del juez de primera instancia al jurado dio al populista semanario motivos para apelar. Cuando el caso fue recurrido con éxito y se ordenó la celebración de un nuevo juicio, Mark Lane -el abogado- intervino en nombre de la defensa.

Entre los grandes nombres depuestos en el asunto Hunt estaban: el ex director de la CIA Richard Helms; el ex director de la CIA Stansfield Turner; el ex jefe del hemisferio occidental de la CIA David Phillips; y el ex miembro de la CIA y del FBI (y celebridad del Watergate) G. Gordon Liddy.

Sin embargo, las pruebas más contundentes contra Hunt llegaron cuando el abogado Lane presentó la declaración de la ex agente de la CIA Marita Lorenz.

HUNT, STURGIS Y RUBY EN DALLAS

La Srta. Lorenz declaró que un día antes del asesinato del Presidente llegó a Dallas (procedente de un "piso franco" de la CIA en Miami) en un convoy de dos coches. Varios agentes de la CIA, dirigidos por Frank Sturgis, el "supervisor" de la Srta. Lorenz, armados con rifles de puntería, acompañaron a la Srta. Lorenz en lo que ella describió como una misión secreta. Según la Srta. Lorenz, no se le había informado del propósito de la misión.

A su llegada a Dallas, según la señorita Lorenz, conocieron no sólo a E. Howard Hunt, que trabajaba como tesorero para los agentes de la CIA, sino también al gerente del club nocturno Jack Ruby, que más tarde ejecutó al presunto asesino del presidente, Lee Harvey Oswald.

Cuando Hunt subió al estrado, el procurador Lane, al interrogarle, señaló muchas incoherencias en su testimonio. Hunt había contado varias historias a lo largo de los años sobre su paradero el día en que el Presidente fue asesinado.

---

[313] Anthony Summers. *Conspiracy* (Nueva York: McGraw-Hill Book Company, 1980), p. 193.

Sin embargo, fue el testimonio de la señorita Lorenz el que convenció al jurado de que la CIA estaba implicada en el asesinato de Kennedy. El jurado falló a favor de *Spotlight* y desestimó la denuncia de Hunt.

Leslie Armstrong, residente en Miami que fue jurado en el caso, emitió una declaración concomitante con el artículo de Lane sobre el juicio:

"El Sr. Lane nos estaba pidiendo [al jurado] que hiciéramos algo muy difícil. Nos estaba pidiendo que creyéramos que John Kennedy fue asesinado por nuestro propio gobierno. Sin embargo, cuando examinamos las pruebas a fondo, nos vimos obligados a concluir que la CIA había matado efectivamente al presidente Kennedy."[314]

En su bestseller *Plausible Denial*, Lane relató este apasionante juicio y presentó más pruebas que demostraban que la CIA había participado en el asesinato del Presidente. Pero en el capítulo 16 de *Juicio* Final, examinamos más de cerca las actividades de E. Howard Hunt y Frank Sturgis, así como las notables pruebas que apuntan a la implicación del Mossad -junto a la CIA- en el complot para asesinar a JFK.

LOS HERMANOS NOVO

Pero entretanto hay otras conexiones interesantes que merece la pena explorar. Lane describe cómo la señorita Lorenz fue aún más lejos en su testimonio, nombrando a otros agentes de la CIA que formaban parte del convoy de dos coches organizado por Frank Sturgis en el que Lorenz viajó de Miami a Dallas. Según Lane, "antes de que la señorita Lorenz testificara, le pregunté: ¿Puede darme los nombres de las personas que viajaron con usted en ese convoy de dos coches?".

"Dijo que no daría nombres. Podría hacer que me mataran", dijo. "No me hagas esa pregunta. Quiero que me prometas que no me harás esa pregunta". Sin embargo, según Lane, "el abogado del Sr. Hunt le hizo esa pregunta y ella respondió, para mi sorpresa. Dijo que eran los hermanos Novo.

Según Lane, "Los hermanos Novo -Guillermo e Ignacio- son personajes muy interesantes. He investigado sobre ellos. Puedo asegurarte", dijo Lane, "que la primera vez que oí sus nombres relacionados con el asesinato de Kennedy fue cuando la señorita Lorenz dio sus nombres al abogado de Hunt. Ella no me había dicho nada antes de eso.

"Después de su declaración ante el abogado de Hunt, le pregunté a la Srta. Lorenz: '¿Por qué se lo dijiste? "Ella dijo -refiriéndose a Hunt, la CIA y sus abogados- que si son tan estúpidos de hacerme esa pregunta, no es culpa mía si les doy la respuesta. La culpa es de ellos", dice la señorita Lorenz. Si me lo hubieran preguntado a mí, la historia habría sido completamente distinta. Sin embargo, si la CIA -a través de Hunt y sus abogados- hizo esa pregunta, es oficial y es culpa suya, no mía".

LA CONEXIÓN HUNT - BUCKLEY

"Los hermanos Novo nombrados por la señorita Lorenz estuvieron implicados en una serie de delitos relacionados con los servicios de inteligencia. Estuvieron

---

[314] *The Spotlight,* 28 de octubre de 1991.

implicados en el asesinato en Washington, en 1976, del ex dirigente gubernamental chileno Orlando Letelier y de Ronnie Moffit, una mujer que estaba con él. Un hombre llamado Michael Townley, que tenía vínculos con la policía secreta chilena, participó en la planificación del asesinato de Letelier con los hermanos Novo. Cuando Townley fue acusado, testificó contra los Novo.

"Townley fue interrogado por el FBI, que le pidió que les indicara en qué lugar de Nueva York había tenido su primera reunión con los Novos. Townley señaló un edificio en el 500 de la 5th Avenue y mostró al FBI la oficina del piso 41 donde había tenido lugar la primera reunión."[315]

Según Lane, las investigaciones indicaron que la reunión se celebró en el despacho del entonces senador James Buckley (C-N.Y.). Buckley, que ahora es juez federal en el Tribunal de Apelaciones del Distrito de Columbia, es hermano de William F. Buckley Jr, ex agente de la CIA y fundador del quincenario conservador *National Review*.

(E. Howard Hunt era el superior inmediato de William F. Buckley en la CIA, donde sirvieron juntos en México durante nueve meses de 1951 a 1952).

Según Lane, "las pruebas de Townley se referían a un tal William Sampol que trabajaba en la oficina de James Buckley. Sampol era primo de los hermanos Novo".[316]

Lane señala que el asesinato de Letelier tuvo lugar cuando George Bush era director de la CIA: "Hay pruebas de que Bush recibió información que indicaba que el gobierno chileno era responsable del asesinato de Letelier.

Sin embargo, Bush informó a algunos amigos de los medios de comunicación de que Letelier había sido asesinado por sus propios partidarios, que querían hacer de él [Letelier] un mártir.

Según Lane, "fue William F. Buckley Jr. quien tomó esta historia de Bush y corrió con ella. Los medios de comunicación siguieron la pista de Buckley, pero la historia resultó ser falsa. (En el capítulo 20, como veremos, fue George Bush quien, en muchos sentidos, tenía estrechos vínculos con una serie de actores clave en el extraño otro mundo de la inteligencia internacional vinculado al asesinato de JFK).

Como dice Lane: "Los Novos fueron ambos condenados por el asesinato de Letelier y sentenciados a prisión. Eran los hermanos que Marita Lorenz identificó como integrantes del convoy de dos coches de asesinos que viajaban de Miami a Dallas para asesinar al presidente Kennedy."[317]

LAS MÚLTIPLES CONEXIONES DEL MOSSAD

Las pruebas obtenidas por el ex agente del Mossad Victor Ostrovsky, ahora disponibles, sugieren que el Mossad de Israel estaba de hecho indirectamente vinculado al asesinato de Letelier por el que los hermanos Novo (implicados en el asesinato de JFK) fueron posteriormente condenados.

---

[315] *The Spotlight*, 17 de febrero de 1992.
[316] *Ibid.*
[317] *Ibid.*

(Fue Ostrovsky, descubrimos en el capítulo 2, quien, por notable coincidencia, destapó un complot del Mossad para asesinar al ex director de la CIA George Bush después de que Bush, como presidente de Estados Unidos, se enemistara con Israel).

Según Ostrovsky, al comentar el asesinato de Letelier: "Nadie señaló con el dedo al Mossad. Y aunque el Mossad no tuvo ninguna participación directa en el atentado ordenado por Manuel Contreras Sepúlveda, jefe de la DINA [la policía secreta], sí desempeñó un papel indirecto importante en la ejecución de este crimen al concluir un acuerdo secreto con Contreras para la compra a Chile de un misil tierra-tierra Exocet de fabricación francesa.

"El escuadrón de la muerte no utilizó personal del Mossad para matar a Letelier, pero sin duda utilizó los conocimientos técnicos del Mossad, que les habían sido enseñados como parte del trato que Contreras había cerrado para suministrar el misil".[318] Sin embargo, fueron los hermanos Novo quienes pagaron el precio y cumplieron una pena de prisión. Ningún agente del Mossad, en cambio, fue acusado del delito.

Cabe señalar, sin embargo, que el propio Michael Townley tenía otras conexiones muy interesantes con Israel. Su esposa, Inés, aunque cristiana chilena, había pasado un tiempo en un kibbutz israelí con su primer marido, y tenía un antiguo "apego a la causa de Israel".[319]

Parte del acuerdo alcanzado entre Townley y los fiscales federales en el caso de los hermanos Novo fue una declaración de culpabilidad en virtud de la cual se concedía inmunidad judicial a su esposa, a pesar de que había participado en varias empresas terroristas junto con su marido.[320]

Sin embargo, la otra conexión de Townley con Israel es mucho más significativa, particularmente en el contexto de nuestro debate sobre sus vínculos con los cubanoamericanos que estuvieron implicados en el asesinato de JFK. Durante su larga carrera como aventurero internacional, Townley trabajó -al parecer de 1961 a 1966- como vendedor de fondos de inversión para Investors Overseas Service (IOS) del financiero Bernard Cornfeld.[321]

La primera vez que nos topamos con la IOS fue en el capítulo 7, cuando analizamos la relación entre el sindicato del crimen organizado de Meyer Lansky y el Banque De Credit International (BCI), vinculado al Mossad israelí.

EL PROTEGIDO DE TIBOR ROSENBAUM

En 1970, durante el juicio penal de Alvin Malnik, uno de los lugartenientes de Lansky en Florida, se reveló públicamente que uno de los principales canales para blanquear las ganancias ilegales del tráfico de drogas, el libertinaje y el juego de Lansky era el BCI, creado por Tibor Rosenbaum, antiguo Director General de Finanzas y Adquisiciones del Mossad israelí.

---

[318] Victor Ostrovsky y Claire Hoy. *By Way of Deception: The Making and Unmaking of a Mossad Officer* (Nueva York: St. Martin's press, 1990), pp. 217-218.
[319] John Dinges y Saul Landau. *Assassination on Embassy Row* (Nueva York: Pantheon Books, 1980), pp. 98-99.
[320] *Ibid*, p. 396.
[321] *Ibid*, pp. 96-97.

El BCI de Rosenbaum recibía su dinero en efectivo del sindicato del crimen de Lansky principalmente a través del World Trade Bank controlado por Lansky en Nassau, Bahamas. El intermediario era un joven suizo, Sylvain Ferdmann, uno de los correos de Lansky.

Ferdmann no sólo era funcionario del banco de Rosenbaum y socio del Bank of World (controlado por John Pullman, viejo rival de Lansky), sino que, como el propio Michael Townley, también era el hombre que estaba detrás de Investors Overseas Services (IOS).

Cornfeld, el empleador de Townley, fue de hecho patrocinado originalmente por Rosenbaum, que se había convertido en un importante blanqueador de dinero en el tráfico mundial de drogas de Lansky. Desde los casinos de Lansky se transferían millones en billetes pequeños, a menudo disfrazados de ventas de bonos israelíes y contribuciones a filantropías judías a través del BCI y el IOS.

Por lo tanto, resulta cuando menos interesante que Michael Townley, con sus vínculos con el Mossad israelí no sólo durante el asesinato de JFK, sino también durante su participación en el asesinato de Letelier, esté asociado con los hermanos Novo, que a su vez estuvieron implicados en ambos crímenes.

También es interesante que la antigua oficina del senador James Buckley en Nueva York fuera, quizá por casualidad, el lugar de reunión para planear el asesinato de Letelier. Como ya se ha mencionado, E. Howard Hunt (implicado él mismo en el asesinato de JFK) y el hermano de Buckley, William F. Buckley Jr, editor (y antiguo colaborador de Hunt) eran amigos desde hacía mucho tiempo, desde sus tiempos en la CIA.

Por supuesto, se ha hablado mucho de la larga relación de Hunt con la comunidad cubanoamericana en actividades anticastristas, como principal enlace de la CIA con los cubanos.

LA CONEXIÓN DE BUCKLEY CON ISRAEL

Lo que no es muy conocido, sin embargo, es que la familia Buckley -incluidos los hermanos James y William- tenía vínculos fundamentales con Israel a través de sus diversas empresas petroleras familiares. En 1971, el boletín *Washington Observer* arrojó alguna luz interesante sobre las concesiones petrolíferas de la familia Buckley en Israel, establecidas por el padre de los Buckley.

Buckley padre creó la Pan-Israel Oil Co (con sede en Jerusalén), presidida por Buckley padre. Entre los directivos de la empresa había varios israelíes. Al mismo tiempo, Israel-Mediterranean Petroleum, Inc. se constituyó bajo las leyes de Panamá. Las oficinas principales de la empresa estaban en Jerusalén, en la misma dirección que la Pan-Israel Oil Co. James L. Buckley era uno de los vicepresidentes. Todas las acciones con derecho a voto de ambas empresas estaban depositadas en el fideicomiso de voto. Sin embargo, ningún miembro de la familia Buckley votaba. Los directores con derecho a voto tenían nombres judíos.

Pan-Israel e Israel-Mediterranean poseían conjuntamente ocho licencias petrolíferas, todas ellas situadas en Israel. Las dos empresas también eran propietarias de Mana Oil Distributors y Tri-Continent Drilling Co, filial de Pantepec Oil Company (posteriormente absorbida por Pantepec International Petroleum, Ltd.).

El Presidente de PIP, Ltd. era John W. Buckley, quien, junto con su hermano James L. Buckley, formaba parte del Consejo de Administración. Juntas, estas empresas operaban a escala mundial con propiedades petrolíferas en Australia, Sudamérica, Canadá, Libia, el Sáhara español, Filipinas e Israel.[322]

El hecho de que la familia Buckley, vinculada a Hunt y a la CIA, esté también estrechamente relacionada con los hermanos Novo, implicados en los asesinatos de JFK y Orlando Letelier, resulta especialmente interesante.

Sin duda, tanto más cuanto que el socio de los hermanos Novo en el asesinato de Letelier estaba estrechamente vinculado al Sindicato del Crimen Organizado de Meyer Lansky y a una operación de blanqueo de dinero patrocinada por el Mossad.

Sin embargo, por increíble que parezca, también existe un extraño vínculo entre la familia Buckley y un actor clave en el extraño mundo del presunto asesino de JFK, Lee Harvey Oswald, y la conspiración del asesinato de JFK.

LA CONEXIÓN BUCKLEY - De Mohrenschildt

Este vínculo se produjo en la persona de George De Mohrenschildt, un noble ruso original, que entabló amistad con Oswald en el momento del regreso del joven estadounidense de su exilio (algunos dirían "servicio de la CIA") en la Unión Soviética. De Mohrenschildt, que tenía fama de haber trabajado para varias agencias de inteligencia internacionales, mantenía una larga relación con la CIA, que se remontaba a la predecesora de la CIA, la Oficina de Servicios Estratégicos (OSS), donde, por cierto, había servido el propio E. Howard Hunt.[323]

Pero el noble europeo viajó por el mundo principalmente como ingeniero petrolero. Fue en calidad de tal como entró en contacto con la familia Buckley. A partir de 1945, De Mohrenschildt trabajó directamente bajo la dirección de Warren Smith, a la sazón presidente de Pantepec Oil Co, la compañía petrolera mexicana de la familia Buckley fundada en 1914. De Mohrenschildt y Smith acabaron formando la Cuban-Venezuelan Oil Trust Co. Curiosamente, para entonces Pantepec, de la familia Buckley, ya había dirigido su atención a Venezuela.[324]

A pesar de la debilidad de todos los vínculos con Buckley, existen, sin embargo, pruebas sólidas de un vínculo entre los Buckley y De Mohrenschildt. Resulta que en la libreta de direcciones de De Mohrenschildt figura un tal "Buckley, W.F.".[325]

DE MOHRENSCHILDT Y HUNT

La carrera de De Mohrenschildt parece haberse cruzado regularmente con la de E. Howard Hunt, amigo de William F. Buckley Jr. y mentor de la CIA. Hunt y De

---

[322] *Washington Observer*, 1 de noviembre de 1971.
[323] Jim Marrs. *Crossfire: The Plot That Killed* Kennedy (Nueva York: Carroll & Graf Publishers, Inc., 1989), p. 200.
[324] Michael Canfield y Alan J. Weberman. *Coup d'État in America: The CIA and the Assassination of John F.* Kennedy (Nueva York: The Third Press, 1975), p. 29.
[325] John Loftus y Mark Aarons. *The Secret War Against the Jews* (Nueva York: St. Martin's Press, 1994), p. 599.

Mohrenschildt habían trabajado para la Agencia para el Desarrollo Internacional (AID); Hunt para la Administración de Cooperación Económica (ECA), una filial de la AID, y De Mohrenschildt, a finales de los años cincuenta, para la Administración de Cooperación Internacional (ICA), la filial de la AID que sucedió a la ECA.

Hunt y De Mohrenschildt también estuvieron en Cuba en 1956, durante el turbulento periodo previo a que Fidel Castro expulsara de la isla al sindicato del crimen organizado de Meyer Lansky. Aunque De Mohrenschildt afirmó posteriormente que se encontraba allí por asuntos petrolíferos, Hunt asistía a una reunión de jefes de la CIA de las regiones del Caribe y Centroamérica.

En 1960, Hunt y De Mohrenschildt también aparecieron en Guatemala cuando se entrenaban tropas para lo que sería la debacle de Bahía de Cochinos, inicialmente destinada a derrocar a Castro. De Mohrenschildt afirmó que él y su esposa estaban visitando Centroamérica. Hunt, en cualquier caso, era el contacto de la CIA con los grupos cubanos anticastristas.[326]

En 1963, sin embargo, De Mohrenschildt se había trasladado a Dallas y se había hecho amigo de Lee Harvey Oswald, quien, para entonces, se mezclaba fácilmente con los cubanos anticastristas que estaban directamente bajo la dirección del principal enlace de la CIA con estas fuerzas: E. Howard Hunt.

Probablemente nunca sabremos qué papel desempeñó De Mohrenschildt en el complot para asesinar a JFK. Al final, el noble trotamundos murió (al parecer por su propia mano) la mañana del 29 de marzo de 1977, poco antes de reunirse con un investigador del Comité Especial de Asesinatos. La esposa de De Mohrenschildt creía que el suicidio de su marido había sido inducido.

En cualquier caso, hay otra extraña coincidencia: De Mohrenschildt acababa de conocer -antes de su muerte- al escritor Edward Jay Epstein. En el capítulo 8 vimos que Epstein era el principal autor de la teoría de que Lee Harvey Oswald estaba bajo influencia soviética cuando asesinó a John F. Kennedy. La fuente principal de la teoría de Epstein fue James Jesus Angleton, aliado de Israel en la CIA.

LA CIA Y LA OEA

Fue más o menos al mismo tiempo que la guerra de JFK con la CIA cuando ésta se implicó activamente en un esfuerzo por derrocar al presidente francés Charles De Gaulle, proporcionando ayuda y apoyo al Ejército Secreto Francés (OAS), respaldado por Israel, que luchaba contra la decisión de De Gaulle de conceder la independencia a Argelia.

[327]Aunque las audiencias del Comité Church del Senado sobre las actividades clandestinas de la CIA concluyeron posteriormente que no había habido ninguna implicación de la CIA con la OEA, existen pruebas muy sólidas de lo contrario.

El general Maurice Challe, antiguo comandante en jefe de las fuerzas francesas en Argelia y líder del levantamiento militar contra De Gaulle en abril de 1961, se convirtió en una figura clave de la OEA. Aunque Challe insistió en que "no tenía ningún contacto personal con países extranjeros" y que, de hecho, había evitado

---

[326] *Ibid*, pp. 29-30.
[327] Alistair Horne. *A Savage War of Peace*. (Middlesex, Inglaterra: Penguin Books, 1977), p. 498.

deliberadamente todos esos contactos para no incurrir en la más mínima acusación de haber sido conducido allí por bayonetas extranjeras.

"No obstante", según el historiador Alistair Horne, "algunos [de los subordinados de Challe] parecen haber hecho sondeos informales, y muy aproximados, tras representantes de varios países que podrían considerarse simpatizantes, entre ellos Portugal, España, Israel y Sudáfrica."[328]

"Los rumores sobre la implicación clandestina de Estados Unidos eran muy fuertes en Francia. Innegablemente, durante su estancia en el cuartel general de la OTAN, el popular Challe hizo amistad con muchos generales americanos que no ocultaban su antipatía por De Gaulle en la OTAN, llegando incluso a expresar, bajo una profusión de whisky escocés, un cierto entusiasmo por cualquiera que pudiera librar a Francia de su turbulento presidente, o al menos obligarle a cambiar de opinión."[329]

"También corrían rumores de que la CIA había prometido a Challe el reconocimiento estadounidense si lograban mantener a los comunistas fuera del norte de África. Sin embargo, cualquier esperanza que esto pudiera haber engendrado dentro del complot se desvaneció rápidamente cuando el embajador [de John F. Kennedy] en París, el general James M. Gavin, aseguró firmemente a De Gaulle que si algún rebelde intentaba desembarcar en bases francesas donde hubiera tropas estadounidenses, abrirían fuego inmediatamente."[330]

Existen más pruebas de que la CIA estaba implicada en conspiraciones con la OEA. Según el historiador Alexander Harrison, "a principios de diciembre de 1961, un tal 'Coronel Brown' de la oficina de la CIA en Francia, solicitó una reunión con Salan, [General Raoul líder de la OAS], y ofreció a Salan armas suficientes para equipar un ejército de 50.000 hombres."[331]

Aunque algunos especularon con la posibilidad de que los supuestos agentes de la CIA no pertenecieran realmente a la CIA, el propio general Salan declaró: "Estaba seguro de que iban en serio, porque conocían a todas las personas adecuadas y sus referencias eran perfectas". De hecho, al final se entregaron algunas armas.[332] Así que realmente no hay duda de que la CIA estaba apoyando secretamente a la OAS en su guerra contra De Gaulle.

Sabemos que durante este mismo período, la CIA tuvo al menos un contacto con la OEA. Se trataba de E. Howard Hunt, responsable político de la agencia para los exiliados cubanos anticastristas.

En los capítulos 15 y 16 examinamos con más detalle los vínculos de Hunt con la OEA, en particular en relación con los principales implicados en el complot para asesinar a JFK.

OEA Y "AMIGOS DE ISRAEL EN FRANCIA

---

[328] *Ibid*, p. 445.
[329] *Ibid*, pp. 445-446.
[330] *Ibid*, p. 447.
[331] Alexander Harrison. *Challenging De Gaulle: The OAS and the Counterrevolution in Algeria* (Nueva York: Praeger Publishers, 1989), p. 70.
[332] Alistair Horne. *A Savage War of Peace*. (Middlesex, Inglaterra: Penguin Books, 1977), p. 498.

Uno de los pocos conservadores estadounidenses que reconoció la extraña dinámica entre De Gaulle y la CIA fue Dan Smoot, que ya en 1958 declaró perspicazmente: "En la actual calumnia liberal globalista contra De Gaulle, los izquierdistas machacan con que De Gaulle es antiamericano; pero nunca dicen por qué".[333] Señaló que De Gaulle estaba enfadado por el apoyo de la CIA a la izquierda anti-De Gaulle en Francia, y comentó que De Gaulle era más bien "anti-CIA, que es otra historia".[334] Y añadió: "*El New York Times* estaba casi histérico cuando De Gaulle llegó al poder. Se puede entender por qué".[335]

[336]Según el historiador israelí Benjamin Beit-Hallahmin, de hecho, en la época del complot de la CIA contra De Gaulle, es importante señalar que los dirigentes de la OAS antes mencionados -Salan y Challe-, entre muchos otros, "eran conocidos como amigos de Israel en Francia".

Finalmente, Israel recompensó a Challe por sus esfuerzos. [337]Tras su salida de la cárcel en 1967, después de haber sido condenado por su participación en el intento de derrocar a De Gaulle, Challe fue contratado por Zim, la compañía naviera israelí, que formaba parte del imperio internacional de uno de los activos más valiosos del Mossad, el multimillonario Shaul Eisenberg, cuyas empresas eran parte integrante de la economía del propio Estado de Israel.

Conocemos a Eisenberg en el capítulo 7, donde nos enteramos de su asociación con el oficial del Mossad Tibor Rosenbaum en el Swiss-Israel Trade Bank. Pero sabremos mucho más sobre Eisenberg y sus aventuras en nombre de Israel para crear un arsenal nuclear más adelante en estas páginas. Y lo que es más importante, veremos cómo las actividades de Eisenberg están directamente relacionadas con el asesinato de JFK, una historia que nunca antes se había contado.

Es bastante significativo que Israel y sus aliados de la CIA conspirasen contra Charles De Gaulle durante el mismo periodo, cuando también conspiraban contra John F. Kennedy, como veremos.

TRES FUERZAS PODEROSAS

Todos estos vínculos ilustran el círculo vicioso que une continuamente a los actores clave de la conspiración internacional que incluye no sólo a la CIA y al Mossad israelí sino también al sindicato del crimen de Meyer Lansky, tres poderosas fuerzas que querían a John F. Kennedy fuera de la Casa Blanca.

---

[333] Dan Smoot. *"De Gaulle y la CIA"*. *The American Mercury*. Octubre de 1958.
[334] *Ibid.*
[335] *Ibid.*
[336] Benjamin Beit-Hallahmi. *The Israeli Connection-Who Israel Arms and Why* (Nueva York: Pantheon Books, 1987), p. 220.
[337] *Ibid.*

CAPÍTULO X

El secuaz del secuaz
Meyer Lansky y Carlos Marcello -
¿Mató la Mafia a JFK?

Carlos Marcello, el alias de Meyer Lansky en Luisiana, se ha convertido en el blanco favorito de los investigadores del asesinato de JFK, a quienes les gusta decir que "La Mafia mató a JFK".

El hecho es que el acusador más formidable de Marcello, G. Robert Blakey, Director de Personal de la Comisión de Investigación de la Casa de los Asesinatos, estaba en nómina de una figura clave del Sindicato del Crimen Organizado de Meyer Lansky.

Marcello era sólo un engranaje del sindicato de Lansky. Su papel clave en la escena de Nueva Orleans -escenario de gran parte de la planificación previa al asesinato- le convirtió en el chivo expiatorio perfecto. Marcello también tenía vínculos con los aliados de Israel en la CIA. La historia de Marcello no termina ahí.

Fue el patético grito de Lee Harvard Oswald de "Sólo soy un chivo expiatorio" lo que se inmortalizó. Irónicamente, sin embargo, uno de los presuntos autores intelectuales del asesinato de JFK -el muy publicitado "jefe del crimen" de Nueva Orleans- podría hacer la misma afirmación. Se trata, por supuesto, del truculento Carlos Marcello, apodado "el hombrecillo", apodo que compartía con Meyer Lansky.

ACUSAR A MARCELLO

El libro de John W. Davis, *Mafia Kingfish: Carlos Marcello and the Assassination of John F. Kennedy*, nombra a Marcello como el probable autor intelectual del asesinato de JFK. Por sí solo, sin más pruebas que las que hemos citado en las páginas de *Juicio Final*, en este capítulo y en otros lugares, el argumento de Davis parece razonable. Pero, como ya hemos dicho, sus conclusiones no se basan en la totalidad de las pruebas de que disponen quienes se interesan por el panorama general.

DISTORSIONANDO LA VERDAD

En *Contract on America: The Mafia Murder of President John F. Kennedy*, David Scheim también culpa a "la Mafia" del asesinato de JFK y señala a Carlos Marcello en particular. Por alguna razón, sin embargo, Scheim resta importancia (incluso ignora) el papel fundamental de Meyer Lansky en la Mafia.

A los ojos de Scheim, Lansky no era más que un actor menor, lo que contradice frontalmente la propia historia de la delincuencia organizada que, debido a la realidad de la situación, se ve obligada a reconocer la especial influencia de Lansky.

Scheim, de hecho, hace todo lo posible por sugerir que Lansky tuvo muy poca importancia en el curso general de los acontecimientos. Escribe: "Meyer Lansky, el difunto financiero del sindicato, no podía actuar sin la aprobación de los superiores de la Mafia".[338] Esto simplemente no es cierto en ningún sentido de la palabra. Que Scheim pueda hacer semejante sugerencia indica que está decidido a ignorar todo el panorama.

Scheim señala, incorrectamente, que los supuestos "superiores mafiosos" de Lansky lo mantenían bajo vigilancia constante a través de un tal Jimmy "Blue Eyes" Alo, a quien Scheim describe como un "caporegime" de la familia mafiosa genovesa de Nueva York.[339] En efecto, Alo estaba estrechamente relacionado con Lansky, pero no sólo era un amigo íntimo, sino también un socio comercial. No era, contrariamente a la extraña invención de Scheim, un líder de la Mafia de Meyer Lansky.

CLAY SHAW Y LA CIA

También es interesante la determinación de Scheim de ignorar el papel de la comunidad de inteligencia en la conspiración del asesinato de JFK, en particular el de la CIA. En su libro, Scheim hace todo lo posible por presentar al fiscal del distrito de Nueva Orleans, Jim Garrison, como un instrumento de la Mafia y un socio de Carlos Marcello. También ataca la investigación de Garrison sobre el empresario internacional Clay Shaw.

Según Scheim, "la acusación de Garrison contra Clay Shaw, que se convirtió en su principal culpable, fue igualmente extraña. Director jubilado del New Orleans International Trade Mart, Shaw era un liberal de voz suave que pasaba la mayor parte de su tiempo restaurando casas en el antiguo Barrio Francés."[340]

Lo que Scheim no señala -y que no podía haber pasado por alto en la medida en que era un autoproclamado investigador de larga data del asesinato de JFK- es que Shaw estaba de hecho involucrado con la CIA. - es que Shaw estaba de hecho involucrado con la CIA.

IGNORAR LOS HECHOS

Este hecho era bien conocido por los investigadores del asesinato de JFK en el momento en que el libro de Scheim entró en imprenta. Simplemente no hay excusa racional para la supresión deliberada de este hecho esencial por parte de Scheim.

Sin embargo, en el capítulo 15 examinaremos el papel central de Shaw en la trama, en la que participaron no sólo la CIA, la Mafia y el Sindicato del Crimen Organizado de Meyer Lansky, sino también el Mossad israelí.

---

[338] David E. Scheim. *Contract on America: The Mafia Murder of President John F. Kennedy* (Nueva York: Shapolsky Publishers, Inc., 1988), p. 120.
[339] *Ibid.*
[340] *Ibid*, p.48.

Evidentemente, para perpetuar el mito de que "La Mafia mató a JFK", Scheim está obligado a evitar los hechos que socavan su tesis. Y eso es precisamente lo que ha hecho.

El libro de Scheim (y la obra de John W. Davis mencionada anteriormente) se basan en gran medida en una obra publicada anteriormente, *The Plot to Kill the President: Organized Crime Assassinated JFK* de G. Robert Blakey y Richard N. Billings.

(El libro de Scheim, de hecho, es poco más que una reescritura de muchos de los mismos datos, y poco más que una historia mafiosa, disponible en muchas fuentes clásicas. En general, el libro de Scheim fracasa estrepitosamente en su intento de echar la culpa a otros.

(Y a la luz de los hechos que descubrimos en las páginas de *Juicio Final*, probablemente merezca la pena señalar que la editorial de Scheim, Shapolsky Publishers, está afiliada a una empresa israelí, un hecho que quizás podría tener algo que ver con la decisión de promover un libro que atribuye el asesinato de JFK a "la mafia".

Es lamentable que Scheim y Davis se basaran en el trabajo de Blakey y Billings, sobre todo porque este libro procede de lo que sólo puede calificarse de fuente sospechosa.

Blakey, por supuesto, era el jefe del Comité Selecto de Asesinatos de la Cámara de Representantes, que llegó a la conclusión de que probablemente había habido una conspiración detrás del asesinato del Presidente y que, muy probablemente, miembros de la "Mafia" habían estado involucrados.

EL SABOTAJE DE LA GUARNICIÓN

Richard Billings, que trabajó junto a Blakey en la investigación del Comité de la Cámara de Representantes, no era ajeno al complot para asesinar a JFK. De hecho, Billings había sido el editor de la revista *Life*, que había dirigido un equipo de su revista a Nueva Orleans para trabajar con el entonces fiscal del distrito Jim Harrison en su investigación sobre el asesinato de JFK.

Garrison señala, sin embargo, que *Life*, por su parte, hizo exactamente lo contrario. *Life* publicó varios artículos importantes que vinculaban a Garrison con el crimen organizado -con la Mafia-, concretamente con Carlos Marcello, desacreditando así a Garrison a los ojos de quienes creyeron las mentiras.[341]

Por eso, cuando Blakey y Billings se asociaron para escribir el libro basado en sus experiencias con el Comité Selecto de la Cámara de Representantes sobre Asesinatos, reservaron duras críticas para Garrison y sugirieron que había señalado falsamente a la comunidad de inteligencia encubriendo la implicación de Marcello en el crimen.

Billings también resultó ser cuñado de C.D. Jackson, el editor de la revista *Life* a quien el periodista de investigación Carl Bernstein describió como "[el propietario de *Life*] el emisario personal de Henry Luce ante la CIA."[342] Billings -presumiblemente-

---

[341] Jim Garrison. *On the Trail of the Assassins* (Nueva York: Sheridan Square Press, 1988), pp. 163-164.
[342] Peter Dale Scott. *Deep Politics and the Death of JFK* (Berkeley, California: University of California Press, 1993), p. 55.

también desempeñó un papel recurrente en la cobertura de *Life* de las incursiones de exiliados cubanos en la Cuba castrista respaldadas por la CIA.

EL "EXPERTO" DE LA DELINCUENCIA ORGANIZADA

Por tanto, el trabajo de Blakey y Billings dio gran relevancia a Marcello como uno de los impulsores de la conspiración. Sin embargo, las afirmaciones de Blakey sobre el papel de "la Mafia" no pueden calificarse más que de sospechosas. *Como veremos, es una larga historia.*

Profesor de Derecho y Director del Instituto sobre Crimen Organizado de la Universidad de Notre Dame, Blakey es a menudo anunciado por los medios de comunicación como una de las principales autoridades del país en materia de "mafia".

Antiguo fiscal especial del Departamento de Justicia bajo el mandato del entonces Fiscal General Robert Kennedy, Blakey es el autor de la famosa Ley RICO (Racketeer Influenced and Corrupt Organizations), que se ha convertido en una herramienta fundamental en los procesos federales contra la delincuencia organizada.

Como resultado, las conclusiones de Blakey sobre el papel de "la Mafia" (y más concretamente el papel de Carlos Marcello) en la conspiración del asesinato de JFK obtuvieron un amplio reconocimiento y credibilidad. Sin embargo, sólo dos años antes de ser nombrado director del Comité Selecto de la Cámara de Representantes sobre Asesinatos, Blakey tenía una relación diferente con el crimen organizado: **había sido empleado por una de las principales figuras del sindicato de Lansky.**

LA CONEXIÓN BLAKEY - LANSKY

Después de que la revista *Penthouse* publicara un artículo en el que se afirmaba que el club de campo La Costa de Carlsbad (California) estaba relacionado con los bajos fondos, varios fundadores de La Costa llevaron a *Penthouse* a los tribunales. Uno de los demandantes en el caso de La Costa era Morris "Moe" Dalitz, un antiguo traficante de drogas de Detroit y Cleveland convertido en propietario de un casino de Las Vegas que había mantenido durante mucho tiempo una estrecha relación comercial con Meyer Lansky.

Robert Blakey formaba parte del equipo jurídico de Dalitz. Se trataba sin duda de un puesto especial para un autoproclamado "luchador contra el crimen" como Blakey. El gran luchador contra el crimen, de hecho, proporcionó una declaración jurada en nombre de Dalitz contra *Penthouse*.[343]

El empleador de Blakey, Dalitz, era de hecho una parte integral del sindicato de Lansky. En el Capítulo 4, aprendimos que la notoria Banda Púrpura de Detroit había puesto un contrato sobre la vida del Embajador Joseph P. Kennedy, padre del futuro Presidente, por interferir en su "territorio" durante la Prohibición. Kennedy, como hemos visto, se puso en contacto con el jefe de la mafia de Chicago, Sam Giancana, que intervino en nombre de Kennedy, convenciendo a la Banda Púrpura para que cancelara el "asesinato" planeado. Por aquel entonces, uno de los principales líderes

---

[343] Mark Lane. *Plausible Denial* (Nueva York: Thunder's Mouth Press, 1991), p. 34.

de la Banda Púrpura no era otro que Moe Dalitz, una prometedora figura de los bajos fondos.

DALITZ, SIEGEL Y LANSKY

Según William Roemer, especialista del FBI en delincuencia organizada, "Moe Dalitz comenzó su carrera delictiva durante la época de la Ley Seca. Era uno de los almirantes de la 'Pequeña Armada Judía' de Detroit cuando, como corredor de ron, cruzó el río Detroit en ferry a través de Canadá para saciar la sed de los muchos ciudadanos de la Ciudad del Motor deseosos de probar el whisky, el vino y la cerveza prohibidos por el 'Noble Experimento'".[344] Este fue el comienzo de una larga y estrecha relación de trabajo entre Lansky, "el presidente del Consejo del Crimen Organizado" y Morris Dalitz.

De hecho, según Roemer, fue Dalitz el principal instigador de la acción del sindicato contra Benjamin "Bugsy" Siegel, amigo de la infancia y colega de Lansky que murió tiroteado en 1947.

Según Roemer, fue Lansky quien envió a Dalitz a Las Vegas para investigar las actividades de Ben Siegel. Dalitz, informa Roemer, "fue el principal contribuyente a la creciente opinión de que nada era legal. Su informe fue la razón principal por la que Lansky, [Frank] Costello y todos los demás, se presentaron en la asamblea [del crimen organizado] en La Habana en diciembre de 1946 y más tarde en junio, cuando finalmente se decidió fusilar a Bugsy".[345]

En el capítulo 13 analizamos con más detalle la conexión entre Lansky y Siegel y examinamos el extraño papel que el inimitable Mickey Cohen, sucesor de Siegel como secuaz de Lansky en la Costa Oeste, desempeñó en las maquinaciones de Israel contra JFK y en la conspiración para asesinar a JFK.

De hecho, como resultado directo del asesinato de Seigel, Dalitz se convirtió en el contacto oficial de Lansky en Las Vegas, convirtiéndose en el "Padrino de Las Vegas". Sin embargo, no sería hasta treinta años después cuando Robert Blakey, el principal defensor de la teoría de que "La Mafia mató a JFK" acabaría en el equipo de Morris Dalitz, proclamaría a Dalitz inocente de cualquier conexión con el hampa y desviaría la atención de cualquier vínculo directo entre Lansky y la conspiración del asesinato de JFK.

Por desgracia para Blakey, Dalitz y La Costa, *Penthouse* ganó su demanda por difamación y repudió de hecho el certificado de personalidad de Blakey en nombre de Dalitz y sus asociados.

Así que el principal defensor de la teoría de que "la Mafia mató a JFK" se alineó para defender a uno de los socios más cercanos de Meyer Lansky: la legendaria figura del hampa Moe Dalitz.

[346]Unos siete meses después de que Blakey y el Comité Selecto de Asesinatos de la Cámara de Representantes publicaran su informe de que "La Mafia mató a JFK" - un informe que ignoraba cuidadosa y minuciosamente la influencia de Lansky en "la Mafia"-, el *Wall Street Journal* informó en septiembre de 1979 de que Dalitz había sido

---

[344] William Roemer.*War of the Godfathers.*(NuevaYork:DonaldI.Fine, Inc., 1990), p. 53.
[345] *Ibid*, p. 55.
[346] Wm. Pepper. *Órdenes de matar.* (Nueva York: Carroll & Graf, 1995), p. 63.

identificado desde hacía tiempo por las autoridades federales como un alto asesor permanente del crimen organizado. Esta vez, Dalitz no presentó una demanda por difamación.

ISRAEL RINDE HOMENAJE A DALITZ

Sin embargo, la imagen pública de Dalitz no se resintió por la victoria de *Penthouse* en la demanda por difamación ni por el reportaje *del Wall Street* Journal. Por el contrario, en 1983, la Liga Antidifamación (ADL) de B'nai B'rith concedió al antiguo miembro de los bajos fondos de Las Vegas y "filántropo" su prestigioso "Premio Antorcha de la Libertad".

Evidentemente, la ADL no tuvo ningún problema en conceder su máximo honor a uno de los mayores líderes del crimen organizado. Al parecer, el servicio de Dalitz a la causa de Israel se consideraba más importante que sus actividades en los bajos fondos. Y Dalitz era, en efecto, un ferviente defensor de la causa de Israel.

De hecho, Dalitz era el contacto clave en el medio oeste para el Instituto Sonneborn -la empresa israelí de contrabando de armas- que conocimos en el capítulo 7, donde analizamos los antiguos vínculos del Sindicato Lansky con Israel. Así que podemos entender por qué la ADL estaba tan interesada en recompensar a Dalitz por sus servicios.

En el capítulo 17 examinaremos la inmensa influencia de la ADL en los medios de comunicación estadounidenses. También veremos un ejemplo de cómo un viejo colaborador de la ADL lanzó una "nueva" teoría sobre el asesinato de JFK, un montaje que parece haber sido orquestado por los amigos de Israel en la CIA.

Por su parte, el defensor de Dalitz, Robert Blakey, prefiere claramente mirar en la dirección de los miembros italianos de los bajos fondos, pero no más allá. Como vimos en el capítulo 7 (y analizaremos más adelante en este capítulo y en otros lugares) las diferencias entre "la Mafia" y el crimen organizado en su conjunto son mucho más profundas de lo que Blakey nos quiere hacer creer.

BLAKEY Y LA CIA

Blakey también se negó a reconocer el papel de la inteligencia estadounidense, en particular de la CIA, en el asesinato de JFK. No es sorprendente que destacados investigadores del asesinato de JFK, como Mark Lane, que escribe en *Plausible Denial*, y Jim Marrs, en *Crossfire*, hayan criticado la estrecha relación de Blakey con la CIA. En su libro *Conspiracy*, Anthony Summers demuestra -con todo detalle- la subversión de la investigación de la Cámara por parte de la CIA que, al parecer, fue apoyada y alentada por el propio Blakey.

Blakey no disipó las sospechas de sus detractores haciendo revisar su libro por la CIA. El párrafo final del libro de Blakey -que, según un comentario cáustico de Carl Oglesby, otro investigador del asesinato de JFK, debería haber aparecido en las primeras páginas en lugar de enterrado al final del libro- decía lo siguiente:

"De conformidad con el acuerdo con el Comité Selecto de Asesinatos de la Cámara de Representantes, la Agencia Central de Inteligencia (CIA) y la Oficina Federal de Investigación (FBI) han revisado este libro en forma de manuscrito para determinar si la información clasificada que contiene se ha divulgado correctamente y que no se ha identificado a ningún informante. Ni la CIA ni el FBI garantizan la documentación fáctica ni respaldan las opiniones expresadas."[347]

Así que mientras Blakey estaba ocupado señalando con el dedo a Carlos Marcello y manteniéndolo alejado de la CIA y sus aliados del Mossad, los hechos sobre la relación de Lansky con Marcello contradicen la afirmación de Blakey de que "la Mafia" fue la fuerza impulsora de la conspiración para asesinar a JFK.

EL LÍDER DE LOUISIANA

El hecho es que cualquiera que fuera el papel que Carlos Marcello o alguno de sus subordinados desempeñara en el asesinato de JFK o en el encubrimiento, Marcello no era más que una tapadera del "jefe de todos los jefes": el jefe de Israel desde hacía mucho tiempo, el mismísimo Meyer Lansky. Marcello era, en efecto, el hombrecito del hombrecito. De hecho, Lansky era mucho más importante en términos de poder e influencia de lo que nunca sería Carlos Marcello, a pesar de su fama y reputación.

Para comprender los principales defectos de las teorías de Davis, Scheim, Blakey y Billings -y para subrayar la tesis *del Juicio* Final- es esencial recordar este hecho importantísimo.

Curiosamente, Davis señala que Marcello era, de hecho, un protegido de Lansky. Sin embargo, el autor no hace hincapié en la superioridad de Lansky sobre Marcello que debe hacerse en la presentación de cualquier teoría de que "La Mafia mató a JFK".

Para conocer la historia completa de la relación entre Lansky y Marcello estamos en deuda con Hank Messick, el valiente periodista de investigación especializado en la cobertura del crimen organizado. En su biografía de Meyer Lansky, describe cómo éste decidió sacar del anonimato a Marcello y poner en el negocio al supuesto "jefe de la mafia" de Luisiana. Messick relata cómo Lansky (a través de su antiguo socio y asociado Frank Costello) se trasladó por primera vez a Luisiana.

Presionados por el alcalde reformista de Nueva York, Fiorello La Guardia, Lansky y Costello decidieron que Nueva Orleans era el lugar ideal para trasladar sus operaciones de máquinas tragaperras. Costello se reunió en Nueva York con Huey Long, gobernador de Luisiana, quien accedió a abrir su estado al crimen organizado.

El socio de Lansky y Costello, "Dandy Phil" Kastel, fue enviado para hacerse cargo. Sin embargo, fue el propio Lansky quien viajó a Nueva Orleans para cerrar el trato con Long. Ambos se conocieron en el Hotel Roosevelt, que pertenecía a un amigo común, Seymour Weiss.[348]

(Sin embargo, no era el primer encuentro entre Lansky y Long. Ambos se habían visto por primera vez en la Convención Demócrata de 1932 en Chicago, en la que Franklin Delano Roosevelt, entonces gobernador de Nueva York, había sido nombrado presidente. Fue durante esta convención cuando los sobornos de Lansky, con el apoyo de Long, permitieron a FDR ganar la nominación de su partido. El antiguo socio de Lansky y principal enlace con el hampa italiana, Charles "Lucky"

---

[347] G. Robert Blakey y Richard N. Billings. *The Plot to Kill the President: Organized Crime Assassinated JFK-The Definitive* Story (Nueva York: Times Books, 1981), p. 401.
[348] Hank Messick, Lansky (Nueva York: Berkley Medallion Books, 1971), pp. 82-83.

Luciano, describe este memorable encuentro en sus memorias publicadas póstumamente).[349]

EL MERCADO ENTRE LONG y LANSKY

Fue en su segunda reunión decisiva cuando Long y Lansky llegaron a un acuerdo que selló irrevocablemente sus destinos y, en última instancia, condujo al inesperado asesinato de Long. El trato era el siguiente: a cambio de dejar operar al sindicato de Lansky en Luisiana, Long aceptaba un soborno mensual de 20.000 dólares. Las máquinas tragaperras de Lansky fueron instaladas por una empresa "sin ánimo de lucro". Sin embargo, de los primeros 800.000 dólares generados por Lansky y sus compinches de Nueva Orleans, las viudas y los huérfanos recibieron exactamente 600 dólares.[350]

Este acogedor acuerdo entre el sindicato del crimen organizado de Lansky y la poderosa maquinaria política de Huey Long, de Luisiana, propició el ascenso de Carlos Marcello. Messick, biógrafo de Lansky, describe los orígenes y la naturaleza de la relación entre Lansky y Marcello de la siguiente manera: "Sin embargo, Lansky era lo bastante listo como para reconocer que incluso la innovación de las máquinas tragaperras, que daban mucho dinero, nunca sería suficiente. Jake [el hermano de Lansky] figuraba como jefe de la Louisana Mint Company, el nuevo equipo que controlaba las máquinas tragaperras, pero faltaba algo.

"Encontró a Carlos Marcello cruzando el Mississippi en el barrio de Argel, en Nueva Orleans. Nacido en Túnez, había llegado a Nueva Orleans en 1910 y se había ganado la vida de diversas maneras, sin éxito. Tampoco se había molestado en hacerse ciudadano estadounidense.

"Lansky dio a Marcello una franquicia para la zona de Argel, que le permitía quedarse con dos tercios de los beneficios de las máquinas tragaperras. En 1940 ya tenía 250 máquinas en funcionamiento y estaba demostrando ser un eficiente hombre de negocios. Más tarde, recibió una parte del fastuoso Beverly Club, la mayor asociación de alfombras (un casino de género bon chic bon) de la zona y en aquel momento sólo superada por el Beverly Hills Club, a las afueras de Newport, Kentucky."[351]

MARCELLO LLEVA EL SOMBRERO

Las observaciones finales de Messick sobre la relación entre Lansky y Marcello son probablemente las más significativas: "Como testaferro, Marcello encajaba muy bien. En los años siguientes, fue considerado el jefe de la mafia en Luisiana -a pesar de haber nacido en Túnez- y resistió todos los esfuerzos por deportarlo o encarcelarlo.

---

[349] Martin A. Gosch y Richard Hammer. *The Last Testament of Lucky Luciano* (Boston: Little Brown & Company, 1974), pp. 156-157.
[350] Messick, *Ibid*.
[351] *Ibid*, pp. 86-87.

"Con toda la atención puesta en Marcello, el papel de Lansky fue casi olvidado - precisamente lo que Meyer quería. Finalmente, Lansky pudo trasladar a Kastel a Las Vegas y dejar que Marcello y Weiss dirigieran Nueva Orleans".[352]

"Meyer Lansky explicó una vez por qué había dejado la dirección de Nueva Orleans en manos de Marcello y otros. 'Había un montón de cosas que hacer en otros lugares', dijo".[353]

Messick fue aún más lejos, aunque sólo fuera para dejar claro que ni siquiera el famoso Beverly Club de Marcello era, en realidad, su feudo personal. Según Messick, "Costello y Kastel eran socios, Marcello tenía una pequeña parte, pero Lansky era el verdadero jefe".[354]

Aaron Cohn, que fue director de la Comisión contra el Crimen de Nueva Orleans, da crédito al análisis de Messick sobre esta relación. Según Cohn, "la Comisión llevaba tiempo recelando de la monumental naturaleza de los activos de Marcello, que eran demasiado grandes para ser controlados por un solo Don, incluso uno tan poderoso como Marcello".[355] Marcello, en resumen, actuaba como nominado de Meyer Lansky.

Todo esto, por supuesto, en conjunto, arroja más luz sobre la verdad acerca de la conexión Lansky - Carlos Marcello.

LANSKY, MARCELLO Y LA CIA

También hay pruebas de que Marcello trabajaba directamente con la CIA en al menos otra esfera de influencia que también vincula a Lansky, cuyas conexiones con la inteligencia estadounidense examinamos en el capítulo 7 y que profundizaremos en los capítulos 11, 12 y 14.

Según Sam y Chuck Giancana, en su biografía del jefe de la mafia de Chicago Sam Giancana, "Marcello era co-conspirador con la CIA en el tráfico de armas y un firme partidario de los exiliados anticastristas. Era un acuerdo, dijo [Giancana] en más de una ocasión, para devolver a Cuba su gloria anterior a Castro: sus lucrativos casinos y la prostitución."[356]

Pero había otro ámbito en el que Lansky, la CIA y Marcello mantenían una estrecha relación de trabajo: el tráfico ilícito de drogas. El informe del Comité de Operaciones Gubernamentales del Senado al 88º Congreso sobre "Crimen organizado y tráfico ilícito de drogas" señalaba que Nueva Orleans era entonces el principal punto de distribución de las drogas que entraban en Estados Unidos.

La mayoría de los observadores creen que uno de los negocios "legítimos" de Marcello, una empresa de pesca de gambas, formaba parte en realidad de la red de tráfico de drogas y armas.

(En el capítulo 12, veremos que Lansky fue el principal instigador de esta red de drogas, trabajando en colaboración con la CIA).

---

[352] *Ibid*, p. 87.
[353] *Ibid*.
[354] *Ibid*, p. 129.
[355] Robert D. Morrow. *The Senator Must Die: The Murder of Robert F. Kennedy* (Santa Monica: CA: Roundtable Publishing, Inc., 1988), p. 16.
[356] Sam Giancana y Chuck Giancana. *Double Cross: The Explosive Inside Story of the Mobster Who Controlled* America (Nueva York: Warner Books, 1992), p. 298.

Ni que decir tiene que la posición central de Marcello en Nueva Orleans hacía inevitable que el jefe mafioso tuviera una buena idea de cómo se estaba desarrollando la conspiración para asesinar a JFK, al menos en Nueva Orleans.

MARCELLO, FERRIE, BANISTER & LA CIA

Después de todo, el piloto personal de Marcello era el agente de la CIA David Ferrie, (ahora ampliamente conocido por su retrato en la serie de Hollywood *JFK*, de Oliver Stone). El papel aún indeterminado de Ferrie en el complot para asesinar a JFK, y su aparente asociación con el presunto asesino, Lee Harvey Oswald, no es más que otra pieza del rompecabezas.

Se trataba de Guy Banister, socio de Ferrie, cuya agencia de detectives privados de Nueva Orleans (un conducto para las armas de la CIA a los exiliados cubanos anticastristas) empleaba a varios de los otros amigos de Marcello. Banister, que había trabajado en la Oficina de Inteligencia Naval y más tarde fue agente especial a cargo de la oficina del FBI en Chicago, se había trasladado a Nueva Orleans.[357]

Según los Giancanas, Banister llevaba mucho tiempo cerca de la mafia de Chicago y fueron sus buenos oficios los que llevaron a Banister a la esfera de influencia de Marcello cuando el ex hombre del FBI se fue a Nueva Orleans, trabajando inicialmente para el departamento de policía de la ciudad.[358]

(En el verano de 1963, el Consejo Revolucionario Cubano, una creación de E. Howard Hunt, el principal contacto de la CIA con los grupos cubanos anticastristas, también tenía oficinas en el mismo edificio que Banister.[359] Conocemos a Hunt en el capítulo 9, donde nos enteramos de una demanda por difamación en la que Hunt y la CIA estaban directamente implicados en el asesinato de JFK).

Banister era claramente el intermediario entre la CIA y la operación de Lansky y Marcello en Nueva Orleans. Y fue a través de su oficina que Lee Harvey Oswald se convirtió en el chivo expiatorio. (Examinaremos más a fondo este aspecto del complot del asesinato de JFK en los capítulos 11, 14, 15 y 16).

Nueva Orleans y el feudo de Marcello eran, sin lugar a dudas, parte integrante del sindicato del crimen organizado de Lansky. Pero sugerir que Marcello fue la fuerza motriz del complot para asesinar a JFK es ignorar el panorama general.

LANSKY Y EL ASESINATO DE LONG

Como nota histórica de pasada, probablemente debería hacerse referencia a la desaparición de Huey Long y al papel que Lansky y sus socios desempeñaron en este importante acontecimiento político.

En 1935, Long había sido elegido senador y había adquirido relevancia nacional. De hecho, en general, Long era visto como una gran amenaza para las posibilidades de reelección de Franklin Delano Roosevelt en 1936. Long había dejado claro que si no se presentaba como candidato demócrata -o como candidato de un tercer partido-

---

[357] Morrow p. 30.
[358] Giancana, p. 255.
[359] Anthony Summers. *Conspiracy* (Nueva York: McGraw-Hill Book Company, 1980), p. 316.

en 1936, sin duda tenía la intención de desempeñar un papel importante en esas elecciones, y no del lado de FDR.

Como consecuencia, el Departamento de Justicia inició una investigación sobre Long y sus finanzas. Dicha investigación sacó a la luz la enmarañada red de acuerdos financieros de Long y amenazó con echar por tierra la máquina altamente rentable que Long había construido. No eran pocos los políticos de Luisiana y los socios de Long que temían su inminente desaparición junto a Long y lo que los fiscales federales les tenían reservado.

Como señala Messick -y esto es irónico- fue en una habitación de hotel de Dallas, Texas, donde las autoridades federales tomaron la decisión de acusar a Long. El truculento senador de Luisiana fue asesinado a tiros ese mismo día por un "asesino solitario" que a su vez fue abatido rápidamente por los guardaespaldas de Long.

A día de hoy, existen innumerables teorías conspirativas sobre el asesinato de Long. Hay quien dice que el presunto asesino nunca disparó, sino que había dado un puñetazo a Long y que el "arma del crimen" había sido colocada por los guardaespaldas, que querían ocultar que había sido uno de ellos quien había disparado accidentalmente a Long mientras disparaba a su agresor. Sin embargo, hay quien dice que uno de sus guardaespaldas disparó deliberadamente a Long.

En su biografía del jefe de la mafia de Chicago, la familia Giancana afirma que Sam Giancana declaró más tarde que "algunos de nuestros amigos de Nueva York lo habían matado, lo habían preparado con un jefe [de la mafia] de Nueva Orleans. Lo idearon de tal manera que pareciera el acto de un loco".[360]

Probablemente nunca sabremos la verdad. En cualquier caso, Long murió en el hospital pocas horas después del tiroteo. Lo que sí sabemos es que la muerte de Long eliminó de la escena una importante amenaza no sólo para la administración Roosevelt, sino también para la maquinaria de Long, que dependía en gran medida del Sindicato del Crimen Organizado de Lansky. Con Long fuera de juego, las autoridades federales perdieron interés en Luisiana y su oscuro submundo político.

Las pruebas sugieren ahora que la muerte de Long podría haberse evitado. Hank Messick cuenta la historia: en una reunión en Hot Springs, Arkansas, en el Hotel Arlington, poco después de la muerte de Long, Frank Costello informó a Lansky de la verdad sobre la marcha de Long. "Podríamos haberle salvado", dijo Costello a Lansky, "pero no le vi sentido. Los médicos tenían órdenes de dejarle morir".[361]

Al parecer, ésta fue la primera participación importante de Meyer Lansky en el asesinato de una figura política estadounidense con la que había colaborado el crimen organizado. Pero no sería la última vez.

No hay duda de que Carlos Marcello, el lugarteniente de Lansky, tenía sus propias razones para querer a John F. Kennedy fuera del camino. El Departamento de Justicia bajo Robert F. Kennedy había apuntado a Marcello en varias ocasiones.

La interesante biografía de John Davis sobre Marcello ofrece un análisis detallado de la campaña de Kennedy contra Marcello. No es de extrañar que Marcello pronunciara su famosa exclamación: "Livarsi na petra di la scarpa" ("Saca la piedrecita de mi zapato") Sin embargo, semejante arrebato emocional no lo convierte en una orden de asesinato.

---

[360] Giancana, p. 63.
[361] Messick, p. 84.

De hecho, no hay pruebas en ninguna parte de que Marcello tomara ninguna otra medida afirmativa -si es que puede llamarse orden- para que se cumpliera su orden.

SEGUIMIENTO DE LANSKY VÍA MARCELLO

Debe tenerse en cuenta que la persecución sistemática y el acoso de Robert Kennedy a Marcello fue sólo el primer paso lógico en la persecución de Meyer Lansky por parte del Departamento de Justicia.

Este es, por supuesto, un procedimiento clásico en todos los procesos similares contra el crimen organizado: primero se ataca a los subordinados y luego al jefe. En este caso, por supuesto, era el llamado "presidente del consejo", Meyer Lansky.

Seth Kantor, conocido de Jack Ruby y también biógrafo, lo resume bien: "Como Fiscal General, [Robert F. Kennedy] tenía más acusaciones contra miembros de la industria criminal estadounidense que ningún otro fiscal anterior, persiguiéndolos sin descanso.

"Meyer Lansky, por ejemplo, ya no estaba a salvo tras las puertas cerradas de la suite ejecutiva de la industria. El Fiscal General reunió lo que el Departamento de Justicia reconoció como la División de Crimen Organizado (OCD) y rastreó las operaciones secretas de Lansky en las Bahamas y Las Vegas".[362]

El asesinato de John F. Kennedy y el fracaso de la campaña de Robert Kennedy contra el crimen organizado como consecuencia directa impidieron que esto sucediera. El fin de la guerra de Kennedy contra el crimen organizado fue la principal consecuencia -una gran victoria- para el bastión del crimen organizado de Meyer Lansky.

Por supuesto, como dijimos, incluso si el asesinato de JFK fue puramente una operación de la Mafia -sin tentáculos que llevaran a otra parte- fue Lansky quien lo ordenó desde el principio.

Meyer Lansky era el superior inmediato de Carlos Marcello en el mundo del crimen organizado, y no al revés. No se puede eludir la posición crucial de Lansky en el centro de la vasta conspiración. Lo que mostramos aquí es que la conspiración va mucho más allá de la "mafia". Y eso es lo que constituye el núcleo de nuestra tesis.

LANSKY'S "KOSHER NOSTRA"

Curiosamente, el biógrafo de Ruby, Seth Kantor, diferenciaba entre lo que él llamaba la "Casher Nostra" de Lansky y lo que él llamaba por separado "la Cosa Nostra siciliana de sangre caliente".[363] Hay que reconocer que Carlos Marcello suspiró de satisfacción cuando John F. Kennedy murió en Dallas. Pero Meyer Lansky fue sin duda el máximo beneficiario.

Cualquier operación de envergadura como el asesinato de un presidente -incluso si era propuesta únicamente por Marcello- tenía que ser aprobada primero por el jefe, Meyer Lansky. Así que tuvo que ser el propio Lansky quien diera el visto bueno, aunque el complot para asesinar a Kennedy proviniera únicamente de Marcello.

---

[362] Seth Kantor. *Who Was Jack Ruby?* (Nueva York: Everest House, 1978), p. 28.
[363] *Ibid.*

Las pruebas, por supuesto, sugieren, sin embargo, que Marcello y sus socios de Nueva Orleans eran simples peones en una conspiración más profunda que se originó en otro lugar. Sin embargo, su proximidad a Oswald y a Nueva Orleans los convirtió en un blanco fácil para quienes pretendían encontrar una conspiración "mafiosa" detrás del asesinato.

PALABRAS EN EL AIRE

Como ya se ha señalado, las mismas fuentes que señalan a Marcello como autor intelectual del asesinato de JFK optaron por ignorar el papel secundario de Marcello respecto a Meyer Lansky en la jerarquía del sindicato. Sin embargo, la Comisión de Investigación de la Cámara de Representantes sobre los Asesinatos de Robert Blakey, que estaba vinculada a Lansky, eludió cautelosamente la cuestión. En su informe final, la Comisión concluyó:

"En vista de las graves consecuencias posibles de un complot de asesinato por parte de la Comisión [es decir, la Comisión Nacional contra la Delincuencia Organizada], la Comisión concluyó que tal conspiración habría sido objeto de serias discusiones por parte de los miembros de la Comisión y que, incluso si tales discusiones hubieran podido ser protegidas, algunos rastros de ellas habrían surgido de la cobertura de vigilancia [de las autoridades federales]".

"Por lo tanto, fue posible concluir que era poco probable que el Sindicato Nacional del Crimen, actuando bajo la dirección de la Comisión, estuviera involucrado en el asesinato del Presidente Kennedy.

"Aunque la Comisión consideró improbable que el sindicato del crimen estuviera implicado en el asesinato, reconoció que un jefe del crimen organizado o una pequeña combinación de jefes actuando unilateralmente podrían haber formulado un plan de asesinato sin el consentimiento de la Comisión."[364]

Todo esto es palabrería, por supuesto. Sin embargo, también se podría concluir de la presunción de la Comisión que si el crimen organizado desempeñó efectivamente un papel importante en el complot de asesinato, no fue un complot que emanara de "la mafia", por ejemplo. Así que tal vez la conspiración procedía de otro lugar. Esta es, por supuesto, la conclusión presentada en *la Sentencia Definitiva*.

Sin quererlo, la investigación de la Cámara de los Comunes nos ha proporcionado una base aún más sólida para las conclusiones aquí expuestas.

NO SE MENCIONA A LANSKY

El informe del Comité Selecto de la Cámara de Representantes no decía nada sobre la conexión entre Lansky y Marcello. Nada más normal en los informes estándar sobre el asesinato de JFK que promueven la teoría de que "La Mafia mató a JFK". Lo que es particularmente interesante es que *Little Man*, la biografía de Robert Lacey, nunca menciona el patrocinio de Marcello por parte de Lansky, y el nombre de Marcello nunca aparece en el libro. La conexión con Nueva Orleans apenas se

---

[364] The House Committee. *The Final Assassination* Report (Nueva York: Bantam Books, 1979), p. 204.

menciona, y sólo de forma intermitente. ¿Acaso Marcello -que, según el FBI, encabezaba "la primera familia" de la Mafia- carecía de importancia?

¿Podría ser que, como el nombre de Marcello se ha asociado repetidamente con el asesinato de JFK, Lacey -un biógrafo muy simpático que trabajó estrechamente con la familia de Lansky- pensara que mencionar el nombre tan manido de Marcello haría obvia la vinculación de Lansky con el asesinato de JFK?

¿Es posible que Marcello y sus socios, como David Ferrie, fueran arrastrados intencionadamente a la periferia del complot del asesinato para plantar deliberadamente la posibilidad de que la responsabilidad del asesinato recayera en Marcello y la Mafia, en caso de que la imagen de Lee Harvey Oswald como "agitador procastrista" no funcionara?

Se trata, en efecto, de una posibilidad, y estaría firmemente en línea con la vieja política del Mossad israelí de utilizar "falsas banderas" en sus proyectos criminales.

Evidentemente, aún estamos muy lejos de conocer la realidad de la relación entre Meyer Lansky y los "sospechosos" clave del asesinato de JFK. Todo esto, una vez más, subraya el papel central de Lansky en la conspiración internacional que estamos documentando.

CAPÍTULO XI

Serenata cubana
Meyer Lansky, la Mafia, la CIA,
el Mossad y los complots para asesinar a Castro

Tres importantes figuras de la Mafia -Sam Giancana, Johnny Rosselli de Chicago y Santo Trafficante Jr. de Tampa- fueron figuras clave en los complots de la CIA y el hampa contra Fidel Castro y a menudo se les relacionó con el asesinato de JFK.

Aunque los tres gánsteres italoamericanos eran importantes miembros de la Mafia, las pruebas demuestran que también eran -como Carlos Marcello- subordinados de Meyer Lansky.

Nuevas y sorprendentes pruebas demuestran que Giancana y Rosselli colaboraban activamente con el Mossad, actuando esencialmente como meros "testaferros" del poco conocido Hyman Larner, cómplice de Meyer Lansky en Chicago, conectado con el Mossad y verdadero "jefe" de los bajos fondos de la Ciudad de los Vientos.

Carlos Marcello no es la única figura importante de la Mafia cuyas conexiones con Meyer Lansky, el jefe del sindicato del crimen organizado, fueron ignoradas por Robert Lacey, el amable biógrafo de Lansky. Tampoco se menciona al legendario Johnny Rosselli. ¿No valía la pena mencionar a Marcello y Rosselli?

¿Eran realmente tan insignificantes? No según los relatos tradicionales de la historia del crimen organizado. Tanto Marcello como Rosselli ocupan un lugar especial en los anales del folclore criminal, sobre todo en relación con el asesinato de Kennedy.

Es bastante significativo que Lacey decidiera eliminar a Rosselli de su relato de la vida de Lansky:

• Rosselli era una figura importante del crimen organizado en Los Ángeles, donde Ben Siegel, antiguo socio de Ben Lansky, y Mickey Cohen, sucesor de Siegel como agente de Lansky en la costa oeste, representaban los intereses de éste.

• Rosselli era una figura importante del crimen organizado en Las Vegas, donde Lansky dirigía importantes operaciones de juego. Era el principal representante local de Sam Giancana, jefe de la mafia de Chicago;

• Rosselli era una figura importante del crimen organizado en La Habana y representaba los intereses de la mafia de Chicago, donde Lansky también dominaba las operaciones de juego.

Según los relatos tradicionales, Rosselli fue una figura clave de la mafia moderna tal como la conocemos.

En resumen, mientras que las actividades de Marcello se desarrollaban casi exclusivamente en su feudo de la Costa del Golfo (y se extendían hasta Texas),

Rosselli operaba como embajador itinerante de la rama italiana del crimen organizado (conocida popularmente como "la Mafia"), principalmente para la rama de Chicago.

Sin embargo, los vínculos de Rosselli con Lansky fueron ignorados por Robert Lacey, biógrafo de Lansky. ¿Por qué? La biografía de Lacey (por lo demás muy detallada) sugeriría -al ignorar tanto a Marcello como a Rosselli- que Lansky no tenía relación alguna con ninguno de ellos, o que sus conexiones eran tan insignificantes que ni siquiera merecía la pena mencionarlas.

El nombre de Rosselli, como el de Marcello, también estuvo estrechamente relacionado con el asesinato de Kennedy.

Uno no puede evitar preguntarse por qué el biógrafo de Lansky no destacó estas importantes conexiones. Incluso se menciona a Tiger (descrito en el índice como "el perro de Lansky"), no una, sino dos veces (Carlos Marcello no se menciona en absoluto).

Rosselli también era especialmente cercano a Santo Trafficante Jr, el lugarteniente de Lansky en Florida y La Habana, que también es prácticamente una "no-persona" en el relato de Lacey sobre las empresas de Lansky. Y como veremos, es totalmente posible que fuera Trafficante quien organizara el asesinato final de Rosselli en nombre de la CIA.

Al igual que Rosselli, Trafficante también era una figura importante en los anales del crimen y, aún más que Rosselli, era un estrecho colaborador de Lansky. De hecho, como veremos con mucho más detalle en el capítulo 12, Trafficante, aunque era un importante "mafioso", era el subordinado inmediato de Lansky en el negocio del juego y las drogas.

En la biografía de Lansky escrita por Lacey, Trafficante también es descartado sin mucha consideración. De hecho, apenas se le menciona, salvo en pasajes menores: sólo ocho veces. De hecho, hay menos referencias a Trafficante que a Bruzzer, otro de los perros de Lansky, que cuenta con 13 referencias, incluido un examen detallado de los tristes últimos días del perro.

En el folclore del asesinato de Kennedy, también es particularmente relevante, dado que se nos dice repetidamente que Trafficante dijo una vez a José Alemán Jr, un rico exiliado cubano, que había que fusilar a JFK. Curiosamente, sin embargo, el resto de la historia no se cuenta. Según Curt Gentry, biógrafo de J. Edgar Hoover, la impresión de Alemán era que, aunque Trafficante tenía conocimiento de un complot para asesinar a Kennedy, él mismo "no era el principal artífice".[365] Entonces, ¿quién lo fue?

LA ALIANZA ENTRE LANSKY Y LA CIA

Todo lo relacionado con Rosselli y Trafficante es interesante, sobre todo en el contexto de su implicación central en los complots de la CIA y el crimen organizado para asesinar a Fidel Castro, que había tomado el control de las operaciones de juego de Lansky en La Habana.

---

[365] Curt Gentry. *J. Edgar Hoover: The Man and the Secrets*. (Nueva York: W. W. Norton & Company, 1991), p. 496.

El vínculo de Rosselli y Trafficante con Meyer Lansky debe explorarse más a fondo, ya que esta conexión insinúa otra área: los antiguos y estrechos lazos de Lansky con los aliados de Israel en la CIA. De hecho, como veremos en el capítulo 12, el vínculo de Lansky con la CIA iba mucho más allá de Cuba y el Caribe. Se extendía incluso al sudeste asiático.

Como vimos en el capítulo 7 (y que ha sido incansablemente documentado por cientos de escritores), el crimen organizado - Meyer Lansky en particular - tenía mucho que perder cuando el revolucionario comunista Fidel Castro llegó al poder en Cuba.

Antes de la llegada de Castro, Cuba era la principal base de operaciones del lucrativo sindicato del juego dirigido por Meyer Lansky y sus lugartenientes mafiosos. Anthony Summers lo resume bien:

"El predecesor de Castro, el dictador Batista, había sido durante mucho tiempo una marioneta de la inteligencia estadounidense y del hampa". En 1944, cuando Estados Unidos temía problemas con la izquierda cubana, se dice que Lansky convenció a Batista para que se apartara por un tiempo. Regresó en 1952, después de que el actual presidente, Carlos Prío Socarrás, hubiera sido persuadido de dimitir, una salida al parecer facilitada por un soborno de un cuarto de millón de dólares y una gran participación en el negocio de los casinos.

"En ese momento, el juego clandestino ya establecido en Cuba se convirtió en una mina de oro para la Mafia... Cuando el régimen de Batista empezó a desmoronarse ante el descontento popular en plena revolución, el hampa cubrió sus apuestas políticas cortejando a Fidel Castro.

"La mayoría de las armas que le ayudaron a tomar el poder en 1959 habían sido suministradas gratuitamente por traficantes de armas de la Mafia, una política que no dio sus frutos. Lansky vio las señales de alarma y voló de La Habana el día que Castro aterrizó".[366]

El periodista de investigación Jim Hougan describió la relación entre el sindicato del crimen organizado de Meyer Lansky y los cubanos, tanto Castro como sus enemigos. "La relación de la mafia con el régimen arrivista de Castro era tormentosa: por un lado, algunos de sus miembros habían participado activamente en la revolución, transportando armas a las guerrillas castristas. Por otro, el nuevo Primer Ministro cubano parecía decidido a erradicar los males sociales que el hampa encontraba tan rentables: las drogas, la prostitución y el juego. Castro encarceló a Trafficante y a Jake, el hermano de Meyer Lansky, al día siguiente de su triunfal marcha sobre La Habana.[367]

Sin embargo, el apoyo inicial del hampa a Castro se deterioró cuando éste demostró ser un peligro para las lucrativas actividades del sindicato de Lansky en Cuba. Fue entonces cuando el hampa dio un giro radical y empezó a trabajar contra Castro.

Aunque muchos miembros del sindicato aún esperaban reanudar sus actividades en Cuba tras la destitución de Castro, Lansky era más realista y práctico. Empezó a

---

[366] Anthony Summers. *Conspiracy* (Nueva York: McGraw-Hill Book Company, 1980), pp. 266-267.
[367] Jim Hougan. *Spooks: The Haunting of America-The Private use of Secret Agents.* (Nueva York: William Morrow & Company, Inc., 1988), pp. 335-226.

considerar las Bahamas como su próxima base para sus actividades clandestinas de juego en el Caribe.

A pesar de ello, Lansky mantuvo vínculos con los cubanos anticastristas. Fue en esta época cuando la CIA se preparaba para actuar contra Castro. Lansky desempeñó un papel clave en ello.

Por una razón aún más oscura, que a menudo pasaba desapercibida y probablemente no se decía, Lansky tenía otra razón para estar desencantado con Fidel Castro y apoyar a los cubanos anticastristas. El hecho es que muchos de los cubanos anticastristas que se establecieron en Miami y otros lugares tras la llegada de Castro al poder eran judíos cubanos.

LA "CONEXIÓN JUDÍA" CUBANA

Paul D. Bethel, propagandista anticastrista financiado por la CIA, nos proporciona algunos datos interesantes sobre la situación de los judíos en Cuba antes y después de la llegada de Castro al poder en el número del 15 de diciembre de 1965 de *Latin America Report* (subtitulado "Free Cuba News"). Bethel señaló que de un total de 11.000 judíos en Cuba en el momento en que Castro tomó el poder, sólo quedaban 1.900 en ese momento. El resto ya se había unido a las colonias cubanas anticastristas, que en su mayoría habían emigrado a las zonas de Miami y Nueva Orleans. [368]De los que se quedaron, otros 1.300 se estaban marchando en el momento del informe de Bethel.

La rica comunidad judía cubana era de hecho una facción importante dentro de la comunidad cubana anticastrista. Esto, unido a las pérdidas financieras de Lansky en Cuba, hizo que se sintiera aún más inclinado a tomar represalias contra Castro en cooperación con la CIA.

LANSKY Y LOS PLANES DE ASESINATO

Aunque el mencionado libro de Anthony Summers sobre la conspiración de JFK, acertadamente titulado *Conspiracy*, presta muy poca atención al papel central de Meyer Lansky en el crimen organizado, sí hace referencia a una operación anticastrista de la CIA financiada por Lansky.

El agente de la CIA E. Howard Hunt creó el Frente Democrático Revolucionario, una coalición de cubanos anticastristas dirigida por Manuel Antonio de Varona, ex presidente del Senado cubano. [369]De hecho, según nos cuenta Summers, de Varona se reunió con Lansky para obtener apoyo financiero y también recibió fondos de la empresa de Washington DC Edward K. Moss and Associates, que representaba los intereses de Dino y Eddie Cellini, agentes de Lansky. (Conocimos por primera vez al mencionado agente de la CIA E. Howard Hunt, y supimos en un pleito por difamación poco publicitado cómo estaba implicado en la conspiración de JFK. En el capítulo 16 sabremos mucho más sobre las circunstancias que llevaron a este juicio).

---

[368] Free Cuba News, 15 de diciembre de 1965.
[369] Summers, p. 193.

Hoy en día, aunque se ha informado una y otra vez de los tristemente célebres complots de la CIA y la Mafia para asesinar a Castro, los principales actores del crimen organizado en la historia siguen siendo los siguientes: Santo Trafficante, Jr, Johnny Rosselli y Sam Giancana de Chicago.

Los biógrafos de Rosselli señalan que fue el agente de la CIA Robert Maheu, viejo conocido de Rosselli, quien estableció la relación de la CIA con el crimen organizado en tramas anticastristas.[370]

[371](Se trataba del mismo Maheu, antiguo agente del FBI, que había trabajado directamente a las órdenes de Guy Banister, antiguo agente especial de la oficina del FBI de Chicago. Fue Banister, como vimos en el capítulo 10, el enlace directo entre el tráfico de armas de Lansky, Marcello y la CIA en nombre de la red anticastrista cubana).

Maheu, que se había hecho amigo de Rosselli en viajes de negocios a Las Vegas, había sido contactado por la CIA para entablar negociaciones con la Mafia para esta operación especial y mutuamente beneficiosa. Así se urdió la trama inicial. Sin embargo, hubo novedades:

"Una vez sentadas las bases, Rosselli decidió introducir en escena a dos nuevos actores: uno era el jefe de Rosselli, Sam Giancana, y el otro Santo Trafficante, colega de Meyer Lansky en los casinos de La Habana. Las conexiones de Trafficante podían resultar útiles para impulsar las tramas, y la tradición mafiosa exigía que el don local estuviera informado de cualquier actividad que tuviera lugar en su zona."[372]

No hay duda de que Trafficante, Rosselli y Giancana ayudaron a coordinar los planes de asesinato contra Castro con oficiales de la CIA (como hemos dicho, esto ha sido bien documentado en muchas ocasiones. Discutirlo aquí sería abundar en el tema).

Sin embargo, como resumió sucintamente un escritor: "Lansky fue el principal cabecilla del complot CIA-Mafia contra Castro, pero el único periodista lo bastante valiente como para informar de ello fue [el columnista] Victor Riesel." [373][374]El investigador Peter Dale Scott reconoce que Lansky estuvo efectivamente implicado en los complots de la CIA contra Castro, pero el papel de Lansky ha sido oscurecido, ignorado o, al menos, no mencionado.

De hecho, como veremos en el capítulo 12, cuando examinemos la relación entre Lansky y Trafficante con más detalle, Trafficante era el subordinado de Lansky. Todas las operaciones anticastristas de Trafficante, en colaboración con la CIA, se llevaron a cabo con la aprobación de Lansky y bajo su supervisión.

La fase final de las operaciones anticastristas de la CIA se conoció como Operación Mangosta. El cuartel general de la operación -conocida como JM / Wave- estaba en la ciudad de Miami y tenía su base en el campus de la Universidad de Miami. Parte de la campaña de la CIA contra Castro incluía su proyecto del equipo ZR /

---

[370] Charles Rappleye y Ed Becker. *All American Mafioso: The Johnny Rosselli* Story (Nueva York: Doubleday, 1991), p. 189.
[371] Robert Morrow. *The Senator Must Die: The Murder of Robert F. Kennedy* (Santa Monica, CA: Roundtable Publishing, Inc., 1988), p. 59.
[372] Rappleye y Becker, *Ibid.*
[373] Yipster Times (sin fecha disponible)
[374] Peter Dale Scott. *Deep Politics and the Death of JFK* (Berkeley, California: University of California Press, 1993), p. 180.

Rifle. Asesinos cualificados, reclutados en todo el mundo (y a menudo entre mercenarios profesionales y el crimen organizado), iban a ser utilizados en el "equipo asesino" o ejército terrorista de la CIA, según el caso. Uno de los principales supervisores internos del proyecto ZR / Rifle Team era el Jefe de Contrainteligencia de la CIA, aliado incondicional de Israel, James J. Angleton.

ROSSELLI Y EL ASESINATO DE JFK

Parece seguro que Rosselli, por ejemplo, estuvo implicado en algún aspecto del complot para asesinar a JFK. Las pruebas sugieren que Rosselli estuvo definitivamente involucrado en actividades durante el verano y el otoño de 1963 que le vinculaban directamente con varias de las figuras clave del complot de asesinato.

Los propios biógrafos de Rosselli han sugerido que Rosselli estuvo efectivamente implicado en el asesinato. Según Rappleye y Becker: "El indicio más fuerte de que John Rosselli contribuyó a la planificación anticipada del asesinato es el informe del contacto directo entre Rosselli y Jack Ruby a principios de octubre de 1963. Dos reuniones tuvieron lugar en pequeños moteles cerca de Miami y fueron observadas por el FBI. Trece años más tarde, uno de los investigadores federales que investigaban el asesinato de Rosselli descubrió un informe del FBI sobre las reuniones y transmitió su contenido, de forma confidencial, al periodista de Washington D.C. William Scott Malone.

"Como investigador consumado, Malone dejó claro en una entrevista que estaba convencido de la integridad de su fuente, y afirmó que el FBI había determinado el lugar real de las reuniones de Miami".[375]

Según Rappleye y Becker, Rosselli fue a la oficina de Guy Banister en el 544 de Camp Street, en Nueva Orleans. Era en el mismo polémico edificio donde tenía una oficina el Consejo Revolucionario Cubano (CRC). El CRC, como vimos en el capítulo 9, fue idea del principal enlace de la CIA con los exiliados anticastristas cubanos, E. Howard Hunt, implicado a su vez en el asesinato de JFK).

Los biógrafos de Rosselli van aún más lejos y se preguntan: "¿Estuvo Rosselli realmente en Dallas? La vigilancia del FBI le perdió la pista en la costa Oeste entre el 19 y el 27 de noviembre".[376]

Según los Giancanas, el Presidente fue atraído deliberadamente a Dallas, donde la operación pudo llevarse a cabo según las especificaciones del plan. "Los políticos y la CIA lo hicieron muy sencillo", explicó Sam Giancana. "Cada uno de nosotros proporcionó hombres para el trabajo. Yo supervisaría la parte de la mafia, incorporaría a Jack Ruby y unos cuantos refuerzos extra y la CIA pondría a sus propios hombres para encargarse del resto."[377]

Así es como Johnny Rosselli y Sam Giancana -junto con Santo Trafficante, Jr.- se involucraron en la conspiración para asesinar a JFK.

La historia completa del papel de Sam Giancana en muchos de estos casos -en el asesinato de JFK en particular- nunca se conoció hasta que su propio sobrino y su hermano se hicieron famosos con su libro *Double Cross* en 1992.

---

[375] Rappleye y Becker, p. 245.
[376] *Ibid*, p. 256.
[377] Giancana, p. 334.

Sin embargo, ahora sabemos que sí hubo una importante influencia del Mossad en los negocios de Sam Giancana.

LA CONEXIÓN DEL MOSSAD CON SAM GIANCANA...

Double Deal, un nuevo libro edificante, revela nuevos hechos sobre la historia secreta de la notoria "Mafia" de Chicago, revelando algunos detalles significativos nunca vistos antes que confirman la probabilidad de la participación del Mossad en el asesinato de JFK.

El autor del nuevo libro, el ex jefe de policía de los suburbios de Chicago Michael Corbitt, se unió al escritor Sam Giancana, sobrino del legendario personaje de la mafia de Chicago, para producir una asombrosa exposición que revela por primera vez la sorprendente identidad del poco conocido "hombre misterioso" que fue la auténtica "éminence grise" del crimen organizado en Chicago y cuya influencia se extendió hasta Israel, Panamá, Irán, Las Vegas y Washington DC.

A pesar de su famoso nombre "mafioso", Giancana, coautor de Corbitt, nunca estuvo implicado en el negocio familiar y antes escribió el relato de la vida y los crímenes de su tío, asesinado en 1975. Hoy Giancana cuenta "el resto de la historia"".

Giancana y Corbitt se atreven a informar de algo que nunca antes se había publicado en ningún sitio: un gángster judío relacionado con el Mossad llamado Hyman 'Hal' Larner era la verdadera fuerza entre bastidores, guiando a los bajos fondos de Chicago durante más de treinta años.

A pesar del "vals" mediático de jefes de la mafia italoamericana como Giancana y de los que a su vez fueron encarcelados o "asesinados", Larner seguía al mando. Más allá de eso, los autores revelan que gran parte de las actividades criminales de Larner se llevaron a cabo no sólo en concierto con la CIA sino también, en particular, con el Mossad.

Larner no sólo era una figura importante del crimen en Chicago, sino también en la escena internacional. También era un antiguo socio de Meyer Lansky, el jefe del crimen judío, y de hecho fue el sucesor de Lansky cuando éste murió en 1983.

Según Corbitt, supo de la existencia de Larner al principio de sus años de mafioso, aunque la altísima presencia de Larner en los bajos fondos no preocupaba ni a los investigadores del gobierno ni a los medios de comunicación (fascinados por los bajos fondos). Corbitt escribe:

"Todos los demás chicos de la banda aparecían en los periódicos todos los días, con sus fotos en todas las portadas. Pero cuando se mencionaba el nombre de Hy Larner en los periódicos, sólo se le describía como un 'socio' o un 'protegido' o simplemente un bandido y nada más. Nadie sabía hasta qué punto sus contactos eran poderosos o de alto rango. Los periodistas le apodaban el "enigma" y el "hombre misterioso".[378]

A medida que Corbitt se movía por los círculos del crimen organizado bajo el patrocinio de Giancana, el hombre de Larner, Corbitt empezó por fin a descubrir el secreto de cómo y por qué la mafia de Chicago podía operar con tanta libertad. Fue la asociación con el Mossad importando ilegalmente armas a Israel lo que dio a la

---

[378] Michael Corbitt y Sam Giancana. *Double Deal*. (Nueva York: William Morrow), p.31.

mafia de Chicago su tarjeta de "salir libre de la cárcel" para los simpatizantes israelíes de alto rango. Corbitt escribe:

"Ante la insistencia de Meyer Lansky, [Giancana] y sus amigos empezaron a trabajar con el Mossad israelí, contrabandeando armas a Oriente Medio. Todo entraba y salía de Panamá, lo que significaba que todo era gestionado por Hy Larner. Larner era sin duda el asesor financiero de mayor confianza de Sam Giancana. Todos en Panamá, desde banqueros hasta generales, comían de su mano. Una vez que empezaron a importar armas a Israel, Larner también tuvo a su disposición al ejército estadounidense y sus pistas de aterrizaje."[379]

Y, contrariamente a la leyenda popular, confirman lo que *Juicio Final* ya había informado en ediciones anteriores: no fueron Giancana ni Johnny Roselli, otro notorio gángster de Chicago, quienes consolidaron los ahora infames complots CIA-Mafia para asesinar a Castro, fueron Meyer Lansky y Larner.

Además, Corbitt y Giancana revelan que Larner también estaba íntimamente relacionado con dos de los principales lugartenientes de Lansky, Carlos Marcello en Nueva Orleans y Santo Trafficante en Tampa. Los dos jefes de la mafia sureña estaban implicados con Larner en lucrativos negocios de armas y drogas en el Caribe, por no hablar del juego.

Larner y Lansky estaban especialmente unidos. Corbitt y Giancana afirman que los dos grandes criminales eran "sionistas -defensores apasionados del derecho divino de los judíos a ocupar la Tierra Santa de Jerusalén... Pero Hy Larner y Meyer Lansky no sólo eran sionistas, también eran mafiosos que creían que el fin justifica los medios. Pon a su disposición el crimen organizado y el gobierno estadounidense y tendrás una fuerza muy poderosa..."[380]

Lamer y Giancana también estaban implicados en negocios de juego con casinos radicados en Irán, entonces bastión del Sha de Irán, cuya infame policía secreta, SAVAK, era una creación conjunta de la CIA y el Mossad, un importante punto de discordia cuando los fundamentalistas islámicos derrocaron al Sha y le obligaron a exiliarse.

Corbitt también revela la asombrosa historia de cómo Giancana (con la ayuda de Larner) se deshizo finalmente del Departamento de Justicia de EEUU. Resultó que, aunque el presidente Lyndon Johnson y sus asesores sionistas querían hacer la guerra a Egipto y a los demás Estados árabes en nombre de Israel, el enredo de EE.UU. en Vietnam hizo imposible la acción de Johnson. Sin embargo, Giancana no sólo recaudó una suma sustancial para ayudar a armar a Israel para su guerra de 1967 contra los estados árabes, sino que Larner y Giancana también organizaron envíos de armas robadas a Israel desde uno de sus puestos avanzados en Panamá, una operación llevada a cabo en colaboración con Michael Harari, el agente panameño del Mossad. A cambio de este servicio en favor de Israel, el presidente Johnson ordenó al Departamento de Justicia que abandonara su lucha contra Giancana.

Finalmente, el acuerdo entre Giancana y Larner llegó a su fin. Lo más probable es que Larner estuviera detrás del asesinato de Giancana en 1975. En cualquier caso, Larner siguió prosperando, mientras una colección de sucesores de Giancana se

---

[379] *Ibid*, pp. 108-109.
[380] *Ibid*, p. 109.

enfrentaba a una sucesión de procesamientos federales, ampliamente aclamados por los medios de comunicación como "el fin de la mafia en Chicago."

GIANCANA Y ROSSELLI EJECUTADOS

Giancana fue asesinado en su propia casa de Chicago el 19 de junio de 1975. Los medios de comunicación de la clase dominante exageraron el hecho como otra "masacre mafiosa". La familia Giancana no cree que eso fuera lo que ocurrió. Dicen que fue una traición de la CIA. (Y obviamente el Mossad estuvo implicado.) Da la casualidad de que Giancana fue asesinado el mismo día en que investigadores del Congreso fueron a Chicago para entrevistar al líder de la Mafia sobre las tramas de crimen organizado de la CIA contra Castro.

Sam y Chuck Giancana dejan claro en su libro que pudo ser Johnny Rosselli quien ayudó a organizar el asesinato de Giancana. Según los Giancanas, la CIA subcontrató el asesinato de Giancana y pasó por Trafficante.

Los Giancanas creen que Trafficante, a su vez, se encargó de que Rosselli disparara a Sam Giancana en Chicago. Resumirían las cosas de la siguiente manera: "Los amigos de la banda [de Giancana] sabían que nunca divulgaría información perjudicial, la CIA, gangrenada de espías, contraespías y traiciones de todo tipo, quizá no estaba tan segura de su lealtad".[381]

En cualquier caso, Johnny Rosselli no vivió para contar la verdadera historia del sindicato del crimen de la CIA y las operaciones de Meyer Lansky en el Caribe... y en Dallas. El 28 de julio de 1976, Rosselli desapareció en Miami. El 7 de agosto, el cadáver mutilado del extravagante gángster apareció en un barril en el fondo del océano.

Charles Rappleye y Ed Becker señalan que existían dudas sobre si fue Trafficante quien hizo fusilar de nuevo a Rosselli. Sin embargo, señalan que hay muchos en la Mafia que no creen que ese fuera necesariamente el caso.

Según los biógrafos de Rosselli: "La CIA tenía sin duda los contactos en Miami con los cubanos para llevar a cabo la ejecución de Rosselli, y como habían demostrado al reclutarlo en primer lugar, era su voluntad. Incluso las pruebas contra Trafficante no descartaban la colaboración de la agencia de espionaje."[382]

Como señalan los autores, Trafficante mantenía vínculos muy estrechos con la CIA, vínculos que iban más allá de sus tratos con la agencia de espionaje en operaciones anticastristas. En el capítulo 12 veremos que Trafficante, como principal lugarteniente de Lansky en el tráfico de drogas en el sudeste asiático, desarrolló vínculos aún más estrechos e íntimos con la CIA tras el asesinato de JFK.

Sólo Santo Trafficante Jr, subordinado de Meyer Lansky, permaneció con vida y, como señala la familia Giancana, "se dedicó a sus negocios sin el menor problema legal".[383]

---

[381] Giancana, *Double Cross,* p. 354.
[382] Rappleye y Becker, p. 327.
[383] Giancana, *Double Cross,* p. 355.

Los Giancanas añaden: "Basta con leer los periódicos para ver que el objetivo de los cazadores de mafias no era la ciudad de Tampa, Florida, sino sus muy visibles primas Nueva York y Chicago, al norte."[384]

Y para entonces, a mediados de los 70, Lansky estaba enfermo y casi lisiado. Trafficante murió de insuficiencia renal en 1987, sólo cuatro años después que Lansky.

LA MAFIA Y EL MOSSAD

En pocas palabras: cualquiera que intente ver el asesinato de JFK como un "golpe de la mafia" está cometiendo un gran error, al no tener en cuenta el papel de Meyer Lansky, su socio de Chicago Hyman Larner y sus aliados en el Mossad de Israel, por no hablar de la propia CIA.

Así que, una vez más, el vínculo con el Mossad está muy presente, aunque pocos expertos en el asesinato de JFK estén dispuestos a admitirlo. Pero hay más.

---

[384] *Ibid*, pp. 354-355.

Capítulo XII

El opio del pueblo
El tráfico de drogas en el sudeste asiático de Lansky y la CIA y la conexión con el Mossad

El jefe mafioso Santo Trafficante Jr. de Tampa, Florida, fue mencionado con frecuencia como el posible cerebro del asesinato de John F. Kennedy. Los medios de comunicación también presentaron a Trafficante como el principal impulsor del tráfico internacional de heroína desde el sudeste asiático. Sin embargo, en realidad fue Meyer Lansky el principal artífice del tráfico mundial de drogas. Trafficante era su subordinado directo.

El tráfico de heroína de Lansky estaba dirigido por la mafia corsa francesa de Marsella, respaldada por la CIA, y utilizaba las actividades encubiertas de la CIA en el sudeste asiático durante la guerra de Vietnam como tapadera de sus operaciones. De hecho, todas las pruebas sugieren que el tráfico de drogas era una empresa conjunta entre el sindicato del crimen y la CIA. Es más, el principal banco de blanqueo de dinero de la droga de Lansky en Suiza era una empresa del Mossad. Así que las conexiones del sindicato del crimen de Lansky y la Mafia con los aliados de Israel en la CIA son aún más profundas y cercanas de lo que nos han hecho creer.

Peter Dale Scott, investigador principal del asesinato de JFK, ha sugerido que "[la] inundación de drogas en este país desde la Segunda Guerra Mundial fue uno de los secretos 'inconfesables' clave que condujeron al encubrimiento en curso del asesinato de Kennedy".[385] Scott tiene razón, porque cualquier examen cuidadoso y minucioso del comercio mundial de drogas demuestra de manera concluyente que los aliados de Israel en el sindicato del crimen de Lansky y la CIA son una parte integral del comercio internacional de drogas.

Los estudiosos del tráfico mundial de drogas están en deuda con el profesor Alfred McCoy, de la prestigiosa Universidad de Wisconsin en Madison, por su innovadora exposición de los verdaderos orígenes de la drogadicción actual. Publicado por primera vez en 1972, a pesar de los denodados esfuerzos de la CIA por impedir su publicación, el clásico de McCoy *The Politics of Heroin in Southeast Asia* ha resistido el paso del tiempo.

En 1992, McCoy volvió a publicar la obra con el título *The Politics of Heroin: CIA Complicity in the Global Drug Trade*. La nueva edición es una obra igualmente notable, que incluye no sólo descubrimientos adicionales de los 20 años posteriores, sino

---

[385] Scott, p. 71.

también un valioso prefacio en el que McCoy describe las operaciones de la CIA contra su investigación y la publicación del libro.

EL JEFE DE LA DROGA

Aunque los medios de comunicación de la clase dominante identificaron repetidamente al jefe de la mafia de Tampa Santo Trafficante Jr. como el cerebro del tráfico de drogas del sudeste asiático, McCoy deja claro que Trafficante actuaba simplemente como subordinado de Lansky. McCoy describe los orígenes de la relación entre Lansky y Trafficante:

"Durante la década de 1930, Meyer Lansky "descubrió" el Caribe a los jefes de los sindicatos del noreste e invirtió sus beneficios ilegales en un surtido de lucrativas empresas de juego. En 1933, Lansky se trasladó a la zona de Miami Beach y se hizo cargo de la mayor parte del juego ilegal, así como de una selección de hoteles y casinos. También se dice que fue el responsable de la decisión del crimen organizado de declarar Miami "ciudad libre" (es decir, no sujeta a las normas habituales de monopolio territorial).

Tras su éxito en Miami, Lansky se trasladó a La Habana durante tres años y, al comienzo de la Segunda Guerra Mundial, fue propietario del casino del Hotel Nacional y arrendó el hipódromo municipal a un conocido banco neoyorquino.

"Asombrado por la magnitud de sus posesiones, Lansky tuvo que delegar gran parte de su gestión diaria en gángsters locales. Uno de los primeros socios de Lansky en Florida fue Santo Trafficante Sr, un mafioso de Tampa de ascendencia siciliana. Trafficante se había ganado su reputación como eficaz organizador de la mafia del juego de Tampa y ya era una figura de cierta importancia cuando Lansky llegó a Florida. Cuando Lansky regresó a Nueva York en 1940, Trafficante había asumido la responsabilidad de los intereses de Lansky en La Habana y Miami.

TRAFICANDO CON EL HOMBRE DE PAJA

"A principios de los años 50, Trafficante se había convertido en una figura tan importante que delegó sus concesiones de La Habana en Santo Trafficante Jr, el más talentoso de sus seis hijos. El cargo oficial del joven Santo en La Habana era el de gerente del Casino Sans Souci, pero era mucho más importante de lo que sugiere su título.

"Como representante financiero de su padre y, en última instancia, de Meyer Lansky, Santo Jr. controlaba gran parte de la industria turística de La Habana y se hizo muy amigo del dictador precastrista Fulgencio Batista. Además, fue presuntamente responsable de recibir envíos masivos de heroína desde Europa y transportarlos a través de Florida hasta Nueva York y otros grandes centros urbanos, donde la distribución contaba con la ayuda de jefes mafiosos locales."[386]

---

[386] Alfred McCoy. *The Politics of Heroin: CIA Complicity in the Global Drug Trade.* (Chicago: Lawrence Hill Books, 1991), pp. 40-41.

LANSKY AVANZA HACIA LA CIMA

El biógrafo de Lansky, Hank Messick, deja claro que fue Trafficante Jr. quien desempeñó un papel clave en el dominio de Lansky de los juegos sindicales en Cuba. Fue Trafficante quien ayudó a orquestar el asesinato del rival de Lansky en 1957, el mafioso neoyorquino Albert Anastasia, el crítico más de la mafia italiana a la creciente influencia de Lansky en el comercio del juego en Cuba. Eliminar a Anastasia de la escena era vital para el dominio absoluto de Lansky.

Messick señala que Trafficante se vio atrapado entre Albert Anastasia y Lansky por las apuestas en La Habana. Trafficante no sólo optó por abandonar a su amigo, una figura de la mafia italiana, sino que además hizo un juramento de sangre a la mafia, asegurando a Lansky su apoyo.

"Mientras la sangre corra por mi cuerpo", entonó solemnemente, "yo, Santo Trafficante, juro lealtad a la voluntad de Meyer Lansky y a la organización que representa: si no respeto este juramento, arderé en el infierno para siempre".[387]

Firmó con su propia sangre. Poco después, el 25 de octubre de 1957, Anastasia fue asesinado a tiros tras lo que él creía que era un encuentro amistoso con Trafficante en Nueva York. Anastasia debería haber sabido lo que se le venía encima. Después de todo, según Messick, no mucho antes había dicho a sus compañeros mafiosos lo que pensaba de ellos: "Bastardos, os habéis vendido a los judíos".[388]

(Curiosamente, el simpático protagonista de la biografía de Lansky, Robert Lacey, nunca menciona el enfrentamiento entre Lansky y Anastasia que condujo al asesinato del rival de Lansky).

Dan Moldea, una autoridad en crimen organizado, resumió la relación entre Lansky y Trafficante de forma más sucinta: "Trafficante sentía una profunda devoción por Lansky.[389]

LA MAFIA BAJO PRESIÓN

Poco después del asesinato de Albert Anastasia, la atención pública empezó a centrarse en el crimen organizado como resultado de la publicidad en los medios de comunicación. No fue hasta el famoso Cónclave de la Mafia de los Apalaches, celebrado en Nueva York en 1957, cuando los medios de comunicación empezaron a identificar a "la Mafia" como una fuerza importante del crimen organizado.

Los estadounidenses conocían desde hacía tiempo a mafiosos legendarios como Al Capone y Lucky Luciano, pero la conciencia general de que existía un sindicato del crimen no estaba muy extendida.

Tras una redada policial en la conferencia de los Apalaches -a la que asistían exclusivamente mafiosos de todo el país, incluido Trafficante-, la atención pública empezó a centrarse en "la Mafia", gracias a los medios de comunicación.

---

[387] Hank Messick. *Lansky* (Nueva York: Berkley Medallion Books, 1971), pp. 210-211.
[388] *Ibid.*
[389] Dan Moldea. *The Hoffa Wars: Teamsters, Rebels, Politicians and the Mob*, (Nueva York: Paddington Press Ltd., 1978), p. 123.

La historia oficial siempre ha sido que un policía local se topó con el cónclave en casa del mafioso Joseph Barbara. El agente pidió refuerzos y se produjo una gran "redada", seguida de una frenética persecución de los mafiosos por los brezales y zarzales de la campiña rural.

Sin embargo, según Hank Messick, la policía había sido advertida por un socio de Lansky de que la reunión estaba a punto de celebrarse. Messick describe las secuelas de la redada de los Apalaches:

"Los participantes se dispersaron antes de que pudiera concluirse ninguna alianza. Y la publicidad causó el mayor fervor desde los años treinta.

Se centró no sólo en los hombres que habían asistido a la sesión, sino en toda la Mafia. Es más, duró más de un año, mientras los funcionarios estatales y federales intentaban encontrar cargos que presentar contra los participantes que habían capturado o identificado. Los líderes de la Mafia no sólo estaban inmovilizados por la constante publicidad, sino también desmoralizados. Casi instintivamente, se agruparon en torno a Lansky y otros líderes sindicales no mafiosos en busca de consejo y ayuda."[390]

(Es de suponer que uno de los abogados que desempeñó un papel clave en la investigación de los Apalaches fue un tal Justin Finger. Fue Finger quien más tarde se convirtió en jefe de la "división de derechos civiles" de la Liga Antidifamación de B'nai B'rith, financiada por Lansky, el principal brazo de inteligencia y propaganda del Mossad israelí en Estados Unidos).

A pesar de todo, como señala Messick, Trafficante se aprovechó. Según Messick: "Trafficante estaba un poco molesto por la publicidad que estaba recibiendo -después de haber sido detenido con el resto-, pero se calmó rápidamente cuando descubrió que ahora era aclamado por la prensa como el jefe de Florida. La fama era tan importante como el botín para la mente mafiosa".[391]

Evidentemente, se había consolidado una estrecha colaboración entre Lansky y Trafficante. Esto duró muchos años, hasta el crítico año de 1963 inclusive. Sin embargo, fue en 1970 cuando Lansky, preparándose para buscar refugio en Israel, cedió la mayoría de sus responsabilidades a su subordinado, Santo Trafficante Jr. Para entonces, Lansky estaba envejeciendo y su salud era precaria. Estaba listo para retirarse.

En 1968, apenas dos años antes, Trafficante había viajado a Saigón, Hong Kong y Singapur. Allí, en el exótico Oriente, había consolidado la larga relación de Lansky con la CIA en el tráfico internacional de drogas.

¿QUIÉN ES EL JEFE?

Recurrimos de nuevo al profesor Alfred McCoy para dilucidar los vínculos de Lansky con la CIA en el tráfico de drogas en el sudeste asiático y el papel secreto que desempeñó en la implicación de la CIA en el conflicto de Vietnam. McCoy escribe:

"Después de que el barón de la mafia "Lucky" Charles Luciano fuera expulsado de Estados Unidos en 1946, puso a su viejo socio Meyer Lansky al frente de su

---

[390] Messick, p. 215.
[391] *Ibid.*

imperio financiero. Lansky también desempeñó un papel clave en la organización del sindicato de la heroína de Luciano, supervisando las operaciones de contrabando, negociando con los fabricantes de heroína corsos y gestionando la recaudación y ocultación de los enormes beneficios.

"El control de Lansky sobre el Caribe y su relación con la familia Trafficante, radicada en Florida, eran de especial importancia, dado que la mayoría de los cargamentos de heroína pasaban por Cuba o Florida de camino a los mercados urbanos estadounidenses. Durante casi veinte años, la asociación entre Luciano, Lansky y Trafficante siguió siendo una característica importante del tráfico internacional de heroína."[392]

McCoy añadió: "Hay razones para creer que la gira europea de Meyer Lansky de 1949 a 1950 ayudó a promover la industria de la heroína en Marsella.

Tras cruzar el Atlántico en un transatlántico de lujo, Lansky visitó a [Lucky] Luciano en Roma, donde hablaron del tráfico de drogas. Luego viajó a Zurich y contactó con destacados banqueros suizos a través de John Pullman, un viejo amigo del negocio del tráfico de ron.

"Estas negociaciones establecieron el laberinto financiero que el crimen organizado ha utilizado durante décadas para sacar del país sus ingentes beneficios del juego y la heroína a cuentas bancarias suizas numeradas sin llamar la atención de las autoridades fiscales estadounidenses.

"Pullman era responsable de la parte europea de la operación financiera de Lansky: el depósito, la transferencia y la inversión del dinero a medida que llegaba a Suiza".[393]

EL VÍNCULO ENTRE LA DROGA Y EL MOSSAD

Como señalamos en el capítulo 7, el propio biógrafo de Lansky, Hank Messick, señaló que, en última instancia, el principal custodio suizo del dinero de la droga de Lansky era el International Credit Bank (ICB), creado en 1959. Este banco, como hemos visto, fue idea del oficial israelí del Mossad Tibor Rosenbaum. En el capítulo 15 examinaremos en detalle la relación entre Lansky, Rosenbaum y el ICB y el asesinato de JFK.

Según Messick, "una vez depositado de forma segura en cuentas numeradas en el BCI y otros bancos], podía invertirse en el mercado de valores o devolverse en forma de préstamos a personas y empresas controladas por el Sindicato del Crimen."[394] (Pullman, que se había trasladado de la base de Lansky en Miami Beach a Montreal, era el lugarteniente de Lansky encargado de esta fase de la operación internacional de tráfico de drogas).

---

[392] McCoy, p. 40.
[393] *Ibid*, pp. 44-45.
[394] Messick, p. 199.

LA MAFIA CÓRSICA

McCoy continúa describiendo el viaje europeo de Lansky: "Después de hacer los arreglos financieros con Pullman en Suiza, Lansky viajó a Francia, donde se reunió con los principales líderes sindicales corsos en la Costa Azul y en París. Tras largas discusiones, Lansky y los corsos llegaron aparentemente a un acuerdo sobre el tráfico internacional de heroína.

"Poco después de que Lansky regresara a Estados Unidos, empezaron a aparecer laboratorios de heroína en Marsella. En los años siguientes, los expertos en narcóticos estadounidenses estimaron que la mayor parte de la heroína estadounidense se fabricaba en Marsella."[395]

McCoy señala que la fase europea de las actividades de tráfico de drogas de Lansky empezó a pasar gradualmente de las manos de los socios de Lansky en la Mafia siciliana a las de la región francesa de Marsella, bajo el dominio de la Mafia corsa.[396]

Todo esto tuvo lugar al mismo tiempo que James Angleton, amigo de Israel en la OSS estadounidense (y más tarde en la CIA), ayudaba a la emigración de judíos europeos a Palestina.

(En el capítulo 8 analizamos con más detalle el papel de Angleton en estos asuntos, incluidos sus vínculos con la mafia corsa y con Tibor Rosenbaum, fundador del BCI).

LANSKY, LA CIA Y LA MAFIA CORSA

McCoy explica cómo la CIA desarrolló vínculos con los socios de Lansky en la mafia corsa: "La CIA... había enviado agentes y un equipo de guerra psicológica a Marsella, donde trataban directamente con los líderes sindicales corsos a través de los hermanos Guerini [Antoine y Barthelemy, líderes de la mafia corsa]".[397]

Agentes de la CIA suministraron armas y dinero a bandas corsas para asaltar piquetes comunistas y acosar a importantes responsables sindicales. Los comunistas habían ganado mucho peso político en la región y la CIA utilizó a la mafia corsa para acabar con la fuerza de los comunistas.

"Los Guerinis habían ganado suficiente poder y estatus para romper la huelga de 1947. Aunque la CIA ayudó a restablecer la influencia política de los bajos fondos corsos, no fue hasta 1950 cuando los Guerinis adquirieron suficiente poder para hacerse con el control de los muelles de Marsella.

"La combinación de influencia política y control de los muelles creó el entorno ideal para el crecimiento de los laboratorios de heroína de Marsella - fortuitamente, al mismo tiempo que Lucky Luciano, el jefe de la mafia, buscaba una fuente alternativa de suministro de heroína."[398]

---

[395] McCoy, *Ibid*.
[396] *Ibid*, pp. 64-65.
[397] *Ibid*, pp. 60-61.
[398] *Ibid*.

EL VÍNCULO ENTRE VIETNAM Y LAS DROGAS

Como McCoy señala más adelante, la CIA también había empezado a extender su alcance al sudeste asiático, donde nació el tráfico de drogas. McCoy describe la relación de la CIA con los traficantes autóctonos:

"[En Laos], de 1960 a 1975, la CIA creó un ejército secreto de 30.000 hmong para luchar contra los comunistas laosianos cerca de la frontera con Vietnam del Norte. Como el principal cultivo comercial de los hmong era el opio, la CIA adoptó una actitud cómplice hacia el comercio, permitiendo que el general Vang Po, comandante de los hmong, utilizara el Air America de la CIA para recoger opio en sus aldeas dispersas por las tierras altas.

"A finales de 1969, varios clientes de acciones encubiertas de la CIA abrieron una red de laboratorios de heroína en el Triángulo de Oro. Durante sus primeros años de funcionamiento, estos laboratorios exportaron heroína n° 4 de alta calidad a las tropas estadounidenses que luchaban en Vietnam. Tras su retirada, los laboratorios del Triángulo de Oro exportaron directamente a Estados Unidos, acaparando un tercio del mercado estadounidense de heroína."[399]

El Sindicato del Crimen Organizado de Meyer Lansky desarrolló una estrecha relación de trabajo con la CIA.

Los biógrafos de la familia de Sam Giancana afirmaron categóricamente que Giancana exigió que, a cambio de los servicios del hampa del sindicato del crimen organizado, "la CIA hiciera la vista gorda, permitiendo que fluyeran desde La Habana a Estados Unidos drogas ilegales por valor de más de 100 millones de dólares al año".

Era un acuerdo similar a todo lo demás que habían hecho", afirma. La CIA recibía el 10% de la venta de las drogas, que utilizaba para su fondo secreto. Estos fondos obtenidos ilegalmente fueron ocultados por la CIA en cuentas suizas, italianas, bahameñas y panameñas."[400]

Es más, según los Giancanas, cuando Sam Giancana participaba en diversas actividades de tráfico, compartía regularmente sus beneficios con otros jefes del crimen organizado, dependiendo de la región o la actividad de que se tratara. "En los tratos internacionales de Giancana participaban Lansky y cualquier otra persona que necesitaran en ese momento".[401]

Curiosamente, los dos principales miembros de la CIA en el sudeste asiático en el momento de la colaboración de Lansky con la CIA en el tráfico de drogas eran Theodore Shackley y Thomas Clines. Shackley era el jefe de la oficina de la CIA en Laos. Clines era el adjunto directo de Shackley.[402]

Como vimos en el capítulo 11, fueron Shackley y Clines quienes habían supervisado la Operación Mangosta de la CIA, que era el nombre en clave de los complots de asesinato del sindicato del crimen y de la CIA contra Castro, que tuvieron lugar en un cuartel general en el campus de la Universidad de Miami. Fue esta operación la que se conoció como JM / Wave.

---

[399] *Ibid.* p. 19.
[400] Sam Giancana y Chuck Giancana. *Double Cross: The Explosive Inside Story of the Mobster Who Controlled* America (Nueva York: Warner Books, 1992), p. 259.
[401] *Ibid*, p. 258.
[402] McCoy, p. 462.

Resulta que la Operación Mangosta estaba bajo la dirección del general Edward Lansdale, quien, como señaló posteriormente el investigador Bernard Fensterwald, "presuntamente mantuvo una estrecha relación con la mafia corsa durante su controvertido servicio en Vietnam".[403]

Curiosamente, Shackley y Clines se "retiraron" de la CIA para crear una agencia de transporte de armas, la Egyptian Transport Service Company.[404] "Esta empresa trabajaba en estrecha colaboración con la empresa de comercio y servicios de aviación de Shaul Eisenberg, figura del Mossad".[405] De hecho, Eisenberg fue uno de los principales participantes en el programa israelí de desarrollo de armas nucleares, la misma operación que creó la crisis entre John F. Kennedy e Israel. Está claro que la historia ha cerrado el círculo.

Sin embargo, el papel de Lansky en todas estas actividades ha sido ignorado sistemáticamente, incluso por aquellos escritores -con la notable excepción de Alfred McCoy- que han expuesto el papel de la CIA en el narcotráfico mundial.

DISIMULAR LA CONEXIÓN LANSKY

En *Endless Enemies: The Making of an Unfriendly* World, el periodista Jonathan Kwitny dedica varias páginas a describir las redes de narcotráfico respaldadas por la CIA que operan desde el sudeste asiático y utilizan a las familias corsas del crimen aliadas de la CIA como fuente central de distribución.

Kwitny destaca el papel desempeñado por Charles "Lucky" Luciano en la creación de las primeras redes, que también utilizaron familias sicilianas del crimen en el Mediterráneo. Kwitny reconoce incluso la obra de Alfred McCoy como "la mejor información publicada sobre este tema".[406]

Sin embargo, Kwitny no menciona ni una sola vez el papel central de Meyer Lansky en el establecimiento oficial de la red mundial de la droga lanzada por Luciano, a pesar de citar a McCoy como "la mejor información" de la historia de la red de la droga. Tampoco se refiere a Santo Trafficante Jr, principal lugarteniente de Lansky y principal heredero en el tráfico mundial de drogas.

Todo esto resulta especialmente interesante cuando uno se da cuenta de que, durante el reciente escándalo en torno al complot del asesinato de JFK (derivado del estreno de la película *JFK*, de Oliver Stone), el propio Kwitny fue uno de los principales defensores de la teoría de que "La Mafia mató a JFK". Según Kwitny, el principal artífice del crimen fue, en su opinión, muy probablemente Carlos Marcello, el jefe de la mafia de Nueva Orleans, que era, como hemos visto, uno de los testaferros de Lansky.[407] Es evidente que Kwitny -como quienes afirman que "La Mafia mató a JFK"- no quiere reconocer que Meyer Lansky existió alguna vez.

---

[403] Bernard Fensterwald and the Commission of Inquiry into the Assassinations *Coincidence or Conspiracy?* (Nueva York: Zebra Books, 1977), p. 187.
[404] McCoy, p. 477.
[405] Executive Intelligence Review. *Project Democracy: The 'Parallel Government' Behind the Iran-Contra Affair* (Washington, D.C.: EIR News Service, 1987), p. 287.
[406] Jonathan Kwitny. *Endless Enemies: The Making of an Unfriendly* World (Nueva York: Penguin Books, 1986), p. 331.
[407] *The Wall Street Journal*, 19 de diciembre de 1991.

También vale la pena mencionar que el biógrafo amigo de Lansky, Robert Lacey, en su biografía de 1991 sobre Lansky, hace todo lo posible por sugerir que Lansky no había desempeñado ningún papel en el tráfico internacional de drogas. Como hemos visto, la actitud de Lacey hacia Lansky era totalmente natural.

Sin embargo, Rachel Ehrenfeld, una de las mayores expertas mundiales en drogas y sus vínculos con el terrorismo global, escribe en su libro *Evil* Money que "existen pruebas fiables de lo contrario".[408]

Cita una entrevista que mantuvo con un antiguo investigador especial del Congreso para el crimen organizado. Informa de que "le aseguraron que las pruebas de los negocios ilegales de Lansky eran abundantes y que Lacey debió de ser víctima de sus estrechas relaciones con los antiguos socios y familiares de Lansky".[409]

¿ASESINOS FRANCESES?

Teniendo en cuenta la alianza de la CIA con los aliados de Lansky en la mafia corsa, es interesante señalar aquí que hay quienes creen que la mafia corsa u otros miembros franceses pueden haber desempeñado un papel en el asesinato de John F. Kennedy. En efecto, hay pruebas de que al menos un mercenario francés se presentó en Dallas el día del asesinato de JFK.

En *Reasonable Doubt*, Henry Hurt explora en detalle un aspecto de la llamada "conexión francesa". Describe el posible papel de un terrorista francés de la OAS en el asesinato.

Como vimos en los capítulos 6 y 9, la OEA estaba formada por fuerzas francesas respaldadas por la CIA que se oponían a la concesión de la independencia argelina. Esto les llevó a enfrentarse directamente con el presidente francés Charles De Gaulle, que concedió la independencia argelina.

Como miembro del Senado, como vimos en el capítulo 4, John F. Kennedy había pedido la independencia de Argelia, en oposición a la OEA. Israel tenía interés en que continuara el dominio francés en Argelia en la medida en que la ocupación francesa de Argelia era un obstáculo directo en el camino del nacionalismo árabe (en el capítulo 15 examinaremos los vínculos secretos de Israel con la OEA).

Hurt menciona un documento de la CIA descubierto en 1977 por la investigadora de Dallas Mary Ferrell: "Este documento, fechado el 1(*) de abril de 1964, afirmaba que la inteligencia francesa necesitaba ayuda para localizar a un tal Jean Souetre, un terrorista francés considerado una amenaza para la seguridad del Presidente francés Charles De Gaulle.

El documento indicaba que Jean Souetre se encontraba en Fort Worth, Texas, el 22 de noviembre de 1963. Esa mañana, el Presidente Kennedy también se encontraba en Fort Worth. Unas horas más tarde, John F. Kennedy se encontraba en Dallas, donde fue asesinado a las 12h30. Jean Souetre también se encontraba en Dallas esa tarde.

"A las cuarenta y ocho horas de la muerte de Kennedy, tal y como solicitaron los franceses, Jean Souetre fue arrestado por las autoridades americanas en Texas y

---

[408] Rachel Ehrenfeld. *Evil Money: Encounters Along the Money Trail* (Nueva York: Harper Collins Publishers, 1992), p. 259.
[409] *Ibid.*

deportado inmediatamente de los Estados Unidos. Los servicios secretos franceses querían saber si había sido deportado a Canadá o a México.

"Los franceses también querían saber por qué las autoridades americanas habían expulsado a Souetre, con el simple objetivo de garantizar la seguridad del Presidente De Gaulle durante su viaje a México".[410]

Hurt señala que el documento original también indicaba que Souetre utilizaba los nombres de Michel Roux y Michel Mertz. Roux se encontraba en Fort Worth el 22 de noviembre, tras haber entrado en el país el 19 de noviembre y haber salido hacia Laredo, Texas, el 6 de diciembre. No fue expulsado. Souetre, interrogado más tarde, dijo que Mertz era un viejo enemigo que utilizaba a menudo su nombre y que podría haber estado intentando implicarle en un delito.

LA CONEXIÓN DE LA CAZA

Es interesante señalar que fue E. Howard Hunt, de la CIA (a quien conocimos por primera vez en el capítulo 9), uno de los hombres de mayor confianza de la CIA en sus tratos con Souetre y los servicios de inteligencia de la OEA.[411] El hecho de que ambos pudieran haber estado en Dallas -quizá incluso juntos- durante el asesinato de JFK es, cuando menos, intrigante; es otro de los detalles que, tomados en conjunto, demuestran la continuidad de los estrechos vínculos entre personas e instituciones que (en otros lugares) se han relacionado repetidamente con la conspiración del asesinato de JFK.

En los capítulos 15 y 6 veremos que personas vinculadas al Mossad y a Lansky, en Nueva Orleans y en otros lugares, pagaron dinero a la OAS para un atentado contra Charles De Gaulle en 1962 y que esas mismas personas están directamente vinculadas al asesinato de JFK.

DOS CARAS DE LA MISMA MONEDA

El profesor Alfred McCoy resume los vínculos secretos entre la CIA y el crimen organizado en todo el mundo:

"Desde que se prohibieron los estupefacientes en la década de 1920, las alianzas entre los narcotraficantes y las agencias de inteligencia han protegido el narcotráfico mundial.

Dada la frecuencia de estas alianzas, parece existir una atracción natural entre las agencias de inteligencia y los sindicatos criminales... Ambos son profesionales de lo que un oficial retirado de la CIA denominó las "artes del espionaje": la habilidad necesaria para operar fuera de los canales normales de la sociedad civil. De todas las instituciones de la sociedad moderna, sólo las agencias de inteligencia y los sindicatos

---

[410] Henry Hurt. *Duda razonable: An Investigation into the Assassination of John F. Kennedy* (Nueva York: Holt, Rinehart & Winston, 1985), pp. 417-419.
[411] Dick Russell. *The Man Who Knew Too Much* (Nueva York: Carroll & Graf Publishers, Inc., 1992), p. 563.

criminales mantienen vastas organizaciones capaces de llevar a cabo operaciones encubiertas sin temor a ser detectados."[412]

Los biógrafos de la familia del jefe de la mafia de Chicago, Sam Giancana, han escrito la detallada descripción que éste hizo de la relación. Relatan cómo Giancana mostró a su hermano una antigua moneda romana y le dijo: "Mira, este es uno de los dioses romanos, este tiene dos caras... dos caras, eso es lo que somos, el Clan y la CIA: dos caras de la misma moneda".[413]

ISRAEL, LA CIA Y EL CARTEL DE LA DROGA

Todas las pruebas que hemos analizado aquí sugieren que la CIA y el sindicato del crimen organizado de Meyer Lansky eran, en efecto, socios en muchas áreas de interés común, no sólo en Cuba y el tráfico de drogas en el sudeste asiático, sino también en el asesinato de John F. Kennedy.

Y como vimos en el capítulo 6, los aliados de Lansky en Israel se beneficiaron enormemente de la implicación estadounidense en el sudeste asiático.

Mientras Israel utilizaba el compromiso y la preocupación de Estados Unidos por el conflicto de Vietnam como medio para desplegar sus fuerzas en Oriente Próximo, la red de narcotraficantes de Lansky aprovechaba su asociación con la CIA durante la guerra de Vietnam para encubrir su tráfico de drogas.

Y como vimos en el capítulo 8, la CIA e Israel tenían una larga y estrecha relación que era tan incestuosa como la del Sindicato del Crimen Organizado de Lansky e Israel. Ya hemos visto que Israel tuvo sus propios problemas con John F. Kennedy. Lo mismo ocurrió con la Mafia y el Sindicato de Lansky. En el capítulo 9 vimos los problemas de la CIA con John F. Kennedy. Está claro que esta alianza de fuerzas contra JFK era tal que John F. Kennedy nunca hubiera podido completar su primer mandato en la Casa Blanca.

---

[412] McCoy, p. 14
[413] Giancana, p. 215.

CAPÍTULO XIII

Los lazos de California con Israel Mickey Cohen y la conspiración para asesinar a JFK

El papel de Mickey Cohen, antiguo leal a Israel y secuaz de Meyer Lansky en la Costa Oeste, en el complot para asesinar a JFK, es una de las historias menos conocidas de la historia. Al parecer, Cohen -que era uno de los ídolos de Jack Ruby- contribuyó directamente a las primeras fases de las maquinaciones israelíes contra John F. Kennedy. Las pruebas también sugieren que la muerte de la actriz de cine Marilyn Monroe estuvo de hecho relacionada con la conexión israelí en el complot para asesinar a JFK.

Cuando el nombre de Mickey Cohen apareció en los numerosos libros y monografías sobre el asesinato de JFK, fue sólo de pasada. Al parecer, merece la pena mencionar a Cohen, aunque sólo sea por su implicación en el crimen organizado, que ocupa un lugar destacado en las teorías de la conspiración sobre JFK.

Sin embargo, la implicación personal de Cohen con Israel y su batiburrillo internacional, así como la dedicación de Cohen a promover los intereses de Israel - incluso a expensas de sus propias y lucrativas actividades delictivas- requieren un examen más detenido.

Las pruebas que examinaremos aquí sugieren que incluso la muerte de la actriz de cine Marilyn Monroe está vinculada de hecho al asesinato de John F. Kennedy de formas inimaginables.

Cohen, como veremos, utilizó a Miss Monroe, una de las aventuras ilícitas de John F. Kennedy, como medio para averiguar las intenciones de Kennedy hacia Israel. El affaire entre Marilyn Monroe y JFK va mucho más allá de lo que nos han contado los tabloides.

MEMORIAS DE COHEN

La principal fuente sobre Mickey Cohen son las coloridas memorias del gángster del hampa de Los Ángeles. La biografía de Cohen -*Mickey Cohen: In My Own* Words- es uno de los relatos más fascinantes de la vida en el crimen organizado. Sus memorias son especialmente interesantes por tres razones:
(a) Es uno de los pocos relatos autobiográficos de la vida en el crimen organizado escrito por un no italiano. Prácticamente todos los relatos populares sobre la vida en los bajos fondos proceden de antiguos miembros o socios de la "Mafia". Cohen -con la excepción de Michael Milan, a quien conocimos por primera vez en el capítulo 7- es quizá el único otro jefe del crimen organizado no italiano ni mafioso que ha puesto por escrito sus experiencias.

(b) Cohen, como jefe de tráfico de Hollywood, era un actor central en ese submundo único que vincula la industria del entretenimiento con el crimen organizado. Amigo y socio de gente importante, rica y poderosa, Cohen sabía dónde estaban enterrados los cadáveres de Hollywood, en más de un sentido.
(c) John Peer Nugent -el hombre que recopiló las divagaciones a veces poco elegantes de Cohen y las publicó- era el "escritor fantasma" de Cohen.

LA CONEXIÓN CON LA CIA

Antiguo corresponsal de *Newsweek*, Nugent fue detenido una vez estando en África bajo sospecha de ser agente de la CIA. Fue liberado gracias a la intervención personal del entonces Secretario de Estado, Dean Rusk. Sin embargo, según la autoridad en materia de delincuencia organizada Art Kunkin, Nugent tenía vínculos con la CIA.[414]

Curiosamente, Nugent participó una vez en un debate con A. J. Weberman, coautor de *Coup d'État in America*, en el que él -Nugent- trató de refutar la complicidad de la CIA en el asesinato de JFK.

En este contexto, no podemos evitar preguntarnos si las memorias de Cohen fueron un blanqueo al estilo de la CIA.

Lo que aparece en las memorias de Cohen -y lo que no- también es intrigante. Las memorias de Cohen son una mina de oro de información a menudo fascinante, en particular sobre los primeros vínculos de la mafia de Hollywood con Israel y su lucha por emerger.

SUCESOR DE SIEGEL

Cohen fue el sucesor de Benjamin Siegel, amigo de la infancia de Meyer Lansky, un importante jefe del crimen organizado de la Costa Oeste hasta su sangriento asesinato el 20 de junio de 1947. Más conocido como "el hombre que inventó Las Vegas", el apuesto Siegel fue abatido a tiros en Beverly Hills, en casa de su segunda esposa, la encantadora, rica y ociosa Virginia Hill, una stripper de la Mafia.

Lansky y Siegel fueron amigos durante mucho tiempo y socios iniciales en Brooklyn durante su primer ascenso a las altas esferas del crimen organizado. Las historias tantas veces contadas sobre la "banda de Bug y Meyer" de Nueva York son legendarias en los anales del crimen organizado. "Bug y Meyer" eran peligrosos asesinos en aquellos años. No hay motivos para creer que Lansky se haya ablandado con la edad.

Siegel, considerado por la Comisión contra el Crimen Organizado autor del saqueo de fondos destinados a la red de casinos que estaba creando en Las Vegas en nombre del sindicato, fue asesinado en represalia por su traición. Fue una gran pérdida personal para su amigo Lansky.

---

[414] Escritos de A. J. Weberman en *The Yipster* Times (sin fecha disponible)

LANSKY ORDENA UN ASESINATO

Sin embargo, Lansky aparentemente aceptó la decisión de que Siegel fuera ejecutado. Incluso accedió a hacer los arreglos necesarios.

Está claro que lo hizo. "No tenía elección", explicó Lansky más tarde, reflexionando sobre la traición de su amigo y sus consecuencias.[415]

(Los mejores relatos sobre el papel de Siegel en la creación del frente de Las Vegas para el sindicato del crimen de Lansky aparecen en *The Green Felt Jungle*, de Ed Reid y Ovid Demaris, y en *We Only Kill Each Other*, una biografía de Siegel escrita por Dean Jennings).

HOOVER ENVÍA SUS CONDOLENCIAS

En el capítulo 7, exploramos la aparente incapacidad del director del FBI, J. Edgar Hoover, para reconocer la existencia del Sindicato del Crimen Organizado de Lansky y los vínculos de Hoover con la Liga Antidifamación de B'nai B'rith (ADL), la agencia de propaganda e inteligencia israelí con sede en Estados Unidos financiada por el Sindicato de Lansky (hablaremos de la ADL con más detalle en el capítulo 17).

Michael Milan (a quien conocemos por primera vez en el capítulo 7 como socio común de Hoover y Lansky) explica que cuando ordenaron fusilar a Ben Siegel, "incluso [J. Edgar Hoover] tuvo que ponerse de acuerdo y decir a todo el mundo que se mantuviera alejado. Sin embargo, envió sus condolencias personales a Meyer Lansky porque le había caído bien Benny, y Benny le había hecho pasar buenos ratos cada vez que venía a la costa".[416]

En cualquier caso, fue Mickey Cohen quien ocupó el puesto de Siegel como representante de Lansky en la Costa Oeste tras el asesinato de Siegel.

"OJOS Y OÍDOS DE LANSKY"

Según Hank Messick, biógrafo de Lansky, Cohen era realmente "los ojos y los oídos" de Lansky en el sur de California, no su buen amigo Siegel. Una de las principales responsabilidades de Cohen era vigilar al independiente y temerario Siegel en nombre de Lansky.

Cuando Siegel fue eliminado de la escena, fue Cohen quien intervino y se hizo cargo de los negocios de Lansky en la Costa Oeste, circunstancias bastante fortuitas para el matón de aspecto simiesco que nunca habría podido competir con Siegel en un concurso de belleza. No es de extrañar, pues, que Cohen recordara en sus memorias: "Siento un gran amor y respeto por Meyer Lansky".[417]

---

[415] Hank Messick. *Lansky* (Nueva York: Berkley Medallion Books, 1971), p. 153.
[416] Michael Milan. *The Squad: The U.S. Government's Secret Alliance With Organized* Crime (Nueva York: Shapolsky Publishers, Inc., 1989), p. 195.
[417] Mickey Cohen y John Peer Nugent. *Mickey Cohen: In My Own Words* (Englewood Cliffs, Nueva Jersey: Prentice-Hall, Inc., 1975), p. 82.

COHEN E ISRAEL

Sin embargo, aparte de sus vínculos directos con Lansky y sus maquinaciones en los bajos fondos, Mickey Cohen estuvo del lado del Estado de Israel desde el principio de su existencia, incluso antes. Según ha admitido él mismo, Cohen estuvo implicado en el contrabando de armas y en la recaudación de fondos para Israel incluso antes de que Israel se convirtiera en Estado.

En sus memorias, Cohen recuerda su primer encuentro con un agente de las operaciones internacionales de recaudación de fondos y contrabando de armas de Israel y cómo llegó a identificarse con la causa de Israel.

Sobre su amigo Mike Howard, Cohen relata el día en que Howard le presentó a un agente israelí. (En sus memorias, Cohen no nombra al israelí en cuestión.) Howard, dice, "sabía que yo haría cualquier cosa por una causa que fuera justa, y en particular por las causas judías"".[418]

Al principio", dice Cohen, "era reacio a implicarse. Sin embargo, cambió de opinión. "Así que vuelven", recuerda Cohen, "y nos sentamos a hablar. Y el tipo me cuenta esta historia sobre la Haganah, que fue coordinada por el tipo de David Ben-Gurion y me habla sobre todo del Irgun y del tipo de guerra que libran contra los británicos, y de la clase de tipos que son y todo eso.

"Pero ya sabes que cuando eres un vicioso [es decir, tienes tendencias delictivas] tu mente funciona de una manera viciosa. Siempre pensé que debía ser cosa del tráfico. Así que le digo al tipo llamado Tookit, no sé nada de esas cosas. Ni siquiera sabía que había una guerra en Israel, déjame pensarlo".[419]

Al final, Cohen no tomó ninguna decisión, pero después de que el guionista, periodista y dramaturgo de Hollywood Ben Hecht, ardiente partidario de la causa sionista, le hiciera una visita, Cohen empezó a despertar. Hecht se presentó en el cuartel general de Cohen acompañado por un representante de la banda terrorista Irgun. El individuo al que Cohen, una vez más, no nombró. [420]"Pude ver que estaba tratando con un hombre de verdad, no con un delincuente", recordó Cohen.

MENACHEM BEGIN LLEGA A LA CIUDAD

En sus memorias, Jimmy ("La comadreja") Fratianno, uno de los mejores informadores de la mafia de la costa oeste, nos da una pista sobre la identidad del amigo de Cohen en el Irgun. Fratianno describe una gala benéfica a favor de Israel en una elegante mansión de Bel Air:

"Después del pequeño discurso [de Cohen], empezamos a movernos por la sala y el rabino de Mickey nos presenta a un tipo llamado Menachem Begin, que es el jefe del Irgun, un grupo clandestino en Palestina. Este tipo lleva un brazalete negro y nos dice que allí le buscan por poner una bomba en un hotel que mató a casi cien personas. Es un maldito fugitivo a la fuga.

---

[418] *Ibid*, p. 90.
[419] *Ibid*.
[420] *Ibid*, p. 91.

"De todos modos, él hace un discurso, y después de él, casi todo el mundo hizo un discurso. Y siguió y siguió... Entonces los otros chicos de la Haganah, otro grupo clandestino, empezaron a discutir con Begin sobre quién iba a manejar el dinero. Así que Mickey se involucra y acuerdan que su rabino manejaría el dinero y Mickey compraría armas y municiones y las enviaría allí".[421]

[Sin embargo, como veremos, ésta no sería la última vez que Menachem Begin sería visto en compañía de Mickey Cohen].

Fratianno dudaba francamente de la sinceridad de Cohen y sospechaba que apoyaba "la causa" para ganar dinero. Sin embargo, en sus memorias, Cohen insistió en su devoción a Israel y habló largo y tendido sobre su lealtad.

"Me cautivó esta causa sangrienta. A través de mis conexiones, conseguí que todos en el país -italianos, judíos, irlandeses- crearan puestos de trabajo útiles para la causa israelí."[422]

DEDICADO A ISRAEL

La dedicación de Cohen era inestimable. Estaba tan entregado a Israel que dejó de lado sus actividades delictivas. Cohen cuenta:

"A estas alturas, me he ocupado tanto de Israel que he dejado de lado gran parte de mis actividades y no he hecho otra cosa que lo que estaba en juego en esta guerra del Irgun. Está en mi naturaleza, ya ves. O estoy en todo o nada. Estuve involucrado en la maldita guerra de Israel durante tres años. Empecé a tener relaciones con miembros del Irgun en Israel. Ellos aprendieron a entenderme mejor y yo aprendí a entenderlos mejor.

"Bueno, había recaudado mucho dinero por todo el país, no yo en particular, sino mi intermediario. Hubo cenas en Boston, Filadelfia, Miami. Y se recogieron un montón de armas y equipos que no te puedes imaginar.

"Fue sólo por voluntad de Dios que Harry Truman fue Presidente. No podía permitir abiertamente que se supiera que estaba de acuerdo con que se enviaran cosas allí o se robaran de los barcos que volvían de la Segunda Guerra Mundial.

"Pero fue sólo con Truman haciendo la vista gorda, o con su favor, que esto se logró. Para mí, Harry Truman fue el hombre más grande del mundo, por lo que hizo por Israel y por permitirnos hacerlo.

"Pudimos subir a barcos que habían sido guardados. Tuve acceso a todo este material en los muelles. Algunas de las cosas y equipos, como las ametralladoras que trajimos a Israel, nunca habían tenido la oportunidad de utilizarse en la Segunda Guerra Mundial. Ni siquiera habían sido ensambladas. Todavía estaban en cajas, en paja, en aceite y todo. Las enviamos directamente.[423]

---

[421] Ovidio Demaris. *The Last Mafioso* (Nueva York: Bantam Books, 1981), p. 32.
[422] Cohen, *Ibid*.
[423] *Ibid*, pp. 91-92.

JACK RUBY LLEGA A LA CIUDAD

Fue por entonces cuando Cohen también conoció a otro delincuente, Jack Rubinstein, que cambió su apellido por Ruby.

Gary Wean, cuyo trabajo consistía en vigilar las actividades de Cohen, relató más tarde sus fascinantes experiencias en unas memorias informales tituladas *There's a Fish in the Courthouse*.

Sin embargo, las contribuciones de Wean a la investigación del asesinato de Kennedy no han recibido el reconocimiento generalizado que merecen.

Wean, que era sargento detective del Departamento de Policía de Los Ángeles, conocía bien a Mickey Cohen. Además, como investigador de inteligencia criminal de la Oficina de Investigación del Fiscal del Distrito de Los Ángeles, Wean estaba al tanto de una gran cantidad de información "secreta" sobre Cohen y sus actividades en Hollywood. Más tarde, Wean fue investigador jefe de la Oficina del Defensor Público del Condado de Ventura hasta 1970. Actualmente está jubilado.

En sus memorias, Wean cuenta que vio a Ruby dos veces en Hollywood en 1946 y 1947. La primera vez Ruby estaba con Cohen en la gran limusina negra de Cohen, aunque en aquella ocasión no fueron presentados.[424] La segunda vez que vio a Ruby fue un año después. Según Wean, él y su socio fueron a un club llamado Harry's Place. Ruby estaba allí, Wean se presentó e informó a Ruby de que era policía.

Ruby se presentó a su vez. "Me llamo Jack Ruby. Acabo de llegar de Chicago para estar al lado de Harry. Como la guerra de la Costa Oeste ha terminado, Chicago también, vamos a trasladar 'todo' a Nueva Orleans y Miami. Ahí es donde estará toda la acción entre EE.UU. y Cuba a partir de ahora", dice.[425]

(Un fiscal general adjunto de Nueva Orleans prácticamente confirmó la afirmación de Ruby de que la Crescent City se había convertido en un centro de financiación y actividad sindical. Según el fiscal: "Aquí hay demasiado dinero. Creemos que procede de otras organizaciones de la Cosa Nostra [mafia] de otras partes del país para ser invertido por las bandas locales. Éste podría ser su centro financiero, con un montón de buenos refugios seguros donde las contribuciones a las campañas y la corrupción descarada les han protegido bastante bien de la ley").[426]

En cualquier caso, como veremos, esto fue sólo el principio de la relación de Jack Ruby con Mickey Cohen y los socios de Cohen en la Costa Oeste. Sin embargo, no fue hasta 1963 cuando la relación llegó a su fin, como veremos en el capítulo 14.

COHEN, MARILYN MONROE Y JFK

En 1960, Cohen ya era un poder establecido en las actividades sindicales de Meyer Lansky en la Costa Oeste. También era una figura clave de Hollywood, que cultivaba sus relaciones con la colonia cinematográfica de Hollywood para sus propios y

---

[424] Gary L. Wean. *There's a Fish in the Courthouse* (Oak View, California: Casitas Books, 1987), p. 681.
[425] *Ibid*.
[426] Robert Morrow. *The Senator Must Die: The Murder of Robert F. Kennedy* (Santa Monica, California: Roundtable Publishing, Inc., 1988), p. 16.

pérfidos fines. Como señala el escritor John Davis: "Uno de los oficios de Cohen era comprometer sexualmente a las estrellas de Hollywood para chantajearlas. Fue Cohen quien tramó el tórrido romance entre su cómplice, Johnny Stompanato, y Lana Turner, con la esperanza de que les fotografiaran juntos en la cama".[427] [La hija de la señorita Turner mató a Stompanato durante un suceso que se convirtió en un gran escándalo en Hollywood. Pero las actividades de Cohen fueron mucho más allá. Cohen también manipuló a Marilyn Monroe, una hermosa estrella de cine, con otro propósito, uno que tenía implicaciones internacionales. Hoy, según la leyenda, fue al parecer la conexión con Frank Sinatra la que llevó a presentar a Marilyn Monroe a John F. Kennedy.

Sin embargo, según Gary Wean, fue en realidad la conexión con Mickey Cohen lo que unió al apuesto senador de Massachusetts y a la *sex symbol* de Hollywood.

Wean revela que el amigo íntimo de Cohen, el animador Joey Bishop -que también era miembro de la notoria camarilla de Sinatra conocida como "The Rat Pack"- fue quien preparó las circunstancias que condujeron al romance inicial entre JFK y Miss Monroe durante la campaña presidencial de 1960.

"Fue Joey Bishop quien propuso "la idea de una fiesta loca" en honor de Kennedy. Tomó a [Peter] Lawford [cuñado de JFK] en su confianza".[428] Según Wean, había una razón para ello - más allá de satisfacer el notorio apetito de JFK por las mujeres hermosas: "Bishop sabía que Kennedy se dejaría llevar por el atractivo sexual de Monroe. Bishop era judío y muy cercano a Cohen.

"En aquella época, los rabinos les presionaban para que hicieran todo lo posible por sacar dinero de Hollywood para Israel. [Menachem] Begin pasaba más tiempo con Cohen en Hollywood que en Israel. Begin quería saber desesperadamente cuál era el plan de Kennedy para Israel si se convertía en presidente.

"Cohen pensó que si conseguían que Marilyn entrara en la casa de Kennedy, [el proxeneta de Cohen, Georgie] Piscitelli podría manipularla y contarles todo lo que Kennedy le había revelado. También chantajearían a JFK si se convertía en una relación amorosa. Cohen también tenía un problema con Jack Ruby. Su novia, una stripper llamada Candy Barr, hacía muchos viajes entre Ruby en Dallas y Cohen en Hollywood".[429]

Según Wean, el proxeneta de Cohen también se acostaba con la Srta. Monroe. Wean se enteró por una joven llamada Mary Mercandante que estaba celosa de la relación de Piscitelli con la Srta. Monroe. La Srta. Mercandante era prostituta y Piscitelli su proxeneta.

¿LA OPINIÓN DE JFK SOBRE ISRAEL?

Fue de la Srta. Mercandante de quien Wean aprendió algo que describe como "las cosas realmente raras".[430]

---

[427] John Davis *Mafia Kingfish: Carlos Marcello and the Assassination of John F. Kennedy* (Nueva York: McGraw-Hill Publishing Co., 1989), p. 239.
[428] Wean, pp. 678-679.
[429] *Ibid*, p. 679.
[430] *Ibid*, p. 677.

La señorita Mercandante explicó a Wean que el trabajo de Piscitelli consistía en sonsacarle información a la señorita Monroe sobre las posiciones de JFK respecto a Israel. (Como vimos en los capítulos 4 y 5, Israel y su lobby americano estaban preocupados por Kennedy, como poco. Sin embargo, según Wean, Piscitelli le dijo a Miss Mercandante que Marilyn se enfadó cuando empezó a presionarla, diciendo que ella no sabía nada de política. Wean informa que la Srta. Mercandante añadió: "Cohen se enfadó y le dijo a Georgie que se quedara con Marilyn, que le sirviera bebidas o le hiciera tomar pastillas, lo que hiciera falta, y que averiguara lo que John Kennedy planeaba hacer sobre la financiación de Israel".[431]

Según la fuente de Wean: "Cohen y Begin estaban molestos por los planes de Kennedy de dar miles de millones de dólares a los Cuerpos de Paz, Sudamérica y África".[432]

La Srta. Mercandante empezó a amenazar con revelar todo lo que sabía sobre la manipulación de Cohen a la actriz de cine y la aventura con Kennedy. Wean, sin embargo, ya había informado de sus hallazgos a sus superiores.

¿DOS ASESINATOS?

La Srta. Mercandante fue asesinada más tarde. Parece ser otra de las muchas víctimas de lo que finalmente se convirtió en una conspiración y encubrimiento del asesinato de JFK.

Aunque durante mucho tiempo se ha sospechado que Marilyn Monroe también fue asesinada, la prensa sensacionalista nos quiere hacer creer que Marilyn Monroe fue asesinada por la familia Kennedy para que guardara silencio sobre su aventura con el Presidente y su hermano, el Fiscal General Robert Kennedy.

Sin embargo, las pruebas que hemos visto aquí sugieren que si la Srta. Monroe fue asesinada, fue para guardar silencio, pero por una razón totalmente diferente.

Si la señorita Monroe hubiera revelado que Mickey Cohen la había utilizado para averiguar la posición de Kennedy sobre Israel, se habría abierto una caja de Pandora que podría haber revelado la difícil relación de Israel con JFK - Israel y su lobby estadounidense no podían permitirse eso.

Lo interesante es que en sus memorias, en las que Cohen no deja de mencionar nombres y relata sus amistades con toda una serie de personajes de Hollywood, Cohen nunca menciona a Marilyn Monroe. Tampoco menciona a Jack Ruby.

Hubo, por supuesto, ciertas cosas que Cohen y su coautor no consideraron oportuno mencionar. Es más que interesante señalar, al menos de pasada, que el propio Meyer Lansky tenía "pistas" sobre las relaciones extramatrimoniales del fiscal general Robert Kennedy.

---

[431] *Ibid.*
[432] *Ibid.*

Según Curt Gentry, biógrafo de J. Edgar Hoover, el 1 de agosto de 1962 se escuchó a Lansky en una escucha telefónica federal decir a su esposa Teddy que Robert Kennedy tenía una aventura con una mujer en El Paso, Texas.[433]

¿QUÉ TRAMABAN?

Sea como fuere, las extrañas actividades de Mickey Cohen siguieron interesando especialmente a Gary Wean. Éste describe en sus memorias cómo descubrió la estrecha colaboración entre Cohen y Menachem Begin, el terrorista israelí convertido en diplomático (y más tarde en primer ministro), cuyas actividades en Hollywood examinamos anteriormente en este capítulo:

"[Mi socio] y yo habíamos observado a Mickey Cohen desde lejos. Sabíamos que tramaba algo incongruente. Pasaba mucho tiempo con un tipo raro en el mostrador del restaurante y en la farmacia del hotel Beverly Wilshire.

"Lo que despertó nuestra curiosidad fue que Mickey parecía recibir encargos del extranjero. Tenemos fotos tomadas con nuestra lente telescópica de Cohen y su amigo. La oficina lo comprobó. Supimos su nombre: es Menachem Begin".[434]

Para averiguar más sobre las actividades de Cohen y Begin, Wean empleó a un espía que hablaba yiddish para que escuchara a Cohen y Begin. Wean informó: "Informó que los dos tuvieron una discusión profunda y muy agitada. Se habló mucho de Cuba, de operaciones militares y de los Kennedy".[435] Según el agente de Wean: "Definitivamente algo pasa. Mickey parecía un político. Hablaban de la guerra y de asignar miles de millones de dólares, maldecían a JFK por sus ridículos Cuerpos de Paz y el despilfarro de dinero."[436]

MELVIN BELLI

Según Wean, tras esta reunión, Cohen y Begin se marcharon. Wean y su socio siguieron a Cohen hasta una elegante casa de Los Ángeles. Allí, dice Wean, Cohen y Begin conocieron a Melvin Belli, el abogado de alto standing que había sido amigo y abogado de Cohen durante mucho tiempo.[437]

Como veremos en el capítulo 14, Belli acabó desempeñando un papel importante en la enmarañada red de conspiraciones que rodearon el asesinato de Kennedy. Belli era el abogado de Jack Ruby.

Curiosamente, según Wean, Cohen, Ruby y Menachem Begin tenían algo más en común: Cohen compartía su novia, la stripper Candy Barr, no sólo con Ruby (que entonces trabajaba en Dallas), sino también con Begin, el hombre de Israel en Hollywood.[438]

---

[433] Curt Gentry, *J. Edgar Hoover: The Man and the Secrets*. (Nueva York: W. W. Norton & Company, 1991), p. 493.
[434] Wean, pp.687-688.
[435] *Ibid*, p. 688.
[436] *Ibid*, p. 689.
[437] *Ibid*.
[438] *Ibid*.

Pero Mickey Cohen tenía mucho más en mente que sus actividades delictivas y sexuales. Cohen estaba interesado en la supervivencia de Israel, la nación que había ayudado a crear.

MISIÓN DE COHEN

El especial interés de Cohen por la política de JFK en Oriente Próximo, combinado con su deplorable manipulación de Marilyn Monroe y su antigua devoción por la causa sionista, le sitúan directamente en el centro del papel central desempeñado por el Sindicato del Crimen Organizado de Lansky en el complot para asesinar a JFK.

El matón de Los Ángeles, de aspecto simiesco, conocía bien las circunstancias de lo que realmente ocurrió en el asesinato de JFK. Sin embargo, lo que Cohen pudo haber sabido se perdió para siempre cuando el compinche de Lansky murió repentinamente de un ataque al corazón. No tenía antecedentes conocidos de problemas cardíacos. En el capítulo 14 veremos con más detalle la conexión de Cohen con Jack Ruby.

Años después de conocer a Cohen y Begin, Gary Wean recibió lo que describió como "una extraña llamada". Era un escritor llamado Ed Tivnan que decía estar investigando la supuesta asociación de Begin con gángsters estadounidenses.

CUBRIENDO LAS ESPALDAS DE ISRAEL

[439]"Mi libro pretende negar, disipar y silenciar las acusaciones de asociación criminal que pesan sobre ellos", dijo Tivnan. A Tivnan no le interesaba el relato de Wean sobre la asociación muy real de Begin con el Sindicato del Crimen Organizado de Lansky. Era algo que Israel no quería hacer público.

Hay otro aspecto interesante en todo esto. Cuando el escritor Anthony Summers estaba preparando su libro *Goddess*, sobre la vida de Marilyn Monroe, se puso en contacto con Wean para pedirle información y Wean proporcionó a Summers todos los detalles que hemos examinado en estas páginas.

Sin embargo, cuando la biografía de Summers sobre Marilyn Monroe apareció finalmente en las librerías, el autor no había hecho mención alguna a la conexión de Cohen con Israel. En su lugar, el libro sugería que la muerte de la señorita Monroe fue una consecuencia inmediata de su romance con los hermanos Kennedy.

De hecho, el libro inducía al lector a creer que eran los Kennedy quienes, de un modo u otro, eran directa o indirectamente responsables de la trágica muerte de la joven. No se mencionaba la relación de Mickey Cohen con Israel.

Hay otra cosa interesante. Se trata del mismo Anthony Summers que escribió un exhaustivo estudio sobre el asesinato de JFK titulado *Conspiración*. (Esto fue antes de conocer a Wean.) **Sin embargo, cuando Summers publicó una edición actualizada de su libro en 1992, nunca informó de la información que Wean le había dado sobre la conexión israelí.** Probablemente, para ser justos con Summers, no comprendió la importancia de lo que había aprendido. Sin embargo,

---

[439] *Ibid*, p. 739.

está muy claro por todo lo que ya hemos examinado en estas páginas -y lo que vamos a examinar a continuación- que el descubrimiento de Wean fue clave para comprender lo que realmente ocurrió el 22 de noviembre de 1963.

LA CONEXIÓN COHEN

Hoy en día, como hemos visto, hay quienes citan continuamente los vínculos de Jack Ruby con el crimen organizado como prueba de que "La Mafia Mató a JFK". Algunos incluso han señalado que una de las primeras llamadas telefónicas de Ruby inmediatamente después del asesinato de JFK (justo después de la detención de Lee Harvey Oswald) fue a Al Gruber, un socio de Mickey Cohen en Hollywood.

También resulta -no sorprendente- que Gruber estaba asociado con "Happy" Meltzer, el contacto del sindicato en el tráfico de drogas en Ciudad de México, con quien, como veremos en el capítulo 14, Ruby mantenía una relación.[440]

De hecho, Gruber había ido a visitar a Ruby a Dallas en noviembre de 1963, justo antes del asesinato, aunque hacía unos diez años que no se veían.

Aparte de eso, la conexión de Cohen con Ruby se explota poco, quizá precisamente porque no apunta en dirección a la mafia, sino directamente a Israel y al Sindicato del Crimen Organizado de Meyer Lansky.

Paradójicamente, Mickey Cohen ya estaba encarcelado en una prisión federal en el momento del asesinato de JFK. El lugarteniente de Lansky en la Costa Oeste era uno de los muchos "grandes nombres" atrapados en la guerra de Kennedy contra el sindicato del crimen de Lansky. Claramente no había química entre Mickey Cohen y los hermanos Kennedy.

Parece probable -y Gary Wean así lo cree, según ha contado a este autor- que Gruber, el compinche de Cohen, fuera el intermediario del sindicato de Lansky en la delicada cuestión de cómo silenciar a Oswald, el chivo expiatorio que de algún modo había escapado a la muerte y se encontraba entonces bajo custodia de la policía de Dallas.

Mickey Cohen y Menachem Begin estuvieron claramente implicados en las primeras fases de lo que finalmente se convirtió en una conspiración de asesinato contra JFK, precisamente por la enconada lucha de Kennedy con Israel sobre política exterior, que desencadenó el complot contra el presidente estadounidense.

Tal vez esto explicaría por qué Jack Ruby -en sus últimos días- podría haber temido que, si la verdad sobre el asesinato de John F. Kennedy salía a la luz, como dijo Ruby, "los judíos" serían culpados del crimen.[441]

En el próximo capítulo analizaremos con más detalle el papel de Jack Ruby y examinaremos sus vínculos con el sindicato de Lansky y con Israel.

---

[440] Peter Dale Scott. *Deep Politics and the Death of JFK* (Berkeley, California: University of California Press, 1993), p. 143.
[441] *Ramparts* (sin fecha disponible).

Capítulo XIV

El mensajero: Jack Ruby era más "Mossad" que "Mafia"

Los vínculos de Jack Ruby con la mafia están bien demostrados. Sin embargo, lo que casi siempre se ignora es el vínculo permanente de Ruby con el Sindicato del Crimen de Meyer Lansky, no con "la Mafia". Y aunque hay referencias ocasionales a los vínculos de Ruby con la CIA, se ignoran estrictamente sus lazos igualmente estrechos con la inteligencia israelí.

Un examen minucioso del verdadero Jack Ruby, y no del Ruby de la leyenda, revela más sobre la probabilidad de la participación del Mossad en el asesinato del presidente Kennedy.

El historiador del crimen organizado Stephen Fox describió al gerente del club nocturno de Dallas Jack Ruby como "la pistola humeante, el núcleo, la nariz de su cara" en el complot para asesinar a JFK.[442]

Irónicamente, Ruby no sólo silenció a Oswald y ayudó a perpetuar la conspiración y el encubrimiento del asesinato de JFK, sino que también contribuyó a avivar el fuego de la especulación. Si Lee Harvey Oswald hubiera muerto de un ataque al corazón en la prisión de Dallas, en lugar de a manos de un matón vinculado a la Mafia llamado Jack Ruby, la sospecha de una conspiración podría no haberse desarrollado tan rápidamente. Sin embargo, cuando Jack Ruby saltó a la palestra y eliminó a Oswald, la atención se centró en el extraño pasado del mafioso de Chicago que había matado al presunto asesino.

El golpe a Ruby es legendario. Pero Jack Ruby no estaba, repito, no estaba en la mafia. Y era algo más que un "socio de la mafia".

Ruby, de hecho, formaba parte del Sindicato del Crimen de Meyer Lansky y, lo que es más, a pesar de las conclusiones de la Comisión Warren, también trabajaba para los antiguos colaboradores de Lansky en la CIA y con el Mossad israelí (documentado en detalle en el capítulo 8).

El difunto Bernard Fensterwald, uno de los principales investigadores del asesinato de JFK, dejó constancia de la conexión de Ruby con Lansky en su enciclopédica obra *Coincidencia o conspiración*:

"El 7 de junio de 1964 Ruby dijo a la Comisión Warren que había visitado a [Lewis] McWillie en La Habana en 1959, y también dijo que conocía a los jefes de McWillie. Curiosamente, los jefes de McWillie en aquel momento eran Meyer y Jake Lansky. Ruby habló misteriosamente de haber conocido a dos hermanos propietarios del Casino Tropicana que dirigía McWillie. Ruby dijo que no estaba seguro de su apellido, pero creía que era Fox. Hace tiempo que se sabe que Meyer y Jake Lansky

---

[442] Stephen Fox, *Blood and Power* (Nueva York: William Morrow & Company, 1989), p. 307.

eran, de hecho, los dos principales propietarios del Tropicana. El Tropicana había sido una piedra angular de sus posesiones cubanas.

"Ruby también describió a 'los hermanos Fox' como 'los principales expulsados de Cuba', y dijo que estaban viviendo en Miami en ese momento. Meyer y Jake Lansky eran conocidos por el gobierno de Castro como los expulsados más destacados de la unión y vivían en Miami en ese momento. Ruby dijo que creía que uno de los nombres de pila de los hermanos Fox podría ser Martin.

Ruby declaró posteriormente que uno de los "hermanos Fox" la había visitado en Dallas, acompañado por Lewis McWillie. Ruby dijo que habían cenado juntos en el aeropuerto de Dallas. También testificó que Fox y McWillie también habían pasado por su club nocturno, donde habían posado para hacerse fotos con él. A continuación, Ruby se llevó las fotos cuando visitó a McWillie en Cuba:

"'Aparentemente los Fox estaban en el exilio en ese momento, porque cuando fui a visitar a McWillie... revisaron mi equipaje y vieron una fotografía del Sr. Fox y su esposa.

"No me interrogaron, pero lo registraron todo y me retuvieron durante horas:.... Evidentemente, en mi ignorancia, no me di cuenta de que llevaba una foto [de alguien] que sabían que era un enemigo jurado".[443]

Sin embargo, es dudoso que los "hermanos Fox" fueran en realidad los hermanos Lansky. El biógrafo de Ruby, Seth Kantor, señala que había unos hermanos llamados Martin y Pedro Fox que eran de nacionalidad cubana y que estaban implicados en el Tropicana (en cualquier caso, el Tropicana era propiedad de los hermanos Lansky).

Kantor escribe: "El significado de todo este alboroto sobre los hermanos Fox es que Ruby era un hombre racional en el momento de la entrevista con la Comisión Warren el 7 de junio de 1964. Les estaba diciendo la verdad, y suplicó que le sacaran de Texas para contarles más. [444]Pero nadie le escuchó, uno de los días más dolorosos de la historia de la Comisión Warren".

Curiosamente, en el momento del asesinato de JFK, McWillie, un buen amigo de Ruby, trabajaba en el Hotel Thunderbird de Las Vegas, propiedad en parte de Meyer Lansky y su hermano Jake. En otras palabras, McWillie trabajaba para los Lansky cuando Ruby le telefoneó siete veces en 1963.[445] Estas llamadas formaban parte de la serie de llamadas telefónicas a figuras del crimen organizado que los autores David Scheim, John W. Davis y G. Robert Blakey utilizaron para promover la teoría de que "La Mafia mató a JFK".

En efecto, Ruby llamó a siete u ocho individuos vinculados a los bajos fondos en el período previo al asesinato de JFK, pero, según Peter Dale Scott, "sólo uno de ellos era italiano".[446] "Sin embargo, como señala Scott, la Comisión de Investigación de los Asesinatos de Blakey prefirió, como señala el profesor Scott, presentar a Ruby como una figura de la "mafia" e ignorar su papel en la esfera de Lansky. "Semejante lógica sólo podía provenir de funcionarios públicos, observa Scott con ironía".[447] En

---

[443] Bernard Fensterwald y la Comisión de Investigación de los Asesinatos. *Coincidence or Conspiracy?* (Nueva York: Zebra Books, 1977) pp. 371-372.
[444] Seth Kantor. *Who Was Jack Ruby?* (Nueva York: Everest House, 1978) pp. 13-14.
[445] Peter Dale Scott. *Deep Politics and the Death of JFK* (Berkeley, California: University of California Press, 1993), p. 180.
[446] *Ibid*, 184.
[447] *Ibid*, p. 183.

términos más generales, Scott describe esto como una forma de "sesgo consciente, o lo que podríamos llamar sesgo artificial, cuyo propósito es engañar a los demás."[448]

Sin embargo, sea cual sea el vínculo directo entre Lansky y Ruby, el investigador del asesinato de JFK Jim Marrs afirma categóricamente que Ruby compartió una casa de juego en Hallandale, Florida, con Meyer y Jake Lansky, entre otros, a principios de los años cincuenta.[449]

No cabe duda de que el mundo de tramas de Ruby y el mundo de tramas de Lansky se cruzaban en muchos ámbitos, como veremos, tanto si se conocían personalmente como si no.

RUBY Y EL TRÁFICO DE DROGAS DE LANSKY

Peter Dale Scott señaló el abyecto fracaso de la Comisión de Investigación de los Asesinatos de G. Robert Blakey a la hora de explorar y exponer las conexiones de Ruby con Lansky, que son muy fuertes por cierto. Scott, que estudió los antecedentes criminales de Jack Ruby, hizo hincapié en el papel crucial de Ruby en el sindicato de Lansky.

Según Scott: "No hay duda de que Ruby fue investigado [a mediados de los años 40] por su papel en un sindicato internacional de la droga, que implicaba la corrupción de funcionarios del gobierno en Ciudad de México."[450] El máximo responsable del sindicato en Ciudad de México era un tal Harold "Happy" Meltzer, pero en realidad era Meyer Lansky "la figura clave del sindicato de Meltzer".[451]

Según Scott, "después de la Segunda Guerra Mundial, era probablemente la mayor red de narcotráfico de Estados Unidos".[452]

En opinión de Scott, la Comisión de Investigación de los asesinatos no tuvo en cuenta que "Ruby era una figura importante" en la conexión entre el crimen organizado y el entorno político de Dallas, y también "a nivel federal".[453] En resumen, Ruby no era simplemente un chivo expiatorio de la Mafia, como algunos han intentado sugerir, y no formaba parte de la Mafia, como G. Robert Blakey y otros han sugerido.[454]

RUBY NO ERA PARTE DE LA MAFIA

Según Scott, la investigación de la Comisión sobre Ruby y sus socios del hampa optó por centrarse en lo que Scott describe como un "modelo étnico de delincuencia organizada: La Cosa Nostra", es decir, en lo que Scott denomina la "Mafia", el apodo popular en los medios de comunicación para los miembros italianos de la delincuencia

---

[448] *Ibid*, p. 182.
[449] Jim Marrs, *Crossfire: The Plot That Killed* Kennedy (Nueva York: Carroll & Graf Publishers, Inc., 1989), p. 392.
[450] Scott, p. 141.
[451] *Ibid*, p. 144.
[452] *Ibid*, p. 141.
[453] *Ibid*, p. 71.
[454] *Ibid*, p. 71.

organizada, en lugar de los judíos predominantes encarnados por Meyer Lansky y quienes se encontraban en su esfera de influencia.[455]

Según Scott, estas descripciones del crimen organizado fueron "distorsionadas burocráticamente hasta el punto de la falsedad"... "[y] esta distorsión implicó una tergiversación sistemática de los hechos, no sólo sobre Ruby, sino también sobre otros aspectos del asesinato de Kennedy".[456] En cuanto a Jack Ruby, según Scott, la investigación del Comité Selecto de la Cámara de Representantes sobre los asesinatos no hizo ninguna referencia a lo que él describe delicadamente como "la continua conexión entre el hampa y la inteligencia alimentada por las drogas" - lo que en las páginas de *Juicio Final* llamamos con más propiedad y precisión el sindicato del crimen organizado de Lansky.[457]

Como concluyó Scott (y con razón): "La llamada Cosa Nostra fue sistemáticamente tergiversada por los investigadores de la ley y los fiscales. Y esta vívida distorsión desfiguró las dos investigaciones oficiales sobre el asesinato de Kennedy, no marginalmente, sino en formas que oscurecieron verdades centrales sobre el asesinato que fueron embarazosas para aquellos que conducían la investigación.

"A fin de cuentas, tenemos que reconocer que la historia del crimen organizado y la historia de la investigación y persecución del crimen organizado son procesos estrechamente entrelazados que se afectan mutuamente. Son procesos, hay que añadir, que socavan mutuamente la verdad y ocultan las sedes del poder político en este país."[458]

"En resumen: las investigaciones oficiales sobre el asesinato de Kennedy han fracasado, no porque el caso sea intrínsecamente intratable, sino porque el caso y las investigaciones han sido gobernados por procesos políticos más profundos, que aún no han sido discernidos."[459]

En resumen, Jack Ruby no era un mercenario de la "mafia", sino un contacto clave en el sindicato del crimen de Dallas de Meyer Lansky y, en última instancia, como dijo Stephen Fox, "la pistola humeante, la piedra Rosetta, la nariz en medio de la cara" en la conspiración del asesinato de JFK. Los procesos políticos más profundos, que Peter Dale Scott señaló como "aún por discernir", quedan ahora, sin embargo, al descubierto por primera vez, en las páginas de *Juicio Final*.

CONEXIONES ISRAELÍES DE RUBY

Aunque durante mucho tiempo se ha considerado que Jack Ruby estaba orgulloso de su herencia judía, lo que se sabe poco hoy en día es que Ruby tenía una estrecha relación con alguien muy vinculado a la comunidad de inteligencia y al lobby pro-israelí de Estados Unidos.[460] Se trataba de Luis Kutner, de Chicago, "antiguo socio y abogado de Ruby desde hacía mucho tiempo", que había representado a Ruby cuando

---

[455] *Ibid*, p. 70.
[456] *Ibid*, p. 151.
[457] *Ibid*, p. 193.
[458] *Ibid*, p. 19.
[459] *Ibid*, p. 21.
[460] *Ibid*, p. 181.

éste fue convocado ante el personal de la Comisión Anticorrupción del Senado de Kefauver en 1950 para hablar de las actividades de los bajos fondos en su antigua base de Chicago. Según Kutner, la oferta de Ruby estaba condicionada a que el Comité Kefauver se abstuviera de investigar el crimen organizado en Dallas, donde Ruby estaba entonces bien establecido. Peter Dale Scott señala que "el resultado del Comité Kefauver parece corroborar la afirmación de Kutner, ya que el Comité sí dio el visto bueno a Dallas".[461]

Aunque era un "abogado de la mafia", parece que Kutner tenía otras conexiones interesantes. Según Scott, "Kutner, según cuenta él mismo, conocía a Ruby desde 1936, cuando lo había utilizado para "hacer recados" en su malograda campaña al Congreso de 1936. Más tarde, Kutner se había involucrado en lo que sólo puede describirse como operaciones de inteligencia internacional, desde golpes de Estado en América Latina hasta la defensa del depuesto líder congoleño Moise Tshombe."[462]

Pero Kutner también participó activamente en los esfuerzos para promover los intereses de Israel. Estaba entre la multitud de personas que formaron el Center for Global Security Inc, del que era "consejero honorario". El general Julius Klein era "presidente honorario" de este grupo de presión pro-Israel, un militar estadounidense que no sólo desempeñó un papel importante en el suministro de armas a la Haganá israelí antes de la creación de Israel, sino que también ayudó a fundar y entrenar al Mossad israelí. Es evidente que Kutner, amigo y abogado de Jack Ruby, era un hombre con importantes vínculos con Israel y sus redes mundiales de poder. Así que lo que Peter Dale Scott dice sobre la asociación de Ruby con Kutner no es ninguna exageración: "[El] compromiso de Kutner con Ruby confirma que Ruby debe ser visto no sólo como un hombre con "influencia local en la policía de Dallas, sino como un jugador en la política internacional profunda."[463]

Sin embargo, cuando G. Robert Blakey y el Comité de Asesinatos de la Cámara de Representantes investigaron las conexiones de Ruby, y cuando Blakey redactó posteriormente sus conclusiones, nunca mencionó a Kutner -un importante vínculo con Ruby, especialmente a la luz de lo que ya hemos descrito- y que examinaremos con más detalle en las páginas de *Juicio Final*.[464]

RUBY Y EL COMERCIO DE ARMAS ISRAELÍ

El investigador A. J. Weberman reveló el hecho poco conocido de que Ruby había visitado Israel en 1955 y que, estando en San Francisco ese año, Ruby le dijo a un amigo: "Después de irme, voy a Florida a comprar un cargamento de contrabando para enviarlo a Israel." El cuaderno de Ruby también contenía el número de teléfono en Nueva York de una tal Srta. Snyman que había dicho al FBI que gozaba de inmunidad diplomática y que el embajador sudafricano ante las Naciones Unidas debía ponerse en contacto con ella. Weberman planteó la cuestión de si Ruby podría haber estado implicado en un tráfico de armas entre Israel y Sudáfrica, pero señaló

---

[461] *Ibid*, p. 151.
[462] *Ibid*, p. 201.
[463] *Ibid*, p. 201.
[464] *Ibid*, p. 349.

que el FBI había decidido entonces que el número era JE-8-7475 y no TE-8-7475. Nunca se supo de quién era el número.[465]

Además, citando documentos del FBI, Weberman señala que Lawrence Meyers, un viejo amigo de Ruby al que había conocido en el Motel Cabana la noche anterior al asesinato de JFK, era vendedor en Ero Manufacturing. El FBI determinó que se habían hecho llamadas desde Ero a una empresa investigada por envíos ilegales de armas a Israel.[466]

De hecho, existen pruebas de otros vínculos de Ruby con Israel en la época del asesinato de JFK. Es bien sabido que cuando Ruby estaba con la policía de Dallas tras el asesinato, fingió traducir para los "periodistas" israelíes que se encontraban en el lugar de los hechos.

Es interesante, por supuesto, en el sentido de que parece poco probable que los corresponsales israelíes en Estados Unidos tuvieran un nivel de inglés tan bajo como para necesitar los servicios del gerente de un club de striptease de Dallas.

Aunque la asociación de Ruby con estos periodistas israelíes puede haber sido completamente inocente, lo interesante es que ni la Comisión Warren ni ninguno de los investigadores que trabajaban en el caso JFK (muchos de los cuales veían con recelo *el Juicio Final*) rastrearon nunca a estos periodistas. *¿Por qué no lo hicieron?*

En una conferencia de investigadores del asesinato de JFK, un participante causó revuelo al preguntar si alguien había determinado alguna vez con precisión para qué periódicos israelíes traducía Jack Ruby, y si alguien había entrevistado alguna vez a esos periodistas para averiguar qué les había dicho Ruby durante esas horas cruciales en las que Ruby seguía la pista de Oswald.

La respuesta del investigador Walt Brown, maestro de ceremonias, fue reveladora a su manera. Brown dijo: "Esta es probablemente la pregunta más importante formulada en esta conferencia.[467]

Lo que a la postre puede resultar más revelador sobre los vínculos de Ruby con el Mossad se produjo en 2003, cuando William F. Pepper, abogado durante muchos años del presunto asesino de Martin Luther King, James Earl Ray, publicó su libro *An Act of State (Un acto de Estado)*.

En el libro, Pepper afirmaba que en 1963 Ruby estuvo implicado en una operación internacional de contrabando de armas basada en parte en Texas, en la que participaba "un alto agente del Mossad que trabajaba en Sudamérica y que servía de contacto para el ejército estadounidense y la CIA".[468]

Como era de esperar, Pepper no dio detalles sobre la conexión con el Mossad. Sin embargo, la circunspecta referencia de Peper fue un flashback para cualquiera que ya hubiera leído *Juicio Final*.

La afirmación de Pepper de una conexión del Mossad con el tráfico de armas en el que estaba implicado Ruby se basa en las declaraciones hechas a uno de los investigadores de Pepper por el ex coronel John Downie, del Grupo 902 de Inteligencia Militar, una unidad con base en el Ministerio de Defensa.

---

[465] A. Sitio web de J. Weberman: www.weberman.com(Nódulo27).
[466] A. Sitio web de J. Weberman: www.weberman.com(Nódulo27).
[467] Entrevista con Steve Frogue, que plantea la pregunta a Walt Brown.
[468] William Pepper. *An Act of State* (Nueva York: Verso Books, 2003), p. 77.

Según Downie, "Raúl", la misteriosa figura -a quien James Earl Ray, el presunto asesino de King, había ayudado a inculpar del asesinato de King- formaba parte de una operación internacional de contrabando de armas con base en Estados Unidos en la que Pepper ya había establecido -a través de otras fuentes- que estaba implicado Jack Ruby. El vínculo entre "Raúl" y Ruby distaba mucho de ser tenue: "Raúl" y Ruby se habían reunido en varias ocasiones antes del asesinato de JFK, según las fuentes de Pepper, cinco años antes del asesinato de King.[469]

En la operación de contrabando se utilizaban armas robadas en bases y arsenales del ejército estadounidense, que se entregaban a la organización delictiva de Carlos Marcello, con sede en Nueva Orleans, la cual, a su vez, entregaba las armas en América Central y del Sur y en otros lugares. Los beneficios de la venta de armas se repartían presuntamente a partes iguales con el Grupo de Inteligencia Militar 902th, que utilizaba su parte para financiar operaciones secretas y extrapresupuestarias.

Parece que la publicación previa de *Juicio Final* ya había identificado casi con toda seguridad la identidad del individuo descrito por la fuente de Pepper. En la sección fotográfica de *Juicio Final*, se señala que el famoso "hombre de los paraguas" fotografiado en la Plaza Dealey de Dallas el 22 de noviembre de 1963 tenía un notable parecido con Michael Harari, el ahora famoso (pero entonces misterioso) antiguo personaje del Mossad.

En 1963, Harari estaba sobre el terreno como especialista en asesinatos del Mossad y sin duda habría estado presente en Dallas si el Mossad era uno de los principales actores de la conspiración contra JFK.

Además, los documentos publicados demuestran que, a lo largo de su carrera, Harari estuvo muy implicado en operaciones de la inteligencia israelí en México, Sudamérica y el Caribe, culminando en su más que publicitado papel como asesor principal del dictador Manuel Noriega, quien finalmente dirigió una invasión estadounidense. ¿Era entonces Harari "el agente superior del Mossad que trabajaba en Sudamérica" citado por la fuente militar estadounidense de Pepper? Si no es así, sin duda era alguien con quien Harari trabajaba.

El hecho de que Jack Ruby, que formaba parte de la operación de contrabando vinculada al Mossad descubierta por Pepper, tuviera múltiples conexiones con el Mossad e Israel no es ninguna sorpresa para quienes ya hayan leído *Juicio Final* (más adelante, en la sección Preguntas y Respuestas de *Juicio* Final, exploraremos otras extrañas conexiones israelíes con el caso de Martin Luther King, detalles que fueron deliberadamente silenciados).

RUBY Y LA FAMILIA BRONFMAN

Las actividades secretas de Jack Ruby estaban claramente bien establecidas. Pero el investigador independiente Brian Downing Quig descubrió una conexión con Ruby que nunca antes se había revelado. Explorando el corrupto mundo de Kemper Marley, el jefe político de Arizona y recaudador de fondos del hampa vinculado al infame asesinato en 1976 del periodista de investigación Don Bolles, Quig supo por Al Lizanetz, publicista de Marley durante muchos años, que no sólo la familia

---

[469] *Ibid*, pp. 100-102.

Bronfman, vinculada a Lansky, había patrocinado a Marley, sino que Jack Ruby también estaba en nómina de la familia Bronfman.[470]

Así pues, teniendo en cuenta la estrecha relación de la familia Bronfman con Permindex (que, como veremos en el capítulo 15, desempeñó claramente un papel central en la conspiración de JFK), el vínculo entre Ruby y la familia Bronfman es realmente interesante y tiende hacia una conexión israelí.

RUBY Y LA CIA

Todas las pruebas del tráfico de armas de Ruby, tanto al propio Castro como, en última instancia, a los exiliados cubanos anticastristas, fueron exploradas sin descanso y en detalle por los investigadores encargados del asesinato de JFK. Pero su conexión con Lansky fue repetidamente ignorada. El ex agente de la CIA Robert Morrow informa que el negocio de armas procastrista de Ruby fue en colaboración con el ex presidente cubano Carlos Prio Socarras (Prio también tenía una larga historia de estrecha colaboración con Meyer Lansky, como vimos en los capítulos 7 y 11, habiendo recibido sobornos de Lansky).

Según Morrow: "Con la bendición del sindicato y la dirección de la CIA, Prío llegó a un acuerdo con Castro por el que la mafia (que también apoyaba a Batista) proporcionaría las armas y las finanzas necesarias para que la revolución de Castro tuviera éxito, a condición de que Fidel le restituyera en la presidencia una vez derrocado Batista. Castro aceptó, y Prío se convirtió en un importante traficante de armas. Jack Ruby era uno de sus socios de Dallas, Texas, entonces conocido como Jack Rubinstein. Esto lo corrobora un informante del FBI de Miami llamado Blaney Mack Johnson, quien afirmó que Ruby había suministrado armas a Castro a través de Prío, que había visto a Ruby en los alrededores de un aeropuerto privado y que sabía que Ruby traía armas en barco. Otros confirman que Ruby se dedicaba al negocio de las armas en Florida a finales de los años cincuenta. Uno de ellos era Eladio del Valle, ex congresista cubano y buen amigo de Mario Kohly".[471]

Kohly era uno de los principales líderes de los exiliados cubanos que se habían vuelto contra Castro después de que el dictador cubano diera la vuelta a la tortilla contra sus antiguos aliados del sindicato del crimen de Lansky, que había ayudado a Castro a tomar el poder (véase el capítulo 7). El propio Kohly se dirigió más tarde a Meyer Lansky para ofrecerle su apoyo y le ofreció devolverle los derechos de su casino si él, Kohly, podía tomar el poder en Cuba tras la marcha de Castro. [472]Así pues, Jack Ruby fue un mensajero importante en las extrañas relaciones procastristas y anticastristas de la CIA y el sindicato del crimen organizado de Meyer Lansky. Sin embargo, la historia de Jack Ruby tiene mucho más que ofrecer.

---

[470] *"La muerte en Arizona de la máquina Kemper Marley",* por Brian Downing Quig, en Internet.
[471] Robert Morrow *The Senator Must Die: The Murder of Robert F. Kennedy (*Santa Monica: CA: Roundtable Publishing, Inc., 1988), p. 19.
[472] *Ibid*, p. 49.

RUBY, OSWALD Y LA CIA

El difunto John Henshaw, un destacado periodista de investigación que trabajaba en Washington D.C., investigó por su cuenta los antecedentes de Ruby. Henshaw, que había trabajado como investigador para el columnista Drew Pearson (del que se habla con más detalle en el capítulo 17), descubrió una conexión entre Ruby y Lee Harvey Oswald que los vinculaba con la CIA. Según Henshaw, la policía de Dallas estaba investigando a Ruby y a Oswald por el intento de asesinato del general retirado Edwin Walker varios meses antes del asesinato de JFK.

Una bala había atravesado la ventana de Walker, pero el general, un devoto anticomunista y crítico de Castro, no había resultado herido. Sin embargo, existe cierto debate entre los investigadores del asesinato de JFK sobre el papel que desempeñó Oswald en el tiroteo contra Walker, si es que desempeñó alguno. Esta es otra de las muchas preguntas sin respuesta que rodean el misterio de JFK.

En cualquier caso, según el relato de Henshaw, una investigación policial secreta sobre el tiroteo vinculó a Oswald y Ruby con el incidente. Entonces, según Henshaw, un alto funcionario del Departamento de Justicia pidió a un alto funcionario del FBI que interviniera y detuviera la inminente detención de los dos agentes de Dallas. Henshaw dijo que fue la propia CIA la que pidió al FBI que interviniera. Según Henshaw, la CIA estaba utilizando a Ruby para reclutar a hombres de Dallas en el movimiento anticastrista. Sin embargo, el funcionario del FBI se negó a intervenir, alegando que obstruiría la justicia.

El funcionario del FBI declaró, sin embargo, que sólo haría esta petición si recibía una instrucción oficial para hacerlo mediante una notificación escrita firmada por el representante del Departamento de Justicia. Poco después, según el relato de Henshaw, el funcionario del FBI recibió una directiva firmada. Se puso en contacto con la policía de Dallas y les pidió que no detuvieran a Oswald y Ruby.

Pero la policía de Dallas también quería una orden formal firmada. Con eso, el Departamento de Justicia envió la notificación al Jefe Curry de la Policía de Dallas pidiendo que se dejara completamente solos a Oswald y Ruby.

El Departamento de Justicia explicó que no quería que Oswald y Ruby fueran detenidos por "razones de Estado" y que hacía la petición en nombre de la CIA.[473] El relato de Henshaw es otro importante informe que demuestra que Ruby y Oswald llevaban a cabo juntos actividades encubiertas no reveladas, bajo la dirección de la CIA.

Henshaw también escribió que el fiscal general de Texas, Waggoner Carr, estaba siendo vigilado por el FBI porque tenía pruebas no reveladas: "Las pruebas incluyen una copia de la película desaparecida tomada momentos antes de que Jack Ruby matara a Lee Harvey Oswald. La película sigue el progreso de Ruby a través de las pantallas del FBI y de la policía que custodiaban la entrada al cuartel general de la policía de Dallas. Una cadena de televisión de Dallas asignó a dos camarógrafos para cubrir la entrada, pero los agentes federales les ordenaron que suprimieran las imágenes de las dos pantallas de seguridad en las que aparecía un alto funcionario del Departamento de Justicia escoltando a [Ruby]".[474] Según Henshaw, la intensa presión

---

[473] John Henshaw, *The National Enquirer*, 17 de mayo de 1964.
[474] *Ibid.*

federal puso fin a la investigación de Carr después de que se supiera que tenía una copia sin cortar de la película. Al parecer, se quedó con una copia.

Existen pruebas de otros posibles contactos entre Ruby y Oswald, incluso en Nueva Orleans. Que el autor sepa, estas pruebas nunca se han publicado.

El autor tuvo acceso a una carta privada escrita el 20 de febrero de 1967 durante la polémica sobre la investigación del asesinato por el fiscal Jim Garrison. El autor de la carta describe los temores de su tía, una mujer de Nueva Orleans que fue vecina de Lee Harvey Oswald durante su estancia en la Crescent City. "Está aterrorizada hasta el punto de no querer cooperar", afirma. Según ella, su miedo se basa en la posibilidad de que "Garrison la atrape por ocultar pruebas" y en la posibilidad de que "alguien le dispare por la espalda".

"Me hizo los siguientes comentarios: (1) Observó que Oswald había recibido visitas tres veces (a) dos hombres de "aspecto cubano" le visitaron dos veces y (b) un hombre y una mujer vinieron a recoger a Oswald un fin de semana. Este hombre tenía el mismo perfil que las fotos de Ruby", dice. Cada vez que veo una foto de Ruby, me viene a la mente este visitante de Oswald, pero me da miedo hablar de ello. No podría jurar que era Ruby, pero tampoco que no era Ruby".[475] Ruby aparentemente fue a Nueva Orleans alrededor de la época en que Oswald estaba allí, aparentemente buscando una stripper para su club. ¿Podría ser que la mujer vista con el hombre que se parecía a Ruby fuera una de esas strippers?

Ahora no hay duda de que Jack Ruby tenía vínculos con el sindicato de Lansky y con la CIA en Cuba. Sin embargo, durante el periodo de investigación de la Comisión Warren, la "investigación" oficial del gobierno prefirió hacer la vista gorda. Según el biógrafo de Ruby, Seth Kantor:

"Una vez finalizado el juicio de Ruby, Leon Hubert y Burt Griffin, los dos expertos en Ruby de la Comisión Warren, trataron de convencer a los miembros de la Comisión en memorandos fechados el 19 de marzo y el 1 de abril de 1964 de que había "pruebas sustanciales" de que Jack Ruby había mantenido asociaciones cubanas inexplicables.

Pero los esfuerzos de Hubert y Griffin fueron bloqueados por la CIA y desalentados por otros funcionarios de la Comisión".[476]

Kantor sugiere que "Ruby y Oswald probablemente no se conocían, pero ambos podrían haber sido utilizados como partes separadas de una conspiración para cometer asesinatos en Dallas el fin de semana del 22 al 24 de noviembre de 1963. Oswald el viernes. Ruby el domingo. Dos hombres manipulados por separado por el mismo poder. Después de ser arrestados y encarcelados, ambos hombres afirmaron haber sido manipulados. "Soy un chivo expiatorio", dijo Oswald. "Me usaron para un propósito", dijo Ruby.[477]

A pesar de las observaciones contrarias de Kantor, hemos notado la evidencia (en el Capítulo 11, por ejemplo) que Ruby casi ciertamente conocía a Lee Harvey Oswald y que Ruby estaba de hecho involucrado en asuntos relacionados con el asesinato. Si

---

[475] Correspondencia privada de los archivos del autor.
[476] Kantor, p. 127.
[477] *Ibid*, p. 209.

Ruby -y Oswald- tenían conocimiento de la planificación del asesinato de Kennedy es otra historia.

¿UNA CONSPIRACIÓN CONTRA CONNALLY?

Michael Milan, que ha escrito sobre su papel como parte de un equipo secreto del gobierno de EE.UU. que trabajaba con el sindicato de Lansky, dice que había al menos varias personas operando en Dallas que creían que no estaban involucrados en una conspiración para matar a John F. Kennedy, sino, en cambio, en una conspiración para matar al gobernador de Texas John B. Connally. Según Milan, él (Milan) desempeñó un papel en el encubrimiento del asesinato de JFK. Milan afirma que, tras el asesinato, fue enviado a Dallas por el mismísimo J. Edgar Hoover. La misión de Milan era matar a un taxista llamado Brinkman. Milan se reunió con Brinkman y empezó a interrogarle.

Cuando Milan le preguntó quién había organizado el asesinato, Brinkman respondió: "Nunca había visto a este tipo antes de que esta chica del Carousel Club [de Jack Ruby] nos presentara. Y yo no disparé a nadie. Fuimos otros dos tipos y yo. Ni siquiera íbamos tras el presidente. Se suponía que le dispararíamos al gobernador, pero sucedió demasiado rápido. Se fueron antes de que nadie pudiera hacer nada. Creo que había otros dos tipos haciendo lo que yo debía hacer. Pero no sé quiénes eran ni dónde estaban cuando empezó el tiroteo. Teníamos que disparar al gobernador cuando pasara y largarnos de allí. Eso es todo lo que debíamos hacer. Pero no pasó nada. Pasó de todo y salí de allí rápidamente".[478]

Milan completó su misión y mató a Brinkman. Cuando regresó a Washington, fue recibido en el aeropuerto, según cuenta, por Hoover, que le dijo: "Usted ya sabe demasiado. Así que sólo diré: Johnson. Por supuesto. Mantenemos las distancias. ¿Entiendes?"[479]

¿Es concebible que Jack Ruby no participara conscientemente en un complot para matar a John F. Kennedy, sino más bien, según él, para matar a John B. Connally? ¿Puede decirse lo mismo de Oswald? ¿Es posible que ambos hombres fueran manipulados como parte de una conspiración aún mayor de la que no sabían nada? Todo es especulación, pero vale la pena considerarlo.

La conexión de Lansky con el papel de Ruby en el complot y encubrimiento del asesinato de JFK va mucho más allá de lo que hemos explorado hasta ahora.

EL MENSAJERO DE LANSKY EN DALLAS

Un día antes del asesinato de JFK, Jim Braden, uno de los correos personales de Meyer Lansky desde hacía mucho tiempo, estaba de visita en Dallas. También se encontraba en Dealey Plaza cuando JFK fue asesinado, fue detenido por la policía de Dallas y posteriormente puesto en libertad. Los relatos convencionales sobre el papel del crimen organizado en la conspiración del asesinato de JFK han destacado a

---

[478] Mike Milan. *The Squad: The U.S. Government's Secret Alliance With Organized* Crime (Nueva York: Shapolsky Publishers, 1989), pp. 232-234.
[479] *Ibid.*

menudo los extraños negocios de Braden en Dallas. Sin embargo, se ha ignorado su estrecha relación con Meyer Lansky.

David Scheim, en *Contract on America*, ofrece a sus lectores una larga discusión sobre Braden, pero nunca menciona su conexión con Lansky. Scheim prefiere dejar al lector con la impresión de que Braden era un correo de la "mafia", no un correo de Lansky.[480]

Incluso G. Robert Blakey y Richard Billings (principal fuente de Scheim) reconocen en su libro que Braden era aparentemente un "correo personal" de Lansky. Blakey y Billings dirán que "Al final no pudimos determinar con certeza si Braden estaba relacionado con la Mafia o si sus actividades en Dallas estaban relacionadas con el asesinato."[481]

Lo que Blakey no menciona, sin embargo, es que Braden era una figura clave del Sindicato del Crimen Organizado de Lansky, que era miembro fundador del Club de Campo La Costa, financiado por Lansky. En el capítulo 10, como hemos visto, Blakey formó parte de la plantilla de Morris Dalitzone, uno de los fundadores de La Costa y socio de Lansky, después de que Dalitz y sus socios demandaran a *la revista Penthouse* por publicar vínculos con el hotel de la mafia de Carlsbad, en California. Blakey, de hecho, sirvió de brújula moral para el sindicato de Lansky defendiendo el hotel contra las acusaciones - Blakey, por razones obvias, no estaría inclinado a presumir de ello al proclamarse luchador contra el crimen.

BRADEN, RUBY & FERRIE

El difunto Bernard Fensterwald nos proporciona algunos detalles interesantes sobre las actividades del correo de Lansky: "Braden también tenía otras conexiones sorprendentes que tampoco fueron descubiertas por la Comisión Warren. Jim Braden había estado en la misma oficina de Dallas de H. L. Hunt Oil Company a la que había ido Jack Ruby el 21 de noviembre de 1963 -la tarde anterior al asesinato- y más o menos a la misma hora.

"Braden también se alojó en el Cabana Motel de Dallas, un lugar frecuentado por Jack Ruby y sus socios. Ruby fue al Motel Cabana alrededor de la medianoche de la víspera del asesinato, el 21 de noviembre de 1963, mientras que Jim Braden era un huésped allí. Braden también tiene una posible conexión con el difunto David Ferrie. Según la información registrada por Peter Noyes, Braden trabajaba en una suite burocrática -habitación 1701- del edificio Padre Marquette en el

Nueva Orleans en el otoño de 1963, en las semanas inmediatamente anteriores al asesinato. Durante este mismo período, a finales de 1963, David Ferrie trabajaba para el jefe mafioso Carlos Marcello en el mismo piso... en el mismo edificio... justo al final del pasillo de Braden, en la habitación 1707.[482]

[Fensterwald añade que Noyes encontró más pruebas de que Braden había indicado en el pasado la habitación 1706 como su dirección - ¡justo al lado de Ferrie!

---

[480] David Scheim. *Contract on America* (Nueva York: Shapolsky Publishers, Inc., 1988), pp. 45-47.
[481] G. Robert Blakey y Richard N. Billings. *The Plot to Kill the President* (Nueva York: Times Books, 1981), p. 396.
[482] Fensterwald, p. 288.

En el capítulo 11 analizamos en detalle el papel del agente de la CIA David Ferrie y su vinculación con el complot para asesinar a JFK. Las pruebas citadas por Fensterwald no hacen más que estrechar el cerco)

El hecho de que uno de los principales correos de Meyer Lansky estuviera en Dallas y se moviera por el campo de acción de Ruby es la prueba de que el control de Meyer Lansky estaba en Dallas y, muy probablemente, el vínculo directo entre Lansky y Ruby.

Según Mickey Cohen, secuaz de Lansky en la costa oeste (el modelo a seguir de Ruby), los correos como Braden eran muy importantes para el sindicato de Lansky: "Los mensajes importantes nunca llegaban por teléfono. Todo lo que tuviera que ver con un golpe, una operación de juego, ir a algún sitio o ver a alguien, se hacía por mensajero. Hace treinta años nos preocupaban las escuchas. Incluso el dinero sólo se negociaba de persona a persona. [483]Si alguien tenía dinero que iba o venía, ponías a un hombre en un avión"

Michael Milan, otro socio de Lansky, también escribió sobre la importancia de los correos de la Mafia y la necesidad de confidencialidad. "Siempre que acudía a una reunión, el Sr. Lansky tenía su parte calculada de antemano. [484]También lo tenía todo previsto".

Sin embargo, hay pruebas de que Ruby y Braden tenían una relación muy estrecha. Jim Braden, el correo de Lansky, era también "amigo" del representante de Lansky en Ciudad de México, "Happy Meltzer", a quien conocimos anteriormente en este capítulo como jefe de una operación de tráfico de drogas en la que Ruby estaba obviamente implicado.[485]

Aparentemente, Jim Braden, pudo haber pasado un mensaje de Lansky a Ruby. Pero sea cual sea su papel en Dallas, no hay duda de que estaba allí por una razón. No fue una coincidencia, fue una conspiración. Todos estos puntos, tomados en conjunto, sugieren, como hemos dicho, que la conexión entre Lansky y Ruby está mucho más cerca de lo que podríamos pensar, y mucho más cerca de lo que algunos "solucionadores de crímenes" nos quieren hacer creer. Lo que también es particularmente interesante es otra conexión entre Lansky y Ruby que surgió después del asesinato de JFK y después del asesinato de Lee Harvey Oswald.

MELVIN BELLI LLEGA A LA CIUDAD

En el capítulo 13 analizamos el extraño y poco conocido papel de Mickey Cohen, secuaz de Meyer Lansky en la costa oeste, en el complot para asesinar a JFK. Cohen, antiguo socio de Ruby y modelo para el gángster de Dallas, era claramente una figura clave en la red de conspiración. Fue Melvin Belli, viejo amigo y abogado de Cohen, quien se presentó como abogado defensor de Jack Ruby.

---

[483] Mickey Cohen y John Peer Nugent. *Mickey Cohen: In My Own Words* (Englewood Cliffs, N.J.: Prentice-Hall, Inc., 1975), p. 129.
[484] Milán, p. 10.
[485] Peter Dale Scott. *Deep Politics and the Death of JFK* (Berkeley, California: University of California Press, 1993), p. 143.

Belli y Cohen se conocían desde hacía años. De hecho, Belli era un habitual del club nocturno Le Rondelli de Los Ángeles, del que Cohen era propietario secreto. Y, como señalamos, también era el abogado de Cohen.

Los dos eran tan amigos que en una ocasión Belli presentó a Cohen como "el profesor de Harvard O'Brien, que iba a dar una conferencia sobre derecho fiscal", en una reunión de la American Bar Association en Miami.[486]

Según cuenta Cohen en sus memorias, el mafioso de Los Ángeles subió al estrado y empezó a parlotear durante un rato, sin decir esencialmente nada. Luego concluye: "Les aconsejo a todos que paguen sus impuestos al pie de la letra".[487]

Blakey y Billings, en *The Plot to Kill the President*, examinaron las circunstancias en las que el abogado del secuaz de Lansky llegó a representar a Jack Ruby:

"La forma en que Melvin Belli, un abogado litigante conocido en todo el país, llegó a encargarse de la defensa de Ruby fue objeto de controversia. Nos enteramos de que Seymour Ellison, un abogado asociado con Belli, recibió una llamada telefónica de un 'abogado de Las Vegas' que dijo: 'Sy, uno de nuestros chicos acaba de disparar al hijo de puta que disparó al presidente. No podemos encargarnos, pero hay un millón de dólares para Mel si acepta encargarse".

"Ellison nos confirmó que había recibido la llamada, pero dijo que no recordaba el nombre del abogado de Las Vegas y que la llamada no le reveló nada. Belli nos contó otra historia. Dijo que Earl Ruby había llegado a California tres días después de la detención de su hermano; había visto a Belli cerrar la defensa de un asesinato en un tribunal de Los Ángeles y le había pedido que aceptara el caso.

Belli dijo que al principio se había negado. Se había enterado de que sus honorarios se pagarían con la venta de la historia de Ruby a los periódicos, y no quería verse implicado en ese tipo de abuso. Sin embargo, Earl Ruby le convenció, cuenta Belli, y se hizo cargo del caso con cinco objetivos en mente: salvar a Jack Ruby, reforzar la ley, demostrar que los actuales criterios legales de demencia eran inadecuados, combinar la ley moderna con la ciencia moderna y ayudar a Dallas a "resolver su problema".[488]

Curiosamente, Blakey y Billings informan de que Earl, el hermano de Ruby, había contado una versión diferente de la historia "oficial". También hacen una referencia de pasada a la relación de Ruby con Cohen.

Tras señalar que "a Ruby le gustaba decir a sus amigos que conocía a Mickey Cohen", concluyen: "No podemos estar seguros de hasta qué punto Ruby conocía a Cohen, que también creció en Chicago, pero le admiraba e intentó emularle".[489] En cuanto a la decisión de Belli de defender a Ruby, Blakey y Billings afirman: "Nos resultaba difícil creer que Belli no recibiera una importante suma de dinero por la defensa de Ruby".[490] Ambos señalaron también que "Consideramos la posibilidad de que Belli hubiera ido a México a recuperar una suma para la defensa de Ruby, pero no encontramos pruebas de que lo hubiera hecho."[491]

---

[486] Cohen, p. 200.
[487] *Ibid*.
[488] Blakey & Billings, p.325
[489] *Ibid*, p. 327
[490] *Ibid*.
[491] *Ibid*.

En cualquier caso, la defensa de Ruby por parte de Belli fracasó. Ruby fue declarado culpable y condenado a muerte. La familia de Ruby despidió oficialmente a Belli. Pero la muerte de Ruby se anunció justo antes de que fuera a ser juzgado de nuevo por el asesinato del presunto asesino. Como resultado, cualquier delineación definitiva del papel de Ruby en el escenario del asesinato de JFK se convirtió en otro de una serie de misterios interminables. Jack Ruby nunca pudo decir lo que sabía.

Pero ese no fue el final del papel de Melvin Belli en la controversia sobre JFK. Como señala el investigador Mark Lane en su segundo libro sobre el asesinato, *A Citizen's Dissent*, Belli se convirtió en uno de los principales defensores de la versión oficial del asesinato de la Comisión Warren.

Según Lane, el programa The Crane de ABC-TV quería organizar un debate entre Lane y Belli. "Yo era menos optimista porque, aunque confiaba en mi conocimiento de los hechos, las hazañas oratorias casi legendarias de Belli le precedían en la Costa Este".[492]

Lane informa de que más tarde recibió una llamada del productor para comunicarle la cancelación del debate. Según el productor: "Es cosa de ABC. Acaban de decir que no. Fin de la historia. Dicen que tienes los hechos y las declaraciones juradas y que sólo confundiría al público".[493] Pero el programa en sí, de hecho, no fue cancelado - sólo el debate entre Lane el Sabio y Belli.

"Es que no podemos retenerte", le dijeron a Lane. "Va a haber un debate de todos modos. Vamos a atrapar a la madre de Oswald".[494] Lane resumió la situación así: "Y así sucedió que el primer programa que presentaba ambos lados de la controversia mostraba al espléndido Melvin Belli, ganador de mil jurados, enfrentado a una viuda inculta. Las reacciones viscerales de la Sra. Oswald fueron encomiables, pero su falta de comprensión de los hechos y las tácticas de intimidación de Belli redujeron el programa al bajo nivel de entretenimiento que aparentemente pretendía el canal."[495]

Tras algunas negociaciones, Belli aceptó finalmente debatir en el escenario con una condición: que ambos llevaran smoking. Se celebrarían tres debates. Fue durante el primer debate, en San Francisco, cuando Belli subió al escenario, con una capa sobre el smoking, y en su discurso final emitió su juicio definitivo sobre la conspiración del asesinato de JFK. Declaró: "Si no podemos confiar en el FBI, la CIA y Earl Warren, que Dios se apiade de nosotros".[496]

Sin embargo, los medios de comunicación de la clase dominante no han considerado oportuno dar publicidad a las circunstancias de este debate, a pesar del hecho, como señala Lane, de que el propio Belli es una especie de celebridad. Como señala Lane: "En San Francisco, si irrumpen en la oficina de Belli, o si accede a representar a una bailarina en topless, es noticia de primera plana y puede vérsele repetidamente en las pantallas de televisión". Los reunidos aquella tarde eran probablemente el público más numeroso que había asistido a un debate en muchos

---

[492] Mark Lane. *A Citizens Dissent* (Nueva York: Holt, Rinehart & Winston, 1968), pp. 30-31.
[493] *Ibid.*
[494] *Ibid.*
[495] *Ibid.*
[496] *Ibid*, p. 34.

años en San Francisco. Sin embargo, al día siguiente no apareció ni una palabra sobre el debate en ninguno de los tres diarios".[497]

EL ENCUBRIMIENTO MEDIÁTICO

El subsiguiente debate entre Lane y Belli en Nueva York estuvo repleto de prensa. Sin embargo, según Lane, "ni un solo periódico de Nueva York, y quizá del país, mencionó el hecho de que el acontecimiento había tenido lugar".[498] Y ello a pesar de que en aquella época había media docena de periódicos en Nueva York.

Lane comentó: "*El New York Times* se define a sí mismo como un periódico de referencia. Lo que no aparece en sus numerosas páginas, ostensiblemente no ha sucedido. Por esta razón, la reunión de Belli en Nueva York es conocida por algunos como el debate que nunca tuvo lugar."[499]

El hecho de que un destacado abogado que había representado a Mickey Cohen, una figura clave en las operaciones criminales internacionales de Meyer Lansky (y también un importante engranaje en los chanchullos globales de Israel), llegara más tarde a representar a Jack Ruby es claramente significativo.

UN MENSAJERO BIEN SITUADO

Aunque el verdadero papel de Jack Ruby en la planificación de la conspiración para asesinar a JFK probablemente nunca se conocerá del todo, no cabe duda de que Ruby se convirtió en un factor esencial del encubrimiento. El asesinato de Lee Harvey Oswald silenció al único hombre que sin duda podía completar al menos algunas de las piezas que faltaban en el rompecabezas. Jack Ruby era un mensajero bien situado, no sólo para Meyer Lansky y su sindicato del crimen mundial, sino también, al parecer, para la rama secreta de la CIA. Ruby hizo su trabajo y lo hizo bien.

Aunque Ruby quiso hablar libremente, la Comisión Warren se negó a permitirle que fuera a Washington a contar su historia. La historia del presidente de la Comisión Warren, Earl Warren, que se negó a dar a Ruby la oportunidad de salir de Dallas y contar su historia es una parte famosa del folclore del asesinato de JFK. Como resultado, Ruby nunca tuvo la oportunidad de contar su versión de los hechos.

Jack Ruby era, en efecto, "la pistola humeante, la piedra Rosetta, la nariz en medio de la cara". Puede que incluso fuera, como proclamó el propio Lee Harvey Oswald, un "chivo expiatorio". Un mero actor, aunque a la postre uno de los principales, Ruby desempeñó un papel protagonista en un drama orquestado mucho más allá de su sórdido club el Carrusel de Dallas. Ruby era un mensajero en una operación de alto riesgo -el asesinato de un presidente estadounidense- que estaba siendo llevada a cabo por la alianza conjunta del Sindicato del Crimen de Meyer Lansky, la CIA y el Mossad israelí.

---

[497] *Ibid.*
[498] *Ibid*, p. 36.
[499] *Ibid.*

UNA EXTRAÑA HISTORIA

Mientras se ultimaba este libro, llegó a conocimiento del autor una historia muy extraña sobre Jack Ruby que merece la pena repetir, aunque sólo sea por la razón de que debería formar parte del archivo, sobre todo teniendo en cuenta nuestra afirmación de que Israel estuvo realmente implicado en el asesinato de John F. Kennedy.

Antes de contar la historia en sí, conviene decir unas palabras sobre la credibilidad de la fuente.

La fuente original fue una mujer de Idaho ya fallecida, Grace Pratt, que contó la historia a un amigo (que ahora vive en Oregón) que debe permanecer en el anonimato. La autora habló con el hombre de Oregón, un anciano jubilado, y llegó a la conclusión de que creía firmemente en la fiabilidad de la señora Pratt. Proporcionó a la autora un resumen escrito de lo que la Sra. Pratt le contó sobre su relación con Jack Ruby. La nota - en la parte relevante - dice lo siguiente:

"En Idaho, en los años sesenta, conocí a George y Grace Pratt, que se habían trasladado a Nampa desde California tras jubilarse. Los Pratt se hicieron muy buenos amigos. George había trabajado en el Astillero Naval y Grace había cocinado durante muchos años en varios de los mejores restaurantes de San Francisco.

"Había trabajado para Tiny's durante mucho tiempo". Tiny's tenía un restaurante y un bar uno al lado del otro, con una puerta entre ambos que daba a la antesala entre el comedor y la cocina. El bar estaba regentado por Jack Ruby. También atendía a las señoras en el sótano. El bar era un lugar de encuentro para los "bajos fondos". Después del ajetreo de la cena, Grace preparaba un plato para ella y otro para Jack Ruby, y comían en la antesala.

"Un día, oyó un alboroto y levantó la vista justo a tiempo para escuchar el silbido de una pistola con silenciador. Un hombre se había precipitado hacia la puerta y había caído muerto al suelo. Un hombre corpulento regresó, la agarró del brazo hasta que ella pensó que iba a aplastarla y le dijo: "No has visto nada, ¿verdad? No has oído nada, ¿verdad? Ella respondió: "No, estaba en la cocina. No vi nada. No oí nada". A partir de ese momento, se ganó su confianza. Jack compartió mucho de lo que pasó en el bar con ella. Cualquiera que conociera tan bien a Jack Ruby podía reconocerlo siempre entrando y saliendo.

¿VINCULADO A ISRAEL?

"Seis días después de que se anunciara en la prensa el funeral de Jack Ruby, Grace me llamó muy emocionada y me dijo: 'Estaba viendo las noticias. Tenían la cámara de televisión en una pasarela hacia un avión que salía de Nueva York con destino a Israel, y ¿quién crees que estaba en la pasarela? Grité a George en la otra habitación, llamándole y diciéndole: "¡Ven rápido! ¡Jack Ruby está subiendo a ese avión!

En lo alto de la pasarela se detuvo, se dio la vuelta y, mirando directamente a la cámara, se levantó el sombrero y entró en el avión". Dijo que creía que estaba transmitiendo el mensaje a alguien de que lo había conseguido y estaba de camino. Los Pratt se sorprendieron. Ella dijo que ya había habido varios testigos del asesinato de JFK que habían muerto misteriosamente. Dos años después de verle subir al avión con destino a Israel, se enteró de que Ruby se había ido a Brasil.

"Me hizo prometer que no contaría a nadie lo que me había dicho hasta después de su muerte. Grace falleció hace ahora unos diez años. Conociendo a Grace y su credibilidad, creo cada palabra.

Si alguien tuviera el poder de revisar la tumba para que exhumaran el "cadáver", podría ser muy revelador".[500]

Así termina la extraña nota recibida por el autor. Las palabras hablan por sí solas.

La fuente que proporcionó al autor esta inusual nota cree firmemente que la Sra. Pratt conocía bien a Jack Ruby y que la propia Sra. Pratt estaba convencida de haber visto a Ruby subir al avión con destino a Israel.

Otra persona que conocía a la señora Pratt dijo al autor que era una persona muy creíble que no contaba historias y que, efectivamente, había mencionado su relación con Ruby (aunque no le había contado la historia de su marcha a Israel).

¿Es esta historia producto de la imaginación de una mujer? ¿Vio la Sra. Pratt lo que creyó ver? ¿Es posible que la señora Pratt nos haya proporcionado otra clave que vincula a Israel con los niveles más profundos de la conspiración del asesinato de JFK?

No hay que olvidar que, incluso mientras se escriben estas palabras, muchos dirigentes en Israel y líderes del lobby israelí en Estados Unidos trabajan incansablemente para obtener el indulto del espía israelí de origen estadounidense Jonathan Jay Pollard, condenado a cadena perpetua por pasar secretos de defensa estadounidenses a Israel. ¿Es posible, tal vez, que se hiciera un acuerdo secreto similar en favor de Jack Ruby? ¿Es posible que, por motivos "humanitarios", Ruby fuera liberado discretamente de la cárcel y se le permitiera ir a Israel? (Después de todo, se podría argumentar que fue Ruby quien se convirtió en héroe al matar "al hombre que mató al presidente Kennedy"). ¿Es posible que se tomara la decisión de expulsar discretamente a Ruby del país para que no hubiera un juicio ampliamente publicitado en el que salieran a la luz las conexiones de Ruby?

ALGUIEN ESTABA AYUDANDO A RUBY

Curiosamente, el 6 de octubre de 1966, más o menos cuando se concedió un nuevo juicio a Ruby, el *Washington Daily News* publicó un artículo en el que proclamaba que "Ruby podría salir libre" tras un segundo juicio. El artículo citaba a su abogado diciendo que el caso era tan sencillo que "alguien recién salido de la facultad de Derecho podría llevarlo".[501] Además, es interesante destacar un artículo poco difundido de Dorothy Kilgallen, una periodista especializada en crímenes que se interesó mucho por el caso JFK.

En su artículo marcado DALLAS, 21 de febrero, en el que informaba sobre el juicio de Ruby, la señorita Kilgallen informaba de que "uno de los secretos mejor guardados del juicio de Jack Ruby es hasta qué punto el gobierno federal está cooperando con la defensa. La alianza sin precedentes entre los abogados de Ruby y

---

[500] Memorándum entregado al autor y entrevista con el autor sobre el memorándum.
[501] *Washington Daily News*, 6 de octubre de 1966.

el Departamento de Justicia en Washington puede proporcionar al caso el único elemento dramático del que carece: EL MISTERIO."[502]

La Srta. Kilgallen reveló que un acuerdo entre los abogados de Ruby y el FBI, "proporciona a la parte de Ruby toneladas de información útil que nunca podrían haber obtenido sin los hombres del FBI (G-Men) - con la condición de que no pregunten nada en absoluto sobre la supuesta víctima de Ruby, Lee Harvey Oswald.

Parece que Washington sabe o sospecha algo sobre Oswald que no quieren que Dallas y el resto del mundo sepan o sospechen. ¿Por qué se mantiene a Oswald en la sombra, como una figura tenebrosa como ellos saben hacer, mientras la defensa intenta salvar a su asesino con información del FBI? ¿Quién era Oswald?".[503]

La Srta. Kilgallen puede haber encontrado la respuesta a las preguntas. Se dice que dijo a varios amigos, poco antes de su muerte "accidental" por una sobredosis combinada de drogas y alcohol, que estaba a punto de resolver el caso Kennedy. El hecho de que el camino de Ruby hacia su eventual libertad fuera facilitado por el FBI (durante su primer juicio) plantea interrogantes. Si a esto le unimos su supuesta "muerte" antes de un segundo juicio -especialmente teniendo en cuenta la historia contada por la difunta Grace Prat- el misterio se hace más profundo.

¿Murió realmente Jack Ruby en la cárcel o emigró en secreto a la patria judía de Israel? *La respuesta a esta pregunta no tiene relación directa con la tesis del Juicio Final, pero puede ser un misterio digno de mayor investigación.* Tal vez un investigador emprendedor podría responder a la pregunta: "¿Qué pasó con el cuerpo de Jack Ruby?

NOTA MEMORABLE: Tras la publicación de la primera edición de *Juicio Final*, el autor se topó con un oscuro volumen titulado *The Ruby-Oswald Affair*, publicado en 1988. El autor era el difunto Alan Adelson, que había sido el abogado de la familia de Jack Ruby en la legalización del testamento de Ruby. Adelson murió poco antes de que se publicara el libro. Al principio del libro describe su asistencia al funeral de Ruby con el hermano de éste, Earl:

"El funeral había sido a cajón cerrado. Me di cuenta enseguida de que el ataúd cerrado plantearía preguntas. ¿Quién sabía si Jack estaba realmente en el ataúd? Había oído rumores de que Kennedy no estaba realmente muerto, sino escondido en Sudamérica. "Earl", dije, déjales ver. Sé que suena horrible, pero acabemos con esto". La tapa del ataúd estaba abierta, y por primera vez vi a Jack, el hombre al que empezaba a conocer casi tan bien como a mí mismo".[504] Hasta donde yo sé, esta es la única referencia conocida de alguien que realmente vio a Jack Ruby en el ataúd. En este caso, la referencia vino de alguien que en realidad no conocía a Jack Ruby en persona. Aunque se han difundido ampliamente fotografías de Lee Harvey Oswald (tanto en su autopsia como en su ataúd) y fotografías de John F. Kennedy (durante su autopsia), no existen tales fotografías de Ruby.

Francamente, no me parece que la afirmación publicada póstumamente por Adelson de haber visto a "Jack" (un hombre al que nunca vio con vida) sea una

---

[502] *Philadelphia News*, 22 de febrero de 1964.
[503] *Ibid*.
[504] Alan Adelson. *The Ruby-Oswald Affair* (Seattle, Washington: Romar Books, Ltd., 1988), p. 6.

refutación de la historia de Grace Pratt. Sin embargo, para que conste, me parece apropiado dejar constancia de los comentarios atribuidos a Adelson.

EL MISTERIO FINAL - RUBY Y LA ADL

El 27 de junio de 1964, Stanley Kaufman, abogado de Ruby y amigo desde hacía mucho tiempo, testificó ante la Comisión Warren y declaró lo siguiente:
"Sobre la Liga Antidifamación, sí dije que había hablado de ello con agentes del FBI, pero no en el contexto de una conversación con Jack". Kaufman continuó de forma serpenteante y luego concluyó: "Quiero que el informe sea correcto, porque no creo que Jack Ruby y yo hayamos hablado nunca de la Liga Antidifamación...".

Claramente, Kaufman quería evitar que la ADL, una rama del Mossad israelí, fuera asociada con Jack Ruby. Entonces, ¿cuál era la asociación de Ruby con la ADL? ¿Era tal vez un informante de la ADL? ¿Era un intermediario de la ADL para la policía de Dallas? ¿Qué influencia tenía la ADL sobre Ruby? Las respuestas a estas preguntas serían reveladoras.

NUEVAS REVELACIONES...

Como recordarán los lectores de las primeras páginas de *Juicio Final*, el autor recibió un extraño manuscrito procedente de Dallas a principios de 2005. Este documento contenía una amplia gama de detalles sobre las intrigas que rodeaban a la élite judía pro israelí de Dallas (y de Texas en general) y ponía fin al mito esgrimido por muchos "investigadores" ingenuos que trabajaban en el asunto JFK y que afirmaban que Dallas estaba dirigida por John Birchers, un antijudío de derechas. Las revelaciones del documento, combinadas con lo que ya se ha descrito en este capítulo sobre Jack Ruby, deberían dar a los investigadores diligentes más pistas que seguir.

Irónicamente, a pesar de saber desde hace años que Sam Bloom, el líder judío de Dallas, estaba a cargo de la planificación del viaje de JFK a Dallas, ignoré este punto ya que, contrariamente a lo que dicen mis críticos, NO estaba buscando "judíos debajo de cada piedra". Ahora, gracias al manuscrito de Dallas, debo confesar que mis esfuerzos por ser "moderado" y no centrarme en alguien que resultó ser judío me hicieron pasar por alto o ignorar notables conexiones israelíes en Dallas con la conspiración de JFK.

A pesar de todo, los críticos malintencionados que acusaron a mi libro y a mis motivos de ser 'antisemitas hasta la médula' han demostrado estar equivocados, muy equivocados, y por lo que a mí respecta, eso me exime de cualquier acusación. Al no escribir desde un punto de vista 'antisemita', como me acusaban los mentirosos, se me escaparon algunos puntos muy serios que, afortunadamente, ahora se han abordado en este libro.

Y UN ÚLTIMO PUNTO: Aunque la historia de Grace Pratt sobre la falsa "muerte" de Jack Ruby es controvertida, hace poco recibí un artículo de la edición del 6 de febrero de 1978 de *The Village Voice*, escrito por Alexander Cockburn y James Ridgeway. El artículo da crédito a la historia de la señora Pratt. En un artículo dedicado a las nuevas revelaciones en torno a los vínculos de Lee Oswald con la CIA, Cockburn y Ridgeway escribieron:

"Aunque ya se ha tachado de rumor infundado, la afirmación de que Jack Ruby sigue vivo y de que la CIA le ha dado una nueva identidad no es fruto de la imaginación de avezados aficionados a las conspiraciones, sino que, de hecho, fue presentada por un antiguo empleado de la propia agencia.

"La historia de Ruby -que la CIA, en cooperación con el KGB, patrocinó el asesinato de Oswald por parte de Ruby antes de que pudiera divulgar detalles condenatorios de los vínculos de la inteligencia soviético-estadounidense- ha sido presentada en privado en las últimas semanas por Frank Snepp, ex miembro de la CIA. Snepp publicó recientemente *Decent Interval*, una dura denuncia del comportamiento de la CIA en los últimos días de la guerra de Vietnam."

LOS PAÑOS DE COCINA SE MEZCLAN CON LAS SERVILLETAS

De eso se trata. Hemos hablado de los actores. Hemos hablado de sus motivos. Hemos hablado de la interacción entre el grupo relativamente pequeño de individuos que hemos relacionado con el complot para asesinar a JFK. Sigamos adelante e identifiquemos un punto de contacto esencial que vincule a los diversos -aunque estrechamente relacionados- elementos detrás de la conspiración que le costó la vida a John F. Kennedy. Esto es esencial si queremos reconocer y comprender el papel central del Mossad israelí en el crimen del siglo.

Capítulo XV

El misterio del Permindex
Israel, la CIA, el sindicato del crimen de Lansky y el complot para asesinar a John F. Kennedy

Para entender el vínculo común entre el Sindicato del Crimen Organizado de Lansky, la CIA y el Mossad en el complot para asesinar a John F. Kennedy, es esencial reconocer la importancia de una empresa corporativa con sede en Roma poco explorada conocida como Permindex. Clay Shaw, el hombre de negocios de Nueva Orleans acusado por Jim Garrison de conspirar en el asesinato de JFK, formaba parte del consejo de administración de Permindex.

Muchos investigadores han sostenido que Permindex era una operación secreta de blanqueo de dinero de la CIA. Shaw, por supuesto, tenía vínculos con la CIA. Otros teorizaron que Permindex era una tapadera de un remanente nazi abandonado de la Segunda Guerra Mundial. Esta teoría, por apasionante que parezca, está muy lejos de la realidad.

Todos los indicios apuntan a que Permindex es una empresa israelí - estrechamente vinculada a la CIA- e inextricablemente relacionada con el Sindicato del Crimen Organizado de Meyer Lansky.

Desentrañar el misterio del Permindex pone de relieve la red de intrigas que une a todos los protagonistas de la conspiración. La conexión Permindex es también la famosa "conexión francesa" con el asesinato de JFK. Y como veremos, la conexión francesa es, de hecho, la conexión israelí.

En la película *JFK* de Oliver Stone, el actor Kevin Costner (en el papel de Jim Garrison) se enfrenta al actor Tommy Lee Jones (en el papel de Clay Shaw) y le presenta artículos de periódicos italianos que exponen las actividades de una empresa con sede en Roma conocida como Permindex. Shaw, un ejecutivo internacional, formaba parte del consejo de administración de Permindex. El público se queda con la impresión de que Permindex era una operación secreta de la CIA, cuyo propósito nunca se define, al menos en la película.

Sin embargo, como demuestran ahora las pruebas, Permindex era una empresa del Mossad dedicada al tráfico de armas y al blanqueo de dinero, que operaba conjuntamente con el Sindicato del Crimen Organizado de Lansky. Y Clay Shaw, un antiguo contacto de la CIA que formaba parte del consejo de administración de Permindex, fue una pieza clave en la fase de Nueva Orleans del complot para asesinar a JFK.

Es ahí, sencillamente, donde reside la clave del misterio que se esconde tras el asesinato de JFK. Ahí está la explicación de por qué la investigación de Jim Garrison sobre Clay Shaw, director de Permindex, tuvo que ser desbaratada. Garrison no sólo había encontrado un vínculo irrevocable con la CIA, sino que también había descubierto (inadvertidamente) el vínculo con Israel. Pero en aquel momento, el propio Garrison no tenía ni idea de la profundidad del vínculo con Permindex.

Garrison sólo había encontrado la punta del iceberg.

EL SECRETO DE PERMINDEX

El Mossad israelí era la principal fuerza detrás de Permindex.[505] De hecho, uno de los principales accionistas del holding Permindex era el Banque De Credit International de Genève, creado por Tibor Rosenbaum, director de finanzas y adquisiciones del Mossad israelí durante muchos años. El BCI, como vimos en los capítulos 7 y 12, era el principal banco de blanqueo de dinero de Meyer Lansky en Europa. Según los biógrafos israelíes que simpatizaban con Meyer Lansky: "Después de que Israel se convirtiera en Estado, casi el 90% de sus compras de armas en el extranjero se canalizaron a través del banco de Rosenbaum. Muchas de las operaciones encubiertas más audaces de Israel se financiaron con fondos [del BCI]".[506] El BCI también actuaba como depositario de la cuenta Permindex.

El hecho de que la BCI de Tibor Rosenbaum fuera una fuerza decisiva detrás de la enigmática empresa Permindex sitúa a Israel y a su Mossad en el centro mismo de la conspiración detrás del asesinato de John F. Kennedy.

La posición de Clay Shaw en Nueva Orleans, sede de un escalón operativo de la conspiración, llevó a Shaw a participar en la investigación de Jim Garrison. Pero la conspiración iba mucho más allá.

Al final, como ahora sabemos, Garrison llegó a reconocer que el Mossad israelí estaba estrechamente implicado en los sucesos de Dallas del 22 de noviembre de 1963. Al principio, sin embargo, Garrison ciertamente no sospechaba esto y no tenía ninguna razón para hacerlo. La guerra secreta de JFK con Israel era un factor desconocido en los acontecimientos geopolíticos de la época. En su lugar, la atención se centraba en la participación estadounidense en el sudeste asiático.

CONEXIONES TRANSNACIONALES

Al examinar la trama del asesinato de JFK, según el investigador Peter Dale Scott, "un primer paso consiste en sugerir que uno de los ingredientes de las complejas tramas multicéntricas que condujeron al asesinato de Kennedy fue la participación de una variedad de inexplicables vínculos transnacionales, cada uno de los cuales trascendía los límites de la sociedad política estadounidense, y cada uno de ellos con motivos distintos para asesinar al presidente....

"Reconocer hoy una dimensión transnacional del asunto es... reconocer que el sistema político estadounidense es necesariamente un sistema abierto y, por tanto, cada vez más vulnerable a la creciente influencia de la penetración de dinero e inteligencia procedentes del extranjero [Énfasis añadido]...

---

[505] Paris Flammonde. *The Kennedy Conspiracy* (Nueva York: Meredith Press, 1969), p. 219.
[506] Dennis Eisenberg, Uri Dan y Eli Landau. *Meyer Lansky: Mogul of the Mob* (Nueva York: Paddington Press, 1979), p. 276.

"Las relaciones transnacionales son modos habituales de interacción entre los servicios de inteligencia, a menudo en tramas de las que los jefes de gobierno son, en el mejor de los casos, vagamente conscientes. A veces pueden dar lugar a acuerdos más abiertos y estructurados o a organismos como la Liga Anticomunista Mundial, un organismo financiado a lo largo de los años por países como la China nacionalista y Arabia Saudí, que tienen vínculos recurrentes con el narcotráfico internacional."[507]

Scott también señala que "es bien sabido que en los años 50 y 60, el Lobby israelí y el Lobby taiwanés eran ambos poderosos en Washington y a veces colaboraban en proyectos conjuntos... También existía un Lobby nicaragüense, o quizás más exactamente un Lobby somocista, que también atravesaba los lobbies israelí, chino y cubano.[508]

(Scott señala, por ejemplo, que un lobista de Washington cercano al jefe de la mafia de Nueva Orleans, Carlos Marcello, también trabajó como lobista registrado para Nicaragua y la industria aeroespacial israelí.

De las pruebas que examinaremos en estas páginas se desprende claramente que Permindex, que desempeñó un papel verdaderamente central en el complot para asesinar a JFK, fue en efecto uno de esos "dispositivos o instancias" transnacionales abiertos y estructurados a los que se refiere Scott.

¿QUÉ ES PERMINDEX?

¿Qué era exactamente el Permindex? ¿Cómo se convirtió el Permindex en parte de la conspiración internacional que condujo al asesinato de John F. Kennedy? El relato del autor Paris Flammonde sobre la investigación de Garrison en 1969, *La conspiración Kennedy*, contiene información valiosa sobre el Permindex, aunque, por desgracia, Flammonde no profundizó en la cuestión todo lo que hubiera podido. Si lo hubiera hecho, habría desenterrado el vínculo entre el Sindicato del Crimen Organizado e Israel.

El Sr. Flammonde cita varios artículos aparecidos en la prensa extranjera, especialmente en el *italiano Paesa Sera* (4 de marzo de 1967) y en el canadiense *Le Devoir* (16 de marzo de 1967) como fuente de gran parte de la información que proporciona a sus lectores sobre Permindex.

Estos artículos aparecieron poco después de que el nombre de Clay Shaw saltara a la luz pública como resultado de la investigación de Garrison y fueron destacados en la película *JFK* de Oliver Stone. Estos artículos proporcionan la historia atípica del Permindex y ponen de relieve sus verdaderos orígenes.

"Se ha creado una organización llamada Centro Mondiale Commerciale", informó *Paesa Sera*. [Centro Mondiale Commerciale es el nombre italiano de "World Trade Center"]. "Sus orígenes, funciones, presidencia rotatoria, movimientos geográficos, subdivisiones, denominaciones sucesivas y alternativas eran tan complejos y laberínticos que resultaba imposible dar una descripción completa y comprensible en un libro de formato contemporáneo."[509]

---

[507] Peter Dale Scott. *Deep Politics and the Death of JFK* (Berkeley, California: University of California Press, 1993), pp. 300-301.
[508] *Ibid*, p. 106.
[509] *Ibid*, p. 214 (parafraseado de Paesa Sera, 4 de marzo de 1967).

El CMC fue fundado en 1961 por un tal Giorgio Mantello.[510] El nombre italiano, sin embargo, era una coquetería. Mantello era un judío de Europa del Este llamado Georges Mandel. En el momento de su creación, se declaró que el CMC funcionaría como una organización de comercio internacional, que ayudaría a establecer una red mundial permanente de exposiciones comerciales y a resolver problemas relacionados con el comercio en general.

Permindex era una filial de CMC. El nombre Permindex es un acrónimo de PERmanent INDustrial EXpositions.[511] Clay Shaw, por supuesto, fue el fundador y director del International Trade Mart en la ciudad portuaria clave de Nueva Orleans. Así que la conexión de Shaw con una empresa de comercio internacional parece lógica.

Pero las cosas fueron mucho más lejos, como reveló la prensa extranjera: "De hecho, pronto quedó claro que la estructura aparentemente vasta y poderosa no era una roca de solidaridad, sino una cáscara de superficialidad; no estaba construida sobre una promesa cooperativa masiva, sino formada por circuitos a través de los cuales el dinero entraba y salía, sin que nadie supiera el origen o el destino de este efectivo". informa Paris Flammonde.[512]

LOS POCO CONOCIDOS PATROCINADORES DE CLAY SHAW

¿Y Clay Shaw? ¿Cómo se involucró esta dama de la alta sociedad de Nueva Orleans en el extraño mundo de la empresa internacional Permindex? ¿Quiénes eran los patrocinadores de Clay Shaw?

Lo que ninguno de los investigadores de JFK parece haber advertido, ni siquiera los que citan los ya conocidos vínculos de Clay Shaw con la CIA, es otro de los vínculos de Shaw que lo integra aún más en la red de la CIA: el vínculo del Sindicato del Crimen de Lansky con el Mossad.

Nos referimos a la conexión de Shaw con Seymour Weiss, que dirigía Nueva Orleans, junto con Carlos Marcello, para el sindicato de Lansky y que era el contacto de Lansky con el famoso "Kingfish" de Luisiana, Huey P. Long.[513]

En el capítulo 10, como hemos visto, fue Lansky quien había colocado a Carlos Marcello como jefe de la Mafia en Nueva Orleans. Sin embargo, fue Weiss quien apareció como recaudador de fondos y ejecutivo político del sindicato de Lansky en colaboración con Marcello.

De hecho, se suponía que Weiss era el principal objetivo de la investigación del IRS sobre Long -de la que se informa en el capítulo 10- que se inició el día antes del asesinato de Long y, según Peter Dale Scott, "algunos afirman que el asesinato de Long en 1935, se organizó para mantener a hombres como Weiss fuera de la cárcel".[514]

Scott también señaló que G. Robert Blakey, director del Comité de Asesinatos de la Cámara de Representantes, omitió "cualquier referencia al papel de Seymour

---

[510] *Ibid*, p. 215.
[511] *Ibid*.
[512] *Ibid*, p. 216.
[513] *Ibid*, p. 95.
[514] *Ibid*, p. 97.

Weiss" en su relato del ascenso al poder de Carlos Marcello en Nueva Orleans. Esto, por supuesto, como señalamos en el capítulo 10, nos llevaría en dirección a Meyer Lansky.[515]

SEYMOUR WEISS Y LA CIA

Aunque Weiss acabó cumpliendo condena en prisión por otros cargos de corrupción,[516] ello no le impidió formar parte del consejo de administración de Standard Fruit and Steamship, que mantenía estrechos vínculos con la CIA en relación con sus actividades en América Latina.[517] En este contexto, es interesante señalar que ha sugerido que Weiss era un contacto clave de la CIA en Nueva Orleans y su historial indica que habría sido perfectamente capaz de serlo.

De hecho, Jim Garrison había estado investigando a un agente de la CIA afincado en Nueva Orleans -el omnipresente y truculento Gordon Novel- de quien se sabía que había escrito una carta a un tal "señor Weiss" en la que Novel hablaba de los peligros de la investigación de Garrison. La carta llegó en un momento en que la investigación Garrison estaba en pleno apogeo y Novel trataba de evitar testificar.

Muchos han sugerido que el Sr. Weiss en cuestión era probablemente el superior de Novel en la CIA, aunque otros han sugerido que el "Sr. Weiss" podría haber sido otro Weiss - y no Seymour. Sea como fuere, no cabe duda de que Seymour Weiss - una figura destacada del sindicato de Lansky- estaba estrechamente vinculado a la comunidad de inteligencia y, sin duda, trabajaba en su nombre en el desempeño de sus funciones en la Standard Fruit.

Las grandes compañías fruteras, como atestiguan numerosos libros, mantenían estrechas relaciones con la CIA en la medida en que sus intereses directos en las llamadas repúblicas "bananeras" de América Latina se veían directamente afectados por los gobiernos de estos países. Huelga decir que la CIA ha desempeñado un papel importante en los asuntos latinoamericanos desde su creación.

¿Cuál es, entonces, el vínculo entre el erudito Clay Shaw, un respetable ejecutivo de negocios, y Seymour Weiss, el secuaz del sindicato de Lansky y contacto de la CIA - un vínculo muy estrecho, de hecho.

LOS HOMBRES DETRÁS DE SHAW

En la época en que Weiss era director de Standard Fruit, empresa vinculada a la CIA, la poderosa compañía estaba dirigida por un tal Rudolph Hecht, figura importante de la pequeña pero unida e influyente comunidad judía de Nueva Orleans.

En el momento de su muerte, en 1956, Hecht se había convertido en presidente del comité ejecutivo del International Trade Mart, del que Clay Shaw era director general. Hecht y sus socios, Ted Brent y Herbert O. Schwartz, eran socios comanditarios de Shaw.[518]

---

[515] *Ibid*, p. 333.
[516] *Ibid*, p. 97.
[517] *Ibid*, pp 102-106.
[518] *Ibid*, p. 333.

En resumen, Hecht era el superior de Shaw. Shaw mantenía una fuerte presencia pública con el Trade Mart que le había valido su lugar en la sociedad de Nueva Orleans, mientras que Hecht y sus socios eran los verdaderos poderes entre bastidores.

Y entre los que también formaban parte del consejo del International Trade Mart estaba Edgar Stern Jr., otra figura influyente de la comunidad judía, cuyo padre Edgar y madre Edith figuraban entre los ángeles financiadores más destacados del lobby israelí en Estados Unidos. Como veremos en el capítulo 17 y en el apéndice 3, los Stern -posiblemente los amigos más íntimos de Shaw- eran las fuerzas que estaban detrás del imperio mediático WDSU, que desempeñó un papel clave en la promoción de la imagen de Lee Harvey Oswald como "agitador procastrista" antes del asesinato de JFK, colocándolo como chivo expiatorio.

Así que hay mucho más sobre Clay Shaw de lo que nos han contado. Pero es la conexión de Shaw con el Permindex lo que le sitúa en la red de conspiraciones que implican al Mossad israelí y a la política del poder mundial lo que los críticos de *Juicio Final* seguramente preferirían que ignoráramos.

Exploremos más a fondo la conexión de Permindex. De ese modo, la realidad de lo que fue Permindex -y cómo estuvo estrechamente vinculada al asesinato de JFK- quedará más clara.

LOUIS BLOOMFIELD - LA CONEXIÓN BRONFMAN

Por encima de todo, fue Major Bloomfield, de Montreal (Canadá), ferviente e influyente defensor de la causa israelí y presidente del consejo de administración de Permindex, quien mejor encarnó la conexión de Permindex con Israel y su red mundial de inteligencia. Era Bloomfield quien poseía la mitad de las acciones de Permindex y de su empresa matriz "por una parte o partes desconocidas".[519] De hecho, Permindex tuvo su sede en la base de operaciones de Bloomfield en Montreal hasta 1961, cuando se trasladó a Roma.[520]

No cabe duda de que Bloomfield, como veremos, era un actor importante en la red internacional de Israel. Conocimos a Bloomfield en el capítulo 7. Allí aprendimos cómo Bloomfield había desempeñado un papel crucial en la creación del Estado de Israel y su Mossad.

[521]En los años siguientes, Bloomfield ascendió en las filas de la comunidad empresarial canadiense, con fama de controlar el Credit Suisse Bank of Canada, Heineken's Breweries, Canscot Realty, Grimaldi Siosa [compañía naviera] Lines, Ltd - y, curiosamente, la Israel Continental Company. Pero la verdadera clave para entender el papel de Bloomfield es su condición de socio fundador del bufete de abogados Phillips, Vineberg, Bloomfield and Goodman, que representa los intereses de la familia Bronfman, radicada en Canadá.[522] Este detalle bastante intrigante sugiere que los intereses financieros de Bloomfield eran, de hecho, los de la familia Bronfman. Bloomfield era esencialmente una tapadera del imperio Bronfman.

---

[519] *Ibid*, p. 218.
[520] Jim Garrison. *On the Trail of the Assassins* (Nueva York: Sheridan Square Press, 1988), p. 87.
[521] Flammonde, p. 218.
[522] *Executive Intelligence Review*, p. 429.

La familia Bronfman, que forjó su fortuna trabajando con el Sindicato del Crimen Organizado de Lansky en el comercio ilegal de licores, ha sido una de las principales defensoras de Israel y de los líderes de la causa sionista. Edgar Bronfman ha sido recientemente Presidente del Congreso Judío Mundial.

Pero hay otro vínculo intrigante entre la familia Bronfman y el complot para asesinar a JFK. Cuando se necesitó un traductor de ruso para Marina, la esposa rusa de Lee Harvey Oswald, fue Jack Crichton, un antiguo oficial de inteligencia militar de Texas, quien hizo los arreglos. Según el investigador Peter Dale Scott, hasta 1962 Crichton "fue también vicepresidente de la Empire Trust Company, una empresa cuyos principales accionistas, las familias emparentadas de Loeb, Lehman y Bronfman, mantenían según Stephen Birmingham "una especie de CIA privada... en todo el mundo" para proteger sus otras inversiones en Cuba, Guatemala y General Dynamics.[523]

Otro miembro de la familia Bronfman también ocupó un puesto clave en los días posteriores al asesinato de JFK. Y en el Apéndice Cuatro, veremos aparecer de nuevo el vínculo Bronfman-Empire Trust, esta vez en relación con una figura central de la Comisión Warren que "investigaba" el asesinato de JFK. Las huellas de los Bronfman en el asesinato de JFK.

Bloomfield también ha mantenido estrechos vínculos con Israel en sus negocios y asuntos sociales en Canadá. Como director de la Liga Marítima Israel-Canadá, Bloomfield fue también presidente de la campaña de la Histadrut en Canadá.[524] La Histadrut, la federación nacional de trabajadores de Israel, llegó a poseer más de un tercio del producto nacional bruto de Israel y controlaba el segundo banco más importante de Israel, el Banco Hapoalim. Este banco, como veremos, estaba implicado en la trama Permindex en Europa, lo que nos lleva de nuevo a Nueva Orleans y a la conexión Clay Shaw.

Además, resulta que en el año crítico de 1963 Bloomfield transfirió 7,5 millones de dólares a las arcas del CIB. Según el informe *del New York Times* del 9 de abril de 1975, Bloomfield organizó el depósito en el CIB a partir de una fundación benéfica que había creado en nombre de un cliente. Al parecer, se trataba de salvar al banco controlado por el Mossad tras un gran préstamo del CIB que no había sido devuelto por el gobierno de Liberia, lo que probablemente habría puesto al banco en peligro.[525] Así pues, el jefe de Permindex y el BCI del rabino Rosenbaum mantenían una relación seria, cualquiera que fuera el verdadero propósito del depósito de 7,5 millones de dólares en la cuenta del BCI.

Dado el papel crucial que desempeñaba el jefe de Permindex en los asuntos de la ICB, cabe señalar que el mismo artículo del *New York Times* explicaba precisamente lo vital que era la ICB para los intereses de Israel. Según el *Times*: "[El BCI] ha hecho muchos negocios con Israel. Ayudó a canalizar el dinero de inversores ricos de todo el mundo hacia Israel y prestó una amplia gama de servicios al país. Cuando el Ministro de Defensa Shimon Peres y el Director General del Ministerio de Defensa llamaron a Rosenbaum y le dijeron que Israel necesitaba 7 millones de dólares en 24

---

[523] Dick Russell, *El hombre que sabía demasiado* (Nueva York: Carroll & Graf Publishers, 1992), p. 792.
[524] *Ibid*, p. 430.
[525] *New York Times*, 9 de abril de 1975.

horas para su seguridad nacional, Rosenbaum encontró el dinero de la noche a la mañana. No había pedido nada, pero recibió una comisión de 500.000 dólares por sus servicios...

"El Ministerio de Defensa mantenía una cuenta en el banco para comprar armas en Europa Occidental. Otras cuentas pertenecían a Histadrut, la federación de trabajadores israelíes, Solel Bonhen (una empresa de suministros y construcción propiedad de Histadrut), Zim Navigation Co. e Israel Corporation, una empresa de inversiones".[526] Lo que resulta especialmente interesante es que el *Times* también añadía: "Pero [el BCI] no era un banco israelí. Era un banco judío, con un buen balance...".[527] Es evidente que Permindex y el BCI respondían a los mismos intereses, sobre todo en 1963.

BLOOMFIELD Y LA INTELIGENCIA AMERICANA

Y, como ya hemos visto, los vínculos con los servicios de inteligencia del jefe de Permindex, Bloomfield, estaban por encima de toda sospecha. Aunque de origen canadiense, Bloomfield fue contratado por J. Edgar Hoover como agente de reclutamiento para la División 5, el departamento de contraespionaje del FBI. Gracias a este puesto, Bloomfield se convirtió en socio de William Sullivan, jefe de la División 5 y amigo íntimo de James J. Angleton, aliado del Mossad dentro de la CIA. Sullivan era el hombre de Angleton dentro del FBI.

Bloomfield también recibió el grado de oficial del ejército estadounidense durante la Segunda Guerra Mundial y fue destinado a la Oficina de Servicios Estratégicos (OSS), al igual que Clay Shaw, el estadounidense que acabó convirtiéndose en su colega y director de Permindex.

(Un testigo descubierto por Jim Garrison afirmó haber presenciado una reunión en el aeropuerto de Winnipeg entre Clay Shaw y el agente de la CIA David Ferrie con otra persona que podría haber sido Bloomfield.[528] Se sabe que Shaw y Ferrie volaron a la base de Bloomfield en Montreal en 1961 o 1962 en el avión de Ferrie.[529]

Al parecer, Louis Bloomfield era una figura central de la red Permindex, un enlace vital entre la operación de Clay Shaw en Nueva Orleans y otras fuerzas que operaban a través de Permindex, sobre todo en Israel.

SHAW Y ANGLETON

Es concebible que no sólo Bloomfield conociera por primera vez a Shaw durante su servicio en la OSS durante este mismo periodo, sino también a otro hombre de la OSS, James Jesus Angleton, que más tarde se convertiría en aliado de Israel en la CIA. Angleton tuvo sin duda contactos con Shaw en esa época, aunque no existen pruebas fehacientes que lo demuestren. Sin embargo, hay un elemento interesante que apunta a un posible vínculo entre Shaw y Angleton durante este periodo.

---

[526] *Ibid.*
[527] *Ibid.*
[528] Flammonde, p. 31.
[529] Garrison, p. 118.

Cuando Jim Garrison empezó a investigar a Clay Shaw, sólo lo conocía como "Clay Bertrand". Podemos sugerir una posible inspiración para el seudónimo de Shaw. Mientras trabajaba en la inteligencia estadounidense durante la Segunda Guerra Mundial, Shaw estuvo destinado durante un tiempo en Francia, donde sin duda mantuvo contactos con el servicio secreto francés.[530]

En aquella época, uno de los oficiales de inteligencia franceses de más alto rango era Gustave Bertrand, que de hecho era un amigo íntimo (y un modelo a seguir) de James J. Angleton.[531] En años posteriores, Angleton "señaló [a Bertrand] como una de las personas de las que había aprendido más concretamente", que "siguió siendo amigo de Angleton hasta su muerte" y que fue el "gran jefe Buda" de Angleton.[532]

Cuando Shaw adoptó más tarde el seudónimo "Bertrand", era bastante concebible que utilizara el nombre como homenaje a un alto oficial de inteligencia con el que había establecido contacto inicial en Europa y con el que probablemente mantuvo contacto en años posteriores.

Esto es especulación, por supuesto, pero no hay duda, como demuestran ahora las pruebas, de que Angleton y Shaw se movían ciertamente en los mismos círculos durante la Segunda Guerra Mundial, y mucho después. Y como veremos en este capítulo y en el 16, los vínculos de la inteligencia francesa con Permindex y la conspiración del asesinato de JFK son muy fuertes.

Y en la medida en que Shaw fue posteriormente, sin lugar a dudas, un valioso contacto internacional para la CIA, informando a la agencia sobre sus actividades en el extranjero, es seguro que los informes de Shaw habrían acabado finalmente en la mesa de James J. Angleton. De hecho, Shaw era (indirectamente) uno de los agentes de Angleton.

Sin embargo, es probable que su relación inicial se forjara durante su servicio conjunto con la OSS durante la Segunda Guerra Mundial.

Sin embargo, existe un vínculo irrefutable y muy interesante entre Angleton y Shaw que quedó registrado. Más tarde, cuando Shaw fue detenido por Jim Garrison, se descubrió que en su agenda figuraba el número de teléfono privado de la Principessa Marcelle Borghese.[533] La princesa era pariente del príncipe Valerio Borghese, rescatado por Angleton durante la Segunda Guerra Mundial y cuyas hazañas con la OSS en Italia como jefe de estación en Roma le valieron una condecoración vaticana.[534]

Se recordará, por supuesto, que una faceta de la campaña orquestada por la OSS contra los nazis y los fascistas italianos se conocía como Operación Underworld. Como vimos en el capítulo 7, Meyer Lansky fue el intermediario entre la OSS y el crimen organizado, ayudando a organizar el apoyo de la mafia siciliana a la invasión aliada de Italia. Angleton, por supuesto, era el hombre a cargo del Proyecto Europa.

---

[530] Robin W. *Winks. Cloak and Gown* (New Haven, Connecticut: Yale University Press, 1996 (segunda edición)), pp. 376-377.
[531] *Ibid.*
[532] *Ibid.*
[533] Flammonde, p. 224.
[534] E. Mullins, *The World Order* (Ezra Pound Institute, 1992), p. 157.

(Dados los antiguos vínculos de Angleton con la ciudad, el hecho de que Permindex tuviera su sede en Roma quizá no sea una coincidencia: su padre fue incluso el franquiciado del Banco Nacional Italiano.[535]

Sea como fuere, no cabe duda de que Clay Shaw y James Angleton -junto con el comandante Bloomfield, del Permindex- se movían desde hacía tiempo en los mismos círculos estrechamente unidos, en varios frentes.

CONEXIONES AÚN MÁS EXTRAÑAS

Los contactos de Clay Shaw en Permindex tenían una serie de intereses internacionales comunes en el mundo de la conspiración, como demuestran otras personalidades implicadas. Entre los que eran inversores de Permindex o compartían asiento en el consejo de administración de Permindex había varios personajes interesantes con conexiones igualmente fascinantes. Entre ellos se encontraban:

- Ferenc Nagy. El ex primer ministro húngaro era un comunista acérrimo que mantenía estrechos vínculos no sólo con los aliados de Israel en la CIA estadounidense, sino también con la colonia cubana anticastrista de Miami, que era prácticamente una filial operativa conjunta de la CIA y el Sindicato del Crimen Organizado de Lansky (Nagy se trasladó posteriormente a Dallas, Texas, donde residía en el momento del asesinato de Kennedy).[536]

- Hans Seligman. Miembro de la familia que controlaba el Banco Seligman de Basilea y cuya extensa familia formaba parte de la famosa "Our Crowd" (la élite judía alemana) de Nueva York durante la última parte del siglo XIX. Seligman estuvo estrechamente vinculado a la agencia sionista de orientación israelí conocida como Asociación de Colonización Judía.[537]

- Morris Dalitz. El antiguo contrabandista de Cleveland se convirtió en el zar de los casinos de Las Vegas. Dalitz era íntimo de Lansky desde hacía mucho tiempo y fue el sucesor de Benjamin Siegel como contacto de Lansky en Las Vegas.[538]

Como vimos en el capítulo 10, Dalitz contrató posteriormente a G. Robert Blakey como abogado y testigo en una acción por difamación en la que Dalitz impugnaba las acusaciones de que su Costa Country Club de Carlsbad, California, estaba vinculado al crimen organizado. Poco después, Blakey fue puesto a cargo de la investigación del Comité de Asesinatos de la Cámara de Representantes sobre el asesinato de JFK.

Como señalamos en el capítulo 10, Dalitz fue durante mucho tiempo un recaudador de fondos para el lobby israelí en Estados Unidos y la Liga Antidifamación (ADL) valoraba sus servicios.

- Carlos Prío Socarrás. Presidente de Cuba de 1948 a 1952, Prío Socarras había dado cobertura al cómplice de Meyer Lansky, Fulgencio Batista, el hombre fuerte de Cuba. De hecho, fue Lansky, con la ayuda de un cuantioso soborno, quien

---

[535] Tom Mangold. *Cold Warrior-James Jesus Angleton: The CIA's Master Spy Hunter* (Nueva York: Simon & Schuster, 1991), p. 43.
[536] *Executive Intelligence Review*, Dope, Inc, p. 433.
[537] *Ibid*, p. 435.
[538] *Executive Intelligence Review*. Dope, Inc (edición de 1978), p. 354.

persuadió a Batista para que "se hiciera a un lado" en favor de Prío Socarrás.[539] Y como vimos en el capítulo 14, Prio estaba involucrado en el tráfico de armas con un socio cuyo nombre es ahora más que una nota a pie de página en la historia: el gerente de un club nocturno de Dallas, Jack Ruby.

No es de extrañar que la revista italiana *Paesa Sera* tuviera interés en señalar: "Es un hecho que la CMC es, sin embargo, el interlocutor de una serie de personas que, en ciertos aspectos, tienen vínculos un tanto equívocos cuyo denominador común es un anticomunismo como el que envolvería a todos aquellos que en el mundo han luchado por unas relaciones decentes entre Oriente y Occidente, incluido Kennedy".[540]

No obstante, la CMC y Permindex -podríamos añadir aún más específicamente- son los interlocutores de una serie de personas que, en ciertos aspectos, tienen vínculos un tanto equívocos, cuyo denominador común es la devoción a la causa de Israel.

EL PAPEL DE ISRAEL ESTÁ CERRADO

Sin embargo, como hemos señalado, es la conexión de Tibor Rosenbaum y el BCI con Permindex lo que apunta muy claramente en la dirección del interés del Mossad israelí en Permindex. Como hemos visto, el BCI era una entidad de Israel y su Mossad. Entre los directores del BCI de Rosenbaum estaba Ernest Israel Japhet, también presidente del consejo de administración y presidente del Bank Leumi, el mayor banco de Israel. BCI y Bank Leumi estaban implicados en el comercio de diamantes y vinculados al tráfico de drogas en Extremo Oriente.[541]

(Ya hemos hablado, en los capítulos 6 y 12, del papel central de Lansky en el tráfico mundial de drogas en el sudeste asiático, un papel que también fue posible gracias a la participación estadounidense en el conflicto de Vietnam, al amparo de la CIA.

Otros dos directores del BCI -como señalamos en el capítulo 7- eran Ed Levinson, el candidato para el casino Fremont de Las Vegas de Joseph "Doc" Stacher, un amigo de Lansky que murió exiliado en Israel, y John Pullman, el correo financiero internacional de Lansky.

La otra operación de Rosenbaum, el Swiss-Israel Trade Bank, tenía una participación de un tercio en el Grupo Paz, que había sido un negocio de la familia Rothschild, manteniendo el control de la industria petrolera y petroquímica israelí.[542]

EISENBERG Y FEINBERG - DE NUEVO

Como señalamos en el capítulo 7, los socios de Rosenbaum en el Swiss-Israel Trade Bank eran Shaul Eisenberg, figura clave en el desarrollo de la bomba nuclear israelí -el meollo del conflicto entre JFK e Israel- y el empresario neoyorquino Abe

---

[539] *Ibid*.
[540] Flammonde, p. 221.
[541] *Executive Intelligence Review*, p. 438.
[542] *Ibid*, p. 439.

Feinberg. En el capítulo 8 nos enteramos de que Eisenberg se convirtió más tarde en socio de Theodore Shackley, figura de la CIA. Shackley, como descubrimos en el capítulo 11, fue el contacto de la CIA en Miami durante los complots de la CIA y el sindicato del crimen de Lansky contra Fidel Castro. Y, en el capítulo 12, supimos que Shackley era el jefe de la CIA en Laos durante el periodo de estrecha colaboración entre la CIA y el sindicato de Lansky en el tráfico mundial de drogas.

Como vimos en el capítulo 4, Feinberg era el contacto judío-americano para la recaudación de fondos para la campaña de Kennedy a la presidencia en 1960. Las tácticas de mano dura de Feinberg enfurecieron tanto a Kennedy que le dijo en privado a un amigo cercano que, como presidente, tenía la intención de imponer cambios en las normas de recaudación de fondos electorales que impidieran a grupos poderosos como el lobby judío americano hacer lobby.

Y, por supuesto, Feinberg era cercano al Primer Ministro Israelí David Ben-Gurion y había ayudado a organizar la amarga reunión entre Kennedy y Ben-Gurion descrita en el Capítulo 5.

El director del Swiss-Israel Trade Bank de Rosenbaum y Feinberg era el general Julius Klein, un oficial del ejército estadounidense que había participado en el desvío ilegal de barcos cargados de suministros y equipos destinados a la Alemania de posguerra hacia la Haganah, las fuerzas militares de los judíos en Palestina. Klein dirigió esta empresa mientras servía como Jefe de Contrainteligencia del Ejército estadounidense en Europa al final de la Segunda Guerra Mundial.

(Más adelante, en el Apéndice 4, conocemos al protegido de Klein, que mantenía una relación excepcionalmente estrecha con un miembro clave de la Comisión Warren, que había encubierto el asesinato de JFK. Sin embargo, los servicios de Klein en favor del Estado de Israel fueron aún más amplios. Fue Klein quien ayudó a crear el Mossad israelí y a formar a sus oficiales. Klein trabajó en esta empresa junto a Sir William Stephenson.[543]

En el capítulo 7, nos enteramos de la alianza clandestina de Sir William con Meyer Lansky y su sindicato criminal como parte de la Operación Underworld, un plan dirigido contra la inteligencia del Eje durante la Segunda Guerra Mundial.

Stephenson, por supuesto, había sido el Director de Operaciones de Inteligencia británica en Estados Unidos en los años críticos previos a la Segunda Guerra Mundial y durante la misma, y era el superior operativo del ya mencionado mayor Louis M. Bloomfield.

Stephenson consolidó sus vínculos con la resistencia judía antinazi durante su estancia en la OSS y la Inteligencia Naval, y con el Sindicato del Crimen de Lansky.

Según el historiador de inteligencia Richard Deacon: "Stephenson recibió una gran cantidad de información de científicos judíos. Esta operación en particular, aunque aparentemente alejada de la historia de Palestina, ayudó en gran medida a la inteligencia israelí en los primeros días del Estado de Israel. Algunos de los científicos que se hicieron amigos de Stephenson fueron animados a desarrollar su talento en la causa de la inteligencia aliada y no sólo trabajaron para Gran Bretaña durante la Segunda Guerra Mundial, sino que más tarde ayudaron al servicio secreto israelí.[544]

---

[543] *Ibid*, pp. 440-441.
[544] Richard Deacon. *The Israeli Secret Service*. (Nueva York: Taplinger Publishing Co., Inc., 1978), p. 22.

Stephenson fue también un estrecho asesor personal del Primer Ministro británico Winston Churchill. En esta época, Stephenson tuvo sin duda contacto con Clay Shaw, un joven estadounidense que se convirtió en amigo de Churchill, a quien el oficial del ejército norteamericano destinó a la Oficina de Servicios Estratégicos.

LA CONSPIRACIÓN DE PERMINDEX

Por supuesto, los (estrechos) vínculos entre la empresa bancaria israelí del Mossad de Tibor Rosenbaum, el International Credit Bank, y la vasta red de personalidades estrechamente relacionadas con el sindicato del crimen organizado de Lansky e incluso con Clay Shaw, miembro del consejo de administración de Permindex, cierran el círculo de la conspiración. El hecho de que el BCI fuera uno de los principales accionistas de Permindex es un claro indicio del papel del Mossad en el complot de Permindex que acabó con la vida de John F. Kennedy. Sin embargo, como veremos, hay mucho más.

EL CORREO DE LANSKY EN MIAMI Y GINEBRA

Las investigaciones de Robert Morrow, ex agente de la CIA, no sólo han arrojado luz sobre los vínculos entre los bancos de Lansky en Miami y el BCI de Tibor Rosenbaum, sino que también nos han proporcionado pruebas del papel de Meyer Lansky en el asesinato de John F. Kennedy.

Poco después de la publicación de *Traición*, su primer libro, en el que Morrow describe sus vínculos con una serie de personas implicadas en el complot para asesinar a JFK a través de la CIA, Morrow fue contactado por un joven que tenía una historia increíble que contar.

Según Morrow, "en nuestra conversación inicial, el joven dijo que su padre, un antiguo coronel de las Fuerzas Aéreas, y otras personas que trabajaban para la CIA, ya sabían que el presidente Kennedy iba a ser asesinado en Dallas el 22 de noviembre de 1963...".

"El hijo del oficial de inteligencia hizo entonces una acusación infundada. Afirmó que su padre había estado implicado en el crimen organizado y que había servido como recaudador de sobres para al menos uno de los sobornos relacionados con el asesinato presidencial, transportando una gran suma de dinero a Haití en el verano de 1963 como recompensa."[545]

Este joven le dijo a Morrow que su padre estaba asociado con un mensajero de la mafia. El correo en cuestión era Mickey Weiner. A raíz de la historia de Weiner, Morrow supo por otra fuente que se habían descubierto grabaciones de audio y que Weiner había participado en conversaciones sobre las circunstancias del asesinato de Kennedy.

---

[545] Robert Morrow. *The Senator Must Die: The Murder of Robert F. Kennedy* (Santa Monica, CA: Roundtable Publishing, Inc., 1988), p. 123.

Según la fuente de Morrow, Albert Moakler, "Las cintas indicaban que la conversación era algo más que cháchara. Era definitivamente sobre Jersey y Miami... las áreas, la gente en esas áreas. Algo que ver con el asesinato".[546]

(Miami, por supuesto, era la base de operaciones de Meyer Lansky. Como vimos en el capítulo 7, Nueva Jersey era la base del socio mafioso de Lansky, el gángster Jerry Catena, que se encargaba de distribuir el dinero "desviado" de las operaciones de juego de Lansky en Las Vegas a los socios del crimen organizado de Lansky en los estados del norte).

Morrow también identificó que Weiner hacía recados con regularidad entre Suiza y Miami, donde visitaba el Banco de Miami Beach.[547] Weiner era claramente uno de los correos de Lansky que operaba entre sus operaciones bancarias en Miami y las de Tibor Rosenbaum, del Mossad israelí, y el Banque de Crédit International en Suiza.

Por lo tanto, está claro que el correo de Lansky tenía sin duda información "secreta" sobre el asesinato de JFK. Podemos incluso llegar a suponer que fue el correo de Lansky quien suministró fondos de Permindex a los conspiradores del asesinato.

OTRA CONEXIÓN CON ISRAEL

Según *Paesa Sera*, el Dr. David Biegun, Secretario Nacional del Comité Nacional de Trabajadores Israelíes, con sede en Nueva York, era "uno de los principales financiadores" de Permindex. Este comité era la rama americana de la Histadrut, de la que Louis M. Bloomfield, Presidente del Consejo de Administración de Permindex, era el principal recaudador de fondos.[548] A pesar de sus excelentes investigaciones, el Sr. Flammonde no ha conseguido profundizar en este tema. Y nótese también que Philip Agee, el antiguo oficial de la CIA, había declarado que el Comité de Trabajadores de Israel se utilizaba a menudo como tapadera de la CIA.[549] El papel de Biegun en Permindex fue explícitamente importante, incluso central. [550]De hecho, fue Biegun quien supervisó la liquidación de la CMC y de Permindex tras su expulsión de Suiza e Italia en 1962, trasladando posteriormente la empresa a Johannesburgo, en Sudáfrica. (Cabe señalar que Sudáfrica lleva mucho tiempo implicada en estrechos chanchullos internacionales con Israel).

Paesa Sera especuló con que [la CMC y Permindex] "era una creación de la CIA... creada para encubrir la transferencia de fondos de la CIA... a Italia para actividades ilegales de espionaje político".[551] El periódico italiano, sin embargo, parece haber pasado por alto las múltiples conexiones israelíes exploradas en estas páginas.

---

[546] *Ibid*, p. 133.
[547] *Ibid*, p. 148.
[548] *Ibid*, p.219.
[549] Michael Canfield y Alan J. Weberman. *Coup d'État in America: The CIA and the Assassination of John F. Kennedy* (Nueva York: The Third Press, 1975), p. 40.
[550] Flammonde, *Ibid*.
[551] *Ibid*, p. 28.

LOS COMPLOTS PARA ASESINAR A CHARLES DE GAULLE

La controversia pública en torno al Permindex, que llevó a su expulsión de Suiza e Italia, se centró en su papel en los complots de asesinato contra el presidente francés Charles De Gaulle. Y, como veremos, es aquí donde encontramos vínculos aún más fascinantes entre el Permindex y el asesinato de JFK.

Antes vimos que la rebelde Organisation de l'Armée secrète -conocida por sus siglas OAS- se opuso ferozmente a la decisión de De Gaulle de conceder la independencia a Argelia. (Fue John F. Kennedy quien, siendo un joven senador, como señalamos en el capítulo 4, había enfurecido al lobby israelí al pedir la independencia de Argelia en 1957).

La OAS había lanzado varios intentos de asesinato contra De Gaulle que no tuvieron éxito, pero que más tarde inspiraron la famosa novela *El día del chacal*, de Frederick Forsythe (que más tarde se convirtió en una famosa película).

En 1962, a raíz de una investigación sobre uno de los atentados, los servicios secretos franceses (SDECE) acusaron a Permindex de haber blanqueado dinero financiando el atentado contra De Gaulle a través de las arcas de la OAS.[552]

Según Jean Lacouture, biógrafo de De Gaulle, "por razones morales y políticas, [los dirigentes de la OAS] consideraron necesario sacrificar al Jefe de Estado, física o políticamente, para que Argelia siguiera siendo francesa".[553]

SOUSTELLE, OAS E IRGOUN

Jacques Soustelle fue uno de los más duros críticos franceses de la independencia argelina, ex Gobernador General de Argelia y judío de nacimiento convertido al cristianismo.[554] Descrito por el historiador israelí Benjamin Beit-Hallahmi como uno de los "amigos de Israel en Francia", Soustelle, Ministro francés de Energía Atómica de 1958 a 1959, colaboró estrechamente con Yuval Ne'eman, padre del proyecto de bomba atómica israelí, para ayudar a Israel a sentar las bases de un arsenal nuclear.[555] Tras condenar amargamente el derrocamiento de De Gaulle en Argelia, Soustelle se exilió.[556] Aunque el propio Soustelle negó cualquier contacto con la OEA, fue uno de sus principales partidarios, ganándose los elogios de los partidarios de la OEA que promulgaron el mito propagandístico compartido por Israel y la OEA de que la independencia argelina establecería una presencia soviética en el norte de África.[557] De hecho, los servicios secretos israelíes acudieron en ayuda de Soustelle cuando éste

---

[552] *Executive Intelligence Review*. Dope, Inc (Nueva York: New Benjamin Franklin House, 1986), p. 434.

[553] Jean Lacouture. *De Gaulle: The Ruler* (Nueva York: W. W. Norton & Company, 1993), p. 278.

[554] Benjamin Beit-Hallahmi. *The Israeli Connection-Who Israel Arms and Why* (Nueva York: Pantheon Books, 1987), p. 220.

[555] *Executive Intelligence* Review. *Moscow's Secret Weapon* (Washington, DC: Executive Intelligence Review, 1986), p. 42.

[556] *Ibid*, p. 296.

[557] Alistair Home. *A Savage War of Peace*. (Middlesex, Inglaterra: Penguin Books, 1977), p. 499.

se exilió.⁵⁵⁸ En 1962, Soustelle se instaló "en Roma, escondido en casa de un comerciante de muebles cuyo hermano era representante del Irgun [israelí]".⁵⁵⁹ Curiosamente, según *Paesa Sera*, el periódico italiano que hizo público el papel de Permindex en los complots contra De Gaulle, Ferenc Nagy, ex primer ministro húngaro y miembro del consejo de administración de Permindex era un "generoso colaborador" de Jacques Soustelle y de la OAS.

(Es más, ahora sabemos que una de las bases clave del apoyo financiero del rabino Tibor Rosenbaum al BCI -la principal fuerza detrás de Permindex y los complots contra De Gaulle- eran "los depósitos de fondos clandestinos no declarados de los judíos franceses", por no mencionar, por supuesto, los fondos criminales del sindicato del crimen de Lansky).⁵⁶⁰

El general Antoine Argoud, uno de los jefes militares franceses que se había convertido en dirigente de la OEA, había declarado: "La eliminación física del Jefe del Estado no plantea ningún problema moral para todos nosotros.... Todos estamos convencidos... de que De Gaulle merecía cien veces el castigo supremo".⁵⁶¹

Sin embargo, otros miembros de la OEA simpatizaban con los rebeldes franceses. Según el historiador Alexander Harrison:

"Entre los factores que parecían favorecer el éxito de los esfuerzos de la OEA por mantener a Argelia francesa se encontraban los siguientes:

- La complicidad de las "buenas viejas" redes en el seno de los distintos servicios de inteligencia, en particular los servicios secretos franceses, [la SDECE] y la Direction de la Surveillance du Territoire [responsable del contraespionaje interno] que a veces mostraban lealtad a un antiguo compañero de armas... antes que al gobierno; y

- Posible ayuda logística de países [como] Estados Unidos, que había sido hostil a De Gaulle desde los primeros días de la Resistencia durante la Segunda Guerra Mundial y veía su postura prosoviética como una amenaza para la hegemonía occidental en el Mediterráneo".⁵⁶²

(Antes supimos que la CIA había apoyado en secreto a la OEA, a pesar de la oposición a la OEA de JFK, que había sido un ardiente partidario de la independencia de Argelia, para disgusto del lobby israelí en Estados Unidos).

ISRAEL Y LA OEA

No es sorprendente, según el historiador Harrison, cuyas simpatías por la OAS son obvias, que "algunos de los más ardientes partidarios de la OAS en Argelia fueran judíos".⁵⁶³ Además, señala Harrison, "se creó una rama judía de la OAS".⁵⁶⁴

---

558 Pierre Demaret y Christian Plume. *Objetivo De Gaulle*. (Nueva York: Dial Press, 1975), p. 220.
559 Paris Flammonde. *The Kennedy Conspiracy* (Nueva York: Meredith Press, 1969), p. 223.
560 Gerald Krefetz. *Jews and Money* (NY: Ticknor & Fields, 1982), p. 104.
561 Lacouture, p. 324.
562 Alexander Harrison. *Challenging De Gaulle: The OAS and the Counterrevolution in Algeria* (Nueva York: Praeger, 1989), p. 67.
563 *Ibid*, p. 87.
564 *Ibid*, p. 87.

Paul Henissart, otro historiador, también señaló un vínculo entre Israel y la OAS. Según Henissart, "[la OAS] atraía a exaltados, incluidos judíos que pertenecían al Irgun Tzvai Leoumi, la organización militar clandestina israelí. Fueron reclutados por la OAS como especialistas clandestinos.[565]

Señala además que, aunque había grupos de defensa judíos establecidos en Argelia, "las delegaciones oficiales israelíes en Argelia que organizaban la emigración de los judíos de las ciudades costeras no eran reacias a ayudar a estos grupos de autodefensa. Sin embargo, el gobierno israelí nunca confirmó ningún vínculo con ellos".[566]

No obstante, como ha señalado el historiador israelí Benjamin Beit-Hallahmi, existen pruebas del apoyo oficial israelí a la OAS: "Durante 1961 y 1962, hubo numerosos informes sobre el apoyo israelí al movimiento francés de la OAS en Argelia".[567]

Señala que los israelíes ayudaron a los franceses durante la guerra de independencia argelina entre 1954 y 1962. Después, cuando Argelia finalmente se independizó y solicitó su admisión en la ONU, sólo Israel votó en contra. Beit Hallahmi cita a otro historiador, Stewart Steven, en los siguientes términos: "Cuando se creó la OEA en 1961, era natural que Israel, tan interesado [en mantener a Argelia como colonia francesa] como la propia OEA, se encerrara en ella".[568]

Así, la inteligencia israelí -y sus aliados en la CIA estadounidense- formaron una estrecha alianza con las fuerzas que intentaban destruir al presidente francés Charles De Gaulle. Al mismo tiempo, esos mismos elementos utilizaron su conexión con Permindex en otro complot, éste para acabar con la vida de John F. Kennedy.

OAS, PERMINDEX Y NUEVA ORLEANS

Existe un vínculo interesante con Nueva Orleans. Según un informe publicado posteriormente por el servicio secreto de De Gaulle, el SDECE, el banco israelí Hapoalim suministró fondos a la OEA a través de la oficina en Nueva Orleans de Guy Banister, antiguo agente del FBI y de la CIA.[569] El agente de Banister, Maurice Brooks Gatlin, transportó a su vez el dinero a la OEA en París (varios años después, Gatlin murió en Panamá al caer -o ser empujado- desde el balcón de un hotel).[570]

Gatlin, obviamente, tenía muchos negocios internacionales interesantes. En una conferencia regional latinoamericana de una confederación mundial anticomunista, organizada por el agente de la CIA y contacto de Banister E. Howard Hunt, el presidente de la conferencia era Antonio Valladares. El mismo Valladares, afincado en Guatemala, era también abogado del jefe de la mafia de Nueva Orleans Carlos

---

[565] Paul Henissart. *Wolves in the City: The Death of French Algeria* (Nueva York: Simon & Schuster, 1970), p. 346.
[566] *Ibid*, p. 347.
[567] Benjamin Beit-Hallahmi. *The Israeli Connection-Who Israel Arms and Why* (Nueva York: Pantheon Books, 1987), pp. 44-45.
[568] *Ibid*.
[569] *Executive Intelligence Review*, Dope, Inc, pp. 442-443.
[570] Dick Russell. *The Man Who Knew Too Much* (Nueva York: Carroll & Graf Publishers, 1993), p. 396.

Marcello, quien, como hemos visto, ayudó a financiar las actividades anticomunistas de Banister.[571] Maurice Brooks Gatlin, asistió a la conferencia, que acabó fusionándose con la Liga Anticomunista Mundial, lo que sugiere que el vínculo de Nueva Orleans con la CIA y otras intrigas mundiales era muy fuerte.

El Banco Hapoalim mencionado anteriormente era el banco creado por la Histadrut, el grupo de trabajadores israelíes, del que Louis Bloomfield, presidente de Permindex, era el principal recaudador de fondos en Canadá. Las actividades de Guy Banister se analizaron anteriormente en los capítulos 10, 11 y 14.

Según Gilbert LeCavelier, socio del difunto Bernard Fensterwald (eminente investigador del asesinato de JFK), la oficina de Banister también sirvió de cuartel general en Nueva Orleans para mercenarios relacionados con la OAS.

Jean Souetre fue uno de estos mercenarios de la OEA que, como señalamos en el capítulo 12, fue supuestamente detenido en Dallas el 22 de noviembre de 1963 y expulsado de Estados Unidos.[572] En el capítulo 16 analizaremos con más detalle las actividades de Souetre.

Banister, ex agente del FBI y de la Inteligencia Naval, supervisó las operaciones de tráfico de armas anticastristas respaldadas por la CIA desde una oficina en el 544 de Camp Street, en Nueva Orleans.

Estrechamente vinculada al movimiento anticastrista cubano, la operación de Banister operaba con el apoyo de la CIA. El ex agente de la CIA Robert Morrow afirma en su libro *Betrayal* que Clay Shaw, miembro de la junta directiva de Permindex, era de hecho el superior inmediato de Banister en la coordinación de las operaciones de la CIA fuera de Nueva Orleans.

Así que tenemos al agente de la CIA Clay Shaw en el consejo de Permindex, que a su vez trabaja con la oficina de Banister en la conspiración contra Charles De Gaulle. Y al mismo tiempo, Banister (y Shaw) participaron en la manipulación de las actividades de Lee Harvey Oswald en Nueva Orleans justo antes del asesinato de John F. Kennedy.

Entre otros, Banister estaba relacionado con David Ferrie, antiguo piloto de la CIA y aventurero anticastrista, una de las figuras clave en el caso de Jim Garrison contra Clay Shaw. Ferrie, como hemos visto, llevaba mucho tiempo vinculado a Lee Harvey Oswald y, según todos los indicios, era un visitante habitual de Nueva Orleans en el verano de 1963. Y ahora sabemos con certeza que Ferrie y Shaw estaban estrechamente vinculados. Los vínculos entre Ferrie, Shaw, Banister y Oswald cierran el círculo.

Morrow, el ex agente de la CIA, también informa de que durante su época en la CIA, junto con David Ferrie, él y Ferrie visitaron un almacén en Europa donde se destinaban grandes cantidades de armas a la resistencia anticastrista cubana. El almacén era una empresa de Permindex.[573]

La secretaria de Banister, Delphine Roberts, fue citada diciendo que Oswald era un visitante regular del 544 de Camp Street, que se dedicaba a una especie de trabajo

---

[571] Peter Dale Scott. *Deep Politics and the Death of JFK* (Berkeley, California: University of California Press, 1993), p. 109.
[572] *Ibid*, p. 562.
[573] Robert Morrow *Betrayal: A Reconstruction of Certain Clandestine Events from the Bay of Pigs to the Assassination of John F. Kennedy* (Nueva York: Warner Books, 1976), p. 84.

de "inteligencia".[574] De hecho, como todo el mundo coincide, parece que Oswald fue colocado como chivo expiatorio "procastrista".

LA CONEXIÓN ISRAELÍ DE BANISTER

Curiosamente, sin embargo, hay otra conexión israelí con el escenario de Nueva Orleans que inculpó a Lee Harvey Oswald como chivo expiatorio en el complot del asesinato de JFK. Resulta que uno de los viejos amigos de Banister y sus compañeros anticomunistas era un tal A. I. Botnick.[575] Botnick era una figura clave en la oficina regional de Nueva Orleans de la Liga Antidifamación (ADL) de B'nai B'rith, ahora conocida por sus estrechos vínculos con el Mossad israelí.

Botnick, que se consideraba a sí mismo un "supercazador de comunistas", estaba obsesionado con el comunismo y, al igual que Banister, creía que el comunismo era una fuerza importante en el movimiento por los derechos civiles.[576]

(En 1993, se informó de que la ADL había espiado largo y tendido sobre el difunto Dr. Martin Luther King y posteriormente había entregado sus conclusiones a J. Edgar Hoover, antiguo superior de Banister en el FBI.[577] En los capítulos 7 y 10, señalamos los estrechos vínculos entre la ADL y el Sindicato del Crimen de Lansky, a su vez vinculado a la CIA y a la inteligencia israelí, especialmente a través de la conexión Permindex que se analiza en este capítulo).

A nivel nacional, y bajo Botnick en Nueva Orleans, la ADL solía desplegar agentes en grupos de izquierda para espiar sus actividades. Esto, por supuesto, encaja precisamente en el perfil de las actividades "izquierdistas" y "procastristas" de Lee Harvey Oswald en Nueva Orleans en el verano de 1963, dirigiendo un "Comité de Juego Limpio para Cuba" desde la operación de inteligencia de Banister en el 544 de Camp Street. Lo que también es fascinante es que, según Arnold Forster, antiguo consejero general y jefe de inteligencia de la ADL, gran parte de la "investigación" (es decir, espionaje) de la ADL utilizaba agentes "empleados por una agencia de investigación externa que actuaba como contratista independiente".[578] Así pues, dada la estrecha asociación de Botnick con Banister, parece muy probable que Botnick subcontratara el trabajo de la ADL a su colega anticomunista.[579]

Es más, según Forster de ADL, muchos de los investigadores de ADL eran "investigadores retirados del gobierno local o federal" - incluyendo, por ejemplo, un posible ex oficial de inteligencia de EE.UU. llamado Oswald, que anteriormente había realizado trabajos clandestinos en la Unión Soviética.

Uno sólo puede preguntarse si las actividades izquierdistas de Lee Harvey Oswald no fueron de hecho financiadas por la ADL. ¿Estaba Oswald de hecho infiltrándose en grupos de izquierdas en nombre de Banister, aparentemente como parte de una

---

[574] Anthony Summers. *Conspiracy* (Nueva York: McGraw-Hill Book Company, 1980), pp. 324-325.
[575] 575 *Executive Intelligence Review. The Ugly Truth About the ADL* [Washington, D.C.: Executive Intelligence Review, 1992], p. 73.
[576] Jack Nelson. *Terror en la noche.* [Nueva York: Simon & Schuster, 1993], p.214.
[577] *San Francisco Weekly*, 28 de abril de 1993.
[578] *A. Forster. Square One* [Nueva York: Donald Fine, Inc., 1988], p. 56.
[579] *Ibid.*

misión de investigación de la ADL, pero que en realidad era una operación de inteligencia con un propósito totalmente diferente?

Por lo tanto, no es tan extraordinario sugerir que Oswald pudo haber tenido "una identidad alternativa" como agitador "procastrista" fabricada por la ADL (al amparo de la "investigación" de la ADL) y actuado como intermediario del Mossad y sus aliados de la CIA. Muy conveniente.

¿UNA "TERCERA FUERZA"?

Aunque no consideraba que la ADL fuera una fuerza detrás de las actividades de Banister, el respetado Peter Dale Scott, apoyaba la posibilidad de que las operaciones de Banister fueran mucho más numerosas de lo que parecía. Según Scott: "Hay desacuerdo... "en cuanto a quién pagaba las actividades anticomunistas de Banister: el servicio de inteligencia del gobierno, la mafia de Nueva Orleans o **una tercera fuerza** aliada a ambos al mismo tiempo". [Énfasis añadido] Scott señala que los que enfatizan el punto de vista de la inteligencia, señalan las conexiones de Banister con el FBI y la CIA y la Oficina de Inteligencia Naval, mientras que los que enfatizan la "mafia" señalan las conexiones de Banister, a través de David Ferrie y otros, con Carlos Marcello, el jefe de la mafia de Nueva Orleans.

Sin embargo, como señala Scott, "una tercera y más probable posibilidad es que tanto Oswald como Banister estuvieran trabajando para lo que de hecho era una tercera fuerza: una oscura alianza de mafia e inteligencia, enraizada en la profunda economía política de Nueva Orleans".[580] Y como hemos visto en este capítulo y en otros, la ADL tenía de hecho fuertes raíces en la profunda economía política de Nueva Orleans, así como en la conexión con Clay Shaw.

"En cuanto a la historia de que Oswald era un informante del FBI", escribe Scott, "dudo que Oswald fuera contratado directamente por el FBI. Una posibilidad más probable es que trabajara para una **agencia de seguridad privada** que a su vez informara al FBI, del mismo modo que Guy Banister, el ex agente del FBI y ex oficial de inteligencia naval según un documento de la CIA, informaba al FBI en Nueva Orleans."[581] [Énfasis añadido]

De todos es sabido que la ADL sí informaba al FBI, una relación de larga data cimentada por el propio J. Edgar Hoover, que examinaremos con más detalle en el capítulo 17.

Los archivos del FBI sobre Dick Gregory, otro destacado activista negro de los derechos civiles en la década de 1960, muestran de forma concluyente que la ADL vigilaba sus conferencias públicas y luego pasaba la información al FBI como parte de sus operaciones COINTELPRO.

Y como vimos en el capítulo 7, era COINTELPRO, dirigido por la División 5 del FBI, que estaba bajo el control directo de William Sullivan, que era de hecho un "topo" de la CIA dentro del FBI para James J. Angleton, su íntimo amigo y aliado del Mossad dentro de la CIA. (En el capítulo 17 exploraremos las actividades de la ADL con más detalle, prestando especial atención a la aparente manipulación de la

---

[580] *Ibid.*
[581] Peter Dale Scott. *Deep Politics and the Death of JFK* (Berkeley, California: University of California Press, 1993), p. 243.

cobertura mediática de la controversia sobre el asesinato de JFK por parte de la ADL y de fuentes vinculadas a la ADL en Nueva Orleans. Además, en el Apéndice 2, examinaremos un vínculo poco explorado entre Lee Harvey Oswald y al menos un informante clandestino del gobierno que casi con toda seguridad tenía vínculos con la ADL. Y en el Apéndice 3, aprenderemos mucho más sobre las extrañas conexiones de Guy Banister con "la derecha" que, de hecho, apuntan en la dirección de la ADL).

Sea como fuere, está más que claro que el Mossad y la CIA estuvieron directamente implicados en las extrañas actividades de Clay Shaw, Guy Banister, David Ferrie y Lee Harvey Oswald en Nueva Orleans en el verano de 1963.

El Mossad y la CIA estaban estrechamente vinculados a los complots de Permindex contra el presidente francés Charles De Gaulle y John F. Kennedy. Kennedy y De Gaulle se habían encontrado en el mismo bando en el sangriento conflicto por la independencia de Argelia, - y en oposición al Mossad y sus aliados de la CIA.

UNA VISITA AL PERMINDEX

Que Jim Garrison, el fiscal del distrito de Nueva Orleans, iba por buen camino queda patente en una extraña visita que Garrison recibió al principio de su investigación. Un petrolero de Denver, más tarde identificado por los investigadores como John King, se había presentado en el despacho de Garrison y se había ofrecido a organizar el nombramiento del fiscal para un puesto de juez federal si Garrison abandonaba su investigación.

King tenía información privilegiada sobre la naturaleza de la investigación de Garrison y estaba claramente interesado en detenerla antes de que fuera más lejos. Sin embargo, Garrison no quiso dejarse sobornar y rápidamente le mostró la puerta.

Resulta que, en la misma época de la misteriosa visita de King a Nueva Orleans, el petrolero de Denver estaba involucrado en lucrativos negocios internacionales con Bernie Cornfeld, el jefe del Overseas Investors Service (IOS), con sede en Ginebra. Entre los demás intereses de King figuraban las prospecciones petrolíferas frente a la península del Sinaí, territorio árabe arrebatado por los israelíes en 1967.[582]

Cornfeld, el socio de King, como vimos en los capítulos 7 y 9, era de hecho el protegido y nominado del rabino Tibor Rosenbaum, fundador del Banque De Crédit International (BCI) y la figura financiera central detrás de Permindex.

La visita de King era claramente una oferta amistosa de Permindex. Esperaban silenciar a Garrison antes de que su investigación fuera más lejos, antes de que hiciera la conexión con Clay Shaw, antes de que descubriera los verdaderos orígenes del complot de Permindex que llevó al asesinato de John F. Kennedy. Permindex y sus patrocinadores estaban decididos a poner fin a la investigación. La visita de John King a Nueva Orleans era una prueba evidente de que el papel de Clay Shaw y el Permindex era la clave del misterio del asesinato de JFK.

Una nota a pie de página interesante: En 1967, un actor clave en la red Permindex de Tibor Rosenbaum y John King era Myer Feldman: el superabogado que

---

[582] *Washington Observer*, 15 de junio de 1970.

representaba los intereses de IOS en Washington.[583] Feldman, a quien conocimos por primera vez en el capítulo 5 como contacto de JFK con la comunidad judía estadounidense tras abandonar la Casa Blanca, había firmado como esbirro bien pagado de los mismos que estaban detrás del asesinato y encubrimiento de JFK. Y hoy resulta que Feldman es el abogado de la familia Kennedy, que se ocupa de los asuntos legales más privados de la familia del asesinado presidente estadounidense. Qué pequeño es el mundo, ¿verdad?

EL EXTRAÑO MUNDO DE CLAY SHAW

Los que más han criticado la acusación de Jim Garrison contra Clay Shaw se encuentran entre los que difunden el mito de que "La Mafia mató a JFK". Sugieren que Clay Shaw era una figura inocente que se limitaba a rehabilitar cobertizos en el Barrio Francés.

Sin embargo, a pesar del vínculo entre Permindex y el blanqueo de dinero del Banque De Crédit International del sindicato de Lansky, quienes afirman que "La Mafia mató a JFK" no dicen absolutamente nada de los estrechísimos vínculos de Shaw -a través de Permindex- con esta entidad bancaria criminal, estrechamente vinculada a la "Mafia" a través de Lansky.

Ignorar el vínculo entre Israel y el Permindex es eludir por completo la verdad. Por eso los que pretenden culpar a la Mafia, por ejemplo, están tan decididos a defender a Clay Shaw. Mirar en la dirección de Shaw es mirar en la dirección de Israel - y por eso era tan importante que la investigación de Garrison fuera desbaratada a toda costa.

Está claro que la controversia sobre Permindex es mucho mayor de lo que a muchos les gustaría admitir. Y es debido a la vinculación de Permindex con Israel y su Mossad que algunos investigadores del caso JFK optaron por ignorar la verdad que tenían ante sí.

¿Y LA CONEXIÓN "NAZI"?

Hubo quien proclamó que el Permindex era una especie de remanente "nazi" que había sobrevivido a la Segunda Guerra Mundial. La principal instigadora de esta teoría fue Mae Brussell, una excéntrica investigadora que se convirtió en un icono para muchos obsesivos del asesinato de JFK, entre ellos un tal Dave Emory que insiste hasta hoy en que "los nazis mataron a JFK".

Sin embargo, hay algo significativo en los antecedentes de la Srta. Brussell a la luz del papel israelí en el asesinato de JFK, como se analiza aquí. Brussell era hija del rabino Edgar Magnin, líder espiritual de la comunidad judía de Hollywood, la fuerza más importante del lobby pro israelí en Estados Unidos después de la comunidad judía de Nueva York. Sólo por esta razón, la Sra. Brussell no estaría dispuesta a seguir los antecedentes israelíes de Permindex.

Brussell y su compinche, Dave Emory, argumentaron que antiguos nazis de alto rango, como el general Reinhard Gehlen, que se había unido a la inteligencia

---

[583] Hutchison, Robert, Vesco. (Nueva York: Praeger Publishers, 1974), p. 97.

estadounidense durante la Segunda Guerra Mundial, fueron en última instancia los responsables del asesinato de Kennedy a través del Permindex.

Sin embargo, lo cierto es que los servicios secretos israelíes colaboraron estrechamente con la organización de Gehlen en la posguerra. John Loftus y Mark Aarons habían escrito sobre cómo los agentes israelíes -a pesar de que encontraban aborrecible la nueva relación- trabajaron efectivamente con reputados ex criminales de guerra nazis en la operación de Gehlen.

Es más, los israelíes se habían infiltrado completamente en la organización de Gehlen. Según Loftus y Aarons: "Sabían exactamente lo que hacía el general Gehlen... Tras el nacimiento de Israel, secciones del Mossad llegaron a la base de Gehlen para recibir entrenamiento especial... Ni siquiera él tenía idea de cuántos de sus empleados también informaban a Tel Aviv... Lo que Gehlen había visto, lo habían visto los israelíes".[584]

Así que, si efectivamente (como dicen algunos) fue un complot "nazi" lo que mató a JFK, parece muy poco probable que el complot pudiera provenir de intrépidos israelíes. Pero, como ahora sabemos, no fue un complot nazi, a pesar de las fantasías de Dave Emory y Mae Brussell. El Permindex era un frente israelí, no nazi.

Probablemente merezca la pena señalar, para que conste, que la primera publicidad nacional que recibió la teoría de la Sra. Brussell de que "los nazis mataron a JFK" fue en las páginas de la revista de corta vida *The Rebel,* publicada por el controvertido pornógrafo Larry Flynt.[585]

Aunque Flynt había financiado en efecto una investigación independiente legítima sobre el asesinato de JFK algún tiempo antes (que algunos creen que puede haber conducido al posterior ataque contra Flynt), el artículo de Brussell no formaba parte del esfuerzo pasado del imperio editorial Flynt.

Es difícil decir exactamente qué motivó a Flynt, que era en verdad un individuo complejo, pero sí sabemos una cosa: según la revista *George,* publicada por John F. Kennedy, Jr, Flynt había surgido, al menos recientemente, como un importante contribuyente a la Liga Antidifamación (ADL) de B'nai B'rith.[586] Así que, a la luz de lo que sabemos sobre la ADL y sus múltiples vínculos con los estrechamente implicados en el complot para asesinar a JFK, esto es interesante.

A pesar de todos los rumores sobre Mae Brussell, existe, irónicamente, un auténtico y extraño vínculo "nazi" con Permindex que, o bien no se ha entendido bien, o bien se ha ocultado deliberadamente, pero que va más allá en nuestra comprensión de Permindex como punto de contacto transnacional para el Mossad y sus aliados de la CIA y el crimen organizado.

FASCISTAS JUDÍOS

El hecho es que no sólo la figura del Mossad, Tibor Rosenbaum, sino también las figuras de Permindex, George y Ernst Mandel, formaban parte de una operación

---

[584] John Loftus y Mark Aarons. *The Secret War Against the Jews* (Nueva York: St. Martin's Press, 1994), pp. 291-292.
[585] Mae Brussell. *"La conexión nazi con el asesinato de John F. Kennedy"*. Revista The Rebel, 22 de noviembre de 1983.
[586] *Revista George,* primavera de 1997.

sionista que había surgido de una empresa de inteligencia de varios niveles que había sentado las bases no sólo para la creación del Estado de Israel, sino también para la huida de antiguos dirigentes nazis de Europa y de la organización Gehlen (y de otros lugares) tras el final de la Segunda Guerra Mundial. Según Loftus y Aarons citados anteriormente, en *The Secret War Against the Jews*:

"Durante la Segunda Guerra Mundial, el servicio secreto soviético utilizó una red de los llamados "judíos fascistas", cuyo nombre en clave era Max, para penetrar en los círculos internos del Tercer Reich y destruir el ejército alemán en el frente oriental. Los nazis creían que la red Max era su fuente secreta de inteligencia dentro del Kremlin, y de hecho proporcionaba "buena" inteligencia a los alemanes, pero estaba estrictamente controlada por los comunistas.

"Los judíos de la red Max eran en su mayoría agentes dobles comunistas, pero también eran judíos que se habían apartado de la causa sionista hacia el final de la guerra y que habían revelado los tratos secretos [financieros y de espionaje] [de preguerra y de guerra] de Allen Dulles [futuro director de la CIA] con los nazis.

Según Loftus y Aarons, "los sionistas habían chantajeado a James Angleton, protegido de Dulles [dentro de la CIA], para que estableciera un sistema paralelo de contrabando de judíos y nazis huidos". [587] Fue en el capítulo 8 donde nos enteramos del papel de Angleton en la red de refugiados judíos que acabó convirtiéndose en el actual Mossad.

El hecho de que los israelíes chantajearan a Angleton, según Loftus y Aarons, sin duda partidarios de Israel, contribuye en gran medida a explicar el comportamiento de Angleton a lo largo de su carrera en la CIA y en los sucesos que le involucraron en las circunstancias del asesinato de JFK, de los que hablaremos en el capítulo 16.

UNA DISPOSICIÓN TRANSNACIONAL

Siendo así, ahora entendemos por qué los agentes sionistas colaboraron con las llamadas fuerzas "nazis" en la extraña empresa transnacional conocida como Permindex. Como ha dicho Peter Dale Scott, había pautas comunes de interacción entre diversos intereses implicados en tramas complejas y multicéntricas en las que esos diversos elementos, cada uno con motivos distintos, colaboraban en proyectos comunes, cada uno con sus propios fines.

Hay mucho más que decir sobre Permindex de lo que nos han contado los investigadores del asesinato de JFK, pero lo cierto es que Permindex era más bien un dispositivo transnacional con las tramas de Israel como fuerza motriz.

Las conexiones globales de Israel -en particular con las fuerzas anti-Kennedy dentro de la CIA y el imperio del crimen de Lansky vinculado a la CIA, así como con los rebeldes franceses de la OAS y los enemigos de Charles De Gaulle dentro de su propio servicio de inteligencia- hicieron posible la red a través de la cual se ejecutó el plan para matar a JFK. Permindex estaba en el centro de todo.

Gracias a la técnica de "bandera falsa" en la que el Mossad es tan experto (como vimos en el capítulo 3), figuras de la Mafia, cubanos anticastristas, subordinados de la

---

[587] John Loftus y Mark Aarons. *The Secret War Against the Jews* (Nueva York: St. Martin's Press, 1994), p. 134.

CIA y otros extraños personajes se vieron arrastrados a la red Permindex detrás de la conspiración del asesinato de JFK.

Pero al final fue Clay Shaw, miembro del consejo de administración de Permindex, la única persona (aparte del desafortunado Lee Harvey Oswald) acusada de participar en la conspiración. Probablemente nunca se sabrá si Shaw conocía el inminente asesinato. Que Shaw traficaba con gente como David Ferrie y Guy Banister -los primeros en manipular a Oswald- está ahora firmemente establecido. ¿Sabía Shaw que Oswald sería el chivo expiatorio? No obstante, el vínculo de Clay Shaw con el asesinato -y con el Permindex- apunta directamente al papel del Mossad en la conspiración.

El Permindex es la clave para comprender la naturaleza del complot para asesinar a JFK. Ignorar la conexión con el Permindex es ignorar la realidad de los orígenes del complot que condujo al asesinato de John F. Kennedy. Los tentáculos del Permindex se extendían por todas partes, entrelazando inextricablemente al Mossad, la CIA y el Sindicato del Crimen de Lansky.

Aunque, recientemente, el entusiasta de la Comisión Warren Max Holland escribió un ensayo en el número de primavera de 2001 de *The Wilson Quarterly* en el que pretendía "probar" que el KGB soviético era responsable de patrocinar efectivamente la "desinformación" -a saber, los artículos de *Paese Sera* que vinculaban a Clay Shaw con Permindex-, la obra de Holland no hace más que demostrar que Permindex fue el tema controvertido desde el principio. Pero, más concretamente, el ensayo de Holland no responde a la verdadera pregunta: si Permindex NO era una tapadera de la CIA, ¿era en cambio una operación israelí? *Juicio Final* responde a la pregunta más allá de toda sombra de duda, pero es poco probable que Hollande la responda.

En nuestro próximo capítulo, revisaremos finalmente las pruebas más recientes, sorprendentes y definitivas de que fue James Jesus Angleton, aliado de Israel en la sede de la CIA, quien desempeñó un papel central en la conspiración y el encubrimiento del asesinato. Además, examinaremos nueva información importante que sugiere que en Dallas, Texas, ocurrió mucho más de lo que parece a simple vista el 22 de noviembre de 1963. También descubriremos que la llamada "conexión francesa" con el asesinato de JFK es, en realidad, la conexión israelí.

CAPÍTULO XVI

¿Traición en Dallas
¿Qué ocurrió realmente en Dealey Plaza? James Jesus Angleton, E. Howard Hunt y el asesinato de JFK. La verdad sobre "la conexión francesa"

Fue en un pequeño juicio público por difamación celebrado en Miami en 1985 cuando Mark Lane, el veterano investigador del asesinato de Kennedy, demostró a satisfacción de un jurado que la CIA había desempeñado un papel en el asesinato de John F. Kennedy. *Negación plausible*, el primer bestseller de Lane, publicado en 1991, cuenta toda la increíble historia.

Las pruebas del juicio también indican que Israel estuvo vinculado al asesinato a través de las oficinas de James Jesus Angleton, aliado de Israel en la CIA. Fue Angleton quien ayudó a encubrir el papel central de su país extranjero favorito junto a la CIA en el asesinato de JFK.

También hay nuevas y extrañas pruebas de que en la Plaza Dealey de Dallas ocurrieron muchas más cosas de las que realmente sabían muchos de los implicados en los acontecimientos que rodearon el asesinato de JFK.

Plausible Denial, de Mark Lane, demuestra de forma concluyente que la CIA estuvo implicada en el asesinato del presidente John F. Kennedy.

Como vimos en el capítulo 9, el libro de Lane cuenta la historia de cómo el juicio por difamación del periódico de Washington *The Spotlight* contra el ex agente de la CIA E. Howard Hunt llevó a un tribunal de Florida las primeras pruebas fehacientes que vinculaban a la CIA con el asesinato de Kennedy.

Como se informó anteriormente, Lane había aceptado actuar como abogado defensor de The *Spotlight* después de que Hunt ganara una sentencia por difamación de 650.000 dólares contra el semanario populista. Fue Lane quien defendió con éxito a *The Spotlight* después de que se volviera a juzgar el caso tras la anulación del veredicto original.

La acción por difamación tiene su origen en un artículo publicado en las páginas de *The Spotlight* en 1978.

El artículo fue escrito por Victor Marchetti, ex alto funcionario de la CIA que se hizo famoso internacionalmente tras publicar su superventas *The CIA and the Cult of Intelligence (La CIA y el culto a la inteligencia)*, el primer libro censurado antes de su publicación por la CIA.

Tras dejar la CIA, Marchetti se hizo periodista, especializándose en temas relacionados con la CIA y la comunidad de inteligencia en general. Como tal, era una autoridad reconocida en su campo y había escrito varios artículos sobre inteligencia para *The Spotlight*, entre otras muchas publicaciones, tanto en Estados Unidos como en el extranjero.

Así que cuando Marchetti se dirigió *a The Spotlight* con un artículo bastante fascinante que aportaba una nueva e interesante perspectiva sobre el asesinato de JFK (en plena investigación del Comité de Asesinatos de la Cámara de Representantes), los editores del semanario se interesaron.

¿INCRIMINÓ LA CIA A HUNT?

El artículo de Marchetti sugería que altos funcionarios de la CIA habían decidido inculpar a E. Howard Hunt por su implicación en el asesinato de Kennedy. No porque Hunt estuviera implicado en el crimen, sino simplemente porque la CIA había decidido culparle por ello. Esta es una distinción importante.

A lo largo de los años, varios entusiastas de los asesinatos habían afirmado que las famosas fotografías tomadas en Dealey Plaza de tres de los llamados "vagabundos" siendo conducidos fuera del lugar de los hechos por agentes de policía habían revelado que Hunt era uno de esos vagabundos. La historia fue recogida por los tabloides y difundida ampliamente.

¿UNA CONCOMPAÑÍA ENTRE LA CIA Y EL MOSSAD?

Sin embargo, hay quienes creen que la historia de "Tramp Hunt" fue, de hecho, inventada deliberadamente como parte del plan de la CIA para inculpar a Hunt de su implicación en el asesinato. Fue el plan de la CIA para implicar a Hunt lo que Victor Marchetti expuso en *The Spotlight*.

El principal defensor de la teoría de que Hunt era uno de los "vagabundos" de Dallas es A. J. Weberman, muy vinculado a la Liga de Defensa Judía.

Weberman también estaba estrechamente relacionado con Mordechai Levi, un conocido agente provocador de la Liga Antidifamación de B'nai B'rith, el brazo propagandístico y de inteligencia del Mossad israelí, que examinamos con más detalle en el capítulo 17.

(Levi también participó activamente en la Liga de Defensa Judía (JDL), creada por el rabino militante Meir Kahane. En el capítulo 8 vimos que Kahane era agente y protegido de Jay Lovestone, que se encargaba de los enlaces de la CIA con la mafia corsa francesa y la mafia siciliana vinculada a Meyer Lansky. La operación de Lovestone se dirigía desde la oficina israelí de James J. Angleton en la CIA.

Es muy posible que la historia de la "caza del vagabundo" pregonada por Weberman fuera en realidad una invención de la CIA y el Mossad para enturbiar aún más las aguas.

Curiosamente, en 1975 -precisamente cuando Weberman publicaba y promocionaba un libro que nombraba a Hunt como uno de los vagabundos- apareció una extraña carta, anónima, en el buzón de Penn Jones Jr, otro investigador más fiable.

La carta estaba escrita en español y su sobre llevaba un matasellos de Ciudad de México. La carta iba acompañada de otra en la que se leía lo siguiente:

"Querido Sr. Hunt,

Quisiera información sobre mi puesto. Sólo pido información. Sugiero que discutamos el asunto en profundidad antes de que yo o cualquier otra persona tome ninguna medida.
Muchas gracias,
Lee Harvy [sic] Oswald".[588]

Análisis posteriores sugirieron que la carta podía o no haber sido escrita por Oswald (aunque era conocido por escribir mal su segundo nombre, como había hecho en la carta). Cuando empezó a circular la noticia de la existencia de la carta, la referencia a un "Sr. Hunt" creó inmediatamente la especulación de que el Hunt en cuestión era el petrolero tejano H. L. Hunt o, más probablemente, E. Howard Hunt.

Dados los rumores que circulaban entonces sobre el supuesto papel de Hunt en el asunto JFK, unidos a sus conocidos vínculos con la CIA y, en particular, con Ciudad de México, donde había estado activo durante su carrera en la CIA, las sospechas sobre E. Howard Hunt eran naturales.

Curiosamente, la carta fue enviada desde Ciudad de México, la antigua base de operaciones de Hunt. Tanto si la carta es auténtica como si no, está claro que alguien quería arrojar aún más sospechas sobre E. Howard Hunt, y lo ha conseguido.

El hecho de que la historia de Weberman "Hunt the Tramp" y la carta "Dear Mr Hunt" aparecieran al mismo tiempo es especialmente interesante dado otro caso que vamos a examinar.

Tanto la historia de "Tramp Hunt" como la carta "Querido Sr. Hunt" parecen formar parte de una oscura operación de propaganda de la CIA dirigida por James J. Angleton, el hombre del Mossad de la CIA.

HUNT ESTUVO EN DALLAS

Irónicamente, como veremos, las pruebas sugieren que E. Howard Hunt estuvo efectivamente en Dallas -al menos el 21 de noviembre de 1963- y profundamente involucrado en extrañas actividades con actores clave en el escenario del asesinato de JFK.

Según Marchetti, el hecho de que el público sospechara ampliamente de la implicación de la CIA en el asesinato del Presidente obligó a la CIA a poner sus cartas sobre la mesa y "admitir" que, de hecho, uno de sus antiguos agentes más notorios, Hunt, estaba realmente en Dallas el día en que Kennedy fue asesinado.

Por supuesto, a Hunt -y a sus conocidos vínculos con los cubanos anticastristas, a menudo considerados principales sospechosos del asesinato de JFK- le habría resultado difícil explicar por qué había estado en Dallas aquel fatídico día... si es que había estado.

Curiosamente, el artículo de Marchetti nunca dijo que Hunt hubiera estado, de hecho, implicado en la conspiración del asesinato. El artículo de Marchetti sólo decía que altos funcionarios de la CIA habían decidido inculpar a Hunt del crimen. Según las fuentes de Marchetti, Hunt era considerado prescindible.

El artículo de Marchetti informaba de que un extraño memorándum interno de la CIA -supuestamente redactado unos años antes- había llegado de alguna manera a

---

[588] Dick Russell. *El hombre que sabía demasiado*. (Nueva York: Carroll & Graf, 1993), p. 588.

manos de los investigadores del Comité de la Cámara de Representantes y que, como resultado, Hunt se había visto finalmente obligado a explicar su presencia en Dallas (tal y como se describía en el memorándum) el 22 de noviembre de 1963.

Los editores *de Spotlight* consideraron que el artículo de Marchetti sirvió, en todo caso, como una advertencia anticipada a Hunt sobre lo que sus antiguos empleadores tenían en mente. Los editores *de Spotlight* no consideraron que el artículo implicara a Hunt en el asesinato del Presidente.

Inexplicablemente, sin embargo, el ex agente de la CIA decidió demandar, aunque finalmente admitió bajo juramento que, cuando leyó por primera vez el artículo de *Spotlight*, los argumentos de Marchetti parecían realmente plausibles. En resumen, el artículo afirmaba que Hunt creía que sus antiguos colegas estarían dispuestos a arrojarle a los lobos, con fines deshonestos.

La demanda de Hunt contra *The Spotlight* llegó a juicio. Sin embargo, la dirección de The *Spotlight* no se tomó en serio la acción legal. Tampoco creyeron que el artículo dañara la reputación de Hunt ni que los abogados de éste pudieran demostrar que el periódico había publicado el artículo de forma malintencionada.

(De hecho, *Spotlight* había invitado a Hunt a la redacción del periódico a una entrevista para refutar las afirmaciones hechas en el artículo de Marchetti o incluso para escribir un artículo refutando el artículo de Marchetti).

Durante el juicio, el abogado de *Spotlight* declaró inesperadamente que el periódico no creía que Hunt hubiera estado en Dallas el 22 de noviembre de 1963. Sin embargo, el juicio se saldó con una enorme multa de 650.000 dólares para el periódico por difamación. *Spotlight* recurrió la sentencia y el Tribunal de Apelación concedió un nuevo juicio alegando que las instrucciones del juez al jurado habían sido erróneas.

LANE TOMA EL CASO

Fue entonces cuando el reputado investigador Mark Lane, el abogado, se hizo cargo del caso -casi por casualidad- tras ser presentado al editor de *Spotlight* por un conocido común poco antes de que el caso fuera a apelación.

Basándose en décadas de intensa investigación, Lane estaba convencido desde hacía tiempo de que la CIA había desempeñado un papel clave en la organización del asesinato de JFK, pero nunca había tenido un foro legal para llevar a cabo una investigación de este tipo.

El nuevo juicio, que tuvo lugar en 1985 (unos siete años después de la publicación del polémico artículo), le dio esa oportunidad. Lane lanzó la defensa de *Spotlight* con un enfoque muy diferente.

Afirmó que Hunt había estado efectivamente en Dallas justo antes del asesinato del Presidente y que podría demostrarlo. Los abogados de Hunt se sorprendieron, cuando menos, pero a pesar de sus esfuerzos por desbaratar el nuevo planteamiento de Lane, fracasaron.

La testigo principal en el segundo juicio por difamación (celebrado en Miami) fue Marita Lorenz, ex agente de la CIA que había testificado ante el Comité de la Cámara de Representantes en 1978, relatando la información de que disponía sobre el asesinato del Presidente.

Sin embargo, a pesar de la naturaleza incendiaria de lo que la señorita Lorenz había contado a la comisión, su testimonio fue desestimado por el jefe de la comisión de la Cámara de Representantes, G. Robert Blakey (de quien supimos en el capítulo 10 que tenía vínculos con la CIA y el Sindicato del Crimen Organizado de Meyer Lansky).

La señorita Lorenz, una bella mujer alemana, había sido de hecho la única amante del dictador cubano Fidel Castro, pero acabó volviéndose contra el líder cubano y se implicó en actividades anticastristas bajo la tutela de la CIA. Sus principales contactos en la CIA durante este periodo fueron E. Howard Hunt, el principal enlace de la CIA con los agentes cubanos anticastristas, y Frank Sturgis, el veterano agente de la CIA que era esencialmente su supervisor. Mark Lane pidió a la señorita Lorenz que testificara para la defensa de *Spotlight* en el juicio de Hunt, repitiendo bajo juramento lo que había dicho al Comité de Asesinatos de la Cámara de Representantes y lo que había dicho al propio Lane años antes.

HUNT Y RUBY EN DALLAS

Así, durante el juicio por difamación de Hunt, la señorita Lorenz testificó en una declaración que, justo un día antes del asesinato de Kennedy, se había reunido con Sturgis y varios exiliados cubanos anticastristas en Dallas, entre ellos E. Howard Hunt, pero también a Jack Ruby, quien más tarde asesinó a Lee Harvey Oswald, el presunto asesino del Presidente.

Según la señorita Lorenz, Hunt era el tesorero de la CIA para una operación de alto secreto, cuyo propósito ella desconocía. La señorita Lorenz dice que Sturgis le dijo que iba a ser utilizada como "señuelo".

Sin embargo, sintiéndose incómoda, la señorita Lorenz abandonó Dallas el 22 de noviembre y nunca participó en la operación. Más tarde supo que el Presidente Kennedy había sido asesinado y que, por supuesto, Jack Ruby había matado a Lee Harvey Oswald, el presunto asesino del Presidente.[589]

En cuanto a Hunt, sus versiones contradictorias sobre su paradero en la víspera del asesinato de Kennedy y el mismo día del asesinato eran sospechosas. Lane aprovechó las declaraciones juradas de Hunt (en la declaración y durante los dos juicios, así como en varios otros foros) para mostrar estas contradicciones. Estas contradicciones por sí solas podrían haber significado el fin del juicio de Hunt.

Además, los testigos convocados por los abogados del ex miembro de la CIA en defensa de Hunt acabaron sugiriendo que Hunt tenía más que ocultar de lo que estaba dispuesto a admitir. Muchos de estos testigos eran, de hecho, un surtido de antiguos compañeros de Hunt en la CIA, muchos de los cuales estaban representados en sus declaraciones por abogados enviados por la CIA.

Sin embargo, fue el testimonio de Marita Lorenz el que convenció al jurado de una vez por todas de que *Spotlight* (y el propio Lane) tenían una historia mucho más verosímil que la de Hunt. Contribuyendo a la rotunda victoria de *Spotlight* en los tribunales, triunfando sobre la acción por difamación de Hunt.

Leslie Armstrong, residente en Miami que presidió el jurado del caso, emitió una declaración concomitante con la publicación del relato escrito de Lane sobre el juicio:

---

[589] Véase Mark Lane. *Plausible Denial* (Nueva York: Thunder's Mouth Press, 1991).

"El Sr. Lane nos estaba pidiendo [al jurado] que hiciéramos algo muy difícil. Nos estaba pidiendo que creyéramos que John Kennedy fue asesinado por nuestro propio gobierno.

Sin embargo, cuando examinamos las pruebas con detenimiento, nos vimos obligados a concluir que la CIA había matado efectivamente al presidente Kennedy."[590]

A pesar de esta sorprendente conclusión, los medios de comunicación guardaron silencio. Muy poco sobre la derrota de Hunt apareció en los medios, en particular todo y la sustancia de las asombrosas acusaciones de la señorita Lorenz. Por supuesto, se trataba de una noticia real en todos los sentidos de la palabra, pero los medios de comunicación habían optado por ignorar lo que había sucedido en aquel tribunal de Miami.

Curiosamente, sin embargo, como veremos, había otro artículo (similar al controvertido artículo de Victor Marchetti) que, al igual que Marchetti, sugería que había mucho más en la historia de lo que parece.

LA CONEXIÓN CON ANGLETON

De hecho, el memorándum interno de la CIA que vincula a Hunt con el asesinato de JFK fue escrito por James Jesus Angleton, aliado de Israel en la CIA, cuya historia exploramos en el capítulo 8 y a quien hemos conocido muchas veces a lo largo de estas páginas.

Esto no significa, sin embargo, que Hunt no estuviera en Dallas el 21 o 22 de noviembre de 1963.

Por el contrario, las pruebas que vamos a relatar sugieren que la presencia de Hunt en Dallas -con cualquier propósito- estaba de hecho vinculada de algún modo a las circunstancias que rodearon la conspiración para asesinar a JFK.

Estas pruebas sugieren, como veremos, que fue Angleton -quien también fue responsable de filtrar el memorándum que había escrito vinculando a Hunt con el asesinato de JFK.

Antes de seguir adelante en nuestra exploración de los hechos y fechorías de Angleton, particularmente en relación con Hunt, es importante revisar el artículo de Victor Marchetti (publicado en el *Spotlight* el 14 de agosto de 1978) publicado como sigue:

> Hace unos meses, en marzo, se celebró una reunión en el cuartel general de la CIA en Langley, Virginia, la suntuosa residencia de los superespías estadounidenses con vistas al río Potomac. La reunión congregó a varios agentes secretos de alto nivel y antiguos altos cargos de la agencia.
>
> El tema de debate fue: ¿Qué hacer ante las recientes revelaciones que vinculan al presunto asesino del presidente Kennedy, Lee Harvey Oswald, con el juego de espías entre EEUU y la URSS? Se tomó una decisión y se elaboró un plan de acción. Ambos fueron deliberadamente calculados para

---

[590] *The Spotlight*, 11 de noviembre de 1991.

fascinar y desorientar al público escenificando una inteligente "situación limitada" el día en que el Comité Selecto de la Cámara de Representantes sobre Asesinatos (HSCA) celebró sus audiencias públicas a finales de mes.

En la jerga del espionaje, una "situación limitada" es una estratagema utilizada con frecuencia por los profesionales de la clandestinidad.

Cuando su velo de secretismo se desgarra y ya no pueden apoyarse en una tapadera falsa para desinformar al público, recurren a admitir -a veces incluso voluntariamente- ciertas verdades mientras consiguen ocultar los hechos esenciales y perjudiciales del caso. Por lo general, el público queda tan fascinado por la nueva información que no se le ocurre buscar más.

Probablemente nunca sabremos quién organizó el asesinato de JFK, ni por qué. Hay demasiados poderosos intereses creados vinculados a la conspiración como para que se revele la verdad incluso hoy, 15 años después del asesinato.

Pero en los próximos dos meses, según fuentes sensibles de la CIA y de la HSCA, sabremos mucho más sobre el crimen. Las nuevas revelaciones serán sensacionales, pero sólo superficialmente. Algunos de los villanos más pequeños implicados en el complot y su encubrimiento serán identificados por primera vez y se les dejará a su suerte en televisión en directo. La mayoría de los que aún no han sido identificados ya están muertos.

Pero una vez más, la buena gente de la América media será engañada por el gobierno y sus aliados en los medios de comunicación de la clase dominante. De hecho, estamos siendo testigos de otro encubrimiento bastante sofisticado, ideado por la CIA con la ayuda del FBI y la bendición de la administración Carter.

Un ejemplo clásico de una situación limitada es la forma en que la CIA gestionó y manipuló la investigación del Comité Church [de la CIA] hace dos años. El comité no averiguó nada más sobre asesinatos de líderes extranjeros, programas de drogas ilícitas o penetración en los medios de comunicación de lo que la CIA le permitió averiguar. Y esto es precisamente lo que la CIA intenta conseguir a través de la HSCA en relación con el asesinato de JFK.

El famoso E. Howard Hunt, famoso por el Watergate, será el primero en ser desenmascarado por la nueva investigación. Su suerte se ha acabado y la CIA ha decidido sacrificarle para proteger a sus servicios secretos. La agencia está furiosa con Hunt por haberle arrastrado públicamente al caos de Nixon y chantajearle tras su detención. Además, Hunt es vulnerable, un blanco fácil, como se dice en el negocio del espionaje. Su reputación e integridad han sido destruidas. La muerte de su esposa, Dorothy, en un misterioso accidente de aviación en Chicago sigue preocupando a mucha gente, sobre todo porque había rumores de fuentes bien informadas de que ella estaba a punto de abandonarle e incluso de volverse contra él.

Además, es bien sabido que Hunt odiaba a JFK y le culpaba del desastre de Bahía de Cochinos. Y ahora, en los últimos meses, ha salido a la luz su coartada sobre su paradero el día del tiroteo.

En las audiencias públicas, la CIA "admitirá" que Hunt participó en la conspiración para matar a Kennedy. La CIA puede llegar a "admitir" que hubo tres pistoleros disparando a Kennedy. El FBI, aunque públicamente suscribió la conclusión de "un solo hombre" de la Comisión Warren, siempre supo en privado que había tres pistoleros. La conspiración involucró a mucha más gente que los que dispararon a Kennedy, ambas agencias pueden admitir ahora.

La CIA quería señalarle y relacionarle con el asesinato de JFK. Hace unas semanas, la HSCA recibió inesperadamente un memorándum interno de la CIA en el que se decía que la agencia acababa de toparse con sus viejos archivos. Estaban fechados en 1966 y básicamente decían: Algún día tendremos que explicar la presencia de Hunt en Dallas el 22 de noviembre de 1963, el día del asesinato del presidente Kennedy. Hunt lo va a tener difícil para explicar este memorándum y otras cosas delante de las cámaras de televisión en las audiencias de la HSCA.

La reputación de Hunt como anticomunista fanático jugó en su contra. También su larga y estrecha relación con los cubanos anticastristas, así como su afición a los tratos turbios y sus diversos golpes de estado mientras era uno de los fontaneros de Nixon. E. Howard Hunt estará implicado en la conspiración, pero no se atreverá a hablar: la CIA se encargará de ello.

[Marchetti señaló en este punto que la antigua amante de Fidel Castro, Marita Lorenz, había afirmado que Hunt formaba parte de un equipo de la CIA que tenía como objetivo al presidente Kennedy].

Queda por ver quién más será identificado por haber participado en la conspiración y/o el encubrimiento. Pero ya está empezando a surgir un patrón inquietante. Todos los bandidos han caído en desgracia de un modo u otro. Todos tienen reputación de "derechas". O la tendrán después de las audiencias.

El hecho de que algunos de ellos puedan haber tenido vínculos con el crimen organizado sólo resultará incidental a largo plazo. Los que tengan vínculos probados con la CIA o el FBI serán presentados como renegados que actuaron por su cuenta sin la aprobación o el conocimiento de sus superiores.

En cuanto al encubrimiento, se culpará a antiguos presidentes, muertos o caídos en desgracia. De esta manera, Carter emergerá como un buscador de la verdad, y la CIA y el FBI habrán cubierto cuidadosamente sus traseros institucionales.[591]

El artículo de Marchetti es muy interesante en muchos sentidos. En primer lugar, como ya se ha mencionado, el propio Hunt admitió inicialmente que creía que la historia se basaba en la verdad, que era verosímil, que sus antiguos colegas de la CIA habían considerado efectivamente la posibilidad de acusarle de estar implicado en el asesinato de JFK.

---

[591] *The Spotlight*, 14 de agosto de 1978.

El origen del memorando que vincula a Hunt con el asesinato de JFK es interesante tal y como lo presenta Marchetti. Lo describió como un memorándum que decía que "la agencia tropezó con sus viejos archivos". En otras palabras, se podría suponer por la referencia improvisada de Marchetti que la CIA pudo haber inventado el memorándum. Que la agencia "tropezara" con el memorándum en un momento en que crecían las sospechas públicas de la implicación de la CIA en el asesinato de JFK es, por supuesto, cuanto menos interesante. Si Hunt estaba realmente en Dallas el día del asesinato de JFK, o incluso el día anterior, habría resultado sospechoso. El hecho de que Hunt hubiera estado implicado durante mucho tiempo en la lucha con los anticastristas bajo la égida de la CIA, convertiría a Hunt en un probable sospechoso si resultaba que estaba en Dallas en el momento crítico.

Como señala Marchetti, vincular a Hunt con el asesinato de JFK sería una tapadera que el público aceptaría fácilmente. La CIA, como institución, se eximiría de toda responsabilidad, habiendo arrojado a Hunt a los lobos como agente independiente fuera del control de la CIA. De hecho, la CIA podría afirmar que finalmente había "resuelto" el asesinato de JFK. La supuesta implicación de Hunt también atraería a otros falsos estandartes, no sólo a los cubanos anticastristas, sino a los "derechistas" en general.

Además, dada la implicación de Hunt en el Watergate (y el hecho de que Richard Nixon había abandonado la presidencia en desgracia), el propio Nixon podría haber estado bajo la presión de un amplio sector de la opinión pública que sospechaba lo peor: que Nixon podría haber ayudado a urdir el asesinato de JFK.

Nixon no sólo había estado implicado en el plan anticastrista de alto nivel con Hunt y la CIA desde el principio, sino que también había sido derrotado por Kennedy en la campaña presidencial de 1960. El hecho de que uno de los matones de Nixon en el Watergate estuviera implicado en el asesinato de JFK no le haría ningún favor a la ya empañada imagen de Nixon.

Marchetti también subrayó que "el hecho de que algunos [de los presuntos conspiradores de Hunt] puedan haber tenido vínculos con el crimen organizado sólo resultará incidental a largo plazo".

Esta "situación limitada" de la CIA habría ocultado, en consecuencia, el papel del Sindicato del Crimen Organizado israelí vinculado a Meyer Lansky. Profundizar demasiado en los verdaderos orígenes y vínculos de la red criminal habría sacado a la luz la conexión israelí, si se hubiera llevado hasta su conclusión lógica.

Ahora bien, es evidente que la hipótesis presentada en el artículo de Marchetti -la trampa tendida a Hunt por la CIA- nunca tuvo lugar. Sin embargo, el hecho de que tuviera una base de verdad -que Hunt fuera considerado un "chivo expiatorio"- parece obvio.

Esto se ve corroborado por el hecho de que un artículo similar, basado en la misma situación de hecho, apareció en otro periódico durante el mismo periodo.

Aunque las afirmaciones del segundo artículo son algo diferentes de las del artículo de Marchetti, está claro que las similitudes, en general, son lo más significativo.

El artículo apareció en el *Sunday News Journal* el 20 de agosto de 1978 en Wilmington, Delaware. Los autores fueron Joe Trento y Jacquie Powers. El artículo dice [en su parte más relevante] lo siguiente:

WASHINGTON - Un memorándum secreto de la CIA afirma que E. Howard Hunt se encontraba en Dallas el día en que el presidente John F. Kennedy fue asesinado y que altos cargos de la agencia conspiraron para ocultar la presencia de Hunt allí.

Algunas fuentes de la CIA especulan con que Hunt creía que sus superiores le habían encargado organizar el asesinato de Lee Harvey Oswald.

Según algunas fuentes, Hunt, condenado en la conspiración Watergate de 1974, era el jefe en funciones de la oficina de la CIA en Ciudad de México en las semanas previas al asesinato de Kennedy. Oswald estuvo en Ciudad de México y se reunió con dos agentes soviéticos del KGB en la embajada rusa justo antes de partir hacia Dallas, según el informe oficial de la Comisión Warren.

El memorándum secreto de 1966, ahora en manos del Comité de Asesinatos de la Cámara de Representantes, sitúa a Hunt en Dallas el 22 de noviembre de 1963.

Richard M. Helms, ex director de la CIA, y James J. Angleton, ex jefe de contraespionaje, rubricaron el memorando, según los investigadores que pusieron la información a disposición del *Sunday News Journal*.

Según fuentes cercanas al Comité Especial de Asesinatos, el documento revela:

· Tres años después del asesinato de Kennedy, y poco después de que Helms y Angleton hubieran sido ascendidos a sus puestos más altos en la CIA, discutieron el hecho de que Hunt estuviera en Dallas el día del asesinato y que su presencia debía mantenerse en secreto.

· Helms y Angleton creían que la noticia de la presencia de Hunt en Dallas perjudicaría a la agencia si salía a la luz.

· Helms y Angleton eran de la opinión de que un encubrimiento, dando a Hunt una coartada para estar en otro lugar el día del asesinato, "debería ser considerado"...

... Helms declinó hacer comentarios. Una secretaria dijo que estaba fuera de la ciudad y que no estaría disponible. Cuando Angleton fue interrogado por el personal de la comisión, se mostró "evasivo", según una fuente que estuvo presente. Angleton no quiso hacer comentarios sobre el asunto...

Una alta fuente de la CIA, a la que se pidió que explicara por qué se pondría por escrito un complot de encubrimiento potencialmente perjudicial, dijo: "El memorando es muy extraño. Era casi como si Angleton estuviera informando al Sr. Helms, que acababa de convertirse en director, de que había un esqueleto en el armario familiar del que había que ocuparse, y esa fue su respuesta."

Según una fuente del comité, el memorándum "muestra que la implicación de la CIA en el asunto Kennedy podría llegar hasta. No queremos adelantarnos demasiado, pero esto es impresionante"...

... La aparición de Hunt en Dallas y Ciudad de México en el momento del asesinato refuerza una teoría compartida por algunos investigadores internos de la CIA. Creen que Oswald trabajaba para la inteligencia estadounidense, que recibió órdenes de infiltrarse en el KGB y que esto explica su vida en Rusia. También creen que Oswald demostró ser tan inestable que fue "manipulado" por el KGB para que se convirtiera en un agente triple, y asignado al puesto de Dallas.

Los mismos investigadores suponen que Hunt estaba en Dallas ese día por orden de un alto funcionario de la CIA que en realidad era un topo del KGB. Supuestamente, Hunt creía que estaba preparado para hacer asesinar a Oswald porque se había convertido en un traidor. De hecho, fuentes de la CIA especulan con que tuvo que matar a Oswald para evitar que testificara y revelara que los rusos le habían ordenado matar a Kennedy.

Los investigadores de la CIA temen que el topo en cuestión pueda ser Helms o Angleton.

Hunt detalló por primera vez la existencia de un pequeño equipo de asesinos de la CIA en una entrevista con el *New York Times* mientras estaba en prisión en diciembre de 1975 por su papel en el Watergate. El escuadrón de asesinos, supuestamente dirigido por el coronel Boris Pash, recibió la orden de eliminar a presuntos agentes dobles y funcionarios de bajo rango.

La unidad de asesinatos de Pash fue asignada a Angleton, según otras fuentes de la CIA... Fuentes de la CIA y de la comisión también han sabido que mientras la Comisión Warren investigaba el asesinato de Kennedy, un miembro de la Comisión -el difunto Allen Dulles, entonces jefe de la CIA y jefe de Angleton- se reunía regularmente con él.

Cada semana, Dulles informaba a Angleton del rumbo de la investigación. Según algunas fuentes, el Sr. Angleton informaba a su vez a Raymond Rocca, su adjunto más cercano y oficial de enlace de la CIA con la Comisión.[592]

Este artículo es interesante por varias razones. En primer lugar, Joseph Trento, uno de los coautores, admitió bajo juramento en el juicio por difamación de E. Howard Hunt contra *Spotlight* que efectivamente había visto el polémico memorándum en cuestión. Trento también señaló que conocía a James Jesus Angleton, de la CIA, y que a veces lo había utilizado como fuente.

De hecho, sabemos por Hunt v *Spotlight* que William R Corson, un periodista de inteligencia -un antiguo activo mediático de Angleton- fue la fuente inmediata de las historias de Marchetti y Trento. Corson trabajaba claramente como "disyuntor" de Angleton al pasar información que apareció en ambas historias.

(Y probablemente no es coincidencia que uno de los socios de Corson, en los últimos años antes de la muerte de Corson, se hubiera dedicado durante mucho tiempo a un esfuerzo encubierto y decidido para socavar la distribución de *Juicio Final* y destruir al autor personalmente, pero también para dañar a Mark Lane, cuya victoria en el juicio de Hunt [y de hecho sobre Angleton y Corson] había sacudido a la

---

[592] *Wilmington, Delaware Sunday News Journal*, 20 de agosto de 1978.

comunidad de inteligencia. Pero esa es otra historia para otro momento, aunque no por ello insignificante.

El hecho de que Angleton fuera el autor del memorándum dirigido a Richard Helms, su superior en la CIA (y antiguo mecenas) también resulta interesante, dada la estrecha colaboración de Angleton con el Mossad israelí (documentada en el capítulo 8).

Aunque el artículo de Trento afirma que el memorándum de la CIA fue escrito aparentemente en 1966, la fecha real de su primera aparición es obviamente discutible, al igual que la intención real del propio memorándum. El propio artículo señala que una "fuente de alto rango de la CIA" había considerado que el memorando era "muy extraño" en el sentido de que registraba, por escrito, la supuesta presencia en Dallas de un antiguo agente de la CIA, Hunt, en el momento del asesinato de JFK.

Las pruebas sugieren que la razón por la que el memorándum de Angleton fue puesto en papel -y posteriormente publicado- fue que Angleton quería que la historia se filtrara a la prensa -como parte de un encubrimiento en curso de los verdaderos orígenes del asesinato de JFK. Hunt, el agente de bajo nivel de la CIA (ya manchado por el Watergate), quedó libre de culpa y los verdaderos conspiradores de la cúpula se lavaron las manos.

¿SE FILTRÓ DELIBERADAMENTE EL MEMORÁNDUM?

¿Estaban Angleton y Helms realmente preocupados, como sugiere el artículo, de que la agencia se viera afectada por las revelaciones, o más bien se aseguraron de que el memorándum se filtrara para que se produjera, como sugería el artículo de Victor Marchetti, una "situación límite" que absolviera a la CIA de cualquier implicación en el crimen como institución?

Joe Trento reveló más tarde que Angleton había filtrado efectivamente el memorándum al Comité de Asesinatos de la Cámara de Representantes. Sin embargo, según Trento, "todo se manejó de tal manera que Angleton no era la fuente".[593]

También es significativo el hecho de que el artículo de Trento sugiera que Hunt estuvo realmente en Dallas y que estuvo allí en una misión relacionada con Lee Harvey Oswald.

¿LE ORDENARON A HUNT QUE FUERA A DALLAS?

¿Podría ser que Hunt fuera manipulado para participar en el complot para asesinar a JFK, sin saber que había cosas mucho peores y más insidiosas en el extraño mundo de Lee Harvey Oswald?

¿Había sido enviado Hunt a Dallas con un pretexto de la CIA, orquestado por uno de sus superiores, James Jesus Angleton, sólo para descubrir, a posteriori, que se estaba planeando el asesinato de John F. Kennedy?

Según Trento, Angleton le había dicho que Hunt había sido enviado a Dallas por un topo de alto rango del KGB soviético que trabajaba en la CIA. Sin embargo, dice

---

[593] Dick Russell, *The Man Who Knew Too Much* (Nueva York: Carroll & Graf Publishers, Inc., 1992), p. 475.

Trento, "entonces llegué a la conclusión de que la idea del topo era, por usar su frase, desinformación; que Angleton estaba tratando de proteger sus propios vínculos con Hunt en Dallas...". Creo que fue el propio Angleton quien envió a Hunt a Dallas, porque no quería utilizar a alguien de casa".[594]

Todo esto es, cuando menos, interesante, y pone de relieve el papel clave de Angleton en los hechos que vinculan a la CIA y a Hunt con Dallas. Sin embargo, como veremos, hay más en la historia del papel desempeñado por James J. Angleton, el aliado del Mossad dentro de la CIA, en el asesinato y encubrimiento de JFK.

De hecho, Angleton desempeñó un papel en la parte del complot de asesinato que supuso la detención de Lee Harvey Oswald como "agitador procastrista" culpable de asociación con el KGB soviético.

LA CIA Y EL ESCENARIO DE MÉXICO

El artículo de Trento se basa en la historia de que Lee Harvey Oswald fue a Ciudad de México para reunirse con los soviéticos y los cubanos de Castro.

Sin embargo, como demostró Mark Lane en *Plausible Denial*, la historia de que Oswald había ido a Ciudad de México para reunirse con los comunistas era una completa farsa, una invención de la propia CIA.

Lane resumió la situación de la siguiente manera: "En primer lugar, debe entenderse que prácticamente toda la información relativa a la supuesta visita de Oswald a México y sus contactos con los soviéticos y los cubanos fue fabricada por la CIA. En su informe, la Comisión [Warren] citó a la CIA como fuente primaria para el escenario de Ciudad de México, negándose a buscar corroboración independiente para la versión de los hechos de la CIA.

"Sin embargo, el escenario de Ciudad de México es el pensamiento dominante adoptado por la CIA y aceptado por la Comisión Warren. Sigue siendo un artículo de fe para los que posteriormente respaldaron el Informe Warren, incluidos los periodistas y los comités oficiales de investigación.

Uno de los principales fundamentos de la teoría del asesino solitario es la presencia de Lee Harvey Oswald en Ciudad de México.

"Poco después de que se creara la comisión, la CIA informó a Earl Warren de que Oswald había visitado México del 26 de septiembre al 3 de octubre de 1963 y que había pasado la mayor parte del tiempo en Ciudad de México.

"Según la CIA, Oswald había visitado la embajada cubana en Ciudad de México el 27 de septiembre y la embajada soviética el 1 de octubre. La CIA había informado de que las pruebas de que Oswald había estado en la embajada cubana procedían de la señora Silvia Durán, una mexicana empleada en la embajada cubana. La prueba de que Oswald había estado en la embajada soviética, según la CIA, procedía de las observaciones de sus propios agentes."[595]

---

[594] *Ibid.*
[595] Lane, pp. 45-46.

¿OSWALD Y LA KGB?

La CIA había dicho a la Comisión Warren que Oswald se había reunido con un oficial soviético de la KGB llamado Valeriy Kostikov, especialista en asesinatos y sabotajes; que Kostikov era responsable de los asesinatos orquestados por los soviéticos en Estados Unidos. Claramente, la deducción de la CIA era que Oswald se había reunido con el oficial del KGB para planear el asesinato de JFK.

Sin embargo, incluso la Comisión Warren sospechaba y exigía pruebas de las actividades de Oswald en México. Pasaron unos cuatro meses antes de que la CIA pudiera aportar algo más que el testimonio de la mencionada señorita Duran.

Sin embargo, como demuestran las pruebas, la señorita Durán sólo identificó a Oswald como visitante de la embajada cubana después de haber sido detenida por la policía mexicana por instrucciones (desconocidas para ella) de la CIA. Fue obligada a hacer la declaración que la CIA quería: que Oswald había estado en la embajada cubana.

Tras su liberación, habló de su experiencia y la CIA pidió a la policía mexicana que volviera a detenerla, pero advirtió a la policía que se asegurara de que la señorita Durán no supiera nada de la implicación de la CIA en su embrollo.

Finalmente, presionada para que confirmara las actividades de Oswald, la CIA consiguió grabar una conversación telefónica entre alguien que se creía que era Lee Harvey Oswald y alguien de la embajada soviética.

Sin embargo, incluso el FBI, tras estudiar la grabación, había llegado a la conclusión de que sus agentes opinaban que "NO era Lee Harvey Oswald".[596]

A pesar de esta provocadora conclusión, el informe del FBI nunca llegó a la Comisión Warren. Warren y compañía sólo tuvieron que basarse en los informes de la CIA (el informe del FBI no se hizo público hasta algunos años después, cuando Mark Lane lo obtuvo en virtud de la Ley de Libertad de Información).

En 1977, David Atlee Phillips, ex jefe de la CIA para el Hemisferio Occidental, admitió públicamente que Oswald no había estado en la embajada soviética en Ciudad de México.

Phillips, más que nadie, debería haber sabido esto, ya que había sido jefe de la oficina de la CIA en Ciudad de México en el momento de la supuesta visita de Oswald.

(También hubo acusaciones, por cierto, de que Oswald podría haber sido visto en Dallas con un agente de la CIA conocido como "Maurice Bishop", que muchos creen, de hecho, que es Phillips.

En un debate bastante acalorado con Mark Lane en la Universidad del Sur de California, un Phillips algo apesadumbrado confesó: "No estoy en condiciones hoy de hablarles de los entresijos de la oficina de la CIA en Ciudad de México... pero les diré esto, cuando el expediente salga a la luz, descubriremos que no hay... ni una pizca de evidencia de que Lee Harvey Oswald visitó la embajada soviética".[597]

---

[596] *Ibid*, p. 64.
[597] *Ibid*, p. 82.

WARREN "REHÉN"

Según Mark Lane: El alcance de la mala conducta de la CIA sólo puede comprenderse plenamente cuando nos remontamos a los orígenes de su conspiración para encubrir los hechos. Pues la mascarada de la CIA, que obviamente incluía emplear a un impostor como Oswald, había comenzado tan recientemente como el 1 de octubre de 1963.

"Un mes y veintidós días antes del asesinato del presidente Kennedy, la CIA había puesto en marcha una serie de acontecimientos aparentemente diseñados para impedir que cualquier institución estadounidense se atreviera a conocer la verdad sobre el asesinato, un asesinato que aún no había tenido lugar.

"Más de siete semanas antes del asesinato del presidente Kennedy, la CIA estableció de forma dramática y errónea un vínculo entre Lee Harvey Oswald y un diplomático soviético, a quien la CIA designaría más tarde como la autoridad del KGB en asesinatos en Estados Unidos.[598]

Como resultado, la Comisión Warren, enfrentada a la CIA por lo que parecía una posible implicación soviética en el asesinato de Kennedy, decidió suprimir lo que erróneamente creía que era "la verdad".

El destino del mundo estaba en manos del Presidente del Tribunal Supremo, Earl Warren, y de sus colegas comisionados. Si el público se enteraba de que Oswald era un peón soviético, podía estallar una guerra nuclear. [599]Como comentó Mark Lane, Warren fue "rehén" de la mentira provocadora de la CIA.

En su debate con David Atlee Phillips, Mark Lane había expuesto todo esto ante el público. Cuando se enfrentó a Oswald y después de confesar que no había estado en la embajada soviética, Phillips había sugerido que no quería que la CIA o él mismo fueran considerados responsables de "un tipo de la CIA al que nunca había visto [que] estaba haciendo algo de lo que nunca había oído hablar."[600]

Aunque Phillips fue deshonesto hasta decir basta, lo cierto es que era alguien a quien conocía quien estaba detrás del guión de Ciudad de México. No era otro que su colega de la CIA, James J. Angleton.

ANGLETON Y MÉXICO

El investigador Bernard Fensterwald informó en 1977 que "Angleton había manejado varios casos controvertidos de asesinatos de la CIA, como la misteriosa serie de fotografías de la CIA tomadas en Ciudad de México en septiembre y octubre de 1963, en las que un hombre identificado por la CIA como Lee Harvey Oswald resultó no ser Oswald en absoluto".[601]

Además, como ha señalado Peter Dale Scott, un informe del Comité de Asesinatos de la Cámara de Representantes "estableció que tras la muerte de Win

---

[598] *Ibid*, p. 64.
[599] *Ibid*, p. 78.
[600] *Ibid*, p. 83.
[601] Bernard Fensterwald and the Assassination Inquiry. *Coincidence or Conspiracy?* (Nueva York: Zebra Books, 1977), p. 184.

Scott, el jefe de la oficina de Ciudad de México retirado que había enviado el despacho relativo a Kostikov, Angleton, jefe de contrainteligencia de la CIA, había volado inmediatamente a Ciudad de México, recuperado una fotografía de 'Oswald' de la caja fuerte y la había destruido..."[602]

Scott añade lo que es particularmente interesante, dado todo lo que hemos visto sobre los vínculos de Angleton con el Mossad: "Una posibilidad es que Angleton emprendiera esta misión en nombre de la agencia. Otra posibilidad es que la emprendiera en nombre de una cábala dentro del gobierno que había conspirado para crear la historia Oswald - Kostikov".[603]

El escenario de Ciudad de México formaba claramente parte de la base de la trampa definitiva tendida a Lee Harvey Oswald para convertirlo en un simpatizante comunista -quizá incluso en un agente del KGB- que había matado al presidente estadounidense.

Y dada la misteriosa aparición de la carta "Querido Sr. Hunt" (aparentemente escrita por Lee Harvey Oswald) enviada por correo desde Ciudad de México, sólo podemos especular sobre si el propio Angleton pudo haber sido el cerebro detrás de la filtración de este documento hasta ahora desconocido. ¿Formaba también la carta "Querido Sr. Hunt" parte de la red de mentiras de Angleton?

Fue Angleton quien se empeñó en enterrar cualquier prueba que demostrara que Oswald no era, en realidad, un agente del KGB (como ya hemos visto en el capítulo 8).

Fue Angleton quien acusó con más vehemencia al desertor soviético Yuri Nosenko de ser un topo del KGB. Nosenko había llegado a Estados Unidos tras el asesinato de JFK e insistía en que Oswald no había trabajado para el KGB soviético, que el KGB había vetado cualquier idea de intentar reclutar a Oswald después de que el joven estadounidense hubiera "emigrado" a la URSS (tanto si la "deserción" de Oswald era real como si no).

La historia de Nosenko refuta completamente la tesis de Angleton, lo que tal vez explique por qué Angleton trató a Nosenko con tanta dureza. Curiosamente, la historia de Trento, que filtró el memorándum de Angleton sobre Hunt - incorporaría, como mínimo, gran parte de la teatralidad de Angleton sobre el asunto JFK.

¿CUÁL ERA LA MOTIVACIÓN DE ANGLETON?

La interesante insinuación de Trento de que fuentes de la CIA habían sugerido que algunos sospechaban que Angleton era un topo del KGB subraya la crisis interna de la CIA que, de hecho, condujo a la destitución de Angleton.

Esto, por supuesto, forma parte de la gran ironía de la compleja vida de Angleton, ya que fue él el principal instigador de las largas investigaciones internas de la CIA sobre posibles infiltraciones en la agencia a los más altos niveles.

Sin embargo, los críticos más acérrimos de Angleton, como hemos visto, sugirieron que, efectivamente, Angleton era un topo, no para los soviéticos, sino más bien un agente cooptado de Israel por derecho propio.

---

[602] Peter Dale Scott. *Deep Politics and the Death of JFK* (Berkeley, California: University of California Press, 1993), p. 44.
[603] *Ibid.*

En el contexto del papel de Angleton dentro de la CIA, trabajando para Israel y su Mossad, éste parece ser el verdadero motor de las operaciones de Angleton en relación con el asesinato de JFK.

Sin embargo, el hecho de que la historia de Trento sea una prueba del interés de Angleton por la investigación de la Comisión Warren sólo cuenta una parte de la historia. Bernard Fensterwald, el investigador a cargo del asesinato de JFK, había explicado el alcance del interés de Angleton en el asesinato de JFK.

"El alcance de la implicación de Angleton en poner fin a la investigación del asesinato de la CIA se confirmó por primera vez en 1974, cuando el senador Howard Baker (republicano de Tennessee) reveló información que había obtenido inicialmente mientras formaba parte del Comité Watergate del Senado.

El senador Baker había revelado que había encontrado al menos dos "archivos" de la CIA que indicaban que la Agencia podría haber estado implicada en asuntos internos. Reveló que uno de estos archivos de la CIA, relativo al portavoz de la Comisión Warren Bernard Fensterwald Jr, contenía copias de varios memorandos internos de alto nivel de la CIA, que mostraban claramente que James Angleton era el máximo responsable de la CIA en la gestión de asuntos relacionados con el asesinato de Kennedy.

"En un memorándum fechado el 13 de enero de 1969 dirigido al director del FBI J. Edgar Hoover, Angleton señalaba que Fensterwald estaba creando un comité de investigación del asesinato con sede en Washington. En este memorándum confidencial, Angleton... había pedido entonces a Hoover que llevara a cabo algún tipo de control de identificación vagamente definido sobre Fensterwald y otros tres críticos de la Comisión Warren asociados con él". En junio de 1976, apareció nueva información sobre el papel central de Angleton en la investigación de la Comisión Warren.

"El Comité de Inteligencia del Senado informó de que en una reunión celebrada a finales de diciembre de 1963, Angleton había solicitado que se le autorizara a asumir la responsabilidad de la CIA en la investigación de la Comisión Warren".[604] El informe final del Comité del Senado señalaba que "Angleton sugirió que su propia División de Contrainteligencia se hiciera cargo de la investigación y [Richard] Helms estuvo de acuerdo". Posteriormente, el personal de Angleton se hizo responsable de todas las relaciones de la CIA con la Comisión."

Así fue como el principal defensor de Israel de la CIA se convirtió en el principal manipulador de la agencia para la investigación del asesinato de JFK -algunos lo llamarían "encubrimiento"- durante la controvertida investigación de la Comisión Warren sobre el asesinato del Presidente.

Es más, el amigo íntimo de Angleton (y fuente del FBI) William Sullivan, el número tres del FBI, había sido nombrado enlace del FBI con la Comisión Warren.

(En el capítulo 17, aprenderemos más sobre cómo otro gran amigo de Israel ayudó a dar forma a la opinión del presidente del Tribunal Supremo, Earl Warren, sobre el asesinato de JFK, señalando, como Angleton, el caso comunista).

---

[604] *Ibid.*

LA AMANTE ASESINADA

Angleton claramente tenía un amplio interés en los asuntos de John F. Kennedy. Por ejemplo, el 23 de febrero de 1976, el *Washington Post* informó que después de la muerte a tiros de la socialité Mary Pinchot Meyer el 12 de octubre de 1964 (en lo que se dijo que fue un robo), fue Angleton quien obtuvo el diario de la Sra. Meyer y lo destruyó en la sede de la CIA.

La Sra. Meyer había sido durante mucho tiempo la amante del Presidente Kennedy - una de muchas, aparentemente, y su diario contenía mucha información sobre su relación con el Presidente. Fue su hermana, Toni Bradlee, esposa de Ben Bradlee, editor del *Post*, quien le dio a Angleton el diario de la Sra. Meyer.[605]

Se desconoce el contenido del diario, pero sugiere que Angleton había contribuido a complots en los que estaba implicado el difunto Presidente. Algunos han especulado con la posibilidad de que el diario contuviera secretos sobre complots de la CIA para asesinar a Castro de los que JFK podría haber informado a la Sra. Meyer. Sin embargo, por supuesto, es igual de fácil especular que el diario también podría haber contenido los recuerdos escritos de la Sra. Meyer sobre los pensamientos del presidente Kennedy acerca de su relación más desagradable con el Estado de Israel.

La relación de Angleton con Hunt es, cuando menos, misteriosa. Aunque Angleton firmó efectivamente un memorándum en 1966 indicando que Hunt estaba en Dallas, el jefe de contrainteligencia de la CIA parecía haberse olvidado de él en 1972, en el momento de la irrupción del Watergate.

¿QUÉ SABÍA Y CUÁNDO LO SUPO?

Según el periodista de investigación Jim Hougan, el 19 de junio de 1972 Angleton negó haber visto a Hunt, tras las revelaciones de que éste había participado en el robo del Watergate. Hougan cita a Angleton diciendo: "Nunca lo había visto [a Hunt] en mi vida".[606]

Esto sugiere que Angleton estaba proclamando ignorancia de la existencia de Hunt, aunque esto, por supuesto, es altamente improbable, especialmente ahora que sabemos de la existencia del memorándum de Angleton que obviamente fue escrito en 1966 - seis años antes del asunto Watergate.

O, lógicamente, también podríamos sugerir que el memorándum en sí no fue escrito en 1966, como se nos ha dicho. Más bien podría haber sido escrito mucho más tarde y anotado en una fecha anterior.

Además, por supuesto, Angleton estaba metido hasta el cuello en la planificación de la invasión de Bahía de Cochinos y era inconcebible que no supiera nada de Hunt, el principal contacto político con los exiliados cubanos anticastristas implicados en la operación.

---

[605] *Ibid*, pp. 184-185.
[606] Jim Hougan. *Secret Agenda: Watergate, Deep Throat and the CIA* (Nueva York: Random House, 1984), p. 220.

Sea como fuere, todo apunta a que la relación entre Angleton y Hunt era mucho más compleja de lo que podríamos pensar.

ANGLETON, HUNT Y EL ASESINATO DE JFK

Esto es lo que podemos aprender de todo lo que hemos considerado hasta ahora:
- ➢ James Jesus Angleton, aliado de Israel en la CIA, estuvo especialmente interesado -desde el principio- en supervisar cualquier investigación sobre los vínculos de la CIA con el asesinato de JFK.
- ➢ El interés de Angleton por el escándalo que rodeó el asesinato de JFK se remonta a mucho tiempo atrás y continúa mucho más allá de la investigación de la Comisión Warren.
- ➢ Hunt estaba relacionado de algún modo con los acontecimientos que rodearon el asesinato y se encontraba en Dallas, si no el día del asesinato, al menos un día antes.
- ➢ Cuando la atención pública empezó a centrarse en la supuesta complicidad de la CIA en el asesinato del Presidente (durante el periodo de investigación del Comité Selecto de la Cámara de Representantes sobre Asesinatos), Angleton filtró un memorando (escrito por Angleton y que vinculaba a Hunt con el asesinato de JFK) al Comité Selecto de la Cámara de Representantes sobre Asesinatos.
- ➢ La relación de Angleton con Hunt era, cuando menos, confusa y abierta a la sospecha.
- ➢ El controvertido artículo de Victor Marchetti (objeto de la demanda por difamación de E. Howard Hunt) fue reconocido por el propio Hunt como de aparente verosimilitud.
- ➢ Aunque admitió que el artículo de Marchetti podía tener alguna base de verdad, Hunt no optó por desafiar a sus antiguos colegas de la CIA que podían haber pretendido implicarle en el complot de asesinato.
- ➢ Un artículo similar de Joe Trento ha arrojado una luz poco común sobre la conspiración interna de la CIA en la que estaban implicados Lee Harvey Oswald, E. Howard Hunt y las circunstancias que rodearon el asesinato de JFK.
- ➢ Hunt insistió en que no era culpable de complicidad en el asesinato del Presidente y había optado por demandar a *Spotlight* por difamación para demostrar su inocencia, por vana que fuera.
- ➢ [607]Cuando Hunt estaba preparando su caso contra *Spotlight*, recurrió a la CIA en busca de ayuda, que generosamente le proporcionó a Newton Miler, ayudante de Angleton durante muchos años, generalmente conocido como "leal a Angleton", como principal testigo llamado en defensa de Hunt.[608]

Este último punto es interesante, sobre todo teniendo en cuenta la sospecha inicial de Hunt de que la CIA pretendía inculparle, como admitió en su testimonio.

¿Podría ser que Hunt y sus colegas de la CIA llegaran a un acuerdo privado tras la publicación del artículo de Victor Marchetti en Spotlight, cuya publicación frustró en realidad el complot secreto interno de la CIA contra Hunt?

---

[607] David Wise. *Molehunt* (Nueva York: Avon Books, 1992), p. 298.
[608] Lane, pp. 304-306.

¿Podría ser que Hunt y la CIA hayan determinado que lo que realmente ocurrió en Dallas implicando a Hunt, Oswald y otras figuras de la CIA es mejor enterrarlo?

Sólo podemos especular sobre los motivos de Hunt y de la CIA a este respecto. Lo que sí sabemos, sin embargo, es que fue el amigo de Israel en la CIA, el enigmático James Jesus Angleton, quien instigó el memorándum que supuestamente se utilizó para acusar a Hunt de estar implicado en el asesinato.

¿Intentaba Angleton simplemente proteger los intereses de la CIA? ¿O también velaba por sus propios intereses? Y si es así, ¿cuáles eran esos intereses? ¿Qué sabía Angleton sobre el asesinato de JFK?

Angleton envió a E. Howard Hunt a Dallas justo antes del asesinato. ¿Cuál era el objetivo de Angleton al hacer esto?

¿Y por qué estuvo Angleton implicado en el espinoso complot ultrasecreto de la CIA en Ciudad de México, que tuvo lugar más de un mes antes del asesinato de JFK y que vinculaba a Lee Harvey Oswald con los soviéticos y la Cuba de Castro?

La vinculación de Angleton con Israel y su Mossad es la clave para entender el extraño comportamiento de Angleton que hemos descrito.

James J. Angleton, leal al Mossad, desempeñó un papel central en la conspiración CIA-Mossad para asesinar a JFK.

Información inédita que examinaremos más adelante en este capítulo confirma nuestra afirmación de que Angleton fue efectivamente el principal colaborador de alto rango de la CIA en el complot para asesinar a JFK.

Angleton fue la figura de la CIA involucrada con el Mossad - si no en la planificación del asesinato de JFK en sí, ciertamente en aspectos clave del encubrimiento que siguió. E. Howard Hunt, debe haber sido el chivo expiatorio de Angleton todo el tiempo.

EL SILENCIO DE LA CAZA

¿Qué papel desempeñó E. Howard Hunt en el lío de Angleton? El propio Hunt guardó silencio sobre el tema. Al contrario, optó por negar cualquier responsabilidad o implicación -por diversos motivos- y rechaza amargamente cualquier sugerencia de que tuviera algo que ver con los sucesos de Dallas.

Probablemente lo hizo por varias razones. Una razón puede ser que Hunt -como muchos de sus colegas de la CIA- no lamentaba necesariamente el asesinato de JFK. Hunt estaba resentido con Kennedy por las acciones del Presidente contra la CIA y probablemente sintió entonces (como puede sentir ahora) que Kennedy necesitaba una lección.

Lo que es más -y esto es quizá lo más importante, en el propio sentido de Hunt-, el ex agente de la CIA no había dejado de notar que muchos de los testigos clave del asesinato de JFK a lo largo de los años habían sufrido muertes tempranas y violentas. Y como todo el mundo, Hunt quería vivir.

De todos modos, probablemente nunca lo sabremos, y Hunt pretendía que siguiera siendo así.

En la edición del 1 de febrero de 1992 de su boletín *New American View*, una crítica mensual al lobby israelí y a su poder en Estados Unidos, Marchetti había comentado recientemente el nuevo escándalo creado por el asesinato de JFK. Las palabras de Marchetti hablan por sí solas:

"En cuanto a mi opinión personal sobre la implicación de la CIA en el asesinato de JFK, no creo (repito) que la CIA tuviera nada que ver con el asesinato del joven presidente.

"Pero estuvo y sigue estando implicada en el encubrimiento gubernamental de la conspiración...

"Finalmente, E. Howard Hunt no tuvo nada que ver con el asesinato de JFK. Hunt estaba en Dallas ese día por accidente. Estaba trabajando en otro caso. Pero su presencia fue una vergüenza para la CIA y una amenaza para el encubrimiento de la conspiración por parte del gobierno."[609]

El controvertido artículo de Marchetti en *Spotlight*, como señalamos, nunca sugirió que Hunt hubiera estado realmente en Dallas o que hubiera desempeñado un papel en el asesinato.

Y, como hemos visto, era James J. Angleton, el contacto de la CIA en Israel, quien estaba detrás de la inminente operación contra Hunt. Sin embargo, el comentario final de Marchetti sobre la posible aparición de Hunt en Dallas es interesante, sobre todo a la luz de lo que vamos a examinar.

¿ERA HUNT UN CHIVO EXPIATORIO?

Hay pruebas de que Hunt pudo, de hecho, haber sido atrapado inadvertidamente en un complot relacionado con la conspiración del asesinato de JFK - un complot fuera de su control. Se ha sugerido que Hunt podría no haber participado activamente en un complot real de asesinato contra Kennedy -como de hecho sugiere el artículo de Trento mencionado anteriormente- y que estaba en Dallas por alguna otra razón.

Gary Wean, antiguo miembro de la Brigada de Inteligencia Criminal del Departamento de Policía de Los Ángeles, es nuestra fuente de información poco conocida. Conocimos a Wean en el capítulo 13, donde nos explicó con detalle sus propios informes y la vigilancia de Mickey Cohen, el sheriff de Meyer Lansky en Hollywood.

(Hay que recordar que Wean se había enterado de que Cohen, junto con su contacto israelí, Menachem Begin, más tarde Primer Ministro de Israel, estaba especialmente preocupado por la política de JFK hacia Oriente Próximo y que, de hecho, Cohen estaba utilizando a la amante de JFK, la actriz Marilyn Monroe, para intentar conocer las intenciones del Presidente hacia Israel).

EL POLICÍA, LA ESTRELLA DE CINE Y EL SHERIFF

Fue poco después del asesinato de JFK cuando Wean encontró información relacionada con el asesinato del Presidente, información que arroja nueva e interesante luz sobre cómo E. Howard Hunt en el crimen del siglo.

Según Wean, no fue hasta varias semanas después del asesinato del Presidente cuando conoció al sheriff de Dallas Bill Decker a través de su amigo común, Audie Murphy, el ex héroe de guerra convertido en estrella de cine.

---

[609] *New American View*, 1 de febrero de 1992.

Decker estaba de visita en Los Ángeles y los tres hombres se reunieron con otro amigo de Wean y empezaron a hablar del asesinato de JFK.

(Decker, cabe señalar, parece ser un agente de la ley de Dallas que está claramente implicado en el asesinato. Fue Decker, de hecho, quien había ordenado a sus hombres que investigaran las vías del tren detrás de la valla de piquetes en "la colina" de donde parecían proceder los disparos contra la comitiva del presidente.[610] Si Decker era un conspirador, desde luego no habría colaborado en la captura de los asesinos del presidente).

Decker le dijo a Wean que estaba seguro de que Lee Harvey Oswald era inocente del asesinato del Presidente. Los tres caballeros, que estaban familiarizados con las armas de fuego, no creían que Oswald pudiera haber cometido el crimen con el arma que supuestamente había utilizado.

"UNA TERRIBLE TRAICIÓN EN ALGUNA PARTE".

Sin embargo, Wean informa que el sheriff Decker continuó diciendo: "Tengo otra razón mucho más fuerte para saber que Oswald nunca disparó a JFK. Hay un hombre en Dallas que conozco desde hace mucho tiempo. Él sabe toda la verdad sobre la participación de Oswald.

"Murió de miedo al acudir a la policía de Dallas o al FBI. Ha habido una terrible traición en alguna parte y todo el mundo tiene miedo de todo el mundo. "No creerías las sospechas y acusaciones sin sentido que los tontos de Washington han lanzado contra las fuerzas del orden en el sur y el caos que han creado".

"No hubo conspiración en mi departamento en el asesinato ni en la policía de Dallas. Conozco a toda esta gente desde hace mucho tiempo. Lo hubiera sabido. Créeme, algo tan loco como eso, lo sentiría en mis huesos".[611]

Wean recordó esta conversación y más tarde, en un viaje a Ruidoso, Nuevo México, con Audie Murphy, le presentaron a la fuente de Decker en Dallas, que, según Wean, se llamaba "John".

Según la fuente de Wean, E. Howard Hunt estaba efectivamente involucrado con Lee Harvey Oswald, pero no en la planificación del asesinato del Presidente. Wean informa que John le había dicho que Hunt tenía otra cosa en mente.

Básicamente, según la fuente de Wean, Hunt -al igual que otros líderes del movimiento anticastrista- se había visto frustrado por los esfuerzos de la administración Kennedy para asegurar al menos una tregua informal con Castro. Hunt, por supuesto, había dedicado una gran cantidad de energía a la lucha contra Castro y ahora todo su trabajo había sido destruido.

Wean cita a su fuente describiendo lo sucedido: "La virulenta frustración de Hunt se convirtió en lo que llegó a ser el complot de asesinato político más extraño de todos los tiempos. Su plan era inflamar al pueblo estadounidense contra Castro y elevar el patriotismo a un punto de ebullición que no se había sentido desde Pearl Harbor. Los americanos enfurecidos exigirían que nuestros militares invadieran Cuba

---

[610] James Hepburn. *Farewell America*. [Liechtenstein: Frontiers Company, 1968], p. 349.
[611] Gary Wean. *There's a Fish in the Courthouse* (Oak View, California: Casitas Books, 1987), p. 695.

aniquilando al dictador de pacotilla por su bárbaro intento de "asesinar" al presidente Kennedy."[612]

HUELLAS EN LA PUERTA DE CASTRO

Debió de haber un intento de asesinato del presidente Kennedy tan "realista" que su fracaso se consideraría un mero milagro. Las huellas llevaban directamente a la puerta de Castro, un rastro que ni el mayor aficionado podría perderse. Desafortunadamente para Oswald, coincidía perfectamente con la operación de Hunt".[613]

"Al principio, Hunt no le dijo a Oswald exactamente cuál era su misión, excepto que era de la más alta prioridad para la seguridad nacional.... Fue sólo dos meses antes del "falso asesinato" cuando Hunt le dio a Oswald el rifle, explicándole su papel en el plan. Oswald debía disparar tres tiros de su rifle "al aire". Debía abandonarlo y vaciar los cartuchos en el lugar de los hechos y abandonar rápidamente el edificio para reunirse con agentes que le transportarían a un destino secreto". Permanecería escondido hasta la invasión estadounidense de Cuba. Una pista falsa que conducía a Ciudad de México, y que terminaba en la embajada cubana, llevaría a los investigadores a creer que había huido a Cuba, la creencia de que "Castro había planeado el asesinato" del presidente Kennedy [que había fracasado] y [que] el [presunto] "asesino" estaba alojado bajo la protección [de Castro] en Cuba habría sacudido a los estadounidenses..."[614]

Según la fuente de Wean, Hunt le dijo a Oswald que el propio presidente Kennedy desconocía el plan, pero que altos funcionarios del gabinete estaban involucrados. [615]Oswald podría volver a vivir como un hombre libre después de que se hubieran ocupado de Castro.

Wean también se enteró de que el famoso "intento de asesinato" del general Edwin Walker, líder anticastrista en Dallas, también formaba parte del plan para crear una serie de actos de violencia por parte de un supuesto "activista procastrista".[616]

Sin embargo, según los informes de Wean, John le dijo que durante la planificación del falso intento de asesinato, algo había salido mal -había habido interferencias desde el exterior- de un poder más allá de la influencia inmediata de E. Howard Hunt.

John dijo: "Por supuesto, todas las operaciones encubiertas son intrínsecamente peligrosas y propensas a averías. Pero Dios, esto no fue una avería ni una negligencia, ni siquiera mala suerte. Lo que ha ocurrido es incomprensible".[617]

En resumen, según la fuente de Dallas, el plan de Hunt había fracasado. Se habían producido disparos contra la caravana de JFK y el Presidente había sido asesinado. Sin embargo, John no creía que la mafia o los cubanos anticastristas fueran los culpables. Pensaba que había intervenido otra fuerza.

---

[612] *Ibid*, p. 697.
[613] *Ibid*.
[614] *Ibid*, p. 698.
[615] *Ibid*, p. 699.
[616] *Ibid*, p. 698.
[617] *Ibídem*, p. 699.

"No pudo ser la Mafia ni los exiliados cubanos", señaló John, "no tenían ningún motivo, pues ya les habían avisado dentro, estaba en marcha una operación para llevarlos de vuelta a Cuba. Habría sido una completa estupidez por su parte intervenir...

Según John: "Sólo unos pocos de los hombres de mayor confianza de Hunt conocían todos los detalles de sus planes. Es imposible creer que alguno de ellos fuera un traidor. Está claro que quien disparó a Kennedy debía conocer todos esos pequeños detalles para hacerlo como lo hizo. Algo aterrador y horriblemente siniestro había frustrado la misión de Hunt".[618]

Wean y Audie Murphy escucharon asombrados lo que les habían contado y, en ese momento, John le dio a Murphy un paquete de lo que describió como pruebas para apoyar su historia. Sin embargo, pocos días después John les pidió que olvidaran lo que les habían contado.

Según Wean, Murphy le había informado de que Dallas le había avisado de que "Hunt y sus agentes habían salido de su espantoso pánico y volvían a la acción. Había que ocultar a toda costa las maquinaciones de Hunt y su conexión con Oswald". Según Murphy, la inteligencia militar, el FBI y la CIA estaban en estado de pánico.

"Si se revelaran sus secretos, formarían parte de una desastrosa erupción de ira nacional. En sus pesadillas, sólo ven un pelotón de fusilamiento. De hecho, determinaron solemnemente que la seguridad nacional estaba en juego. Esa fue su solución para justificar el encubrimiento".[619]

Para disipar los temores de Jean en Dallas, le aseguró que los documentos que había recibido de él habían sido destruidos.

El propio Murphy podría figurar en la larga lista de víctimas adicionales del complot para asesinar a JFK. El actor murió en un accidente aéreo en 1971. Gary Wean, sin embargo, sobrevivió para contar lo que le habían contado.

Wean describe con gran detalle cómo deberían haber reaccionado Hunt y Oswald si la historia que John había contado a Wean y Murphy fuera realmente cierta.

¿"UNA TRAICIÓN DE PROPORCIONES INCREÍBLES"?

Según el análisis de Wean de lo que podría haber ocurrido a continuación, "Hunt y Oswald, recuperándose del shock paralizante del asesinato de Kennedy, tuvieron sin duda pensamientos idénticos: 'Me han tendido una trampa'.

"Una doble traición de proporciones increíbles. Las consecuencias fueron demasiado devastadoras y aterradoras para comprenderlas. Era el fin para ellos. "A pesar de las convicciones de Hunt de que sus hombres más cercanos estaban fuera de toda sospecha, uno de ellos era un espía, un topo oculto".[620]

Corresponde a E. Howard Hunt proporcionarnos las piezas que faltan del rompecabezas. Parece poco probable que lo haga.

---

[618] *Ibid*, pp. 699-700.
[619] *Ibid*, p. 701.
[620] *Ibid*, pp. 702-703.

¿LA IDENTIDAD DE JOHN?

Existen documentos adicionales sobre las actividades de un individuo llamado "John" que estuvo activo en la zona de Dallas y en Miami (base de operaciones de Hunt con los exiliados cubanos anticastristas) justo antes y después del asesinato de JFK.

En su libro *Conspiracy*, Anthony Summers describe a un John Martino del que se sabía que tenía vínculos tanto con Santo Trafficante Jr, lugarteniente mafioso de Meyer Lansky, como con la CIA. De hecho, Martino admitió en 1975 que había sido agente de la CIA y que tenía un conocimiento íntimo de las circunstancias que rodearon el asesinato de JFK.

Summers cita a Martino: "Los anticastristas colocaron a Oswald. Oswald no sabía para quién estaba trabajando, no sabía quién le estaba tendiendo la trampa".[621]

Summers señala que, tras la muerte de Martino en 1978, su viuda afirmó que "la empresa" (es decir, la CIA) se había llevado su cadáver para determinar la causa de su muerte, y había atribuido su fallecimiento a un ataque al corazón.[622]

No cabe duda de que Martino y la estrella de cine Audie Murphy tenían al menos un vínculo, indirecto si se quiere, que puede demostrarse.

Murphy había sido empleado durante un tiempo, a mediados de la década de 1960, por el empresario de Nueva Orleans D'Alton Smith.[623] Smith era un estrecho colaborador personal de Carlos Marcello, el hombre de negocios de Meyer Lansky en Luisiana.

La historia contada por John Martino suena muy parecida a la del "John" que Gary Wean conoció en Dallas. Sin embargo, poco antes de que *Juicio Final* entrara en imprenta, Wean reveló al autor la identidad del caballero llamado John que le contó lo que realmente había sucedido en Dallas.

Según Wean, cuando escribió su libro describiendo su encuentro con John, deliberadamente no reveló el apellido de John, aunque sabía exactamente quién era John. Además, según Wean, alteró ligeramente la descripción física de John para proteger su identidad.

Cuando se escribió el libro de Wean, John estaba vivo. Sin embargo, el 5 de abril de 1991, John murió, al igual que Audie Murphy, en una extraña explosión de avión que ocupó los titulares nacionales. Era John Tower quien, en 1961, había sido el primer republicano de este siglo en conseguir un escaño en el Senado de Texas.

Firme aliado de la CIA durante toda su carrera, Tower se llevó a la tumba muchos de los secretos del escándalo Irán-Contra tras encabezar la comisión que, según los críticos, fue un encubrimiento de la CIA, en particular los que implicaban el papel de Israel en el asunto.

---

[621] Anthony Summers. *Conspiracy* (Nueva York: McGraw-Hill Book Co., 1980), p. 451.
[622] *Ibid.*
[623] Dan Moldea. *The Hoffa Wars: Teamsters, Rebels, Politicians and the Mob* (Nueva York: Paddington Press Ltd, 1978), p. 279.

¿UNA "TERCERA FUERZA"?

El propio Dick Russell, avezado investigador del asesinato de JFK, ha reflexionado sobre la posibilidad de que la relación de la CIA con Lee Harvey Oswald -cualquiera que ésta haya sido- "fuera usurpada por otro grupo".[624]

Como señala Russell, "mucha gente de la CIA tenía razones para ocultar su propia relación con Oswald, aunque no tuviera nada que ver con un complot de asesinato. Considerando esta plétora de posibilidades... lo que no se puede ignorar es que una 'tercera fuerza' estaba al tanto de la red de contrainteligencia [que rodeaba a Oswald] y la aprovechó para su propio beneficio."[625]

Russell también señaló que los exiliados cubanos anticastristas creían ahora que había ocurrido mucho más entre bastidores de lo que se habían dado cuenta en aquel momento.

Según Russell, [el legendario agente de la CIA] Gerry Patrick Hemming, que mantuvo los oídos bien abiertos en la Pequeña Habana de Miami, afirma que algunos de los exiliados que creían conocer las reglas en 1963 estaban ahora convencidos de que las habían utilizado.

"Fueron incitados a un fervor anti-Kennedy al confiarles que Kennedy estaba considerando seriamente las posibilidades de un compromiso con Castro. Se les explicó que su sueño de recuperar su patria estaba muerto a menos que se hiciera algo radicalmente diferente. Mordieron el anzuelo.

"Si resultaba necesario en el diseño de los organizadores entre bastidores, los exiliados también eran prescindibles. Involucrar a unos cuantos refugiados cubanos en el asesinato no era deseable, pero no costaría mucho, especialmente si... habían trabajado cuidadosamente para construir su tapadera como agentes de Castro.

"Podían desaparecer con la misma facilidad. Por tanto, los exiliados cubanos sólo eran la base de la pirámide. No tenían poder para iniciar el encubrimiento que siguió. Tampoco el crimen organizado.[626]

¿QUIÉN TENÍA EL PODER?

Hemming había mencionado al menos una facción de exiliados cubanos anticastristas que parecían estar fuera del círculo convencional. Según Hemming: "Es difícil decir exactamente para quién trabajaba realmente este pequeño grupo de exiliados cubanos. Durante un tiempo informaron a los hombres de la CIA de Bill Harvey. Algunos de ellos informaban a [J. Edgar] Hoover, o a la nueva [agencia de inteligencia de defensa DIA].

"Había una tercera fuerza -casi fuera de las redes de la CIA, fuera de nuestra propia operación privada en la bahía [de Florida]- que estaba haciendo un montón de tonterías, y que había estado presente durante todo el año 1963 [Énfasis añadido].

---

[624] Dick Russell. *The Man Who Knew Too Much* (Nueva York: Carroll & Graf Publishers, 1992), p. 693.
[625] *Ibid*, p. 477.
[626] *Ibid*, pp. 703-704.

"Después del asesinato, muchos de nosotros asumimos que en algún momento el KGB se había organizado con Fidel para hacer el trabajo de Dallas. Sólo más tarde nos dimos cuenta de que la mayoría de los exiliados a los que nos dirigimos estaban siendo utilizados como chivos expiatorios.

"Y no por Castro o los rusos. Fue nacional. Alguien como J. Edgar Hoover. ¿Quién más tenía el poder?"[627]

¿Nos atrevemos a sugerir una respuesta a la pregunta de Hemming: "¿Quién más tenía el poder? La respuesta, por supuesto, es: Israel, su Mossad y el poderoso Lobby Nacional Israelí estadounidense y sus contactos a todos los niveles.

De hecho, ha habido varios libros muy leídos sobre el asesinato de JFK que han sugerido efectivamente que Oswald, en todo caso, había sido atrapado en algún tipo de operación de "asesinato ficticio" que él creía del mismo orden que la fuente de Gary Wean en Dallas.

Executive Action, el libro vagamente basado en la película del mismo nombre, presenta a Oswald como manipulado de esta manera. Lo mismo ocurre con *Traición*, la obra del ex agente de la CIA Robert Morrow, en la que Morrow se basó en sus propias "pistas" procedentes de su asociación con personajes implicados en la conspiración.

Más recientemente, la novela *Balance* de Don De Lillo presenta a Oswald en el centro de un intento de "asesinato ficticio" manipulado por otros que sale mal (un personaje de la CIA en la novela tiene un gran parecido con E. Howard Hunt).

Sin embargo, aún queda una pieza bastante extraordinaria del rompecabezas, que de hecho implica a un viejo y conocido agente del Mossad directamente implicado en los sucesos de Dealey Plaza. Se trata del claro papel desempeñado por Frank Sturgis, un antiguo agente de la CIA, en el propio asesinato.

UN AGENTE DEL MOSSAD EN DEALEY PLAZA

Durante su testimonio en el caso de la demanda por difamación de E. Howard Hunt contra Spotlight, la agente de la CIA Marita Lorenz declaró que Sturgis le dijo después: "Matamos al presidente ese día.... Todo estaba encubierto de antemano. Sin arrestos, sin investigación periodística. Todo estaba cubierto, fue muy profesional".[628]

Aunque algunos investigadores expresan dudas acerca de la historia de la señorita Lorenz, el jefe del contraespionaje cubano, el general Fabián Escalante, dio fe de ella basándose en su propio estudio en profundidad del asesinato de JFK. Escalante dijo a la periodista Claudia Furiati que la inteligencia cubana había establecido que, de hecho, "Sturgis estaba a cargo de las comunicaciones - recibiendo y transmitiendo información sobre los acontecimientos en la Plaza Dealey y la caravana de los tiradores, así como de otros".[629]

Aunque hay muchas razones para creer que Sturgis estuvo implicado en la mecánica real del asesinato, las pruebas históricas sugieren que Sturgis pudo haber funcionado como cómplice del Mossad en la conspiración o, como mínimo, haber

---

[627] *Ibid.* p. 539.
[628] Mark Lane. *Plausible Denial* (Nueva York: Thunder's Mouth 1991), p. 303.
[629] Claudia Furiati. *Rifle ZR: El complot para matar a Kennedy y Castro*. Melbourne, Australia: Ocean Press, 1994), pp. 163-164.

trabajado indirectamente en nombre del Mossad. Aunque esta afirmación no dejará de sorprender incluso al lector más experimentado de la documentación sobre el asesinato de JFK, hay que tener en cuenta el siguiente factor:

Lo que poca gente sabe es que Sturgis tenía vínculos con el Mossad israelí quince años antes del asesinato de JFK. [630]En el número de julio de 1975 de la revista *Argosy*, F. Peter Model informa de que Sturgis fue un "mercenario de Hagannah durante la primera guerra árabe-israelí (1948)" y que Sturgis también tuvo una novia en Europa en los años 50 que trabajaba para el servicio secreto israelí y con la que colaboró.

El propio Sturgis es citado por el investigador A. J. Weberman que había ayudado a su novia como correo en Europa en varios proyectos por cuenta del Mossad.[631]

Además, el antiguo corresponsal *de Time-Life* Andrew St. George -que conocía bien a Sturgis y había pasado tiempo con él junto a Castro en las colinas cubanas durante la revolución cubana- también informó de que era bien sabido entre los exiliados cubanos anticastristas que Sturgis también había trabajado para el Mossad y que lo había hecho durante mucho tiempo.[632]

George también reveló, en el apogeo de las operaciones anticastristas de la CIA en Miami con las que Sturgis y E. Howard Hunt estaban tan estrechamente asociados, que entre 12 y 16 agentes del Mossad trabajaban en Miami bajo el mando del subdirector del Mossad Yehuda S. Sipper, y que su influencia se extendía por toda América Latina y el Caribe.

El profesor John Newman, que había investigado el conocimiento que tenía la CIA de las actividades de Lee Harvey Oswald, afirma, citando un memorándum de la CIA de 1976, que Sturgis había fundado la Brigada Anticomunista Internacional y que "nunca se ha establecido del todo quiénes apoyaban al grupo de Sturgis".[633]

[634][635][636]Warren Hinckle y William Turner, escritores especializados en el caso JFK, han afirmado que "el grueso de los fondos [de Sturgis] procedía de propietarios de casinos desposeídos y se canalizaba a través de Norman Roughouse' Rothman, que fue, según el autor Gus Russo, no sólo "socio de Meyer Lansky", sino también el primer "intermediario mafioso" entre la CIA y el sindicato de Lansky en los complots de asesinato contra Castro. Russo, sin embargo, dice que el apoyo de Rothman a Sturgis vino "de fuentes desconocidas" pero cita a Hinckle y Turner como su fuente. Así que la pregunta sigue en el aire: ¿quién financiaba realmente a Sturgis?

¿Podría la brigada Sturgis haber formado parte de las operaciones del Mossad en Miami, implicada en el complot Sturgis, patrocinado por la CIA, en la misma esfera de influencia durante el mismo periodo?

---

[630] *Argosy*. Julio de 1975. Artículo de F. Peter Model.
[631] Véase el sitio web de Weberman www.weberman.com
[632] *The Spotlight*, 22 de marzo de 1982.
[633] John Newman. *Oswald and the CIA* (Nueva York: Carroll & Graf, 1995), p. 228.
[634] Warren Hinckle y William Turner. *Deadly Secrets*. (Nueva York: Thunder's Mouth Press, 1992), p. 54.
[635] Gus Russo. *Live By the Sword* (Baltimore: Bancroft Press, 1998), p. 50.
[636] *Ibid*.

STURGIS, BANISTER, FERRIE Y OSWALD

Como veremos, esta especulación puede no estar lejos de la verdad. [637]Newman añadió que se informó de que una "subunidad" de la brigada de Sturgis era la Fuerza de Penetración Intercontinental del agente de la CIA Gerry Patrick Hemming (conocida como "Interpen"). Citando un memorando del 1 de febrero de 1977 de la Oficina de Seguridad de la CIA, Newman afirmaba que los campos de entrenamiento anticastristas cubanos alrededor del lago Ponchartrain, en las afueras de Nueva Orleans, estaban dirigidos por Hemming como parte de Interpen y que Sturgis estaba vinculado a las operaciones de Interpen.[638]

Sabemos que en estas actividades en torno al lago Ponchartrain participaron dos de las principales personas relacionadas con Lee Harvey Oswald antes del asesinato de JFK: los agentes de la CIA Guy Banister y David Ferrie.

De hecho, existe una conexión israelí con Interpen.[639] Según Hemming, el "contacto más importante de Interpen en Estados Unidos" era el financiero neoyorquino Theodore Racoosin, a quien Hemming describió como "uno de los principales fundadores del Estado de Israel".[640]

Después de leer *Final Judgement*, Hemming dijo francamente al autor que, aunque no había visto personalmente ninguna prueba que le convenciera de que el Mossad estaba directamente implicado en el asesinato de JFK, afirmó que "sé desde finales de los años sesenta que el Mossad sabía del asesinato de JFK incluso antes de que ocurriera, y que posteriormente hicieron una investigación completa sobre el asunto y han guardado todos esos archivos desde entonces".[641]

LOS TENTÁCULOS DEL MOSSAD RODEAN A OSWALD

En cualquier caso, *no sólo* encontramos al agente de la CIA de Nueva Orleans Clay Shaw vinculado al Mossad a través de su asociación con Permindex (al igual que Banister y Ferrie), sino que *también* encontramos a otros dos actores relacionados con la CIA en operaciones anticastristas fuera de Nueva Orleans (Sturgis y Hemming) que estaban dentro de la esfera de influencia del Mossad. *Y Lee Harvey Oswald está conectado con todos los actores clave implicados.*

Dicho esto, no nos atreveríamos a aventurarnos en el mundo de la fantasía para sugerir que la operación en la que participaron Sturgis, Marita Lorenz y los cubanos anticastristas que viajaron a Dallas el 21 de noviembre de 1963 para reunirse con E. Howard Hunt (y más tarde con Jack Ruby) fue en realidad una operación de "bandera falsa" del Mossad, en la que deliberadamente participó una camarilla de cubanos anticastristas.

Dado que, según la señorita Lorenz, Sturgis admitió más tarde que su equipo de Dallas había participado efectivamente en el asesinato, es concebible que Sturgis y su

---

[637] Newman, *Ibid*.
[638] *Ibid*, p. 319.
[639] Correo electrónico de Hemming a los investigadores que estudian Interpen.
[640] *Ibid*.
[641] Correo electrónico de Hemming a Piper, 12 de agosto de 1999.

grupo se hubieran reunido con Hunt en Dallas, pero que el propio Hunt no supiera que el equipo de Sturgis iba a participar en un intento real de asesinato o que pensara que sólo estaban implicados en un intento de asesinato "ficticio", si es que lo sabía.

Como hemos dicho, lo que Hunt sabía -o no sabía- sigue siendo un misterio y su culpabilidad real en cualquier conspiración de asesinato per se no puede establecerse. Pero las circunstancias sugieren que Hunt sabía mucho más de lo que ha admitido sobre lo ocurrido en Dallas.

En cualquier caso, no cabe duda de que, sobre la base de los hechos relativos a Sturgis, ahora sabemos que al menos una persona que habría admitido estar realmente implicada en el asesinato de JFK -Frank Sturgis- habría tenido múltiples vínculos con el Mossad durante muchos años antes (y después) del asesinato de JFK.

Se trata en sí mismo de una revelación importante y totalmente pertinente para la tesis expuesta en *Juicio Final*.

Un personaje llamado Chauncey Holt, que afirma haber estado en Dallas e involucrado en las circunstancias que rodearon el asesinato, resume bastante bien las cosas. Según Holt:

"Aquel día, Dallas se inundó de gente que acabó allí por una razón u otra. Siempre he pensado que quienquiera que fuera el artífice de esa historia -y nadie sabrá nunca quién estaba detrás- estaba manipulando a toda esa gente. Creo que inundaron esa zona con un montón de personajes con mala reputación porque pensaron: "Bueno, si pillan a toda esa gente, se enturbiarán tanto las aguas que nunca llegarán allí"".[642]

El hecho de que hubiera gente en Dallas el día que mataron a JFK que tal vez no supiera la verdadera razón por la que estaban allí también está respaldado por otras fuentes. Michael Milan, cuyo libro *The Squad* describe su papel como parte de un equipo secreto del gobierno estadounidense que trabajaba con el sindicato de Lansky, afirma que había al menos varias personas operando en Dallas que creían que no estaban implicadas en una conspiración para matar a John F. Kennedy, sino en una conspiración para matar al gobernador de Texas John B. Connally. (Hablamos por primera vez de las afirmaciones de Milan en el capítulo 14.)[643]

¿Podrían algunas de las personas implicadas en el asesinato de JFK haber sido manipuladas para que creyeran que estaban implicadas en un complot contra Connally (cuando el objetivo final era Kennedy)?

En tal escenario, sin entrar en los entresijos del asesinato de JFK que han sido considerados muchas veces por los fascinados por el tema, es posible que uno de los asesinos de Dealey Plaza apuntara deliberadamente a Connally, quizás sin saber que, al mismo tiempo, otros asesinos de los que no tenía conocimiento estaban, desde otro lugar, apuntando a JFK. El tirador de Connally era de hecho un señuelo.

En su biografía de Connally, James Reston Jr. sugiere que Oswald fue reclutado por Jack Ruby como parte de un plan del crimen organizado para matar a Connally, y no a Kennedy. Reston sugiere que Kennedy fue la víctima, por pura casualidad.

---

[642] *Newsweek*, 23 de diciembre de 1991.
[643] *Ibid.*

EL ENCUBRIMIENTO DEL MOSSAD...

La extraña afirmación de que Connally era el objetivo y Kennedy una víctima involuntaria es muy interesante.

El ex agente del Mossad Victor Ostrovsky escribe en su libro *By Way of Deception* que parte de su formación en el Mossad incluía un examen en profundidad del asesinato de JFK, que formaba parte del plan de estudios obligatorio para todos los nuevos reclutas del Mossad.

Según Ostrovsky: "Un aspecto especialmente fascinante del curso fue una película titulada "*Un presidente en el punto de mira*", un estudio detallado del asesinato de John F. Kennedy el 22 de noviembre de 1963.

"La teoría del Mossad era que los sicarios - mafiosos, no Lee Harvey Oswald - en realidad intentaban asesinar a John Connally, entonces gobernador de Texas, que iba en el coche con JFK pero sólo resultó herido.

"Oswald fue visto como un chivo expiatorio en la historia y Connally como el objetivo de los mafiosos que intentaban abrirse camino en el negocio del petróleo.

"El Mossad creía que la versión oficial del asesinato era un puro disparate. Para probar su teoría, llevaron a cabo un ejercicio de simulación del desfile presidencial para ver si francotiradores expertos con mucho mejor equipo que Oswald podían acertar a un blanco en movimiento desde la distancia registrada de 80 metros. No pudieron. Habría sido una cobertura perfecta. Si Connally hubiera sido asesinado, todos habrían pensado que era un atentado contra JFK. Si hubieran querido a Kennedy, lo habrían conseguido en cualquier parte".

Escribe: "Por lo que hemos averiguado, la pistola apuntaba probablemente a la nuca de Connally, y JFK hizo un gesto o se movió en el momento justo, o quizá el asesino dudó.[644]

Ahora bien, lo que Ostrovsky señala más adelante es de especial interés, sobre todo a la luz de la teoría presentada en *Juicio Final*. Según Ostrovsky, el Mossad tiene todas las filmaciones del asesinato de Dallas, las fotos de la zona, la topografía, las fotografías aéreas... todo.

¿Es posible que la razón por la que el Mossad tenía tanta información sobre Dealey Plaza fuera porque el Mossad no había estudiado la zona DESPUÉS del asesinato de Kennedy sino ANTES del asesinato?

El hecho de que el Mossad llegara a calcular un encubrimiento a gran escala (presentado a sus propios reclutas) es interesante en sí mismo y puede ser una prueba más de que el Mossad tenía un interés muy particular en el asesinato de JFK.

Claramente había muchas fuerzas trabajando en Dealey Plaza, quizás más allá de la comprensión de cualquier conspirador - incluyendo Oswald, Ruby o incluso Hunt o Sturgis o cualquiera de los involucrados. Algunos de los conspiradores pueden haber sido inducidos a creer que era un golpe de la mafia contra Connally que, de hecho, resultó ser un golpe contra Kennedy.

La historia del Mossad de que se trató de una operación fallida dirigida contra Connally y que condujo a la muerte accidental de Kennedy no parece más que - tomando prestada una frase de Ostrovsky- "puras tonterías" del propio Mossad.

---

[644] Victor Ostrovsky y Claire Hoy. *By Way of Deception: The Making and Unmaking of a Mossad Officer* (Nueva York: St. Martin's Press, 1990), pp. 141-143.

Y luego está la cuestión de cómo se montó a Lee Harvey Oswald para que pareciera un agitador procastrista y prosoviético a través del escenario de Ciudad de México (orquestado por la CIA) y su manipulación en Nueva Orleans por el equipo de Clay Shaw y Guy Banister, quienes, a su vez, estaban directamente implicados en las actividades del agente de la CIA y el Mossad Frank Sturgis en los asuntos del lago Ponchartrain. ¿Creía Oswald que en realidad estaba actuando en nombre de la CIA, incluso en nombre del propio John F. Kennedy, al organizar un "falso" intento de asesinato del que se podría culpar a Castro, provocando la furia internacional del líder cubano? Probablemente nunca sabremos la verdad.

Al final, en todos los momentos críticos en los que Oswald fue el chivo expiatorio -y después del asesinato- el control del Mossad de Israel y de sus aliados de la CIA es evidente.

¿PANCARTAS FALSAS EN DEALEY PLAZA?

¿Es posible que algunos de los otros conspiradores en los niveles más bajos se les hizo creer que toda la operación fue diseñada para matar a los dos pájaros famosos de un tiro: es decir.

(1) Eliminar a Connally, que supuestamente era un obstáculo para la forma de operar del hampa, y, como resultado
(2) ¿Forzar a Kennedy -o más bien darle una excusa- para actuar finalmente contra Fidel Castro, que había puesto fin a las operaciones del crimen organizado en Cuba?

¿Podría ser, por ejemplo, que a algunos de los conspiradores se les dijo que el plan era matar a Connally y hacer parecer que era una bala patrocinada por Castro destinada al Presidente, que falló, obligando a Kennedy a tomar represalias contra Castro?

Sólo podemos imaginar, por ejemplo, la sorpresa del pistolero oculto que disparaba a John Connally cuando se dio cuenta de que otro pistolero estaba disparando a John F. Kennedy.

O, nos atrevemos a sugerir la posibilidad más aterradora de todas: ¿Inventaron John F. Kennedy y su hermano Robert una provocación anticastrista -o incluso un "asesinato ficticio"- que finalmente fue infiltrada y manipulada por fuerzas hostiles dentro de la CIA y sus aliados del Mossad?

Uno podría pasar horas inventando una variedad de escenarios. Pero todas las pruebas que hemos visto sugieren que el complot para asesinar a JFK tenía varios niveles y varias direcciones.

¿Fueron todos estos "personajes con mala reputación" simples "falsos estandartes" utilizados por lo que Chauncey Holt llamó "los arquitectos de esta historia"? ¿Fueron estos "sospechosos" llevados allí por una fuerza que quería "enturbiar las aguas"? Si es así, sólo podemos recordar el notorio uso que hace el Mossad de falsas pancartas en sus actividades criminales. ¿Fue un intento de "simulacro de asesinato" y, de ser así, quién -o qué- fue la fuerza que intervino?

El investigador Scott Thompson, que cree en la teoría del "asesinato ficticio", llegó a acusar a la provocación contra Castro de haberse llevado a cabo con el pleno conocimiento del Fiscal General Robert F. Kennedy. Thompson afirmó que E. Howard Hunt fue de hecho el responsable de coordinar el falso intento de asesinato.

⁶⁴⁵Thompson señala, sin embargo, que "sigue sin estar claro quién participó en el complot ficticio de asesinato y quién lo convirtió en realidad".

El ex agente de la CIA Robert Morrow dio credibilidad al escenario del "intento de asesinato ficticio". Morrow informó que le habían dicho que agentes de la CIA, trabajando con exiliados cubanos, "habían hecho algún tipo de prueba, un intento de asesinato contra Kennedy."⁶⁴⁶

En *Farewell America*, bajo el seudónimo "James Hepburn", el ex agente de inteligencia francés Hervé Lamarr sugiere: "Oswald probablemente se enteró de que había sido elegido para participar en una nueva operación anticomunista con [David] Ferrie y varios otros agentes.

"El plan era influir en la opinión pública simulando un atentado contra el presidente Kennedy, cuya política de coexistencia con los comunistas merecía una reprimenda. Otro intento de asesinato, también diseñado para despertar el sentimiento público, había sido simulado el 10 de abril contra el General [Edwin A.] Walker."⁶⁴⁷

¿Más desinformación de la cia y el mosad?

Aunque *Farewell* America era un clásico "independiente" muy citado entre los investigadores del asesinato de JFK, sus orígenes son, en el mejor de los casos, turbios. Aunque el libro contiene mucha información fascinante, es muy posible que no sea más que una clásica operación de desinformación de la CIA y el Mossad.

Según Hinckle y William Turner, *Farewell* America se preparó bajo la dirección y el respaldo del presidente francés Charles De Gaulle, que fue, como señalamos en el capítulo 15, víctima de intentos de asesinato financiados por Permindex, que desempeñó un papel central en el complot para asesinar a JFK.⁶⁴⁸ Sin embargo, según el escritor Gus Russo, los orígenes del libro son un poco más complicados que eso.

Russo dice que poco después del asesinato de JFK -cuando Robert Kennedy lanzó una investigación privada sobre el asesinato de su hermano, utilizando a un agente de inteligencia británico que era amigo de la familia Kennedy desde hacía mucho tiempo (una investigación de la que hablamos al principio del capítulo 9)- el investigador británico contrató a dos antiguos agentes de inteligencia franceses para dirigir la investigación. Russo dice que uno era André Ducret, antiguo jefe de la agencia de inteligencia francesa, y que el otro sólo era conocido como "Philippe", pero se cree que era Philippe de Vosjoli, antiguo jefe de la inteligencia francesa en Washington.

Los investigadores franceses pasaron varios años investigando y finalmente entregaron a RFK un informe en el que se afirmaba, en términos generales, que los barones del petróleo de Texas, aliados con Lyndon Johnson, estaban detrás del asesinato. Aunque RFK murió poco después de recibir el informe, el agente británico

---

⁶⁴⁵ *Executive Intelligence Review. La familia Buckley: los fabianos de Wall Street en el movimiento conservador.* (Nueva York: Campaigner Publications), p. 11.
⁶⁴⁶ Russell, p. 506.
⁶⁴⁷ Hepburn, pp. 337-338
⁶⁴⁸ Warren Hinckle y William Turner. *Deadly Secrets.* (Nueva York: Thunder's Mouth Press, 1992), p. 434.

que había patrocinado la investigación preguntó al hermano superviviente, el senador Edward M. Kennedy, qué opinaba del informe. Kennedy dijo que su familia no estaba interesada, según Russo, y en ese momento el informe fue entregado a Hervé Lamarr, que lo convirtió en el libro *Farewell America*. Aunque nunca se publicó en Estados Unidos, el libro se distribuyó aquí "clandestinamente".[649]

Sin embargo, aunque el libro (y el informe en el que se basaba) podía contener granos de verdad, hay buenas razones para creer que se trataba en gran medida de desinformación de la CIA y el Mossad. He aquí por qué:[650]

Si Philippe de Vosjoli fue realmente uno de los que llevaron a cabo la "investigación" para el amigo de Kennedy en el Servicio Secreto Británico, el hecho es que Vosjoli tenía una "larga amistad [y] una relación especial" con James J. Angleton el leal al Mossad en la CIA, hasta el punto de que de Vosjoli no sólo se negó a las órdenes francesas de espiar a los Estados Unidos, sino que también, al parecer, ayudó a Angleton a llevar a cabo espionaje contra Francia.[651]

Considerando esto, podemos entender por qué *Farewell America* fue tan vago e inconcluso, y dirigió la acusación lejos de la CIA y el Mossad, y, para el caso, suprimió el poco conocido "vínculo francés" con el asesinato de JFK que ha sido discutido durante mucho tiempo, pero que, si se disecciona como lo haremos aquí, apunta directamente no sólo en la dirección de Angleton en la CIA, sino también en la dirección de las manipulaciones de miembros desleales de la inteligencia francesa por Angleton y sus aliados del Mossad. Es una historia asombrosa que nunca se ha contado antes, pero que presentaremos aquí por primera vez.

LA CONEXIÓN FRANCESA...

En una comunicación privada al autor, tras haber leído el primer borrador de *Juicio Final* -que le envió nada menos que el ex congresista estadounidense Paul Findley (R-Ill)-, el ex agente de inteligencia francés Pierre Neuville afirmó (basándose en sus propios conocimientos internos) que entre los tiradores de Dealey Plaza había un asesino profesional francés, que cometió el crimen a instancias del Mossad israelí. (En el epílogo de este volumen, repasamos la extraordinaria historia de este francés y sus asombrosas experiencias con el Mossad).

Según el juicio de Neuville: "El Primer Ministro de Israel nunca habría implicado al Mossad, a judíos americanos o a personal de la CIA en la parte de ejecución de la conspiración. Incluso la CIA recurre a los servicios de otros miembros de la comunidad de inteligencia (les gusta el estilo francés) para lavar los trapos sucios. La mano derecha no sabe lo que ha hecho la izquierda. El equipo de camuflaje no sabe quién ejecuta. Y a los ejecutores no les interesan las consecuencias de su misión. Les importa un bledo.[652]

Según las fuentes de Neuville, el entonces jefe de asesinatos del Mossad, Yitzhak Shamir (más tarde Primer Ministro israelí), organizó la contratación de al menos uno

---

[649] Russo, pp. 574-575.
[650] Tom Mangold. *Cold Warrior* (Nueva York: Simon & Schuster, 1991), p. 121.
[651] Mangold, pp. 127-129.
[652] Comunicación privada del autor de 15 de agosto de 1993.

de los asesinos por mediación del jefe adjunto del servicio de inteligencia francés (el SDECE), el coronel Georges De Lannurien.

"No fue casualidad", escribió Neuville, "que el mismo día en que el presidente fue ejecutado por el equipo francés [De Lannurien] estuviera en Langley reunido con James Jesus Angleton, el topo del Mossad."

Según Neuville, "en los casos sospechosos no hay casualidades, sino encubrimientos. El caso de la infiltración comunista en el servicio secreto francés era un camuflaje apropiado para justificar la presencia del coronel De Lannurien en Langley, Virginia."[653]

Parece claro que Angleton y De Lannurien fueron reunidos con un propósito muy específico: el control de daños, es decir, asegurar que el encubrimiento del asesinato se pusiera en marcha después de que se hubiera cometido el crimen.

El propio Angleton había declarado al Comité de Asesinatos de la Cámara de Representantes que De Lannurien había acudido a su despacho con un propósito concreto: pedir ayuda para cazar topos comunistas en el SDECE.[654]

Esta controversia -la supuesta infiltración del KGB en los servicios secretos franceses- fue consecuencia directa de las maquinaciones de Angleton. Fue Angleton (a menudo instado por sus aliados del Mossad) quien solía denigrar a los supuestos infiltrados soviéticos en los servicios de inteligencia de otros países, creando una desorganización, confusión, amargura y resentimiento masivos en sus filas.

Después de la Segunda Guerra Mundial, Angleton había servido como oficial de enlace de la inteligencia estadounidense con el SDECE y había mantenido una estrecha amistad con varios funcionarios de la inteligencia francesa a lo largo de su carrera. Y se trataba sin duda de franceses que compartían el apego de Angleton por Israel.

Leonard Houneau, un oficial de alto rango del SDECE particularmente amargado que se había visto envuelto en la red de Angleton y que finalmente fue absuelto de la calumnia de que era un topo soviético, afirmó más tarde: "Toda la historia era inventada. Angleton estaba loco y era alcohólico. Intentaba enfrentarnos unos a otros".[655]

EL MERCENARIO DE LA OEA

Curiosamente, fue el mercenario de la OEA Jean Souetre quien se puso en contacto con la CIA en junio de 1963 con información sobre presuntos comunistas en el gobierno de De Gaulle y el servicio secreto francés, una de las preocupaciones ampliamente documentadas de Angleton.[656] Angleton habría estado muy "al tanto" de las actividades de Souetre (y, de hecho, podría haber colaborado activamente con él).

En el capítulo 12, señalamos que fue Souetre quien había sido detenido en Dallas el 22 de noviembre de 1963 y deportado de Estados Unidos, y que también era el oficial de enlace de la CIA de E. Howard Hunt con la OEA.

---

[653] *Ibid.*
[654] Russell, p. 785.
[655] Mangold, p. 133.
[656] *Ibid.* p. 558.

Souetre también mantuvo un puesto de avanzada informal de la OEA en la oficina de Guy Banister, en el 544 de Camp Street, en Nueva Orleans. Además, Souetre mantenía vínculos con los aliados de Meyer Lansky en la mafia corsa. Todo esto sugiere sin duda un patrón muy claro que evoca algo más que coincidencias. Pero la trama se complica. Como vimos en el capítulo 12, existen dudas sobre si la persona detenida en Dallas era, en realidad, Souetre o alguien que utilizaba su nombre.

Souetre sugirió que era Michael Mertz, otro francés, quien podría haber sido el que realmente estaba en Dallas utilizando el nombre de Souetre. Lo que hace más provocadora esta acusación es que Mertz era un antiguo oficial francés de la SDECE que se había infiltrado en la OAS anti-De Gaulle y había frustrado un complot contra la vida de De Gaulle.[657]

(Hay pruebas sólidas de que, al menos en un caso, el Primer Ministro israelí David Ben-Gurion había "frustrado" un "complot" de la OEA contra De Gaulle, llamando la atención de De Gaulle sobre el complot. Como resultado, según el biógrafo de Ben-Gourion, "Ben-Gourion tenía ahora el reconocimiento de De Gaulle".[658]

(En este caso concreto, sin embargo, el presunto conspirador fue puesto en libertad porque no había pruebas suficientes para mantenerlo detenido.[659] ¿Fue este "complot", en realidad, una operación israelí diseñada para que Israel volviera a caer en gracia a De Gaulle? Sólo podemos especular. Sólo podemos especular, del mismo modo, que quizás el rescate de De Gaulle por parte de Mertz de otro "complot" también podría haber sido una operación similar orquestada por Israel).

En cualquier caso, las conexiones de Mertz iban mucho más allá. Mertz también estaba implicado en el tráfico ilegal de drogas, considerado el contacto parisino de la red de Lansky, Trafficante y la mafia corsa que estudiamos en el capítulo 12.[660]

Poco después del asesinato de JFK, el dentista de Houston Dr Lawrence Alderson fue interrogado por el FBI. Alderson, que había trabado amistad con el verdadero Jean Souetre cuando ambos estaban en las fuerzas armadas de sus respectivos países, dijo que le habían dicho: "El FBI creía que Souetre había matado a JFK o sabía quién lo había hecho".[661] Y eso podría haber incluido al mencionado Mertz.

El ex agente de la CIA Robert Morrow, que estuvo implicado en gran parte de la intriga que rodeó la operación de Clay Shaw y Guy Banister en Nueva Orleans, afirma que fue Mertz quien formó parte de uno de los equipos de asesinos que dispararon a John F. Kennedy en Dallas.[662] Según Morrow, Mertz formaba parte del equipo ZR/Rifle de mercenarios extranjeros de la CIA dirigido por Angleton, que incluía al misterioso asesino de nombre en clave QJ/WIN. Aparte de Mertz, entre las personas señaladas como posibles asesinos franceses en los sucesos de Dealy Plaza figuraban

---

[657] *Ibid*, pp. 559-560
[658] Dan Kurzman. *Ben-Gurion: Prophet of Fire* (Nueva York: Simon & Schuster, 1985), p. 417.
[659] Dan Raviv y Yossi Melman. *Every Spy a Prince* (Boston: Houghton, Mifflin & Company, 1990), p. 73.
[660] *Ibid*, p. 563.
[661] Henry Hurt. *Reasonable Doubt* (Nueva York: Holt, Rinehart & Winston, 1985), p. 418.
[662] Robert Morrow. *Conocimiento de primera mano*. (Nueva York: Shapolski Publications, 1992), p.191.

Robert Blemant, narcotraficante e intermediario entre la mafia corsa y la CIA, y Joe Attia, financiero de la heroína y asesino del SDECE.[663]

Según el investigador Steve Revele, "documentos ultrasecretos publicados recientemente por la CIA indican que el asesino de la CIA QJ/WIN era un contrabandista luxemburgués llamado José Mankel, y el otro, WI/ROGUE, era un atracador de bancos de origen soviético llamado David Dzitzishvili (también escrito Tzitzishvili; alias David Dato).[664]

Al final, todos los mencionados tienen precisamente el tipo de vínculos que los conectan no sólo con la CIA, sino también con la maquinación francesa y luego con Israel y su Mossad.

CONEXIONES FRANCESAS DE ISRAEL

Aunque la SDECE era el servicio propio de De Gaulle, la agencia no estaba bajo el control directo de De Gaulle, al igual que la CIA no estaba bajo el control de JFK. Como dijo el biógrafo de De Gaulle sobre la lucha entre De Gaulle y la OAS, el conflicto tuvo lugar "dentro del propio Estado".[665] De hecho, uno de los intentos de asesinato contra De Gaulle por parte del Permindex y de la OAS, apoyada por Israel, fue el resultado directo de la inteligencia "desde dentro".[666] Además, más tarde se descubrió que Louis Betholini, un alto funcionario de la SDECE, era un "durmiente [agente secreto] de la OAS".[667]

Y según el historiador Paul Henissart, había -dentro del SDECE- un alto porcentaje de oficiales contrarios a De Gaulle que eran, de hecho, simpatizantes de la OAS. Al igual que su egocéntrica contraparte estadounidense, la CIA, "la principal preocupación de la SDECE, según fuentes bien informadas, era proteger a su propio personal y sus propios intereses durante el difícil periodo [del conflicto entre De Gaulle y la OAS].[668]

El historiador de los servicios de inteligencia Richard Deacon señaló que en Francia, durante este difícil período, hubo "un gran apoyo no oficial a Israel, en particular en el seno de la [SDECE] ", lo que pone aún más de relieve el papel de los oficiales de la SDECE en la organización del asesinato de John F. Kennedy en nombre de sus aliados israelíes del Mossad.[669]

Según Stewart Steven, especialista en la historia del Mossad, "Brillante en muchos sentidos, el SDECE tenía fama internacional de ser el elefante corrupto del circo mundial de la inteligencia. La CIA lo consideraba 'un auténtico coladero', y

---

[663] Dick Russell. *The Man Who Knew Too Much* (Nueva York: Carroll & Graf Publishers, 1992), p. 785.
[664] Stephen J. Rivele, *"The CIA, Assassination, and Nixon", publicado en Nixon: An Oliver Stone Film,* editado por Eric Hamburg (Nueva York: Hyperion Books, 1995), p. 28.
[665] Jean Lacouture. *De Gaulle: The Ruler* (Nueva York: W. W. Norton & Company, 1993), p. 297.
[666] *Ibid*, p. 325.
[667] Alexander Harrison. *Challenging De Gaulle.* (Nueva York: Praeger Publishers, 1989), p. 123.
[668] Paul Henissart. *Wolves in the City: The Death of French Algeria* (Nueva York: Simon & Schuster, 1970), p. 174.
[669] Richard Deacon. *The Israeli Secret Service.* (Nueva York: Taplinger Publishing Co., Inc., 1977), p. 177.

probablemente con cierta justificación, porque pocos servicios tenían tantos jefes de departamento en constante conflicto entre sí, todos al servicio de diferentes amos, ya fuera en la propia Francia o en el extranjero.

"Sin embargo, los israelíes siempre se habían llevado muy bien con el servicio francés. Como aliado en el difícil mundo en el que el Mossad se veía obligado a operar, el SDECE había demostrado ser extremadamente útil, principalmente porque sus oficiales no se sentían obligados a tener necesariamente autoridad política para sus operaciones. Esto daba al servicio una calidad de hacking muy similar a la de los propios israelíes, pero sin la disciplina ni el orden israelíes.

"Los contactos del Mossad dentro del servicio", afirmó Steven, "solían ser con miembros de la ex OAS, aquellos que se oponían a De Gaulle contra lo que creían que era su venganza de los intereses franceses en la guerra de independencia argelina."[670]

¿CHACAL O JACL?

Para complicar las cosas, el propio De Gaulle había concluido una tregua con la OAS a principios de 1963 y había ayudado a sus miembros a reubicarse.[671] Uno o varios de los "antiguos" enemigos de De Gaulle, que ahora operaban bajo los auspicios de su propio servicio de inteligencia, o al menos dentro de su esfera de influencia, podrían haber participado en el complot para asesinar a JFK. La probabilidad de que una facción israelí del servicio de inteligencia de De Gaulle, el SDECE, reclutara a un asesino -en particular a un corso- para el atentado contra JFK es muy alta.

La SDECE estaba dividida en cinco "servicios". El servicio 5 se denominaba "Acción" y estaba controlado por los corsos. Según el relato de Frederick Forsyth sobre el conflicto entre De Gaulle y la OAS (tema de su novela *El día del chacal*), estos corsos, "habían sido matones profesionales del hampa antes de ser reclutados, habían conservado sus antiguos contactos y, en más de una ocasión, buscaron la ayuda de sus viejos amigos del hampa para hacer el trabajo más sucio para el gobierno".

Fue esta actividad la que dio lugar a la implicación de una fuerza policial "paralela" (no oficial) en Francia, supuestamente bajo las órdenes de la mano derecha del Presidente De Gaulle, Jacques Foccart. [672]En realidad, no existía ninguna policía "paralela"; las actividades que se les atribuían eran llevadas a cabo por el Service d'action des forces armées o por jefes de bandas del "Milieu" alistados temporalmente."

A la luz del famoso "*Chacal*" de Forsyth, podemos ver que en la época de los complots conjuntos contra JFK y Charles De Gaulle, un grupo terrorista judío activo en Europa era conocido como la Liga Judía Anticomunista - o JACL. La JACL colaboró con la OAS. Así que parece que Frederick Forsyth sabía de lo que hablaba

---

[670] Stewart Steven. *The Spymasters of Israel.* (Nueva York: Ballantine Books, 1980), p. 242.
[671] *Ibid*, p. 561.
[672] Frederick Forsyth. *The Day of the Jackal* (Nueva York: Bantam Books, 1972), p. 17.

cuando describió a un ficticio "*Chacal*" respaldado por la OAS que pretendía destruir a De Gaulle.

LA CONSPIRACIÓN HA CERRADO EL CÍRCULO

Sin embargo, hay aún más pruebas que sugieren que la llamada "conexión francesa" con el asesinato de JFK es, de hecho, en su lugar, la conexión israelí hasta Dallas.

En 1965, tuvo lugar un extraño crimen que puso de manifiesto los estrechos vínculos entre ciertos miembros de la agencia de inteligencia de De Gaulle, el Mossad israelí y la mafia francesa. Y, por increíble que parezca, este mismo crimen implicó a individuos cuyos nombres se han relacionado con el asesinato de JFK a raíz de revelaciones posteriores. El crimen en cuestión fue el asesinato de una figura política marroquí, un tal Mehdi Ben-Barka, crítico con el régimen gobernante en su país natal (a pesar de ser un régimen árabe, el gobierno marroquí mantenía una cooperación secreta con el Mossad).

El historiador israelí Benjamin Beit-Hallahmi ha examinado los parámetros de la muerte de Ben-Barka de la siguiente manera: "El Mossad participó en el secuestro de Ben-Barka en París. A continuación fue asesinado a sangre fría. Tan pronto como el asunto tuvo lugar en suelo francés, e implicó la colaboración con miembros de la derecha [es decir, pro-OEA] dentro del [SDECE], condujo a una gran crisis política, a una purga del servicio de De Gaulle."[673]

La ironía para De Gaulle fue inmensa. Según el historiador Stewart Steven, "Como siempre... una rama del SDECE no sabía lo que estaba haciendo la otra. Mientras un departamento [del SDECE] planeaba el asesinato de Ben Barka, otra rama de la agencia de inteligencia francesa se había comprometido a pagarle [a Ben Barka] un salario mensual a través de un centro de investigación científica francés, una de las tapaderas de la vasta operación del SDECE en África."[674]

Los historiadores israelíes Dan Raviv y Yossi Melman comentaron la crisis de la siguiente manera: "De Gaulle, que sospechaba que su agencia secreta conspiraba contra él, estaba absolutamente furioso. Inmediatamente ordenó que se pusiera orden en los servicios secretos. También dirigió su ira contra Israel".[675] El presidente francés "ordenó que el mando europeo del Mossad fuera retirado de su puesto en París, y también ordenó el cese de toda cooperación en materia de inteligencia entre las dos naciones".[676]

Según el historiador Stewart Steven, "Las implicaciones para el presidente De Gaulle eran que Israel estaba tratando con la OAS en Francia, que seguía activa, todavía empeñada en vengarse, y que sin duda estaba implicada a través de sus partidarios en el SDECE en el asesinato de Ben Barka. Esto significaba que Israel estaba implicado en actividades ilegales en suelo francés, una afrenta al nacionalismo

---

[673] Benjamin Beit-Hallahmi. *The Israeli Connection-Who Israel Arms and Why* (Nueva York: Pantheon Books, 1987), p. 46.
[674] Stewart Steven. *The Spymasters of Israel.* (Nueva York: Ballantine Books, 1980), p. 242.
[675] Dan Raviv y Yossi Melman. *Every Spy a Prince* (Boston: Houghton Mifflin Co., 1990), p. 158.
[676] Dan Raviv y Yossi Melman. *Every Spy a Prince* (Boston: Houghton Mifflin Co., 1990), pp. 158-159.

francés, y significaba que él mismo, cuyo apoyo a Israel nunca había sido cuestionado, había sido traicionado.[677] Según Steven, la expulsión del Mossad de París fue "un duro golpe, quizá el más duro que haya sufrido nunca el servicio secreto israelí"... De Gaulle nunca perdonó a Israel".[678]

DAVID CRISTIANO

Resulta que uno de los principales sospechosos del asesinato de Ben-Barka era un tal Christian David, un mafioso francés que era cómplice conocido del mencionado Michael Mertz, presuntamente implicado en el asesinato de JFK.

El ex oficial de inteligencia del ejército William Spector había dicho al investigador del asesinato de JFK Jim Marrs que David formaba parte del equipo ZR/Rifle de la CIA que estaba bajo la supervisión de Angleton y que incluía al mencionado asesino, QJ/WIN.

Lo que lo hace aún más asombroso es que David afirmó conocer a un equipo de asesinos francés implicado en el asesinato de JFK.[679] David afirma haber recibido un contrato para matar a JFK de los hermanos Guerini, relacionados con Lansky, líderes de la mafia francesa de Marsella respaldada por la CIA.[680]

Increíblemente, las conexiones francesas han cerrado el círculo. Fue el QJ/WIN de la CIA quien utilizó su influencia para conseguir la liberación de un tal Thomas Eli Davis III de una prisión marroquí después de que Davis hubiera sido detenido en el norte de África por suministrar armas a la OEA. Y fue Jack Ruby (que mató a Lee Harvey Oswald) quien contó a sus abogados su relación con Davis. Ruby había dicho que él y Davis habían transportado armas y jeeps a Cuba.[681]

LOS BUCLES SE CRUZAN EN DALLAS

Está claro que Charles De Gaulle habría tenido interés en arrojar luz sobre el asesinato de JFK, dado que existían múltiples conexiones francesas con actores clave de la conspiración.

De Gaulle descubrió claramente que miembros de la inteligencia francesa y/o agentes de sus enemigos jurados, la OAS, habían participado en la conspiración del Mossad para asesinar a JFK.

Parece claro que uno o más de los asesinos franceses que desempeñaron un papel en los sucesos de Dallas fueron reclutados por el Mossad a través de sus aliados en el servicio de inteligencia de De Gaulle.

Es más, los integrantes de la facción de la CIA vinculada a Nueva Orleans en el complot de asesinato -los que convirtieron a Lee Harvey Oswald en un agitador

---

[677] Steven, p. 252.
[678] *Ibid.*
[679] Dick Russell. *The Man Who Knew Too Much* (Nueva York: Carroll & Graf Publishers, 1992), p. 785.
[680] Jim Marrs. *Crossfire: The Plot That Killed* Kennedy (Nueva York: Carroll & Graf Publishers, Inc., 1989) pp. 202-209.
[681] *Ibid.* pp. 401-405.

procastrista- estaban directamente relacionados con la red OAS y Permindex, la empresa del Mossad que había conspirado contra De Gaulle.

Y en el cuartel general de la CIA en Langley, Virginia, James J. Angleton, amigo devoto y asociado durante mucho tiempo del Mossad y miembro del SDECE, había tomado parte en una maquinación que muestra claramente que él mismo estaba implicado en la conspiración y en el encubrimiento que siguió.

Incluso E. Howard Hunt, de la CIA, estaba directamente vinculado a la conexión francesa como oficial de enlace de la CIA con la OEA. Por último, la visita abierta de Hunt a Dallas justo antes del asesinato -obviamente por orden de Angleton-, donde se había reunido con Frank Sturgis, agente del Mossad desde hacía mucho tiempo, le había situado en el centro de la trama. El posterior intento de vincular públicamente a Hunt con el asesinato puede rastrearse directamente hasta Angleton.

Estos detalles, unidos a todo lo que hemos comentado en las páginas de Juicio Final, explican la llamada "conexión francesa" con el asesinato de JFK, aunque, como hemos visto, el origen de la conspiración para matar al presidente estadounidense no fue, de hecho, francés.

Es evidente que hubo muchas personas implicadas en la periferia del complot de asesinato, fueran o no conspiradores activos. El presidente francés De Gaulle tenía un gran interés en saber cómo su propio servicio de inteligencia y/o personas vinculadas a él habían sido manipulados por el Mossad y tenía un gran interés en encubrirlo.

DE GAULLE CONTRAATACA

Las investigaciones de De Gaulle sobre las actividades del SDECE en el año siguiente al asesinato de JFK tuvieron una consecuencia interesante. Los tejemanejes de James J. Angleton, el hombre del Mossad de la CIA -su supuesto descubrimiento de topos del KGB en las filas del SDECE- habían provocado el caos en la inteligencia francesa, obligando al presidente francés a actuar.

Según el biógrafo de Angleton, Tom Mangold: "En el transcurso del año, De Gaulle perdió finalmente la paciencia con la CIA. El presidente francés, discretamente y sin publicidad, emitió una orden que ponía fin a todas las operaciones conjuntas entre el SDECE y la CIA. Durante los tres años siguientes, los dos servicios permanecieron separados, una ruptura sin precedentes entre los dos países amigos."[682]

Esto recuerda, por supuesto, a la decisión de De Gaulle de expulsar al Mossad de Francia en la misma época, como ya hemos indicado. A la luz de todo lo que hemos considerado aquí, es probable que gran parte de la acción de De Gaulle contra los aliados de Angleton en la CIA y el Mossad se derivara directamente de su descubrimiento de que su propio servicio de inteligencia se había visto directamente

---

[682] Tom Mangold. *Cold Warrior* (Nueva York: Simon & Schuster, 1991), p. 134.

comprometido por la implicación de Georges De Lannurien, el oficial del SDECE que había ayudado a facilitar el asesinato de JFK.

PERMINDEX Y LA CONEXIÓN FRANCESA

Como vimos en el capítulo 15, la conexión con el Permindex (a través de Clay Shaw en Nueva Orleans) estableció en efecto el vínculo no sólo entre la CIA, el Sindicato Lansky y el Mossad, sino también entre Francia y la conspiración de asesinato.[683] Desgraciadamente, aunque el fiscal de Nueva Orleans Jim Garrison conocía la existencia del Permindex, creía -al menos en el momento del juicio de Shaw- según Paris Flammonde, que el Permindex "no tenía ninguna implicación directa" en la conspiración.

Claramente, Garrison veía el Permindex como un mero indicio de los vínculos de Shaw con los servicios de inteligencia y nada más.[684] Sin embargo, como señala el investigador del asesinato James Di Eugenio en uno de sus comentarios más perspicaces: "Es discutible, pero aun así, las conexiones europeas de Shaw habrían tenido algún efecto sobre la imagen que él había construido cuidadosamente" de una especie de "liberal wilsoniano-rooseveltiano-kennediano".[685]

Las propias palabras de Garrison sugieren que pudo haber recibido instrucciones del servicio secreto francés. En un momento dado, Garrison dijo que le habían dicho que los conspiradores que tramaban el asesinato de JFK habían sido penetrados por un servicio de inteligencia extranjero, pero esto fue "por razones totalmente ajenas a una investigación sobre el asesinato del Presidente".[686]

De hecho, este caso "no relacionado" podría haber sido (y esto es especulación, por supuesto) una investigación de De Gaulle sobre Shaw y los conspiradores de Nueva Orleans debido a su colaboración con la OAS en los chanchullos contra De Gaulle. Desgraciadamente, al menos al principio, la "conexión francesa" (que en realidad es la conexión israelí) parece haber seguido adelante a través de Garrison y esto puede haber provocado en parte su incapacidad para condenar a Shaw en el complot de JFK. Sabemos que a finales de los años 70, el Comité Selecto de la Cámara de Representantes sobre Asesinatos estaba investigando la "conexión francesa".

Sin embargo, según Dick Russell, uno de los investigadores del comité, Mike Ewing, había declarado que el comité "estaba trabajando en la 'conexión francesa' cuando cerró el negocio" en 1978.[687] Así que, como resultado, la "investigación" oficial nunca llegó tan lejos como podría haberlo hecho y la conexión israelí -a través de la llamada "conexión francesa"- permaneció en secreto (como sin duda pretendían los conspiradores).

---

[683] James Di Eugenio. *Destiny Betrayed* (Nueva York: Sheridan Square Press, 1992), p. 373.
[684] *Ibid.*
[685] *Ibid.* p. 208.
[686] Paris Flammonde. *The Kennedy Conspiracy* (Nueva York: Meredith Press, 1969), p. 281.
[687] Russell, p. 559.

MÁS ISRAEL

De hecho, existe un vínculo entre Israel y pruebas que relacionan a miembros de la OEA con un complot contra el presidente Kennedy. En *The Man Who Know Too Much*, Dick Russell describe la extraña historia del soldado Eugene Dinkin, un descifrador de códigos militares en Europa que, justo antes del asesinato de JFK, vigilaba y descifraba el tráfico telegráfico de la OAS francesa.

Russell dijo que Dinkin había descubierto (un hecho conocido por la CIA y la Comisión Warren en 1964) que la OEA había estado al tanto de un complot para asesinar al presidente Kennedy que supuestamente tenía lugar en Texas. Desafortunadamente para Dinkin, según Russell, "nadie le diría a qué hora del día excepto el embajador israelí en Luxemburgo que... le había aconsejado sobre la mejor manera de presentar su caso a la embajada americana".[688]

El pobre Dinkin, por supuesto, no tenía ni idea de que los israelíes (a quienes percibía como aliados de Estados Unidos) estaban de hecho trabajando entre bastidores con cómplices vinculados a la OEA en la conspiración del asesinato de JFK. Así que, al transmitir su historia a los israelíes, Dinkin estaba alertando efectivamente a la OEA (y a los conspiradores) de que había encontrado sus vínculos con el inminente asesinato del Presidente. Este es sólo otro de esos fascinantes detalles -que los investigadores han olvidado de alguna manera- que confirman el vínculo con Israel.

LA FUERZA MOTRIZ

Es evidente que lo que comúnmente se conoce como la conexión "francesa" con el asesinato del presidente Kennedy es mucho más de lo que parece. *En Juicio* Final, sin embargo, establecemos los parámetros de la conexión francesa como nunca antes se había hecho.

Nunca será posible establecer la verdad sobre lo que ocurrió exactamente en Dealey Plaza, pero creemos que en las páginas de *Juicio* Final nos hemos acercado más que nunca a la verdad.

La información proporcionada por el ex oficial de inteligencia francés sobre la orquestación israelí del asesinato de JFK por parte del Mossad a través de otras redes de inteligencia, especialmente la CIA de James J. Angleton y las fuerzas pro-israelíes del SDECE, es coherente con otros hechos recogidos en este capítulo y a lo largo de las páginas de este volumen.

El juicio final es ineludible...

Israel fue la fuerza impulsora del asesinato del presidente John F. Kennedy. El papel de Israel fue el insospechado pero omnipresente "eslabón perdido" en la conspiración del asesinato de JFK.

Sigamos adelante y examinemos cómo los medios de comunicación maniobraron y/o fueron manipulados por la CIA y el Mossad para ocultar la verdad sobre el asesinato del Presidente. También examinaremos el asesinato del senador Robert F.

---

[688] Russell, p. 554.

Kennedy. Su muerte fue una parte esencial del encubrimiento del asesinato de su hermano en Dallas.

CAPÍTULO XVII

No se atreven a hablar:
El silencio de los medios de comunicación - Por qué el papel de Israel en el asesinato de JFK no pudo ser revelado

La influencia de Israel y de su grupo de presión en los medios de comunicación estadounidenses habría dificultado la divulgación de cualquier sospecha sobre la implicación de Israel en el asesinato de JFK. Los medios de comunicación promovieron las conclusiones de la Comisión Warren y atacaron a sus críticos. Y los medios culparon a Fidel Castro.

El informe del columnista Drew Pearson y la sensacional película *JFK* de Oliver Stone son casos clásicos de cómo los medios de comunicación vinculados a Israel manipularon la percepción pública del asesinato del presidente Kennedy.

"El encubrimiento del asesinato de Kennedy sobrevivió tanto tiempo sólo porque la prensa, ante la disyuntiva de creer lo que le decían o examinar los hechos de forma independiente, eligió lo primero. Hasta que la prensa no renuncie a esa opción, es poco probable que sepamos la verdad.[689]

Estas son las palabras de Jerry Pollicoff, un investigador que trabajó durante muchos años en el asunto JFK, que resume la actitud de los medios de comunicación de la clase dominante hacia su cobertura del crimen del siglo.

Los medios de comunicación se contentaron con rechazar prácticamente todas las teorías imaginables hasta cierto punto - excepto una: que Israel estaba detrás del asesinato, una teoría que en cualquier caso está muy extendida en el mundo árabe.

Sin embargo, como hemos visto, sobre todo en el capítulo 5, se sabía muy poco de la guerra secreta de JFK contra Israel y del importante giro en la política exterior de Oriente Medio que siguió al asesinato de JFK.

Así que incluso los críticos más duros de la supuesta "investigación" -la mayoría diría "encubrimiento"- de la conspiración del asesinato por parte de la Comisión Warren no tenían motivos para sospechar que pudiera haber una conexión israelí con el asesinato de JFK. Las conclusiones finales de la Comisión Warren no satisficieron a nadie, excepto a los amigos de Israel y de la CIA en los medios de comunicación de la clase dominante, que dieron su apoyo incondicional a las conclusiones del informe.

---

[689] Sid Blumenthal (editor). *Government by Gunplay: Assassination Conspiracy Theories From Dallas to Today* (Nueva York: Signet Books, 1976), p. 231.

EL DESACUERDO DE UN CIUDADANO

Mark Lane, el abogado neoyorquino, hizo grandes avances con su disección clínica del Informe Warren en su bestseller *Rush to Judgment*. Le siguió una avalancha de otros libros. El segundo libro de Lane sobre el asesinato de JFK, *A Citizen's Dissent*, es, sin embargo, muy revelador de la reacción de la clase dirigente -en particular de los medios de comunicación- ante el escándalo provocado por la publicación de *Rush to Judgment*.

No hay duda -y esto es importante- de que los medios de comunicación se pusieron casi unánimemente del lado del Informe Warren, a pesar de todas las pruebas de que era una farsa. Los medios no toleraban la disidencia. Para los medios, la controversia sobre JFK había terminado. Y punto.

GARRISON Y EL VÍNCULO ENTRE LA CIA Y EL MOSSAD

Sin duda, los medios de comunicación se dejaron llevar por su cobertura histérica de la investigación del fiscal de Nueva Orleans Jim Garrison sobre el asesinato de JFK entre 1967 y 1969 y el procesamiento del empresario de Crescent City Clay Shaw.

En la época en que Garrison empezó a perseguir a Shaw, los hechos que hoy conocemos sobre Shaw y sus vínculos con la Permindex, con sede en Roma y vinculada a Lansky, el Mossad y la CIA, no estaban tan claros.

No fue hasta 1975 cuando el ex funcionario de la CIA Victor Marchetti reconoció públicamente que Shaw tenía vínculos con la CIA y que ésta estaba muy interesada en apoyar a Shaw durante el periodo de su procesamiento en Nueva Orleans.[690]

El propio ex director de la CIA, Richard Helms, admitió posteriormente bajo juramento que Shaw tenía vínculos con la CIA. Si Jim Garrison hubiera tenido estas pruebas en el momento del juicio de Shaw, el veredicto habría sido realmente diferente.[691]

INTERVENCIÓN DE ANGELTON

Hay más pruebas de los intentos de la CIA de obstruir la investigación de Garrison. Estas pruebas implican directamente al Director de Contrainteligencia de la CIA, James J. Angleton, cuyos singulares vínculos con el Mossad y papel central en el encubrimiento de la conspiración de JFK exploramos en los capítulos 8, 15 y 16.

En su biografía del ex director del FBI J. Edgar Hoover, recientemente publicada, el autor Anthony Summers describe cómo las fotos supuestamente incriminatorias de Hoover en actividades homosexuales (descritas en el capítulo 7) consiguieron resurgir como parte de la investigación de Garrison.

Según Summers, Gordon Novel, el antiguo agente de la CIA, le dijo que James J. Angleton le había enseñado esas fotos.

---

[690] Jim Garrison, *Tras la pista de los asesinos* (Nueva York: Sheridan Square Press, 1988), p. 251.
[691] *Ibid*.

Novel, que operaba desde Nueva Orleans, había aparecido en la investigación de Jim Garrison como posible sospechoso y, como consecuencia directa, él (Novel) había presentado una demanda contra Garrison.

Novel dijo que sus colaboradores de la CIA le habían instado a que continuara con su acusación contra el fiscal de Nueva Orleans, pero que Hoover se oponía. Fue entonces cuando Angleton se puso en contacto con Novel, exponiéndole las fotos incriminatorias y sugiriéndole que informara discretamente a Hoover de que había visto las fotos que Novel afirmaba haber visto, lo que hizo, para gran consternación del director del FBI.[692]

Claramente, Garrison iba por buen camino. Cuando lanzó su investigación sobre Shaw, Garrison pensó que estaba cumpliendo con su deber patriótico. Intentaba procesar a un hombre que creía relacionado con el complot para asesinar a JFK. Garrison intentaba llevar ante la justicia a los asesinos de nuestro presidente. Sin embargo, el fiscal de Nueva Orleans se encontró con un huracán ofensivo por parte de los medios de comunicación, y en particular de unos medios con estrechos vínculos con miembros del lobby pro-Israel.

LA BANDA STERN

Las pruebas indican, de hecho, que la mano maestra de los propagandistas pro-israelíes estaba trabajando, orquestando el ataque contra Garrison. El ataque contra el fiscal fue llevado a cabo por la emisora de televisión (y radio) afiliada a la NBC de Nueva Orleans, WDSU.

El propietario de la WDSU era Edgar Stern, de la poderosa familia Stern de Nueva Orleans, que contribuía no sólo al Comité Judío Americano y a la American Jewish Appeal, sino también a la Liga Antidifamación (ADL) de B'nai B'rith.[693] Además, la mujer de Edgar Stern, Edith Stern, era muy amiga de Clay Shaw, y su apoyo a Shaw frente a su acusación fue destacado en el relato de James Kirkwood sobre el juicio de Shaw, *American Grotesque*.[694]

Como veremos en este capítulo, la ADL no sólo funciona como una operación de inteligencia exterior para Israel, sino que también trabaja en estrecha colaboración con la inteligencia estadounidense. Y lo que es más importante, la ADL utiliza su influencia para desempeñar un papel importante en la cobertura de los medios de comunicación estadounidenses. Esto fue esencial para encubrir la verdad sobre el asesinato de JFK.

Sin embargo, el ataque malintencionado de la WDSU contra Garrison era un proyecto mucho mayor de lo que parecía. De hecho, las noticias nacionales de la NBC en Nueva York fueron el principal motor de la campaña de propaganda contra el fiscal.

El coordinador del proyecto de la NBC era un antiguo funcionario del Departamento de Justicia, Walter Sheridan, que anteriormente había trabajado para

---

[692] Anthony Summers, *Official and Confidential: The Secret Life of J. Edgar Hoover* (Nueva York: G. P. Putnam's Sons, 1992), pp. 244-245.
[693] James Kirkwood. *American Grotesque: An Account of the Clay Shaw-Jim Garrison Affair in New Orleans* (Nueva York: Simon & Schuster, 1970), p. 47.
[694] *Washington Observer*, 1 de agosto de 1970.

la Agencia de Seguridad Nacional. Según Sheridan, Edgar Stern era "un hombre valiente y liberal que compartía nuestras opiniones sobre Garrison y su investigación. WDSU fue la única voz en Luisiana que se pronunció en contra de lo que Garrison estaba haciendo.[695]

Sin embargo, uno se pregunta por el valor y el carácter liberal de la familia Stern, a la luz no sólo de su ataque a Garrison, sino también de su conocido apoyo a la ADL y sus actividades, especialmente en Nueva Orleans.

En 1968, en plena controversia Garrison-Shaw, fue la oficina de la ADL en Nueva Orleans la que proporcionó 36.500 dólares de sus propios fondos para una operación del FBI destinada a atrapar a Tommy Tarrants, miembro del Ku Klux Klan, y a una joven llamada Kathy Ainsworth. La Sra. Ainsworth murió en un tiroteo.[696]

Curiosamente, el representante de la ADL en Nueva Orleans que fue el primer actor en esta extraña conspiración fue A. L. (Bee) Botnick.

Fue en el capítulo 15 donde señalamos la estrecha relación entre Botnick y Guy Banister, el antiguo coordinador oficial del FBI que se convirtió en el antiguo coordinador de la CIA para las operaciones relacionadas con los exiliados cubanos anticastristas en Nueva Orleans.

Fue, por supuesto, desde la oficina de Banister en el 544 de Camp Street desde donde Lee Harvey Oswald había realizado operaciones de inteligencia a petición de Banister y se había presentado como agitador procastrista.

SABOTAJE

La implicación de Walter Sheridan en el caso Garrison iba mucho más allá del simple hecho de ser un periodista que iba a realizar un trabajo de demolición. De hecho, Sheridan estaba intentando sabotear la investigación de Garrison interfiriendo en su propio progreso.

Como señaló Garrison, Sheridan y sus socios "estaban haciendo algo más que juegos de palabras. Estaban llevando a cabo una investigación oficial de la oficina del fiscal de una gran ciudad. Intentaban persuadir a los testigos para que cambiaran su testimonio, e incluso trasladar permanentemente a testigos clave a otra parte del país."[697]

AÚN MÁS DE LA PANDILLA DE POPA

Lo que también es interesante es que el medio de comunicación WDSU dirigido por la familia Stern, y vinculado a la ADL, desempeñó un papel clave en la promoción de la imagen de Lee Harvey Oswald como activista "procastrista" antes y después del asesinato del presidente Kennedy.

---

[695] Walter Sheridan. *The Fall and Rise of Jimmy Hoffa*. Nueva York: Saturday Review Press, 1972), p. 418.
[696] *Los Angeles Times*, 13 de febrero de 1970.
[697] Jim Garrison. *On the Trail of the Assassins: My Investigation & Prosecution of the Murder of President Kennedy* (Nueva York: Sheridan Square Press, 1988), p. 168.

Fue el 16 de agosto de 1963 cuando Oswald y un colega aparecieron en el exterior del International Trade Mart de Clay Shaw repartiendo panfletos procastristas. El investigador Dick Russell señala dos hechos interesantes: "Sólo estuvieron allí unos minutos, pero la prueba fue filmada por WDSU-TV, que por casualidad estaba presente". Jessie R. Core III, responsable de relaciones públicas del International Trade Mart, también había asistido al reparto de octavillas y alertó al FBI inmediatamente después."[698]

Así que no sólo estaban las cámaras de televisión de la familia Stern para captar a Oswald, el activista "procastrista", sino que Clay Shaw, miembro de la junta de Permindex y socio de Trade Mart, trabajó para denunciar al joven "comunista" ante el FBI, reforzando la imagen izquierdista de Oswald.

Sin embargo, este no fue el final de la participación de la WDSU en la promoción de la imagen pública de Oswald como agitador procomunista antes del asesinato del presidente Kennedy.

El 17 de agosto, William Stuckey, de la radio WDSU, organizó una entrevista radiofónica con Oswald en la que el joven proclamaba sus opiniones izquierdistas. WDSU envió entonces una copia de la cinta al FBI.

Y aún hubo más. El 19 de agosto, Stuckey, de la WDSU, volvió a ponerse en contacto con Oswald y organizó un debate con un activista anticastrista en su emisora de radio. Fue entonces cuando Oswald se proclamó marxista. Al día siguiente, la WDSU entregó una copia de la transcripción del debate a la oficina del FBI en Nueva Orleans.[699]

En una segunda ocasión, el 30 de agosto, la radio WDSU volvió a poner a disposición del FBI la transcripción del debate radiofónico de Oswald.[700] WDSU era una emisora de radio muy pública.

LA "PUBLICIDAD GRATUITA" DE OSWALD

La televisión y la radio WDSU, conectadas con la ADL, habían proporcionado así a "un chiflado solitario" -Lee Harvey Oswald- más publicidad gratuita de la que cualquier otro pequeño izquierdista de la ciudad de Nueva Orleans podría haber soñado.

Pero la WDSU no había terminado con Oswald. Inmediatamente después del arresto de Oswald en Dallas, el 22 de noviembre, fue una vez más la WDSU la que desempeñó el papel de presentar a Oswald, esta vez ante una audiencia nacional de televisión, como un agitador procastrista.

Según Warren Hinckle y William Turner: "La cadena NBC dio un golpe de efecto, gracias a su filial de Nueva Orleans WDSU. A primera hora de la noche, había emitido una cinta con la voz de Oswald profesando su admiración por Fidel Castro y declarando: "Soy marxista".[701]

---

[698] Dick Russell. *El hombre que sabía demasiado*. (Nueva York: Carroll & Graf Publishers, 1992), p. 400.
[699] *Ibid*, pp. 401-402.
[700] *Ibid*, p. 430.
[701] Warren Hinckle y William Turner. *Deadly Secrets*. (Nueva York: Thunder's Mouth Press, 1992), p. 252.

Una nota interesante. El joven camarógrafo de la WDSU, Johann Rush, que filmó la distribución de panfletos de Oswald, surgió unos treinta años después, en 1993, como un "experto" cuya "mejora" de la película de Zapruder sobre el asesinato de JFK fue aclamada como la prueba definitiva de que Oswald actuó solo.

Rush colaboró con el escritor Gerald Posner en la publicación de un volumen titulado *Caso cerrado*, que fue ampliamente aclamado en los medios de comunicación establecidos como la refutación definitiva de los teóricos de la conspiración del asesinato de JFK.

U. S. News & World Report, publicado por el entusiasta de Israel Mortimer Zuckerman, dedicó una versión ampliada de un número especial que incluía el libro en su artículo principal.

Sin embargo, el libro de Posner y Rush está lleno de errores, contradicciones, inexactitudes y tergiversaciones. El libro es bastante deshonesto en su afirmación de que, aunque la Comisión Warren se equivocó en algunos puntos -que habían suscitado críticas-, su tesis básica (que Oswald actuó solo) era correcta.

Los autores ignoran pruebas clave de los vínculos de la CIA y otros servicios de inteligencia con Oswald y Ruby y sugieren que casi todos los numerosos testigos que pudieron proporcionar información que apuntaba a una conspiración eran mentalmente inestables, mentirosos o ambas cosas.

Johann Rush, antiguo miembro de la conspiración de la WDSU que acusó a Lee Harvey Oswald de ser un agitador procastrista, volvió así al centro del encubrimiento mediático de lo que realmente ocurrió en Dallas el 22 de noviembre de 1963.

LA CONEXIÓN CON SHERIDAN E ISRAEL

Fue más tarde, por supuesto, cuando Walter Sheridan, contratado por la NBC, llegó a Nueva Orleans y, respaldado por la WDSU, lanzó la iniciativa de perjudicar a Jim Garrison en una audiencia televisada a nivel nacional, la WDSU ya había hecho mucho para sentar las bases de la presentación de Lee Harvey Oswald como un agitador comunista aislado.

Más adelante, cabe señalar que fue Sheridan quien se había establecido -aunque no era abogado- en el bufete de abogados Miller, Cassidy, Larroca y Lewin de Washington D. C. C. Era el bufete de un antiguo colega de Sheridan del Departamento de Justicia, llamado Nathan Lewin, que por entonces se había convertido en uno de los secuaces más destacados del lobby israelí en Washington.

Fue desde su despacho en la empresa de Lewin donde Sheridan había sentado las bases para la creación de una empresa de seguridad que prestaba servicios exclusivos al imperio hotelero caribeño conocido como Resorts International.[702] Como señalamos en el capítulo 7, Resorts International se considera una operación conjunta de inteligencia que vinculaba a la CIA y al Sindicato del Crimen de Meyer Lansky con el Mossad israelí.

Vale la pena señalar en este contexto que el investigador Peter Dale Scott había señalado que el relato de Walter Sheridan sobre su trabajo en la lucha contra el crimen

---

[702] *Executive Intelligence Review. El arma secreta de Moscú*. (Washington, D.C.: Executive Intelligence Review, 1 de marzo de 1986), p. 119.

organizado en el Departamento de Justicia de Kennedy "omite nombres tan relevantes como Meyer Lansky".[703] Por supuesto, esto no es sorprendente, dado todo lo que hemos visto sobre Sheridan y las fuerzas que estaban detrás de los esfuerzos por destruir la investigación de Jim Garrison sobre Clay Shaw y la conspiración del asesinato de JFK.

CRÍTICAS A GARRISON

Sea como fuere, está más que claro que fuerzas con estrechos vínculos con el lobby israelí estaban entre quienes dirigieron el asalto a Garrison. Garrison fue criticado repetidamente en la televisión nacional. Fue brutalmente atacado en la prensa. Se cuestionó su integridad y se pusieron en tela de juicio sus métodos de investigación.

Lo mismo se aplicaba a cualquiera que cuestionara la versión "oficial" del asesinato de JFK. La CIA incluso se tomó la molestia de preparar un estudio del bestseller de Mark Lane *Rush to Judgment* sobre las críticas a la Comisión Warren, que había sido distribuido a amigos y agentes de la CIA en los medios de comunicación.

Todo esto era parte integrante de la campaña para desacreditar a quienes estaban a punto de descubrir la verdad real sobre el asesinato de JFK, algo que ni Israel ni sus aliados de la CIA podían permitir.

SABOTAJE DESDE DENTRO

En sus memorias, Garrison señala cómo, una y otra vez, él y sus compañeros investigadores de la Oficina del Fiscal del Distrito de Nueva Orleans descubrieron pruebas de que su trabajo estaba siendo saboteado desde dentro. Infiltrados del gobierno y otras personas no sólo espiaban las actividades de Garrison, sino que intentaban socavar toda la investigación. Para consternación de Garrison, incluso algunos voluntarios aparentemente entregados que se habían ofrecido a ayudar a los investigadores profesionales resultaron ser saboteadores.

Uno de los ayudantes "voluntarios" era un joven descrito por Garrison como "un joven inglés".[704] Este joven inglés, de hecho, era un tal Tom Bethell, que más tarde "rompió" con Garrison -si es que realmente había estado trabajando en el mismo bando que él desde el principio- y se convirtió en una fuente para los críticos de Garrison. Quizá ahora sepamos cuál había sido la recompensa de Bethell, ahora que ha pasado el tiempo.

El ex agente de la CIA William F. Buckley Jr. contrató posteriormente al joven Bethell como editor de su revista *National Review*, promocionándolo como uno de los grandes escritores conservadores jóvenes de la época. Gracias al patrocinio de Buckley, la carrera de Bethell como periodista había ido bastante bien.

---

[703] Peter Dale Scott. *Deep Politics and the Death of JFK* (Berkeley, California: University of California Press, 1993), p. 187.
[704] *Ibid*, p. 173.

(En el capítulo 9 revisamos los estrechos y repetidos vínculos de Buckley y su familia con una amplia gama de actores clave en el complot del asesinato de JFK, en particular E. Howard Hunt, de quien hablamos con más detalle en el capítulo 17).

¿AÚN MÁS INTERVENCIÓN DE LA CIA?

Hay más pruebas de la clara interferencia de la CIA en la investigación de Garrison. Cuando James Kirkwood, crítico de Garrison, publicó su libro *American Grotesque* en 1968, había denunciado la iniciativa de la comunidad de inteligencia de difamar las acusaciones de Garrison contra Clay Shaw.

Al describir cómo el periodista James Phelan le había proporcionado (a Kirkwood) su propio relato de cómo él (Phelan) intentaba refutar el caso Garrison contra Shaw, Kirkwood publicó la transcripción de una entrevista grabada que había mantenido con Phelan.

Phelan describió cómo había quedado con Garrison en Las Vegas (durante unas vacaciones para el cansado y desgastado fiscal). En aquel momento, Garrison no sabía que Phelan era hostil. Phelan contó a Kirkwood cómo Garrison le había proporcionado una serie de documentos clave, de forma confidencial, que debía devolver a la mañana siguiente.

Según la transcripción de Kirkwood, Phelan dijo: "Cuando [Garrison] me los dio [los papeles], no me puso ninguna restricción. Sabía que estaba escribiendo un artículo. Me dijo: "Entenderás mi caso cuando los leas". Así que me levanté temprano y telefoneé a Bob Mayhew al Desert Inn y le dije que necesitaba una fotocopia y que la necesitaba rápidamente. Tenía que fotocopiar dos documentos y no quería que nadie más los leyera ni supiera que estaban copiados. Me fotocopiaron las copias y devolví los originales a Garrison sin hacer ningún comentario. Quería esperar al juicio".[705]

Lo significativo, sobre todo en el contexto de la época en que Kirkwood publicó por primera vez esta entrevista (1968), es que sólo unos años más tarde se descubrió por primera vez que era Robert Maheu, un antiguo agente del FBI convertido en agente de la CIA, el principal intermediario entre la CIA y el crimen organizado en el complot conjunto contra Fidel Castro. Cuando Kirkwood reveló por primera vez las maquinaciones de Phelan y Maheu, las actividades entre bastidores de Maheu seguían siendo un oscuro y profundo secreto.

Fue este mismo Robert Maheu (al que Kirkwood confundió con "Mayhew") quien ayudó a Phelan en su intento de echar por tierra la investigación de Garrison, una investigación que, de haberse completado, habría revelado el complot de la CIA contra Castro, que también implicaba a muchas de las personas involucradas en el asesinato de JFK.

En el capítulo 11 analizamos en detalle la relación de Maheu con la CIA y las figuras del crimen organizado de Meyer Lansky, como Johnny Rosselli, Sam Giancana y el teniente Santo Trafficante.

También se recordará que el Desert Inn antes mencionado (en aquella época propiedad del multimillonario Howard Hughes) fue creado originalmente por Morris

---

[705] Kirkwood, p. 162.

Dalitz, socio de confianza de Meyer Lansky, cuyas actividades y extrañas conexiones exploramos en los capítulos 10 y 15.

Por lo tanto, la CIA tenía a sus colaboradores en puestos clave para socavar la investigación de Jim Garrison.

GARRISON Y MARCELLO

Algunos de los enemigos más creativos de Garrison en los medios de comunicación habían encontrado una nueva forma de desacreditar al fiscal de Nueva Orleans. En lugar de buscar realmente la verdad sobre el asesinato de JFK, afirmaron que Garrison en realidad estaba tratando de encubrirlo. Garrison, decían, era un instrumento voluntario del jefe de la mafia Carlos Marcello.

Al señalar con el dedo a la CIA, los críticos de Garrison afirmaron que el fiscal intentaba disipar las sospechas sobre Carlos Marcello, que, según ellos, era el sospechoso más probable.

Esta afirmación es, como mínimo, ilógica. Si Garrison estaba tratando deliberadamente de ocultar cualquier conexión que Marcello pudiera haber tenido -si es que tenía alguna- con el complot de asesinato, lo estaba haciendo bastante mal.

(En el capítulo 10 nos enteramos de la campaña contra Garrison dirigida por Richard Billings, de la revista *Life*, que promovía la hipótesis Garrison-Marcello. Fue Billings, por supuesto, quien más tarde actuó como asesor principal del Comité Selecto de Asesinatos de la Cámara de Representantes que culpó a "la Mafia" -y a Marcello en particular- del asesinato de JFK).

Si Garrison trataba de proteger a Marcello, la última persona a la que debería haber perseguido era David Ferrie, piloto privado ocasional y abogado en ocasiones del capo de la mafia. Ferrie estaba junto a Marcello en un tribunal federal de Nueva Orleans en el mismo momento en que dispararon a JFK.

Al examinar primero las actividades de Ferrie, Garrison prácticamente entra directamente en la oficina de Marcello. Este hecho por sí solo niega la creativa (pero muy defectuosa) crítica de Garrison sobre "el encubrimiento de la mafia", una crítica que sigue pesando sobre la memoria de Garrison hasta el día de hoy. Sin embargo, quienes apoyan la teoría de que "la mafia mató a JFK" ignoran este hecho.

Está claro que los habitantes de Nueva Orleans no se tragaron el duro ataque de la clase dirigente contra Garrison. Garrison fue reelegido como fiscal del distrito a pesar del bombardeo mediático, o quizá precisamente gracias a él.

Esto es aún más notable si se tiene en cuenta que fueron los periódicos de Nueva Orleans los que criticaron más ferozmente a Garrison.

Garrison estaba claramente en el camino correcto. Buscaba en los lugares adecuados. Fue Garrison quien relacionó a Clay Shaw con el complot para asesinar a JFK y fue Shaw quien se sentó en el consejo de Permindex, la oscura empresa israelí vinculada al Mossad que desempeñó un papel tan central en el asesinato del presidente estadounidense. Nunca sabremos cuánto sabía Shaw sobre el inminente asesinato del presidente, pero no cabe duda de que Shaw estaba vinculado al núcleo de la conspiración.

LOS FEDERALES CONTRA GARRISON

Como era de esperar, todo el rigor del gobierno federal cayó sobre la cabeza de Garrison. Fue acusado formalmente de corrupción, pero posteriormente fue absuelto, y con razón. El testigo central contra él, un antiguo amigo llamado Pershing Gervais, admitió en una entrevista de prensa (con la periodista Rosemary James, ella misma crítica de Garrison) que los cargos contra Garrison eran una invención del Departamento de Justicia. Gervais dijo: "Querían silenciar a Jim Garrison. Ese era su principal objetivo...". Fue, según Gervais, "una total y completa maquinación política". Declaró que "todo" era mentira.[706]

A pesar de la exoneración, Hacienda se precipitó y presentó cargos de fraude fiscal contra Garrison por no pagar impuestos sobre los supuestos sobornos que había sido absuelto de aceptar. Esto, por supuesto, suena increíble, pero es absolutamente cierto. Garrison no fue condenado, pero los críticos de la clase dirigente siguieron afirmando (en un último esfuerzo desesperado por noquear a Garrison) que los miembros del jurado en estos casos -como en el caso anterior- podían haber sido sobornados para que emitieran un veredicto de inocencia.

LOS MEDIOS MANCILLAN LA IMAGEN DE KENNEDY

Es más, gracias a los medios de comunicación, la imagen de John F. Kennedy también fue atacada en varias ocasiones en los años posteriores al asesinato. Casi se convirtió en una forma de difamación ritual.

La notoria vida sexual de Kennedy se convirtió en el tema no sólo de los tabloides, sino de la prensa de la clase dirigente. Se nos dijo que Kennedy no era quien decía ser. Su aventura con Marilyn Monroe se convirtió en tema de conversación en todas las mesas. (El bizarro rol de Mickey Cohen, el hombre de Hollywood de Meyer Lansky, en el affaire Kennedy-Monroe - que tocamos en el Capítulo 13 - no fue, sin embargo, una parte esencial de la continua cobertura de los medios.

Las tonterías del hermano de John Kennedy, Edward, no ayudaron mucho. Los medios de comunicación se abalanzaron con entusiasmo sobre el más mínimo error del senador de Massachusetts y -cuando se acercaba el trigésimo aniversario del asesinato de JFK en 1993- empezaron a elogiar varios libros malintencionados que atacaban a Ted Kennedy con lo que muchos supusieron que era un medio de impedir que el hermano menor de los Kennedy llegara a la Casa Blanca.

Incluso la difunta Jacqueline Kennedy, casada más tarde con el multimillonario griego Aristóteles Onassis, fue ridiculizada por los medios de comunicación en los últimos años. Ni siquiera ella se libró del vilipendio mediático.

LA CONEXIÓN HUNT - CIA ELIMINADA

A pesar de toda la fascinación de los medios con la familia Kennedy, los medios habían permanecido extrañamente silenciosos sobre las sorprendentes revelaciones

---

[706] Garrison, p. 270.

que surgieron del juicio por difamación de E. Howard Hunt contra *el* periódico *The Spotlight* en Miami en 1985. Fue entonces, como vimos en el capítulo 16, cuando el jurado concluyó que la CIA había desempeñado efectivamente un papel en el asesinato de John F. Kennedy. Dicho esto, los amigos de la CIA en el *Washington Post* tuvieron poco que decir sobre la sorprendente derrota de Hunt durante el juicio. ¿Fue accidental o intencionada? A estas alturas, la conclusión es demasiado obvia.

LA CIA Y LOS MEDIOS DE COMUNICACIÓN

El hecho de que la CIA desempeñó ciertamente un papel importante en la subversión de la Primera Enmienda y en la influencia sobre los medios de comunicación estadounidenses es ahora una verdad ampliamente aceptada. Según un artículo de David Wise en *The American Police State*, que discutía, en parte, el papel de la CIA en la manipulación de los medios de comunicación:

"Los contactos de la CIA con el mundo editorial no se limitaron a los intentos de suprimir libros. A través de la Agencia de Información de Estados Unidos, la CIA subvencionó a importantes editoriales para que produjeran libros, algunos de los cuales se vendían después en Estados Unidos sin ninguna marca gubernamental que advirtiera al comprador desprevenido.

"En 1967, el editor Frederick A. Praeger reconoció que había publicado 15 ó 16 libros para la CIA. A mediados de la década de 1960, el gobierno había gastado más de un millón de dólares en su programa de desarrollo de libros. El Comité de Inteligencia del Senado estimó que, en 1967, la CIA había producido, patrocinado o subvencionado "bastante más de 1.000 libros" aquí y en el extranjero.[707]

(Uno de los libros de Praeger es interesante en el contexto de la "conexión francesa" con el asunto JFK. En 1989, Praeger publicó *Challenging De Gaulle: The OAS and the Counterrevolution in Algeria*. El ex director de la CIA William Colby escribió la introducción del libro de Harrison, que ha sido descrito como la primera historia completamente documentada de la OAS.

El Sr. Wise añadió: "La CIA también publicó artículos en la prensa extranjera, algunos de los cuales se distribuyeron al público estadounidense. Colby aseguró al Comité de Inteligencia de la Cámara de Representantes que la CIA nunca manipularía [a Associated Press], ya que se trata de un servicio de noticias estadounidense. Además, la CIA operaba dos servicios de noticias en Europa. Estos "propietarios", o empresas pantalla de la CIA, daban servicio a periódicos estadounidenses; uno de ellos tenía más de treinta suscriptores estadounidenses."[708]

Hay otra fuerza importante en la vida estadounidense que desempeña un papel aún mayor en la configuración de los medios de comunicación.

---

[707] David Wise. *The American Police State: The Government Against the People* (Nueva York: Random House, 1976), pp. 200-201.
[708] Wise, *Ibid*.

ISRAEL Y LOS MEDIOS DE COMUNICACIÓN ESTADOUNIDENSES

La verdadera clave para comprender el papel de los medios de comunicación en el encubrimiento del asesinato de JFK es reconocer la increíble influencia del lobby israelí en Estados Unidos sobre los medios de comunicación estadounidenses. Este es un tema que merece mucha más consideración de la que podemos darle en estas páginas.

Sin embargo, hay cuatro libros en particular que ofrecen al lector una visión en profundidad de cómo Israel y su grupo de presión en este país han tenido un impacto tan poderoso en la forma en que se informa sobre Israel. Cada libro merece un estudio detenido:

Split Vision: The Portrayal of Arabs in the American Media, editado por Edmund Ghareeb, publicado en 1983 por el American-Arab Affairs Council;

They Dare to Speak Out: People and Institutions Confront Israel's Lobby, del ex diputado Paul Findley, publicado en 1985 por Lawrence Hill & Company.

A Changing Image: American Perceptions of the Arab-Israeli Dispute, del ex diplomático Richard H. Curtiss, publicado en 1986 por el American Educational Trust;

Conspiracy Against Freedom (Conspiración contra la libertad), publicado en 1986 por Liberty Lobby, la institución populista con sede en Washington que publica *The Spotlight*, el periódico que estuvo detrás del juicio entablado por E. Howard Hunt (descrito en el capítulo 16) que llevó al jurado a la conclusión de que la CIA había sido cómplice en el complot para asesinar a JFK.

Este volumen reviste especial interés en la medida en que presenta documentos de los archivos de la ADL que prueban el papel de la Liga Antidifamación (ADL) proisraelí de B'nai B'rith en su intento de silenciar a los críticos de Israel mediante técnicas de gran alcance como amenazas, boicots económicos y otras medidas dudosas e ilegales contrarias a la tradición estadounidense.

Es la actividad de la ADL, en particular, la que parece haber desempeñado un papel recurrente en el encubrimiento mediático de la conspiración del asesinato de JFK.

LOS TENTÁCULOS DEL MOSSAD

En su historia del Mossad israelí, el historiador de los servicios de inteligencia Richard Deacon comenta el papel omnipresente del lobby israelí y la forma en que ejercía su influencia:

"Durante años, los tentáculos del servicio secreto israelí habían llegado a todos los horizontes de la vida estadounidense, no de forma siniestra, como a veces afirmaban sus enemigos, sino de una forma discreta y persistente que consistía en hacer amigos e influir en la gente, establecer grupos de presión de opinión y reunir información de inteligencia.

Deacon añadió: "Esta influencia se extendió [a la Cámara de Representantes] y al Senado, al Pentágono, a las industrias de defensa y electrónica, a los laboratorios de investigación y a organizaciones judías como la Liga Antidifamación, el Comité Judío de Defensa, Bonds for Israel y la Federación de Filantropías Judías.

"Algunas de estas agencias han servido como frentes para la recopilación de inteligencia, y hay pocos comités importantes del Congreso que no tengan un solo miembro del personal o ayudante que no se alimente de la red israelí.[709]

LIGA ANTIDIFAMACIÓN

Es significativo que Deacon hiciera referencia específica a la Liga Antidifamación (ADL) de B'nai B'rith. Quizá más que ninguna otra organización, es la ADL la que siempre ha tenido un mayor impacto en los medios de comunicación estadounidenses. Y en el caso de la cobertura mediática del asesinato de JFK, la investigación de la Comisión Warren y las posteriores críticas a la Comisión, el toque de la ADL es, como veremos, claramente visible.

Que la ADL, como portavoz de Israel, tenía interés en sofocar cualquier sugerencia de que Israel -así como los aliados de Israel en la CIA- desempeñó un papel en el asesinato de JFK no puede discutirse.

Después de todo, la ADL ha adoptado como misión la defensa de Israel y la difamación de sus críticos, ya sean reales o percibidos.

LA ADL Y LA UNIÓN DE LANSKY

Además, la ADL ha mantenido -hasta el día de hoy- vínculos muy estrechos con los restos del Sindicato del Crimen Organizado de Meyer Lansky a lo largo de su historia. Muchos de los asociados de alto rango de Lansky han sido durante mucho tiempo importantes colaboradores financieros de la ADL.

Según un estudio realizado en 1968 por el padre Dan Lyons, sacerdote jesuita, en aquella época 5.500.000 dólares del presupuesto total de la ADL, que ascendía a 6.183.000 dólares, procedían de contribuciones de la industria del alcohol. La industria del alcohol era prácticamente el bastión de poderosas familias judías conocidas por su devoción a Israel, en particular la familia del ex contrabandista Samuel Bronfman.[710]

(Como vimos en los capítulos 7 y 15, la familia Bronfman -junto con el barón del licor Sam Rothberg, jefe de la campaña estadounidense Israel Bonds- han sido importantes financiadores de Israel y han forjado estrechos vínculos con el Sindicato del Crimen Organizado de Lansky.

De hecho, como señalamos en el capítulo 10, la ADL estaba tan unida al sindicato de Lansky que en 1983 Morris Dalitz, antiguo socio de Lansky, fue honrado por la ADL con su prestigioso "Premio Antorcha de la Libertad". (Al parecer, el servicio de Dalitz a la causa de Israel se consideró más importante que sus actividades en los bajos fondos).

Por supuesto, todo esto es importante si se consideran las actividades de la ADL en el contexto del asalto de los medios de comunicación a quienes ponderaban la posibilidad de una conspiración detrás del asesinato de JFK.

---

[709] Richard Deacon. *The Israeli Secret Service*. (Nueva York: Taplinger Publishing Co, Inc., 1978), p. 171.
[710] *Twin Circle*. 29 de septiembre de 1968.

Sin embargo, la ADL tiene -como veremos- conexiones que van más allá de los intereses del crimen organizado y que se beneficiaron del asesinato de JFK. La ADL mantiene desde hace tiempo vínculos con los servicios de inteligencia estadounidenses.

LA ADL Y LA INTELIGENCIA ESTADOUNIDENSE

En *American Jewish Organizations and Israel*, Lee O'Brien ofrece un estudio informativo del método de funcionamiento de la ADL:
"En sus primeras décadas, la ADL se acercaba a personas o instituciones consideradas antisemitas e intentaba en privado persuadirlas o razonar con ellas para que retiraran declaraciones abusivas y corrigieran comportamientos ofensivos". En años posteriores, la ADL recurrió a medidas más públicas y agresivas, que clasificó como "educación", "labor de vigilancia" y "legislación". De hecho, el "trabajo de vigilancia" se convirtió en una vigilancia abierta de individuos y grupos, cuyos resultados se transmitían tanto a la red de recopilación de información israelí, a través de sus consulados y embajadas, como a la inteligencia nacional estadounidense, a través del FBI. Funcionarios de la ADL habían admitido el uso de técnicas de vigilancia clandestina".[711]

LA ADL Y LOS MEDIOS DE COMUNICACIÓN

El resumen de O'Brien sobre el modus operandi de la ADL es bastante interesante, ya que pone de relieve la influencia de la ADL en los medios de comunicación y en el debate público sobre el papel de Israel en la configuración de la política estadounidense en Oriente Próximo:
"Hoy en día, la ADL es mucho más activa que otras organizaciones de relaciones comunitarias a la hora de utilizar sus oficinas y grupos regionales para recopilar y difundir información.
"La sede central de Nueva York proporciona a las oficinas regionales hojas de análisis, modelos de cartas al director para su publicación en los medios locales, biografías de dirigentes israelíes y oradores antisionistas, y directrices sobre cómo tratar los temas de actualidad.
"Las oficinas regionales supervisan a su vez todas las actividades relacionadas con Israel u Oriente Medio en su zona, como medios de comunicación, conferenciantes y películas. Al señalar los acontecimientos locales a la atención de la sede central, desempeñan un papel central en la supervisión general de la ADL en el ámbito nacional."[712]

---

[711] Lee O'Brien. *American Jewish Organizations and Israel.* (Washington, D.C.: Instituto de Estudios Palestinos, 1986), p. 99.
[712] *Ibid.*

MEDIDAS CONTRA LOS CRÍTICOS DE ISRAEL

O'Brien describe un ejemplo típico de las actividades de la ADL en defensa de Israel: "Un activista judío crítico con las políticas israelíes descubrió en 1983 que la ADL mantenía un expediente sobre él desde 1970; incluía información sobre el sujeto recogida de periódicos locales, conferencias en el campus, memorandos interdepartamentales (de la institución en la que enseñaba el sujeto), reuniones de negocios, debates en radio y televisión, así como artículos periodísticos y otros documentos diversos.

"Como revelaba el expediente, se había encargado a personas concretas que supervisaran las conferencias de esta persona, bien mediante grabaciones y transcripciones literales, bien mediante resúmenes detallados de cuál era el tema, el contexto de la conferencia, los demás participantes, el tamaño de la audiencia, las preguntas formuladas por los participantes, el estado de ánimo de la audiencia, etc.".

"En algunos casos, estos observadores habían conseguido penetrar en reuniones a puerta cerrada en las que participaba el sujeto. A continuación, la ADL preparaba y difundía una breve cartilla sobre la persona, utilizando los formatos 'mito' y 'hecho', y la distribuía a sus agentes para que la utilizaran en futuros discursos.[713]

Este es, por supuesto, sólo un ejemplo de la omnipresente influencia de la ADL israelí y de sus esfuerzos clandestinos por controlar el debate público sobre la política estadounidense en Oriente Próximo en todos los frentes, especialmente en los medios de comunicación estadounidenses.

ESCÁNDALO DE ESPIONAJE

A principios de 1993, sin embargo, el historial de espionaje nacional clandestino -e ilegal- de la ADL se convirtió finalmente en objeto de una amplia controversia pública.

En San Francisco estalló un escándalo de espionaje en el que estaban implicados la ADL, uno de sus informadores de toda la vida y un agente de policía de San Francisco que vendía información policial clasificada a la ADL.

Una redada policial en las oficinas de la ADL en San Francisco y Los Ángeles reveló que las oficinas de la ADL vigilaban a unos 12.000 estadounidenses y las actividades de unas 950 organizaciones sociales y políticas de todas las tendencias políticas.

Más tarde se reveló que la ADL estaba llevando a cabo operaciones de espionaje similares en otras grandes ciudades del país, utilizando una red de informadores para infiltrarse en organizaciones objetivo de la ADL.

(En el capítulo 15, exploramos la probabilidad de que el jefe del servicio secreto de la ADL en Nueva Orleans, A. L. (Bee) Botnick, utilizara los buenos oficios de su colega extremista anticomunista, el ex agente del FBI, investigador privado y agente de la CIA Guy Banister, para espiar a los grupos de izquierda de Nueva Orleans, aprovechando el talento de un joven llamado Lee Harvey Oswald.

---

[713] *Ibid*, p. 100.

Irónicamente, entre los objetivos del espionaje de la ADL se encontraban organizaciones que habían colaborado con la ADL a lo largo de los años en diversas empresas conjuntas, como la Asociación Nacional para el Progreso de las Personas de Color y la Asociación Estadounidense por las Libertades Civiles.

ESPIAR A TODO EL MUNDO

Contrariamente a la percepción popular, la ADL no sólo espiaba a los denominados grupos "de derechas" o "antisemitas". Por el contrario, la ADL parece haber mantenido una vigilancia constante sobre una amplia gama de grupos e individuos.

Aunque la ADL trató de guardar silencio sobre la investigación en curso, informes de investigación contundentes y basados en hechos aparecidos en el *San Francisco Examiner* y *Los Angeles Times*, en particular, se difundieron a escala nacional, causando un inmenso daño a la antigua posición de la ADL como organización de "derechos civiles".

LA CONEXIÓN CON ANGLETON

Irwin Suall, que operaba desde la sede de la ADL en Manhattan, había sido durante mucho tiempo el jefe de la red de espionaje de la ADL (llamada eufemísticamente "división de investigación"). Activo en el pasado en el movimiento obrero, Suall fue un protegido de Jay Lovestone, a quien conocimos por primera vez en el capítulo 8.

Hay que recordar que el mentor de Suall era el contacto del jefe de la inteligencia aliada del Mossad, James J. Angleton, en las relaciones de la CIA con las organizaciones criminales corsas y sicilianas vinculadas al Sindicato Lansky.

Estos criminales extranjeros (que dirigían el negocio de la droga de Lansky en Europa) también fueron utilizados por la CIA en su campaña de posguerra contra los movimientos obreros de izquierdas en el Mediterráneo.

Dado que James J. Angleton había sido despedido de su puesto en la CIA tras las revelaciones de su implicación en el espionaje nacional ilegal de la CIA, sólo podemos suponer que, dadas las revelaciones sobre el espionaje de la ADL, Angleton casi con toda seguridad confió en los buenos oficios de sus amigos de la ADL vinculados al Mossad para obtener más información.

(En el capítulo 15, señalamos que el FBI también había utilizado a la ADL como activo de espionaje, en particular las operaciones de espionaje de la ADL dirigidas contra el líder de los derechos civiles Martin Luther King, Jr).

LA ADL Y EL ASESINATO DE JFK

El hecho de que la ADL ayudara a dar forma a la cobertura mediática del asesinato de JFK era inevitable, especialmente a la luz de las revelaciones que hemos destacado en las páginas de este libro.

De hecho, la primera vez que los medios de comunicación de la clase dominante expusieron la teoría de que Lee Harvey Oswald podía haber formado parte de una conspiración mucho más amplia fue en un reportaje de dos destacados columnistas muy cercanos no sólo a la ADL, sino también a figuras clave del Sindicato del Crimen de Meyer Lansky. El caso que vamos a examinar es muy importante e ilustra muy bien este punto.

La portada de pearson y anderson

El 3 de marzo de 1967, el columnista Drew Pearson y su ayudante, Jack Anderson, publicaron un artículo en el que sugerían que Fidel Castro estaba detrás del asesinato de JFK (el artículo apareció cuando el fiscal del distrito de Nueva Orleans, Jim Garrison, se encontraba en las primeras fases de su propia y controvertida investigación sobre el asesinato).

Curiosamente, Pearson y Anderson habían incluso enfocado su artículo de tal manera que sugerían que de alguna manera Robert Kennedy, entonces Fiscal General - el hermano menor del Presidente que había sido elegido para el Senado de Nueva York en 1964 - había participado en el supuesto complot de asesinato ideado por Castro.

Pearson y Anderson afirmaron que, "El presidente Johnson está sentado sobre una bomba H política, un informe no confirmado de que el senador Robert Kennedy aprobó un complot de asesinato que podría haberle salido el tiro por la culata a su difunto hermano". El supuesto complot de asesinato fue uno de varios entre la CIA y la Mafia.[714]

Según lo que Charlson y Anderson pueden describir caritativamente como un relato rocambolesco, Castro había capturado a varios sicarios de la CIA y la Mafia que le perseguían y los había "secuestrado"; en resumen, los sicarios anticastristas habían cambiado entonces de opinión, regresado a EE.UU. y matado a Kennedy.

Unos años más tarde, Anderson reveló que el mafioso Johnny Rosselli había sido, de hecho, la supuesta fuente original de la historia, que según Anderson había sido contada a Edward P. Morgan, un abogado de Washington vinculado a la CIA.

(En el capítulo 11 hablamos de la implicación de Rosselli en los complots para asesinar a Castro en los que se basó, en parte, la historia de Pearson y Anderson para apoyar su teoría).

POR QUÉ LA CUBIERTA NO AGUANTA...

Los biógrafos de Rosselli, Charles Rappleye y Ed Becker, no se creen en absoluto la historia de Pearson y Anderson. Escriben:

"El simple y poderoso argumento contra el patrocinio cubano del asesinato de Kennedy no se mencionó en el artículo, a saber, el gran riesgo que corría Castro si se descubría un complot contra el presidente estadounidense. Como señaló el Comité Church [del Senado de EE.UU.] [que investiga los complots de asesinato de la CIA], un error así habría "expuesto a Cuba a la invasión y la destrucción".

---

[714] *Washington Post, 3* de marzo de 1967.

Más tarde, se reveló que Castro había abierto nuevos canales diplomáticos en el momento de los tiroteos de Dallas, mostrándose, en palabras de un diplomático, "ansioso por establecer comunicaciones con Estados Unidos". Por último, en retrospectiva, la historia de los francotiradores de la CIA "secuestrados" por Rosselli parece muy inverosímil, fruto de un anuncio de reclutamiento de la guerra de Corea.

"Anderson tampoco señaló su estrecha relación con su fuente; el hecho de que Morgan no tenía pruebas, más allá de las declaraciones de Rosselli, para apoyar la teoría de las represalias de Castro; ni que Rosselli perseguía sin duda su propia agenda.[715]

Jimmy Fratianno, un ex miembro de las familias mafiosas de California, relató un encuentro con Rosselli en 1976, cuando éste proporcionaba a los investigadores del Congreso detalles de los complots de la CIA y del crimen organizado para asesinar a Fidel Castro.

El recuerdo de Fratianno sugiere que Rosselli nunca fue franco sobre los hechos tal y como se desarrollaron en realidad. Fratianno recuerda las siguientes palabras de Rosselli:

"Me llevaron al Hotel Carroll Arms... para una sesión secreta y realmente los puse en su lugar. Todos emocionados sobre quién mató a Kennedy. A veces me gustaría decirles que la mafia lo hizo, sólo para ver la expresión de sus estúpidas caras. Se supone que somos estúpidos, ¿no?

"Contratamos a un psicópata como Oswald para matar al Presidente y encontramos a un patético bocazas como Ruby para callarlo. No confiaríamos en estos imbéciles para dispararle a un maldito perro.

"De todos modos, están empezando a preguntarme sobre esta mierda que le dije a Morgan hace años. Ya sabes, Castro tomó represalias contra Kennedy porque alguien había intentado matarlo. Le dije: "No recuerdo haber recibido o pasado tal información".

"Jimmy, no es culpa mía que Morgan tenga una vívida imaginación. También me he pasado por el despacho de Jack Anderson y nos estamos haciendo muy amigos, hemos comido y cenado juntos. Buen tipo, pero siempre está intentando sonsacarme información, pero es guay".[716]

LA CONEXIÓN CON LA CIA

Los biógrafos de Rosselli creen que "la cuestión de quién patrocinó realmente la falsa pista de que Castro mató a Kennedy es más interesante que la motivación de Rosselli [para crear la historia contada por Pearson y Anderson].[717]

Según Rappleye y Becker, "Santo Trafficante parece el participante más probable".[718] Pero van aún más lejos. Creen que la CIA está detrás de las acciones de Trafficante en este contexto:

---

[715] Charles Rappleye y Ed Becker. *All American Mafioso: The Johnny Rosselli* Story (Nueva York: Doubleday, 1991), p. 471.
[716] Ovidio Demaris. *The Last Mafioso: The Treacherous World of Jimmy Fratianno* (Nueva York: Bantam Books, 1981), p. 389.
[717] Rappleye y Becker, p. 475.
[718] *Ibid.*

"¿Podría la CIA haber propuesto la teoría de Castro, una vez más para desviar la investigación de [Jim] Garrison [en Nueva Orleans]? Si la CIA estuvo realmente implicada en el asesinato de Kennedy, como creen algunos eminentes investigadores, el escenario encajaría.

"Dada su estrecha relación con la Agencia, Rosselli habría aceptado sus directrices, así como las de Trafficante. Y el propio Ed Morgan tenía estrechos vínculos con la Agencia, tanto a través de [el agente de la CIA Robert] Maheu como de un trabajo anterior como asesor del Comité de Relaciones Exteriores del Senado.[719]

(Como hemos visto, sobre todo en el capítulo 12, Trafficante no era el gran jefe del crimen que los medios de comunicación de la clase dominante presentaban como tal. Más bien era el lugarteniente de Meyer Lansky, antiguo colaborador de la CIA y leal a Israel.

PEARSON, JOHNSON Y EL SINDICATO LANSKY

El crítico de la Comisión Warren Peter Dale Scott señala, además, que el propio Pearson era cercano al entonces presidente Lyndon B. Johnson y que Pearson apoyó los planes de Johnson respaldados por la CIA para desarrollar la guerra en Vietnam (cuestión sobre la que JFK y la CIA habían chocado, conduciendo a un enfrentamiento final). Johnson y que Pearson apoyó los planes de Johnson, respaldados por la CIA, para desarrollar la guerra en Vietnam (la cuestión sobre la que JFK y la CIA habían chocado, conduciendo a un enfrentamiento final).[720]

Enmarcar una historia anticomunista (es decir, vincular a un dictador comunista con el asesinato del presidente mártir) también tendría el efecto secundario de avivar las llamas de la histeria anticomunista que habría sido útil para la ofensiva "anticomunista" en Vietnam que resultó tan beneficiosa, como hemos visto, no sólo para la CIA, sino también para el Sindicato del Crimen de Meyer Lansky y sus aliados en Israel.

La relación Pearson-Johnson también tenía otras implicaciones. Según Scott, Pearson había utilizado su artículo para filtrar información del gobierno sobre un testigo clave, Don Reynolds, que estaba testificando contra Bobby Baker, amigo de Johnson desde hacía mucho tiempo y reputado secuaz."[721]

(Baker, como vimos en el capítulo 6, no sólo era un agente independiente, sino también un representante de varias empresas corruptas de LBJ. Baker había realizado no pocas transacciones con estrechos colaboradores de Meyer Lansky, entre ellos Ed Levinson, director del International Credit Bank (ICB) de Tibor Rosenbaum, agente del Mossad.

---

[719] *Ibid.*
[720] Peter Dale Scott. *Crime and Cover-up: The CIA, the Mafia, and the Dallas-Watergate Connection.* (Berkeley, California: Westworks Publishers, 1977), p. 26.
[721] *Ibid*, p. 25.

(Como señalamos en el capítulo 15, el BCI de Rosenbaum era, por supuesto, uno de los principales accionistas de Permindex, la oscura empresa que desempeñó un papel central en la conspiración de la CIA y el Mossad contra John F. Kennedy).

EARL WARREN ES ESTAFADO

El interés de Drew Pearson por informar sobre el asesinato de JFK venía de lejos. De hecho, según la investigación de Scott, fue el propio Pearson quien le dijo al presidente de la Corte Suprema, Earl Warren, al comienzo de la investigación de la Comisión Warren, que los complots de la CIA y el crimen organizado contra Castro habían fracasado y que Castro había tomado represalias y ordenado el asesinato de Kennedy.[722]

Según John Henshaw, confidente de Pearson durante mucho tiempo, Warren y Pearson habían viajado juntos a la URSS poco después del asesinato de JFK. Allí, Pearson fue presentado al líder soviético Nikita Khrushchev. Al parecer, uno de los temas tratados por Pearson y Jruschov fue el asesinato de John F. Kennedy.[723]

Henshaw había señalado que un documento clasificado de "alto secreto" enterrado en los Archivos Nacionales de Washington (firmado por el director de la CIA, Richard Helms) había sido designado "Discusión entre el presidente Jruschov y el Sr. Drew Pearson en relación con Lee Harvey Oswald".[724]

Este es uno de los documentos que el Presidente del Tribunal Supremo Warren ordenó sellar durante 75 años. Las conversaciones secretas entre Pearson y el dictador soviético nunca se publicaron en Pearson's Gossip. Al parecer, fue durante este período cuando Pearson promovió por primera vez la teoría de la conspiración castrista que, más tarde, en 1967, saltó a la luz pública.

Sin embargo, en el momento de la investigación de la Comisión Warren, el presidente del Tribunal Supremo creía claramente que la historia de Pearson era cierta y, por lo tanto, la consiguiente necesidad de ocultar la verdad para evitar el estallido de la guerra. Al parecer, ésta fue la treta necesaria para convencer a Warren de que ocultara lo que él creía erróneamente que era la inquietante verdad. El biógrafo de Pearson describió caritativamente las acciones del columnista: "El propósito del columnista -ahora diplomático- era reducir la histeria, que podría haber alterado el delicado equilibrio entre [EE.UU. y la URSS].[725]

En cualquier caso, el asunto Pearson-Anderson sobre la supuesta conspiración de Castro contra JFK causó sensación y enturbió las aguas en un momento en que las acusaciones de complot para asesinar a JFK estaban ganando credibilidad. Por muy racional que pareciera la historia en su momento, las pruebas, en el mejor de los casos, como hemos visto, eran escasas. El hecho es que las "revelaciones" de Pearson y Anderson no eran más que desinformación deliberada.

---

[722] *Ibid.*
[723] *Washington Observer*, 1 de abril de 1967.
[724] *Washington Observer*, 15 de junio de 1968.
[725] Oliver Pilat. *Drew Pearson: An Unauthorized Biography* (Nueva York: Harper's Magazine Press, 1973), p. 241.

DESVIAR LA ATENCIÓN DE LA POLÉMICA

Los artículos de Pearson y Anderson "exculpaban" a la CIA de su implicación en el asesinato de JFK y señalaban a Castro.

Al mismo tiempo, los artículos de Pearson y Anderson habían desviado la atención de la investigación de Garrison en Nueva Orleans sobre la probable implicación de la CIA, que había dado con el vínculo entre Clay Shaw y el Permindex, llevando la investigación directamente a las puertas de Israel.

No cabe duda de que Drew Pearson, en particular, también tenía interés en proteger cualquier implicación israelí.

EL PERIODISTA FAVORITO DE ISRAEL

De origen judío, Pearson fue un devoto amigo de Israel, desde el principio. De hecho, en el periodo previo a la creación del Estado de Israel, Pearson había trabajado como sicario para el lobby israelí en Estados Unidos, atacando en su columna a quienes percibía como hostiles a los intereses israelíes.

Uno de los objetivos favoritos de Pearson era James Forrestal, el entonces Secretario de Defensa. Según el biógrafo de Pearson, "Cuando Forrestal persuadió al [Presidente Harry] Truman para que se pusiera del lado de los árabes contra los judíos de Palestina por razones militares, Pearson aprovechó la oportunidad. Convirtió a Forrestal en un portavoz burocrático de las compañías petroleras estadounidenses con enormes intereses en Oriente Próximo. Walter Winchell y otros creadores de opinión habían apoyado su posición".[726]

Se afirma que el histérico ataque de Pearson a Forrestal por parte de los medios de comunicación provocó la inestabilidad mental del Secretario del Gabinete, lo que provocó el suicidio de Forrestal. Sin embargo, muchos creen que Forrestal fue asesinado, precisamente por su fuerte oposición al lobby israelí.

Pearson había estrechado sus vínculos con el lobby israelí y llevaba varias décadas participando extraoficialmente en una conspiración con la Liga Antidifamación (ADL) de B'nai B'rith, el brazo de inteligencia y propaganda de Israel.

PEARSON Y LA ADL

Según el biógrafo de Pearson, "A lo largo de los años, la ADL había ayudado enormemente a Pearson. Le había proporcionado información que no podía conseguir en ningún otro sitio, había apoyado sus giras de conferencias e incluso le había ayudado a distribuir su boletín semanal."[727]

La ex suegra de Pearson, la editora del *Washington Times-Herald* Cissy Patterson, fue menos caritativa en su descripción de Pearson. En un encendido editorial sobre Pearson, lo calificó de "agente encubierto y portavoz de la Liga Antidifamación".[728]

---

[726] *Ibid*, p. 183.
[727] *Ibid*, p. 17.
[728] *Ibid*, p. 169.

Además, Pearson tenía un antiguo acuerdo con la ADL por el que ésta pagaba los gastos de sus secuaces, como John Henshaw, a cambio de que Pearson publicara en sus columnas propaganda engañosa de la ADL.[729]

LA CONEXIÓN DE PEARSON CON EL MOSSAD

Al mismo tiempo, Pearson se había familiarizado a lo largo de los años con una serie de altos oficiales de inteligencia cercanos a Israel, en particular Sir William Stephenson, un mago de la inteligencia nacido en Canadá.

Stephenson, como vimos en los capítulos 7 y 15, no sólo fue la fuerza motriz del montaje del Mossad israelí, sino también el cerebro de las operaciones de inteligencia aliadas durante la Segunda Guerra Mundial que utilizaron los recursos de Meyer Lansky y su red de crimen organizado. También fue un estrecho colaborador y mentor de Louis M. Bloomfield, presidente de la empresa Permindex, respaldada por el Mossad, que desempeñó un papel central en el complot para asesinar a JFK.

Según el biógrafo de Pearson, "Stephenson había conocido a Pearson durante la guerra, cuando era un ejecutivo publicitario con el mayor número de clientes en Estados Unidos". [730][731] Al menos en una ocasión, Pearson publicó una historia que, según su biógrafo, "le había sido suministrada" por Stephenson.

Las otras conexiones del Sr. Pearson eran igualmente interesantes y apuntan en la dirección de su interés por encubrir a Israel y a sus aliados en el complot del asesinato de JFK: la CIA y el Sindicato del Crimen Organizado de Meyer Lansky.

EL LOBBY ISRAELÍ Y PEARSON

Según John Henshaw, socio de Pearson, éste incurrió en prácticas comerciales desleales con el abogado Max M. Kampelman, figura clave del lobby israelí en Washington y antiguo director de la Liga Antidifamación (ADL).

Kampelman, abogado personal del vicepresidente Hubert Humphrey, y Pearson intentaban hacerse con el control de la cadena de televisión de propiedad negra WOOK Canal 14 de Washington.[732]

(Como vimos en el capítulo 6, Humphrey era el producto de una organización política de Minnesota financiada en parte por el tristemente célebre Isadore Blumenfeld, una pieza importante del sindicato del crimen de Lansky.

Las conexiones de Pearson con el lobby israelí en Washington eran aún más estrechas. El yerno de Pearson (y editor de sus "cuadernos"), el abogado Tyler Abell, había sido contratado por el bufete de David Ginsburg, un agente extranjero registrado de Israel.

Ginsburg, junto con varias otras figuras conocidas por su interés en promover los intereses de Israel en Washington, figuraban entre los estrechos colaboradores de Hubert Humphrey (Ginsburg se había tomado una excedencia en su propio bufete

---

[729] Entrevista con Alec de Montmorency, 25 de enero de 1992.
[730] Pilat, p. 183.
[731] *Ibid.*
[732] *Washington Observer*, 14 de febrero de 1967.

para trabajar en favor del Vicepresidente Hubert H. Humphrey, que había fracasado en la campaña presidencial de 1968).[733] En el capítulo 6 analizamos los primeros éxitos políticos del vicepresidente en Minneapolis, dominada por el sindicato de Lansky.

EL TRATO MICKEY COHEN

En 1968, Pearson había trabajado mano a mano con Mickey Cohen, el secuaz del esbirro de la costa oeste Meyer Lansky, para romper la campaña presidencial de Richard Nixon en favor de su oponente demócrata, Humphrey. (En el capítulo 13 exploramos en detalle la conexión de Cohen con el complot del asesinato de JFK).

Según Cohen, en sus memorias, el presidente Johnson dispuso que Pearson llamara a Cohen, que entonces estaba en la cárcel. Pearson quería desenterrar secretos sobre Nixon de la época en que el ex vicepresidente de California, según Cohen, había prestado apoyo financiero a Nixon.

Pearson le dijo a Cohen: "Vamos a apoyar a Humprey para presidente. Y te aseguro que, si se convierte en nuestro presidente, serás liberado por razones médicas", a cambio de proporcionar mierda sobre Nixon.

Según Cohen, "consentí todo lo que Pearson quería hacer contra Nixon".[734] Sin embargo, Nixon ganó las elecciones y a Cohen nunca se le concedió la libertad condicional médica.

La relación de Pearson con los editores del *National Enquirer* (un periódico famoso por denigrar a la familia Kennedy y que también publicó extravagantes historias sobre la conspiración del asesinato de JFK) también es interesante, sobre todo a la luz de los vínculos de la CIA y el lobby israelí con el *Enquirer*.

PEARSON Y EL NATIONAL ENQUIRER

Como informó John Henshaw, secuaz de Pearson, en el boletín informativo del número del 1 de julio de 1969 del *Washington Observer*, la empresa que publicaba el *Enquirer*, World Wide Features, Inc. tenía unos orígenes interesantes.

Era propiedad de los tres hermanos Anthony, Fortune y Generoso Pope. Eran hijos de Generoso Pope padre, un líder italiano la organización política Tammany Hall de Nueva York, que a su vez estaba inextricablemente vinculada al sindicato del crimen organizado de Meyer Lansky.

La familia Pope lleva mucho tiempo contribuyendo a causas proisraelíes a través de la Fundación Generoso Pope. También se ha sospechado ampliamente que la fundación es un conducto secreto para fondos de la CIA.

Generoso Pope Jr. era el propietario del *National Enquirer*. Pope Jr. había trabajado para la CIA durante la guerra de Corea y era muy amigo de Frank Costello, antiguo

---

[733] *Washington Observer*, 1 de noviembre de 1968.
[734] Mickey Cohen y John Peer Nugent. *Mickey Cohen: In My Own Words* (Englewood Cliffs, NJ: Prentice-Hall, Inc., 1975), pp. 232-233.

socio de Lansky. De hecho, Costello había ayudado a financiar el *Enquirer* desde sus inicios.[735]

Pearson había publicitado muy favorablemente a Generoso Pope padre como el primer "destacado italoamericano" que se oponía a Mussolini. A cambio, Pope había ofrecido a Pearson un contrato para escribir una columna semanal en su periódico *El Progresso*, el primer periódico en lengua italiana del país. El contrato, de 150 dólares semanales, era más de lo que cualquier otro periódico pagaba por una columna semanal.

A mediados de los 60, Pearson y Fortune Pope, junto con Leonard Marks, asesor de Lyndon Johnson en radio y televisión, unieron sus fuerzas y compraron el Bell-McClure Syndicate y la North American Newspaper Alliance. (Más tarde, Johnson nombró a Marks director de la Agencia de Información de Estados Unidos).[736]

El biógrafo de Pearson descarta que la relación de Pearson con la controvertida familia de Pope sea "confusa".[737] Sin embargo, la relación refuerza los vínculos de Pearson con el lobby israelí y sus aliados de la CIA.

LA CONEXIÓN CON JOE TRENTO

Cabe señalar que, durante un tiempo, el jefe de la oficina de Generoso Pope en Washington fue el periodista Joe Trento, que se había establecido como una autoridad en asuntos de inteligencia.

Trento, como vimos en el capítulo 16, había sido coautor de un polémico artículo que afirmaba que el ex agente de la CIA E. Howard Hunt podría haber estado en Dallas el día en que dispararon a JFK.

Trento, como hemos señalado, tenía excelentes conexiones con la CIA, en particular con James Jesus Angleton, y sabemos que Angleton utilizó a Trento como intermediario mediático para fines insidiosos. Cubrimos esto en detalle en el capítulo 16, por supuesto.

CONEXIONES DE JACK ANDERSON

Jack Anderson, socio y protegido de Drew Pearson, tenía importantes vínculos no sólo con el lobby israelí, sino también con el Sindicato del Crimen Organizado de Lansky.[738] No sólo compartió oficinas con un lobista israelí que también era amigo de Carlos Marcello, protegido de Lansky, sino que también mantenía una estrecha relación de trabajo con Herman (Hank) Greenspun, un antiguo socio del sindicato de Lansky y traficante de armas para Israel.

Greenspun era un protegido de Joseph "Doc" Stacher, amigo de Lansky, un mafioso de Nueva Jersey que fue uno de los principales partidarios estadounidenses

---

[735] *Uncle Frank: The Biography of Frank Costello* (Nueva York: Drake Publishers, Inc., 1973), p. 230.
[736] *Washington Observer*, 1 de julio de 1969.
[737] Pilat, p. 233.
[738] J. Hougan. *Secret Agenda*. (Nueva York: Random House, 1984), p. 89.

de la resistencia judía en Palestina a finales de la década de 1940.[739] Más tarde, Stacher pudo exiliarse en Israel tras ser condenado en Estados Unidos por evasión de impuestos. Según Robert Lacey, biógrafo y amigo de Lansky, la muerte de Stacher afectó mucho a Lansky. Eran amigos íntimos y socios desde hacía mucho tiempo.[740]

Greenspun también trabajó como relaciones públicas para Benjamin Siegel, amigo de la infancia de Lansky, que más tarde fue asesinado a tiros por orden de Lansky.

Según *The Washington Observer*, "A principios de la guerra de Palestina, Hank Greenspun fue enviado a Hawai por la resistencia judía para comprar excedentes de armas y equipos del ejército estadounidense. Sobornando a los guardias de seguridad de la Estación Aérea Naval estadounidense de Oahu, asaltó un almacén de armas y robó 15 toneladas de ametralladoras de aviación de calibre 30 y 50. Las ametralladoras de contrabando se empaquetaron en 58 cajas marcadas como "piezas de motor" y se enviaron a Los Ángeles, para luego ser reexportadas a México e Israel. Greenspun había dirigido el embargo británico sobre un barco que entregaba armas a Israel. Posteriormente se declaró culpable de infringir la Ley de Neutralidad estadounidense y fue condenado a tres años de prisión en suspenso. Nunca fue procesado por robo de propiedad del gobierno federal".[741]

Greenspun, que se había convertido en una figura importante en Las Vegas, llegó a crear una cadena de periódicos en Nevada y Colorado que publicaba *The Las Vegas Sun*.

Como vimos en el capítulo 7, la escena del contrabando de armas israelí, de la que Greenspun formaba parte, era una camarilla muy unida. Y era Louis Bloomfield (más tarde director general de Permindex) el coordinador clave del contrabando de armas israelí en colaboración con el sindicato de Lansky y Greenspun, socio de Anderson.

Anderson y Greenspun participaron en otra empresa vinculada al sindicato de Lansky. Ambos, junto con el abogado Edward Morgan, vinculado a la CIA (que supuestamente había transmitido la historia de la conspiración castrista lanzada por Pearson y Anderson), fueron intermediarios en la venta a Howard Hughes del Desert Inn, el palacio de juego de Morrits Dalitz, socio de Lansky y ganador de la Antorcha de la Libertad.[742]

Y UN ÚLTIMO PUNTO INTERESANTE: Jack Anderson era también un "amigo íntimo" muy público y de larga data del Mossad y de Frank Sturgis, uno de los agentes de la CIA, desde 1960 -tres años antes de que Sturgis, según su propia admisión, desempeñara un papel en los sucesos de Dealey Plaza.[743]

UN ESTUDIO DE CASO SOBRE LA DESINFORMACIÓN

El hecho de que Drew Pearson y Jack Anderson mantuvieran vínculos muy estrechos con los principales instigadores del asesinato de JFK -Israel, la CIA y el Sindicato del Crimen Organizado de Meyer Lansky- no sólo arroja verdaderas dudas

---

[739] *Washington Observer*, 1 de febrero de 1971.
[740] Robert Lacey. *Little Man: Meyer Lansky and the Gangster Life*. (Boston: Little, Brown & Company, 1991), p. 417.
[741] *Washington Observer, Ibid*.
[742] *Ibid*.
[743] Hougan. p. 80.

sobre la historia del asesinato de Castro, que los dos columnistas exageraron, sino que apunta a la verdadera motivación de la publicación de la historia: encubrir a los verdaderos conspiradores.

Por encima de todo, el caso de Pearson y Anderson ilustra la naturaleza insidiosa de la influencia de Israel en los medios de comunicación estadounidenses y proporciona un claro estudio de caso de cómo se manipularon los medios de comunicación para distorsionar la verdad sobre el complot para asesinar a JFK.

Aunque los medios de comunicación en general apoyaron inicialmente el encubrimiento de la Comisión Warren, la diferencia de opinión sobre los resultados obligó a los amigos de Israel en los medios a jugar su juego. - Gracias en gran parte a la labor del crítico de la Comisión Mark Lane y de su amigo Jim Garrison, fiscal de Nueva Orleans.

De repente empezaron a surgir las historias de que "la Mafia mató a JFK" y de que "Castro" conspiró contra JFK. Pearson y Anderson eran sólo dos actores en este encubrimiento en curso. Y Pearson (como hemos visto) había ayudado de hecho a convencer a Earl Warren de que había habido una conspiración (manipulada por Castro) que hacía necesario ocultar la verdad, por el bien público. De hecho, Pearson y sus aliados israelíes y de la CIA estaban tratando de ocultar la verdad.

MÁS DESINFORMACIÓN

Una historia bastante interesante sobre el asesinato de JFK surgió en forma de libro del ex agente de la CIA Hugh McDonald, coescrito con el prolífico autor Geoffrey Bocca. El libro de McDonald y Bocca, *Cita en Dallas*, tuvo una amplia difusión.

El libro incluía una entrevista con un sicario internacional llamado "Saul" que confesó a McDonald ser el verdadero asesino del presidente Kennedy. El sicario dijo que había sido contratado por un grupo privado, no por la CIA, para la que había realizado contratos en el pasado.

Aunque muchos críticos se mostraron muy escépticos con el libro, considerándolo una forma de desinformación (quizá por parte de la propia CIA) - aunque sin cuestionar necesariamente la sinceridad de McDonald-, habría sido más instructivo examinar el papel de Geoffrey Bocca en la redacción del libro. Bocca, de hecho, fue propagandista de la Organización del Ejército Secreto Francés (OAS), respaldada por la CIA y financiada por Israel, y se sabe que "tradujo algunos de sus folletos al inglés en un momento en que la organización estaba pensando en pedir ayuda a las Naciones Unidas".[744] Bocca también escribió un relato heroico sobre la OAS titulado *El Ejército Secreto*.

Huelga decir que, a la luz de la "conexión francesa" con el complot del asesinato de JFK, la aparición de un propagandista de la OEA como coautor de un libro que efectivamente "exculpa" a la CIA de su implicación en el crimen es, cuando menos, interesante.

---

[744] Alexander Harrison. *Challenging De Gaulle: The OAS and the Counter revolution in Algeria* (Nueva York: Praeger, 1989), p. 15.

Una curiosa nota a pie de página: varios años después de la publicación de *Cita en Dallas*, McDonald escribió otro libro sobre el asesinato de JFK. Su coautor, Robin Moore, que tenía fuertes vínculos con la CIA, era más conocido, curiosamente, por su famoso libro *The French Connection*, sobre la inteligencia francesa y el contrabando internacional de heroína del sindicato de Lansky.

El libro de McDonald y Moore se titulaba *LBJ and the JFK Conspiracy*.

Esta obra desarrollaba el tema del primer libro de McDonald, explicando que Saul, el presunto asesino a sueldo, había sido contratado por la Unión Soviética para matar al presidente Kennedy.

La teoría de que los soviéticos estaban detrás del complot de asesinato, por supuesto, está en línea con el plan original de la CIA, a través de su escenario de Ciudad de México, urdido por James J. Angleton, para culpar del crimen al KGB. Sea como fuere, el segundo libro de McDonald recibió poco o ningún reconocimiento, a pesar de que enturbió las aguas.

UN "CRÍTICO" PROISRAELÍ

La reveladora mano de los simpatizantes israelíes se ha hecho ahora también evidente en las filas de los "críticos" de las conclusiones de la Comisión Warren. El periodista liberal *Jack Newfield*, partidario incondicional de Israel, formaba parte de un grupo de autodenominados "críticos" de la Comisión Warren que crearon una organización conocida como la Oficina de Información sobre Asesinatos.

LA PORTADA DE "HOFFA A TUÉ JFK

En 1992, cuando el interés público por el complot del asesinato de JFK estaba en su punto álgido debido a la publicación simultánea del bestseller de Mark Lane *Negación plausible* y la película de Oliver Stone *JFK*, Newfield lanzó otra ridícula historia sobre el complot del asesinato de JFK: un nuevo ángulo de la teoría de que "La mafia mató a JFK".

"Hoffa mató a JFK" era el titular de la portada de la edición del 14 de enero del sensacionalista *New York Post*.

Fue el tabloide neoyorquino el que "destapó" la historia de que Jimmy Hoffa, el jefe de los Teamsters, había organizado el asesinato de JFK a través de sus contactos. Así que no es de extrañar que el autor del artículo *del Post* fuera Jack Newfield.

El *Post*, por supuesto, ha sido una de las principales voces pro-israelíes en los medios de comunicación, casi hasta el punto de la obsesión. Cualquier conspiración que siquiera insinuara a Israel -o a sus aliados de la CIA- no podía ser tolerada.

Casi de inmediato, el resto de los medios de comunicación de la clase dominante se apoderaron de la exclusiva sensacionalista y empezaron a exagerarla. El objetivo era desacreditar la conspiración que por fin había sido revelada a millones de estadounidenses.

En respuesta al invento de Newfield, incluso Dan Rather, en la CBS, se sintió obligado a decir al mundo que las pruebas estaban ahí: Jimmy Hoffa, el líder sindical de los Teamsters durante años, había ordenado a "la mafia" matar a John F. Kennedy.

El Washington Post, durante mucho tiempo una fuente de desinformación de la CIA, también publicó el artículo. Lo mismo hizo el semanario conservador *Human Events*, resueltamente proisraelí, que siempre ha sostenido que cualquier conspiración en el asesinato de JFK -en particular por parte de la CIA- era la fantasía de un loco.

El artículo de Newfield citaba a un presunto asociado de larga data del crimen organizado, el abogado Frank Ragano, que afirmaba que Jimmy Hoffa, el jefe de los Teamsters, le había ordenado dar instrucciones a "la Mafia" para asesinar al presidente John F. Kennedy.

Según la inverosímil historia de Ragano, éste había transmitido el mensaje a Carlos Marcello, el jefe de tráfico de Nueva Orleans, y a Santos Trafficante, el jefe de la mafia de Tampa, ambos, como ya hemos señalado, subordinados directos de Meyer Lansky.

Presumiblemente siguieron la orden de Hoffa, en la versión de la historia de Ragano, porque, después de todo, Kennedy fue efectivamente tiroteado.[745] Sin embargo, como señala Mark Lane, "Hoffa no dio órdenes a la mafia. La mafia dio órdenes a Hoffa".[746]

POR QUÉ LA HISTORIA DE HOFFA NO SE SOSTIENE

La principal "prueba" de Ragano de que Trafficante estuvo implicado en el asesinato de JFK fue un comentario de Trafficante en el sentido de que "deberíamos haber matado a Bobby", refiriéndose al entonces fiscal general Robert F. Kennedy. No es que Trafficante reconociera y dijera que "nosotros" matamos a JFK, sino que "deberíamos haber matado a Bobby".

Todo esto resulta aún más curioso si se tiene en cuenta que Ragano -un abogado penalista de alto rango con conexiones en las altas esferas- afirma que había conseguido "reprimir" estos recuerdos hasta hace bien poco.

Ragano contó que se sentía "culpable y avergonzado" de su asociación con el crimen organizado; dijo que su sentimiento de culpa le había llevado a reprimir esos recuerdos. Dicho esto, bien podría haber estado interesado en añadir un poco de picante a sus memorias publicadas posteriormente.

Es más, Ragano, que estaba apelando por segunda vez una condena federal por evasión fiscal, podría haber tenido algo más en mente cuando contó esta historia, que exonera a la CIA y a cualquier otra agencia federal que pudiera haber estado implicada en el asesinato y su encubrimiento.

¿QUIÉN MATÓ A HOFFA?

Dan Moldea, biógrafo de Hoffa, ha proporcionado una interesante información "privilegiada" sobre la verdad acerca de Hoffa y su asesinato. Moldea informa: "Irónicamente, el abogado William Bufalino... puede haber apuntado inadvertidamente el dedo en la dirección correcta. Intentaba sugerir que la Mafia no tuvo nada que ver con el asesinato de Hoffa, prefiriendo culpar al gobierno, pero lo dijo de esta manera:

---

[745] *New York Post*, 14 de enero de 1992.
[746] *The Spotlight*, 17 de febrero de 1992.

Dile al FBI que investigue a la CIA. Y dile a la CIA que investigue al FBI. Entonces tendrás la respuesta [al caso Hoffa]". Y añadió que creía que el asesinato de Hoffa estaba relacionado con los de [Sam] Giancana y Johnny] Rosselli.[747]

(En el capítulo 11, por supuesto, abordamos las extrañas muertes de Sam Giancana y Johnny Rosselli y concluimos, en contra del mito popular, que las dos figuras de la mafia no fueron, de hecho, víctimas de disparos de la "mafia", sino que habían sido enfriadas, si no por la propia CIA, desde luego a instancias de ella).

Curiosamente, fue otro dedicado polemista pro-Israel, el escritor *del Washington Times* Max Lerner, quien también salió en defensa de la cobertura mafiosa que implicaba a Hoffa.

Según Lerner, "la Mafia siempre ha figurado entre las principales hipótesis posibles del asesinato, junto con el KGB y Fidel Castro de Cuba. Pero no fue hasta el relato de Ragano cuando se unieron todas las piezas del rompecabezas. Marcello dirigía la operación mafiosa en Nueva Orleans, Trafficante en Tampa y Cuba. Tuvieron tiempo para elaborar su plan. Tenían un ejército de asesinos con talento".[748]

Lerner, por supuesto, estaba manipulando los hechos. Ignoraba el papel central desempeñado por Meyer Lansky en la manipulación de las actividades de Marcello y Trafficante.

SUN MYUNG MOON, ISRAEL Y LA CIA

No es sorprendente que el *Washington Times* tuviera interés en promover la historia mafiosa sobre Hoffa. Después de todo, el *Times* tenía estrechos vínculos con la comunidad de inteligencia y era un ardiente partidario editorial de Israel.

El *Washington Times* fue financiado por el extraño conglomerado mundial de la figura coreana de culto Sun Myung Moon.

Moon estuvo vinculado en repetidas ocasiones a la CIA coreana, que, por supuesto, está íntimamente ligada a su homóloga estadounidense. Además, Moon había forjado una estrecha colaboración con Israel y su lobby estadounidense y había sido un factor de avance de la agenda proisraelí por encima del llamado "movimiento conservador" en Estados Unidos.

El editor de Moon en el *Washington Times* en aquella época era Arnaud de Borchgrave, antiguo corresponsal jefe de *Newsweek* (propiedad de la Washington Post Company), vinculada a la CIA, y un reputado "antiguo" oficial de inteligencia. Además, de Borchgrave estaba estrechamente vinculado a la familia Rothschild por matrimonio. Como hemos visto, los Rothschild habían sido durante mucho tiempo patrocinadores del Estado de Israel.

ENCUBRIMIENTO CONSERVADOR

Igualmente interesante es la respuesta a las acusaciones de conspiración contra JFK por parte de otra fuente "conservadora". La organización, que recibe el

---

[747] Dan Moldea. *The Hoffa Wars: Teamsters, Rebels, Politicians and the Mob* (Nueva York: Paddington Press, 1978), p. 421.
[748] *The Washington Times*, 19 de enero de 1992.

pintoresco nombre de Accuracy In Media, un supuesto "organismo de control de los medios de comunicación" conservador, se ofendió por la posibilidad de que hubiera una conspiración detrás del asesinato del presidente.

En el momento de la publicación de *Negación plausible* de Mark Lane y *JFK* de Oliver Stone, Reed Irvine, presidente de la AIM, inexplicablemente al parecer, se unió al resto de los medios de comunicación para denunciar las teorías conspirativas presentadas en el libro y la película.

A través del semanario conservador *Human Events*, Irvine había rendido homenaje a los medios de comunicación que habían atacado las teorías. Según Irvine, "los principales medios de comunicación, en su defensa, fueron casi unánimes en denunciar a Stone como un charlatán mentiroso".[749]

(Aunque, por supuesto, Stone no dijo toda la verdad).

Irvine tachó entonces a Lane de "izquierdista" y anunció categóricamente que cualquiera que creyera que había alguna conspiración nacional detrás del asesinato de JFK había sido engañado por la propaganda soviética. La respuesta de la IAM fue interesante, sobre todo en el contexto del historial de algunos de sus tenores.

¿QUIÉN ESTÁ DETRÁS DEL IMÁN?

Irvine había trabajado para la Reserva Federal como economista. [750]Bernard Yoh, cofundador de AIM junto a Irvine, era un subordinado del general Edward Lansdale, agente de la CIA durante la época de Vietnam. Como vimos en el capítulo 11, Lansdale fue responsable de las operaciones anticastristas conocidas como Operación Mangosta en colaboración con el Sindicato del Crimen de Meyer Lansky.

Fue durante su servicio en Vietnam, como señalamos en el capítulo 12, cuando Lansdale había trabajado estrechamente con la mafia corsa, que formaba parte integrante de la operación antidroga de Lansky dirigida por la CIA. No es sorprendente que el antiguo socio de Lansdale en Vietnam se oponga firmemente a las teorías conspirativas de JFK.

LA CONEXIÓN ISRAELÍ CON AIM

Yoh también está afiliado al Consejo de Seguridad Internacional (ISC), un think tank que se distingue por su dedicación a promover los intereses de Israel en la configuración de la política exterior estadounidense.

El fundador del ISC fue el omnipresente Dr. Joseph Churba, un rabino ordenado al que conocimos por primera vez en el capítulo 8 como protegido de Jay Lovestone, que había coordinado los contactos de la CIA con las mafias corsa y siciliana en nombre de James J. Angleton, de la CIA.

Curiosamente, Churba (ya fallecido) también desempeñó un papel clave en el Instituto Judío para la Seguridad Nacional y en una sociedad conocida como Americans for a Safe Israel (ASI) establecida en Estados Unidos como una rama del grupo terrorista clandestino israelí Irgun.

---

[749] *Human Events*, 4 de enero de 1982.
[750] *Covert Action Information Bulletin*, verano de 1989.

Entre los que colaboraron estrechamente con los precursores de la ASI se encontraba el emigrante judío rumano Ernst Mantello, cuyo hermano Giorgio, junto con el comandante Louis M. Bloomfield, fue uno de los fundadores de la tenebrosa sociedad Permindex que se analiza en detalle en el capítulo 15.[751]

OTRA CONEXIÓN CON LA CIA Y LANSKY

Otra figura de AIM es también de interés en el contexto de las críticas de la organización a las teorías de la conspiración sobre el asesinato de JFK. El presidente de AIM es Murray Baron, antiguo funcionario de la Hermandad Internacional de Camioneros dominada por el Sindicato del Crimen Organizado de Lansky, pero también miembro del Comité de Ciudadanos por una Cuba Libre financiado por la CIA y cofundador del Comité de Ciudadanos por la Paz y la Libertad en Vietnam.[752]

Podríamos añadir, de paso, que la AIM también ha sido siempre una ardiente defensora de Israel y de sus intereses. En lo que respecta a la AIM, insinuar cualquier complot que pudiera implicar a Israel y a sus aliados dentro de la CIA sería un ultraje. Demasiado para Accuracy in Media.

OLIVER STONE

¿Qué hay de *JFK* de Oliver Stone? ¿Qué lugar ocupa esta controvertida película en los anales de las teorías conspirativas sobre el asesinato de JFK? ¿Qué hay de la reacción histérica de los medios de comunicación a la película (que, por cierto, le dio más publicidad)?

En el *New York Times* del 20 de diciembre de 1991, Stone planteaba una pregunta bastante sencilla: "Cuando el líder de un país es asesinado, los medios de comunicación normalmente preguntan: '¿Qué fuerzas políticas se oponían a este líder y se beneficiarían de su asesinato?

La ironía, como veremos, es que aunque el propio Oliver Stone parecía haber planteado esta cuestión de manera importante, a través de la égida de su controvertida película *JFK* - el hecho es que el propio Stone ha demostrado, en cierto sentido, que finalmente se ha convertido en un factor importante en la continua ocultación de la verdad real sobre el asesinato de John F Kennedy.

No deja de ser irónico que, aunque la película *JFK* de Stone atrajo la atención internacional sobre el complot del asesinato de JFK, se haya especulado en silencio con la posibilidad de que el furor mediático formara parte de un plan de alto nivel para ocultar aún más la verdad sobre el complot.

Muchos investigadores del asesinato de JFK, Mark Lane en particular, están profundamente preocupados porque la película de Stone presenta una extraña mezcla de realidad y ficción. Los hechos sobre la conspiración del asesinato son lo suficientemente sensacionales como para no añadir detalles ficticios, como él y otros han señalado. Lane lo resumió muy bien: "Fue bueno que Stone llamara la atención

---

[751] *El arma secreta de Moscú*. [Washington, D.C.: Executive Intelligence Review, 1 de marzo de 1986], pp. 82-84.
[752] *Covert Action Information Bulletin, Ibid.*

de los adolescentes y de otras personas sobre el asesinato sin resolver. Fue un asco que lo hiciera falsificando el expediente".[753]

APUNTANDO EN LA DIRECCIÓN EQUIVOCADA

Aunque la película de Stone hace referencia de pasada a las conexiones con la CIA de David Ferrie y Clay Shaw -y menciona a Permindex-, la idea central de la película era que la trama se originó en el llamado complejo "militar-industrial".

Los principales conspiradores fueron presentados como oficiales militares de alto rango y sus aliados entre las empresas de defensa con contratos multimillonarios. El papel de la comunidad de inteligencia ha sido, cuando menos, subestimado.

Esto, en sí mismo, ha llevado a algunos de los críticos de Stone a sugerir que el objetivo último de la película puede no haber sido, de hecho, identificar a los verdaderos responsables del asesinato de JFK, sino señalar en otra dirección. *Las pruebas de todo esto, como veremos, son bastante convincentes.*

LA CONEXIÓN DE STONE CON LANSKY E ISRAEL

El hecho de que la distribución de la película de Stone corriera a cargo de Warner Brothers es algo preocupante, dados los resultados de *Juicio Final*. De hecho, Warner Brothers, filial del gigantesco imperio mediático Time-Warner, surgió de una productora cinematográfica fundada por Louis Chesler, antiguo socio de Meyer Lansky y canadiense de dudosa reputación.

En 1956, Chesler, representante de Lansky, fundó Seven Arts Productions en Montreal (Canadá). Aunque aparentemente era una productora cinematográfica, Seven Arts se utilizó para blanquear dinero para Lansky y algunos de sus socios.[754]

En 1955, Seven Arts se asoció con un consorcio bancario neoyorquino y se llenó los bolsillos en menos de diez años.

En 1967, Seven Arts sacudió Wall Street y sorprendió a Hollywood cuando se hizo con el control de los famosos estudios Warner Brothers. La operación era un misterio para muchos en aquel momento, pero poco sabían de los entresijos del sindicato de Lansky, lo que facilitó los tejemanejes.

La nueva empresa pasó a llamarse Warner-Seven Arts Studios y, en 1968, Warner Communications.[755][756] Como era de esperar, resulta que Investors Overseas Service (JOS), de Bernie Cornfeld, "poseía los principales bloques de acciones" de Warner-Seven Arts.

El Sr. Cornfeld, del IOS, como vimos en el capítulo 15, era un representante de Tibor Rosenbaum, antiguo funcionario del Mossad y principal instigador de la empresa Permindex, vinculada a Lanksy, que estaba entonces en el centro del complot para asesinar a JFK.

---

[753] Mark Lane. *Rush to Judgment*. (Nueva York: Thunder's Mouth Press, 1992), p. XXVII.
[754] *The Spotlight*, 17 de julio de 1978.
[755] *Ibid*.
[756] Connie Bruck. *Master of the Game* (Nueva York: Simon & Schuster, 1994), p. 52.

"LA MAFIA ISRAELÍ"

En 1981, un gran escándalo sacudió a Warner Communications. Varios de sus principales protagonistas -Salomon Weiss, Stephen Ross y Jay Emmett- se vieron envueltos en acusaciones de fraude fiscal, corrupción y otros tráficos presentadas por el Departamento de Justicia. También se investigaron los vínculos de Warner con el crimen organizado.[757]

Sin embargo, lo que es particularmente significativo en este caso es que gran parte de las pruebas contra Weiss, que era Tesorero Adjunto Superior de Warner Communications, procedían de documentos recogidos de los archivos de United Jewish Appeal y otras organizaciones filantrópicas pro-Israel que habían sido incautados por el Departamento de Justicia.[758]

Además, la investigación de Warner Communications ha descubierto en varias ocasiones vínculos con la "mafia israelí", es decir, miembros de la delincuencia organizada que viven y operan en Israel.

Y para completar el círculo, la investigación judicial sobre Stephen Ross, mencionada anteriormente, en el asunto Warner puso de relieve los estrechos vínculos entre el gigante de la información y el escándalo del American Bank and Trust (ABT).[759]

TIBOR ROSENBAUM DE NUEVO

En el capítulo 7, nos enteramos por primera vez de que el ABT, con sede en Nueva York, era una filial estadounidense del Swiss-Israel Trade Bank, cuyo director no era otro que Tibor Rosenbaum, del Mossad israelí, padrino del ya mencionado Bernie Cornfeld, del IOS.

Como hemos visto, fue bastante irónico que el Israel suizo se hiciera cargo de la gestión del American Bank and Trust el 22 de noviembre de 1963. Este último, sin embargo, acabó quebrando tras ser saqueado por el financiero David Graiver, un antiguo agente del Mossad.

Abraham Feinberg, el financiero neoyorquino empañado por el escándalo de la ABT -y que acabó vinculado al asunto Warner Communications- no sólo había sido el administrador de la ABT, sino también el hombre que había organizado la primera reunión desagradable de John F. Kennedy con los principales financieros del lobby pro israelí en Estados Unidos (descrita en el capítulo 4).[760]

Warner Communications sobrevivió a la serie de escándalos y acabó fusionándose con Time-Life, Inc. el otro gran gigante de los medios de comunicación que, según los investigadores del asesinato de JFK, se prestó al encubrimiento del asesinato de JFK.

---

[757] *The Spotlight*, 5 de octubre de 1981.
[758] *Ibid.*
[759] *Ibid*, 10 de agosto de 1981.
[760] *Ibid.*

LA BANDA DEL TIEMPO-VIDA

En el capítulo 10 nos enteramos de cómo el corresponsal *de* Life Richard Billings había viajado a Nueva Orleans y saboteado la investigación de Jim Garrison sobre el asesinato de JFK. Billings y su equipo habían utilizado la revista *Life* como foro para presentar a Garrison como un instrumento de la Mafia. Billings y compañía presentaron a Garrison como un portavoz de Carlos Marcello, el jefe de la mafia de Nueva Orleans, pero, por supuesto, ignoraron el hecho de que era secundario de su padrino Meyer Lansky.

Billings formó parte entonces del personal del Comité Selecto de la Cámara de Representantes sobre Asesinatos, que había culpado a "la mafia" del asesinato de JFK, y trabajó con el director del comité, G. Robert Blakey, que varios años antes había sido contratado como testigo de carácter a favor de Morris Dalitz, antiguo confidente de Lansky, supuestamente "demostrando" que Dalitz no estaba relacionado con la mafia.

Así, Time-Life y Warner Communications se fusionaron para convertirse en Time-Warner. Y, por supuesto, fue Warner Brothers, una de las filiales de Time-Warner, la que acabó convirtiéndose en la distribuidora de la película *JFK* de Oliver Stone -que culpaba al "complejo militar-industrial" del asesinato de JFK- y no el Mossad de Israel, la Mafia o incluso la CIA.

(La misma empresa, a través de su filial Time Warner Books, se encargó también de la distribución de la biografía del jefe de la mafia de Chicago Sam Giancana, que implicaba una conspiración CIA-mafia contra JFK, orquestada casi exclusivamente por el propio Giancana).

LOS BRONFMAN DE NUEVO

Es interesante señalar que a principios de 1993, la familia Bronfman, vinculada al sindicato de Lansky a través de su empresa Seagram, adquirió una participación mayoritaria sustancial en Time Warner, reforzando los vínculos del gigante de los medios de comunicación con los círculos muy cerrados vinculados a la CIA, al sindicato de Lansky y al Mossad israelí que habían rodeado a la empresa desde su creación.

Como vimos en el capítulo 15, el comandante Louis M. Bloomfield, director general de Permindex, había sido durante mucho tiempo el abogado personal de los intereses de los Bronfman y era una figura importante del lobby israelí en Canadá.

El hecho de que una empresa que ha estado estrechamente vinculada desde sus primeros años no sólo a los círculos íntimos de Meyer Lansky y su sindicato internacional del crimen, sino también a Israel y su Mossad, sea el paraguas de la gran teoría de la conspiración de Oliver Stone es como mínimo para hacerse preguntas. Pero hay más.

Curiosamente, Stone contrató a la poderosa empresa de relaciones públicas Hill & Knowlton de Washington D.C. para que se encargara de la publicidad y la controversia que surgieron en torno al estreno de la película. Después de todo, fue Hill & Knowlton quien había orquestado una importante propaganda a favor de la participación estadounidense en la Guerra del Golfo Pérsico contra Irak y a favor de Israel.

CONEXIÓN DE STONE CON LA ADL

Es más, Frank Mankiewicz, el ejecutivo de Hill & Knowlton que había gestionado las acciones de su empresa en nombre de Stone, se estaba iniciando en las relaciones públicas trabajando para la Liga Antidifamación (ADL) pro-Israel de B'nai B'rith en Los Ángeles (en el capítulo 18 veremos que Mankiewicz tuvo un curioso papel en las circunstancias que rodearon otro asesinato de Kennedy).

LA PIEDRA REACCIONA ANTE *EL JUICIO FINAL*...

El 16 de febrero de 1994, en Washington D.C., un socio del autor intentó entregar a Oliver Stone un ejemplar de la primera edición de *Juicio Final*. Esto ocurrió varios meses después de que el libro se anunciara por primera vez en el programa del simposio anual sobre el asesinato de JFK patrocinado por el JFK Assassination Information Center de Dallas, Texas.

Aunque Stone no asistió al simposio, estuvo representado por uno de sus socios y no cabe duda de que Stone estaba al corriente de la publicación de *Juicio Final*. Por último, un anuncio a toda página promocionando un libro con una introducción de Stone apareció frente a un anuncio a toda página de *Juicio Final*.

Sin embargo, cuando Stone recibió su ejemplar, se le heló la cara al ver la portada del libro y se negó a aceptarlo, declarando: "Por favor, envíemelo por correo". Stone, librepensador y anticonformista, le dio la espalda y se marchó, para momentos después aceptar otro paquete de documentos que le había presentado otro individuo.

¿Por qué Stone era tan reacio a aceptar este libro? Es posible que dispongamos de información que proporcione la respuesta. De hecho, Stone estaba al corriente de la llamada "conexión francesa" con el asesinato de JFK, documentada en *Juicio Final* y mencionada en la publicidad del programa del Foro JFK en Dallas.

STONE Y "THE FRENCH CONNECTION

Poco después de la publicación de *Juicio Final*, Ron Lewis, que fue amigo de Lee Harvey Oswald en Nueva Orleans y también trabajó en la operación "francesa" de Guy Banister, reveló algo muy interesante sobre Stone y la conexión francesa.

Cuando Lewis, que trabajaba como asesor para Stone durante el rodaje de *JFK*, ayudó a éste a montar los decorados que recreaban el despacho de Banister en Nueva Orleans, Stone incorporó una serie de cajas, aparentemente con armas, que estaban impresas en español.

Lewis se opuso al español, diciendo: "Lo escrito en las cajas estaba en francés", ya que las armas estaban vinculadas a la rebelión de la OEA contra el presidente francés Charles De Gaulle, patrocinada por Israel y respaldada por Permindex. Pero

Stone respondió a Lewis diciendo: "El español sirve mejor al tema de la película". Así que, como señaló Lewis, "así fue en español".⁷⁶¹

Así que Oliver Stone hizo caso omiso de la conexión "francesa", una conexión que, a su vez, pone de relieve el vínculo entre Israel y el asesinato de John F. Kennedy. Una sabia decisión para un cineasta cuyos patrocinadores tenían estrechos vínculos con los culpables implicados en el crimen que Stone llevó tan sombríamente a la pantalla.

LA CONEXIÓN DE STONE CON EL MOSSAD

Sin embargo, hay un último hecho bastante intrigante sobre Oliver Stone y su película que merece la pena mencionar. Aunque Stone fue sin duda el genio creativo de innegable talento responsable de *JFK*, siempre vale la pena recordar que en el negocio del cine, es el dinero -puro y simple- lo que determina si una película se hace o no. Es el productor de la película quien tiene la importante tarea de organizar la financiación. Si comprueba los créditos de *JFK* de Stone, encontrará el nombre de "Arnon Milchan" en la lista de productores ejecutivos.

¿Quién es Arnon Milchan? ¿Por qué su nombre es relevante para nuestro examen de los hechos sobre el papel de Israel en el complot para asesinar a JFK y cómo Oliver Stone suprimió este factor esencial?

Según el periodista liberal Alexander Cockburn en *The Nation* el 18 de mayo de 1992, Milchan, el productor ejecutivo de *JFK*, "fue identificado en un informe israelí de 1989 como 'probablemente el mayor traficante de armas de Israel'. Una empresa de su propiedad ya había sido sorprendida introduciendo de contrabando dispositivos de disparo de armas nucleares en Irak. Como parte de una operación conjunta del gobierno israelí y sudafricano - "Muldergate"- había actuado como blanqueador de dinero para suprimir publicaciones liberales que se oponían al apartheid."⁷⁶²

El historiador israelí Benjamin Beit-Hallahmi, que estudió el comercio mundial de armas de Israel, describe a Milchan como un "hombre del Mossad".⁷⁶³ Sin embargo, a la luz de la batalla entre bastidores de JFK con Israel por la cuestión del desarrollo nuclear israelí, lo que quizá resulte aún más fascinante es que, según el biógrafo de Oliver Stone, James Riordan: "Milchan saltó a los titulares internacionales por cerrar tratos en beneficio del programa de armas nucleares de Israel, pero él afirma que su motivación era defender a su país, no obtener beneficios."⁷⁶⁴

Pero eso no es todo. ⁷⁶⁵También resulta, según Riordan, que Milchan había puesto a disposición lo que Riordan describe como "dinero francés" para la producción de la película de Stone.

Así que tenemos a una figura del Mossad en el centro del programa de desarrollo nuclear de Israel financiando, con sus socios franceses, una película que no sólo 1) suprime la llamada "conexión francesa" (descrita incluso por uno de los asesores de

---

⁷⁶¹ Ron Lewis. *Flashback* (Medford, Oregón: Lewcom Productions, 1993), p. 119.
⁷⁶² Alexander Cockburn, *The Nation*, 18 de mayo de 1992.
⁷⁶³ Benjamin Beit-Hallahmi. *The Israeli Connection-Who Israel Arms and Why* (Nueva York: Pantheon Books, 1987), p. 155.
⁷⁶⁴ James Riordan. *Stone* (Hyperion Books, 1995), p. 364.
⁷⁶⁵ *Ibid*, p. 370.

la película, el ya mencionado Ron Lewis) sino que 2) nunca menciona el amargo conflicto de JFK con Israel, en particular la lucha en torno al esfuerzo de Israel por construir un arsenal nuclear.

¿UNA "SITUACIÓN LÍMITE" AL ESTILO DE HOLLYWOOD?

Con todo esto en mente, ¿es realmente un gran esfuerzo de la imaginación sugerir, por tanto, que la "interpretación" de Oliver Stone del complot del asesinato de JFK fue, de hecho, una forma muy sofisticada de propaganda oscura financiada con dinero del Mossad? ¿Proporcionó el bombo masivo de los medios de comunicación a la película de Stone algún tipo de "situación limitada" en nombre de Israel y sus aliados de la CIA? ¿Fue la promoción generalizada de la película de Stone una forma de intentar por fin poner fin a la controversia y dar al público lo que quería: alguna forma de explicación de "lo que ocurrió realmente" en Dallas? Eso, por supuesto, nunca lo sabremos.

Probablemente merezca la pena señalar, además, que desde que se publicó por primera vez *Juicio Final*, me han dicho -pero nunca he podido confirmarlo- que Oliver Stone ha contribuido generosamente al Comité de Asuntos Públicos de Israel, el grupo de presión de Israel. Si esto es cierto, entonces es sólo otro detalle interesante que ayuda a explicar por qué Stone puede haber optado por ignorar todas las pruebas que demuestran una conexión israelí irrevocable con el asesinato de John F. Kennedy.

UNA INVITACIÓN AL DEBATE...

Estaría encantado de debatir con Oliver Stone en un foro público. Después de todo, estamos (aparentemente) de acuerdo en que Jim Garrison iba por buen camino cuando lanzó su investigación sobre Clay Shaw. Ese es un buen punto de partida. En lo que discrepamos es en lo lejos que ha llegado la conspiración. Stone pone el límite en la conexión de Shaw con Israel. Yo no. Sería un debate interesante. Si hay algún lector de *Juicio* Final que pueda organizar un debate así, por favor, hágamelo saber.

DONDE FALLÓ LA PIEDRA...

Como señalamos anteriormente, Stone planteó esta pregunta en el *New York Times*: "Cuando un líder de cualquier país es asesinado, los medios de comunicación normalmente se preguntan: '¿Qué fuerzas políticas se oponían a este líder y se beneficiarían de su asesinato?'

Como hemos visto, una fuerza política que se oponía a John F. Kennedy y que se habría beneficiado de su asesinato era Israel, pero Stone obviamente prefiere no nombrar a esta fuerza en particular.

A pesar de todas las críticas que hemos vertido sobre Stone -bien merecidas-, la película de Stone ha abierto el camino a una nueva forma de pensar sobre el hecho evidente de que fue una conspiración lo que acabó con la vida de John F. Kennedy.

Stone no consiguió encontrar el origen de esta conspiración, pero eso es precisamente lo que hicimos en las páginas de *Juicio Final*. Qué pena que Oliver Stone no pudiera contar toda la historia de la conspiración.

LOS MEDIOS DE COMUNICACIÓN RECHAZAN *LA SENTENCIA DEFINITIVA*

Es evidente que la cobertura mediática, o el hecho de que los medios de comunicación no cubrieran el asesinato de JFK, desempeñó un papel crucial en la ocultación de los verdaderos orígenes de la conspiración que condujo al asesinato del Presidente. *No cabe duda de que los medios de comunicación desempeñaron un papel fundamental en la perpetuación del encubrimiento y de que Israel y su grupo de presión tienen una gran influencia en la configuración de los medios de comunicación estadounidenses.*

Aunque los medios de comunicación apoyaron inicialmente las conclusiones de la Comisión Warren, el escepticismo de la opinión pública obligó a los medios a publicar una gran variedad de informes y extractos limitados de la verdad. Pero el vínculo con Israel nunca se había tenido en cuenta... hasta ahora.

Capítulo XVIII

Heredero
El asesinato de Robert F. Kennedy
Israel, Irán, Lansky y la CIA

El asesinato del senador Robert F. Kennedy, hermano menor del Presidente asesinado, fue esencial para el encubrimiento de la verdad sobre el asesinato de JFK.

Si RFK hubiera llegado a la Casa Blanca, habría tenido por fin el poder de llevar ante la justicia a los asesinos de su hermano.

El asesinato de Robert F. Kennedy vincula no sólo a Israel y a sus aliados de la CIA y del Sindicato del Crimen Organizado de Meyer Lansky, sino también a la SAVAK, la policía secreta del Sha de Irán.

A primera vista, la explicación "oficial" de las circunstancias que rodearon la muerte del ex fiscal general Robert F. Kennedy es tan simple como el informe de la Comisión Warren sobre el asesinato de John F. Kennedy. En ambos casos, según la historia, "un lunático solitario" fue el responsable del crimen. No hubo conspiración.

El asesinato de Robert F. Kennedy en Los Ángeles en 1968 se produjo justo después de que RFK (elegido senador por Nueva York en 1964) hubiera ganado las primarias demócratas de California. Esto colocó al joven Kennedy a la cabeza de la candidatura presidencial de su partido y, por tanto, potencialmente en línea para acceder a la Casa Blanca tras las elecciones generales.

RFK pronunció su discurso de victoria en California ante una multitud de partidarios en el salón de baile del Hotel Ambassador. Tras terminar su discurso, el triunfante Kennedy intentó abrirse paso entre la multitud del salón de baile para salir del hotel.

Sin embargo, según un voluntario de la campaña que estaba en el lugar, uno de los supervisores de Kennedy insistió repetidamente en que Kennedy saliera por la cocina del hotel, detrás del salón de baile. El hombre que insistió tanto en que RFK saliera por la cocina era Frank Mankiewicz, que había empezado su carrera en relaciones públicas en la oficina de la Liga Antidifamación B'nai B'rith (ADL) en Los Angeles, y que, como vimos en el capítulo 17, se ocupaba de la publicidad del drama de Oliver Stone *JFK*.[766]

Allí, en la cocina donde Mankiewicz dirigía al senador Kennedy, esperaba un joven árabe-americano llamado Sirhan Sirhan. Según el difunto William Sullivan, durante mucho tiempo director adjunto del FBI, "nunca pudimos explicar la

---

[766] Entrevista privada con un antiguo voluntario de la campaña de RFK que estaba allí cuando Robert Kennedy fue asesinado.

presencia de Sirhan en la cocina del Hotel Ambassador".[767] Sin embargo, ahora sabemos por qué Bobby Kennedy salió por la cocina del hotel, en lugar de por donde él quería ir, aunque Mankiewicz dijo que fue RFK quien decidió ir por la cocina - en contra de los deseos del ex hombre de la ADL.

EL CULPABLE ES UN ÁRABE

Lo que realmente ocurrió en esos breves segundos sigue siendo objeto de controversia, aunque lo cierto es lo siguiente: se disparó contra Robert F. Kennedy. El candidato presidencial resultó gravemente herido. Murió poco después. El agresor árabe-americano fue arrojado al suelo, detenido, declarado culpable y condenado a prisión.

El público fue informado sombríamente de que Sirhan estaba descontento con la postura pro-israelí de Kennedy y que ésta fue una de las motivaciones que le llevaron a cometer el crimen. Así, un árabe-americano fue presentado al mundo como el asesino de un hermano menor mártir del presidente estadounidense, él mismo una figura pública popular.

Resulta irónico que un árabe-americano fuera el asesino del hermano de Kennedy, a quien los "iniciados" consideraban, al menos en privado, un antisemita de la misma calaña que su padre.

No cabe duda de que Kennedy adoptó efectivamente una virulenta postura pro-Israel durante sus años en el Senado de EEUU. Como senador por el estado de Nueva York (que, por supuesto, tiene una población predominantemente judía), era una necesidad política para el pragmático Robert Kennedy.

(Sin embargo, como vimos en el capítulo 5, RFK pensaba que la lealtad de Myer Feldman, el principal asesor de su hermano en asuntos judíos, era sospechosa. "[Feldman] tenía más interés en Israel que en Estados Unidos", había dicho RFK)".[768]

Si alguien conocía la guerra secreta del presidente John F. Kennedy contra Israel (analizada en detalle en el capítulo 5), era su hermano y confidente, Robert F. Kennedy. Y así, un chivo expiatorio árabe cargó con la culpa del asesinato de RFK, un crimen que había sido urdido a partir de una conspiración que decididamente no era de origen árabe.

LA CONSPIRACIÓN DE RFK

En este capítulo, exploramos el origen de la conspiración que mantuvo a Robert Kennedy fuera de la arena política y le impidió tener el poder de investigar la conspiración que acabó con la presidencia de su hermano.

Y, como veremos, el complot para asesinar a RFK cierra el círculo del complot que mató a JFK: las mismas fuentes poderosas y cercanas estaban vinculadas, pero de una forma totalmente diferente.

---

[767] G. Robert Blakey y Richard Billings. *The Plot to Kill the President* (Nueva York: Times Books, 1981), p. 395.
[768] Seymour Hersh. *The Samson Option: Israel's Nuclear Arsenal and American Foreign Policy* (Nueva York: Random House, 1992), p. 100.

A diferencia de Lee Harvey Oswald, que se autoproclamó "chivo expiatorio", Sirhan Sirhan reaccionó casi sin protestar, con cierta pasividad. Esto, entre otras cosas, llevó a algunos a sospechar que Sirhan también era un chivo expiatorio, y que había sido programado -quizás mediante drogas o hipnosis, por ejemplo- para matar a RFK.

Sin embargo, en las semanas y meses de investigación -oficial y extraoficial- que siguieron, pronto quedó claro que había pruebas de que se habían disparado varias armas en la cocina del Hotel Ambassador. Sin embargo, sin duda precisamente debido a las dudas que persistían sobre el primer asesinato de Kennedy, la conciencia pública de las graves cuestiones planteadas por el segundo asesinato de Kennedy no alcanzó el mismo nivel.

Además, la agitación de 1968 era tal que había muchas otras cosas que habían captado la atención del público: la guerra de Vietnam, la violencia racial y los disturbios, y la campaña presidencial a tres bandas entre Richard Nixon, Hubert Humphrey y George C. Wallace.

Aunque muchos creían que el asesinato de Bobby Kennedy estaba directamente relacionado con el de su hermano cinco años antes, nadie parecía capaz de encajar las piezas.

SAVAK HACE SU DEBUT

De hecho, como demostró el ex agente de la CIA Robert Morrow en su poco difundido (pero muy importante) libro *El senador debe morir*, existen vínculos entre ambos sucesos, más profundos de lo que podríamos haber imaginado.

En resumen, la tesis de Morrow es que el asesinato de Robert F. Kennedy fue un contrato de la CIA, llevado a cabo a través del viejo aliado de la CIA en la conspiración internacional, el SAVAK, la policía secreta del Sha de Irán - una agencia de inteligencia creada en parte por el Mossad israelí y estrechamente vinculada al Mossad.

(Y como señalamos en el capítulo 15, la información descubierta por Morrow vincula al Sindicato del Crimen Organizado de Meyer Lansky y su relación con la conspiración israelí con sede en Suiza con el complot que sacrificó la vida de John F. Kennedy).

Según la investigación en profundidad del propio Morrow, en las últimas semanas de la malograda campaña presidencial de Robert F. Kennedy en 1968, un tal Khyber Khan, miembro de alto rango del SAVAK del Sha, se había infiltrado en el cuartel general de la campaña de RFK en California.

Khan también había llamado a otros agentes de la SAVAK para que participaran en la campaña. Esta infiltración formaba parte del complot de asesinato. Khan fue el responsable de coordinar el asesinato de RFK.

RFK permitió a Khan entrar en su círculo íntimo porque creía que Khan era un adversario del Sha de Irán. Esta conclusión se basaba en sus tratos anteriores con Khan.

A principios de la década de 1960, Khan se había enzarzado en una disputa con el sha por un acuerdo comercial que había salido mal y, en venganza, viajó a Washington donde proporcionó al entonces Fiscal General, Robert Kennedy, pruebas de la malversación por parte del sha de la ayuda exterior estadounidense a

Irán. Las relaciones entre la administración Kennedy y el sha, que nunca habían sido estables, se tensaron aún más.

Sin embargo, Khan y el Shah hicieron las paces y poco después se formó una alianza. De hecho, Khan había establecido operaciones SAVAK en la costa oeste en 1963 - todo, por supuesto, sin el conocimiento de Robert F. Kennedy.

LA SEGUNDA "ARMA"

Como parte del plan de Khan, se tomó la decisión de que Sirhan Sirhan, un jordano-estadounidense y otro participante, llevara a cabo el asesinato.

Según el relato de Morrow, Sirhan y el otro pistolero estaban en el lugar cuando RFK fue asesinado. Ambos dispararon. Sirhan usaba la pistola del calibre 22 que le quitaron tras el asesinato. El otro pistolero, sin embargo, llevaba un arma del calibre 22 fabricada por la CIA y disfrazada de cámara.

Después de que Kennedy diera su discurso final y entrara en la cocina del Hotel Ambassador, Sirhan, por supuesto, sacó su propia pistola y empezó a disparar en dirección al senador. Esto convirtió a Sirhan en el centro de atención, aunque un testigo dijo a las autoridades que Sirhan nunca se acercó lo suficiente como para disparar a quemarropa.

El otro pistolero, mientras tanto, también estaba disparando su arma y probablemente efectuó el disparo mortal. En medio del tumulto, según Morrow, el segundo pistolero escapó con su "cámara". Obviamente, no habría sido prudente para el bien de la conspiración de asesinato que el otro pistolero fuera capturado con un arma fabricada por la CIA.

OTROS TIRADORES POTENCIALES

Muchos teóricos del complot del asesinato de RFK han señalado con el dedo a un personaje llamado Thane Caesar que estaba en el lugar en el momento del asesinato del senador, contratado en el último momento por el Hotel Ambassador para sustituir a otro guardia de seguridad. Hay quien sugiere que César fue la "segunda pistola". Aunque popularmente se ha descrito a César como un "guardaespaldas de Howard Hughes" (el multimillonario solitario), sus verdaderas conexiones son mucho más interesantes. César, obviamente, tenía vínculos más fuertes con el Sindicato del Crimen Organizado de Meyer Lansky a través de sus conexiones en Las Vegas. Pero eso no implica a César ni en un sentido ni en otro. Al final, la historia de Thane Caesar no es más que otra de esas distracciones que no llevan a ninguna parte.

Mientras tanto, en su nuevo libro, *The Assassinations* (Los Angeles, Feral House, 2003), Lisa Pease ha aportado pruebas de que un ciudadano británico de ascendencia judía, Michael Wien, que se hacía llamar "Michael Wayne", estuvo en el salón de baile del Hotel Ambassador antes del asesinato de RFK y parecía tener conocimiento anticipado de los acontecimientos inminentes. Tras el tiroteo, se denunció que Wien (o "Wayne") llevaba lo que a algunos les pareció un tubo de cartón o algo similar y algunos pensaron que llevaba un arma de fuego escondida en su interior. Aunque aparentemente la policía ha puesto a Wien bajo custodia, Pease sugiere que hay muchas más preguntas sobre Wien -y otras personas sospechosas que estaban allí ese día- que siguen sin respuesta. Pero Pease forma parte de la comunidad de "investigadores" que no se atreven a decir "Mossad".

SE ECHA POR TIERRA LA INVESTIGACIÓN

De todos modos, como señala Robert Morrow, los intentos posteriores de investigar el complot fueron frustrados por dos agentes de la CIA de la "Unidad Especial del Senador" del Departamento de Policía de Los Ángeles, creada para "investigar" el asesinato. Morrow dice que los policías eran los agentes Manny Peña y Enrique Hernández, ambos conocidos por haber trabajado para la CIA, además de su trabajo para el departamento de policía.

En su libro *The Senator Must Die* Morrow relata la reconstrucción del complot para asesinar a RFK de forma muy convincente.

Gran parte de la investigación de Morrow se basó en la información que obtuvo de una entrevista con Alexis Goodaryi, de Washington D. C. C. Aunque en su imagen pública era el popular presentador del lujoso restaurante Rotunda en Capital Hill, Goodaryi era también el superior inmediato SAVAK de Khyber Khan, el agente SAVAK de la Costa Oeste que coordinó el asesinato de RFK.

Goodaryi fue asesinado a principios de 1977, apenas un mes después de haber hablado con Morrow. Sin embargo, aunque los medios de comunicación describieron el asesinato de Goodaryi como un "golpe del hampa", las fuentes de Morrow le dijeron lo contrario: fue una operación de la SAVAK.[769]

LA CONEXIÓN CON LANSKY

Todo esto es bastante interesante, sobre todo por lo que Morrow señala acerca de que Goodyari le dijo que, en el transcurso de su asociación, él (Goodyari) había presentado a Khyber Khan a varios de sus socios del crimen organizado en Washington: en particular, a un tal C. H. "Jim" Poller. El Sr. Poller, según Morrow, era "el enlace del hampa de Washington para [Meyer] Lansky y Santo Trafficante".[770] Así que una vez más vemos el espectro de Meyer Lansky en el turbio trasfondo de un asesinato de Kennedy.

Podríamos ir aún más lejos. Mientras Sirhan Sirhan era entrenado para su papel en el asesinato de Robert F. Kennedy, el joven árabe-americano trabajaba en los establos del hipódromo de Santa Anita. Santa Anita, de hecho, era uno de los principales centros de beneficios de Mickey Cohen, esbirro de Lansky en la costa oeste y jefe del tráfico en el sur de California. Sólo podemos suponer que Cohen y sus subordinados pueden haber estado implicados en algunos aspectos del asesinato de RFK.

---

[769] Robert Morrow *The Senator Must Die: The Murder of Robert F. Kennedy* (Santa Monica, California: Roundtable Publishing, Inc., 1988). NOTA: Reconstrucción de Morrow del asesinato de RFK tal como se describe, esencialmente en las páginas 119 a 227 del libro de Morrow.
[770] *Ibid*, p. 49.

Sin embargo, no es una especulación que la SAVAK iraní (responsable del asesinato de Robert F. Kennedy) estuviera estrechamente aliada con la CIA estadounidense. Los hechos son demasiado claros. El papel de la CIA en el derrocamiento de un líder nacionalista iraní, Mohammed Mossadegh, y la restauración del Sha de Irán en su trono en 1953 es bien conocido y está ampliamente documentado.

Sin embargo, lo que es menos conocido es la estrecha relación de trabajo entre la SAVAK iraní y el Mossad israelí.

Aunque Irán, una nación persa, e Israel podrían percibirse como hostiles entre sí, no fue así en absoluto.

ISRAEL E IRÁN

En 1958, el Primer Ministro israelí Ben-Gurion propuso al Presidente estadounidense Dwight D. Eisenhower un frente unido contra el líder egipcio Gamal Abdel Nasser. Según Ben-Gurion, "para erigir una alta barrera contra el maremoto nasserista-soviético, hemos empezado a estrechar nuestros lazos con varios Estados del borde exterior de Oriente Próximo. Nuestro objetivo es organizar un grupo de países, no necesariamente una alianza formal, que pueda resistir la expansión soviética indirecta a través de Nasser."[771]

Irán fue uno de los países a los que Ben-Gurion ofreció formar parte de esta nueva alianza. Ben-Gurion tenía en mente que Irán podría servir para mantener bajo control a los países árabes de Irak y Siria.[772]

De hecho, Israel llevaba tiempo tratando activamente de intervenir en los asuntos internos de Irán. Según Andrew y Leslie Cockburn en *Dangerous Liaison: The Inside Story of the U. S. - Israeli Covert Relationship*, "los agentes israelíes han alentado a las fuerzas aliadas en Irán desde los primeros días del Estado.[773]

Los resultados merecieron la pena: en junio de 1950, por ejemplo, Irán concedió a Israel el reconocimiento diplomático "de facto", una designación que todavía no es un reconocimiento diplomático pleno.

Aunque, según los Cockburn, la relación entre Irán e Israel no fue fácil e implicó una gran conspiración internacional, "el vínculo entre el Irán del sha e Israel descansaba sobre bases sólidas. Ambos países compartían una fuerte desconfianza y aversión hacia las naciones árabes de sus fronteras. Ambos mantenían estrechos vínculos con Estados Unidos, en particular con la CIA".[774]

IRÁN Y EL LOBBY ISRAELÍ

Es más, señalan los Cockburn: "Cada [país] ofrecía al otro lo que necesitaba. En el caso de Irán, era petróleo, que empezó a enviar a Israel en 1954. Por su parte, Israel

---

[771] Andrew Cockburn y Leslie Cockburn. *Dangerous Liaison: The Inside Story of the U.S.-Israeli Covert Relationship* (Nueva York: Harper Collins Publishers, 1991), p. 99.
[772] *Ibid*, p. 101.
[773] *Ibid*, p. 102.
[774] *Ibid*, p. 103.

podía ofrecer una valiosa experiencia en los campos de la inteligencia y la seguridad interna. A los ojos del sha, Israel tenía algo aún más valioso que dar a sus amigos: la omnipresente influencia de los judíos en Estados Unidos y en todo el mundo.

David Kimche recuerda divertido que "si aparecía un artículo antiiraní en cualquier periódico de Estados Unidos o incluso de Europa, el sha nos llamaba y nos decía: '¿Por qué habéis dejado que eso ocurra? Nos declarábamos inocentes en vano [dijo Kimche] "diciendo que no controlábamos todos los medios de comunicación del mundo [y] que no controlábamos los bancos como algunos pensaban".

"Chaim Herzog [Presidente de Israel], que tuvo muchos tratos con el monarca iraní cuando era jefe del servicio secreto militar israelí, contó más tarde que [el Sha de Irán] veía a cada israelí como un enlace con Washington.[775]

LOS ORÍGENES ISRAELÍES DE SAVAK

Mansur Rafizadeh, antiguo jefe de la SAVAK, que más tarde rompió con el Sha, también arrojó más luz sobre la estrecha relación entre la SAVAK, la CIA y el Mossad. En sus memorias, Rafizadeh revela que la SAVAK se creó a petición conjunta de Israel, Estados Unidos y Gran Bretaña.[776]

Los primeros contactos entre el SAVAK y el Mossad parecen haberse establecido en otoño de 1957 durante una reunión entre el general Taimour Bakhtiar y el jefe del Mossad, Isser Harel, en Roma. Acordaron intereses comunes.[777]

ISRAEL ENTRENA A SAVAK

Los nuevos reclutas del SAVAK habían sido entrenados no sólo por Israel, sino también por la CIA. La Academia Internacional de Policía de Washington era la responsable de la formación de los agentes del SAVAK por parte de la CIA. Esta academia también desempeñó un papel importante en la formación de agentes del Mossad israelí. La academia estaba dirigida por un tal Joseph Shimon, un hombre con interesantes conexiones.[778]

Entre los amigos íntimos de Shimon se encontraban el jefe de la mafia de Chicago Sam Giancana y Johnny Rosselli, embajador de la mafia, cuyos papeles en el complot del asesinato de JFK se analizaron en detalle en el capítulo 11.

Shimon, de hecho, también declaró al Comité de Inteligencia del Senado en 1975 que había participado en reuniones entre Giancana, Rosselli y agentes de la CIA en Miami para preparar los planes de asesinato de la CIA y el crimen organizado contra Fidel Castro.[779]

---

[775] *Ibid.*
[776] Mansur Rafizadeh. *Witness: From the Shah to the Secret Arms Deal-An Insider's Account of U.S. Involvement in Iran* (Nueva York: William Morrow & Company, 1987), p. 393.
[777] *Ibid.*
[778] Cockburn, p. 104.
[779] Morrow, p. 10.

A SHAH RAVI

No cabe duda de que el Sha de Irán se alegró del asesinato de John F. Kennedy (y sin duda del de Robert Kennedy). Según el ex jefe de la SAVAK Rafizadeh: "El asesinato del presidente Kennedy el 22 de noviembre de 1963 hizo feliz al sha. Kennedy le había presionado para obtener reformas sociales. Más tarde supe... que el sha había tenido una especie de fiesta. Cuando recibió la noticia de la muerte de Kennedy, pidió una copa para celebrarlo.[780]

"El Sha despreciaba a Kennedy, que le aconsejaba constantemente que restableciera los derechos humanos de sus súbditos e insistía en que ese curso de acción era necesario e inevitable. El Sha consideraba esta línea como una ridícula amenaza a su poder y por ello se negó.

"A partir de entonces, la amenaza que suponía Kennedy había desaparecido; las relaciones del sha con el presidente Johnson eran cómodas y ya no temía a Estados Unidos a pesar de las grandes manifestaciones organizadas contra él en Nueva York, Washington y en todo el país [durante sus visitas oficiales a América].[781]

(Es importante destacar que Robert Morrow afirma categóricamente en su relato del asesinato de RFK que Rafizadeh era de hecho el jefe de SAVAK en Irán que ordenó a Khyber Khan orquestar el complot de asesinato contra RFK. Morrow afirma que Rafizadeh fue ascendido a su puesto de jefe de SAVAK como recompensa por el éxito del asesinato de RFK).[782]

Por ello resulta cuando menos interesante ver a Rafizadeh comentando la reacción del Sha al asesinato de JFK.

En su libro, Rafizadeh obviamente no habla de las circunstancias que rodearon el asesinato de RFK por el SAVAK apoyado por la CIA y el Mossad.

PERPETUAR EL CAMUFLAJE

El asesinato de Robert F. Kennedy por el SAVAK del Sha fue una reafirmación de la antigua hostilidad entre los hermanos Kennedy y el Sha. El asesinato de RFK ayudó a perpetuar el encubrimiento del papel que los aliados del SAVAK en la CIA y el Mossad habían desempeñado en el anterior asesinato de Kennedy. Fue una vez más, como en el asesinato de JFK, una cuestión de intereses comunes en juego.

RICHARD HELMS Y EL SHA

Existe otra interesante conexión directa entre el Sha de Irán y la CIA que merece ser destacada.

De hecho, a principios de la década de 1930, Richard Helms (que más tarde se convertiría en Director de la CIA en 1966) y el Sha habían sido mejores amigos y compañeros de clase cuando crecían en un internado en Suiza.[783] Fue Helms quien

---

[780] *Ibid*, p. 33.
[781] Rafizadeh, p. 124.
[782] *Ibid*, p. 126.
[783] Morrow, p. 178.

más tarde se convirtió en el coordinador de la CIA del golpe que instaló al Sha en el trono en 1953.[784] Fue una relación de toda la vida que culminó con el posterior nombramiento de Helms como embajador de Estados Unidos en Irán.

Así, a través de su relación con Irán y SAVAK, como señala Robert Morrow, Helms "de repente tendría a su disposición una fuerza de ataque encubierta, internacional, de agentes y asesinos dedicados, entrenados y profesionales".[785]

Fue durante su mandato en la CIA, como vimos en el capítulo 8, cuando el Sr. Helms se convirtió en el "jefe en jefe" de James Jesus Angleton, el contacto de la CIA con el Mossad y ferviente partidario de Israel.

Y fue después de que Helms se convirtiera en Director que él y Angleton se vieron envueltos en una controversia poco notada sobre un memorando de la CIA que aparentemente había señalado al agente de la CIA E. Howard Hunt de haber estado en Dallas el día que John F. Kennedy fue asesinado. Howard Hunt como haber estado en Dallas el día que John F. Kennedy fue asesinado (En el capítulo 16 analizamos este memorándum en detalle).

ALGUNAS OBSERVACIONES FINALES

El hecho de que los aliados de Israel jugaron un papel dentro de la CIA y el SAVAK en el asesinato de Robert F. Kennedy parece obvio a partir de la información proporcionada por Robert Morrow, combinada con lo que sabemos sobre la estrecha relación entre el SAVAK y sus patrocinadores dentro de la CIA y el Mossad. Con Robert Kennedy eliminado de la carrera presidencial en 1968, los responsables del asesinato de su hermano no temerían represalias si RFK asumiera la presidencia.

Si Morrow tiene razón, que SAVAK coordinó el asesinato en nombre de la CIA, entonces los investigadores del asesinato de JFK deberían empezar a investigar los orígenes de SAVAK. Pero hacer eso, por supuesto, significaría señalar con el dedo al Mossad, un área en la que los investigadores temen aventurarse.

Cabe señalar que *el tabloide The Globe* fue demandado por difamación después de que un estadounidense de origen paquistaní demandara al tabloide por publicar las alegaciones de Robert Morrow de que fue la "segunda arma" en el asesinato de Robert Kennedy. Morrow falleció (al parecer por causas naturales) poco después de dictarse la sentencia, que fue confirmada por el Tribunal Supremo el 17 de mayo de 1999.[786]

En *El senador debe morir*, Morrow reconstruyó una fotografía de este hombre, entonces estudiante, con una cámara colgada del cuello, de pie junto al senador Kennedy poco antes de que se produjeran los disparos mortales. Morrow afirmó que era el segundo pistolero, pero ahora está claro que no lo era.

El hecho de que esta persona sea inocente no significa, sin embargo, que no existiera una "segunda arma" o que la teoría básica de Morrow sea errónea.

---

[784] *Ibid*, p. 11.
[785] *Ibid*, p. 117.
[786] *Ibid*.

Sin embargo, como ya he mencionado en otras páginas de *Juicio Final*, hace tiempo que tengo mis reservas acerca de muchas de las afirmaciones de Morrow sobre otros asuntos.

Sin embargo, si mi tesis sobre el papel de Israel en el asesinato de JFK es correcta (y creo que lo es), es lógico que el asesinato de RFK fuera orquestado por fuerzas dentro de la esfera de influencia israelí.

En resumen, tiendo a creer que, en conjunto, la tesis de Morrow sobre el asesinato de RFK es correcta.

RESUMEN...

En la "conclusión" que sigue, reunimos los parámetros básicos del complot del asesinato de JFK que se han esbozado en las páginas de *Juicio Final*. Es una red compleja, en cierto sentido, pero teniendo en cuenta el hecho de que la conexión israelí está siempre presente, la conspiración del asesinato que se ha esbozado es, de hecho, bastante simple.

Sin embargo, en los apéndices que siguen, veremos que hay muchas otras facetas de la conspiración y el encubrimiento que han sido ignoradas, suprimidas, malinterpretadas u olvidadas. En estos apéndices veremos, una y otra vez, el vínculo entre Israel y el asesinato de JFK, que nunca se demostró hasta la publicación de *Juicio Final*.

CONCLUSIÓN

¿Operación Amán
La teoría que funciona
El resumen

"Todos se unieron". Nehemías 4:8

El Estado de Israel tenía vínculos con todos los grandes grupos de poder que querían la destitución de John F. Kennedy de la presidencia estadounidense.

La red mundial de Israel tuvo el poder de orquestar no sólo el asesinato de Kennedy, sino también el encubrimiento que le siguió. De hecho, Israel desempeñó un papel clave en el complot para asesinar a JFK y, según las pruebas, fue uno de los principales instigadores del crimen.

Todos los co-conspiradores de Israel - y aquellos que tenían interés en ver muerto a Kennedy - tenían buenas razones para ayudar a encubrirlo. Estaban protegiendo sus propios intereses.

En 1963, John F. Kennedy se había ganado muchos enemigos. La acusación de su hermano, el fiscal general Robert Kennedy, contra la mafia y los jefes del crimen organizado, liderados por Meyer Lansky, enfureció a muchos miembros del sindicato del crimen, por no decir otra cosa. Las primeras fases de la persecución de Meyer Lansky ya habían comenzado. Carlos Marcello, representante de Lansky en Nueva Orleans, ya había sido acusado. Mickey Cohen, secuaz de Lansky en la costa oeste, también estaba en el punto de mira.

EL SINDICATO DE LANSKY VINCULADO A ISRAEL

Lansky era el objetivo final: la enemistad entre la familia Kennedy y Meyer Lansky se remonta a décadas atrás. No sólo el padre del presidente, Joseph P. Kennedy, era considerado un enemigo del pueblo judío, sino que Lansky también creía que le guardaba rencor (a Lansky) por un secuestro, orquestado por Lansky, de uno de los traficantes de whisky ilícito de Kennedy padre. Dada la alianza secreta de John F. Kennedy con la Mafia durante la campaña electoral de 1960, su guerra contra el sindicato del hampa de Lansky era una doble traición que no podía tolerarse.

LYNDON JOHNSON

El presidente también planeaba retirar a su vicepresidente, Lyndon Johnson, de las elecciones de 1964. Era posible que Johnson, financiado políticamente durante mucho tiempo por Lansky y su compinche de la mafia de Nueva Orleans, Carlos

Marcello, acabara pasando el resto de su vida en la cárcel. Los hermanos Kennedy se interesaron por los negocios de Johnson a través de su prestanombres, Bobby Baker, que más tarde acabó en prisión. Evidentemente, Baker había llevado a cabo muchos de sus principales negocios con socios de Lansky, incluyendo a Ed Levinson, un director del Banco de Crédito Internacional vinculado al Mossad, fundado por el ex funcionario del Mossad Tibor Rosenbaum.

CUBANOS ANTICASTRISTAS

Además, Kennedy se estaba preparando para un acercamiento a la Cuba de Castro, por lo que el sindicato of Lansky no habría podido reactivar allí sus enormes intereses en el juego. El cambio en la política cubana también fue doloroso para la comunidad cubana anticastrista de Miami, Nueva Orleans y otros lugares. Los cubanos anticastristas, por supuesto, habían cooperado estrechamente con el sindicato de Lansky en actividades anticastristas. Al mismo tiempo, la nueva política cubana había enfurecido a la CIA, que era la principal promotora de las fuerzas anticastristas. Como también hemos visto, el Mossad desempeñó un papel importante (aunque poco conocido) en la trama que implicaba a los cubanos anticastristas a través de su base de Miami.

LA CIA

JFK tenía otros problemas con la CIA. Había tomado medidas para desmantelar la CIA y, tras su intención manifiesta de retirar las fuerzas estadounidenses de Vietnam, se había enzarzado en una guerra secreta con la agencia. Esto habría supuesto un duro golpe para el llamado "complejo militar-industrial" (del que el lobby israelí era un componente fundamental), que se beneficiaba enormemente de la presencia continuada de Estados Unidos en el sudeste asiático.

HOOVER

En última instancia, Kennedy pretendía fusionar todos los servicios de inteligencia de EEUU -incluido el FBI- en una única entidad dirigida por su hermano Robert. Este plan, por supuesto, no fue bien recibido por el director del FBI J. Edgar Hoover, a quien Kennedy también había planeado destituir tras las elecciones de 1964. Como hemos visto, Hoover tenía sus propios tratos secretos con Lansky personalmente y con el crimen organizado en general. Hoover también tenía una fundación establecida en su nombre financiada por las industrias de licor vinculadas a Lansky y la Liga Anti-Difamación (ADL) de B'nai B'rith, que funcionaba como un brazo de propaganda e inteligencia americano de facto del Mossad de Israel. Si Hoover no conspiró activamente contra la vida de John F. Kennedy, ciertamente miró hacia otro lado sabiendo que se había urdido una conspiración para asesinar a JFK.

VIETNAM Y LAS DROGAS

La intención de Kennedy de cambiar la política sobre Vietnam -su plan de retirarse unilateralmente del embrollo- enfureció no sólo a la CIA, sino también a los miembros del Pentágono y a sus aliados del complejo militar-industrial.

Para entonces, el sindicato de Lansky ya había establecido el tráfico internacional de heroína, que iba desde el sudeste asiático hasta el Mediterráneo a través de la mafia corsa, vinculada a la CIA. Las operaciones conjuntas de Lansky y la CIA en el tráfico internacional de drogas fueron un negocio lucrativo que floreció como resultado de la amplia implicación de Estados Unidos en el sudeste asiático, que sirvió de tapadera para las actividades de narcotráfico. Ahora sabemos que el Mossad se convirtió en un actor importante como "intermediario" en gran parte de esta actividad de contrabando de drogas.

ISRAEL, LA CIA Y EL SINDICATO LANSKY

El amargo conflicto de John F. Kennedy con Israel le llevó a luchar contra un aliado no sólo de la CIA sino también del sindicato de Lansky, ambos también estrechamente vinculados con los cubanos anticastristas. Los vínculos del vicepresidente Lyndon Johnson con Lansky, la Mafia y la industria de defensa, así como sus estrechas relaciones con el lobby israelí, y sus antiguas relaciones amistosas con la CIA y el FBI de Hoover hicieron de Johnson una alternativa aceptable (entre estos diversos intereses creados) a la dinastía Kennedy. Kennedy había sido sospechoso durante mucho tiempo a los ojos de Israel y sus aliados, como vimos en el capítulo 4.

También sabemos ahora que incluso la tristemente célebre "Mafia de Chicago" bajo el mando de Sam Giancana estaba muy inmersa en relaciones internacionales de gran alcance con el Mossad israelí, en gran parte a través de los buenos oficios del verdadero jefe del sindicato de Chicago, el cómplice de Meyer Lansky, Hyman Lamer. Por lo tanto, nos encontramos con que la teoría de que incluso "la mafia de Chicago mató a JFK" tiene sin duda una "conexión con el Mossad" muy clara.

MICKEY COHEN

Ya en 1960 (como demostramos en el Capítulo 13), Mickey Cohen, el secuaz de Meyer Lansky en la Costa Oeste, había usado a la amante de Kennedy, la actriz Marilyn Monroe, para intentar conocer las intenciones de Kennedy hacia Israel. Hemos aprendido que la presentación de Kennedy a Miss Monroe por uno de los asociados de Cohen fue con este mismo propósito, y posiblemente también con el propósito de chantajear a JFK.

Aunque la historia "oficial" reconoce el tormentoso romance del Presidente con la Srta. Monroe, sus verdaderos orígenes - y el propósito por el que fue orquestado - han sido oscurecidos y olvidados. ("La historia oficial" nos recordaría en cambio la otra relación ilícita ampliamente publicitada de Kennedy con Judith Campbell, amante del jefe de la mafia de Chicago Sam Giancana).

Cohen, seguidor de Israel desde hace mucho tiempo y uno de sus primeros partidarios, tenía algo más que un interés pasajero en el Estado de Oriente Medio. Según un relato, descubrimos que Cohen no estaba muy contento con la postura de Kennedy sobre Israel.

BEN-GURION Y LA BOMBA NUCLEAR ISRAELÍ

En abril de 1963, las relaciones de Kennedy con el primer ministro israelí David Ben-Gurion y el Estado de Israel habían llegado a un peligroso punto muerto, especialmente por la determinación de Israel de desarrollar una bomba nuclear.

En la última conferencia de prensa oficial de Kennedy, deploró el sabotaje deliberado por parte del lobby israelí de sus propios esfuerzos por tender puentes hacia el mundo árabe. Poco sabía JFK que las semillas de su propia destrucción habían sido sembradas como resultado de sus esfuerzos por llevar la paz a Oriente Medio.

David Ben-Gurion había desarrollado una intensa desconfianza personal -incluso odio y desprecio- hacia Kennedy. Creía que la presidencia de Kennedy era un peligro para la propia supervivencia del Estado de Israel, la nación que Ben-Gurion había ayudado a crear.

Ben-Gurion estaba paranoico en ese momento. Creía que Israel podía ser destruido. Debido a su desprecio por Kennedy y la postura del presidente estadounidense hacia Israel, Ben-Gurion dimitió como Primer Ministro. Es probable que su último acto como Primer Ministro fuera ordenar al Mossad que orquestara un atentado contra John F. Kennedy.

Supimos que fue Yitzhak Shamir, entonces jefe del equipo de asesinatos del Mossad, quien organizó la puesta en marcha de la conspiración. Shamir sabía, por supuesto, que una amplia gama de intereses - nacionales e internacionales - querrían a Kennedy fuera de la Casa Blanca. Había varios actores que podían unirse para asegurar el éxito de una conspiración de asesinato: particularmente el Sindicato del Crimen Organizado de Meyer Lansky, vinculado al Mossad, así como la CIA y miembros de sus esferas de influencia.

¿Había un nombre en clave para la conspiración contra el presidente Kennedy? Es más que probable. Pero probablemente nunca sabremos cuál era. ¿Puso el Mossad el nombre en clave de "Operación Amán" - nombrando la conspiración para matar al presidente americano en honor a Amán, el antiguo conspirador amalecita que quería la destrucción del pueblo judío? Ese nombre en clave sería tan razonable como cualquier otro, dado el odio de Ben-Gurion hacia Kennedy - el moderno Amán a sus ojos.

LA CONSPIRACIÓN ESTÁ EN MARCHA

Bajo los auspicios del Mossad, la CIA y Lansky se creó una red para reclutar asesinos y planificar atentados, con la misteriosa empresa Permindex en el centro de la operación. Todos ellos se beneficiaron de la destitución de John F. Kennedy. Muchos de los que estaban en la periferia de la conspiración -de hecho, quizá incluso muchos de los que estaban en el centro- no sabían cómo ni por qué se les pedía que llevaran a cabo muchas de las acciones que habían emprendido para lograr el objetivo final de desalojar a JFK de la Casa Blanca.

ACTORES CLAVE DE LA CIA - TODOS VINCULADOS AL MOSSAD

Las pruebas sugieren que fue James Jesus Angleton, el poderoso hombre de la CIA, jefe de la oficina de la CIA en Israel, quien había desempeñado el papel principal en la manipulación de la participación de la CIA en el asesinato. A lo largo de su carrera, las actividades de Angleton se cruzaron con las del Sindicato del Crimen Organizado de Lansky, particularmente en las relaciones de la CIA con la mafia corsa. Fue la oficina israelí de Angleton en la CIA la que coordinó la extraña alianza de la agencia con las figuras criminales corsas.

Como hemos visto, miembros anticastristas de la CIA participaron en la creación del chivo expiatorio, Lee Harvey Oswald. En Nueva Orleans, contactos de la CIA, entre ellos Clay Shaw, miembro del consejo de administración de Permindex, Guy Banister y David Ferrie, ambos miembros de la Liga Antidifamación, coordinaron las actividades anticastristas de los exiliados cubanos. Fueron esenciales para el complot: manipularon a Lee Harvey Oswald, haciéndole pasar por un "agitador procastrista". Banister y Ferrie también participaron en los tejemanejes de Frank Sturgis, un agente de la CIA (y operativo del Mossad) a las afueras de Nueva Orleans, en el lago Ponchartrain. Se dice que Oswald se entrenó allí.

La WDSU, el imperio mediático de la familia Stern -principales promotores de la Liga Antidifamación israelí y amigos íntimos de Shaw, miembro de la junta directiva de Permindex- había contribuido a la conspiración dando publicidad a las actividades de Oswald y poniéndolas a disposición del FBI, sentando así las bases para la identificación de Oswald como agente castrista.

LA CONEXIÓN FRANCESA

Y, como vimos en el capítulo 15, hay más indicios de que agentes de la CIA vinculados a la OAS francesa también utilizaban el cuartel general de Guy Banister en Nueva Orleans. Muchos de estos mismos agentes de la OAS también tenían vínculos con el tráfico de drogas de Lansky. También eran hostiles a John F. Kennedy, que había apoyado la independencia de Argelia.

Es más, fue E. Howard Hunt, el principal enlace de la CIA con los cubanos anticastristas, quien también lo era con uno de los mayores agentes de la OEA, Jean Souetre, cuya presunta presencia en Dallas -al igual que la de Hunt- es objeto de cierta controversia.

Como señalamos en el capítulo 16, un antiguo oficial de los servicios de inteligencia franceses afirma que en los sucesos de Dealey Plaza participó un asesino francés contratado por el Mossad, cuya presencia en Dallas fue organizada por una facción del servicio secreto francés, SDECE, bajo la dirección del coronel Georges De Lannurien.

EL ASESINATO FICTICIO

Las pruebas sugieren que E. Howard Hunt, de la CIA, pudo haber estado dirigiendo su propia operación anticastrista (bajo la apariencia de un atentado contra el Presidente). Oswald fue probablemente utilizado de alguna manera en esta operación. Sin embargo, parece que este "intento de asesinato simulado" fue manipulado y/o infiltrado por elementos que realmente querían matar al Presidente. El propio Hunt estaba probablemente tan sorprendido como cualquiera cuando se produjeron esos disparos fatales en Dallas. Probablemente a Hunt le tendieron una trampa.

Como hemos visto, fue el colaborador del Mossad James Jesus Angleton quien envió a Hunt a Dallas en noviembre de 1963. Sólo Hunt puede decirnos lo que estaba haciendo en Dallas - o lo que pensaba que estaba haciendo. ¿Fue Hunt - como Oswald - un chivo expiatorio?

El propio Hunt admitió, bajo juramento, que creía posible que sus antiguos colegas de la CIA hubieran pensado inculparle del asesinato de Kennedy. Sin embargo, Hunt nunca explicó -al menos públicamente- qué estaba haciendo en Dallas el 21 de noviembre de 1963, la víspera del asesinato de John F. Kennedy. En cambio, Hunt afirma que no estuvo allí.

Frank Sturgis, el antiguo agente del Mossad que también había sido agente de la CIA, se había reunido con Hunt (y Jack Ruby) en Dallas el día antes del asesinato. Sturgis declaró posteriormente a Marita Lorenz que había participado en el asesinato. Por lo tanto, examinando únicamente a Sturgis, podemos afirmar sin reservas que un conocido agente del Mossad confesó así haber desempeñado un papel directo en el asesinato del Presidente.

Además, como hemos visto, varias fuentes han sugerido que había al menos varias personas operando en Dealey Plaza el 22 de noviembre que creían que estaban allí como parte de un golpe de la "mafia" dirigido no a Kennedy, sino más bien al gobernador de Texas John B. Connally

El uso de "falsas banderas" era una táctica clásica del Mossad, una práctica común de la agencia de espionaje israelí. Y como vimos en el capítulo 16, según el ex agente del Mossad Victor Ostrovsky, él y sus compañeros agentes del Mossad fueron informados por sus superiores de que el asesinato de Kennedy fue en realidad un accidente. El verdadero objetivo, según el Mossad, era Connally, que había sido blanco de "la mafia".

JACK RUBY, MICKEY COHEN Y EL MOSSAD

Como vimos en el capítulo 13, Mickey Cohen, el lugarteniente de Lansky en la costa oeste -que tenía estrechos vínculos con el contrabando de armas israelí- desempeñó un extraño papel en el complot contra JFK. Cohen tenía una larga relación con Jack Ruby, que a su vez estaba implicado en el contrabando de armas a Israel. De hecho, como hemos visto, Ruby (que también traficaba con la inteligencia estadounidense) era definitivamente "más del Mossad que de la Mafia", contrariamente a las viejas leyendas sobre Ruby y sus supuestas "conexiones mafiosas".

Poco antes del asesinato de JFK, Al Gruber, compinche de Mickey Cohen y viejo amigo de Ruby (que no había visto a Ruby en años), llegó a Dallas para visitar a Ruby. Una hora después de la detención de Lee Harvey Oswald, Ruby llamó a Gruber. Presumiblemente, Ruby llamó a Gruber para informarle de que la paloma no había sido asesinada antes de su detención, como se había planeado, y que entonces se le había dicho a Ruby que era su responsabilidad terminar el trabajo.

Melvin Belli, amigo y abogado de Mickey Cohen, intervino rápidamente como abogado defensor de Jack Ruby, vinculando a Ruby con el equipo Lansky/Cohen asociado con Israel que pocos investigadores se habían molestado en examinar, prefiriendo centrarse en los "míticos vínculos de Ruby con la mafia".

James Jesus Angleton, de la CIA, había intentado hacer creer que la KGB soviética estaba detrás del asesinato de Kennedy. Angleton discutió vehementemente la fiabilidad del desertor soviético Yuri Nosenko, que había insistido en que había sido el controlador de la KGB de Oswald en la Unión Soviética y declaró que Oswald no había sido un agente de la KGB.

Como hemos visto, el Sr. Angleton fue -por voluntad propia- el principal "contacto" de la CIA en sus relaciones con la Comisión Warren. Además, William Sullivan, amigo íntimo de Angleton y número 3 del FBI, era el enlace del FBI con la Comisión.

Quizá no sea coincidencia que Angleton (a través de un extraño memorándum interno de la CIA) hubiera denunciado al miembro de la CIA E. Howard Hunt por su posible implicación en el asesinato de Kennedy, probablemente como agente "deshonesto", actuando por su cuenta. Esta incriminación se produjo precisamente en el momento en que se discutían las sospechas públicas sobre la implicación institucional de la CIA. En el capítulo 16 analizamos en detalle este memorándum.

EARL WARREN

El presidente del Tribunal Supremo, Earl Warren, informado por la CIA de la posible implicación comunista soviética en el asesinato del presidente, fue presionado para ocultar lo que él creía erróneamente que era la verdad sobre el asesinato. El "escenario de Ciudad de México" de la CIA -gestionado por la oficina de Angleton en la CIA y coordinado por David Atlee Phillips, entonces jefe de la oficina de la CIA en Ciudad de México- fue presentado a Warren como prueba de que los soviéticos estaban implicados en el asesinato del Presidente.

Atribuir el asesinato a "un lunático solitario" fue la forma de Warren de proteger la seguridad nacional estadounidense. Según Warren, se había evitado una guerra con la Unión Soviética. Warren probablemente nunca supo la verdad -o siquiera parte de la verdad- sobre lo que realmente ocurrió o el origen del complot de asesinato.

Sin duda, cualquier iniciativa de Warren para ir más allá habría sido sofocada de inmediato: después de todo, uno de los miembros de su comité era el ex director de la CIA Allen Dulles, quien, por cierto, había sido destituido por JFK.

Además, como veremos en el Apéndice 4, hubo considerables y múltiples repercusiones israelíes (y judías) en el personal de la Comisión Warren, un factor que nunca se tuvo en cuenta hasta la publicación de *Juicio Final*.

Además, Warren también estaba bajo la influencia de su íntimo amigo, el columnista sindicado Drew Pearson, agente y colaborador durante mucho tiempo de la Liga Antidifamación de B'nai B'rith, el brazo de propaganda e inteligencia israelí del país. Fue Pearson quien había hecho circular la falsa y descarada historia de que Fidel Castro había sido el principal instigador del asesinato de JFK.

PISTAS EQUIVOCADAS

Se colocaron pistas falsas a lo largo de la serie de acontecimientos que condujeron al asesinato -y después-, una táctica clásica del Mossad. Se colocaron "falsas banderas" para atraer la atención hacia otro lugar. Es posible que ni siquiera Lyndon Johnson supiera de dónde procedía la orden de matar a JFK, aunque ha habido acusaciones (nunca probadas) de que el propio Johnson formaba parte de la organización del asesinato. Desde luego, Johnson no tenía ninguna razón para intervenir o intentar impedir que se llevara a cabo el asesinato.

ROBERT F. KENNEDY

El asesinato del senador Robert F. Kennedy -con un árabe como "bandera falsa"- formó parte del encubrimiento en curso del asesinato del presidente Kennedy. En el asesinato de RFK, como hemos visto, el SAVAK iraní, una creación conjunta de la CIA y el Mossad israelí, fue responsable de coordinar el asesinato del senador. La muerte de Robert Kennedy impidió al Kennedy más joven llevar a los asesinos de su hermano ante la justicia.

ISRAEL Y LOS MEDIOS DE COMUNICACIÓN

Durante los últimos 28 años, los investigadores del asesinato de JFK no han tenido acceso, hasta hace poco, a pruebas de la guerra secreta de Kennedy con Israel por la bomba nuclear. Como resultado, nunca se ha sospechado, como otros sospechosos a menudo nombrados en el crimen, que Israel podría haber tenido una razón para colaborar en una conspiración contra John F. Kennedy.

Los medios de comunicación controlados por el Estado, con su devoción por Israel, por supuesto nunca han seguido este camino. Los medios se han contentado con promover la teoría de que "la mafia mató a JFK", pero ignoran la conexión con Lansky. Y los que llegan a sugerir que la CIA desempeñó un papel en el asesinato y el encubrimiento son calificados de "chiflados" y "teóricos de la conspiración".

Obviamente, nunca se sabrá toda la verdad, todos los detalles sórdidos. Así que tenemos que basarnos en la información de que disponemos para emitir un juicio definitivo.

EL IMPACTO DEL ASESINATO

El asesinato de John F. Kennedy tuvo un gran impacto político, mucho más profundo que el mero acceso de Lyndon Johnson a la presidencia. La muerte de JFK tuvo varias consecuencias directas, tanto en Estados Unidos como en el extranjero:

- Mantener la autonomía de la C.I.A;

- Protegiendo el imperio del FBI de J. Edgar Hoover;
- Un cambio en la política de Vietnam, que se traduce en

(a) una guerra rentable para los aliados de Lyndon Johnson (e Israel) en el complejo militar-industrial; y

(b) cobertura continua de operaciones conjuntas de narcotráfico de la CIA y Lansky desde el sudeste asiático.

- El fin de la creciente represión del Sindicato del Crimen Organizado de Lansky; y
- Un giro radical en la política estadounidense hacia Israel.

Este es sin duda el resultado final más llamativo, y no admite discusión.

Aunque hay quienes sostienen que John F. Kennedy, de hecho, habría mantenido el compromiso de Estados Unidos con Vietnam, *no se puede discutir el hecho evidente y ahora ampliamente probado de que JFK estaba inmerso en una feroz batalla con Israel y que, a la muerte de Kennedy, la política estadounidense en Oriente Próximo dio inmediatamente un giro de 180 grados.*

A lo largo de las páginas de *Juicio* Final hemos expuesto, por primera vez, toda la conspiración que condujo al asesinato de John F. Kennedy y al posterior encubrimiento. No pretendemos tener todas las respuestas, pero sí creemos que ahora se ha proporcionado el eslabón perdido. Nunca antes se habían reunido las pruebas como en estas páginas.

UN PEQUEÑO CÍRCULO DE CONSPIRADORES

Los estrechos vínculos que existen entre un círculo relativamente pequeño de personas y quienes se encuentran en su esfera de influencia inmediata no son una coincidencia. Que todos ellos, de alguna manera, formaran parte de las circunstancias que rodearon el asesinato de John F. Kennedy tampoco es casualidad.

Los críticos de las teorías de la conspiración del asesinato de JFK argumentan que una conspiración de este tipo requeriría la participación de un gran número de personas. De hecho, la mecánica que puso en marcha la conspiración descrita *en Juicio* Final probablemente no implicó a más de 20 personas. La mayoría de las personas implicadas en la trama probablemente ni siquiera conocían las actividades de los demás implicados. En este caso, vamos a nombrar, a título informativo, a quienes creemos que sabían de antemano que John F. Kennedy iba a ser asesinado el 22 de noviembre de 1963. Ellos son:

- Primer Ministro israelí David Ben-Gurion;
- Yitzhak Shamir, jefe de ejecuciones del Mossad israelí;
- Louis M. Bloomfield, Director General de Permindex;
- El líder del Mossad y banquero de Permindex, Rabbi Tibor Rosenbaum;
- Jefe de Contrainteligencia de la CIA James J. Angleton;
- Agente de inteligencia francés Georges De Lannurien;
- El jefe del sindicato del crimen Meyer Lansky;
- Los tiradores de Dealey Plaza. Las pruebas apuntan claramente al mercenario francés Michael Mertz como uno de estos tiradores. En cualquier caso,

como hemos visto, al menos uno de los asesinos había sido contratado por el Mossad a través de miembros desleales del servicio secreto francés, aunque es probable que hubiera varios equipos de asesinos.

• El agente de la CIA y ex agente del Mossad Frank Sturgis afirmó haber desempeñado un papel en los sucesos de Dealey Plaza. Sus secuaces en el exilio cubano, Guillermo e Ignacio Novo, que estaban con Sturgis en Dallas, también desempeñaron un papel, aunque aún no se ha determinado si eran verdaderos pistoleros.

Aunque es probable (pero no seguro) que los lugartenientes de la mafia de Meyer Lansky -Santo Trafficante Jr. de Tampa y Carlos Marcello de Nueva Orleans- tuvieran conocimiento del inminente asesinato, no está claro si ellos o, para el caso, el jefe de la mafia de Chicago Sam Giancana o el "embajador itinerante" de la mafia Johnny Rosselli participaron en la planificación del asesinato. Sin embargo, ahora sabemos que tanto Giancana como Rosselli estaban bajo el control de Hyman Lamer, el jefe del crimen vinculado al Mossad, y esto abre toda una nueva caja de Pandora.

El papel de las figuras del crimen organizado italoamericano en el asesinato de JFK es más un mito mediático que una realidad. En el mejor de los casos, fueron actores secundarios en el sistema general.

En el Apéndice 9, también examinaremos el probable papel -al menos como intermediario- desempeñado por Shaul Eisenberg en los acontecimientos que rodearon el asesinato, sugiriendo que Eisenberg, de hecho, tenía conocimiento anticipado del inminente asesinato.

LOS DE LA PERIFERIA...

Estas son las personas que llevaron a cabo acciones que las vincularon a la conspiración del asesinato (supieran o no que realmente se iba a producir un asesinato real):

- Lee Harvey Oswald;
- Agente secreto de la CIA E. Howard Hunt;
- El jefe de la oficina de la CIA en Ciudad de México, David Atlee Phillips;
- Clay Shaw, agente de la CIA y miembro de la junta de Permindex;
- Agente de la CIA Guy Banister;
- Agente de la CIA David Ferrie;
- Maurice Brooks Gatlin; mensajero Permindex;
- Agente de la CIA Robert Morrow;
- Jack Ruby, socio del hampa de Dallas;
- El colaborador de la CIA, el senador estadounidense John Tower y
- Un surtido de exiliados cubanos anticastristas y otros, incluida la agente de la CIA Marita Lorenz.

Mickey Cohen, secuaz de Meyer Lansky en la Costa Oeste, y el diplomático israelí (más tarde Primer Ministro) Menachem Begin, habían participado en el complot de la inteligencia israelí contra el Presidente Kennedy, pero no se puede afirmar con certeza que estuvieran al tanto de una conspiración de asesinato antes del hecho, aunque es probable que el socio de Cohen, Al Gruber, diera a Jack Ruby la orden de matar a Lee Harvey Oswald.

Varios miembros de la CIA, figuras destacadas de la Mafia y del sindicato de Lansky, el director del FBI, J. Edgar Hoover, y algunos investigadores de la Comisión Warren y del Comité de Asesinatos de la Cámara de Representantes pueden haber recabado información a lo largo de los años sobre partes de lo ocurrido, pero pocos de ellos conocían el complot en su totalidad.

Los que estaban en la periferia participaron en diversos aspectos del encubrimiento (por sus propios motivos), al igual que ciertas personalidades de los medios de comunicación, en particular Drew Pearson y Jack Anderson.

Hubo también una última persona que salvó al menos parte de la puesta en marcha del complot: el presidente francés Charles De Gaulle, cuyo servicio de inteligencia estaba comprometido por el Mossad.

EL JUICIO FINAL...

Las pruebas que hemos presentado demuestran que existe una base muy sólida para la tesis presentada en este libro. Es una hipótesis que tiene sentido, para gran consternación de quienes dirían que las conclusiones *del Juicio Final* son de algún modo "ridículas", "escandalosas" o "absurdas".

Este es nuestro Juicio Final: el Mossad israelí fue un actor clave (y decisivo) entre bastidores en la conspiración que acabó con la vida de John F. Kennedy. Con sus vastos recursos y contactos internacionales en la comunidad de inteligencia y en el crimen organizado, Israel tenía los medios, la oportunidad y el motivo para desempeñar un papel protagonista en el crimen del siglo, y así lo hizo.

El Primer Ministro israelí David Ben-Gurion y el Presidente John F. Kennedy (izquierda) se enzarzaron en una agria disputa sobre la determinación de Israel de construir un arsenal nuclear. El conflicto condujo a la abrupta dimisión de Ben-Gurion en junio de 1963 y sentó las bases del papel de la agencia de inteligencia israelí en el asesinato de JFK. Las mismas fuerzas vinculadas a la red de complots contra JFK participaron también en complots patrocinados por Israel contra el presidente francés Charles De Gaulle (a la derecha con Ben-Gurion), que había enfurecido a Israel al conceder la independencia a Argelia y dar marcha atrás en el apoyo francés al programa nuclear israelí.

El complot para asesinar a JFK (y los complots contra De Gaulle) fueron orquestados y financiados a través de una organización internacional conocida como Permindex, una empresa fantasma que era una tapadera de la agencia de inteligencia israelí Mossad. Arriba hay una foto de la reunión fundacional de Permindex. La fuerza motriz de Permindex era el Banque De Credit International (BCI), con sede en Ginebra, fundado por el rabino Tibor Rosenbaum (recuadro de la derecha), financiero y encargado de la adquisición de armas para el Mossad. El banco de Rosenbaum también se utilizó para blanquear dinero para el sindicato del crimen del jefe de la mafia internacional Meyer Lansky (inserto a la izquierda), cuyo imperio criminal (que incluía a la Mafia) fue blanco de la administración Kennedy cuando lanzó una importante ofensiva contra el crimen organizado.

Cuando el fiscal del distrito de Nueva Orleans, Jim Garrison (izquierda), investigó el asesinato de Clay Shaw, un antiguo activo de la CIA y director de comercio internacional, y le acusó de estar implicado en el complot para asesinar a JFK, Garrison descubrió que Clay Shaw era miembro del consejo de administración de Permindex, una empresa del Mossad. Al parecer, Garrison llegó a la conclusión de que el Mossad estaba relacionado con el asesinato, pero sólo expresó sus sospechas en una novela inédita. El presidente de Permindex era el abogado de Montreal Louis M. Bloomfield (derecha), figura destacada del lobby israelí en Canadá y secuaz durante mucho tiempo del barón del licor Sam Bronfman, que era a la vez un importante mecenas de Israel y una figura destacada del sindicato del crimen de Lansky.

En colaboración con Clay Shaw, de Permindex, los agentes de la CIA con base en Nueva Orleans Guy Banister (izquierda) y David Ferrie (derecha) trabajaron con agentes de la Organisation de l'Armée Secrète (OAS) en complots contra Charles De Gaulle financiados a través de Permindex, la empresa tapadera del Mossad. Shaw, Banister y Ferrie fueron también responsables de la operación de "disfraz" que presentó al presunto asesino de JFK, Lee Harvey Oswald, como un agitador "procastrista". Aunque muchos señalan los vínculos de Bannister con el agitador "derechista" Kent Courtney como prueba de una orientación "derechista" en Banister y sus asociados, lo que estos mismos investigadores no señalan es el apoyo entusiasta de Courtney a Israel. En la imagen (derecha) aparece un artículo de Courtney de 1970, en el que Courtney aclama a Israel como un obstáculo en el camino del expansionismo soviético. Las opiniones de Courtney sobre Israel reflejaban exactamente las de James Angleton, oficial de enlace de la CIA con el Mossad.

James Jesus Angleton (recuadro), Director de Contrainteligencia de la CIA durante muchos años, fue el principal actor de alto rango de la CIA en el complot para asesinar a JFK y, más tarde, la fuerza impulsora detrás del papel de la CIA en el "Watergating" de Richard Nixon. Devoto de Israel, Angleton y su oficina de enlace del Mossad en la CIA desempeñaron un papel central en las alianzas de vigilancia de la CIA con el Sindicato del Crimen de Lansky, un hecho que muchos estudiosos han intentado ignorar y/u olvidar. Este monumento en Israel (arriba) es uno de los muchos que honran a Angleton por sus servicios a Israel. La placa del monumento aparece a la derecha. La fotografía del monumento se tomó exclusivamente para este libro y es la única fotografía conocida que se ha publicado del monumento.

Un ex agente de la inteligencia francesa dijo a Michael Collins Piper, autor de *Juicio Final*, que Yitzhak Shamir (arriba a la izquierda) -el jefe de los asesinatos del Mossad en 1963- había contratado al menos a uno de los asesinos implicados en el asesinato de JFK a través del coronel Georges De Lannurien (centro), un alto aliado del Mossad en la inteligencia francesa. No es casualidad que, el día del asesinato de JFK, De Lannurien estuviera acurrucado en el cuartel general de la CIA en Washington con James J. Angleton, un aliado de alto rango del Mossad en la CIA. De hecho, el complot israelí contra JFK había comenzado poco después de su elección, cuando Mickey Cohen (derecha), un acólito de Meyer Lansky de Los Ángeles, y el diplomático israelí Menachem Begin (abajo a la derecha) habían manipulado a la actriz Marilyn Monroe (abajo en el centro) en una operación de espionaje y chantaje sexual dirigida contra JFK. La desinformación de los medios de comunicación promovió el mito de que la familia Kennedy estaba implicada en la muerte de Monroe, cuando en realidad las pruebas sugerían que Cohen era el responsable. En gran medida ignorado por los investigadores, Cohen era amigo y modelo a seguir del mafioso de Dallas Jack Ruby (abajo a la izquierda), cuyos vínculos con Lansky y el comercio de armas israelí fueron ocultados por quienes afirmaban que "La mafia mató a JFK".

En colaboración con la oficina de la CIA en Ciudad de México, dirigida por David Atlee Phillips (izquierda), la oficina israelí de James Angleton en la CIA inventó "pruebas" falsas para convencer al presidente del Tribunal Supremo, Earl Warren, de que Lee Harvey Oswald había conspirado con los soviéticos para asesinar a JFK. Así pues, el Informe Warren se redactó para ocultar lo que Warren (tal vez) creía que era la verdad y evitar la guerra entre Estados Unidos y la URSS. Mucha gente cree que Phillips, que más tarde trabajó para una empresa dedicada al contrabando de armas para el Mossad, era el agente de la CIA (que había utilizado el nombre de "Maurice Bishop") visto con Oswald en Texas poco antes del asesinato. Esta "impresión artística" (centro) de "Maurice Bishop" fue publicada por el Comité de Asesinatos de la Cámara de Representantes. Sin embargo, Michael Collins Piper, autor de *Final Judgement*, especula con la posibilidad de que "Maurice Bishop" fuera un nombre en clave de la CIA utilizado también por otra figura de la CIA con base en Texas implicada en asuntos cubanos en 1963: George Bush (derecha).

En 1986, el técnico nuclear israelí Mordechai Vanunu (izquierda) denunció a Israel y reveló al mundo que Israel poseía de hecho armas nucleares. Vanunu fue condenado a 18 años de cárcel por su acto de conciencia. Paul (Minnesota), que habían adoptado a Vanunu, publicaron una carta fechada el 12 de octubre de 1997 en la que su hijo adoptivo afirmaba que existía un vínculo entre el asesinato de JFK y la Guerra de los Seis Días de 1967 de Israel contra sus vecinos árabes. Las revelaciones de Vanunu, sobre todo teniendo en cuenta sus antecedentes en el programa nuclear israelí, apuntan claramente a la confirmación de acusaciones que ya se habían hecho en la primera edición de *Juicio Final* publicada en 1994. Aunque las acusaciones de Vanunu sobre la conexión con JFK se mantuvieron en secreto, el único informe de prensa que lo mencionó afirmaba, como era de esperar, que era una prueba de la "paranoia" de Vanunu.

El ex agente de la CIA Victor Marchetti (izquierda) afirmó en un artículo publicado en *The Spotlight* en 1978 que la CIA pretendía acusar al agente E. Howard Hunt (centro) de estar implicado en el asesinato de JFK. Las pruebas indicaban que el aliado israelí de la CIA, James Angleton, estaba detrás del complot para inculpar a Hunt. El profesor de Angleton, el periodista Joe Trento (derecha), cree que Angleton envió a Hunt a Dallas en noviembre de 1963 y que 15 años después filtró un memorando de la CIA que sitúa a Hunt en Dallas en el momento del asesinato. Hunt trabajó con muchas de las personas implicadas en el asesinato y sabe mucho más de lo que admite. Hunt parece haber formado parte de lo que algunos pensaban que era un atentado "ficticio" contra JFK diseñado para implicar a agentes castristas, pero que fue cooptado y convertido en un "hecho real". Es probable que Lee Oswald fuera manipulado de este modo, haciéndole creer que estaba implicado en un complot para inculpar a Castro de un atentado contra la vida de JFK, cuando en realidad se le tendió una trampa para que fuera el "chivo expiatorio".

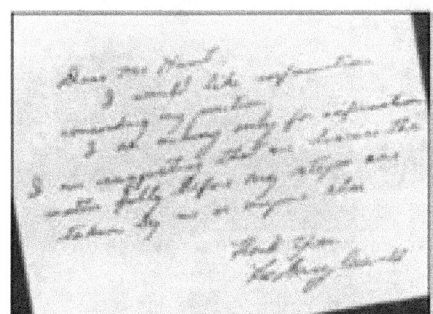 

Aunque el escritor británico Christopher Andrew, vinculado a la CIA, afirma que la famosa carta "Querido Sr. Hunt" (izquierda) - aparentemente escrita por Lee Oswald dos semanas antes del atentado contra JFK - era una falsificación del KGB, lo más probable es que la carta formara parte de la campaña "situación limitada" - pintada por la oficina del Mossad de James Angleton en la CIA para inculpar a Hunt y confundir aún más la búsqueda de JFK. La carta salió a la luz precisamente en 1975, en la época en que Mike Canfield y Alan Weberman publicaron *Coup d'État in America* (derecha), que promovía el mito de que Hunt era uno de los "vagabundos" detenidos en Dallas tras el asesinato. Weberman no sólo estaba estrechamente asociado con

Mordechai Levy, un conocido agente de la Liga Antidifamación vinculada al Mossad, sino que Weberman reveló que el hombre influyente en el Congreso de Estados Unidos que desempeñó un papel destacado a la hora de facilitar la iniciativa de Weberman de difundir la teoría del "vago Hunt" era Richard Perle (recuadro de la derecha), un antiguo agente del Mossad que ahora es una pieza clave en la red "neoconservadora" proisraelí. Es más, el nigeriano que publicó el libro de Weberman fue también el editor de los escritos del líder israelí David Ben-Gurion. El autor de *Juicio Final*, Michael Collins Piper, especula que el libro de Weberman era "propaganda tendenciosa" de la oficina israelí de Angleton en la CIA. Curiosamente, fue Weberman quien reveló que el fiscal de Nueva Orleans Jim Garrison estaba sugiriendo en voz baja la participación del Mossad en el asesinato de JFK - un punto que incluso muchos de los admiradores de Garrison son reacios a reconocer.

Después de que E. Howard Hunt (inexplicablemente) demandara *a The Spotlight* por difamación por revelar el complot de la CIA para incriminarle en el asesinato de JFK, el famoso investigador, el abogado Mark Lane (izquierda), actuó como abogado defensor de *The Spotlight* y saboteó el caso de Hunt. El testimonio de la ex agente de la CIA Marita Lorenz (derecha) reveló que la víspera del asesinato de JFK, Hunt se había reunido en Dallas con Frank Sturgis, agente de la CIA y del Mossad, con un equipo de cubanos anticastristas, así como con Jack Ruby, esbirro de Lansky y Bronfman. Unos años más tarde, Andrew Allen, agente de inteligencia del Mossad y de la CIA, orquestó otra demanda contra *The Spotlight*, que obligó al periódico a declararse en quiebra, lo que dio al juez federal S. Martin Teel la oportunidad de poner fin a la revista en 2001. No era casualidad que Teel hubiera estado implicado en el escándalo INSLAW (destapado por primera vez por *The Spotlight*), que implicaba el robo por parte de funcionarios del Departamento de Justicia de programas informáticos de vigilancia que luego fueron entregados al Mossad, como reveló Gordon Thomas en su libro Robert Maxwell: *Israel's Super-Spy*.

William R. Corson (izquierda), veterano de la CIA y antiguo periodista "rompecircuitos" de James Angleton, contacto del Mossad con la CIA, filtró la historia "Hunt está en Dallas" que inspiró *The Spotlight* en el juicio de Hunt. Más tarde, tras la muerte de Corson, uno de sus socios continuó su trabajo, conspirando enérgicamente entre bastidores para desacreditar a Mark Lane y Michael Collins Piper y detener la distribución de *Juicio Final*. La "operación encubierta" contra Lane y Piper consistió en la distribución de documentos de desinformación (posiblemente procedentes de archivos de la CIA) que pretendían "admitir" la implicación de la CIA e Israel en el asunto JFK. Los documentos falsos se publicaron con la esperanza de que fueran fácilmente desacreditados, como así fue. Hoy, la CIA y los israelíes proclaman: "La teoría de la colaboración de la CIA y/o Israel en el asesinato de JFK se basó en documentos fraudulentos, por lo tanto el trabajo de Lane y Piper está desacreditado". Sin embargo, lo que los críticos no mencionan es lo siguiente: ni Lane ni Piper se basaron en esos documentos obviamente falsificados.

Al menos tres fuentes independientes confirman que el notorio agente de la CIA Frank Sturgis (izquierda) trabajó para el Mossad israelí desde 1948 y que su relación con el Mossad continuó en la década de 1970. Marita Lorenz testificó que Sturgis condujo el convoy de dos coches de Miami a Dallas, llegando a Dallas el 21 de noviembre de 1963, un día antes del asesinato de JFK, cuando Sturgis y su equipo de cubanos anticastristas se reunieron con el oficial de la CIA E. Howard Hunt y Jack Ruby. Según la señorita Lorenz, Sturgis le dijo más tarde que su equipo había participado en los sucesos de Dealey Plaza. La inteligencia cubana concluyó, basándose en su propia investigación, que Sturgis estaba efectivamente implicado en el asesinato de JFK. Así pues, la singular posición de Sturgis sitúa firmemente a un conocido activo del Mossad en los círculos de la CIA en el centro de la intriga del asesinato, proporcionando otro "eslabón perdido" que apunta a la colaboración del Mossad con la CIA en el asesinato del presidente Kennedy.

El legendario agente de la CIA Gerry Patrick Hemming (derecha) estuvo asociado con Frank Sturgis, figura de la CIA vinculada al Mossad, en el entrenamiento de exiliados cubanos anticastristas en las afueras de Nueva Orleans, un proyecto que implicó a David Phillips, Guy Banister, David Ferrie y Clay Shaw -por no mencionar a Lee Oswald- en el asesinato de JFK. Uno de los principales patrocinadores del complot anticastrista de Hemming en el que estaba implicado Sturgis era Theodore Racoosin, descrito por Hemming como "uno de los principales fundadores del Estado de Israel" Se sabe que intereses de juego judíos estadounidenses vinculados al Mossad financiaron la operación de Nueva Orleans. Hemming dijo al autor de *Juicio Final*, Michael Collins Piper, que él (Hemming) sabía desde finales de los años 60 que el Mossad estaba al tanto del inminente asesinato del presidente  Kennedy, aunque Hemming afirma que no conocía ninguna prueba de la implicación directa del Mossad. Según Hemming, el Mossad lanzó su propia investigación sobre el asesinato de JFK y hasta el día de hoy conserva registros de su investigación.

Según la ex agente de la CIA Marita Lorenz, Guillermo Novo (izquierda) y su hermano Ignacio (centro) se encontraban entre los cubanos de Dallas junto con E. Howard Hunt y el agente de la CIA/Mossad Frank Sturgis. Los Novo fueron condenados más tarde junto con el aventurero internacional Michael Townley (derecha) por el asesinato del diplomático chileno Orlando Letelier en 1976. El vínculo entre Novo y Townley puede remontarse más atrás. En el momento del asesinato de JFK, Townley era agente de Investors Overseas Services (IOS). Nominalmente dirigido por Bernie Cornfeld (abajo a la izquierda), IOS era una tapadera del Mossad del rabino Tibor Rosenbaum, cuyo Permindex estaba en el corazón del complot para asesinar a JFK.

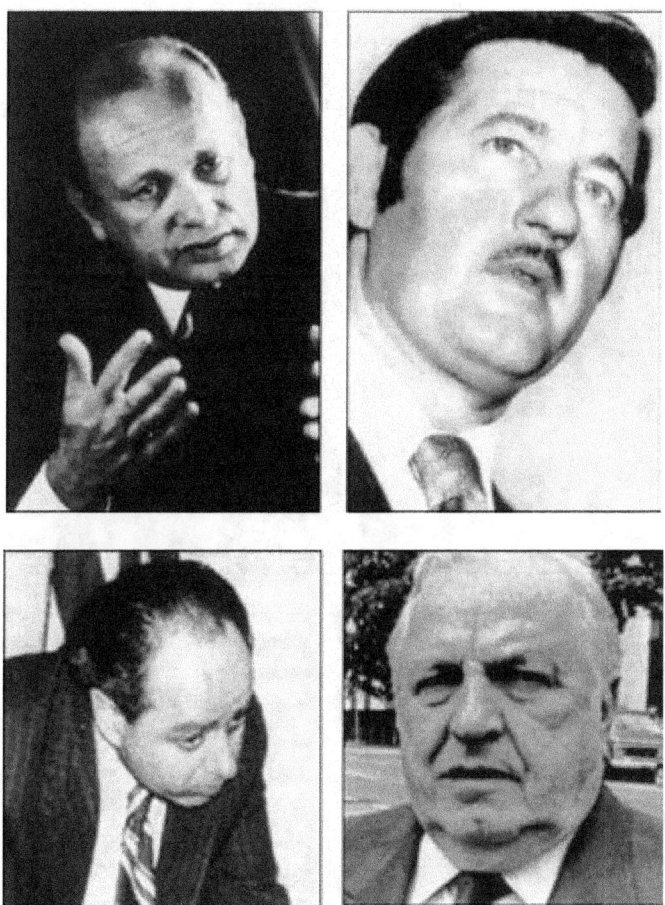

El director del Comité de la Cámara de Representantes, Robert Blakey (arriba a la izquierda), dijo que si alguien era responsable de organizar el asesinato de John F. Kennedy, eran los jefes mafiosos Carlos Marcello (arriba a la derecha) y Santo Trafficante Jr. (abajo a la derecha), ambos subordinados de Meyer Lansky. Sin embargo, Blakey nunca señaló con el dedo a Lansky y trató de mantener en secreto la vinculación de éste con el asesinato. Anteriormente, Blakey había sido empleado de Morris Dalitz (abajo a la izquierda), socio de Lansky e inversor de Permindex, cuyo lugarteniente jefe, Ed Levinson, formaba parte del consejo del Banque De Credit International del agente del Mossad Tibor Rosenbaum, que blanqueaba "dinero sucio" para el sindicato de Lansky y estaba vinculado a la conspiración contra JFK.

Mientras que los principales medios de comunicación apoyan la leyenda de Blakey de que "La Mafia mató a JFK", se suprime la interacción de largo alcance entre la inteligencia israelí y el crimen organizado estadounidense. Los medios de comunicación también ignoran el papel central desempeñado por los mafiosos judíos en los niveles más altos del crimen organizado, centrándose en cambio en la imagen del "padrino" de la mafia italiana. Aunque la discusión del tema se considera tabú, lo que podría describirse como "sensibilidad significativa hacia las preocupaciones judías" puede ser una de las razones por las que los propietarios y editores de varias fuentes de noticias de los principales medios de comunicación han determinado que no es apropiado proporcionar información precisa sobre los vínculos judíos e israelíes con la mafia estadounidense.

En 1967, el columnista Jack Anderson (arriba a la izquierda) y su jefe, Drew Pearson (recuadro a la izquierda), ambos cercanos a la CIA y al lobby israelí, montaron una historia falsa contada por el mafioso de Chicago Johnny Roselli (arriba a la derecha), culpando a Fidel Castro del asesinato de JFK. Roselli -que más tarde rechazó la historia- colaboró con terceros, entre ellos el jefe de la mafia de Chicago Sam Giancana (abajo a la izquierda) en los complots de la CIA contra Castro llevados a cabo con la aprobación de la mafia de Meyer Lansky, cuyo papel fue suprimido por las investigaciones "oficiales" y por los investigadores temerosos de mencionar a Lansky. Aunque Anderson entabló una estrecha amistad con el agente de la CIA y el Mossad Frank Sturgis ya en 1960, ahora sabemos, basándonos en nuevas revelaciones del sobrino de Giancana, que el verdadero "jefe" de los bajos fondos de Chicago era el socio de Lansky, Hyman Larner (abajo a la derecha) -que era judío, no italiano- y cuyas principales operaciones se llevaron a cabo de común acuerdo con el Mossad y la CIA. Esto significa que la mera sugerencia de que "la mafia de Chicago mató a JFK" demuestra aún más la implicación del Mossad. *El vínculo del Mossad con el asesinato de JFK -en muchas plataformas y a muchos niveles- es sencillamente ineludible.*

Las huellas dactilares del rico mecenas de Israel, una de las figuras del Sindicato de Lansky, el canadiense Sam Bronfman (izquierda), están por todas partes en el complot del asesinato de JFK. Louis Bloomfield, antiguo secuaz de Bronfman, no sólo era presidente de la empresa Permindex, patrocinada por el Mossad, sino que nuevas pruebas indican que Jack Ruby, miembro de la mafia de Dallas, era empleado de Bronfman. Además, mientras otro asociado de Bronfman en Dallas, el petrolero Jack Crichton, servía de "traductor" a la viuda de Lee Harvey Oswald tras el asesinato de JFK, otro funcionario de Bronfman -el "superabogado" John McCloy (centro)-

formaba parte de la Comisión Warren. McCloy era director y Crichton vicepresidente del Empire Trust, una agrupación financiera controlada en parte por la familia Bronfman. Aunque Bronfman es más conocido por su imperio de bebidas alcohólicas, Seagrams, lo que muchos investigadores que señalan con el dedo a los "barones del petróleo de Texas" no tienen en cuenta es que Bronfman era también un barón del petróleo de Texas, ya que compró Texas Pacific Oil en 1963. Ya en 1949, Allen Dulles (derecha) -más tarde director de la CIA despedido por JFK y también miembro de la Comisión Warren- era el abogado privado de negocios de Phyllis, la hija de Bronfman.

Minutos después del asesinato de Lee Harvey Oswald a manos de Jack Ruby el 24 de noviembre de 1963, Eugene Rostow, entonces decano de la Facultad de Derecho de Yale, empezó a presionar al presidente Johnson para que creara lo que se conoció como la Comisión Warren, que encubrió la verdad sobre el asesinato de JFK. El papel central de Rostow en este asunto permaneció en secreto hasta 1993. Durante mucho tiempo, Rostow fue una figura del lobby israelí y miembro de la junta del Instituto Judío para Asuntos de Seguridad Nacional, que ha sido descrito como "dirigido por personas estrechamente vinculadas a los intereses israelíes y puede considerarse como una organización virtual de lobby para el Estado de Israel". Fanático extremista de la Guerra Fría, Rostow fue uno de los fundadores de la Comisión "neoconservadora" sobre el Peligro Presente, que consideraba la seguridad de Israel como el centro de todas las preocupaciones de la política exterior estadounidense.

En el momento de la investigación de la Comisión Warren sobre el asesinato de JFK, el industrial de Detroit Max Fisher (izquierda) era un estrecho asesor y partidario clave del ex congresista Gerald Ford (izquierda), uno de los más dedicados defensores de la Comisión. Fisher no sólo tenía vínculos de larga data con el sindicato del crimen de Lansky, sino que también era socio comercial del oficial del Mossad Rabbi Tibor Rosenbaum y del multimillonario israelí Shaul Eisenberg (derecha), que eran los principales impulsores de la red Permindex que estaba en el centro de la conspiración del asesinato de JFK. Eisenberg, oficial de enlace del Mossad con la China comunista durante mucho tiempo, desempeñó un papel clave en los programas secretos de desarrollo de bombas nucleares entre Israel y la China Roja. El plan del presidente Kennedy de lanzar un ataque militar contra las instalaciones de producción de bombas nucleares de la China comunista fue revocado por Lyndon Johnson a los 30 días del asesinato de JFK, con el resultado de que las actividades chinas continuaron. Las pruebas indican que la primera explosión de un artefacto nuclear por parte de "China" fue de hecho una empresa conjunta entre Israel y la China Roja.

Otro de los cómplices de Tibor Rosenbaum, figura del Mossad, en el complot fue el príncipe Bernhard de Holanda (izquierda), cuya relación con Rosenbaum fue objeto de escándalo. Quizá no sea una coincidencia que, en el momento de la investigación de la Comisión Warren, Bernhard (fundador del poderoso Grupo Bilderberg) recibiera no sólo a Ford, sino también a otro miembro de la Comisión, John McCloy, en uno de los cónclaves de Bilderberg. Bernhard también tuvo tratos con el socio de Rosenbaum en Permindex, Clay Shaw de Nueva Orleans, que se remontan a 1954. *El New Orleans Times y el Picayune* informaron el 20 de marzo de 1954 de que Bernhard había visitado el International Trade Mart de Shaw en lo que el consulado holandés describió como una visita "estrictamente de incógnito".

Arlen Specter (izquierda) y Albert Jenner (derecha) fueron dos miembros clave de la Comisión Warren. Como la mayoría de los miembros clave de la Comisión Warren, Specter y Jenner tenían estrechos vínculos con el lobby israelí. En la actualidad, Specter, ahora senador por Pensilvania, es uno de los mayores partidarios de Israel en el Congreso (donde reside su hermana estadounidense). Antes de formar parte de la Comisión Warren, Jenner fue abogado del multimillonario de Chicago Henry Crown, que no sólo estaba vinculado al sindicato del crimen Lansky, sino que su vasto imperio financiero también ayudó a financiar el programa israelí de desarrollo de armas nucleares que fue una espina clavada para el presidente Kennedy y el origen del conflicto secreto de JFK con Israel.

El noble ruso George De Mohrenschildt (derecha) actuó como "niñero de la CIA" para Lee Harvey Oswald en la primavera de 1963 y más tarde afirmó que había una estafa detrás del asesinato y que él había sido utilizado involuntariamente como parte de la conspiración. Justo antes de su supuesto suicidio, De Mohrenschildt declaró que "los judíos" y "la mafia judía" iban tras él. En la actualidad, el escritor Gerald Posner, vinculado a la CIA y autor de *Caso cerrado*, que afirma que Oswald era un "lunático solitario", se apresura a afirmar que las afirmaciones de De Mohrenschildt se basaban en la paranoia y la locura del noble. Aunque los estudiosos han sido bastante críticos con las numerosas imposturas de Posner, ninguno se ha atrevido a investigar por qué De Mohrenschildt pensaba que "los judíos" estaban ansiosos por silenciarle.

William Sullivan (izquierda) -amigo íntimo de James Angleton, oficial de enlace del Mossad con la CIA- era el informante de la CIA en el FBI. Sullivan coordinó las tristemente célebres operaciones COINTELPRO del FBI de infiltración en organizaciones disidentes. Hay pruebas de que el ex agente de la CIA David Ferrie (que manipuló a Lee Harvey Oswald antes del asesinato de JFK) fue uno de los agentes COINTELPRO de Sullivan implicado en el incendio de una logia masónica negra en Luisiana en 1962. Sullivan murió en 1977 en un extraño accidente de caza. Mientras tanto, nueva información indica que el infame Barry Seal (derecha) -un importante narcotraficante implicado en las operaciones de la CIA en Irán- inició su carrera como protegido de Ferrie y que fue Seal quien dio salida al asesinato de JFK. Seal fue asesinado en 1986 en lo que las fuentes afirman que fue un golpe comisionado por el Mossad, utilizando operativos de la CIA - y el cartel de drogas colombiano vinculado al Mossad.

La destacada teórica de la conspiración Mae Brussell sostuvo que el ex general nazi Reinhard Gehlen (derecha), que trabajó para la inteligencia occidental después de la Segunda Guerra Mundial, fue probablemente un conspirador en el asesinato de JFK. De hecho, los escritores israelíes Dan Raviv y Yossi Melman señalan en su libro, *Every Spy a Prince*, que Gehlen se hizo muy amigo de la inteligencia israelí y fue "el ingeniero de la relación especial entre el Estado judío y la 'nueva Alemania'" y que Gehlen "estableció una profunda relación profesional con Israel." Por lo tanto, si Brussell tenía razón (aunque es poco probable) sobre un "vínculo nazi" con el asesinato, se podría sugerir lógicamente que la ex orquesta nazi organizó el asesinato de JFK en nombre de sus aliados del Mossad. De hecho, se puede encontrar un vínculo del Mossad con el asunto JFK en el más improbable de los lugares.

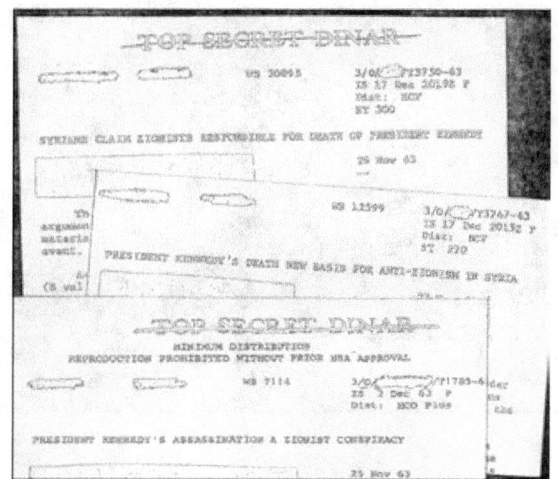

Un misterio poco conocido que rodea el asunto JFK es el papel desempeñado por Isaac Don Levine (derecha) en la manipulación de la viuda de Lee Harvey Oswald tras el asesinato de JFK. Levine mostró un extraño interés en la asociación de Oswald (durante su estancia en Rusia) con Alexander Ziger, un judío ruso que podría haber estado implicado en tramas de inteligencia -incluso trabajando para la CIA y/o el Mossad israelí- y que podría incluso haber dirigido a Oswald. Una investigación a fondo del asunto Levine-Ziger -así como un examen de la convincente afirmación de un investigador de que de hecho pudo haber habido "dos Oswalds" -incluido uno que parece ser de origen judío- sería ciertamente reveladora.

Más arriba se presentan informes secretos de los servicios de inteligencia estadounidenses que revelan que pocos días después del asesinato de JFK, los periódicos oficiales del gobierno árabe sugerían abiertamente que el asesinato podía atribuirse a Israel y al Mossad. Evidentemente, se trataba de "feos rumores" poco conocidos (y bastante bien reprimidos) que circulaban en el extranjero y que la Comisión Warren estaba decidida a silenciar. Si los estadounidenses hubieran oído estos rumores, podrían haber empezado a investigar la política de JFK hacia Israel y descubierto que el Mossad tenía el motivo, los medios y la oportunidad de colaborar en el asesinato de JFK. En los últimos años, el ministro de Defensa sirio, Mustafa Tlas, ha declarado públicamente en la televisión siria que cree que hubo un papel del Mossad en el asesinato de JFK.

Arriba se muestra una foto tomada en Dealey Plaza inmediatamente después del asesinato de JFK. A la derecha aparece el famoso y elegante "hombre del paraguas", del que muchos creen que desempeñó un papel en el asesinato. Aunque un tal Louis Steven Witt afirmó posteriormente que él era "el hombre del paraguas", muchos investigadores cuestionan esta afirmación. Aunque a menudo se describe al acompañante del "hombre del paraguas" como "latino", un veterano viajero de Oriente Próximo dijo a Michael Collins Piper, autor de *Juicio Final*, que el individuo se parecía más a un judío sefardí yemení típico. De hecho, el "hombre del paraguas" podría haber sido el famoso especialista en asesinatos del Mossad Michael Harari (véase más abajo), que estuvo sobre el terreno en 1963. William Pepper, abogado del presunto asesino de Martin Luther King, James Earl Ray, relacionó al supervisor de Ray, "Raúl", con Jack Ruby, con una operación de contrabando de armas en Estados Unidos en 1963 que incluía a un alto cargo del Mossad que presumiblemente era Harari.

Michael Harari, el siempre bien vestido impresor de moda y especialista en asesinatos del Mossad, aparece (centro) en una rara foto de 1985. El expediente de Harari sugiere que si el Mossad hubiera desplegado sus propios agentes en Dallas, ése habría sido Harari. Como muestran las fotos adjuntas, Harari tiene un parecido asombroso (aunque 22 años mayor) con el "hombre del paraguas" de Dealey Plaza mostrado en primer plano (con la foto de la derecha "volteada" para ilustrar un perfil similar). Obsérvese (a) la frente alta, (b) el peinado, (c) la nariz de halcón y (d) la mandíbula de Harari. A continuación, compare los rasgos de Harari con los de "El hombre del paraguas".

SAVAK -una creación conjunta de la CIA y el Mossad- sirvió como policía secreta del Sha de Irán (arriba a la izquierda), acérrimo enemigo de la familia Kennedy. SAVAK asesinó al senador Robert Kennedy en 1968 por encargo de la CIA y el Mossad. Richard Helms (arriba a la derecha), amigo íntimo del Sha y jefe de la CIA de James Angleton, participó en el complot de Angleton para inculpar a E. Howard Hunt de su participación en el asesinato de JFK en 1978.

Más tarde, en un intento de desbaratar el escándalo Watergate, el presidente Richard Nixon (izquierda) intentó chantajear a Helms y a la CIA por el papel de ésta en el asesinato de JFK. Basado en parte en las revelaciones del libro *Katharine la grande* (de Debra Davis), *Juicio* final demuestra que el asunto Watergate fue orquestado por la poco conocida oficina de Angleton en la Casa Blanca para forzar la destitución de Nixon. Nuevas pruebas indican que Nixon planeaba atacar públicamente al lobby israelí para bloquearlo.

Cuando Oliver Stone (izquierda) hizo su exitosa película JFK, sobre la investigación de Jim Garrison sobre Clay Shaw, vinculado al Mossad, Stone suprimió las pruebas de la llamada "conexión francesa" (que era, de hecho, el vínculo con Israel), quizá porque su principal patrocinador financiero era un veterano del Mossad, Arnon Milchan (derecha), el mayor traficante de armas de Israel y una figura importante del ejército israelí. Tras la muerte de Garrison, la familia de éste emprendió acciones legales contra las empresas de Milchan porque la familia no había recibido todas las ganancias que se le habían prometido a su padre cuando Stone compró los derechos de las memorias de Garrison.

Aunque *Destiny Betrayed*, de James Di Eugenio, (izquierda) es un examen objetivo de la investigación de Jim Garrison sobre Clay Shaw - Di Eugenio (que se burló públicamente de *Juicio Final*) se cuidó de no explorar los múltiples vínculos del Mossad con el Permindex del que Shaw formaba parte. El libro de Di Eugenio fue publicado por Sheridan Square Press, cuyos fundadores recibieron financiación de la familia Stern de Nueva Orleans, que también contribuyó a la Liga Antidifamación (ADL), el brazo de inteligencia del Mossad, amigos íntimos de Clay Shaw, los Stern eran propietarios del imperio mediático WDSU, que desempeñó un papel central en el "disfraz" de Shaw de Lee Oswald como "agitador procastrista" antes del asesinato de JFK. Aunque ahora sabemos que Garrison había reconocido la implicación del Mossad en el asunto JFK, sólo expresó (quizás sabiamente) sus sospechas en una novela inédita, un hecho que mucha gente prefirió ignorar.

Abe Foxman (izquierda), director nacional de la Liga Antidifamación (ADL) de B'nai B'rith, intermediaria del Mossad israelí, denunció histéricamente *Juicio Final* en el momento de su publicación y declaró inaceptable y fuera de los límites cualquier teoría conspirativa sobre el asesinato de JFK. Foxman hizo la absurda afirmación de que cualquiera que creyera que el "complejo militar-industrial" estaba implicado en el asesinato podría también creer que el Holocausto fue un engaño. Marcia Milchiker (derecha), una administradora universitaria afiliada a la ADL en Orange County, California, desempeñó posteriormente un papel clave en los exitosos esfuerzos de la ADL por impedir que Michael Collins Piper, autor de *Juicio Final*, hablara de su libro en un seminario universitario. Se desató un frenesí y los periódicos de todo el país informaron de la controversia (abajo).

Aunque algunos prefieren ignorarlo, el presunto asesino de Martin Luther King, James Earl Ray (derecha), ha insinuado en su libro, en declaraciones públicas y en documentos legales que sospecha de un vínculo del Mossad con el asesinato del Dr. King. Henry Schwarzschild, antiguo funcionario de la oficina de Nueva York de la Liga Antidifamación (ADL), una rama del Mossad, reveló en 1993 que la ADL había espiado a King antes de su asesinato y había entregado sus conclusiones al FBI. La ADL consideraba a King un "peligro público". Fuentes cercanas a la familia de King han afirmado que, de hecho, King se inclinaba por el apoyo público a la causa palestina, contrariamente a las frecuentes afirmaciones actuales de la ADL de que King era un "partidario incondicional de Israel", y *Juicio Final* también ha descubierto otros detalles extraños sobre el asesinato de King que indican un vínculo muy definido con Israel.

Más conocido por escribir un libro en el que proclama que los negros son inferiores a los blancos, Jared Taylor (izquierda) intentó una vez sabotear una conferencia del autor de *Juicio* Final, Michael Collins Piper, porque Taylor se sentía ofendido por las críticas de Piper a la CIA y al Mossad. Los escritos de Taylor fueron objeto de artículos en la *National Review* de William F. Buckley Jr, miembro de la CIA, y fueron elogiados en *Commentary*, editado por Norman Podhoretz, del Comité Judío Americano. La oposición de Taylor al *Juicio Final* no es sorprendente, puesto que Taylor ya tenía contactos entre bastidores con el difunto Irwin Suall (derecha), durante mucho tiempo "investigador" jefe de la ADL, que compartía la oposición de Taylor tanto a la discriminación positiva como al *Juicio Final*. Carroll & Graf, el editor neoyorquino del libro de Taylor sobre la raza, también promovió una serie de extraños libros de un tal Harrison Livingstone que absolvían activamente a la CIA de cualquier implicación en el asesinato de JFK y culpaban del crimen a Lyndon Johnson, su esposa Lady Bird y los barones del petróleo de Texas.

Robert Welch (izquierda), fundador de la pro-israelí John Birch Society, desempeñó un papel importante en distraer a los conservadores del posible papel de la CIA en el asesinato de JFK, en dirección al KGB, favoreciendo la línea propagandística de James J. Angleton, oficial de enlace de la CIA con el Mossad. Morris Bealle, conservador estadounidense, comprendió muy pronto el juego de Welch. En la edición del 19 de junio de 1965 de su *Capsule News*, Bealle informó de que Welch había dicho que el libro de Bealle, *The Guns of the Regressive Right* -que señalaba a la CIA- estaba "totalmente equivocado" y dijo a los miembros de Birch que no era la CIA sino Lyndon Johnson quien estaba detrás del asesinato de JFK. Según Bealle, "examinamos a fondo todos sus comunicados de 1964... [que] estaban llenos de ataques a Earl Warren y extrañas expresiones de un entendimiento cordial con él sobre el mito de que 'un comunista (es decir, el señuelo Oswald) mató a Kennedy'". Tan recientemente como el 21 de noviembre de 1988, la revista *New American* de la Birch Society elogió el informe de la Comisión Warren, afirmando que "las pruebas demuestran sin lugar a dudas" que Lee Harvey Oswald -un lunático comunista solitario- mató a JFK.

Varios escritores sobre JFK han señalado que el imperio mediático de S. I. Newhouse (izquierda), un importante poder del lobby israelí, desempeñó un papel clave en la supresión de pruebas conspirativas en el caso JFK. Probablemente no sea una coincidencia que el amigo de toda la vida de Newhouse, el abogado mafioso Roy Cohn (derecha) -que utilizó su influencia para influir en las publicaciones de Newhouse- fuera enemigo de la familia Kennedy y estuviera vinculado a la empresa

del Mossad Permindex, que desempeñó un papel fundamental en la conspiración contra JFK. Un semanario de la pequeña ciudad de Newhouse publicó un artículo sobre *Juicio Final*, pero el editor eliminó los datos que hacían referencia a la tesis del libro, sustituyéndolos torpemente por una pomposa verborrea que decía que el libro "tocaba acusaciones relacionadas con el asesinato de JFK". Michael Collins Piper señala: "Puede que sea la primera vez en la historia que un artículo periodístico sobre un libro sobre el asesinato de JFK ni siquiera menciona la tesis del libro".

En 1997, después de que una serie de noticias nacionales se hicieran eco de las acusaciones vertidas en *Juicio* Final de que Israel había estado implicado en el asesinato de JFK, el sensacionalista (pero ampliamente difundido) tabloide *Weekly News*, publicó una extraña (pero oportuna) noticia de portada en la que anunciaba que Fidel Castro había "confesado" ser el principal instigador del asesinato, una historia totalmente coherente con el plan original de los conspiradores de la CIA y el Mossad que habían trabajado para vincular a Lee Harvey Oswald con Castro y el KGB soviético.

El 14 de enero de 1992, el *New York Post*, publicado por Rupert Murdoch, uno de los principales partidarios de Israel, publicó una historia mítica (izquierda) según la cual Jimmy Hoffa, el jefe de los Teamsters, era el responsable último del asesinato de JFK. La historia fue escrita por Jack Newfield, un columnista conocido por su simpatía por Israel. Al igual que la historia de "Castro mató a JFK" mostrada anteriormente, todo esto es parte de un esfuerzo de las facciones pro-Israel en los medios de comunicación para ocultar la verdad sobre el asesinato del presidente Kennedy y confundir al público con teorías extremadamente competitivas y diversas. Los lectores dicen que *Juicio Final* es el primer libro que une la mayoría de las teorías convencionales de una manera definitiva y sensata.

Después de que el autor de *Juicio Final*, Michael Collins Piper, enviara un primer borrador de su libro a Paul Findley (izquierda), el muy respetado ex congresista liberal de Illinois, Findley escribió a Piper y le reveló que durante cuatro años él (Findley) había mantenido una larga correspondencia con un ex diplomático y oficial de inteligencia europeo que había sufrido a manos del Mossad. Durante este período, Findley señaló que el diplomático había instado a Findley a escribir un libro sobre el papel del Mossad en el asesinato de JFK. Findley también se ofreció a enviar el manuscrito de Piper al diplomático para que lo revisara. Tras recibir el manuscrito, el diplomático se puso en contacto con Piper y le proporcionó información privilegiada sobre lo que denominó la "conexión francesa" -que según el diplomático era, de hecho, un vínculo clave del Mossad- con el asesinato de JFK. Los detalles confirmaron las conclusiones iniciales de Piper y, basándose en las aportaciones del diplomático, Piper continuó su investigación y mejoró sustancialmente su manuscrito sobre la conexión "francesa" antes de publicarlo.

El 16 de noviembre de 2003, pocos días antes del 40 aniversario del asesinato de JFK, la belicista Organización Sionista de América -una importante organización pro israelí- concedió su premio al "Periodismo Destacado" a Joseph Farah (derecha), editor de *WorldNetDaily*, un diario disponible en Internet. El premio llegó justo después de que Farah empezara a promocionar un nuevo libro titulado *Triangle of Death: The Shocking Truth About the Role of South Vietnam and the French Mafia in the Assassination of JFK*. Aunque en algunos aspectos los autores se hicieron eco de la investigación de Michael Collins Piper sobre la "conexión francesa" con la conspiración de JFK, los autores de Farah evitaron cuidadosamente mencionar los múltiples vínculos con el Mossad que pueden encontrarse a través de la "conexión francesa". Lo que los autores llaman "nueva" prueba -un documento de la CIA relativo a un mercenario francés- ya había sido señalado por Piper y docenas de autores que trataron el asunto JFK antes que él. Como Farah es conocido tanto por su ferviente apoyo a Israel -a pesar de su ascendencia árabe- como por sus vínculos con el multimillonario Richard Scaife (implicado desde hace tiempo en los chanchullos de la CIA), Piper sospecha que el libro de Farah es "propaganda tendenciosa"

destinada a distorsionar la imagen y suprimir la verdad real sobre la "conexión francesa".

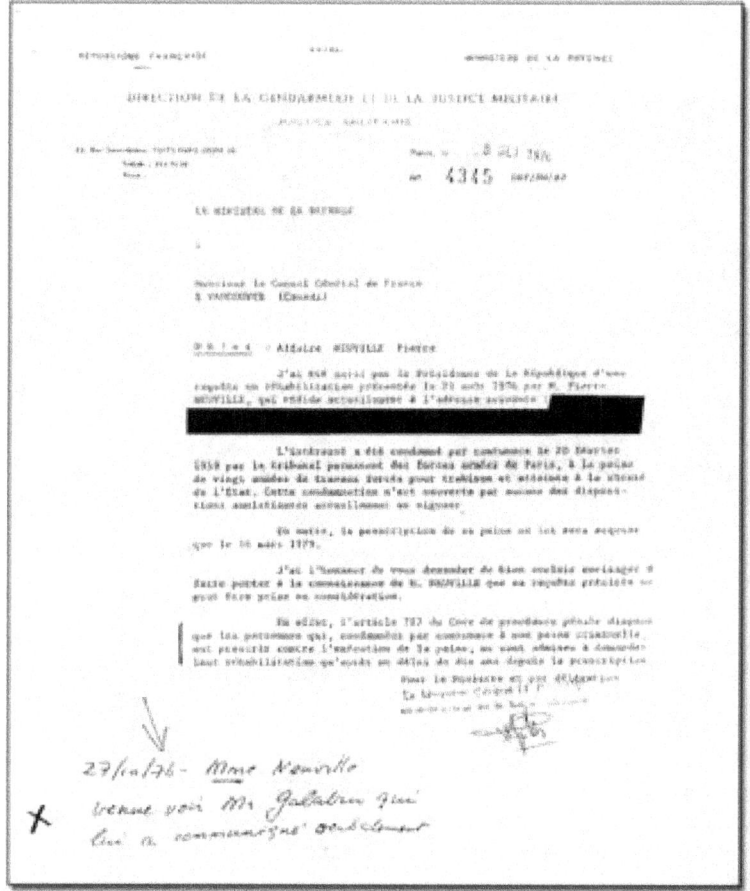

Reproducimos arriba un documento (antes) secreto fechado el 6 de octubre de 1976 en la oficina de la División de Justicia Militar del Ministerio de Defensa. Este documento inédito anuncia la negativa del gobierno francés a conceder clemencia a Pierre Neuville, antiguo diplomático y agente de los servicios de inteligencia franceses condenado en rebeldía a veinte años de trabajos forzados por "traición" y "atentar contra la seguridad del Estado" por haber sacado a la luz un complot conjunto de los servicios de inteligencia franceses y el Mossad para asesinar al presidente egipcio Nasser en 1956. Pierre -que huyó de Francia y se exilió- proporcionó posteriormente a Michael Collins Piper información esencial para la redacción de *Juicio Final*. Este documento hasta ahora secreto (filtrado inadvertidamente a Pierre en 1976, quien posteriormente se lo entregó a Piper) confirma que Pierre estuvo implicado en una conspiración de alto nivel en nombre de la inteligencia francesa (a pesar de que el gobierno francés afirme hoy oficialmente lo contrario). Pierre cree que Bernard

Ledun (el funcionario del gobierno francés que publicó el documento en contra de los deseos de sus superiores) fue asesinado en represalia en París el 1 de febrero de 1994 cuando el Mossad se dio cuenta de que Pierre era una fuente para Piper en la redacción de *Juicio Final*. La dirección de Pierre ha sido suprimida para proteger su intimidad.

Margaret Truman, hija del Presidente Harry Truman (izquierda), denunció en una biografía de su padre de 1973 que agentes israelíes habían intentado asesinar a su padre con anterioridad. En 1992, el ex agente del Mossad Victor Ostrovsky (derecha) reveló que una facción del Mossad había conspirado para asesinar al presidente George H. W. Bush después de que éste huyera de Israel. Aunque los partidarios de Israel están enfadados por las acusaciones de implicación del Mossad en el asesinato de JFK, en Israel existe la creencia generalizada de que la inteligencia israelí desempeñó un papel en el asesinato del Primer Ministro israelí Yitzhak Rabin en 1995 (abajo a la izquierda). John F. Kennedy Jr (abajo a la derecha) enfureció al lobby israelí cuando publicó en su revista *George* las acusaciones de colaboración de la inteligencia israelí en el asesinato de Rabin. Poco antes de la muerte de JFK Jr, el autor de *Juicio Final*, Michael Collins Piper, recibió una carta anónima mecanografiada en la que se elogiaba a Piper por su "valentía" y se decía que el autor de la carta "sabía" que la tesis de Piper era correcta. Piper descubrió más tarde que la dirección del remitente mecanografiada en el sobre era la de la oficina de la revista de JFK Jr. Además, amigos cercanos de una figura de alto rango del círculo íntimo de la Casa Blanca de JFK apoyaron en privado la tesis de Piper de la implicación del Mossad en el asesinato de JFK.

Cuando Jack Ruby custodiaba el cuartel general de la policía de Dallas tras el asesinato de JFK (derecha), Ruby afirmó que estaba trabajando como "traductor" para "periodistas" israelíes en la escena del crimen que siguen sin ser identificados a día de hoy. Efectivamente, había israelíes en Dallas el día del asesinato, entre ellos Yitzhak Rabin, figura del Mossad y futuro Primer Ministro israelí, en aquel momento un oficial militar de alto rango, supuestamente en una "gira de información militar", según la viuda de Rabin. Dos semanas después, Rabin fue ascendido a Jefe del Estado Mayor de las Fuerzas de Defensa de Israel. Esto no prueba nada, pero es un detalle para que conste. Por qué ningún investigador ha intentado nunca identificar a los israelíes que estaban con Ruby sigue siendo un misterio.

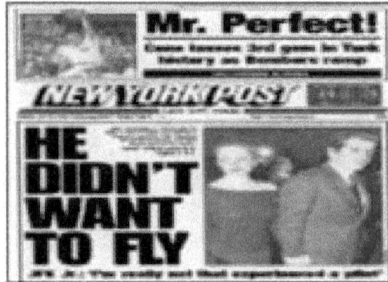 

El escritor C. David Heymann (derecha), doble ciudadano israelí-estadounidense y ex agente del Mossad, apareció tras la tragedia que se cobró la vida de John F. Kennedy Jr. y contó lo que ahora parece ser una historia completamente fraudulenta, aunque ampliamente promocionada (arriba), que supuestamente "explicaba" por qué el accidente aéreo de JFK Jr. fue un accidente y nada más. La cuestión es si Heymann estaba en una misión del Mossad cuando contó esta historia - y si es así, ¿por qué?

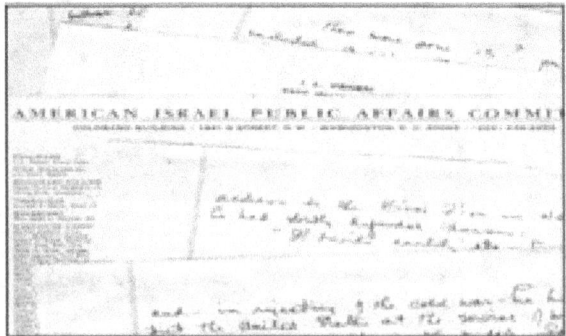 

Justo antes de que la quinta edición de *Juicio Final* entrara en imprenta, una fuente anónima dejó un fajo de documentos reveladores ante el despacho del autor (izquierda). Los documentos, que datan de 1976, incluían amargos ataques escritos a mano contra JFK y su política hacia Israel por nada menos que I. L. Kenan, fundador del American Israel Public Affairs Committee (AIPAC), el lobby israelí. Los ataques de Kenan contra JFK demuestran sin lugar a dudas que JFK no era un "gran amigo de Israel" como el lobby israelí (y algunos académicos) habían sugerido para contrarrestar la tesis fundacional *del Juicio Final*. El libro de 2003, *Support Any Friend* (a la derecha) de Warren Bass, la primera visión general de la política de JFK en Oriente Medio, fue financiado por fundaciones pro-Israel y es claramente parte de la operación para desactivar la creciente conciencia de las afirmaciones hechas en *Juicio*

Final. El libro, patrocinado por Israel, presenta el argumento retorcido y claramente engañoso de que el conflicto de JFK con Israel fortaleció la relación entre Estados Unidos e Israel y afirma que el hecho de que JFK proporcionara armas convencionales a Israel (siendo en realidad extorsionado con la esperanza de impedir que Israel construyera armas nucleares) es de algún modo "prueba" de que JFK fue el padre espiritual de la "relación especial" entre Estados Unidos e Israel. Como era de esperar, los medios de comunicación estadounidenses, en particular los periódicos judíos, dieron amplia cobertura al libro. Los críticos de *Juicio Final* citan el libro de Bass como una refutación eficaz de *Juicio Final*. No lo es.

La publicación oficial del gobierno de EE.UU. que se muestra arriba (publicada en 1994) publicó por primera vez documentos diplomáticos de EE.UU. clasificados hace mucho tiempo que demostraban que, en efecto, hubo una agria disputa entre JFK e Israel sobre la determinación de Israel de construir un arsenal nuclear. Los documentos también muestran que otros aspectos de la política de JFK fueron muy controvertidos en lo que respecta a Israel. El libro más reciente, *Israel y la bomba*, del historiador israelí Avner Cohen, también arroja nueva luz sobre el conflicto largamente secreto entre JFK e Israel, aunque el propio Cohen denunció *el Juicio Final*. Las dos páginas siguientes contienen extractos reveladores de algunos de los documentos estadounidenses más relevantes...

"Como parte de una política cuidadosamente estudiada, seguimos oponiéndonos a que Israel adquiera capacidad de armamento nuclear".

Extracto de: Memorándum del Subsecretario de Estado en funciones para Asuntos de Oriente Próximo y Asia Meridional (Meyer) al Subsecretario de Estado para

> Hemos indicado repetidamente a Israel, al más alto nivel, nuestra oposición a la proliferación de la capacidad de fabricar armas nucleares... No dudaríamos en reafirmar con firmeza a Israel nuestra convicción de que no redunda en interés de Israel ni de este país que Israel participe en programas destinados a la producción de armas nucleares... Confío en que la atención sostenida que estamos prestando a esta cuestión impedirá que Israel desarrolle capacidad para fabricar armas nucleares.

Asuntos Políticos (Johnson), 19 de octubre de 1961.

Extracto de: Carta del Secretario de Estado Rusk al Subsecretario de Estado de Defensa (Gilpatric), 30 de agosto de 1961.

> Se han añadido argumentos de política exterior estadounidense a favor de un acuerdo especial de seguridad nacional con Israel y a favor del suministro del misil Hawk. *Estos argumentos son escasos.* [énfasis añadido por Michael Collins Piper].

Extracto de: Carta del Secretario de Estado Rusk al Subsecretario de Estado de Defensa (Gilpatric), 30 de agosto de 1961.

Argumentos a favor y en contra de un acuerdo especial de seguridad nacional con Israel.

a. Para

i. Desde el punto de vista de la política exterior, *no hay ninguna ventaja* [énfasis añadido por Michael Collins Piper].

ii. Desde un punto de vista nacional, los partidarios estadounidenses de Israel estarían contentos y criticarían menos nuestra política.

b. *Contra*

i. Esto supondría un desafío directo de Estados Unidos a los árabes, destruyendo la creciente confianza de éstos en nuestra imparcialidad y eliminando la cubierta protectora de la ONU tras la que tratamos la mayoría de los asuntos palestinos.
ii. Esto no podía equilibrarse con la creación de una relación equivalente con los árabes.
iii. Esto haría a EEUU responsable a ojos árabes de cada aventura militar israelí.
iv. Esto animaría a los árabes más fanáticos a buscar relaciones similares con la Unión Soviética y daría a los soviéticos un arma propagandística muy útil.
v. Sería el único acuerdo de seguridad estadounidense con otro país que no estuviera dirigido contra el bloque chino-osoviético y nos causaría más problemas con Pakistán al negarnos a tomar partido por el bando pakistaní en la disputa de Cachemira.
vi. Esto provocaría un aumento de la demanda israelí de armas sofisticadas. Ejercería una mayor presión sobre los dirigentes árabes que tienen una buena disposición hacia Estados Unidos.
vii. Esto no sería necesario para mantener la seguridad de Israel.
viii. Esto plantearía problemas de seguridad para Defensa.

Creemos que es importante no ceder a las presiones israelíes y nacionales en favor de una relación especial de seguridad nacional. Emprender una alianza militar con Israel destruiría el delicado equilibrio que pretendemos mantener en nuestras relaciones en Oriente Medio [Énfasis añadido por Michael Collins Piper].

Extracto de: Nota del Subsecretario de Estado para Asuntos de Oriente Próximo y Asia Meridional (Talbot) al Secretario de Estado Rusk, 7 de junio de 1962.

CINCO PUNTOS DE VISTA SOBRE LOS VÍNCULOS DEL MOSSAD CON LA CONSPIRACIÓN DEL ASESINATO DE JFK

A continuación y a lo largo de las tres páginas siguientes hay cinco gráficos diferentes, cada uno de los cuales (a su manera) demuestra la continuidad del vínculo del Mossad con todos los elementos de contacto implicados de un modo u otro en el complot para asesinar a JFK. Estos gráficos fueron diseñados por el autor de *Juicio Final*, Michael Collins Piper.

"La Mafia"		
Los franceses en Córcega	La OEA francesa	El complejo militar-industrial
El encubrimiento mediático	CIA corrupta	Cubanos anticastristas

Este primer modelo muestra una caja (que Michael Collins Piper llama "la caja del Mossad") en la que una variedad de cajas más pequeñas encajan en un cuadrado perfecto. El área sombreada representa la junta del Mossad que está en contacto con todos los demás "sospechosos" comúnmente aceptados relacionados con el asesinato y encubrimiento de JFK. Según Piper, este modelo demuestra que todas las principales teorías ampliamente aceptadas sobre el asesinato de JFK encajan con bastante facilidad en la "caja del Mossad", si se reúnen todas las pruebas (como se expone en *Juicio Final*). Piper añade que los "barones del petróleo" y los "extremistas de derechas" y el propio FBI también podrían añadirse a la lista, como demuestra *Juicio Final*.

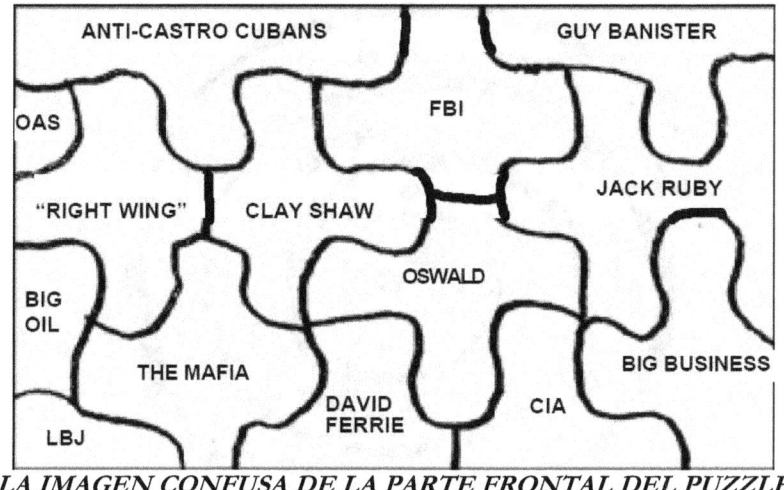

LA IMAGEN CONFUSA DE LA PARTE FRONTAL DEL PUZZLE

Este segundo modelo muestra un rompecabezas, que contiene muchas piezas aparentemente dispares (arriba) que presentan una visión de una conspiración aparentemente compleja. Todas las piezas de la parte frontal del rompecabezas son, en la jerga de los servicios de inteligencia, "falsos estandartes", utilizados con excelente habilidad para confundir a quienes tratan de averiguar quién mató realmente a John F. Kennedy... y por qué. Sin embargo, si se mira el "otro lado del rompecabezas" (abajo), se ve que todas las piezas juntas ilustran una imagen sorprendentemente clara de la bandera israelí.

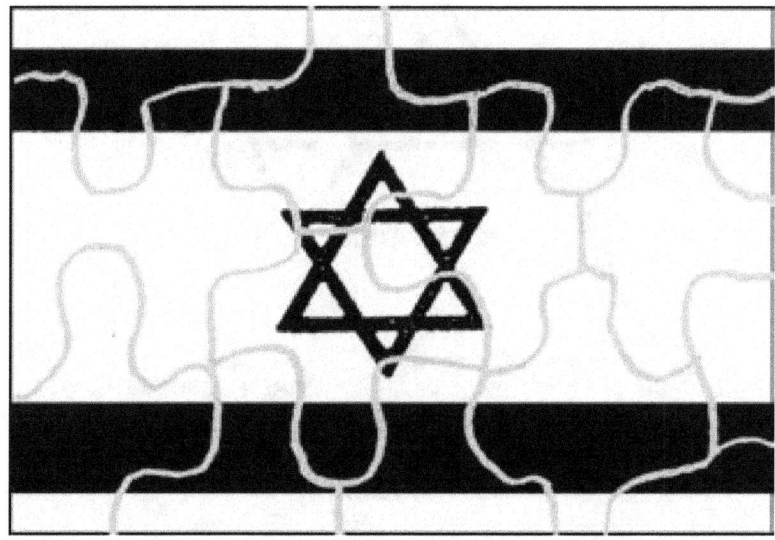

EL OTRO LADO DEL ROMPECABEZAS...

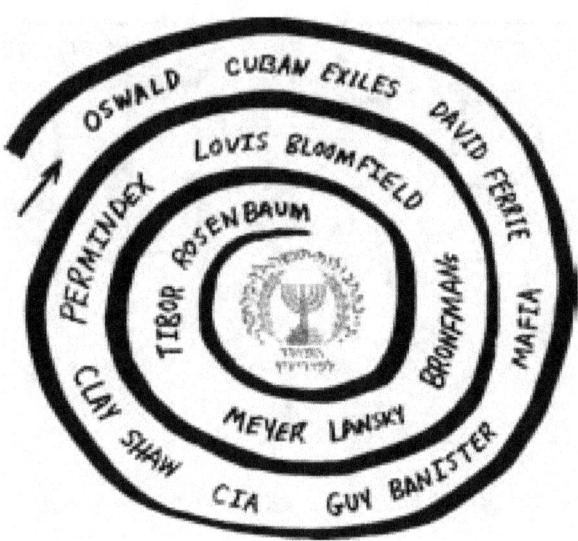

Este tercer modelo de "túnel" circular (mostrado arriba) ilustra cómo, a medida que nos adentramos en los entresijos de la investigación sobre los principales actores vinculados al complot para asesinar a JFK, llegamos finalmente al corazón de la conspiración: el Mossad israelí, que en este modelo está representado por el logotipo del Mossad en el centro.

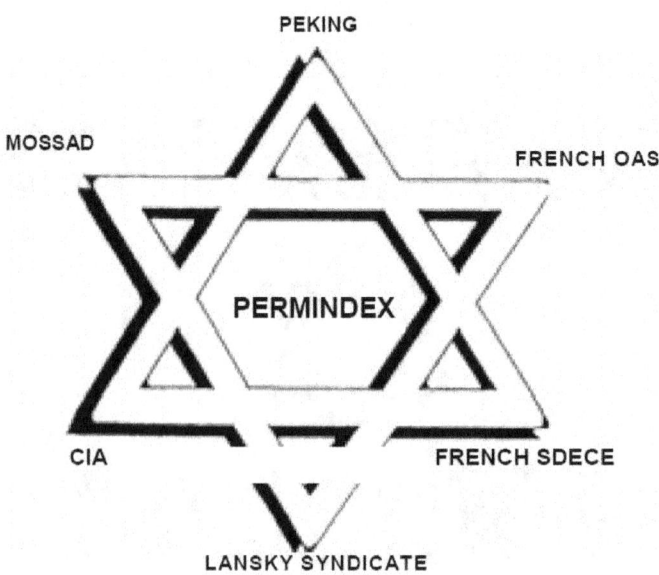

Este cuarto modelo -que Piper llama "la estrella del Permindex"- también demuestra la centralidad de la conexión del Mossad con todos los actores clave implicados en la conspiración y el encubrimiento del asesinato de JFK de una forma u otra. Este modelo incluye la conexión "Pekín", que se refiere al programa secreto conjunto de producción de bombas nucleares entre Israel y la China Roja, forjado por Shaul Eisenberg, del Mossad, un actor clave de la red Permindex.

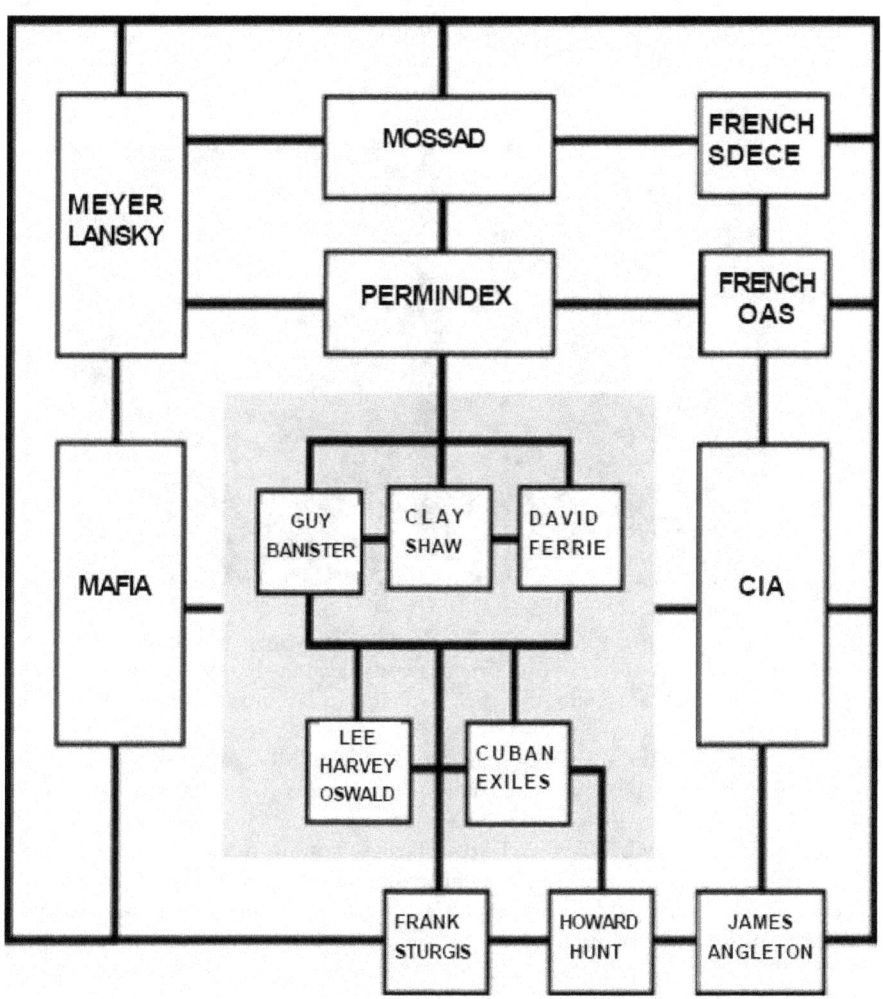

Este gráfico ilustra las conexiones del Mossad con los actores clave de la conspiración contra JFK, en particular las de la CIA y los miembros del Sindicato Lansky en Nueva Orleans que "disfrazaron" a Lee Harvey Oswald de "agitador procastrista" en el verano de 1963. (Nótese, sin embargo, que el gráfico no indica muchos otros vínculos significativos; por ejemplo: los vínculos de Jack Ruby con Lansky y el contrabando de armas israelí o el control de Hyman Larner, colaborador del Mossad, sobre la mafia de Chicago. Tampoco menciona el probable papel de los sicarios corsos reclutados por simpatizantes israelíes de los servicios de inteligencia franceses. La relación entre todos estos actores aparentemente diversos se describe en *Juicio Final*. La mayoría de los investigadores no van más allá del vínculo "CIA-Mafia" en Nueva Orleans (ilustrado por la zona gris). Sin embargo, incluso Frank Sturgis -un antiguo agente de la CIA y del Mossad que afirmó haber participado en el asesinato de JFK- puede considerarse parte de este vínculo por su papel en el entrenamiento de exiliados cubanos anticastristas fuera de Nueva Orleans. Los investigadores que afirman que "La Mafia mató a JFK" ignoran cuidadosamente la conexión de Clay Shaw con el sindicato de Lansky a través de Permindex.

El renombrado periodista israelí Barry Chamish (izquierda) escribió recientemente que *Juicio Final* "aporta pruebas convincentes de que el Mossad fue la fuerza impulsora del asesinato de JFK". Chamish, autoproclamado "sionista" "comprometido con la fuerza y la supervivencia de Israel", acepta el argumento de *Juicio Final* de que Permindex era una tapadera del Mossad para operaciones encubiertas y que es plausible que el primer ministro israelí Ben-Gurion aportara los conocimientos del Mossad al complot para matar a JFK debido a su disgusto por la oposición de JFK a los objetivos nucleares israelíes. Anteriormente, el 31 de agosto de 1996, el lector *del Juicio Final* Ray Kalainikas se reunió con el famoso presentador de la CBS Walter Cronkite (derecha) en el West Tisbury Farmers Market de Martha's Vineyard. Kalainikas expuso la tesis *del Juicio* Final a Cronkite, que escuchó atentamente. Luego, mirando hacia el mar, Cronkite hizo una breve y sucinta observación: "No se me ocurre ningún grupo -con la excepción de la inteligencia israelí- que pudiera haber mantenido oculto el complot del asesinato de JFK durante tanto tiempo."

La idea de que el Mossad de Israel había conspirado contra un presidente estadounidense -precisamente la tesis *del Juicio* Final- ganó credibilidad cuando Gordon Thomas reveló en su libro *Los espías de Gedeón* que el Mossad había chantajeado al presidente Bill Clinton con conversaciones grabadas ilegalmente entre el presidente y Monica Lewinsky. Esta revelación alimentó la campaña de destitución contra Clinton en un momento en que el conflicto entre Clinton e Israel se estaba agravando. Más tarde, Clinton enfureció al lobby israelí al plantear públicamente cuestiones sobre el programa "secreto" de armas nucleares de Israel, siguiendo los pasos de su héroe, John F. Kennedy, que había hecho lo mismo en privado. Aunque han surgido muchos "vínculos" entre Israel y las circunstancias que rodearon el asunto Lewinsky, aún no se ha contado toda la historia del papel del Mossad en el asunto.

A raíz del creciente conocimiento público de los hechos expuestos en *Juicio* Final sobre el antiguo conflicto entre la familia Kennedy e Israel, el lobby israelí emprendió un gran esfuerzo para suprimir la inconveniente verdad. El 3 de junio de 1998, en una celebración de una semana del 50 aniversario del nacimiento de Israel en la Union Station de Washington D. C. (en la foto de arriba), el lobby israelí emprendió un gran esfuerzo para suprimir la inconveniente verdad. C. (foto de arriba), se emitió un programa especial: "Recordando a Robert Kennedy", patrocinado por la Liga Antidifamación. El programa subrayaba que "este acontecimiento era un homenaje al fuerte vínculo entre la familia Kennedy y el Estado de Israel", aunque, por supuesto,

esto no es más que un mito que no tiene nada que ver con la realidad geopolítica o histórica.

El billete estadounidense de 1966 (arriba) está en posesión de un ex crítico muy respetado de la Reserva Federal. Su existencia demuestra sin lugar a dudas que es un mito absoluto que no se emitieran billetes estadounidenses tras el asesinato de JFK y refuta la teoría de que JFK fue asesinado porque ordenó que se retiraran de la circulación los billetes estadounidenses y que, a su muerte, su sucesor, Lyndon Johnson, revocó la orden de JFK. *El Juicio Final* demuestra que la orden de JFK no tenía nada que ver con los billetes estadounidenses. Aunque la familia Kennedy se opuso a la Reserva Federal y finalmente pretendió desafiar su monopolio, el mito sobre los "billetes verdes de JFK" ha enturbiado las aguas en el debate sobre la conspiración de JFK y es un mito (en el que tantos han confundido sus deseos con la realidad) que simplemente se niega a desaparecer, a pesar de los hechos.

Numerosos apéndices y bibliografía completa en: *Juicio final - El eslabón perdido del asesinato de Kennedy – Volumen II*

MICHAEL COLLINS PIPER

OTRAS PUBLICACIONES

Omnia Veritas Ltd presenta:

HISTORIA PROSCRITA
I
LOS BANQUEROS Y LAS REVOLUCIONES

POR

VICTORIA FORNER

Los procesos revolucionarios necesitan agentes, organización y, sobre todo, financiación, dinero.

LAS COSAS NO SON A VECES LO QUE APARENTAN...

Omnia Veritas Ltd presenta:

HISTORIA PROSCRITA
II
LA HISTORIA SILENCIADA DE ENTREGUERRAS

POR

VICTORIA FORNER

"El verdadero crimen es acabar una guerra con el fin de hacer inevitable la próxima."

EL TRATADO DE VERSALLES FUE "UN DICTADO DE ODIO Y DE LATROCINIO"

Omnia Veritas Ltd presenta:

HISTORIA PROSCRITA
III
LA II GUERRA MUNDIAL Y LA POSGUERRA

POR

VICTORIA FORNER

Distintas fuerzas trabajaban para la guerra en los países europeos

MUCHOS AGENTES SERVÍAN INTERESES DE UN PARTIDO BELICISTA TRANSNACIONAL

OMNIA VERITAS

Omnia Veritas Ltd presenta:

KEVIN MACDONALD

LA CULTURA DE LA CRÍTICA
LOS JUDÍOS Y LA CRÍTICA RADICAL DE LA CULTURA GENTIL

Sus análisis revelan la influencia cultural preponderante de los judíos y su deseo de socavar las naciones en las que viven, para dominar mejor la sociedad diversa que propugnan sin dejar de ser ellos mismos un grupo etnocéntrico y homogéneo, hostil a los intereses de los pueblos blancos.

Un análisis evolutivo de la participación judía en los movimientos políticos e intelectuales del siglo XX

OMNIA VERITAS

OMNIA VERITAS LTD PRESENTA:

LA DIPLOMACIA DEL ENGAÑO
UN RELATO DE LA TRAICIÓN DE LOS GOBIERNOS DE INGLATERRA Y LOS ESTADOS UNIDOS

POR JOHN COLEMAN

La historia de la creación de las Naciones Unidas es un caso clásico de diplomacia del engaño

---

OMNIA VERITAS

OMNIA VERITAS LTD PRESENTA:

EL CLUB DE ROMA
EL THINK TANK DEL NUEVO ORDEN MUNDIAL

POR JOHN COLEMAN

Los numerosos acontecimientos trágicos y explosivos del siglo XX no se produjeron por sí solos, sino que se planificaron según un patrón bien establecido...

¿Quiénes fueron los planificadores y creadores de estos grandes acontecimientos?

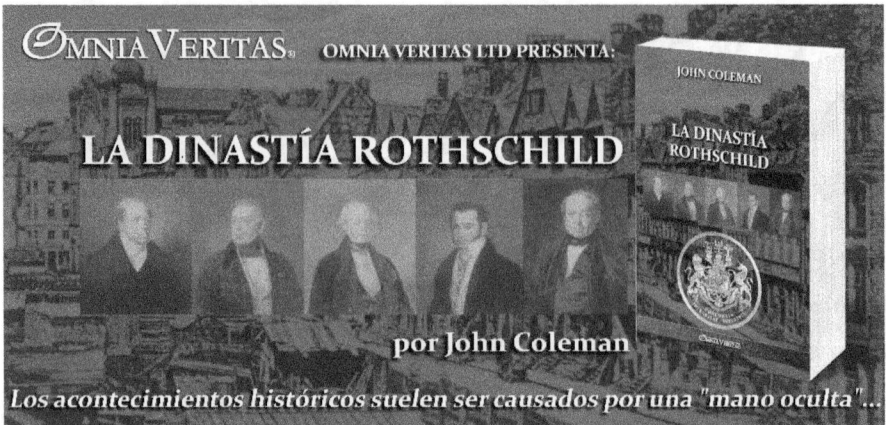

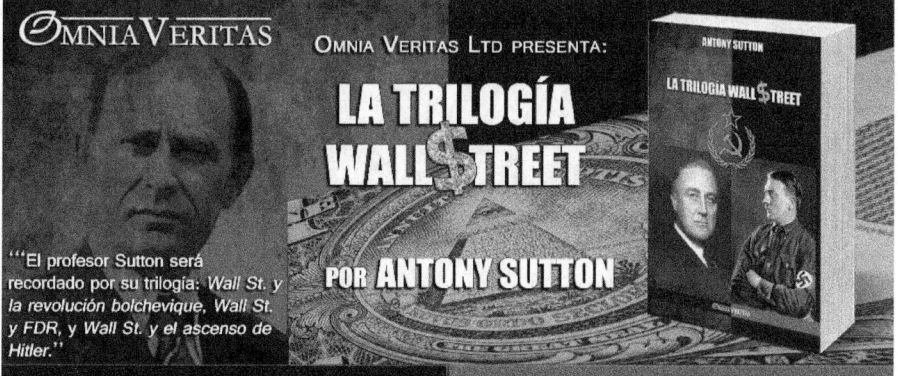

www.ingramcontent.com/pod-product-compliance
Lightning Source LLC
Chambersburg PA
CBHW050325230426
43663CB00010B/1739